Gilbert Brands

Kompendium der
Kryptologie

Die Welt der elektronischen Sicherheit

in Theorie und Praxis

Dr. Gilbert Brands
26736 Krummhörn

Email:
gilbert@gilbertbrands.de

Webseite mit Ergänzungen:
http://gilbertbrands.de

ISBN 978-1535321112

Inhaltsverzeichnis

0 Für wen ist dieses Buch?

Man schreibt ein Buch und hat dabei eine bestimmte Zielgruppe im Visier, was man auch im Klartext in den Klappentext hineinschreibt. Anscheinend lesen aber nicht unbedingt alle Interessenten den Klappentext, so zumindest meine Erfahrung. Da schreibt man beispielsweise ausdrücklich „für Studenten der Informatik" und bekommt anschließend eine beißende Kritik, der Text sei wissenschaftlich viel zu hoch aufgehängt, um von jemandem, der sich für Sozialwissenschaften interessiert, noch verstanden werden zu können (zumindest nicht mit dem Aufwand, den derjenige investieren will).

Da jeder auch einen „Blick ins Buch" werfen kann, bevor er es kauft, hätte vielleicht auch ein Blick auf das Inhaltsverzeichnis oder ein paar Probeseiten getan. Um sicher zu gehen, füge ich bei der neuen Auflage noch dieses Kapitel NULL an, damit keine Unklarheiten mehr bestehen. Wer dann noch meckert, dem ist auch nicht mehr zu helfen.

Also: das Buch handelt von Verschlüsselungsalgorithmen und ihren Einsatzbereichen, d.h. der Verschlüsselung von Informationen, aber auch von der Authentifizierung von Informationen, d.h. dem Nachweis der Urheberschaft, und Angriffen auf die Verschlüsselung, die auch hardwaregestützte Methoden einschließen.[1] Verschlüsselungsalgorithmen sind, wie der Name schon sagt, sehr eng an die Mathematik gebunden. Man könnte einen großen Teil des Buches mit Fug und Recht auch „Verschlüsselungsmathematik" nennen, insbesondere im hinteren Teil, wenn es um mathematische Angriffsmethoden geht. Ich hab's damit gesagt, also beschweren Sie sich nicht, wenn Sie auf viel Mathematik stoßen, beschweren Sie sich aber bitte als Mathematiker auch nicht, wenn auch noch etwas anderes kommt.

Verschlüsselung ist jedoch nur ein Aspekt der IT-Sicherheit. Sicherheit muss man holistisch behandeln, d.h. alle Aspekte betrachten und nicht nur die Algorithmen. Am Anfang einer Sicherheitsanalyse stehen – erstaunlich, aber wahr – betriebswirtschaftliche Gesichtspunkte und nicht technische, wie im nächsten Kapitel dargelegt wird. Folglich handelt das Buch auch davon, wie die Algorithmen und Technik einzusetzen sind, um bestimmte Ergebnisse zu erzielen. Dazu braucht es oft wenig bis keine Mathematik, und stellenweise kommen ganze Kapitel (fast) ohne Formeln aus.

Das macht das Lesen etwas kompliziert. Natürlich sind auch hier die Kapitel thematisch angelegt, und wenn von einer bestimmten Sorte von Algorithmen die Rede ist, geht das oft bis ins letzte Bit hinein. Als Leser möchte man jedoch häufig einen gewissen Zusammenhang durchschauen, und da bekommt man ein Problem mit dem Phänomen der Komplexitätsebenen. Sie kennen das vielleicht unter dem Begriff „Schmetterlingseffekt": es steht völlig außer Zweifel, dass der Flügelschlag des Falters in New York eine Rolle spielt, aber es ist auch völlig unmöglich, die Rolle mit dem Unwetter in London zu verbinden.

In Bezug auf das Lesen ist das weniger dramatisch, die Auswirkungen aber möglicherweise ähnlich: in Bezug auf das Problem ist das Lesen der Kapitel 2, 2.1, 2.4 und dann sofort 3.9 sinnvoll. Doch der Mensch denkt nicht objektorientiert, sondern prozedural und seriell, also liest man 2, 2.1, 2.1.1, 2.1.2, ... 2.3.1.2, ... und kommt zwar irgendwann bei 3.9 an, weiß aber entweder nicht mehr, was man da eigentlich wollte, oder durchschaut in der Fülle der Fakten noch weniger als vorher.

---

1   Zwei Bereiche lasse ich allerdings weitgehend aus, weil das zu sehr aus dem Rahmen „Kryptologie" fällt: die Manipulation von Software und von Hardware. Andere meiner Bücher beschäftigen sich auch damit.

Als Autor kann man ein Werk nicht anders strukturieren, was einfach daran liegt, dass verschiedene Fragestellungen und Vorkenntnisse verschiedene Lesereihenfolgen bedingen. Ich kann nur an Sie appellieren, sich einen Fahrplan zurecht zu legen, wenn Sie mit dem Buch arbeiten. Vielleicht interessiert Sie zunächst die Mathematik weniger als die Anwendung. Blättern Sie dann einfach über die Mathematik hinweg anstatt eine Rezension der Art „der Autor scheint sich an Einstein und Hawkins als Leserschaft zu wenden" zu hinterlassen, bevor Sie zum für Sie interessanten Kapitel kommen. Vielleicht erwacht ja später das Interesse und Sie kommen zur Mathematik zurück.

Eine Anmerkung zur Mathematik: gewisse mathematische Grundkenntnisse sind für das Durcharbeiten notwendig, aber es sollten Schulkenntnisse genügen (wobei die Inhalte der Lehrpläne aber nicht unbedingt auch behandelt wurden; aber dafür müssen Sie andere Leute verantwortlich machen). Ansonsten wird alles ausführlich entwickelt und vielfach durch Übungen vertieft, was allerdings auch einen relativ großen Umfang der Mathematik zur Folge hat.[2] Nehmen Sie sich die Zeit für die Übungen, wenn Sie alles in der Tiefe verstehen wollen. Die Übungen bestehen zum Teil aus mathematischen Aufgaben, zum Teil aus Programmierübungen. Verschlüsselung geht nicht ohne Programmieren, und durch Programmieren kann man auch Verständnis für die Mathematik entwickeln.

Mehr möchte ich hier gar nicht anmerken. Ich hoffe, dass Sie nun entscheiden können, ob das Buch etwas für Sie ist oder nicht. Falls ja, geht es jetzt los!

---

2   Ich persönlich hasse Bücher, in denen „siehe E.Wilson, Algebra, Academic Press 1941, S. 533" steht, anstatt eine Seite mehr zu verfassen und den Quark verständlich zu erklären. Nicht selten stellt man dann fest, dass die Auflage 1943 bei einem deutschen U-Boot-Angriff vernichtet wurde und man völlig in der Luft hängt.

1 Sicherheit und Verschlüsselung

Erstaunlich, aber wahr: Überlegungen zur Sicherheit beginnen nicht mit der Festlegung von Algorithmen und deren Arbeitsparametern, sondern mit der Betrachtung der Gesamtumgebung, der Wichtigkeit der Informationen und der Wirtschaftlichkeit von Angriffsmaßnahmen. Man kann heute generell sagen, dass „Verschlüsseln oder nicht?" keine Frage ist, die gestellt werden muss. Die Verfahren und Maschinen sind heute so effizient, dass die Ver- und Entschlüsselungsschritte bei weitem nicht die langsamsten Vorgänge in der Gesamtverarbeitungspipeline sind. Dennoch beschränkt sich die Gedankenwelt der überwiegenden Mehrheit der Nutzer auf den Verschlüsselungsalgorithmus und befindet sich damit in vielen Fällen deutlich neben der Spur. In diesem Kapitel konzentrieren wir uns auf eine ganzheitliche Betrachtungsweise, die wir gewissermaßen als Holismus-Paradigma bezeichnen können.

1.1 Zum Sicherheitsdenken

Eigentlich sollte man meinen, dass allgemeine Ausführungen zur Sicherheit von Daten, seien sie nun privat oder geschäftlich, nicht notwendig seien, werden doch solche Themen fast täglich in den Medien angesprochen. Erstaunlicherweise muss man bei näherem Hinsehen jedoch feststellen, dass es sich bei der Datensicherheit, ähnlich wie bei vielen anderen Themen auch, um ein Gebiet handelt, bei dem jeder mitreden darf, ohne sich nähere Gedanken dazu gemacht zu haben, ja sich sogar über den unverschämten Umgang von Unternehmen und Staat mit privaten Daten aufregen darf, ohne selbst auch nur die einfachsten Regeln der Sicherheit zu beachten.

Verschlüsselung wird angesichts der Aktivitäten der Nachrichtendienste, die durch verschiedene Whistle-Blower ins Licht der Öffentlichkeit gerückt sind, für den Schutz der Meinungsfreiheit und der Privatsphäre immer wichtiger, doch sie findet nicht statt. Viele Webseiten sind zwar inzwischen SSL/TLS-gesichert, aber Emails, Telefongespräche, SMS und Chats sind bis auf Ausnahmen nach wie vor unverschlüsselt. Gründe sind die Schwerfälligkeit der Standardverfahren, die sich manchmal nur mit etwas Aufwand zum Funktionieren überreden lassen, staatliche Verbote, kostenlose und einfach zu bedienende Software anzubieten, weil diese auch von Terroristen und dem Militär feindlicher Staaten genutzt werden könnten, und vor allen Dingen die Trägheit der Nutzer, die ein stundenlanges Lamentieren in Chats über die Bösen Lauscher einer halben Stunde intensiver Beschäftigung mit der Einstellung der Sicherheitstechnik vorziehen.

Aber nicht nur der Privatbereich ist von dieser Sorglosigkeit betroffen. Auch viele Unternehmen gehen sehr lasch mit der Technik um. Verschlüsselung oder Signaturen existieren nicht, und klüger werden manche Unternehmen erst, wenn Ware und Geld verschwunden sind und die Polizei auch nur noch mit den Schultern zucken kann, weil jegliche Absicherung gefehlt hat und Spuren ebenfalls nicht vorhanden sind.

Man könnte nun das halbe Buch mit Fakten und Anekdoten füllen, die gegen elementare Sicherheitsgrundsätze verstoßen. Wir wollen uns damit aber nicht weiter aufhalten, sondern ich möchte den Leser selbst zum Nachdenken über sein Tun und das Anderer auffordern. Fernsehen ist zwar heute eher ein Verblödungs- als ein Bildungsfaktor, aber zumindest in Bezug auf die Datensicherheit zum Teil recht lehrreich: nahezu alles, was man in Spionagefilmen sehen kann – Handyortung und Gesprächsmitschnitte, Aufzeichnen von Internetspuren und Internetinhalten, Scannen von Emails nach bestimmten Kriterien, individuelle Videoüberwachung – ist nicht nur möglich, sondern wird heute in großem Umfang von verschiedenen staatlichen oder kriminellen Organisationen auch gemacht und ist Dank der modernen Computertechnik noch nicht einmal besonders kostspielig.[3] Wer dem leicht gemachten Hang zur ungeschützten Prostitution seiner Daten in sozialen Netzwerken oder auf anderen Internetplattformen nachgibt, muss sich nicht wundern, wenn er sich irgendwann auch mit einer Krankheit infiziert.

Sicherungsmaßnahmen zum Schutze vor Missbrauch sollten allerdings gut geplant sein. Wie immer, wenn Sie etwas kaufen, müssen Sie auch mit etwas anderem bezahlen. Ein Vorgehen mit der groben Kelle kann schnell dazu führen, dass Ihre Daten so sicher sind, dass Ihre Zielpartner nicht mehr erreicht und auch Sie von bestimmten Funktionen und Informationen abgeschnitten werden. Bevor Sie irgendetwas in Sachen Datensicherung unternehmen, analysieren Sie daher die Situation gründlich und ohne in Panik zu verfallen:

a) Wer hat einen regulären Zugriff auf meine Daten? Wie vertrauensvoll sind diese Leute?

b) Wer hat darüber hinaus ein Interesse, auf meine Daten zugreifen zu können?

c) Welchen Aufwand hat ein Angreifer zu treiben, um auf die Daten zugreifen zu können? Hier kommen oft verschiedene Wege in Frage, und Sie sollten ein wenig über mögliche Wege nachdenken (auch exotische wie Diebstahl oder Bestechung), denn der Gegner investiert 100% seiner Zeit in einen Angriff, Sie aber vielleicht 5-10% Ihrer Zeit für die Absicherung.[4]

d) Welchen Gewinn kann der Gegner von den Daten erwarten? Lohnt sich der Angriff für ihn unter dem Kosten/Nutzen-Aspekt überhaupt? Manchmal genügt es, einige Wege zu verbauen, um einen Angriff uninteressant zu machen.

e) Welchen Verlust haben Sie bei der Entwendung der Daten? Je größer der potentielle Verlust, desto mehr lohnt sich ein großer Aufwand. Auch hier muss man manchmal um die Ecke denken, um alle Möglichkeiten zu erkennen.

Denken Sie beispielsweise einmal an das allgegenwärtige Notebook, das auch zur Standardausrüstung vieler Geschäftsleute gehört und auf dem sich auch wichtige Unternehmensdaten befinden können. Notebooks wechseln auch schon einmal unerlaubt den Besitzer. Das ist zwar im ersten Moment sehr ärgerlich, im zweiten, in dem dem alten Besitzer das Fehlen eines Backups[5] bewusst wird, steigert sich der Ärger noch um Einiges, aber – und das ist jetzt kein Witz, sondern bittere Realität – haben Sie auch schon daran gedacht, dass der Besitzerwechsel kein Zufall sein könnte,

---

3 Wobei die Unterscheidung zwischen einer staatlichen und einer kriminellen Organisation Dank des Handelsplatzes „Internet" für alle möglichen öffentlichen, vertraulichen oder ausgedachten Informationen heute vielfach auch nicht mehr eindeutig getroffen werden kann. Wer sich für die Technik interessiert, dem sei mein Buch „NSA, BND & Co" empfohlen, wie man sich der Daten effektiv bedienen kann, ist in „Die ausgespähte Gesellschaft" nachzulesen.

4 Welche Bedeutung dieses Thema besitzt, kann man an Problemfällen in sozialen Netzwerken recht gut erkennen. Die meisten Fehler machen zwar die Nutzer selbst, aber im Bemühen, die elektronische Prostitution immer einfacher zu gestalten, bauen auch die Entwickler oft genug Möglichkeiten des Betrugs in ihre Funktionen ein, gegen die der Nutzer sich gar nicht selbst schützen kann. Die Entwickler denken nun einmal zunächst in Bahnen der Aufgabenlösung, und je trickreicher die werden, um so mehr Weichen können übersehen werden.

5 Ein nicht-kryptologischer Aspekt der Sicherheit, aber gleichfalls wichtig. Sowohl gut unterstützende Backupprogramme als auch die Anwenderdisziplin, eine Sicherungsstrategie durchzuhalten, sind dünn gesät.

sondern ein von einem Wettbewerber veranlasster Auftragsdiebstahl? Ist Ihr Notebook auch gegen einen ernst gemeinten Angriff auf die auf seiner Festplatte gespeicherten Daten gesichert?

Das Beispiel führt direkt zum Problem der Quantisierung von Sicherheit, das auch in c) angesprochen wird. Wenn über die Sicherheit von Verschlüsselungen diskutiert wird, schwirren schnell Größenordnungen von 30 Jahren und mehr durch den Raum, wobei der einzige Diskussionsaspekt meist die rechnerische Sicherheit des Algorithmus ist. Solche Diskussionen gehen allerdings meist völlig an der Realität vorbei. Das Gleiche gilt für vergleichende Angaben. So wird beispielsweise behauptet, die rechnerische Sicherheit einer 4.096-Bit-RSA-Verschlüsselung sei genauso hoch wie die einer 256-Bit-AES-Verschlüsselung. Abgesehen davon, dass beides nicht zu brechen ist, beruhen solche Angaben nicht selten auf ziemlich zweifelhaften Extrapolationen über die Entwicklung der Rechnertechnik und der Mathematik. Man kann das glauben, weil man dem Papst oder dem Ayatollah eben glauben soll, oder man denkt sich selbst seinen Teil und lässt die Leute reden.

Ein häufiger Fehler ist die Beschränkung der Diskussion auf die Algorithmensicherheit. Wenn man sich die Geschichte der Kompromittierung von langzeitsicheren Daten anschaut, stellt man fest, dass nahezu sämtliche Dateneinbrüche nicht durch Entschlüsselungsmethoden erfolgt sind, ja sogar noch nicht einmal sehr viele durch Eindringen in ein Computersystem. Es wird zwar gerne behauptet, dass vor Organisationen wie der NSA nichts sicher sei, weil sie fast jede Verschlüsselung brechen könnte, aber das ist eher Propaganda, wie das Gerangel zwischen Apple und dem FBI Anfang 2016 um die Mithilfe des Konzerns beim Einbruch in I-Phones zeigt. Dateneinbrüche bei aktuellen oder langzeitsicheren Daten sind in der Regel Insidergeschäfte, d.h. Leute, die regulären Zugang zu den Daten haben, verteilen diese an Dritte. Die Gründe sind vielfältig: Fahrlässigkeit kombiniert mit unzureichenden Sicherheitsbestimmungen,[6] Erpressung, kriminelle Verstrickungen, Rache für empfundene Ungerechtigkeiten oder seltsame oder tatsächliche Anwandlungen von Idealismus. Die Algorithmensicherheit ist bei langzeitsicheren Daten geradezu sekundär, die Gefahr einer Datenkompromittierung durch Indiskretion steigt dagegen fast exponentiell mit der Zeit der Geheimhaltung.

Der zweite Fehler ist die vorschnelle Festlegung langer Zeiträume. Grundsätzlich ist der Begriff „Sicherheit" immer als relativer Begriff zu betrachten: ein Verfahren muss die Sicherheit einer Information nur so lange gewährleisten, wie diese aktuell ist. Danach ist es eigentlich relativ egal, was mit der Information geschieht. Die Gesamtheit aller Maßnahmen muss diese zeitliche Sicherheit unter Berücksichtigung der dem Gegner vermutlich zur Verfügung stehenden Mittel gewährleisten. Sicherheitshalber sind dabei immer die schlimmsten denkbaren Umstände zu berücksichtigen, wobei die Maschinensicherheit aber, wie festgestellt, schnell von der Menschensicherheit in Frage gestellt werden kann.[7]

Ein anderer Aspekt ist, dass sich ein Sicherheitsverfahren oft aus mehreren unterschiedlichen Komponenten mit unterschiedlicher Sicherheitsquantifizierung zusammensetzt. Die Gesamtsicherheit

---

6   Man denke beispielsweise an die Affairen des Verkaufs ganzer CDs mit Kundendaten schweizer Banken an deutsche Finanzbehörden oder die Veröffentlichung geheimer Daten von US-Ministerien oder der NSA/des GHCQ auf wikileaks. Wer hatte dort aus welchen Gründen Zugang zu den Daten? Verständlicherweise werden viele Details dieser spektakulären Kompromittierungen im Dunkeln gehalten, aber manchem der Verantwortlichen oder der die Hintergründe Ermittelnden wird sicher die Frage „Wie blöd kann man eigentlich sein?" an der einen oder anderen Ecke durch den Kopf gegangen sein.

7   Manchmal kann man sich auch die Frage stellen, wieso so viele nun wirklich für die Betroffenen gefährlichen Informationen von diesem so krampfhaft irgendwo archiviert werden. Ganze Staatsanwaltschaften leben von Material, das besser nie zu Papier (oder Festplatte) gebracht worden wäre, und viele durchsickernde Staatsgeheimnisse nähren die eine oder andere Verschwörungstheorie und heizen die Szene auf.

ist immer die des schwächsten Gliedes, Werbung wird aber jeweils mit der Komponente mit dem höchsten Standard gemacht. Hier gilt es, das schwächste Glied zu identifizieren und dessen Sicherheit zu bewerten, und auch hier ist es oft die Schnittstelle zum Menschen.

Informationssicherung ist, wie diese Ausführungen zeigen, nicht nach einem Standardrezept herzustellen, sondern muss kontextabhängig hergestellt werden. Sie besteht auch nicht aus einer Einzelmaßnahme, sondern meist aus einer Fülle von Einzelmaßnahmen, die zu einem Sicherheitsprotokoll für einen Anwendungsfall zusammengefügt werden. Für eine sicherheitstechnische Bewertung eines Gesamtprozesses oder Sicherheitsprotokolls ist das Verhalten von mindestens drei Parteien zu analysieren – im weiteren als „Absender", „Angreifer" und „Empfänger" bezeichnet – die alle mit unterschiedlichen Mitteln und Zielen „falsch" spielen können (in einigen Anwendungsfällen treten weitere Akteure hinzu, und jede Partei kann wiederum aus mehreren Personen bestehen). Je nach Vorgang sind bestimmte Interessen der Beteiligten individuell zu schützen.[8]

1.2 Grundsätzliches zur Maschinensicherheit

Bleiben wir zunächst bei der Maschinensicherheit und betrachten als Beispiel die Verschlüsselung mit einem Algorithmus, dessen rechnerische Sicherheit bei 4 Wochen Aufwand für den Angreifer bis zum erfolgreichen Aufdecken der Information liegt, aktuelle Angriffsverfahren vorausgesetzt. Unterstellen wir zunächst, dass der Angreifer vielleicht über bessere, uns nicht bekannte Methoden verfügt, und verringern den Aufwand um eine „Angstmarge" auf 2 Wochen. Für private Zwecke ist dies vermutlich für alle Zeiten ausreichend, denn niemand wird diesen Aufwand treiben, um private Nachrichten zu entschlüsseln. Eine Unternehmensbilanz, die in 3 Tagen ohnehin veröffentlicht wird, ist wohl auch hinreichend gut geschützt. Eine in 10 Teile zerlegte und mit unterschiedlichen Schlüsseln verschlüsselte Nachricht, aus deren Einzelteilen kein oder nur begrenzter Gewinn gezogen werden kann, dürfte etwa 10 Wochen sicher sein. Erst noch länger zu verdeckende Informationen erfordern ein deutlich besseres Verfahren, aber man sollte auf jeden Fall erst einmal ausführlich begründen, wieso ein Angreifer einen bestimmten Aufwand in eine Entschlüsselung stecken sollte.

Neben Verschlüsselungs- sind auch Tarnmethoden ein Hilfsmittel zur Absicherung. Dies sei am Beispiel des Emailverkehrs erläutert. In der Anfangsphase des Internets wurde von der US-Regierung eine schwache Verschlüsselung vorgeschrieben, die mit wenig Aufwand zu brechen ist, um den Geheimdiensten die Möglichkeit des „Mitlesens im Notfall" zu geben (in der Realität natürlich des „Mitlesens bei Bedarf", was auch nachweislich für Industriespionage der NSA zugunsten von US-Unternehmen genutzt wurde).

Da heute (2016) im Grunde nicht verschlüsselt wird, können insbesondere Nachrichtendienste alles, auch die unwichtigste Meldung, mitlesen und für persönliche Dossiers jedes Internetnutzers verwenden.[9] Um den Diensten diese Möglichkeit aus der Hand zu nehmen, ist zunächst notwendig, dass möglichst <u>jeder</u> seine Nachrichten verschlüsselt. Wird jede – auch die unwichtigste – Nachricht verschlüsselt und beläuft sich der Gesamtverkehr in einer Zeit, in der m Nachrichten dechiffriert werden können, auf $n > m$ Nachrichten, so läuft der Absender dem Angreifer im Laufe der Zeit davon, da dieser nicht mehr jede Nachricht entschlüsseln kann und eine Auswahl treffen muss.

---

8 Die „Interessen" des Angreifers fallen natürlich nicht hierunter, obwohl man angesichts mancher gesetzlicher Bestimmungen durchaus auf diese Idee kommen könnte.

9 Was aus scheinbar unwichtigem Kram alles herausgelesen werden kann, ist in „Die ausgespähte Gesellschaft" dargestellt, und auch die kratzt eigenlich nur an der Oberfläche.

Zwar darf man unterstellen, dass Nachrichtendienste, die nicht mehr alles mitlesen können, sehr genau wissen, wen sie unbedingt ausspähen wollen, und sie werden auch über eine Menge Informationen verfügen, die das Ausspähen erleichtern.[10] Verschlüsseln aber alle Teilnehmer wirklich alles, so ist der Angreifer selbst bei einer Vorauswahl überfordert, da Emailabsenderadressen fälschbar sind und ein einfaches Vorfiltern nach bestimmten Absendern nur bedingt greift. Wichtige Nachrichten können so trotz Beschränkung der Verschlüsselungsverfahren halbwegs gesichert werden.

Die Frage nach der tatsächlichen mathematischen Sicherheit eines Verschlüsselungsverfahrens ist allerdings nicht einfach zu beantworten; eine Antwort gilt nur für den Zeitpunkt, an dem sie gegeben wurde, und muss in der Zukunft nicht mehr korrekt sein, und sie gilt auch nur für spezielle Einsatzbedingungen.

Bei einer optimalen Verschlüsselung liegt der Aufwand für einen Angreifer zum Brechen einer Verschlüsselung mit einem zufälligen Schlüssel aus einer Menge K in der Größenordnung $\#K$. Ist für einen Algorithmus beispielsweise eine Schlüsselbreite von 8 Byte vorgesehen, so liegt die Wahrscheinlichkeit, durch Ausprobieren eines beliebigen Schlüsselwertes eine Nachricht zu dechiffrieren, bei

$$w = \left(\#K \right)^{-1} = 2^{-64} \approx 5,4 * 10^{-20}$$

Gängige Universalrechner schaffen etwa $5*10^{13}$ Operationen pro Sekunde.[11] Nehmen wir an, dass pro Versuch 100 Operationen notwendig sind, so benötigt eine solche Maschine ca. 600 Tage, um alle Schlüssel auszuprobieren. Spezialisierte Maschinen oder Rechnercluster mit tausenden gekoppelter einfacher Maschinen verringern diese Zeit inzwischen auf wenige Stunden.

Definitionsbereiche für Schlüssel mit dieser Mächtigkeit sind also unter den heutigen technischen Rahmenbedingungen ungeeignet. Für die doppelte Schlüsselgröße, d.h. 16 Byte oder $3,4*10^{38}$ mögliche Schlüsselwerte, benötigt die heutige Technik unter günstigsten Umständen $5,4*10^{20}$ Stunden. Da das Alter des Weltalls heute auf etwa 10^{19} Sekunden geschätzt wird, darf man wohl davon ausgehen, dass 128 Bit breite Schlüssel derzeit sicher sind, auch wenn man spezialisierte Maschinen oder Cluster unterstellt.

Diese Aussage ist allerdings relativ. Vor 15-20 Jahren – dem Entstehungszeitpunkt der ersten breit in der Öffentlichkeit eingesetzten Chiffrierverfahren – war bei der damaligen Rechnertechnik eine rechnerische Sicherheit von mehreren 100.000 Jahren für eine 64-Bit-Verschlüsselung gegeben. Es lässt sich allenfalls darüber spekulieren, wie die technischen Möglichkeiten in 15-20 Jahren aussehen werden, aber wer ein wenig misstrauisch und übervorsichtig veranlagt ist, wird vielleicht auf Schlüssel von 168-256 Bit Breite setzen, um die Daten auch in Zukunft noch geschützt zu wissen.

In der Realität ist die Sicherheit aber meist geringer als die theoretische, wobei unterschiedliche Szenarien berücksichtigt werden müssen.

a) Ein mathematisch nicht angreifbarer Algorithmus erfordert das Ausprobieren aller möglichen Schlüssel. Nicht selten existiert aber eine Menge $k \subset K$ unsicherer Schlüssel, für die die Anzahl der zum Finden des Schlüssels notwendigen Versuche $n \ll \#k$ gilt. Auch algorithmische Schwächen können eine Herabsetzung $n \ll \#K$ bewirken.

---

10 Man denke an die verschiedenen Spionageaffairen des Ausspähens der Kommunkation von Politikern durch NSA, NHCQ und BND (und wohl viele andere), die nach wie vor aufgrund mangelnder Verschlüsselung funktioniert.

11 Die Daten beziehen sich etwa auf das Jahr 2012.

Eine Beurteilung ist nur auf der Grundlage bekannter mathematischer Algorithmen möglich; neue Algorithmen können die Sachlage grundlegend verändern, und mit der Geheimhaltungszeit steigt natürlich auch die Wahrscheinlichkeit, dass jemand einen besseren Algorithmus findet.

b) Berücksichtigt man den Faktor Mensch, kann aus der Schlüsselmenge meist eine geordnete oder teilgeordnete Menge werden, weil bestimmte Schlüssel überproportional häufig verwendet werden. Insbesondere Nachrichtendienste, deren Geschäft das Brechen von Verschlüsselungen sind, haben im Laufe der Jahre empirisch Datenbanken und Regeln entwickelt, die solche Schlüssel bevorzugt ausprobieren.

c) Selbst der Faktor Algorithmus kann zu Unsicherheiten führen. Um die RSA-Verschlüsselung mathematisch zu härten, wurden bestimmte Regeln aufgestellt, nach denen die Parameter zu berechnen sind. Statistische Auswertungen haben ergeben, dass durch diese Einschränkung der Parameterwahl das verwendete Schlüsselspektrum deutlich kleiner ist als theoretisch möglich. Für professionelle Angreifer besteht auch hier die Möglichkeit, Angriffe mit geordneten Schlüsselmengen durchzuführen.

d) Bei einigen Algorithmen hängt die Sicherheit davon ab, wer zu welchem Zeitpunkt Zugriff auf das Verfahren hat oder wer von der Sicherheit eines Chiffrats überzeugt werden soll. Algorithmen können für einen Einsatzzweck absolut sicher sein, für einen anderen jedoch absolut unbrauchbar.

e) Mathematisch sichere Algorithmen können unter bestimmten Einsatzbedingungen doch wieder mit bestimmten mathematischen Methoden angreifbar werden. Oftmals hängt dies von Details in den Algorithmen ab, wobei kleine Änderungen von Parametern große Wirkungen aufweisen können. Bei der Konstruktion von Algorithmen sollte dies berücksichtigt werden, was aber in Anlehnung an a) voraussetzt, dass man die Angriffsmethoden bereits kennt und auch eine nicht unbeträchtliche Zeit in solche Analysen steckt.

f) Algorithmen müssen letztendlich in irgendeiner Form auf Rechnern implementiert werden, was Anlass zu einer Reihe physikalischer Angriffsverfahren gibt. Auch dies ist wie c) stark von den jeweiligen Einsatzbedingungen abhängig.

g) Für einen bestimmten Zweck werden meist mehrere Algorithmen aus unterschiedlichen Klassen zu einem Gesamtverfahren zusammengefasst. Auch hier besteht die Möglichkeit, ungünstige oder unzureichende Kombinationen auszuwählen, die letztendlich nicht die gewünschte Sicherheit herstellen.

Ein guter Verschlüsselungsalgorithmus sollte nun auf jeden Fall so konstruiert sein, dass die besten bekannten anderen Angriffsverfahren möglichst wenig von dem Aufwand für das primitive Verfahren des Ausprobierens aller Schlüssel abweichen. Dazu muss man als Konstrukteur natürlich auch Überlegungen zu möglichen Angriffsverfahren anstellen und theoretisch wie praktisch beweisen, dass der eigene Algorithmus dagegen immun ist. In der Primärliteratur zu Algorithmen findet man deshalb oft eine Reihe recht komplizierter mathematischer Beweise, die sich gar nicht um die Primärkonstruktion des Algorithmus drehen, sondern um den Nachweis der Unempfindlichkeit gegen bestimmte Angriffe. Allerdings kann man sich als Praktiker wiederum fragen, inwieweit solche „Beweise" nicht Augenwischerei sind, denn wie schon die Liste zeigt, gibt es verschiedene Angriffsmethoden, die teilweise gar nicht mathematisch beschreibbar sind, und niemand garantiert, dass nicht morgen jemand ein Verfahren findet, auf das die Beweismathematik nicht zutrifft.[12]

---

12   Gerade der AES liefert ein Beispiel für eine Fehleinschätzung von Angriffen nach d).

Bei Berichten über Gefährdungen von Algorithmen ist ebenfalls sorgfältiges Studium geboten. Werden Theoretiker, die abseits der von den Konstrukteuren und Konkurrenten beschrittenen Pfade nach Schwächen in einem Algorithmus fahnden, fündig, so haben sie im akademischen Sinn den Algorithmus gebrochen und veröffentlichen dies auch umgehend in akademischer Gepflogenheit. Der Begriff „Bruch" beinhaltet jedoch gleich mehrere Pferdefüße, wenn er zur Kenntnis von Journalisten und damit in allgemein gelesene Zeitschriften gelangt:

- Ein Algorithmus gilt unter Theoretikern als gebrochen, wenn ein schnelleres algorithmisches Verfahren als die bislang bekannten gefunden oder der Definitionsbereich sicherer Schlüssel verkleinert wird. Verringert sich aber beispielsweise die rechnerische Sicherheit von 128 Bit auf 110 Bit, so hat der theoretische Erfolg für die Praxis noch nichts zu bedeuten.

- Ein theoretisch schnelleres Verfahren ist für die Praxis nur dann von Bedeutung, wenn auch die Rechnung nicht wesentlich langsamer ist. Eine Erniedrigung der Sicherheit von 64 auf 56 Bit spielt keine Rolle, wenn der neue Algorithmus die 1000-fache Rechenzeit benötigt und damit die 8 Bit Gewinn wieder aufhebt. Auch bei verbesserten Algorithmen ist diese Vorsicht angesagt.

- Wesentlich sind auch die Rahmenbedingungen, die für die Ausführung des Angriffs eingehalten werden müssen. Wenn der Angreifer beispielsweise zunächst bestimmte Geräte aus dem Besitz des Verschlüsselers benötigt, muss man sich eher Gedanken um die Einbruchssicherheit machen statt um den Algorithmus.

Als nicht unwichtiger Aspekt ist auch die Implementation der Algorithmen auf den Maschinen zu nennen. Meist wird mehr oder weniger stillschweigend vorausgesetzt, dass ein Algorithmus nach den Regeln der Kunst umgesetzt wurde und abgesehen von speziellen Bedingungen robust ist, aber auch hier ist sehr viel Unfug möglich, angefangen beim Speichern geheimer Informationen auf der Festplatte. Ein verbreiteter Fehler ist auch die Unterstellung, dass alle Teilnehmer zumindest die vorgegebenen Spielregeln einhalten und nicht versuchen, durch vorsätzlich falsch konstruierte Daten an den Sicherheitseinheiten vorbei zu kommen. Leider ist die Einstellung „was wollen Sie denn, es läuft doch!" unter Programmierern heute oft ausgeprägter als das Nachdenken darüber, ob und warum eine Maßnahme sinnvoll ist.

Außer diesen mathematischen Gesichtspunkten spielen auch physikalische eine Rolle. Unter bestimmten Bedingungen sind Verfahren physikalisch deutlich leichter anzugreifen als mathematisch. DES beispielsweise ist statt mit $7,2*10^{16}$ Versuchen mit einigen 1.000 zu brechen. Man muss daher dafür sorgen, dass solche physikalischen Angriffe nicht möglich werden. Wir werden einige solcher Angriffsmethoden später diskutieren. Weitere Methoden, mit denen wir uns hier aber nicht weiter beschäftigen können, da es mehr mathematisch zugehen soll, sind:

- Die Manipulation der Software, angefangen von Anwendungsprogrammen über Viren bis hin zum Betriebssystem. Insbesondere bei Betriebssystem- und Firmwaremanipulationen wird es kompliziert, geeignete Abwehrmaßnahmen zu entwickeln.

- Die Manipulation der Hardware durch spezielle Chips oder Austausch der Firmware. Folgt man Edward Snowden, werden aus den USA exportierte Router heimlich von der NSA manipuliert, um jeden Datenverkehr mitlesen zu können. Abhörskandale um das britische NHCQ belegen, dass das kein Hirngespinst ist.

Abschließend muss man sich nach all diesen Überlegungen für eine Gesamtbewertung der Sicherheit noch Klarheit darüber verschaffen, ob das konstruierte Angriffsszenario auch tatsächlich auf eine bestimmte Problemlösung anwendbar ist. Um noch einmal ein mathematisches Problem zu nennen: setzt ein Angriff beispielsweise „lediglich" die Kenntnis von einigen Millionen Klartext/Chiffrat-Paaren voraus, ohne dass die Generierung solche Paare im Gesamtprozess überhaupt möglich ist, ist Panik nicht angebracht.

1.3 Anforderungen an Verfahren

Sicherheit ist aber nicht nur für die eigenen Daten herzustellen, auch bei der Kommunikation mit anderen Leuten stellen sich eine Reihe von Sicherheitsfragen. Mit ein wenig Nachdenken findet man eine Fülle unterschiedlicher Aspekte, beispielsweise:

- Nachrichten sind *vertraulich* zu übertragen (oder zu speichern): die Information darf keinem Unbefugten bekannt werden; sie muss gewissermaßen in einem „geschlossenen Umschlag" transportiert werden.

  Dies ist eine klassische Verschlüsselungsaufgabe.

- Die Nachricht muss *unverfälscht* sein: Änderungen an der ursprünglichen Information müssen erkannt werden können (und zwar vom Sicherheitssystem, nicht vom System, das die Informationen nutzt).

  Hierzu werden Prüfsummenalgorithmen eingesetzt. Um sehr umfangreiche Nachrichten wirksam schützen zu können, wurden aber auch spezielle kryptologische Prüfsummenalgorithmen entwickelt, die wiederum in Kombination mit Verschlüsselungsalgorithmen gegen Manipulation abgesichert werden.

- Die *Identität* des Absenders muss verifizierbar sein: der Empfänger muss sicher sein, dass der vorgebliche Absender die Nachricht verfasst hat und keine Fälschung vorliegt. Die Nachricht muss sozusagen „unterschrieben" werden.

  Hierzu sind besondere Verschlüsselungssysteme, die nur einer Teilnehmergruppe das Verschlüsseln, aber allen das Entschlüsseln ermöglichen, in Verbindung mit Prüfsummensystemen notwendig.

- Die Nachricht muss *authentisch* sein: auch wenn die Unterschrift des Absenders erkannt wird, könnte es sich um eine Kopie einer älteren Nachricht handeln, die von einem Angreifer erneut gesandt wurde. Kopie und Original müssen voneinander unterschieden werden können.

  Diese Aufgabe kann von Verschlüsselungsalgorithmen alleine in der Regel nicht mehr gelöst werden, sondern erfordert deren Einbindung in einen größeren logischen Zusammenhang, ein Verschlüsselungs- und/oder Übertragungsprotokoll.

- Der Empfang einer Nachricht muss *verifizierbar* sein: auch der Absender muss natürlich in seinen Rechten abgesichert werden.

  Dies ist allerdings ebenfalls eine Anforderung an ein spezielles Zusatzprotokoll, das bestimmte Abläufe des Informationsaustausches zwischen Sender und Empfänger in Gegenrichtung wiederholt.

- Die *Urheberschaft* einer Information muss ggf. nachweisbar sein, womit nun nicht die Dokumentenechtheit, sondern ein anderes Randgebiet gemeint ist, nämlich wo der Ursprung einer verbreiteten und dabei nicht selten modifizierten Information liegt.

Aufgaben dieser Art erfordern meist erweiterte Protokolle, in denen außer der Absender- und der Empfängergruppe auch noch weitere neutrale Gruppen teilnehmen können.

Die Aufgaben können weitere Spezialisierungen aufweisen. Die Authentizität einer Nachricht muss beispielsweise nicht darauf beschränkt sein, dass die Unterschrift eines Absenders überprüfbar ist, sondern man kann auch fordern, dass

- eine ganze Gruppe von Absendern unterschreiben muss,

- ein beliebiger, aber mengenmäßig definierter Teil einer Gruppe unterschreiben muss,

- nur bestimmte Empfänger die Unterschrift lesen können,

- ...

Wir werden später noch weitere Spezialisierungen kennen lernen. Bleiben wir aber zunächst bei den Grundaufgaben, der Verschlüsselung von Informationen. Dabei ist es unnötig, sich um die Art der Information zu kümmern. Es kann sich um Texte, Bilder, Programme oder den Verlauf von Kommunikation handeln – aus Sicht der Verschlüsselung handelt es sich immer um eine Folge von Bits, also einen Bitstring, die in eine andere, ohne den Schlüssel nicht interpretierbare Folge von Bits umzuwandeln ist. Bei dieser Umwandlung stößt man auf zwei Probleme:

a) Reale Nachrichten können eine beliebige Stringlänge aufweisen, alle (primären) Verschlüsselungsalgorithmen sind jedoch nur in der Lage, in einem Schritt einen String einer vorgegebenen, meist recht kleinen Länge zu verschlüsseln.

   Der erste Schritt wird somit darin bestehen, eine Nachricht in eine Folge von Teilstrings mit passender Länge zu zerlegen, die einzeln verschlüsselt werden können. Wie wir später noch begründen werden, ist zum Erreichen maximaler Sicherheit aber anschließend wieder eine Verknüpfung der Segmente zu einem Gesamtchiffrat notwendig (sekundäre oder erweiterte Verschlüsselungsalgorithmen).

b) Nicht jede Nachrichtenlänge ist genau ein Vielfaches der Länge der Verschlüsselungseinheit, so dass Bits unbelegt bleiben. Man muss daher auch Verfahren bereit stellen, die fehlenden Positionen aufzufüllen und hinterher auch wieder zu entfernen.

   Letzteres ist weniger trivial, als man zunächst denkt. Die Informationsart hat uns bei der Verschlüsselung nicht zu interessieren, was aber auf der anderen Seite dazu führt, dass wir bei einer Entschlüsselung auch nicht entscheiden können, ob ein Bitmuster unzulässig ist und es sich daher um Ergänzungsbits handelt, die entfernt werden müssen. Sofern ein sekundärer Algorithmus nicht so konstruiert ist, mit beliebigen Längen operieren zu können, muss die Länge daher in Form eines Zählers mitgeführt werden.

Die Verschlüsselungsalgorithmen lassen sich in folgende Klassen unterteilen:

- **_Einwegfunktionen (Hashfunktionen)._** Einwegfunktionen haben die Eigenschaft, eine Verschlüsselung problemlos und schnell auszuführen, jedoch keine Möglichkeit einer Entschlüsselung zu bieten. Da eine Entschlüsselung somit grundsätzlich gar nicht vorgesehen ist, wird eine Einwegfunktion meist in surjektiver Weise verwendet, d.h. die Chiffrate sind oft kürzer als die Eingangsinformationen. Zwangsweise gibt es dann natürlich mehrere Nachrichten, die das gleiche Chiffrat ergeben; der Wertebereich und die Methoden werden allerdings so ausgerichtet, dass die Wahrscheinlichkeit, ein solches Paar zu finden (Kollisionspaar), praktisch Null ist.

Einwegfunktionen sind aufgrund ihrer Eigenschaft die einzigen Verfahren, die sowohl mit als auch ohne geheimen Schlüssel arbeiten können. Bei einer Verwendung ohne Geheimschlüssel lässt sich das Chiffrat von jedem, der die Funktion kennt, berechnen, bei einer Verwendung mit Geheimschlüssel kann es nur von den Schlüsselinhabern berechnet werden.

Hieraus lässt sich ein Verwendungszweck entnehmen. Das Chiffrat ist, sofern kein Kollisionspaar gefunden wird, eindeutig einem Klartext zuzuordnen und kann, da es nur eine begrenzte Länge aufweist, als „Fingerabdruck" für den Klartext verwendet werden. Veränderungen am Klartext fallen sofort bei der Berechnung des Chiffrats auf, sofern ein Urchiffrat zur Verfügung steht. Die Kontrolle kann je nach Einsatz eines Schlüssels von jedem oder nur vom Schlüsselinhaber vorgenommen werden.

- *Symmetrische Verschlüsselungsverfahren.* Die Abbildung zwischen Klartext und Chiffrat ist bijektiv, die Algorithmen sind reversibel, d.h. es sind sowohl Ver- als auch Entschlüsselung möglich. Für beide Richtungen wird der gleiche Schlüssel verwendet (die Verwendung des gleichen Schlüssels für Ver- und Entschlüsselung bedeutet jedoch nicht, dass sämtliche Arbeitsparameter und Funktionsschritte gleich sein müssen).

Aufgrund der Bijektivität besitzt das Chiffrat den gleichen Umfang wie der Klartext, ggf. mit einigen zusätzlichen Bits zur Beseitigung des Paddingproblems. Nutzt die Klartextkodierung nicht sämtliche Bits für Informationen aus, so kann dies durch die Verschlüsselung, da sie grundsätzlich keine Kenntnis vom Verhältnis Bitanzahl/Informationsmenge besitzt, nicht ausgeglichen werden (siehe oben b)).

Ein optimales Chiffrat sieht für den Betrachter aus wie eine Zufallszahl. Ansonsten bestünde nämlich die Möglichkeit, aus Mustern im Chiffrat auf Muster im Klartext rückzuschließen und so doch Kenntnisse über den Inhalt zu erlangen. Muster sind aber andererseits eine Voraussetzung für Datenkompressionsverfahren, d.h. Chiffrate sind nicht komprimierbar, und für eine möglichst kompakte Kodierung ist eine Datenkompression deshalb *vor* der Verschlüsselung durchzuführen.

Die Sicherheit symmetrischer Verfahren steht und fällt mit der Möglichkeit, den Schlüssel vertraulich zwischen den Kommunikationspartnern auszutauschen und bei allen (!) Beteiligten geheim zu halten.

- *Asymmetrische Verschlüsselungsverfahren.* Auch hier sind die Abbildungen bijektiv, jedoch werden unterschiedliche Schlüssel für das Ver- und Entschlüsseln verwendet. Die Bijektivität ist bei diesen Verfahren allerdings etwas anders zu interpretieren, da nicht Bitstrings, sondern Zahlenmengen aufeinander abgebildet werden. Um sich den Unterschied zu verdeutlichen, stellen Sie sich vor, die Zahlenmenge $\{0, .. 150\}$ wird auf sich selbst abgebildet. Für die Darstellung der Zahlenmenge wird ein Bitstring der Länge 8 benötigt, der theoretisch aber die Abbildung der Menge $\{0, .. 255\}$ auf sich erlauben würde. Da Informationen i.d.R. Bitstrings und keine Zahlen sind, kann in einem Verschlüsselungsvorgang nur ein Bitstring der Länge 7 verarbeitet werden, wobei das Ergebnis aber die Länge 8 aufweist.

Die beiden Schlüssel besitzen die Eigenschaft, dass zumindest einer der Schlüssel nicht in den anderen umgerechnet werden kann bzw. nicht ohne geheime Zusatzinformationen, die nur der Erzeuger der Schlüssel kennt. Hierdurch kann einer der Schlüssel öffentlich bekannt gemacht werden, was prinzipiell zwei Formen der Kommunikation erlaubt:

➤ Jeder kann Daten mit dem öffentlichen Schlüssel verschlüsseln, jedoch nur der Inhaber des Geheimschlüssels ist in der Lage, diese zu entschlüsseln. Geheime Kommunikation ist so wesentlich einfacher in Szene zu setzen als mit symmetrischen Verfahren.

➤ Der Inhaber des Geheimschlüssels kann Informationen verschlüsseln, die nun jeder entschlüsseln kann. Solche Nachrichten können nur vom Inhaber des Geheimschlüssels stammen.

Asymmetrische Verfahren besitzen also eine Reihe von Vorteilen gegenüber symmetrischen, wobei noch die höhere Sicherheit durch die Aufbewahrung des (geheimen) Schlüssels an nur einem Ort zu erwähnen ist (der Inhaber muss nicht mehr darauf vertrauen, dass sein Partner mit dem Geheimschlüssel genauso sorgfältig umgeht wie er selbst). Sie sind aber rechnerisch wesentlich aufwändiger und eignen sich daher nicht zur schnellen Verschlüsselung von Massendaten, zudem sind ihre Schlüssel für den Menschen deutlich unhandlicher als die der symmetrischen Verfahren.

Das sind nicht alle, aber zumindest die wesentlichen Klassen. Die Aufzählung zeigt erwartungsgemäß, dass keine für sich alleine in der Lage ist, die Anforderungen an Vertraulichkeit, Fälschungssicherheit, Authentizität usw. gleichzeitig zu lösen. In der Praxis werden daher verschiedene Verfahren kombiniert, um bestimmte, genau definierte Ziele zu erreichen, womit wir bei den Protokollen angelangt sind.

Die einfachsten Protokolle beschreiben, wie Verschlüsselungsalgorithmen zu einem Gesamtverfahren zusammengesetzt werden. Sind Aufgaben jenseits der Authentifizierung wahrzunehmen, ist zu unterscheiden, ob die Rede von einer Datenübertragung oder von gespeicherten Daten ist. Eine Datenübertragung erfolgt jeweils mehr oder weniger in Echtzeit, so dass man bestimmte zeitabhängige Daten in Protokollen leicht zuordnen kann. Aber was ist mit gespeicherten Daten? Sind diese tatsächlich zum angegebenen Zeitpunkt erzeugt worden oder handelt es sich um Fälschungen? Hier sind nicht selten dritte Parteien, die Notariatsaufgaben übernehmen, notwendig.

1.4 Sicherheit der Umgebung

Weitere Themen betreffen die Sicherheit der Umgebung, in der die Verschlüsselung eingesetzt wird. Wir können uns in diesem Buch vielen Problematiken in diesen Bereichen nur insofern stellen, als Verschlüsselungstechniken betroffen sind, obwohl durch Fehlverhalten gerade hier nicht selten wesentliche Sicherheitsgefahren geschaffen werden. Die Bandbreite der Themen, die selbst mehrere dicke Bücher füllen und Verschlüsselung, wenn überhaupt, nur als Randthemen umfassen, sei daher kurz angerissen.

Bei Datenübertragungen beginnt dies bei der Konfiguration von Netzwerken. Welche Informationen dürfen in ein Netzwerk eindringen, welche es verlassen? Diese Aufgabe wird von Firewalls übernommen, Softwarewächtern an den Grenzen eines privaten Netzwerks, die von einzelnen Datensätzen über Kommunikationsfolgen bis hin zu komplexen Inhalten bestimmter Kommunikationsfolgen Überwachungen durchführen und schädliche Inhalte abweisen (Packet Firewall, Stateful Firewall, Application Firewall). Die Einstellung dieser Werkzeuge erfordert spezielle Kenntnisse über Bedrohungen und deren Abwendung und muss die Aufgaben, die im Netz zu erledigen sind, dabei berücksichtigen. Grundregel ist hierbei „Was nicht ausdrücklich erlaubt ist, ist verboten.", und da die Systeme heute sehr komplex sind und daher auch schon einmal etwas übersehen werden kann, verbieten die Administratoren aufgrund entsprechender Erfahrungen an anderer Stelle auch gerne ausdrücklich Sachen, die ohnehin nicht erlaubt sind, um sicher zu gehen.

Aber auch im Netzwerk dürfen Nachrichten nur bestimmte Wege gehen. Weder ein passiver, also nur lauschender, noch ein aktiver Angreifer sollten Zugang zu Nachrichten erhalten, die nicht für sie gedacht sind. Die Netzwerkgeräte müssen daher so konfiguriert werden, dass sie sämtliche bekannten Angriffe auf Netzwerkebene unterbinden oder zumindest so schnell und sicher melden, dass von der Administratorenseite her eingegriffen werden kann. Neben dem Problem, die Systeme so zu konstruieren, dass sie einerseits die erforderlichen Sicherheitsmaßnahmen ermöglichen, andererseits der Aufwand für die Wartung im Rahmen bleibt (die Systemparameter ändern sich häufig, und die Systeme sind oft räumlich sehr ausgedehnt), ist zusätzlich auch für physische Sicherheit zu sorgen, da die Systeme nicht selten recht exponiert aufgestellt werden.

Insgesamt stellen die Geräte eines Netzwerkes eine Hierarchie dar, die häufig so betrachtet wird, dass sich die Komponenten ergänzen. Was die eine Einheit macht, muss die anderen nicht auch noch erledigen. Diese Einstellung ist falsch, wie gerade die Fälle von Whistle-Blowern wie Bradley Manning (Geheimakten des US-Verteidigungsministeriums) oder Edward Snowden (Geheimakten der NSA) zeigen. Nur sehr langsam setzt sich das Prinzip des **Zero Trust Networks** durch: keine Instanz ist vertrauenswürdig. Statt die Hierarchie als Ergänzung zu betrachten, ist sie als Verstärkung anzusehen. Im Klartext: die Systeme selbst sind verschlüsselt, damit Wartungsarbeiten nicht für Datendiebstahl verwendet werden können, Nachrichten werden End-2-End-verschlüsselt, damit auf den Servern Spionagesoftware keine Chance hat, und Verbindungen zwischen den Rechnern werden ebenfalls verschlüsselt, damit die bereits verschlüsselten Daten auch genau den Weg gehen, den sie gehen dürfen. Darüber hinaus wird alles so weit wie möglich protokolliert, um im Falle eines Vertrauensbruchs den Urheber sicher erkennen zu können.

Natürlich ist die Administration dadurch etwas aufwändiger: soll eine Funktion freigegeben werden, muss das u.U. auf mehreren Geräte erfolgen, weil alle die Funktion verstärkend blockiert haben. Umgekehrt genügt es bei dieser Vorgehensweise für einen Angreifer aber auch nicht, ein Gerät zu manipulieren. Schaltet er beispielsweise eine Blockade im Betriebssystem eines Gerätes ab, blockieren immer noch weitere, und er muss die gesamte Hierarchie kompromittieren, um zum Erfolg zu kommen.

Um Angriffe zu erkennen, speziell auch neue Angriffsideen aufzudecken, werden oft Lockangebote (Honeypot) im Netz platziert und der Netzwerkverkehr einer gestaffelten Analyse unterworfen (Intrusion Detection System, IDS). Verschlüsselungsmethoden (Public Key Infrastructure) können einen Großteil der Angriffsmöglichkeiten unterbinden, unterbinden aber auch gleichzeitig die Arbeit von Application Firewalls oder IDSs (Indiskretionen können bei kompletter Netzwerkverschlüsselung beispielsweise nur schwer erkannt werden).

Zu berücksichtigen ist bei alledem, dass unterschiedliche Typen von Netzwerken existieren, die auch mit völlig unterschiedlichen Typen von Geräten zusammenarbeiten. Das Spektrum reicht vom Zentralrechner mit funktionsmäßig relativ beschränkten Clientsystemen über Arbeitsstationsnetzwerke, Funknetze und virtuelle Netzwerke bis hin zu Internettelefonen.

Auch die einzelnen Rechnersysteme sind zu überwachen. Virenscanner versuchen, Schadsoftware von den Systeme fern zuhalten, was um so schlechter gelingt, je individueller die Schadsoftware ist. Trojanische Pferde[13] beispielsweise sind nützliche Programme mit weniger nützlichem Nebenan-

---

13 Meist einfach „Troianer" genannt, obwohl diese historisch gesehen die Opfer des troianischen Pferdes gewesen sind. Aber für ein wenig Sprachverkürzung nimmt man heute auch schon mal gerne die Umkehrung der Bedeutung in Kauf. „Time is money".

teil, fast aus jeder nützlichen Anwendung zu konstruieren (der Entwickler muss nur seine Meinung ändern) und erst einmal zu entdecken, um ihre Erkennung dem Virenscanner beibringen zu können. Workstation-Firewalls, die überwachen, welche Programme Netzwerkverbindungen aufnehmen, können zur Erkennung beitragen.

Meist werden solche Schadprogramme durch Systemnutzer importiert, obwohl dies in allen Sicherheitsbestimmungen verboten ist (die Systemadministratoren wissen in der Regel, was sie tun, und fallen weniger leicht auf solche Software herein). Um dies sowie den unerlaubten Export von Daten zu verhindern, werden in den meisten Unternehmen inzwischen USB-Ports und CD-Laufwerke deinstalliert, allerdings mit der Folge, dass auch bei exportwürdigen Daten wie Präsentationen Probleme entstehen. Im- und Export sind nur noch über Emails möglich (auch FTP wird meist deaktiviert), so dass die Administrationsseite über eine Schnittstelle verfügt, an der Kontrollen möglich sind, Präsentationsdateien aber oft größer als die Emailquota sind. Zerteilen und Zusammenfügen ist nun für viele Nutzer eine Überforderung, verhindert auch wieder einen Teil der Kontrolle und schafft wieder Lücken für Angriffe, Export über die Administration wird wegen des damit verbundenen Arbeitsaufwandes ungern gesehen. Abhilfe lässt sich mit Dokumentenmanagement-Systemen schaffen, die jedes Dokument mit einem komplexen personen-, abteilungs- und aktenbezogenen Rechte- und Lebenszyklussystem versehen.[14]

Kontrollen, das sei am Rande vermerkt, sind technisch zwar sehr umfangreich möglich, aber ein heikles Thema, da man recht schnell in Konflikt mit Gesetzen kommen kann. So ist es, um ein Beispiel aus der Praxis aufzugreifen, durch Analyse des Emailverkehrs möglich, den Verantwortlichen für den Verrat geheimer Informationen und den dadurch verursachten Schaden ausfindig zu machen; kommt das heraus, wird man wegen Einbruchs in die Privatsphäre strafrechtlich belangt. Statt sich Gedanken darüber zu machen, wieso das Gesetz den Betrüger schützt und den Betrogenen obendrein noch kriminalisiert, sollte sich der Techniker bei solchen Fragen darauf zurückziehen, für ein gegebenes Problem technische Lösungen anzubieten. Über deren Einsatz und die Verantwortung hierfür sollen sich andere Leute Gedanken machen (wozu gibt es schließlich Anwälte?); im Gegenteil sind rechtliche Überlegungen beim Auffinden technischer Lösungen im Sicherheitsbereich eher hinderlich als hilfreich.

Bereits im letzten Kapitel haben wir die Softwarequalität angesprochen, die es natürlich auch außerhalb der Verschlüsselungstechnik zu beachten gilt. Häufige Ursachen für Daten- und Systemkompromittierungen sind

- ✗ Fehlende Längenprüfungen von Eingaben (buffer overflow). Für Eingaben werden oft nur bestimmte Pufferlängen reserviert, bei deren Überschreiten andere Daten oder Programmteile überschrieben werden. Durch Ausnutzen solcher Fehler kann ein Angreifer ein System lahmlegen, Daten zerstören oder das System übernehmen. Anfällig für solche Fehler sind vorzugsweise C Programme, in denen Prüfungen vom Programmierer im Code vorgesehen werden müssen (und dann vergessen werden).

- ✗ Fehlende Trennung interner und externer Daten in Serverprogrammen. Dies kann beispielsweise serverprogrammintern verwendete Variablennamen betreffen, die durch unzureichende Trennung in GET/POST-Nachrichten durch einen Angreifer mit anderen Daten eingeschmuggelt werden.

---

14 Da die Verwendung von Notebooks seit der Formulierung dieses Abschnitts stark zugenommen hat und Notebooks über WLAN in das Netzwerk eingebunden werden können, hat sich das technische Problem vermutlich weitgehend erledigt; das Sicherheitsmanagement wird hingegen noch komplexer: in welches WLAN darf ein Notebook, was darf darauf exportiert werden, in wie weit sind private Daten auf dem mobilen Gerät zulässig, dass ja meist auch mit nach Hause genommen wird, wie ist es dort geschützt?

Ein anderer Fehler dieser Art betrifft Datenbankschlüssel, die ohne Maskierung in Client-nachrichten auftreten. Durch Manipulation solcher Daten kann ein Angreifer Zugriffe auf Datenbereiche erlangen, die für den Nutzer sonst gesperrt sind.

✗ Fehlende Eingabekontrolle vor der Verwendung. Ein oft genutzter Angriffsweg ist die SQL-Injection, bei der der Angreifer Datenbankbefehle in einer normale Eingabe einbaut, die ihm größere Rechte verschaffen oder die Datenbank zerstören.

✗ Fehlende Eingabekontrolle vor der Weitergabe. Hier ist der Serverbetreiber oft nicht direkt selbst betroffen, sonder der folgende Nutzer (Cross site scripting), der sich aber in der Folge rechtlich am Serverbetreiber schadlos halten kann. Vielfach werden Javascript-Teile in einen Text eingebaut, der es dem Angreifer erlaubt, die Sitzungsdaten des nächsten Nutzers zu stehlen und damit noch Schlimmeres anzufangen.

Besonders für Serveranwendungen gibt es umfangreiche Prüfwerkzeuge wie MetaSploit, die eine Anwendung auf bekannte Lücken dieser Art überprüft. Solche Prüfwerkzeuge enthalten oft bis zu 20.000 Prüffälle, die jedoch meist mit gewissen Variationen in die oben genannten vier Klassen passen und mehr oder weniger jede Dummheit abprüfen, die schon einmal begangen ist. Das schützt zwar nicht gegen die Erfindung neuer Fehler, aber die Wahrscheinlichkeit, dass man etwas wiederholt, was andere bereits falsch gemacht haben, ist doch recht klein.

Bleibt zum Schluss noch die Unsicherheit Mensch selbst. Zwar gibt es einfache Regeln, bei deren Beachtung das als Angriffsverfahren immer beliebter werdende Phishing keine Chance hat, beispielsweise:

➢ antworten Sie nicht auf verdächtige Mails,

➢ öffnen Sie kritische Anwendungen nie über Links in Mails,

➢ achten Sie auf die korrekte URL und die Verschlüsselungssymbole,

➢ geben Sie Geheiminformationen nur an den Stellen an, die Ihnen bei Übergabe bekannt gemacht worden sind

➢ ...

aber das hindert viele Menschen immer noch nicht daran, sich trotzdem nicht darum zu kümmern. Teilweise ist das psychologisch bedingt:

● Je indirekter ein Kontakt ist, desto bereitwilliger werden Informationen herausgegeben. Am Telefon werden oft Sachen verraten, die man im persönlichen Gespräch nie äußern würde, und in sozialen Netzwerken werden Zugriffe auf Daten freigegeben, die selbst am Telefon nicht geäußert werden.

● Je massiver das Auftreten, desto eher der Erfolg. Rechtsanwaltstitel, Drohungen mit Anzeigen usw. führen in vielen Fällen zur Freigabe von Information oder Geld, wo Schweigen die korrekte Alternative gewesen wäre.

Das Rechtssystem, das subjektiv den Betrüger nicht selten besser stellt als den Betrogenen, tut ein Übriges. Zum anderen Teil ist es aber schlicht auch Unwilligkeit der Betroffenen, sich mit den Themen auseinander zu setzen, bevor es zu spät ist (zum Teil gilt das sogar noch für die Zeit danach), wobei die mediale Aufbereitung daran auch nicht schuldlos ist. „Internet-Banking-Verfahren unsicher" titelte beispielsweise die Presse, sogar mit dem BSI im Hintergrund. Bei genauerem Hinsehen stellt sich dann jedoch heraus, dass die Unsicherheit gar nichts mit den Verfahren zu tun hat, sondern eben mit genau diesem ignoranten Anwenderverhalten.[15]

---

15 Ehrlicher wäre die Meldung gewesen „Anwender zu blöd für Internet-Banking. Neue Verfahren zur Berücksichtigung dieser Blödheit müssen entwickelt werden." Aber wer will schon seine Kunden vergrätzen?

2 Mensch-Maschine-Interface

Als Mensch überschätzt man sich gerne. Was man selbst nicht hinbekommt, schaffen andere auch nicht, oder zumindest nicht so problemlos, dass nicht doch noch genügend Schlupflöcher bleiben, um das Schlimmste zu vermeiden. Wladimir Klitschko würde man höchstwahrscheinlich Ernst nehmen, wenn der jemandem verspricht, ihm was aufs Maul zu hauen, aber ein Notebook? Das kann ja noch nicht mal mit dem Hund Gassi gehen!

Was man dabei übersieht: mit Maschinen kann man nur auf bestimmte Weisen reden, und der Vorrat an Möglichkeiten ist beim Menschen begrenzt, weil er es eben evolutionär nie nötig gehabt hat, beispielsweise eine Zahl mit 300 Dezimalstellen auswendig zu können. Maschinen werden von Menschen programmiert, die genau wissen, wo die Fähigkeiten von Menschen aufhören. Spezialisierte Maschinen können daher heute nahezu nicht nur alles, was ein Mensch auch kann, sie können es oft wesentlich besser. Das betrifft besonders das Gebiet der Verschlüsselung und Sicherheit, und das sollte man sich klar machen, wenn man etwas absichern will.

2.1 Kennworte

Eine Maschine sollte nur für den Menschen arbeiten, dem sie zugeordnet ist. Eine Möglichkeit, das sicherzustellen, ist der Austausch von Kennworten: nur wer das richtige Kennwort angibt, für den arbeitet die Maschine. Für das „richtige Kennwort" gibt es allerdings keine einfachen Regeln: ein Kennwort aus 4 Zeichen muss nicht unsicher sein, und ein solches aus 40 Zeichen nicht sicher. Was spielt alles eine Rolle?

2.1.1 Grundregeln

Die Verschlüsselung und Entschlüsselung ist eine Angelegenheit für Maschinen, die dazu notwendigen Schlüssel werden vom Menschen beigesteuert. Fassen wir den Begriff „Schlüssel" etwas weiter, so ist auch für den Zugang zu Systemen ein Schlüssel notwendig. Erst nach Eingabe des richtigen Schlüssels sind Daten oder Funktionen zugänglich – auf dem System zwar meist im Klartext, aber doch hinter dem Zugangstor verschlüsselt. Meist muss sich ein Anwender durch eine Kombination von Namen und Kennwort ausweisen; ist nur ein Anwender Nutzer des Systems, genügt auch ein Kennwort, sind aber mehrere Nutzer vorhanden, so ist meist der Name zusätzlich notwendig, um auf dem System das zugehörende Kennwort zu bestimmen und individuelle Nutzungsbedingungen festzulegen.

Eine Kette ist bekanntlich immer so stark wie ihr schwächstes Glied. Mit einer 128-Bit-Verschlüsselung sollte man daher nur dann Reklame machen, wenn der verwendete Schlüssel ebenfalls diese Sicherheit aufweist. d.h. entweder ebenfalls diesen Suchaufwand verursacht, wenn er durch Probieren gefunden werden soll, oder durch andere Maßnahmen, die einen entsprechenden Zeitaufwand verursachen, gesichert ist. Den meisten Lesern wird die in vielen Filmen verbreitete Methode, eine Verschlüsselung durch Ausprobieren von Vor- und Zunamen oder Geburtsdaten durch einen „Experten" in kurzer Zeit zu knacken, vermutlich bekannt sein. Viele Leute hält das offenbar trotzdem nicht von der Verwendung solcher Kennworte ab, und Computer können solche und kompliziertere re Tests in wesentlich kürzerer Zeit bewerkstelligen, was die Sache eigentlich noch schlimmer macht.

Eine andere, ebenfalls in Filmen gerne demonstrierte Methode, Kennworte zu ermitteln, ist das Absuchen der Umgebung nach Zetteln, auf denen das Kennwort notiert ist. Erstaunlicherweise wird auch gegen die Basisregel, ein Kennwort nirgendwo zu notieren und einen Zettel, mit dem ein vom Administrator vergebenes Kennwort übermittelt wird, sofort aufzuessen, gerne verstoßen, wobei natürlich jeder ein „todsicheres Versteck" auswählt, auf das mindestens 98% aller anderen Menschen aufgrund der allgemeinen Hirnstruktur ebenfalls kommen und das von Angreifern spätestens beim 3. Versuch entdeckt wird. Selbst recht banale Kennworte werden auf diese Weise gegen Vergessen „gesichert".

Die erste Regel lautet also:

Das Kennwort befindet sich nur im Gehirn des Nutzers

Das Grundproblem einer durchgehend starken Sicherheitskette besteht darin, dass menschenverträgliche Kennworte, d.h. solche, die sich ein Mensch gut merken kann, i.d.R. eine schlechte Qualität in der Maschinenwelt besitzen, gute Maschinenkennworte jedoch nicht vom Menschen memoriert werden können. Verschärft wird die Situation durch immer mehr Maschinenkontakte, die eine Identifizierung verlangen, von denen jeder mit einem eigenen Kennwort zu versehen ist, will man nicht Gefahr laufen, dass durch einen Bruch eines Kontakts, an dem man noch nicht einmal die Schuld tragen muss, andere Kontakte ebenfalls kompromittiert werden. Wird beispielsweise ein Server von Hackern geknackt und berücksichtigt man, dass Internetspuren vielfach aufgezeichnet werden, die Hacker also auch an Informationen gelangen können, welche Seiten von einem Nutzer noch besucht worden sind, so kommt man um die Erkenntnis der Richtigkeit der Regel Nummer zwei

„ein Account – ein Kennwort"

nicht herum. Auch wichtige von unwichtigen Konten trennen zu wollen ist ein verkehrter Ansatz. Wem ein missgünstiger Zeitgenosse ein schlüpfriges Foto mit montiertem eigenen Kopf auf die Internetseite geschmuggelt hat, weil das Kennwort leicht zu erraten war, der wird wohl auch das unwichtige Facebook-Konto nicht mehr für ganz so unwichtig halten.

Glücklicherweise muss ein Kennwort nicht immer die rechnerische Sicherheit eines Maschinenschlüssels besitzen. Mit verschiedenen Rahmenbedingungen kann ein Angriff auch bei sehr kurzen Kennworten uninteressant gemacht werden. Wir gehen hier einige Möglichkeiten durch und demonstrieren dabei auch einmal die analytische Denkweise, auf die wir im ersten Kapitel hingewiesen haben.

2.1.2 PIN und TAN

Bei PIN und TAN handelt es sich um numerische Codes mit einem Schlüsselumfang von (nur) 10^4 – 10^6 Möglichkeiten. Die Absicherung gegen einen Einbruch in ein so gesichertes System besteht in zwei Maßnahmen:

1. der Begrenzung der Anzahl falscher Versuche (1-3), bevor das Konto für weitere Versuche gesperrt wird, und

2. der relativen Schwierigkeit, an eine genügende Anzahl allgemeiner Konteninformationen für ein erfolgreiches Eindringen in ein Konto zu gelangen.

Betrachten wir als Beispiel das elektronische Banking. Um mit Hilfe einer EC-Karte erfolgreich Geld abheben zu können, müsste ein Dieb im statistischen Mittel 3.300 Kreditkarten stehlen, bis er erfolgreich eine PIN erraten hat, was für einige hundert Euro zu viel Aufwand wäre. Eine vierstellige PIN ist daher in dem Sinne „sicher", dass sich der Aufwand für den Angreifer im Verhältnis zum zu erwartenden Gewinn nicht lohnt.[16]

Ähnlich verhält es sich mit dem allgemeinen Zugang zum Konto, der bei manchen Instituten ebenfalls nur aus einem 6-stelligen Zifferncode besteht. Absicherung hier ist i.d.R. mindestens dreistufig:

1. Die Zugangsnummer zum Internetkonto ist meist eine andere als die Kontonummer selbst, was den Angreifer vor das erste Problem stellt, selbst wenn er die Kontonummer aus Überweisungen kennt.

2. Das unauffällige Durchprobieren aller PIN-Kombinationen würde eine erhebliche Zeit erfordern (der Angreifer muss zwischen den Versuchen hinreichend lange warten, um ein korrektes Einloggen des Anwenders und damit Löschen des Fehlversuchszählers, der hier ähnlich wie bei den EC-PINs irgendwann das Konto sperrt, zu ermöglichen).

3. Hat er die Schwellen überwunden, kann er nur das Konto ansehen, braucht für Schlimmeres aber zusätzlich TANs[17].

Der Unterschied zwischen PIN und TAN ist die Wiederverwendbarkeit. Eine PIN kann bei fehlerfreier Verwendung beliebig oft eingesetzt werden, eine TAN nur einmalig. TANs werden daher meist in Form von Listen ausgeliefert und vom Nutzer auch in dieser Form aufbewahrt, was wiederum neue Unsicherheiten schafft, denn ein Verlust der Liste oder eines Teils davon kann fatal sein. Es gibt verschiedene Methoden, die Sicherheit zu verbessern:

a) Bei einfachen TAN-Listen kann der Anwender eine beliebige TAN verwenden, muss sich aber merken, welche er bereits verwendet hat. Meist erfolgt das durch Markieren, und ein Dieb wüsste dadurch genau, welche TANs noch zur Verfügung stehen.[18]

---

16 Es lohnt sich allerdings, die Bankautomaten zu manipulieren, indem mit aufmontiertem Lesegerät der Magnetstreifen ausgelesen und mit einer versteckten Kamera die PIN ausgespäht wird. Eine duplizierte Karte führt dann zum Erfolg. Aufmerksamkeit des Nutzers und Wechseln zum nächsten Automaten im Zweifelsfall ist dann gefragt. Verdecken der PIN-Eingabe durch Gummiblenden ist die bislang einzige Maßnahme der Banken, obwohl auch hier Möglichkeiten existieren, z.B. über anders montierte IR-Kameras an die Ziffern der PINs zu gelangen. Dann muss der Angreifer zwar auch viele Möglichkeiten ausprobieren, was aber beim Strecken der Aktion auf 2 Wochen nicht auffällt und mit einiger Wahrscheinlichkeit zum Erfolg führt. Weshalb die Banken noch immer nicht komplett vom Magnetstreifen auf den wesentlich schwieriger auszulesenden Chip, den die Karten heute enthalten, umgestiegen sind, ist wohl eine berechtigte Frage.

17 TAN ist die Abkürzung für **T**ransaktions**n**ummer (ähnliches gilt für PIN), so dass die Pluralform TANn heißen müsste. Im englischen heißt es transaction **n**umber, und das 's' wäre das korrekte Pluralsuffix. Sprache soll aber auch ansprechen, daher ist TANs die bessere Form. Reden wir uns also damit heraus, die englische Grundform für die Abkürzung verwendet zu haben. Wem das nicht passt, kann auch die andere Form verwenden.

18 Nicht selten werden seitens der Institute Markierungslisten in den Kontendaten bereitgestellt, um Fehler durch vergessene Markierungen zu vermeiden.

Außer durch Diebstahl der Liste kann ein Angreifer auch durch Phishing[19] oder Man-in-the-middle-Angriffe[20] in den Besitz einer oder mehrerer gültiger TANs gelangen. Da diese meist unbeschränkt nutzbar sind, werden einfache TAN-Listen nur noch selten eingesetzt.

b) Bei i-TANs (indexed TAN) wird eine bestimmte TAN vom Institut abgefragt. Es kommt so weniger häufig zu Fehlern infolge vergessener Markierung benutzter TANs, mehr Sicherheit entsteht aber nicht, sofern die Liste gestohlen wird.

Durch Phishing kann ein Angreifer ebenfalls an gültige TANs gelangen, jedoch muss er u.U. mehrere Versuche starten, bis von der Bank eine im bekannte angefragt wird. Bei Man-in-the-middle-Angriffen sinkt die Wahrscheinlichkeit, mit einer abgefragten TAN etwas anfangen zu können, nochmals deutlich ab. Dieses Verfahren wird derzeit am häufigsten eingesetzt.

c) Beim m-TAN-Verfahren (messaged TAN) wird dem Anwender die TAN über einen anderen Kommunikationsweg, z.B. als SMS auf das Handy, zugesandt. Statt eines Diebstahls der TAN-Liste ist nun ein Diebstahl des Handys notwendig. Alternativ sind auch spezielle Empfänger notwendig, die ebenfalls einen Zugangscode (PIN) erfordern und daher weitere Sicherheit geben.

d) Beim c-TAN-Verfahren (computed TAN) ist eine TAN aus der Liste nicht direkt verwendbar, sondern der Anwender muss ein Rechenverfahren anwenden, beispielsweise eine weitere geheime Zahl dazu addieren, um eine gültige TAN zu erhalten.

Dieses Verfahren dürfte an den beschränkten Rechenkünsten eines großen Teils der Nutzer scheitern (es sind auch maschinell unterstützte Varianten im Einsatz, und wir werden später im Zusammenhang mit Hashfunktionen eine weitere Möglichkeit kennen lernen, c-TANs bei Bedarf aus einem anderen Kennwort zu berechnen).

Außen vor gelassen haben wir bei dieser Betrachtung die Absicherung der PINs und TANs auf der Serverseite, da hier die anderen Themenkreise wesentlich stärker betroffen sind und die reine Kryptologie nur einen kleinen Bereich umfasst.

2.1.3 Lexikalische Kennworte

Lexikalische Kennworte werden/wurden vielfach als Zugangsdaten auf (älteren) Servern verwendet und sind für den Menschen gut beherrschbar, auch wenn mehrere Kennworte zu verwalten sind. Da ältere Systeme oft Grenzen für die Längen vorsehen (6-8 Zeichen), liegt die Anzahl der Möglichkeiten kaum über 5.000 – 6.000, ist also nicht besser als die Verwendung von PINs (auf die Verwendung von persönlichen Daten haben wir oben schon hingewiesen).

---

19 Per Email wird der Kontoinhaber gebeten, sich auf einer täuschend echt gefälschten Seite einzuloggen und „zur Sicherheitsüberprüfung" eine oder mehrere gültige TANs anzugeben. Zu bemerken sind solche Angriffe durch Links in den Emails (das machen sicherheitsbewusste Unternehmen in der Regel nicht) oder falsche Signaturdaten in der Browser-URL-Leiste.

20 Der Angreifer setzt sich zwischen den Clientrechner und den Bankserver (meist infolge von Schreibfehlern in der URL) und leitet den Datenverkehr nur durch – mit Ausnahme einiger TAN-Nummern, bei denen er ohne Kontakt mit dem Bankserver den Vermerk „ungültig" an den Kunden zurückgibt. Durch weitere TANs kann dieser das Geschäft aber in der Regel korrekt beenden, nur dass der Angreifer jetzt in Besitz sämtlicher Daten einschließlich einiger noch gültiger TANs ist. Zu bemerken ist dies durch falsche URL- und Signaturdaten in der Browser-URL-Leiste.

Die Absicherung gegen einen Einbruch besteht meist in einer Zeitbeschränkung der Eingabe (i.d.R. aber nicht im Sperren eines Zugangs), d.h. zwischen verschiedenen erfolglosen Versuchen muss der Angreifer einige Sekunden bis Minuten warten. Bei einer Wartezeit von 1 Minute zwischen den Versuchen und einem Umfang von 10.000 möglichen Kennworten genügen aber maximal 6,9 Tage, um ein solches Konto maschinell zu knacken. Der Angreifer muss also nur warten, bis der Anwender seinen Urlaub nimmt, und hat dann genügend Zeit (ansonsten müsste er nach einigen Versuchen aufgeben, um den Wartezeitzähler zurück zu setzen, da der ansonsten ebenfalls wartende Nutzer die Versuche bemerken könnte. Bleiben hierdurch von den 1.440 möglichen Versuchen im Urlaub nur 10% übrig, ist das Konto nach 2 Monaten trotzdem geknackt, also möglicherweise noch vor dem Urlaub).

Der Anwender kann die Situation durch absichtliche Schreibfehler verbessern, z.B. wahlloses Wechseln zwischen Groß/Kleinschreibung, was für ein Wort der Länge n zu 2^n Möglichkeiten, also etwa in den Bereich von etwa 10^6 möglichen Schlüsseln führt. Für den Angreifer steigt der Maximalaufwand hierdurch auf ca. 2 Jahre bei durchlaufenden Versuchen ohne Pause, was einen sehr ausgedehnten Urlaub des Konteninhabers bedeutet.

Abgesehen von einem Angriff auf das Anmeldesystem selbst sind die Kennwortdateien auf den Servern ebenfalls ein Angriffspunkt. Da bei einem Bruch derartige Kennworte in Sekunden ermittelt werden können, ist von der Verwendung abzusehen.

Die Nichtverwendung zu einfacher Kennworte kann von den Administratoren zumindest teilweise kontrolliert werden. Bei der Einrichtung oder Änderung von Kennworten prüfen einige Softwarewerkzeuge, ob eine Mindestlänge eingehalten wird, andere vergleichen ein eingegebenes Kennwort mit einer Tabelle von einigen 100.000 besonders trivialen Einträgen und akzeptieren nur Eingaben, die sie hier nicht finden.[21]

2.1.4 Erweiterte Alphanumerische Zeichenketten

Lässt man die Längenbeschränkung und den Sinngehalt von Kennworten fallen, so gelangt man zu beliebigen alphanumerischen Zeichenfolgen (die auch Steuerzeichen enthalten können). Zeichenkombinationen wie „2eEr2_:2@" erlauben höhere rechnerische Sicherheiten als lexikalische Kennworte. Pro Byte erreicht man etwa 6,6 Bit für den Schlüssel, so dass man 19-20 Zeichen benötigt, um auf die rechnerische Sicherheit von 128 Bit zu gelangen. Bereits wesentlich früher kann man aber Beschränkungen beim Kontenzugriff wie Wartezeiten fallen lassen. Solche Kennworte sind damit auch für direkte Verschlüsselungen von Daten, bei denen man nach einem Diebstahl extrem effiziente Angriffsmöglichkeiten unterstellen muss, brauchbar.

Der Nachteil ist, dass sich ein Anwender solche Kennworte nur sehr schwer merken kann, insbesondere bei der Forderung, für jedes Konto ein eigenes Kennwort zu definieren. Diese Strategie ist mit 8-12 Zeichen trotzdem die meist verwendete (ca. $7,4*10^{19}$ Schlüssel bei 10 Zeichen). Es existieren eine Reihe von „Eselsbrücken", sich die Zeichenfolgen zu merken, auf die wir hier aber nicht näher eingehen (sie sind meist mit Einschränkungen verbunden und vermindern so die Sicherheit).

Trotz der komplizierten Darstellung liegen auch diese Kennworte nicht in einer maschinengerechten Form vor: Maschinenschlüssel sind 64- oder 128-Bit Binärzahlen. Mit Hilfe von Hash-

---

21 Darüber hinaus gehende Prüfungen, die in Zeiten geringer Belastungen des Systems die Kennworte überprüfen und Alarmmeldungen an den Anwender versenden, wenn sie ein Kennwort erkennen konnten, werden von manchen Systemen zwar ebenfalls durchgeführt, bewegen sich aber schon in einer Grauzone zu echten Angriffen.

funktionen lassen sich die Zeichenketten aber leicht in maschinengeeignete Schlüssel umwandeln. Hashfunktionen sind Einwegverschlüsselungen, d.h. eine eingegebene Zeichenkette beliebiger Länge wird (meist ohne einen geheimen Schlüssel) in ein Chiffrat fester Länge überführt, das jedoch nicht mehr entschlüsselt werden kann. Hashfunktionen können noch in anderer Weise den Umgang mit Kennworten unterstützen, was wir aber später diskutieren werden.

2.1.5 Kennwortsätze

Um die Anwenderfreundlichkeit wiederherzustellen, werden oft Kennwortsätze gebildet. Die Merkbarkeit ist dabei um so größer, je mehr grammatikalischen Sinn ein solcher Satz besitzt. Genau deswegen streiten nun auch wieder die Experten, welche Sicherheit einem Kennwortsatz nun tatsächlich zukommt. Längen von 35-40 Zeichen sind hier im Gespräch, wobei das natürlich wieder zu Lasten der Brauchbarkeit geht, weil diese Menge erst einmal fehlerfrei eingetippt sein will (böse Stimmen behaupten, in manchen Unternehmen mit Arbeitsbeginn um 8.00 Uhr sei das erste System dann erst um 10.30 Uhr betriebsbereit).

Bei Auswahl eines Satzes sollte man tunlichst auf Zitate aus bekannten Büchern verzichten (die Bibel scheidet damit wohl komplett aus), da eine auf diese Kennwortart zugeschnittene Angriffssoftware vermutlich auch zunächst Texte aus nach Bekanntheitsgrad sortierten Büchern durchprobiert. Außerdem kann man eine Suchmaschine konsultieren: gibt die einem Referenzen an, wo dieser Satz auch noch zu finden ist, sollte man wohl besser darauf verzichten. Aber auch aus anderen Gründen ist Vorsicht geboten.

Aufgabe. Hier kommt die erste Aufgabe für Sie. Schätzen Sie einmal die statistische Sicherheit von Kennwortsätzen in Abhängigkeit von der Wortzahl eines Satzes ab. Sie benötigen dazu einen lesbaren Text, möglichst ein oder mehrere Bücher, sowie eine Datenbank. Werten Sie die Sätze des Textes aus, indem Sie in der Datenbank notieren, welche Worte an welcher Indexposition in einem Satz auftauchen.

Da Sprachen stark strukturiert sind, dürften an bestimmten Positionen überwiegend wenige Worte wie „der, die, das" auftreten, d.h. die Anzahl der Möglichkeiten der Wortauswahl variiert mehr oder weniger stark in Abhängigkeit vom Index. Die unten stehende Tabelle enthält die Anzahl an Codemöglichkeiten bei jeweils 8 Codezeichen. Ein Kennwortsatz, der in jedem Wort den gesamten Wortschatz ausnutzt, gehört damit in die obere Sicherheitskategorie, besitzt aber bei 8 Worten vermutlich bereits einen Umfang von 40-50 Zeichen. Realistisch abgeschätzt kann man in einem Satz, der noch irgendeinen Sinn machen soll (und das ist zur Merkbarkeit sinnvoll), vermutlich nur ein Wort aus dem Gesamtwortschatz wählen, für weitere 4 kommen vermutlich kaum mehr als jeweils 50 Möglichkeiten in Betracht, für den Rest vielleicht 250. Wenn man einen Schritt weiter geht und in Abhängigkeit der Satzkonstruktion bis zum Wort n-1 das Wort n aus einer Datenbank auswählt, lässt sich möglicherweise der Umfang der Möglichkeiten weiter verringern. Trotzdem sollte ein gut gewählter Kennwortsatz im oberen Bereich der Sicherheit rangieren. Wie bei Standardkennworten kann man durch bewusste Schreibfehler die Situation natürlich auch wieder verbessern.

Muster: 8 Zeichen	Codes
8 Bit	$1,8 * 10^{19}$
Kryptisch 100 Z.	$1,0 * 10^{16}$
Buchstaben+Ziffern	$2,8 * 10^{14}$

Muster: 8 Zeichen	Codes
Buchstaben	$6,2 * 10^{13}$
8 lexikalische Worte (Wortschatz 20.000)	$2,6 * 10^{34}$
Kennwortsatz ?	$1,9 * 10^{18}$

Bei einem Angriff auf ein Kennwort muss eine Strategie ausgewählt werden, die bei den ersten vier Möglichkeiten weitgehend identisch ist, d.h. wenn die reine Buchstabenkombination nichts fruchtet, sattelt der Angreifer eben die Ziffernkombinationen noch drauf. Für Kennwortsätze ist jedoch eine völlig andere Strategie notwendig. Als weitere Regel für den Umgang mit Kennworten oder Kennwortsätzen sollte (neben der Verwendung eines hinreichend langen Satzes) auch gelten, andere Personen im Unklaren lassen, welche Kennwortstrategie man einsetzt.

Trotz einiger Vorbehalte und Unklarheiten sind Kennwortsätze meiner Ansicht nach eine recht gute Methode für die Absicherung von verschlüsselten Dateien oder Festplatten, weil ihre Merkbarkeit am größten ist. Auch mehrere unterschiedliche Kennwortsätze sind gedächtnistechnisch kein Problem. Allerdings gilt das in zwei Richtungen: eine Eingabe mit Klartextsichtbarkeit auf dem Bildschirm sollte man nur verwenden, wenn niemand mitlesen kann, denn solche Sätze kann man auch im Vorbeigehen ganz gut erfassen und behalten.

2.1.6 Kombinationsmethoden

Kommen wir noch einmal auf eine (Festplatten)verschlüsselung zurück. Ist die Anmeldung mit einem komplizierten Kennwort erfolgt, werden die geheimen Daten für den Umgang mit den Plattensystemen im RAM gespeichert und sind dann außer für Cold-Boot-Attacken relativ sicher.[22] Dies könnte mit einer PIN-Sicherung des Systems verbunden werden: nach erfolgreicher Anmeldung vergibt das System eine Tages-PIN, mit der sich der Anwender nach vorübergehender Deaktivierung ohne Systemabschaltung wieder anmelden kann. Nach dreimaligem Fehlversuch ist dann wieder der komplette Kennwortsatz anzugeben. Dies würde die häufige Eingabe des langen Satzes unnötig machen. Ein Angreifer müsste im Durchschnitt wieder ca. 3.000 Versuche starten, um einen vorübergehenden Zugriff zu erhalten, wäre aber bei der nächsten Gelegenheit aufgrund des wechselnden Kennwortes auch nicht schlauer als vorher. Es existieren sicher eine ganze Reihe von Einsatzfällen, in denen man mit dieser Sicherheit hinreichend gut bedient wäre, vorausgesetzt, die Anwender halten sich an Grundregel 1 (nichts notieren!).

Für den Umgang mit Konten auf verschiedenen Servern bieten sich Passwordsafes an: die Kennworte werden in einer Datei gespeichert, die wiederum mit einem Kennwortsatz verschlüsselt sind. Kennworte für weitere Konten können von der Software als alphanumerische Zeichenfolgen meist als Servicefunktion automatisch generiert werden. Kennwortsafes werden als Bestandteil der meisten Browser angeboten, sind dann allerdings auch ortsgebunden, weil den Browsern Export- und Zusammenführungsmöglichkeiten fehlen (abgesehen von der Möglichkeit mehrerer Nutzer).

---

22 Bei dieser Angriffsform wird der Speicher im laufenden System tiefgekühlt und dann die Versorgungsspannung abgeschaltet. Die Speicherinhalte bleiben bei tiefen Temperaturen auch ohne Stromversorgung einige Zeit erhalten und können durch Wiederhochfahren des Systems mit einem speziellen minimalen Bios, das die Speicherinhalte nicht angreift, ausgelesen und analysiert werden. Das Verfahren gehört inzwischen zu den kriminaltechnischen Standardverfahren zur Beweissicherung.

Eigenständige Kennwortsafes können auf USB-Sticks installiert und damit auch auf anderen Rechnern verwendet werden. Viele Unternehmen lassen aus Sicherheitsgründen an ihren Systemen jedoch inzwischen weder USB-Ports noch CD-Laufwerke zu, so dass die Datenbanken der Kennwortsafes per Email zwischen verschiedenen Arbeitsstationen ausgetauscht werden müssen (falls die EDV-Abteilung sich herablässt, die Software zu installieren. Dienstleistung wird hier oft buchstäblich kleingeschrieben).

Alternativ können die Safedateien im Netzwerk verwaltet oder die Kennworte gleich über einen Server verwaltet werden und stehen damit auch dann zur Verfügung, wenn man vergessen hat, eine Mail an das neue Gerät zu senden oder eine Safeanwendung nicht installiert ist. Man muss sich als Nutzer bei einer im Netzwerk verfügbaren Datei allerdings vergewissern, dass

> ➤ die Absicherung der Daten durch ein hochsicheres Kennwort erfolgt, denn zumindest bei einer im Netz verfügbaren Datei ist ein Angreifer kaum noch Beschränkungen hinsichtlich seiner Angriffstechniken unterworfen.[23]

> ➤ dem Gerät, an dem gerade gearbeitet wird, hinreichend vertraut werden kann und nicht über eine installierte Spionagesoftware die Daten ausgelesen werden.

Aufgabe. Die Verwaltung von Kennworten über einen Server zu organisieren ist eine recht interessante Aufgabe der Netzwerkprogrammierung. Falls Sie schon einmal mit dieser Thematik zu tun hatten, können Sie sich an einer Lösung versuchen, wobei Sie im Vorgriff auch schon einmal Verschlüsselungstechniken einsetzen können.

Die Verwaltung der Kennworte erfolgt mittels einer Serverdatenbank, wobei Sie ein Datenbankschema entwerfen sollten, dass die Verwaltung mehrerer Nutzer und pro Nutzer jeweils mehrerer Kennwortkategorien erlaubt, so dass ein Nutzer leicht das benötigte Kennwort identifizieren kann. Die Programmierung erfolgt zweckmäßigerweise in der Programmersprache PHP, wofür es verschiedene, recht leicht zu erlernende Frameworks gibt.[24]

Die Kennworte werden mit einem harten Kennwort verschlüsselt und verschlüsselt gespeichert und im Netzwerk übertragen. Die Ver- und Entschlüsselung erfolgt ausschließlich im Browser, wozu Sie nun JavaScript als Programmiersprache einsetzen müssen (nebst HTML). Um verwendet werden zu können, wird das entschlüsselte Kennwort in die Zwischenablage kopiert und in der Zielanwendung wieder eingefügt.

Neben der Anwendungsprogrammierung erstellen Sie bitte auch eine Sicherheitsanalyse: was könnte/kann alles schiefgehen, so dass ein Angreifer ein Kennwort auf dem Clientsystem wiederfinden kann, wenn der Nutzer es verlässt. Aus dieser Analyse resultiert eine Bedienungsanweisung für den Anwender für den sicheren Umgang mit den Daten sowie ggf. eine Liste weiterer, später zu erledigender Softwarearbeiten.

2.1.7 Hard- und Softwareeinflüsse

Vergessen Sie nicht das Gesamtszenario! Ein Angreifer ist grundsätzlich nicht kooperativ, also welche Möglichkeiten hat er noch? Lassen wir einmal Entführung, Erpressung und Drogen außen vor, so bleiben noch:

---

23 Die Datei sollte zumindest keinen wieder erkennbaren Namen oder Namensbestandteil sowie keine interpretierbare Struktur aufweisen.

24 Beispielsweise CodeIgniter.

➢ Entwendung der verschlüsselten Daten. Sind diese nur mit einem kurzen Kennwort gesichert, das ansonsten genügt, hat man verloren. Wie wahrscheinlich ist die Entwendung der Daten?

➢ Schadsoftware auf dem System. Gelingt es, einen Keylogger zu installieren, nützen auch noch so lange Kennworte leider nichts. Sind die Maßnahmen gegen Spähsoftware ausreichend? Ist die Arbeitsdisziplin ausreichend?

➢ Manipulation des Systems. Es gibt Möglichkeiten, Manipulation der Hardware zu erkennen, beispielsweise durch Folien, deren elektrische Eigenschaften sich ändern, wenn sie verformt werden. Ist es sinnvoll, solche Maßnahmen zu ergreifen?

➢ Diebstahl des kompletten Systems. Im Prinzip steht man hier vor der gleichen Frage wie im ersten Fall. Man kann sie aber auch anders betrachten: ein Handy ist schnell verschwunden, also sollten bestimmte Daten dort erst gar nicht abgelegt werden.

Solche Überlegungen muss man in fast allen Fällen an sein fertiges Primär-Konzept anhängen. Ich belasse es aber weitgehend bei diesem Abschnitt. An anderer Stelle wissen Sie dann, woran Sie noch denken müssen.

2.2 Biometrie

Neben der Authentifizierung über Kennworte werden heute oft spezifische Personenmerkmale zur Identifizierung herangezogen. Der Vorteil liegt darin, dass die Person sich keine komplizierten Kennworte merken muss und die Authentifizierung meist sehr schnell geht, da auch keine Kennworte einzugeben sind. Der Authentifizierungsvorgang kann sogar ohne bewusste Mitwirkung erfolgen, was aber wiederum Anlass zu missbräuchlicher Verwendung gibt. Da die Sicherheit solcher Verfahren nun auch wieder im Zusammenhang mit einer Gesamtsicherheit betrachtet werden muss, ist es angebracht, einen kurzen Blick auf biometrische Verfahren zu werfen.

Die Identifizierung von Personen über biologische Merkmale ist eine sehr alte Methode, denn bereits der Identitätsnachweis durch eine Unterschrift ist eine biometrische Identifikation. Die Feinmotorik der Muskulatur ist sehr individuell, und Unterschriften sind daher relativ sicher einer bestimmten Person zuzuordnen, wenn man Vergleichsmuster besitzt.

Nun weiß man, dass sich dies einfacher anhört, als es ist. Die Unterschrift ändert sich im Laufe des Lebens und wird oft zunehmend unleserlicher, da man wohl unterbewusst (oder vielleicht auch absichtlich) auch nach dem individuellen Schnörkel sucht. Unterschriften variieren auch kurzfristig stark, wenn motorische Schwankungen hinzukommen (Ermüdung, aber beispielsweise auch Unterschriften auf den heute allgegenwärtigen elektronischen Tabletts, die keine Auflage für die Hand bieten), und Unterschriften können von geschickten Dritten gefälscht werden. Graphologen bewerten daher Unterschriften auch nicht zweidimensional wie der Normalbetrachter, sondern dreidimensional, in dem die Druckpunkte des Stifts beim Leisten einer Unterschrift mit bewertet werden. Dieses Druckpunktmuster ist wesentlich schwieriger zu kopieren, und im Zweidimensionalen kaum erkennbare Fälschungen lassen sich durch solche Analysen oft sicher erkennen.

Die individuelle Motorik hat aber auch noch andere Auswirkungen. Nimmt man beispielsweise die Tastaturbedienung an einem Rechnersystem auf, so kann man aus dem Bedienmuster in der Regel relativ sicher auf den Bediener zurückschließen. Für Onlineidentifikation eignet sich das Verfahren natürlich nicht, da der Probenumfang relativ groß ist.

Zu Erzeugung zufälliger Muster (Zufallszahlen) wird ein Nutzer oft gebeten, Tastatureingaben oder Mausbewegungen vorzunehmen. Aus besagten Gründen ist die Bandbreite solcher Eingaben deutlich weniger hoch, als man trivialerweise annehmen würde, und stehen einem Angreifer Eingabemuster zur Verfügung, kann er die resultierenden Sicherheitsparameter oft bereits sehr weit eingrenzen. Solche Verfahren werden daher heute nur noch als ein Bestandteil für die Erzeugung zufälliger Informationen verwendet.

Eine weitere Möglichkeit zur Identifikation sind Schrittanalysen. Gänge mit Drucksensoren vermögen Gewicht und Schrittmuster von Personen aufzunehmen, und bereits wenige Meter sind hinreichend, um eine Zuordnung zu einer Person vornehmen zu können, normales Bewegungsmuster vorausgesetzt. Der Einsatz ist allerdings weniger im Bereich der Berechtigungsidentifikation zu suchen als im Bereich der Sicherheitsidentifikation: in gefährlichen Arbeitsbereichen ist es im Falle eines Unfalls wichtig zu wissen, wer sich in einem Bereich aufhält, und solche Analysemethoden liefern auf einfache Art genau diese Information.

Die moderne Technik hält aber noch weitere Methoden bereit, die sich für eine Identifikation von Personen anstelle von Kennworten oder als zusätzliches Identifikationsmerkmal anbieten. Die Sicherheit solcher Methoden ist allerdings ebenfalls aus technischen Gründen wieder etwas zweischneidig, weshalb sie eigentlich nur als zusätzliches Mittel eingesetzt werden sollten, wenn es um echte Sicherheit geht. Bei den im Weiteren jeweils kurz andiskutierten Methoden ist zu berücksichtigen, dass sie in zwei Formen existieren:

- Kriminaltechnische Methoden zur Identifikation eines kooperationsunwilligen Teilnehmers. Eine Möglichkeit zur Wiederholung der Messung ist in der Regel nicht gegeben, die Anzahl der Teilnehmer ist meist sehr groß, wobei der zu identifizierende Teilnehmer nicht in der Datenbank vorhanden sein muss. Die Zeit für die Analyse spielt allerdings keine Rolle.

- Sicherheitstechnische Methoden zur Echtzeitidentifikation eines kooperativen Teilnehmers. Die Messung kann bei Unklarheiten jederzeit wiederholt werden, die Datenbank ist meist wesentlich kleiner, die Entscheidung muss allerdings in Sekunden erfolgen.

Wir werden uns hier nur dem zweiten Aspekt widmen. Aus den unterschiedlichen Anforderungen dürfte klar sein, dass die hier verwendeten Algorithmen nicht viel mit den kriminaltechnisch verwendeten zu tun haben.

Beim Einsatz biometrischer Verfahren sind vier Identifikationsfälle zu unterscheiden:

1. Person A wird korrekt als A identifiziert. Dies sollte in der Mehrzahl der Versuche das Ergebnis sein.

2. Person A wird fälschlicherweise abgewiesen. Der Versuch ist in diesem Fall zu wiederholen, ggf. sind die Verfahrensparameter anzupassen.

3. Person B wird korrekt abgewiesen. Dies sollte das reproduzierbare Ergebnis von Versuchen mit unbekannten Personen sein.

4. Person B wird als Person A fälschlicherweise identifiziert. Die Verfahrensparameter sind so zu wählen, dass diese Fall nie eintritt.

Man erkennt unschwer eine Konfliktmöglichkeit zwischen 2. und 4. Werden die Verfahrensparameter sehr eng eingestellt, verringert sich die Gefahr, Fremde fälschlicherweise zu identifizieren, andererseits wächst aber auch die Wahrscheinlichkeit, dass berechtigte Personen zunächst abgewiesen werden und die Prozedur häufiger wiederholen müssen.

2.2.1 Fingerabdruck-Identifikation

VORGEHENSWEISE UND ALGORITHMEN

Die Authentifikation durch Fingerabdrücke wird häufig in Systemen mit beschränktem Nutzerkreis wie Notebooks oder PKWs eingesetzt. Hierzu genügt es, einen Finger auf ein Sensorfeld zu legen, das die Linien in der Regel optisch abtastet und das in Abbildung 2.1 rechts dargestellte Primärbild ermittelt.

Abbildung 2.1: Fingerabdruck, links Primärscan, rechts bearbeitet (es handelt sich um verschiedene Abdrücke, modifiziert nach Internetquellen)

Die Identifikation eines Fingerabdrucks erfolgt mit einem mehrstufigen, aber bei Identitätskontrollen recht einfachen Algorithmus. Das Problem ist aus mehreren Gründen nicht sonderlich kompliziert: die Anzahl der zu vergleichenden Abdrücke ist vergleichsweise niedrig, die Person möchte identifiziert werden und wird sich bei der Erfassung kooperativ verhalten, und die Messung kann beliebig wiederholt werden, wenn sie nicht eindeutig ist. Die folgende Liste gibt eine Auswahl der algorithmischen Möglichkeiten an.

a) Binärwandlung. Das Graubild (*jeder Sensortyp wird zunächst ein analoges „Graubild" liefern*) wird in ein Schwarz-Weiß-Bild umgewandelt. Findet der Algorithmus hierbei keinen geeigneten Schwellwert (*flächige Wandlung des Bildes in ein schwarzes oder weißes Feld*), ist der Scan unbrauchbar und muss wiederholt werden.

b) Skelettierung. Das Linienbild wird skelettiert, das heißt bei einer Linie werden fortlaufend die äußeren Randpixel entfernt, bis die Pixelbreite Eins erreicht ist. Dazu wird mittels einer Maske die Umgebung eines Pixels untersucht. Ein Pixel ist ein Randpixel einer dicken Linie, wenn eine der folgenden Masken auf seine Umgebung zutrifft (*das untersuchte Pixel ist jeweils das Zentrale; bei den Positionen ohne Inhalt kann der Nachbar beliebig eine Null oder eine Eins sein*).

1		0
1	1	0
		0

	0	0
1	1	0
	1	

0	0	0
	1	
1	1	

0	0	
0	1	1
	1	

0		
0	1	1
0		1

	1	
0	1	1
0	0	

	1	1
	1	
0	0	0

	1	
1	1	0
	0	0

Alle 1-Pixel eines Bildes werden nacheinander mit den Masken überdeckt und nur dann in ein Ergebnisbild kopiert, wenn ihre Umgebung mit keiner der Masken verträglich ist. Eine Linie hat sich im Ergebnisbild hierdurch an beiden Seiten um eine Pixelbreite verringert, weist aber immer noch die gleiche Länge auf, weil Linienenden mit keiner der Masken verträglich sind. Das Endergebnis nach mehreren solcher Filtervorgänge ist eine Linie der Breite Eins, die aber noch „Bärte" aufweisen kann, das heißt, an bestimmten kritischen Punkten werden Randpixel nicht abgetragen, sondern bilden Endpunkte von kurzen Verzweigungslinien. Alle abzweigenden Linien unterhalb einer Mindestlänge vom 2-3 Pixeln sind daher zu entfernen.

Aufgabe. Implementieren Sie einen Skelettierungsalgorithmus. Erweitern Sie ihn anschließend um einen „Entbartungsalgorithmus".

c) Klassifikation des Abdrucktyps. Fingerabdrücke lassen sich anhand des zentralen Bereiches in eine Reihe grundsätzlich verschiedener Typen einteilen, beispielsweise:

➤ Im zentralen Bereich ist ein flacher oder ausgeprägter Bogen vorhanden, das heißt die Linien verlaufen mit einer Ausbuchtung von links nach rechts.

➤ Der zentrale Bereich ist eine nach links oder rechts weisende Schleife, das heißt die Linien führen nach einer Schleife in die gleiche Richtung zurück.

➤ Im zentralen Bereich ist ein Wirbel vorhanden.

➤ Der Abdruck besitzt zwei Schleifen.

Die Charakteristika lassen sich mit verschiedenen Methoden ermitteln und spielen in der Forensik eine große Rolle. Teilweise erlauben sie die Zuordnung zum Körperteil, dass den Abdruck verursacht hat, was nicht nur die Schnelligkeit der Suche, sondern auch die Sicherheit der Zuordnung steigert.

Aufgabe. Eine einfache Möglichkeit der Untersuchung ist die Untersuchung des Richtungsfeldes der Linien. In einem vorgegebenen Gitter werden die Richtungen der nächsten Linien durch die Differenz von Linienpunkten bestimmt. Im Zentrum ist die Änderungsrate der Richtung besonders hoch, so dass zumindest ein Zentralpunkt identifiziert werden kann, auf den sich alle weiteren Punkte beziehen können. Weiterhin ist ggf. eine Ausrichtung des Abdrucks oder eine Zuordnung zu bestimmten Zentralmustern möglich.

d) Identifizierung charakteristischer Punkte. Wenn Sie die Abdrücke in Abbildung 2.1 betrachten, fallen einige charakteristische Punkte auf:

➢ Linienenden. Linien können einzeln oder in Gruppen enden oder einfach oder versetzt unterbrochen sein. Abbildung 2.2 zeigt die wesentlichen Beispiele. Natürliche Enden können von Verletzungen (Schnitten) dadurch unterschieden werden, dass nur wenige Linien betroffen sind, während Schnitte sehr viele nebeneinander liegenden Linien betreffen.

➢ Verzweigungen. Linien spalten in zwei neue Linien auf. Dies erfolgt insbesondere um die zentralen Schleifen herum. Bei Verzweigungen können weiter unterschieden werden:

◆ Aufspaltungen. Der Winkel zwischen zwei Linien ist sehr spitz (*der gestreckte Winkel ist kein brauchbares Kriterium*).

◆ Deltapunkte. Hier treffen ebenfalls drei Linien aufeinander, wobei aber nahezu rechte Winkel vorhanden sind.

Durch Verschmutzungen u.ä. können zwei benachbarte Linien miteinander verbunden sein, was eng benachbarte Deltapunkte ergibt. Diese sind zu verwerfen.

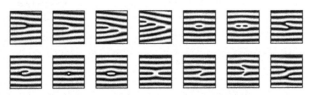

Abbildung 2.2: Charakteristische Punkte

Das Ergebnis ist ein Satz von Punkten mit bestimmten Eigenschaften:

➢ Ortskoordinaten des Punktes,

➢ Verzweigungs- oder Endungstyp,

➢ Richtungen der zu dem Punkt gehörenden Linie(n).

Aufgabe. Entwickeln Sie Algorithmen dazu. Linienenden und Verzweigungspunkte sind durch Masken einfach zu identifizieren. Unterbrechungen zwischen Linienenden sind daran zu identifizieren, dass auf einem der kürzesten Verbindung zwischen den Punkten folgenden Pixelweg keine Linienpunkte gefunden werden. Für Aufspaltungen und Deltapunkte können die Skalarprodukte der Richtungsvektoren in die verschiedenen Richtungen untersucht werden.

e) Vergleich des Punktesatzes mit einer Datenbank. Beginnen kann man mit dem Vergleich der identifizierten Punkte mit den in einer Datenbank gespeicherten (Anzahl/Typ/Richtung). Liegt eine Zentrumsbestimmung mit Hauptrichtung vor (siehe c)), können die Richtungen auf diese normiert werden (z.B. durch Skalarproduktbildung). Durch Verschmutzungen usw. ist allerdings damit zu rechnen, dass die Anzahl der Punkte von denen in der Datenbank abweichen kann.

Im zweiten Schritt können Positionsvergleiche durchgeführt werden, d.h. die Kontrolle, ob die die Abstände gemessener Punkte vom Zentrum oder einem nach dem ersten Sortieren berechneten Schwerpunkt mit denen in der Datenbank innerhalb gewisser Grenzen übereinstimmen. Abschließend können Winkel zwischen ausgewählten Punkten (Skalarprodukt) verglichen werden. Bei hinreichend kleinem Fehler gilt die Person als identifiziert.

| **Aufgabe.** Klar!

Verwandt mit Fingerabdrücken sind Muster auf der Iris der Augen, die auf ähnliche Weise ausgewertet werden können. Betrachten Sie dazu, bei entsprechend starken Licht, damit die Iris sich auch schließt, ihre eigenen Augen in einem Spiegel, oder machen Sie mit einem Partner einige Makroaufnahmen. Die Technik ist allerdings weniger weit verbreitet, da die Sensorik wesentlich aufwändiger ist.

FÄLSCHUNGEN UND PROBLEME

Beginnen wir mit dem gesellschaftlichen Problem der Identifikation durch einen Fingerabdruck. Da Fingerabdrücke eindeutig eine bestimmte Person kennzeichnen, sind weitere Erkennungsmechanismen eigentlich überflüssig, weshalb wohl auch niemand etwas dagegen hat, wenn solche Mechanismen bei privaten Geräten wie Notebooks eingesetzt werden.

Andererseits handelt es sich bei Fingerabdrücken um gesellschaftlich als sehr privat empfundene Daten, vermutlich weil sie historisch mit der Kriminalistik verbunden sind und nur Verbrecher die Ehre hatten, in einer Datenbank erfasst zu sein. Die Art und Weise, wie bestimmte Regierungen an solche Informationen zu gelangen versuchen, ist nicht gerade geeignet, solche Ressentiments abzubauen. Die gefühlsmäßigen Vorbehalte beim Einsatz im öffentlichen Bereich, beispielsweise als Merkmal auf einem (elektronischen) Ausweis, sind daher recht hoch. In Bezug auf die Privatsphäre lässt sich allerdings sagen, dass diese Daten recht wenig für „Tracking"-Verfahren, also Ausspähen von Verhaltensweisen, geeignet sind, da sie außer durch direktes Scannen nur unter größerem Aufwand nachweisbar sind. Sind die Vorbehalte nun gerechtfertigt oder sollte man solche Verfahren doch in größerem Umfang einsetzen?

Schauen wir uns für eine Entscheidung die technischen Aspekte an. Aus einschlägigen Filmen kennt man die Methode, die Scanner durch abgeschnittene Finger zu überlisten, eine zwar sehr rüde, aber leider in der Praxis tatsächlich vorkommende Methode. Wenn es um ein paar tausend Euro geht, sind Verbrecherorganisationen wenig zimperlich. Es geht aber auch einfacher und unbemerkt, und dazu ist nur ein irgendwo hinterlassener Fingerabdruck notwendig.

Fingerabdrücke an glatten Flächen lassen sich mit Graphitpulver und Tesafilm abnehmen und einscannen, wie ebenfalls jeder aus Kriminalfilmen weiß. Auch andere Polierpulver sind geeignet. Fingerabdrücke bestehen aus Fettresten, mit denen die Haut sich geschmeidig hält. Da die Rillen nicht mit der Unterlage in Kontakt kommen, wird an diesen Stellen keine Fettschicht abgelagert. Feine Pulver haften chemisch oder elektrostatisch an den Fettresten und machen die Abdrücke gut sichtbar.

Besser und auch von nicht glatten Flächen lassen sich Abdrücke mit einem weiteren Verfahren abnehmen: die Gegenstände werden in einen geschlossenen Raum gebracht, in dem Sekundenkleber verdampft wird, beispielsweise mit einer kleinen Heizplatte.[25] Sekundenkleber polymerisiert bei Gegenwart von Wasser und ähnlichen Stoffen, also wieder genau auf den Fettrückständen auf dem Gegenstand, und auch sonst nicht erkennbare Fingerabdrücke werden sichtbar. Sie können nun fotografiert oder mit Hilfe von Klebefolien abgenommen und digitalisiert werden.

Die so duplizierten Fingerabdrücke können nun mit einem Drucker entsprechender Auflösung ausgedruckt und direkt verwendet werden. Wer noch einen Schritt weiter gehen will, druckt die Ab-

---

25 Seien Sie aber vorsichtig, wenn Sie das tatsächlich einmal ausprobieren wollen. Schon die beim normalen Gebrauch entstehenden Dämpfe sind giftig, und heftige körperliche Reaktionen bei konzentriertem Genuss sind nicht selten. Ohne passende Laborausrüstung und -erfahrung sollte man besser die Finger davon lassen.

drücke als Negativ auf Folie aus und erstellt von dem Druckbild, auf dem die Rillen aufgrund der Druckerfarbe erhaben sind, mittels Silikonmasse oder Alleskleber einen dünnen Abdruck. Dieser kann auf den eigenen Finger aufgeklebt werden, so dass die Fälschung verwendet werden kann, ohne dass dies überhaupt auffallen würde. Das Erstaunliche und Bedenkliche an dieser Fälschung: alles lässt sich mit Materialien erledigen, die im nächsten Baumarkt oder Bastelladen für wenige Euro zu kaufen sind.

Inzwischen sind auch Techniken entwickelt worden, die die Beschaffung eines Gegenstands mit einem geeigneten Fingerabdruck überflüssig machen. Für militärische Bereiche wurden optische Scanner entwickelt, die nicht viel größer sind als eine externen Festplatte und mit Hilfe polarisierten Lichts die Fingerabdrücke aus über 2 m Entfernung abnehmen können und dabei mit ca. $ 5.000 noch nicht einmal besonders kostspielig sind.

Halten wir also fest: Fingerabdrücke sind in Summe alles andere als sicher und sollten daher nur als EIN Mittel der Identifikation eingesetzt werden. Die relativ einfache Fälschbarkeit führt zu einer niedrigen Einsatzschwelle für Kriminelle, da die Erfolgsaussichten relativ hoch sind.

Als Gegenmaßnahme kann die Funktionalität der Sensoren erweitert werden. Die elektrischen Eigenschaften der Haut, elektrische Felder aufgrund der Nervenfunktion in der Haut oder periodische Druckunterschiede aufgrund des Pulsschlags können zur Absicherung herangezogen werden, ob lebendes Gewebe auf dem Scanner liegt oder eine Plastikattrappe (oder gar ein abgeschnittener Finger). Die Täuschung solcher Systeme ist erheblich schwieriger als die der einfachen optischen Scanner.

Auf Irisscans trifft dies alles nicht zu, von Täuschungen des Systems durch herausgerissene Augen einmal abgesehen. Aufgrund der komplexen Sensortechnik eignen sich solche Identifikationssystem allerdings mehr oder weniger nur für stationäre Zugangskontrollen zu Sicherheitsbereichen.

2.2.2 Bildanalyse und Gesichtserkennung

Während die Kontrolle von Fingerabdrücken spezielle Scangeräte benötigt, kann eine Kontrolle anhand des Aussehens berührungslos mit Kameras ausgeführt werden. Es ist relativ einfach, Videoüberwachungen mehr oder weniger flächendeckend zu realisieren. Kameras mit genügend hoher Auflösung lassen sich unauffällig installieren und das aufgenommene Material nach bestimmten Personen scannen. Durch geeignete Standorte – beispielsweise hinter Verkehrsampeln oder über Türen –, die den Blick der Personen auf sich ziehen, wird die Wahrscheinlichkeit recht hoch, dass bei einer Serie von Aufnahmen eine für die Auswertung geeignete Ansicht dabei ist.

Die Identifizierung von Personen anhand von Bildern stößt allerdings auf eine Reihe praktischer Probleme, unter anderem:

- Sichtwinkel. Die Ansicht (*Frontal- bis Seitenansicht*) kann variieren. Dabei ist das Aussehen beim Drehen nach links verschieden von dem nach rechts (*nicht umsonst zeigen Verbrecherkarteien das Konterfei des Bösewichtes von allen Seiten*).

- Maskierung. Bärte, Brillen oder Frisuren verändern das Bild, im Extremfall bis zur Unkenntlichkeit.

- Flächeneigenschaften. Schminke oder Beleuchtung ändern die Reflexionseigenschaften der verschiedenen Gesichtspartien oder erzeugen Schatten.

- Mimik. Lachen oder Grimassen verändern die Gesichtszüge.

Im Gegensatz zu Fingerabdrücken ist es bei Gesichtsidentifizierungen somit auch bei kooperativem Verhalten der Probanden gar nicht einfach, vergleichbare Aufnahmen zu erhalten, so dass die Prüfung u.U. mehrfach wiederholt werden muss, bis der Kandidat sich bemüht, ein den Qualitätsanforderungen entsprechendes „Standardgesicht" aufzusetzen. Wie schon bei den Fingerabdrucksverfahren kommen für Authentifizierungen oder kriminologische Identifizierungen unterschiedliche Algorithmen zum Einsatz. Wir beschränken die technische Diskussion hier auf das so genannte Eigenface-Verfahren, das für Authentifizierungen eingesetzt wird.

Im Unterschied zur Fingerabdruckanalyse werden bei dieser Art der Gesichtserkennung keine Merkmale fest vorgegeben *(die meisten sind ja ohnehin variabel)*, sondern man überlässt es mathematischen Verfahren, abstrakte Merkmale für ein Gesicht zu finden. Als Standardansicht wird die Frontalansicht gewählt. Für die reproduzierbare Bildaufnahme wird eine nicht zu hoch auflösenden Kamera mit einem Ultraschallsensor, der die (richtige) Entfernung des Gesichtes vor der Linse misst, ausgestattet. In der Regel ist dann keine weitere Bildaufbereitung notwendig.

EINSTELLUNG DES SYSTEMS

Für die spätere Identifizierung werden von jeder zu identifizierenden Person einige Standardbilder als Eich- oder Trainingssatz aufgenommen. Diese sollten die Person unter den Beleuchtungsbedingungen der späteren Identifikationskameras und mit unterschiedlichen Gesichtsausdrücken zeigen und zur Gewährleistung einer natürlichen Wirkung möglichst an verschiedenen Tagen erzeugt werden. Ändert sich das Aussehen, etwa durch neue Frisuren oder eine andere Brille, können auch weitere Bilder nachgeschoben werden.[26]

Der einfachste denkbare Algorithmus vergleicht nun ein zu prüfendes Bild mit jedem der Eichbilder, indem pixelweise die Differenz gebildet und über die Abweichungsquadrate summiert wird. Der Aufwand dieses Algorithmus wäre bei praktischen Eichdatensätzen allerdings erheblich. Echtzeitanalysen erfordern schnellere Algorithmen.

Zur Konstruktion eines schnellen Algorithmus wird zunächst ein Mittelwertbild berechnet und alle Bilder des Eichsets auf das Mittelwertbild normiert:

$$\bar{I} = (1/N) \sum_{k=1}^{N} I_k$$
$$X_k = I_k - \bar{I}$$

Die Normierung sorgt für eine gute numerische Auswertbarkeit.

Die normierten Eichbilder X_k betrachten wir im Weiteren nicht mehr als XY-Felder, sondern als Spaltenvektoren $\vec{X}_k$, die wir zu einer Matrix X mit N Spalten und $n_x * n_y$ Zeilen vereinigen können (*Beispiel: 600 Personen sind zu identifizieren, die Bilder haben das Format 120*65, die Größe der Matrix liegt somit bei 7.800*600*). Aus Sicht der linearen Algebra können die Gesichtsvektoren nun als n_x Basis-Vektoren eines n_y-dimensionalen Raumes betrachtet werden. Diese Basis ist nicht vollständig, aber eine Identifikation einer Person auf einem weiteren, nicht im Testsatz befindlichen Bild kann nun auch so interpretiert werden, dass derjenige Vektor zu finden ist, der den geringsten Winkel mit dem neuen aufweist. Theoretisch kann dies durch Berechnung der Skalarprodukte und anschließender Normierung erfolgen, was auf den Kosinus zwischen den Vektoren führt. Das ist aber weder numerisch stabil noch führt dies aufwandsmäßig weiter.[27]

---

26 Aus persönlichkeitsrechtlichen Gründen kann ich hier kein Beispiel einfügen.

27 Numerisch stabiler wäre die Norm des Vektorproduktes, die den Sinus des Winkels liefert; allerdings ist

Aus dem Konzept unterschiedlicher Vektorenrichtungen kann aber ein effizientes Verfahren entwickelt werden. Dazu wird zunächst die Kovarianzmatrix

$$C = X^T * X$$

berechnet, deren Komponenten die Skalarprodukte der Bildvektoren untereinander sind, also in Anlehnung an die Vorbemerkung die Richtungscosini der Eichbilder untereinander repräsentieren. Diese besitzt die Größe $N * N$ (*in unserem Beispiel ist die Dimension nun nur noch 600*600*).

Nun dürfte es intuitiv einleuchtend sein, dass es bei der Beurteilung von Ähnlichkeiten wichtige und unwichtige Komponenten gibt. Wichtig bei visueller Betrachtung wäre z.B. eine Knollennase, während eine rote Wange weniger interessant ist. Die Basis aus den Eichbildern repräsentiert sicher nicht wichtige Komponenten in unterschiedlichen Vektoren. Gleichwohl sind sie in der Kovarianzmatrix enthalten, und man kann versuchen, eine andere Basis zu finden, die genau die Komponenten beschreibt. Mathematisch entspricht dies der Bestimmung von Eigenwerten und Eigenvektoren der Kovarianzmatrix:

$$C * V = [\lambda_1, \lambda_2, ... \lambda_N] * V$$

Die Größen λ_k beschreiben das Gewicht einer Komponente im Gesamtraum, die Spalten von V sind die gesuchten Basisvektoren, die wichtige Komponenten beschreiben. Die Multiplikationen eines Eigenvektors mit der Kovarianzmatrix ändert dessen Länge daher nur um den Faktor λ, lässt dessen Richtung aber invariant.

Bevor wir zum Nutzen dieser Transformationen kommen, überführen wir die Eigenvektoren zunächst wieder in den ursprünglichen Raum. Einsetzen führt zu

$$\vec{v}_k = \frac{1}{\sqrt{\lambda_k}} * X * \vec{U}_k$$

wobei die neuen Vektoren $\vec{U}_k$ Eigenfaces genannt werden. Einen Eindruck solcher Eigenfaces mit größeren Eigenwerten vermittelt Abbildung 2.1.

---

die Berechnung eines allgemeinen Vektorproduktes algorithmisch noch wesentlich aufwändiger.

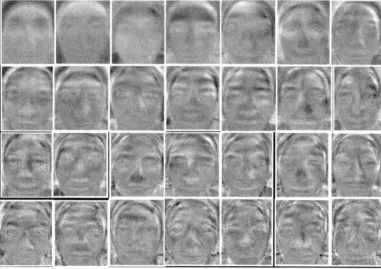

Abbildung 2.3: Eigenfaces, Zunahme der Größe der Eigenwerte von links oben nach rechts unten.

Die Eigenfaces bilden eine alternative Basis des Vektorraumes der ursprünglichen Bilder, in der man nun die Eichbilder als Linearkombinationen der Eigenfacevektoren darstellen kann. Dabei werden sich die Faktoren zu einem Eigenfacevektor in der Linearkombination um so stärker ändern, je größer der zugehörige Eigenwert ist. Anders ausgedrückt: um zwei beliebige der ursprünglichen Vektoren sicher voneinander unterscheiden zu können, müssen nur wenige Faktoren mit hoher Aussagekraft untersucht werden. Der Leser kann dies qualitativ an Abbildung 2.3 nachvollziehen: je größer der Eigenwert, desto mehr Details weist das zugehörige Eigenface auf (rechts unten), während kleine Eigenwerte zunehmen nur noch Differenzen im Rauschen beschreiben (links oben) und zu erkennbaren Details zunehmend weniger beitragen.

Die Faktoren der Linearkombinationen, also die Projektion jedes Bildes auf jedes Eigenface, werden in einer Projektionsmatrix gespeichert

$$\omega_{k,l} = \vec{U}_k^T * \vec{X}_l \quad , \quad \vec{W}_l^T = \left(\omega_{1,l}, \omega_{2,l}, \dots \omega_{N,l} \right)$$

Hierbei werden die Eigenfaces in der Reihenfolge der Größe ihrer Eigenwerte verwendet. Wichtige Eigenfaces haben kleine Indizes. Die Vektoren $\vec{W}_l$ der Projektionsmatrix legen für jedes Bild einen Punkt im Eigenfaceraum fest, und ihre Komponenten beschreiben den Anteil der Eigenfaces an der Synthese des Bildes X_l. Verschiedene Bilder der gleichen Person sollten eine Wolke nahe zusammen liegender Punkte erzeugen, während die Wolken verschiedener Personen mehr oder weniger deutlich getrennt sein sollten. Hierzu wird der euklidische Abstand der Punkte untereinander berechnet.

$$d_{k,l} = \sqrt{\sum_{i=1}^{L} \left(w_{k,i} - w_{l,i} \right)^2} \quad , \quad L = 1, 2, \dots N$$

Ab einem bestimmten $L < N$ werden sich die Differenzen infolge der Sortierung nach fallenden Eigenwerten nur noch wenig ändern und nicht mehr zur Diskriminierung zwischen Personen beitragen. Nur diese L Eigenfaces werden später für die Identifikation eingesetzt, d.h. die Matrix U wird auf diese Dimension beschränkt.

Für jede Person kann nun ein mittlerer Ort $\vec{\omega}_{i,m}$ im Eigenfaceraum sowie der Radius r_i, innerhalb dessen alle Einzelbilder um den mittleren Ort liegen, bestimmt werden. Gilt

$$d_{k,l} \gg r_i + r_k$$

so ist eine sichere Unterscheidung zwischen den Personen möglich.

AUTHENTIFIZIERUNG

Zur Identifizierung einer zunächst unbekannten Person wird ein normiertes Bild X erzeugt und der Ortspunkt $\vec{\omega} = U^T * \vec{X}$ im Eigenfaceraum berechnet. Da nur wesentliche Eigenfaces berücksichtigt werden, ist der Rechenaufwand relativ gering, und $\vec{\omega}$ besitzt nur noch die Dimension der Personenanzahl. Im zweiten Schritt wird der Abstand des Punktes zu den Eichpunkten berechnet. Hierbei sind folgende Ergebnisse möglich.

a) Der gefundene Ort liegt innerhalb einer Personenpunktwolke

$$\left\| \vec{\omega} - \vec{\omega}_{i,m} \right\| < r_i$$

Die Person ist damit als Person i eindeutig identifiziert.

b) Der gefundene Ort liegt außerhalb einer Personenpunktwolke, aber weit entfernt von anderen Wolken (die genauen Schranken sind einzustellen)

$$\left\| \vec{\omega} - \vec{\omega}_{i,m} \right\| > r_i \quad \wedge \quad (\forall j) \ \left\| \vec{\omega} - \vec{\omega}_{j,m} \right\| \gg r_j$$

Die Person ist ebenfalls als Person i identifiziert, der Administrator kann nach Prüfung der Identität auf einem anderen Weg entscheiden, den Punkt zusätzlich in die Punktwolke aufzunehmen.

c) Der gefundene Ort kann nicht einer Punktwolke zugeordnet werden

$$(\forall j) \ \left\| \vec{\omega} - \vec{\omega}_{j,m} \right\| \gg r_j$$

Die Person wird abgelehnt.

Fall c) kann auch zu einer Ablehnung einer berechtigten Person führen, wenn sie etwa einen Friseurbesuch hinter sich hat, eine neue Brille trägt oder eine Grimasse schneidet. Lässt sich die Ablehnung auch durch mehrere Versuche nicht beseitigen, muss der Administrator entscheiden, ob ein neuer Eichsatz für diese Person notwendig ist.

Typische Einsatzszenarien dieser Methode führen zu einer Erkennungsrate von ca. 85-90% bei 100% Ablehnung nicht berechtigter Personen. Problematisch sind natürlich äußerliche Veränderungen wie Frisuren, weshalb einige Systeme die Haare durch Masken ausblenden und nur das Gesicht berücksichtigen. Auch kann man verlangen, stets ohne Brille vor die Kamera zu treten. Die Verringerung der ausgewerteten Merkmale macht zwar die Verwaltung einfacher, weil die Fälle b) und c) weniger häufig auftreten, führt natürlich im Gegenzug zu einer schlechteren Trennung und der Gefahr, dass unberechtigte Personen fälschlicherweise als berechtigte Identifiziert werden.

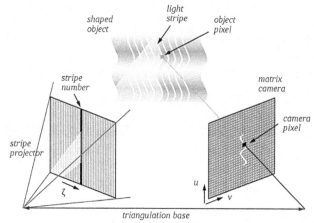

Abbildung 2.4: 3D-Scan-Line-Abtastung

Ebenfalls nicht ausschließbar sind Betrugsversuche durch ein Foto eines Berechtigten, das vor die Kamera gehalten wird. Hier hilft wie bei den Fingerabdrucksystemen nur komplexere Technik weiter. Beim Scanline-Verfahren wird das Gesicht beispielsweise mit parallelen IR-Laserstrahlen abgetastet (Abbildung 2.4). Werden auch in der Kamera gerade Linien festgestellt, so liegt ein Betrug mit einem Foto vor.

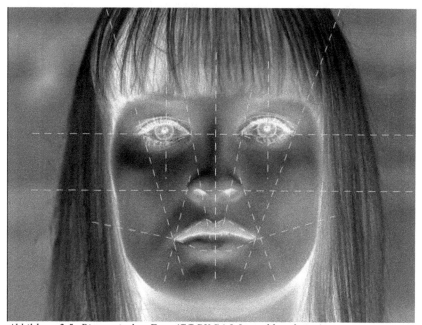

Abbildung 2.5: Biometrisches Foto (CC BY-SA 3.0, nachbearbeitet)

Bei größeren Anzahlen von Personen können diese einfachen Verfahren, die keine spezifischen Merkmale berücksichtigen, zu ungenau werden. Kameras besitzen inzwischen auch so hohe Auflösungen, dass auf ein Posieren verzichtet werden kann. Personen lassen sich beispielsweise auf ihrem Weg im Kamerabereich verfolgen, wobei die Wahrscheinlichkeit, dass eine für die Biometrie brauchbare Aufnahme dabei ist, meist genügend hoch ist. In solchen Fällen wechselt man auf eine Erkennnung spezifischer Merkmale, wei dies in Abbildung 2.5 angedeutet ist. Wichtig ist dabei eine entspannte Mimik, die in der Regel vorliegt, wenn eine Person keinen kommunikativen Sichtkontakt mit anderen Personen hat. Wie die Abbildung andeutet, entsteht so ein Muster charakteristischer Punkt, das dem reduzierten Muster von Fingerabdrücken nicht unähnlich ist und auch mit vergleichbaren Methoden ausgewertet wird.

Die Verfahren sind inzwischen so verfeinert, dass es auch gelingt, Personen in einer großen Menschenmenge zu identifizieren.[28] Wir befinden uns mit diesen Techniken allerdings nicht mehr im IT-Sicherheitsbereich, sondern im kriminalistischen, Nachrichtendienstlichen oder militärischen Hochsicherheitsbereich. Dass man auch als Normalbürger für diese Bereiche nicht ganz uninteressant ist, lässt sich an den Regeln für Passfotos festmachen: während früher jeder freundlich lächelnd mit leicht schräger Kopfhaltung in die Kamera schaute (für den menschlichen Kontrolleur offenbar eine optimale Haltung bei normaler Kommunikationsmimik), sind heute biometrische Frontalaufnahmen mit unbewegtem Gesichtsausdruck wie in Abbildung 2.5 vorgeschrieben. Beim Scannen eines Passes an einer Kontrollstelle kann so ein Abgleich mit Suchfotos erfolgen, außerdem kann eine Kamera zur Unterstützung des Kontrollbeamten herangezogen werden.

2.2.3 Stimmerkennung

Die Identifikation einer Person anhand ihrer Stimme ist zu Trennen vom Erkennen eines gesprochenen Satzes. Zeichnet man die mit einem Mikrofon aufgenommenen Laute mit relativ geringer zeitlicher Auflösung auf, so erhält man Spannungs/Zeit-Diagramme wie in Abbildung 2.6.

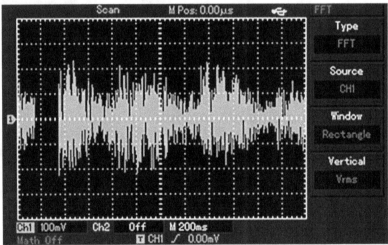

Abbildung 2.6: U(t) bei Sprache/Musik

Bei nicht zu vielen Störgeräuschen und deutlicher, nicht zu schneller Aussprache sind Lautgruppen, die einzelnen Silben oder Worten entsprechen, recht gut zu identifizieren. Hierzu wird meist die Hochfrequenz ausgefiltert und mit weniger umfangreichen Niederfrequenzgruppen weitergearbeitet. Identifizierte Worte und Silben werden anschließend zu Texten zusammengesetzt.

---

28 Das ist infolge der vielerorts inzwischen fast flächendeckenen Videoüberwachung sogar einfacher als man vielleicht glaubt. Personen können oft über einen großen Zeitraum über mehrere Kamerastandorte hinweg verfolgt werden, was hinreichend Gelegenheit ergibt, ein brauchbares Foto zu erzeugen, und auch den Computer ausreichend Zeit für eine Auswertung lässt.

Für die Identifizierung einer Person verwendet man in der Regel bestimmte Silbengruppen, nur dass im Gegensatz zur Spracherkennung nun der Hochfrequenzanteil analysiert wird. Hierzu wird von einer ausgefilterten Silbengruppe mittels einer Fourieranalyse ermittelt, welchen Anteil bestimmte Frequenzen an der Aussprache haben. Das menschliche Lautsystem aus Stimmbändern, Mund und Rachenraum sowie Nase und Nasenhöhlen ist so individuell, dass sich ein Klangspektrum ergibt, das wie ein Fingerabdruck verwendet werden kann (Abbildung 2.7).

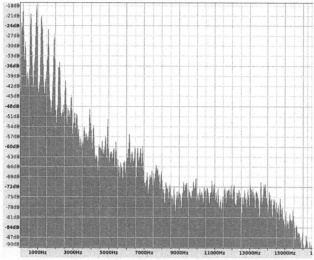

Abbildung 2.7: Frequenzanalyse eines gesprochenen Ausdrucks

Probleme treten hier bei Erkrankungen auf, die vorübergehend das Spektrum so weit verzerren können, dass eine Identifizierung nicht möglich ist. Auf die Fälschbarkeit durch Bandaufnahmen muss wohl nicht weiter hingewiesen werden.

Anmerkung. Die Abbildungen geben Rohdaten wieder, um einen Eindruck zu vermitteln, aber noch keine aufgearbeiteten Daten, die irgendwelche Analysen erlauben. Im forensischen Bereich lassen sich Stimmanalysen auch dann Informationen entnehmen, wenn der Inhalt aufgrund einer unbekannten Sprache oder einer eigenwilligen Sprechweise unerkannt bleibt. Erregungszustände (Wut, Trauer, Zuneigung, usw.) lassen sich auch dann recht gut erkennen, wenn man die Sprache nicht versteht, und was der Mensch kann, kann der Computer nach einiger Zeit intensiver Analyse und Programmierung ebenfalls.

2.2.4 Chemische Identifizierung (Geruch, DNA)

Bislang nur im Rahmen von forensischen Identifizierungen werden Geruchsanalysen oder DNA-Analysen eingesetzt. Geruchsdatenbanken sind beispielsweise vom Ministerium für Staatssicherheit der ehemaligen DDR in Form physikalischer Probleme aufgebaut worden, waren aber nicht elektronisch auswertbar, sondern bedurften eines Hundes oder anderen trainierten Lebewesen mit hohem Geruchsvermögen.[29] DNA-Analysen sind bekanntlich relativ zeit- und apparateaufwändig.

---

29 Aktuell werden beispielsweise auch Versuche mit Geiern zur Ortung von Leichen durchgeführt. Geier besitzen zwar eines der empfindlichsten Riechsysteme im Tierreich, jedoch scheint dies nur wenig zu differenzieren, so dass sich die Ergebnisse etwas gemischt erweisen.

Die moderne Nanotechnik ermöglicht inzwischen die Entwicklung von Sensoren für Schnellanalysen, die allerdings noch nicht die Empfindlichkeit der biologischen Spürnasen erreichen. Hierzu werden mittels der üblichen Technik Mikrochips mit elektronischen Schaltkreisen und frei schwingenden dünnen Zungen im Submikrometermaßstab erzeugt (Abbildung 2.8). Die Zungen werden während des Herstellungsprozesses mit Materialien beschichtet, die eine bestimmte Bindungsaffinität zu den zu analysierenden Geruchsstoffen aufweisen. Jede Zunge erhält dabei eine andere Beschichtung, was sich ebenfalls mit angepassten, aber bekannten Techniken erreichen lässt. Zusätzlich wird eine piezoeletrische Schicht aufgedampft.

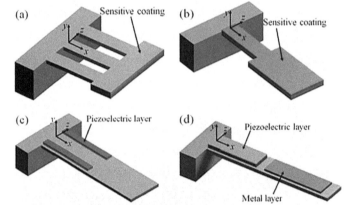

*Abbildung 2.8: Cantilever-Einheit (schematisch), aus Agustín L. Herrera-May et al. Sensors **2011**, 11(9), 8203-8226, OpenAccess Lizenz*

Zur Messung werden die Zungen elektrisch in Schwingungen versetzt, die von den piezoelektrischen Kristallen in elektrische Felder umgewandelt und deren Frequenz und Intensität durch eine nachgeschaltete Empfangssensorik gemessen wird.

Zur Analyse wird eine Gasprobe in den Zungenraum eingebracht. Die zu analysierenden Moleküle binden sich an die Zungenoberfläche, wobei die Konzentrationsverhältnisse

$$\frac{c_{k,Zunge}}{c_{k,Gas}} = konst$$

auf der Zunge und im Gas im chemischen Gleichgewicht gut bekannte Größen aus der Chemie sind. Da die Zungen nur wenige Nanometer dick sind, wirken sich Moleküle, die sich an die Beschichtung binden, in einer meßbaren Änderung der Masse und damit auch der Schwingungsfrequenz aus.

Durch bekannte Stoffgemische lassen sich die Sensoren für quantitative Analysen eichen. Wenn einzelne Stoffe an mehrere Zungen binden, dies aber unterschiedlich stark, kann bei genügend vielen Zungen sowohl auf die Zusammensetzung der Probe als auch auf die Konzentration der Stoffe zurück geschlossen werden. Sofern dies nicht ausreicht, lassen sich auch Trenneinrichtungen im Nanomaßstab vorschalten, die auf den Prinzipien der Gas- oder Flüssigkeitschromatographie beruhen.

Konzentrationsüberwachungen eignen sich beispielsweise für die Kontrolle der Bedingungen an gefährlichen Arbeitsplätzen; für die Identifikation einer Person ist dieser Aufwand i.d.R. gar nicht nötig und es genügt die Aufnahme eines Spektrums, also der Verteilung der Schwingungsmodi auf die verschiedenen Zungen. Unterschiedliche Personen lassen sich anhand unterschiedlicher Intensitätsverhältnisse identifizieren, wobei es auf die absolute Höhe der Signale nicht ankommt. Durch leichtes Heizen und Spülen mit Neutralgas werden die Sensoren anschließend wieder neutralisiert. Sofern das Aufbringen der Beschichtungen reproduzierbar gelingt, sind die Sensoren austauschbar, andernfalls muss ein neuer Sensor erst wieder neu eingemessen werden, was aber beispielsweise durch zwei Sensoren im Parallelbetrieb problemlos möglich ist, da bei Ausfall des einen der andere ersetzt und der Nachfolger eingemessen werden kann.

Für die Geruchsidentifikation von Personen kommen Proben aus dem Mundraum in Frage, die jedoch von der bakteriellen Besiedlung abhängen und zusammen mit in der Nahrung vorhandenen Aromastoffen zu einer Varianz des Signals führen können. Charakteristisch sind auch Gerüche aus den Achselhöhlen oder der Geschlechtsregion, weil hier, wie bei den meisten anderen Säugetieren auch, Duftdrüsen sitzen. Die Lage der Duftdrüsen macht aber dem Leser wohl schon die Probleme deutlich, die unter realistischen Bedingungen mit einer Probenahme für eine Analyse verbunden sind.

Bei DNA-Analysen macht man sich die Kodierungseigenschaften der Moleküle zu nutze und bestückt die Zungen mit unterschiedlichen, aber bekannten kurzen DNA-Einzelsträngen. Nach Nehmen einer Probe (z.B. Schleimhautepithel), Abtrennen der DNA und Aufbrechen in kurze Stücke kann ein Spektrum aufgenommen werden. Grundsätzlich können die Aufbereitungsschritte ebenfalls auf Mikro- oder Nanoebene verkleinert werden. Die Standardlabormethoden sind inzwischen so ausgereift, dass innerhalb weniger Stunden ein Ergebnis vorliegt (DNA-Präparation ca. 1,5 h, Vervielfältigung ca. 2 h, Elektrophorese ca. 2 h, Kosten ca. 300 €). Mit der Nanotechnologie könnten einige Schritte und damit Zeit und Kosten gespart werden. Ob man mit der notwendigen Genauigkeit in den Echtzeitbereich vordringen kann, ist allerdings noch offen, zumal verschiedene Sensoren technisch bedingt auch unterschiedliche Ergebnisse liefern, d.h. verschiedene Ergebnisse nur bedingt verglichen werden können.

Darüber hinaus ist der Umgang mit DNA natürlich problematisch und mit großen Vorurteilen behaftet. Ein Vorurteil trifft allerdings nicht zu: die forensischen Proben dienen dem Identitätsnachweis, aber nicht genetischen Analysen bezüglich bestimmten medizinischen Merkmalen. Diese sind zwar auch möglich, indem man bestimmte Schritte der Analyse modifiziert, erlauben jedoch keine Differenzierung zwischen verschiedenen Personen.[30] Sehr viel zutreffender ist die Befürchtung, fremde DNA unterschieben zu können, da äußerst geringe Mengen ausreichend sind und die DNA auch hinreichend stabil ist, einige Manipulationen zu überstehen.[31]

---

30 Die Nanotechnologie ist für solche Analysen vermutlich besser geeignet als für forensische Zwecke, was neben den medizinischen Diagnosemöglichkeiten aber auch wieder ethische Fragen aufwirft, in wie weit eine preiswerte und fast unbemerkt einsetzbare Technologie zu Missbrauch reizt.

31 Wenn es möglich ist, von Zahnbürsten, Haarbürsten, Gläsern und Besteck DNA-Proben für die Forensik abzunehmen, dürfte es auch möglich sein, solche Proben an anderer Stelle zu platzieren, um eine andere Person vorzutäuschen. Damit sind wir aber technisch wieder bei den Methoden angekommen, mit denen Fingerabdrücke gefälscht werden können.

3 Datenkodierung

Für die technische Umsetzung von Verschlüsselungen ist die Kodierung von Daten ein recht wichtiges Kapitel. Das Funktionieren der Algorithmen auf Kommunikationswegen hängt natürlich davon ab, dass die Partner die erhaltenen Daten auch verstehen und korrekt in ihrer Bestandteile zerlegen können.

In Datenübertragungsnetzen sind die Daten in Protokolle eingebunden, die einen Rahmen für den fehlerfreien Transport und die notwendigen Abstimmungen zwischen den Kommunikationspartnern definieren. Protokolle werden ebenenweise definiert (OSI-Schichtenmodell), wobei jede Ebene eine genau definierte Funktion verrichtet, sich aber weder um die Vorgänge in den höheren noch in den unteren Ebenen kümmern muss. Sie erhält Daten aus der oberen Ebene, über deren Aufbau und Inhalt sie nichts weiß oder voraussetzen kann, und die korrespondierende Ebene auf dem anderen Rechnersystem hat die Daten in genau diesem Zustand auch wieder an die dortige höhere Ebene abzuliefern.[32]

Datenübertragungsprotokolle werden wir ins in diesem Buch nur annehmen (können), wenn direkt Verschlüsselungsalgorithmen involviert sind.

3.1 Binärkodierung

Bei der einfachsten und effektivsten Kodierung ist die Bedeutung jedes Bytes, in Teilen auch jedes Bits eines Datenstroms genau definiert. Allerdings schränkt diese Vorgehensweise die Flexibilität stark ein: entsteht eine neue Kodierungsnotwendigkeit, muss u.U. die gesamte Vereinbarung in einem langwierigen Prozess geändert werden, nicht selten mit dem Nebeneffekt, dass alte und neue Version nicht miteinander kompatibel sind. Diese simple Kodierung eignet sich daher vorzugsweise für einfache Basisprotokolle oder proprietäre Lösungen, in denen nicht mit anderen Anwendungen kooperiert werden muss.

Als einfache Erweiterung werden in manchen Protokollen Weichen eingebaut. In Abhängigkeit vom Zahlenwert eines bestimmten Bytes/Worts ist der folgende Datenteil unterschiedlich zu interpretieren. Erweiterungen können von alten Anwendungen nun zumindest so weit interpretiert werden, als die Weichenzweige bekannt sind.

Auch dieses Modell ist allerdings noch recht unflexibel, da die Positionen der Weichen fest vorgesehen werden müssen. Genügen die eingebauten Weichenpositionen einer neuen Anforderung nicht, entstehen die gleichen Probleme wie bei Systemen ohne Weichen. Solche Kodierungen werden daher nur für einige Protokolle der mittleren Ebene verwendet.

---

32 Bildlich gesprochen entspricht der Transport dem Versand eines Briefes, den der Absender in den gelben Postkasten an der Ecke wirft und der Empfänger in seinem Briefkasten vorfindet. Keiner der beiden muss sich dabei dafür interessieren, welchen Aufwand das Unternehmen Post treiben muss, um einen Brief in einem Tag vom Hamburg nach München zu transportieren.

3.2 Von base64 bis XML

Protokolle der oberen Ebenen sind oft recht komplex und beinhalten viele Parameter, die teilweise nur unter ganz speziellen Bedingungen benötigt, im Extremfall sogar von einem Nutzer nur für eine Spezialanwendung definiert werden. Abweichend zu der positionsbezogenen Binärkodierung führt dies zu folgenden Rahmenbedingungen:

a)   Die Parameter sind mit speziellen Bezeichnungen zu versehen. Sie werden anhand der Bezeichnung (und nicht der Position) erkannt.

b)   Jede Anwendung kann die Daten interpretieren, sofern eine von ihr benötigte Mindestmenge an Parametern vorhanden ist.

c)   Unbekannte Parameter werden nicht berücksichtigt und beeinträchtigen die Auswertung nach b) nicht.

Die erste nach diesem Prinzip konstruierte Kodierung verwendet spezielle Schlüsselworte am Anfang einer Zeile, an die sich Daten variabler Länge bis zum nächsten Zeilenvorschub anhängen (*meist mit <CR> bezeichnet*):

> RECEIVER: John.McDonald@nonet.net <CR>

Dies funktioniert nur mit vom Menschen lesbaren 7-Bit-ASCII-Daten und führt schnell zu Problemen mit Binärdaten. Im einfachsten Fall kann man hier eine Hexadezimal-Kodierung verwenden, die die (lesbaren) Zeichen 0..F verwendet und im Gegenzug die Datenmenge verdoppelt. Binärdaten von komprimierten Daten, Bildern, Tondokumenten und eben auch verschlüsselte Informationen sind prinzipiell so kodierbar, aber zu einem sehr hohen Preis.

Da Datenübertragungen sich durch die Verdopplung der Datenmenge natürlich auch entsprechend verlängern, wurde als Aufrüstung dieser Methode die BASE64-Kodierung entworfen, die drei Bytes Binärdaten in vier Bytes ASCII-Daten transformiert:

0	1	1	0	0	1	1	0	0	0	1	0	1	1	1	0	1	0	0	1	0	1	0	0
0	1	1	0	0	1	1	0	0	0	1	0	1	1	1	0	1	0	0	1	0	1	0	0
m						R						n						K					

Tabelle 3.2-1: BASE64-Kodierung von Binärdaten

Jeweils sechs aufeinander folgende Bits werden als ein Zeichen interpretiert, das mit Hilfe einer Tabelle mit dem Zeichensatz {A..Z a..z 0..9 +/} in ein lesbares Zeichen umgewandelt wird. Die Datenlänge muss bei diesem Verfahren immer durch drei teilbar sein und wird ggf. mit Nullen aufgefüllt. In der BASE64-Kodierung wird in diesem Fall durch das Sonderzeichen '=' signalisiert, dass zusätzliche Nullbytes für die Kodierung angefügt wurden und in der Dekodierung natürlich fortgelassen werden müssen:

> abc= ⇔ 2 gültige Bytes , ab== ⇔ 1 gültiges Byte

Eine separate Längenkodierung ist daher nicht notwendig. Diese Methodik ist weit verbreitet, was Sie z.B. beim Laden einer Datei aus dem Internet bemerken können, wenn die auf der Datenleitung ausgetauschte Datenmenge die Größe der Datei erheblich überschreitet.[33] Für die genauen Details der Kodierung wie beispielsweise die Reihenfolge der Bits in einem 24-Bit-Block verweise ich auf den Internet-RFC 822.

Aufgabe. base64-kodierte Daten lassen sich leicht finden, beispielsweise in Emailrohdaten. Besorgen Sie sich eine Klartext-Code-Kombination und spielen Sie ein wenig Codeknacker: in der Darstellung in Tabelle 3.2-1 kann man die Bits 0..7 bzw. 0..5 jeweils von links nach rechts oder von rechts nach links nummerieren. Finden Sie heraus, in welcher Reihenfolge die Bits kodiert werden, und schreiben Sie eine base64-Kodierungsfunktion.

Der Nachteil dieser zeilenorientierten Kodierung besteht darin, dass die Struktur der Daten nur unzureichend wiedergeben zu kann.[34] Bei Verfahren, die aus mehreren Algorithmen zusammengestellt sind, deren Parameter oftmals selbst noch in bestimmten Gruppen auftreten, ist aber eine Struktur notwendig, um die verschiedenen Teile einer Nachricht trennen und korrekt auswerten zu können. Wesentlich universeller ist eine XML-Kodierung, bei der die Datenfelder in (verschachtelten) Abschnitten oder Tags angeordnet sind

```
<signed>
    <bin>asjkjw09e...0=</bin>
    <sig>ehu8d92h..==</sig>
</signed>
```

Die Tagstruktur erlaubt eine strukturierte und sehr flexible Programmierung der Anwendungen, die die Daten auswerten (oder generieren). Bei Lesen des Tags **<signed>** kann mittels einer Objektfabrik ein Objekt erzeugt werden, das eine solche Struktur auszuwerten versteht. Es weiß beispielsweise, dass nun zwei weitere Tags enthalten sein müssen, was leicht festgestellt werden kann, ohne die Tagbezeichnungen selbst auszuwerten. Kann anstelle des Tags **<bin>** auch ein Tag **<text>** verwendet werden, kann das Auswertungsobjekt aufgrund des Tags aus einer Objektfabrik auch das passende Interpreterobjekt für die Auswertung des Datenfeldes laden. Tauchen unbekannte Tags auf oder wird die erwartete Grundstruktur nicht gefunden, können die Interpreterobjekte entsprechend reagieren, ohne sich um den Rest der Daten kümmern zu müssen. Die Datenauswertung kann somit modular erfolgen und sehr flexibel auf neue Protokolle umgestellt werden.

Aufgabe. Entwerfen Sie hierfür eine Interpretermethode. Sie soll den ersten Tag identifizieren, den schließenden Tag dazu finden und den gesamten Teilstring ausschneiden. Durch iterativen bzw. rekursiven Aufruf der Methode kann ein kompletter String in eine verschachtelte Objektstruktur zerlegt werden (entwerfen Sie eine solche). Bei fehlendem Schließtag (Tag fehlt oder Struktur falsch) wird mit dem Werfen einer Ausnahme abgebrochen.[35]

Zusätzlich bietet XML die Möglichkeit, die Tags mit zusätzlichen Parametern zu versehen. Im Beispiel sind die Datenfelder offenbar base64-kodiert, was zusätzlich durch

```
<signed coding="base64"> ...
```

---

33 Das Protokoll ist meist komplexer: die Daten werden häufig zunächst komprimiert und dann BASE64-kodiert. Die Verlängerung ist daher meist nur bei bereits komprimierten Dateien bemerkbar.

34 Außerdem ist nicht selten die maximale Zeilenlänge in den Systemen begrenzt.

35 Die Aufgabe liegt etwas außerhalb der eigentlichen Thematik des Buches. Betrachten Sie sie als Fingerübung, um grundlegende Programmiertechniken zu üben. Sie können sich über die Zerlegungstechnik in Objekte auch im Internet über das Stichwort DOM (Document Object Model) schlau machen. Dort wird beschrieben, wie Browser ihre Arbeit erledigen, wobei allerdings JavaScript als Sprachbasis verwendet wird.

angegeben werden könnte, um alternative Kodierungen möglich zu machen. Bei der Verpackung von Daten in XML-Strukturen läuft man natürlich auch Gefahr, dass als Steuerzeichen verwendete ASCII-Zeichen wie < auch in den Daten auftaucht, beispielsweise "4 < Anzahl Teilnehmer". Fehlinterpretationen wären die Folge. Um das zu Verhindern, werden Steuerzeichen in den Daten durch alternativen Code ersetzt. Anstelle "4 < Anzahl Teilnehmer" werden die Daten in der Form "4 > Anzahl Teilnehmer" kodiert. Beim Lesen der Daten müssen solche Kodierungen natürlich wieder zurückübersetzt werden, um Fehler in den Anwendungen zu vermeiden.[36]

Allein stehende Tags ohne Daten werden durch

```
<charset set="utf-8" />
```

kodiert. Der Schrägstrich schließt den Tag ohne folgende Daten und separaten Schlusstag ab.

3.3 Binärkodierung mit ASN.1

Die XML-Kodierung lässt zwar bezüglich der Strukturierbarkeit der Daten kaum Wünsche offen, ist aber immer noch eine ASCII-Kodierung, also mit entsprechendem zusätzlichen Übertragungsaufwand befrachtet und für Binärdaten nur eingeschränkt geeignet. Hinzu kommt – sehr wichtig – dass die Struktur der Binärdaten ebenfalls festgelegt werden muss. Im vorangegangenen Kapitel haben wir Bilddaten oder komprimierte Dateien als binäre Rohdaten betrachtet, aber dahinter stecken ja bereits ebenfalls weitgehende Normungen, wie die Daten zu interpretieren sind, die über XML und andere Konzepte hinaus gehen. In der Sicherheitstechnik sind u.a. Zahlen zu übertragen, und Zahlen besitzen auf unterschiedlichen Rechnersystemen völlig inkompatible Implementierungen. Das gleiche gilt für Datenstrukturen, bei denen die Compilerbauer aus Effizienzgründen nicht selten einen ganz anderen Aufbau vorsehen, als der Betrachter aus dem Code entnehmen zu können zu glaubt.

Um Binärdaten auch hinsichtlich einer Kompatibilität zwischen verschiedenen Systemen effektiv kodieren zu können, wurde die ASN.1-Kodierung entwickelt. XML-Dokumente enthalten die Daten zusammen mit ihrer Strukturbeschreibung in Form der Tags, bei einem Übergang zu reiner Binärdatenkodierung sind Daten und Strukturbeschreibung aber nicht mehr in einem Dokument zu verwalten. ASN.1 besteht daher aus zwei Teilen: der Strukturbeschreibung und der daraus folgenden Kodierungsvorschrift.

3.3.1 Syntax von ASN.1[37]

ASN.1 verfügt wie alle Programmiersprachen über einen Vorrat an einfachen Datentypen (*auch primitive Datentypen genannt*), auf die letztlich (*fast*) alles zurückgeführt wird:

---

36 Der Leser überzeugt sich leicht, dass das bei beliebigen Daten nicht völlig zweifelsfrei möglich ist. In solchen Fällen ist auf base64 oder eine andere eindeutige Kodierung ohne Überschneidung mit den Steuerzeichen zurück zu greifen.

37 Um sich an der Quelle über ASN.1 zu informieren, können Sie sich im Internet die Normen X.680 und X.690 suchen und herunterladen. Im Buchhandel finden Sie natürlich auch Lehrbücher über ASN.1, die den Umfang dieses Buches übersteigen und alles im Detail beschreiben. Daran soll sich diese Einführung natürlich nicht messen; zum Lesen einer RFC-Norm sollte die Einführung aber genügen. Weitere Hinweise, auch zur Programmierung eines ASN.1-Compilers und von Auswertern, finden Sie beispielsweise in Gilbert Brands, Das C++ Kompendium, Springer-Verlag.

```
BIT , BOOLEAN , CHARACTER , INTEGER , OCTET , REAL ,
STRING (mit einer Anzahl von Spezialisierungen)
```

INTEGER und **REAL** sind für beliebige Zahlengrößen ausgelegt, **OCTET** kodiert nicht näher definierte Binärdaten. Zur Speicherung von Daten werden Variablen bestimmten Typs angelegt und optional kommentiert

```
artNr INTEGER      -- Artikelummer
vorhanden BOOLEAN     -- Artikel vorrätig
```

Damit sind schon einige Sprachregeln offen gelegt:

- Alle Datentypenbezeichnungen beginnen mit einem Großbuchstaben, der Rest ist bis auf einige Steuerzeichen beliebig.

- Alle Variablenbezeichnungen beginnen mit einem Kleinbuchstaben,

- Kommentare beginnen mit -- und kennzeichnen den Rest der Zeile als Kommentar.

- Die Begriffe müssen in einer festgelegten Reihenfolge auftreten, hier beispielsweise *Variablenbezeichnung–Typbezeichnung.*, also einen durch die Syntaxregeln festgelegten Kontext einhalten.

Eigene Datentypen können durch Zuweisungen eines Datentyps auf einen neuen definiert werden. Die Syntax einer Typvereinbarung ist die gleiche wie für die Zuweisung von Werten zu Variablen. Typen werden dabei andere Typen, Variablen andere Variablen oder Konstante zugewiesen. Das obige Beispiel lässt sich durch Definition eines eigenen Datentyps für eine Artikelnummern und die zusätzliche Vergabe einer Nummer folgendermaßen formulieren

```
ArtNr ::= INTEGER
artNr ArtNr
artNr ::= 4711
```

Die Bedeutung der einzelnen Worte/Symbolgruppen ist ähnlich wie bei einer gesprochenen Sprache kontextabhängig. Die Reihenfolge der Definitionen ist im ASN.1-Kode (im Gegensatz zu den meisten Programmiersprachen) beliebig. Der Typ `ArtNr` darf in einer Variablendeklaration auftreten, bevor er definiert wird, ohne dass dies zu Fehlern bei der Interpretation führen darf. Trennsymbole (Zeilenvorschub, Semikolon, ...) sind ebenso wenig definiert wie Strukturen (Einrückung); wie in anderen Programmiersprachen wird man aber von einem professionellen ASN.1-Kode eine kontextbezogene Textstruktur in Form von Zeilenumbrüchen und Einrückungen erwarten.

Darf eine Variable nur bestimmte Wert annehmen, kann dies bei der Definition des Typs in Form einer Liste angegeben werden

```
ArtNr ::= INTEGER { 4710 .. 4712 , 5513 }
```

Die gleiche Syntax kann auch für die Wertbelegung einer Variablen verwendet werden

```
artNr { 4711 }
```

d.h. für die textliche Darstellung des binär kodierten Wertes[38]

Definitionen können aus Untertypen auch zusammengeführt werden. So ist der obigen Definition äquivalent

```
A ::= INTEGER { 4710 .. 4712 }
B ::= INTEGER { 5513 }
```

---

38 Differenziert wird zwischen Konstantenzuweisung durch ::= und Wertbelegung durch { }.

```
ArtNr ::= A | B
```

Das Symbol | steht für „oder". Diese mehrstufige Definition eines Begriffs wird als „Produktion" eines Types bezeichnet und darf auch rekursiv fortgesetzt werden, wie das folgende Beispiel verdeutlicht:

```
A ::= CHARACTER { "A" }
B ::= CHARACTER { "B" }
D ::= A,B | A,B,D  | empty  -- rekursive Definition
c D                         -- Variablenvereinbarung
```

Aufgrund dieser „Produktion" darf die Variable c folgende Werte aufweisen:

```
""
"AB"
"ABAB"
"ABABAB"
...
```

Durch die Substitution eines einfachen Typs durch einen eigenen Bezeichner kann auf Textebene ein hohes Maß an Ordnung geschaffen werden. Um dies auch in der Binärkodierung wiederzufinden, d.h. eine Variable des Typs INTEGER von einer Variablen des Typs ArtNr unterscheiden und beispielsweise die Werte auf Einhaltung der festgelegten Bereiche überprüfen zu können, ist die Zuordnung eines Typs zu einer Klasse und die Vergabe einer speziellen Typkennziffer möglich.

```
ArtNr ::= [PRIVATE 2] INTEGER
```

Die insgesamt zulässige Syntax ist durch folgende abstrakte Produktion festgelegt

```
ArtNr ::= TaggedType
TaggedType ::= Tag Type
Type ::= INTEGER | ...
Tag ::= "[" Class ClassNumber "]"
ClassNumber ::= number | DefinedValue
Class ::= UNIVERSAL | APPLICATION | PRIVATE | empty
```

Im Standard sind die Typkennziffern 0..31 der Klasse UNIVERSAL für die primitiven Datentypen reserviert. In einer Binärkodierung können diese Daten daher immer korrekt bestimmten Datentypen in den Anwendungen zugeordnet werden; für alle andere Zuordnungen ist die Kenntnis der ASN.1-Beschreibung notwendig.

Nun sind Daten meist nicht nur eine Aneinanderreihung einfacher Datentypen, sondern in größeren Einheiten strukturiert. Der ASN.1-Type SEQUENCE entspricht etwa dem struct in C:

```
Adresse ::= SEQUENCE {
  name    VisibleString ,
  strasse VisibleString ,
  ort     VisibleString
} -- Ende des Adresstyps
```

Innerhalb der Aufzählung der SEQUENCE sind nur Attributdefinitionen zulässig, keine Typdefinitionen. Einr Wertbelegung lässt sich

```
adr { name {"Fred"} }  -- oder
adr.name { "Fred" }
```

darstellen. In der Binärkodierung müssen die Attribute in der angegebenen Reihenfolge auftreten, wobei die Attributtypen selbst natürlich ihrerseits wieder zusammengesetzt sein dürfen. Um eine gewisse Bandbreite bei den Daten zuzulassen, sind zusätzliche Kennungen definiert:

```
PersData ::= SEQUENCE {
  adr  Adresse ,
```

```
    tel VisibleString OPTIONAL ,
    verh BOOLEAN DEFAULT TRUE
} -- Ende
```

Mit **OPTIONAL** gekennzeichnete Einträge dürfen in Datendokumenten auch fehlen, bei mit **DEFAULT** gekennzeichneten Einträgen wird bei Fehlen des Eintrags im Datendokument automatisch der angegebene Wert ergänzt. Wird anstelle von **SEQUENCE** das Schlüsselwort **SET** verwendet, können die Attribute in der Binärkodierung eine beliebige Reihenfolge besitzen.

Felder werden durch eine Syntaxerweiterung definiert:

```
Adressliste ::= SEQUENCE OF Adresse          -- unbestimmt
Adresstabelle ::= SEQUENCE (SIZE(1..100)) OF Adresse -- max 100
PAListe ::= SET (SIZE(2) OF { PersData , Adresse }        -- genau 2
```

In der normalen Definition treten die Attribute genau einmal auf, der Zusatz **OF** erlaubt das mehrfache Auftreten der Attribute. Indexattribute sind nicht definiert; die Anwendungen müssen die Anzahl der Instanzen mitzählen.[39]

Für variable Attributtypen ist der spezielle Typ **CHOICE** definiert:

```
TelNr ::= CHOICE {
    text VisibleString ,
    int  INTEGER
} -- Ende
```

Implizit wird bei **CHOICE**-Typen die Klasse **CONTEXT** und eine fortlaufende Typkennziffer vergeben:

```
A ::= CHOICE {
  i1 [0] INTEGER ,
  i2 [1] INTEGER
} -- End
```

Die Typkennziffern können auch per Festlegung im Code vergeben werden. Anhand der Typkennziffer wird später in der Binärkodierung entschieden, wie die Daten zu interpretieren sind.

Sehr wichtig für die universelle Einsetzbarkeit ist der spezielle Datentyp **OBJECT IDENTIFIER**, der eine Konstante definiert und dessen Details im nächsten Teilkapitel eingehender diskutiert werden. Das erste Attribut in einer Binärkodierung ist in der Regel ein **OBJECT IDENTIFIER**, der es der Anwendung erlaubt, zu überprüfen, ob sie mit den Daten überhaupt etwas anfangen kann.

Aufgabe: Entwerfen Sie eine ASN.1-Struktur zur Übertragung großer Matrizen. In jedem Schritt werden nur Teilmatrizen übertragen. Stellen Sie sicher, dass die jeweils übertragenen Daten korrekt abgespeichert und bereits vorhandene Daten nicht überschrieben werden.

Aufgabe: Laden Sie aus dem Internet PKSC# - Spezifikationen (*oder wahlweise RFC's*) und identifizieren Sie die ASN.1-Spezifikationen für die Schlüsselvereinbarungen nach Diffie-Hellman.

3.3.2 Binärkodierung in ASN.1[40]

Bei der Datenübertragung wird zwischen Blockkodierung und Stromkodierung unterschieden.

---

39 Wer einen definierten Index benötigt, muss selbst durch entsprechend definierte Attributlisten dafür sorgen.

40 Bezüglich spezieller Details sei wieder auf die Normen X.680/X.690 verwiesen.

- Bei der Blockkodierung liegt bereits zu Beginn des Kodierungsprozesses fest, welche Datenmenge umgesetzt wird, so dass die Blockgröße als Steuergröße zu Beginn des Datenblockes angegeben werden kann.

- Bei der Stromkodierung ist zu dem Zeitpunkt, zu dem der Beginn eines Datensatzes kodiert wird, noch nicht abzusehen, wie viele Daten noch folgen, so dass die Länge noch nicht angegeben werden kann. Das Ende eines Datenstroms wird deshalb durch spezielle Steuersequenzen angezeigt.

`Blockkodierung:`

Datentyp	Länge	Daten

`Stromkodierung:`

Datentyp	Stromkod.	Daten	EOD

Beide Kodierungstypen sind in ASN.1 vorgesehen, wobei aber in der Praxis überwiegend die Blockkodierung zum Einsatz kommt. Wir berücksichtigen daher die Stromkodierung und die damit einhergehenden Probleme hier nicht weiter.

Ein ASN.1-Binärdatensatz besitzt zu Beginn zwei Steuerfelder für die Kennzeichnung des Datentyps und der Satzlänge. Jedes der Steuerfelder kann aus einem oder mehreren Bytes bestehen. Das Datentypfeld enthält drei verschiedene Informationen: die Datenklasse und die Typnummer sowie eine Kennzeichnung, ob es sich um einen einfachen Datentyp oder eine Struktur handelt. Es besteht mindestens aus einem Byte.

8	7	6	5	4	3	2	1
Klasse		P/Z		Typkennzeichnung			

Die Klassennummer kann einen der vier folgenden Werte annehmen, von denen aber nur drei vom ASN.1-Programmierer eigenständig bedient werden können:

Klassen	*Bitkodierung*
Universal	0 0
Anwendung	0 1
Kontextspezifisch	1 0
Privat	1 1

Für die als Standard eingesetzte Klasse UNIVERSAL sind 31 Typkennzeichnungen von den Basistypen belegt, womit die 1-Byte-Kennzeichnungen für diese Klasse bereits verbraucht sind. Alle Datenkodierungen mit diesen Klasse/Typ-Kombinationen sind interpretierbar, ohne dass die ASN.1-Strukturbeschreibung vorliegen müsste.[41]

Wird eine andere Klasse als UNIVERSAL oder eine höhere Typkennziffer als 31 verwendet, so kann ohne die zugehörige ASN.1-Strukturbeschreibung nicht mehr auf den tatsächlichen Datentyp ge-

---

41 Diese Aussage bezieht sich nur auf die Kodierung! Man weiß zwar, dass es sich beispielsweise um eine ganze Zahl handelt und kann auch den Zahlenwert dekodieren, jedoch geht daraus natürlich ohne die Strukturbeschreibung nicht hervor, welche Bedeutung diese Zahl hat.

schlossen werden (mit Ausnahme des **P/Z**-Kennzeichens). **APPLICATION 2** kann also alles mögliche sein und muss nichts mit einem **INTEGER** zu tun haben.

Für den Standardtyp **CHOICE** ist keine Kennzeichnung vorhanden; **CHOICE**-Attribute bzw. Variablen werden mittels der hierfür reservierten Klassennummer **CONTEXT** gekennzeichnet. Was sich hinter dem Typ verbirgt, kann ebenfalls nur mit Hilfe des ursprünglichen ASN.1-Kodes festgestellt werden (*vergleichen Sie auch die Ausführungen zum Typ* **CHOICE**).

Der 32. Typ (*Kodierung* 1 1 1 1 1) erlaubt die Kodierung weiterer Datentypkennzeichen mit Zahlen ≥31 durch Anfügen weiterer Typbytes:

Klasse	P/Z	11111		1	T1		1	T2	...	0	T3

Die Datentypkennungen sind folgendermaßen zu einer Zahl zu kombinieren:

8	7	6	5	4	3	2	1	8	7	6	5	4	3	2	1	8	7	6	5	4	3	2	1
0	0	0			T1							T2								T3			

Jeweils sieben Bit stehen somit für die Kodierung zur Verfügung, während das achte Bit als Fortsetzungsbit zu lesen ist. Zu Lesen ist in den Richtungen HÖCHSTES BYTE/BIT ---> NIEDRIGSTES BYTE/BIT.

Das Datenfeld **P/Z** unterscheidet zwischen „primitiven" Datentypen wie **INTEGER** usw. und „zusammengesetzten" Typen wie **SEQUENCE** oder **SET**. Das Datenfeld solcher Variabler enthält dann wiederum ASN.1-Binärdatensätze, die rekursiv auf die gleiche Weise wie der Hauptdatenstrom ausgewertet werden können. Diese Kennzeichnung erlaubt das einfache Zerlegen größerer Datenmengen in Segmente, ohne dass bereits eine Interpretation der Typkennzeichen stattfinden müsste.

Die Längenkodierung erfolgt wie bei der Typfortsetzung. Für die Längenangabe stehen pro Byte 7 Bit zur Verfügung, während das achte Bit als Fortsetzungsbit verwendet wird. Das Zusammensetzen der Längenbits erfolgt wie bei der Typbezeichnung angegeben. Auf die Kodierung der Basistypen können wir hier ebenfalls nicht weiter eingehen, so dass auf die entsprechenden Normen verwiesen sei.

Den Typ **OBJECT IDENTIFIER** haben wir oben nur kurz erwähnt und nehmen ihn nun genauer unter die Lupe. Er enthält eine eindeutige Kennziffer zur Identifizierung einer Datenstruktur. Es handelt sich jedoch nicht einfach um eine große Zahl oder einen Binärstring, sondern um eine komplexere Struktur, die es erlaubt, eine Ordnung bei der Vergabe universeller Kennzeichnungen herzustellen.

In Sicherheitsprotokollen wird häufig eine Vielzahl unterschiedlicher Daten übertragen, und auch für die Übertragung von Dokumenten mit sinngemäß gleichen Inhalten existieren oft leicht unterschiedliche Kodierungen. Anwendungen müssen die verschiedenen Kodierungen sicher auseinander halten können, was durch individuelle Typkennziffern zu erreichen ist. Den Datentyp **SEQUENCE** zu spezialisieren ist jedoch eine minder gute Lösung, denn globale und lokale Festlegungen wären nicht sauber zu trennen,[42] und den Typkennziffern wäre auch nur schwer eine Struktur aufprägbar, die eine schnelle Unterscheidung zwischen verschiedenen Funktionsbereichen erlaubt und auch für zukünftige Erweiterungen offen ist. Um diese Probleme zu beseitigen, wurde der spezielle Typ **OBJECT IDENTIFIER** geschaffen.

---

42 Als „global" ist eine Festlegung zu betrachten, die eine komplette Funktionalität beschreibt und bei weltweiter verbindlicher Festlegung nur einmal auftreten darf, „lokal" sind Festlegungen innerhalb solcher globaler Vereinbarungen, die Unterstrukturen beschreiben.

Eine Objektkennung besteht aus einer Folge von hierarchischen Kennzeichnern, wobei jeder Kennzeichner ein oder mehrere Bytes belegen kann, was wieder durch das höchste Bit ausgedrückt wird (*Bit 8=1: Kennzeichnung wird fortgesetzt; Bit 8=0: letztes Byte der Kennzeichnung*). Das gesamte Schema ist von vornherein darauf ausgelegt worden, durch internationale Organisationen verwaltet zu werden, die Strukturbeschreibungen mit der Objektkennung als Schlüssel sammeln und Programmierern als Normstrukturen zur Verfügung stellen. Hierdurch wird ein offener Markt geschaffen, an dem jeder teilnehmen kann und in dem auch jederzeit verbindlich die Regeln feststehen.

Vereinbarungsgemäß besteht der erste Eintrag aus zwei Kennzeichnern, die in der Form

$$(K_1 * 40) + K_2$$

zusammengesetzt sind und in der Hauptsache die Organisation und darin die Abteilung bezeichnen sollen, die die Objektkennung verwaltet hat. Die weiteren Kennzeichnungen bezeichnen den Eigentümer der Objektkennung, Algorithmen, Einsatzbereiche usw.[43] Beispiel

```
OBJECT IDENTIFIER {joint-iso-itu-t(2) 100 3}

wird kodiert als Kenn1:(40*2)+100 = 180 , Kenn2=3

Binärkodierung:
-------------------------------
OBJECT IDENTIFIER   0x06
Länge           0x03
Kennzeichner        0x813403
```

Diese Kennziffervergabe erlaubt eine baumartige Strukturierung (Fehler: Referenz nicht gefunden). In unserem Beispiel könnte die Kennziffer 3 beispielsweise einen verschlüsselten Datenaustausch nach einem bestimmten Modell bezeichnen, für das mehrere Verschlüsselungsmethoden möglich sind (*z.B. eine Telnet-ähnliche Sitzung mit DES- oder AES-Verschlüsselung*); so ist diese als Folgekennung spezifizierbar

```
OBJECT IDENTIFIER {joint-iso-itu-t(2) 100 3 14}
```

Kennziffer 4 könnte wiederum Signaturalgorithmen samt deren Datensätzen spezifizieren, wobei die folgenden Kennziffern, die nun keinen Beschränkungen bezüglich der in anderen Zweigen vergebenen Werten unterworfen sind, den genauen Algorithmus und seine Struktur kennzeichnen. Die Wirklichkeit der Nummernvergabe ist natürlich um einiges komplizierter, wie der Baumausschnitt zeigt, und die Kodierung von Verschlüsselungsalgorithmen ist nur ein (relativ kleines) Thema in diesem Baum. Nicht ganz auszuschließen ist, dass

```
OBJECT IDENTIFIER {joint-iso-itu-t(2) 100 3 14}
OBJECT IDENTIFIER {joint-iso-itu-t(2) 117 23 31}
```

die gleiche Funktionalität kodieren und nur von unterschiedlichen Entwicklern unbemerkt parallel eingereicht wurden, aber die Berücksichtung dieser „Feinheiten" bei der Implementierung ist Angelegenheit des Programmierers und nicht von ASN.1.

---

43   Über die Aufteilungen siehe: http://www.oid-info.com/index.htm

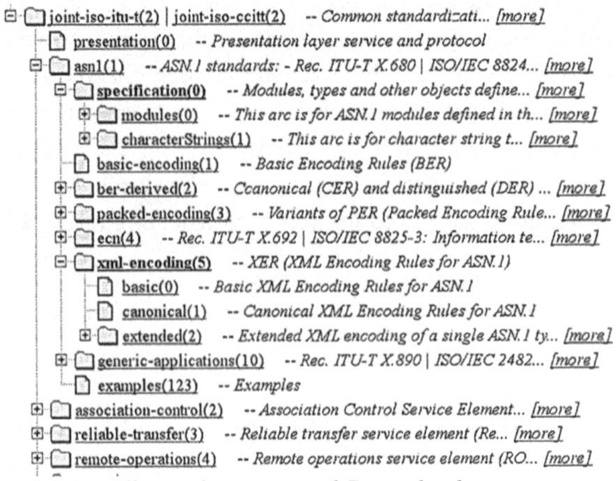

```
⊟ ☐ joint-iso-itu-t(2) | joint-iso-ccitt(2)    -- Common standardizati... [more]
    ☐ presentation(0)    -- Presentation layer service and protocol
  ⊟ ☐ asn1(1)    -- ASN.1 standards: - Rec. ITU-T X.680 | ISO/IEC 8824... [more]
     ⊟ ☐ specification(0)    -- Modules, types and other objects define... [more]
        ⊞ ☐ modules(0)    -- This arc is for ASN.1 modules defined in th... [more]
        ⊞ ☐ characterStrings(1)    -- This arc is for character string t... [more]
        ☐ basic-encoding(1)    -- Basic Encoding Rules (BER)
     ⊞ ☐ ber-derived(2)    -- Ccanonical (CER) and distinguished (DER) ... [more]
     ⊞ ☐ packed-encoding(3)    -- Variants of PER (Packed Encoding Rule... [more]
     ⊞ ☐ ecn(4)    -- Rec. ITU-T X.692 | ISO/IEC 8825-3: Information te... [more]
     ⊟ ☐ xml-encoding(5)    -- XER (XML Encoding Rules for ASN.1)
        ☐ basic(0)    -- Basic XML Encoding Rules for ASN.1
        ☐ canonical(1)    -- Canonical XML Encoding Rules for ASN.1
        ⊞ ☐ extended(2)    -- Extended XML encoding of a single ASN.1 ty... [more]
     ⊞ ☐ generic-applications(10)    -- Rec. ITU-T X.890 | ISO/IEC 2482... [more]
        ☐ examples(123)    -- Examples
  ⊞ ☐ association-control(2)    -- Association Control Service Element... [more]
  ⊞ ☐ reliable-transfer(3)    -- Reliable transfer service element (Re... [more]
  ⊞ ☐ remote-operations(4)    -- Remote operations service element (RO... [more]
```

Abbildung 3.1: Teilbaum der iso-itu-oid-Datrenbank

Zusammengesetzte Typen wie SET oder SEQUENCE werden auf die gleiche Weise wie primitive Typen kodiert:

```
a SEQUENCE { b INTEGER ::= 15 }
-- wird kodiert durch
0x26 0x03  0x02 0x01 0x0F
```

Die drei „Datenbytes" der SEQUENCE können vom Datenstrom entfernt und separat/rekursiv ausgewertet werden, wobei für die Erkennung des zusammengesetzten Typs das gesetzte P/Z-Bit genügt. Sofern SEQUENCE OF- oder SEQUENCE (SIZE(.. - Definitionen vorliegen, können die Attributlisten mehrfach abzuarbeiten sein, was im Datenstrom jedoch weder durch einen eigenen Datentyp noch durch eine Kennzeichnung signalisiert wird. Die Interpretation der ASN.1-Binärdaten von

```
a INTEGER  b INTEGER
c SEQUENCE (SIZE(a,b)) OF INTEGER
```

erfordert dann zwingend die Kenntnis des ASN.1-Kodes und einigen internen Aufwand während der Datenauswertung, um die nacheinander eingehenden Teildaten

```
a{1} b{5} c{1,2,3,4,5}
a{6} b{9} c{6,7,8,9}
```

korrekt in die richtigen Speicherpositionen eines Datenfeldes zu übertragen.

Aufgabe: Kodieren Sie einen Teilsatz der Matrixübertragung (*Übung aus dem letzten Kapitel*).

3.4 ASN.1 in der Praxis

Eine ASN.1-Strukturbeschreibung kann durch einen ASN.1-Compiler in ein Softwaregerüst umgesetzt werden, was zumindest die Programmierung des Kodierungsteils einer Anwendung recht einfach macht. Ein ASN.1-Compiler generiert in einer vorgewählten Sprache Klassen, die den Daten entsprechende Attribute sowie Methoden zur Datenstromkonvertierung enthalten. In C++ könnte dies beispielsweise folgendermaßen aussehen:

```
ASN.1-Definitionen:
-------------------

Teil1 ::= CHOICE {
  s1 BOOLEAN ,
  s2 INTEGER
  } -- end set

TType ::= SEQUENCE {
  satz INTEGER ,
  p1  Teil1 ,
  } -- end sequence


----------------------

Generierter C++ - Code:
-----------------------

class Teil1 : public AsnChoice{
public:
  enum {choiceS1, choiceS2} m_nChoice;
  AsnBool m_s1;
  AsnInt m_s2;
protected:
  void DecodeChoice(DBuffer& bt);
  void EncodeChoice(DBuffer& bt) const;
};//end class

class TType : public AsnSequence{
public:
  TType(int nTag=defaultTag, int nClass=defaultCls);
  AsnInt m_satz;
  Teil1 m_p1;

  string Encode() const;
  bool Decode(string);

protected:
  void DecodeElements(DBuffer& bt);
  void EncodeElements(DBuffer& bt) const;
};//end class
```

Hat man einmal die Daten in ein Objekt von **TType** geladen, kann durch die **Encode()**-Funktion problemlos das Datenpaket für das Netzwerk generiert und auf der Gegenseite durch **Decode()** wieder entpackt werden. Technisch kann man

➤ dieses Klassengerüst durch Einfügen der Algorithmenteile ergänzen, so dass die gesamte Anwendung auf diesem Modell aufbaut, oder

➤ die Datenschnittstellen eleganter gestalten als in diesem Beispiel und die Übertragungsobjekte aus einer separat entworfenen algorithmischen Anwendung laden und entladen.[44]

In Verbindung mit dem Objektidentifizierer ergeben sich weitere technische Möglichkeiten für elegante Softwarekonstruktionen. ASN.1-Strukturen beginnen in der Regel mit

```
A ::= SEQUENCE {
  oid OBJECT IDENTIFIER,
  ...
}
```

---

44 Vom ASN.1-Compiler gelieferte Klassenmodelle ähneln bei komplexeren Beschreibungen oft den von Menügeneratoren gelieferten, in denen sich die algorithmischen Zusammenhänge verlieren können. Für detailliertere Diskussionen sei auf das C++ Kompendium oder vergleichbare Literatur über Softwaretechnik verwiesen.

```
B ::= SEQUENCE {
    oid OBJECT IDENTIFIER,
    ...
}
```

Der Datenstrom ist sehr leicht in die einzelnen Sequenzen zerlegbar, die einzeln interpretierbar sind und jeweils mit einem Objektidentifizierer beginnen. Softwaretechnisch kann dies ausgenutzt werden, um ein Datenobjekt zu erzeugen, das den Rest der Daten einer Sequenz auswerten kann:

```
class Alg_1: public Algorithm { ... };
class Alg_2: public Algorithm { ... };
...
Algorithm* obj = OBJECT_IDENTIFER::get_algorithm(data);
...
```

Der Zahlenwert des Objektidentifizierers dient als Schlüssel für eine Objektfabrik, die ein passendes Objekt erzeugt.[45]

Im OID-Baum findet man weitere Informationen für die Softwareentwicklung. Wir können darauf jedoch nicht weiter eingehen, so dass der Leser auf eigene Experimente sowie auf das Stichwort MIB (Management Information Base) aus der Netzwerktechnik, das sich ebenfalls mit dieser Problematik beschäftigt, verwiesen sei.

---

45 Techniken für Objektfabriken sind ebenfalls im C++ Kompendium beschrieben.

4 Erste Schritte in die Verschlüsselungstechnik

Wenn man in die Geschichte schaut, ist Verschlüsselungskunde eine sehr alte Wissenschaft. Die Caesar-Verschlüsselung[46] geht beispielsweise tatsächlich auf den römischen Feldherren zurück und ist somit mehr als 2.000 Jahre alt. So groß wie die Zahl der Rezepte ist scheinbar auch die Zahl der Fehlschläge. Mit den Verfahren aus der Vor-Computerzeit werden wir uns nicht weiter beschäftigen; es gibt viele Bücher, die sich mit den Methoden und den Einbrüchen auseinander setzen. Wir beschränken uns auf die Methoden, die mit Computern möglich sind.

Ist Verschlüsselungstechnik Alchimie, die ohne zerstoßene Kirchenfenster und Krötenschleim nicht funktioniert, oder gibt es einen systematischen Zugang? In diesem Kapitel legen wir einige Grundlagen für systematisches Vorgehen und diskutieren einige Verfahren, die auf Techniken aus der Vor-Computerzeit zurückgreifen.

4.1 Operatoren in Verschlüsselungsalgorithmen

Symmetrische Verschlüsselungsverfahren und Hashalgorithmen basieren auf einfachen und schnellen Operationen, die wir an dieser Stelle vorstellen.[47] Die Mathematik der wesentlich komplexeren asymmetrischen Verschlüsselungsverfahren nehmen wir uns später in eigenen Kapiteln vor.

Die mathematischen Grundoperationen für die Erzeugung *umkehrbarer Bitmusterveränderungen* in symmetrischen Verfahren sind

- **Bitweise Addition (mod 2)** mit vorgegebenen Masken (*Symbol* $\oplus$). Die zweimalige Anwendung führt zum Ausgangspunkt zurück.

```
Original        Maske          Ergebnis
0110 1100 ⊕  0111 0001  =  0001 1101

Ergebnis        Maske          Original
0001 1101 ⊕  0111 0001  =  0110 1100
```

Die Operation ist den meisten Lesern vermutlich unter der Bezeichnung XOR-Operation vertraut. Neben ihrer Einfachheit besitzt sie die Eigenschaft, Muster in einem Klartext durch Verknüpfung mit einem zufälligen Bitmuster aufzulösen.

- **Arithmetisches Addieren.** Bei arithmetischen Operationen kann ein Überlauf entstehen, der im Chiffrat gestrichen wird. Die Umkehrung der Operation ist bei bekanntem Schlüssel trotzdem leicht möglich. Ist das Chiffrat absolut gesehen kleiner als der Schlüssel, so ist ein Überlauf gestrichen worden und muss bei der Wiederherstellung durch Subtraktion berücksichtigt werden; ist es größer, so genügt die Subtraktion des Schlüssels.

- **Zyklisches Schieben** verändert die Positionen (*Symbol* $\ll, \gg$). Bitinhalte, die an einer Seite des Registers hinausgeschoben werden, werden an der anderen Seite wieder ange-

---

46 Verschieben des Alphabets um eine bekannte Anzahl von Stellen, z.B. 3, was aus „Audi" „Dxgl" macht.

47 Die Aussage gilt ohne Einschränkung für die optimierte Implementation der Algorithmen. Der Algorithmenentwurf kann teilweise Anleihen bei der Mathematik der asymmetrischen Algorithmen machen, jedoch stets so, dass ein Rückgriff auf die hier angesprochenen Operationen gegeben ist.

setzt. Durch Schieben in die entgegengesetzte Richtung um die gleiche Bitanzahl wird die Ausgangsinformation wieder dargestellt.

```
0110 1100 ≪ 3  = 0110 0011
```

Da die Bits nach der Operation nun an einer anderen Stelle zu finden sind, werden Muster nicht aufgelöst. Die Operation wird daher in Verbindung mit anderen Operationen eingesetzt. Beispielsweise kann ein Teil des Klartextes zyklisch verschoben und dann bitweise zu einem anderen Teil addiert werden, so dass Änderungen einzelner Bits Auswirkungen auf andere Positionen haben (Verschränkung).

- **Permutieren** vorgegebener Positionen ergibt ein neues Muster (*Symbol* $P(..)$). Zu jeder Permutation existiert eine inverse Permutation.

$$0110 \quad 1100 \quad \circ \quad P\begin{pmatrix} 1\,3\,4\,7\,5\,2\,6\,8 \\ 7\,2\,1\,3\,8\,4\,6\,5 \end{pmatrix} \quad = \quad 0010 \quad 0111$$

Permutationen lassen die Anzahlen von Bits eines bestimmten Typs konstant. Sie kommen zum Einsatz, wenn vom Gesamtbitvorrat nur ein Teil in einem Schritt eines Algorithmus verwendet wird. Bei mehreren Schritten können formal alle Bits in die verwendeten Positionen geschoben werden. Außerdem lässt sich durch eine Permutation eines Teilbereichs auch eine Verschränkung bewirken.

Echte Permutationsoperationen werden in der Regel nur auf Byte- oder Wortebene durchgeführt. Auf Bitebene innerhalb eines Wortes können sie als spezialisierte Substitutionen betrachtet und ausgeführt werden.

- **Substitution** eines Bitmusters durch ein eindeutiges anderes (*Symbol* $T[..]$). Die Bitmusterzuordnung erfolgt durch eine Zuordnungstabelle, die i.d.R. ein schnelles Arbeiten ermöglicht

```
0100 1000 = T[0110 1100]
```

Durch inverse Sortierung der Tabelle ist eine ebenso schnelle Rücksubstitution möglich.

Durch eine einfache Substitution entsteht zunächst keine Auflösung von Mustern. Durch Mischen mehrerer Substitutionstabellen und mehrere Iterationen kann man sich aber langsam diesem Ziel nähern.

Substitutionstabellen lassen sich – und damit bekommen wir einen Anschluss an die noch zu diskutierende Zahlentheorie, durch modulare Multiplikationen systematisch erzeugen:

$$0110\,1101 = 0111\,1111 * 13 \;(\mathrm{mod}\,257)$$

Derartige Generatoren sind bei den Theoretikern recht beliebt, da sie systematische Analysen über die Sicherheit eines Algorithmus erleichtern. Eine andere, weniger häufig verwendete Möglichkeit ist die Implementation als Permutationstabelle. Analytische Tabellen werden anhand standardisierter Angriffe entworfen, indem ausgehend von einem Starttabellensatz die Werte sukzessiv durch andere ersetzt werden, die bei einem simulierten Angriff bessere Sicherheitsdaten ergeben.

Substitutionstabellen sollten in der Praxis eine Größe von wenigen Kilobyte nicht überschreiten, weshalb sie meist nur ein Byte oder weniger betreffen.

Ist eine Umkehrbarkeit der Operation nicht erforderlich, was beispielsweise in Hashfunktionen der Fall ist, so können zusätzlich zu den reversiblen Transformationen auch Biterzeugungs- und Bitvernichtungsoperatoren **ODER** und **UND** hinzugezogen werden. Diese verändern den Informationsgehalt der Nachricht und verhindern damit eine Rekonstruktion.

- **UND-Operation** als Vernichtungsoperation

        0110 1100   .AND.   1101 1001   = 0100 1000

- **ODER-Operation** als Erzeugungsoperation

        0110 1100   .OR.   1101 1001   = 1111 1101

Für ein Ergebnisbit existieren bei Verwendung dieser Operatoren mehrere nicht unterscheidbare Möglichkeiten seiner Herkunft:

$$(Bit_E = 0 , Op = AND) \Rightarrow$$
$$(Bit_a = 0 \wedge Bit_b = 0) \vee (Bit_a = 0 \wedge Bit_b = 1) \vee (Bit_a = 1 \wedge Bit_b = 0)$$

$$Bit_E = 1 , Op = AND \Rightarrow (Bit_a = 1 \wedge Bit_b = 1)$$

$$(Bit_E = 1 , Op = OR) \Rightarrow$$
$$(Bit_a = 1 \wedge Bit_b = 1) \vee (Bit_a = 0 \wedge Bit_b = 1) \vee (Bit_a = 1 \wedge Bit_b = 0)$$

$$(Bit_E = 0 , Op = OR) \Rightarrow (Bit_a = 0 \wedge Bit_b = 0)$$

Nur in einem Viertel aller möglichen Fälle können die Klartexte jeweils eindeutig rekonstruiert werden. In den anderen Fällen muss ein Rekonstruktionsversuch der ursprünglichen Nachricht alle Möglichkeiten untersuchen. Wendet man Verschlüsselungsverfahren an, in denen ein Nachrichtenbit mehrfach maskiert wird, wächst die Anzahl der zu untersuchenden Fälle bei einer Rückwärtsanalyse exponentiell an und überschreitet schnell die Kapazität aller Auswertungsgeräte. Die Mehrdeutigkeit übernimmt somit in gewissem Sinn die Wirkung eines unbekannten Schlüssels in umkehrbaren Verfahren, weshalb diese Operatoren in den ersten Generationen der Hashfunktionen, die i.d.R. über keine geheimen Schlüssel verfügen, gerne verwendet wurden.

Das Problem bei der Konstruktion eines Algorithmus mit **UND** und **ODER** ist ein ausgewogener Einsatz der beiden Operatoren, da am Ende eine ausgewogene Anzahl von Null- und Einsbits vorhanden sein muss. Zu viele **UND**-Operationen erzeugen ein Chiffrat, das überwiegend Nullbits enthält. Das Problem besteht dann darin, dass bei Vorlage eines Klartexts nicht zweifelsfrei entschieden werden kann, ob er tatsächlich der Ausgangspunkt für das Chiffrat war. Doch dazu später mehr.

4.2 Verfahrenskonstruktion

Es sind sicher keine übernatürlichen geistigen Fähigkeiten notwendig, um festzustellen, dass einer der Operatoren nicht genügt, um eine sichere Verschlüsselung zu gewährleisten (mit einer, weiter hinten in diesem Kapitel diskutierten Ausnahme). Eine sichere Verschlüsselung wird erst durch Kombination mehrerer Operationen zu einer „Verschlüsselungsrunde" und der mehrfachen Ausführung solcher Runden erreicht. Für umkehrbare Verschlüsselungen stehen drei Konstruktionsverfahren zur Auswahl:

a) Es wird mit geheimen Schlüsseln gearbeitet, der Algorithmus selbst ist aber öffentlich.

b) Es wird ohne Schlüssel mit geheimen Algorithmen gearbeitet.

c) Schlüssel und Algorithmus sind geheim.

In der Praxis wird ausschließlich Verfahren a) eingesetzt, weil sich die Sicherheit eines Algorithmus hierdurch in der Breite überprüfen lässt. Über Verfahren b) hat vermutlich noch niemand nachgedacht, und Verfahren c) ist bislang in fast jedem Fall gescheitert, weil ein Algorithmus eben langfristig nicht geheim zu halten ist[48] und sich dann meist herausgestellt hat, dass der Erfinder doch längst nicht an alle Möglichkeiten eines Angriffs gedacht hat.

Die Anforderungen an einen Verschlüsselungsalgorithmus sind leicht zu formulieren:

- Aus einem Chiffrat dürfen keine Rückschlüsse auf den Klartext möglich sein. Einem Chiffrat darf man es beispielsweise nicht ansehen, ob es sich um einen Text, Zahlenkolonnen oder ein Foto handelt.

- Aus bekannten Klartext/Chiffratpaaren dürfen keine Rückschlüsse auf das Chiffrat eines weiteren Klartextes oder den Klartext zu einem anderen Chiffrat möglich sein.

- Aus Klartext/Chiffratpaaren dürfen keine Rückschlüsse auf den verwendeten Schlüssel möglich sein.

Als Beispiel für die Sinnhaftigkeit dieser Forderungen betrachten wir die Häufigkeit von Buchstaben in einem Text (Abbildung 4.1). Führt man die gleiche Analyse mit einem Chiffrat durch und findet ein vergleichbares Muster, so kann man damit eine Substitutionstabelle von Chiffrat- in Klartextzeichen generieren, die den unbekannten Text trotz einiger Fehler durchaus schon lesbar machen können. Die Wahrscheinlichkeitsverteilung wird natürlich flacher, wenn man mehrere Zeichen zu einem Hyperzeichen zusammenfasst und dieses chiffriert, aber auch hier könnten bekannte Muster zu einer Interpretation des Chiffrats führen.

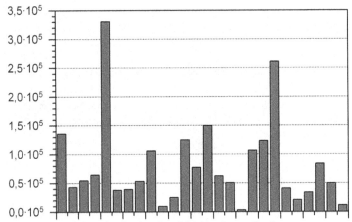

Abbildung 4.1: Häufigkeit der Buchstaben 'a'-'z' in diesem Buch

---

48 Hardwarelösungen können beispielsweise analysiert werden.

Aufgabe. Analysieren Sie die Häufigkeit von Zeichengruppen in sehr langen Texten. Besorgen Sie sich ggf. Bücher in einem lesbaren Format aus dem Internet.

Das Ziel der Kombination verschiedener Operationen muss daher das Erzeugen eines *zufälligen Bitmusters* sein, oder anders ausgedrückt

> ➢ Die Wahrscheinlichkeit für ein beliebiges Chiffratbit, den Wert 1 bei Verschlüsseln eines zufällig gewählten Klartextes aufzuweisen, ist ½.

> ➢ Die Folge von Chiffraten zufällig ausgewählter Klartexte darf nicht von der Folge der Ausgaben eines Zufallszahlengenerators unterscheidbar sein.

Dieses lässt sich in einem ersten Schritt relativ leicht überprüfen, ohne dass wir dies allerdings als ein Prüfverfahren für die Verfahrensqualität ansehen können (*siehe unten*). Datenkompressionsalgorithmen beruhen auf der verkürzten Darstellung sich wiederholender Muster in einem Datenstrom. Ist ein Kompressionsverfahren nicht in der Lage, die Datenmenge zu reduzieren, so sind keine Muster vorhanden und die Bits sind zufällig verteilt. Falls noch merkliche Kompression eintritt, stimmt etwas nicht mit dem Verfahren oder die Blockgröße ist ungünstig gewählt und portiert längere Muster in unser Chiffrat.[49]

Aus diesem Grunde ist in allen Sicherheitsprotokollen, in denen Platz- oder Geschwindigkeitsprobleme durch Datenkompression ausgeräumt werden sollen, die Reihenfolge

(1) Datenkompression,

(2) Verschlüsselung

einzuhalten, da es umgekehrt wenig Sinn macht.

Aufgabe: Software für Datenkompression lädt man zweckmäßigerweise fertig aus dem Internet. Komprimieren Sie damit eine nicht zu kleine Textdatei. „Verschlüsseln" Sie die Datei anschließend nach verschiedenen oben vorgestellten Verfahren (*für Substitutionen verwenden Sie auch Tabellen für zwei Byte pro Schritt*). Vergleichen Sie anschließend die Ergebnisse.

Machen Sie ebenfalls Häufigkeitsanalysen und stellen Sie sie in Tabellen dar.

Diese Anforderungen betreffen nur zufällig ausgewählte Klartexte. Verschlüsselungen müssen aber auch dann noch robust sein, wenn die Klartexte nicht zufällig, sondern sorgfältig ausgewählt sind. Die Zufälligkeit der Chiffratbitmuster des ersten Anlaufs schließt Muster auf Mikroebene nämlich noch nicht aus. Nach solchen Mustern kann auf zwei Arten gesucht werden:

a) Mittels eines Zufallszahlengenerators erzeugt man zufällige Eingabedaten und generiert das Chiffrat. Eine zweite Generierung erfolgt nach Invertierung vorgewählter Bitpositionen. Ausgewertet wird die Veränderung der Bits in den Ausgabedaten. Weicht über viele Messungen hinweg die Wahrscheinlichkeit, dass sich ein bestimmtes Bit in der Ausgabe ändert, vom Wert ½ ab, so zeigt dies eine Korrelation der invertierten Eingabebits mit den entsprechenden Ausgabebits an.

b) Man wählt eine Reihe von Eingabepostionen (Bits/Bytes) fest aus und füllt die restlichen Postionen per Zufallszahlengenerator aus. Auch hier wird wieder über viele Messungen hinweg statistisch verfolgt, ob bestimmte Ausgabepositionen nicht mit der Wahrscheinlichkeit $w=1/2$ ihren Wert ändern.

---

49 Hierbei handelt es sich natürlich nur um einen oberflächlichen Test. Ein ausgiebiger Test, ob $w=1/2$ zutrifft, ist natürlich signifikanter, aber auch aufwändiger.

Bei beiden Methoden existieren natürlich viele Möglichkeiten, die jeweils verwendeten Bitpositionen und ihre Anzahl festzulegen. Bei Methode b) kommt noch die freie Auswahl der festen Inhalte hinzu. Wenn ein Algorithmus mit einem Satz an Vorgaben keine Auffälligkeiten zeigt, heißt das nicht, dass dies auch mit anderen Sätzen so sein muss. Bei professionellen Untersuchungen wird man sich daher am Algorithmus orientieren, um Kandidaten für mögliches Fehlverhalten zu finden.

Aufgabe. Entwerfen Sie eine entsprechende Testumgebung. Prüfen Sie sie an einigen Standardalgorithmen wie dem Hashalgorithmus MD5 oder dem Verschlüsselungsalgorithmus DES, deren Quellcodes Sie im Internet finden. Wenn Sie weiter unten die Konstruktionsmerkmale der Algorithmen kennen gelernt haben, können/sollten Sie sich selbst an Algorithmenentwürfen versuchen und diese testen.

Als Zufallszahlengenerator sollten Sie nicht die Standardmethoden des Rechners verwenden, sondern beispielsweise auf den Mersenne-Twister oder ähnliche ausweichen (ebenfalls im Internet zu finden). Diese Art von Generatoren ist zwar nicht für Sicherheitsanwendungen geeignet, verfügt aber über eine sehr große Periode und ist deshalb auch für längere Testreihen geeignet, während es bei den Standardmethoden bei längeren Tests auch schon mal zu Wiederholungen kommen kann.

Fassen wir alles noch einmal als konstruktive Anleitung für den Entwurf eines Algorithmus zusammen:

- Die Änderung eines Bits im Klartext bewirkt, dass

  ➢ die Hälfte aller Chiffratbits seinen Wert ändert bzw.

  ➢ die Wahrscheinlichkeit, dass ein Bit noch den gleichen Wert besitzt, genau $1/2$ ist.

- Die Änderung eines Bits im Chiffrat hat denselben Effekt auf den entschlüsselten Klartext.

- Die Änderung eines Bits im Schlüssel hat denselben Effekt wie die Änderung eines Klartext- oder eines Chiffratzeichens.

Diese Eigenschaft der Bits nennt man „Verschränkung". Wie diese in einem speziellen Algorithmus genau umgesetzt wird, werden wir später einzeln untersuchen. Die generellen Vorgehensweisen dabei sind:[50]

a) Verknüpfung verschiedener Textteile durch bit- oder wortweise Addition. Eine Änderung eines Bits in einem Wort hat hierdurch bereits Rückwirkungen auf entsprechende Bits in anderen Positionen.

b) Permutation der Textteile zur Verstärkung des Effekts aus a) und zur Verschiebung der Orte.

c) Zyklisches Schieben von Textteilen. In Verbindung mit a) wirkt ein geändertes Bit in einem Textteil nun bereits auf andere Bits in anderen Textteilen. Außerdem werden dabei bereits Muster auf Wortebene aufgelöst.

d) Substitution von Textteilen, wobei die Substitution meist auf kleinere Einheiten als die anderen Operationen angewandt wird. In Verbindung mit a) – c) werden Muster hierdurch endgültig aufgelöst.

---

50   Mit „Textteilen" sind sowohl die Zwischenergebnisse der Verschlüsselung zu einem bestimmten Zeitpunkt als auch die Schlüssel gemeint.

Eine komplexere Variante verwendet überlappende Tabellen. Betrachten Sie als einfaches Beispiel für diese Variante Substitutionstabellen für Texteinheiten von 6 Bit, die in reversiblen Operationen natürlich auch wieder 6 Bit Ausgabe erzeugen. Wird nun die Maske für die nächste Substitution nicht 6, sondern nur 4 Bit vorgeschoben, so wirken 2 Bit im nächsten Schritt nochmals (oder wieder) mit.

Wie wir sehen werden, sind recht viele dieser Operationen in einem Algorithmus zu kombinieren, damit eine nicht angreifbare Verschlüsselung entsteht. Solche Kombinationen können trotz der Umkehrbarkeit der einzelnen Operationen so aufgebaut werden, dass das Ergebnis eines Verschlüsselungsschrittes **nicht** entschlüsselbar ist (die Entschlüsselung muss sich dann eines anderen Tricks bedienen) bzw. auch ohne geheime Schlüssel nicht entschlüsselbare Chiffrate entstehen (Einwegverschlüsselung).

4.3 Einmalverschlüsselung

Um auch einmal die Praxis zu Wort kommen zu lassen, diskutieren wir nun ein einfach durchzuführendes, aber sehr wirkungsvolles Verschlüsselungsverfahren, das auf einer Folge von Zufallszahlen basiert, die mit den Nachrichtenworten (nur) durch XOR verknüpft werden. Durch die Verknüpfung ändert sich der Zufallcharakter der Folge nicht, d.h. Muster, die in der Nachricht noch sichtbar waren, sind anschließend verschwunden. Auf der Empfängerseite wird mit Hilfe der gleichen Zufallszahlenfolge die Nachricht wieder hergestellt.

Aufgabe. Führen Sie eine solche Verschlüsselung durch und testen Sie das Chiffrat mit den im letzten Kapitel erarbeiteten Methoden. Sie können zunächst den Standard-Zufallszahlengenerator ihrer Programmierumgebung zur Erzeugung des Schlüssels verwenden.

Diese Verschlüsselungsart wird/wurde bei sehr sensiblen Informationen (*diplomatischer Verkehr*) oder in Umgebungen, die auch unter sehr rauen Bedingungen noch sicher funktionieren müssen (*militärische Anwendungen*), in Form der „One Time Pads" eingesetzt.[51] Hierzu werden durch speziell hierfür ausgelegte Systeme musterfreie Zufallszahlenreihen generiert und dem Sender und dem Empfänger jeweils eine Kopie, beispielsweise auf CD oder DVD, zur Verfügung gestellt. Jede Zahlenreihe wird nur einmalig verwendet, weshalb diese Verschlüsselungsmethode auch als absolut sicher betrachtet wird. Die einmalige Verwendung findet sich auch in der Kapitelüberschrift „Einmalverschlüsselung" wieder, d.h. mit diesem Begriff ist die einmalige Verwendung eines Chiffrierschlüssels gemeint.

Die Chiffriermethode ist mit folgenden Rahmenbedingungen/Problemen verbunden:

a) Der Schlüssel ist (mindestens) so lang wie die Nachricht.

b) Die Zahlen müssen echte Zufallszahlen sein.

c) Die Schlüssel müssen auf sicherem Weg ausgetauscht werden.

d) Es müssen zusätzliche Maßnahmen zur Wahrung der Datenintegrität getroffen werden.

---

51 Was die Hochsicherheitsverschlüsselung für sich alleine genommen wert ist und die Korrektheit der Eingangsbemerkungen unterstreicht, zeigen die Enthüllungen von wikileaks im Jahr 2010: höchste Sicherheitsanforderungen, aber vollen Zugriff auf die Daten und sogar die Möglichkeit der Kopie auf Datenträger für einen knapp 20-jährigen Zeitsoldaten, der vermutlich immer noch darüber nachdenkt, was er eigentlich falsch gemacht hat.

Problem a) ist leicht einzusehen. Wenn die Schlüssel vor der Nutzung verteilt werden, müssen Sie eine Länge aufweisen, mit der die meisten Nachrichten problemlos verschlüsselt werden können. Selbst wenn man eine Staffelung verschiedener Schlüssellängen in Betracht zieht, wird man im Mittel wesentlich mehr Schlüsselmaterial erzeugen müssen, als für die Verschlüsselung tatsächlich benötigt wird.

Problem b) lässt sich technisch zwar mit der Messung von radioaktiven Zerfällen realisieren, was aber zugegebenermaßen ein recht aufwändiger und gefährlicher Job sein dürfte. Heute stehen auch Softwaremittel dazu zur Verfügung, die in einem späteren Kapitel vorgestellt werden. Zur Beurteilung der Wichtigkeit dieser Eigenschaft halte man sich vor Augen, dass in Dokumenten in der Regel Passagen auftreten, die sich wiederholen und die vorhersagbar sind (z.B. Briefköpfe). Ein Angreifer wird diese Passagen in der Regel kennen und damit in der Lage sein, an diesen Stellen die Zufallszahlen von den Informationen zu trennen. Daraus darf sich für ihn jedoch nicht die Möglichkeit ergeben, die Zahlenfolge komplett zu rekonstruieren.

Zur Lösung von Problem c) konnte man in militärischen Sicherheitsbereichen früher allenthalben in regelmäßigen Abständen paarweise auftretende Herren mit Stahlköfferchen beobachten, die Datenträger nacheinander in zwei Laufwerke einer tresorähnlichen Stahlburg einführten. Dabei war die Reihenfolge nicht ganz unwichtig, denn während aus dem ersten Laufwerk die normalen mechanischen Geräusche kommen, entwickelt das zweite nur unangenehme Gerüche verbrannten Plastiks und Rauchwölkchen. Die so in das System geladenen Zahlenreihen ermöglichen nun eine schnelle Übertragung geheimer Informationen zu jedem beliebigen Zeitpunkt über unsichere Netzwerke. Der wiederkehrende Aufwand der Schlüsselverteilung ist jedoch ernorm.

Wenden wir uns abschließend Problem d) zu. Wie schon bemerkt, verfügen Angreifer in der Regel über zusätzliche Informationen, beispielsweise über den grundsätzlichen Aufbau einer Nachricht. Das kann zwar nicht für einen direkten Erkenntnisgewinn genutzt werden, aber für eine Verfälschung der Nachricht, und die Reaktionen des Betrogenen können für den Angreifer unter Umständen genauso aufschlussreich sein wie die direkte Information.

Stellen Sie sich dazu als einfaches Beispiel die Übertragung von Buchungssätzen mit Überweisungsdaten vor. Der Angreifer weiß, dass die Beträge im Format XXX.XXX.XXX,XX übermittelt werden und 99% der Überweisungsdaten die Struktur 000.000.xxx,xx aufweisen. Da die Verschlüsselung lediglich über XOR erfolgt, kann er über das Chiffrat eine Maske setzen, die die Daten zu 000.010.xxx,xx verändern. Durch diesen Vorgang wird ein weiterhin gültiger, aber nun falscher Betrag nach der Entschlüsselung im Buchungssatz vorhanden sein.

Um dies zu verhindern, muss der Sender eine zusätzliche Prüfinformation erzeugen, die beim Empfang verifiziert werden kann. Die Prüfinformation darf natürlich nicht durch ein einfaches XOR wie der Nachrichteninhalt selbst manipulierbar sein.

Sehr einfach ist beispielsweise das in der Mikrocomputertechnik auf der Bitebene bewährte CRC-Prüfsummenverfahren, das hier aber nur als Beispiel für ein nichtlineares Verfahren vorgestellt wird. Hierzu wird zunächst ein Prüfpolynom über dem Körper F_2 definiert, z.B. $P(x) = x^5 + x^2 + x$, was dem Bitmuster 100110 entspricht, und die Nachricht $(mod\ P(x))$ dividiert.[52] Technisch lässt sich dies im speziellen Fall von F_2 sehr einfach realisieren:

a)   Verlängere die Nachricht mit Nullbits um die Anzahl der Bits des Prüfpolynoms.

---

52   Die mathematische Theorie hierzu wird im Kapitel über die algebraischen Grundlagen der symmetrischen Verschlüsselung behandelt.

b)   Schiebe das Prüfpolynom so über die Nachricht, dass das höchste Polynombit auf dem höchsten gesetzten Nachrichtenbit sitzt.

c)   Verknüpfe beide Bitmuster über XOR

d)   Sofern das Prüfpolynom dabei nicht rechts herausläuft, fahre fort bei b)

Beim Generieren der Prüfinformation bleiben rechts die Prüfbits stehen, bei der Prüfung müssen nach diesem Verfahren alle überzähligen Bits wieder Null werden. Am Beispiel der Nachricht `1110100111001` sieht das folgendermaßen aus:

```
1 1 1 0 1 0 0 1 1 1 0 0 1{0 0 0 0 0}
1 0 0 1 1 0
0 1 1 1 0 0 0
  1 0 0 1 1 0
  0 1 1 1 1 0 1
    1 0 0 1 1 0
    0 1 1 0 1 1 1
      1 0 0 1 1 0
      0 1 0 0 0 1 1
        1 0 0 1 1 0
        0 0 0 1 0 1 0 0 1
            1 0 0 1 1 0
            0 0 1 1 1 1 0 0
              1 0 0 1 1 0
              0 1 1 0 1 0 0
                1 0 0 1 1 0
                0 1 0 0 1 0 0
                  1 0 0 1 1 0
                  0 0 0 0 1 0 0
```

Die letzten Bits 00100 stellen die Prüfinformation dar, und man überzeugt sich leicht, dass diese bei korrekter Übertragung wieder verschwinden.

Das CRC-Verfahren ist für Sicherheitsanwendungen allerdings nicht geeignet, weil es vom verwendeten Polynom abhängt, welche Fehler sicher erkannt werden und welche nur mit einer bestimmten Wahrscheinlichkeit. Für einen Angreifer besteht daher die Möglichkeit, die Daten mit einer gewissen Wahrscheinlichkeit so zu manipulieren, dass auch die CRC-Prüfsumme am Ende korrekt ist.

4.4 Steganographie und Wasserzeichen

Ein seit dem Altertum angewandtes probates Mittel, Informationen vor unberechtigtem Zugriff zu schützen, besteht im Verstecken der wichtigen Information in einer großen Menge Datenmüll. Nur bei Kenntnis spezieller Sortiermechanismen kann die Information wiedergewonnen werden. Die Information selbst ist dabei in den meisten Fällen unverschlüsselt. Diese Art der Verschlüsselung heißt Steganografie.

Um den Nachweis einer Urheberschaft zu führen wurden Gegenstände häufig auch auf eine Art gekennzeichnet, die nicht entfernt werden kann, ohne den Gebrauchswert nachhaltig zu zerstören. Bei Papieren wurden und werden oft Wasserzeichen eingesetzt, d.h. herstellungsbedingte Marken, die nicht entfernbar sind, so dass gefälschte Dokumente auf anderen Papieren leicht auffallen.

Technisch sind Portierungen solcher Verfahren auf den Bereich elektronischer Medien wichtig, um Eigentumsrechte zu sichern, weshalb wir hier kurz darauf eingehen. Wir beschränken uns auf das Beispiel der Rechtesicherung an digitalen Bildern. Die Methoden können in ähnlicher Art auch auf Video- oder Audiodaten angewandt werden.

Die Sicherung der Eigentumsrechte kann mehrere Aspekte umfassen:

a) Der Eigentümer des Mediums möchte seine Urheberschaft zweifelsfrei gegenüber einer anderen Person nachweisen.

b) Der Erwerber eines Mediums möchte sicher sein, mit dem rechtmäßigen Inhaber zu verhandeln, um spätere Probleme zu vermeiden.

c) Der Eigentümer möchte automatisch kontrollieren, ob Rechteverletzungen stattgefunden haben, etwa durch Verwendung einer Suchmaschine, um eigene Bilder im Internet zu identifizieren.

METADATEN

Die meisten Dateiformate erlauben das Anlegen von Metadaten innerhalb der Datei. In der Regel handelt es sich hierbei um Texteinträge in der Form „Parameter: Wert". Die Metadaten werden in der Regel nicht angezeigt; sofern ein Betrachter oder ein Editor dies erlaubt, erfolgt dies meist in speziellen Menüpunkten, und vielfach werden auch nicht alle vorhandenen Metadaten angezeigt, sondern nur die, die der Anwendungsprogrammierer für wichtig genug gehalten hat.

Durch Einfügen eigener Parameterdaten besteht somit die Möglichkeit, eine Information im Bild unterzubringen, die mit einiger Wahrscheinlichkeit übersehen wird. Von dieser Möglichkeit wird im Internet häufig Gebrauch gemacht, um mittels Suchmaschinen die rechtswidrige Verwendung von Bildern aufzuspüren und abzumahnen.[53] Die Metadaten sind allerdings leicht und ohne Beeinträchtigung der eigentlichen Information entfernbar, so dass sich dieses Verfahren für den professionellen Markt nicht eignet.

SICHTBARE WASSERZEICHEN

sind Bitmuster, die als Maske über bestimmte Bildteile gelegt werden. Harte Wasserzeichen ersetzen die vorhandenen Inhalte, weiche oder opake Wasserzeichen manipulieren die vorhandenen Informationen nur, indem beispielsweise sämtliche Farbwerte auf einen Wert gesetzt werden, was zu einem grauen Schriftzug in einem Farbbild führt. Damit ist nichts versteckt, die Bildqualität wird aber deutlich verringert.

Eine derartige Maske lässt sich durch plausible Annahmen über den ursprünglichen Inhalt theoretisch entfernen. Bei detailreichen Bildern ist dies allerdings mit einem größeren Aufwand verbunden, wenn die Fälschung nicht auffallen soll.

UNSICHTBARE WASSERZEICHEN

Professionelle Urheberrechtssicherung erfolgt meist in der Form eines unsichtbaren Wasserzeichens, das idealerweise folgende Eigenschaften aufweisen sollte:

---

53 Wobei im Abmahnen das Geschäft besteht und nicht in der Sicherung der Rechte. Bilder werden nicht selten so platziert, dass sie zum Herunterladen einladen, so dass man im Grunde von der Anstiftung zu einem Rechtsverstoß mit der Absicht, daraus Kapital zu schlagen, sprechen kann.

a) Das Bild sollte im vollen Umfang nutzbar sein; die Information darf durch das Wasserzeichen nicht (*zu sehr*) eingeschränkt werden.

b) Das Wasserzeichen darf nicht entfernt werden können, ohne die Bildinformation nachhaltig zu schädigen. Das ist in der Regel dann möglich, wenn die Position des Wasserzeichens nicht erkennbar ist.

c) Das Wasserzeichen darf nicht gefälscht oder durch ein anderes Wasserzeichen ersetzt werden können. Das ist in der Regel dann möglich, wenn die Position eines Wasserzeichens individuell festgelegt wird oder die Wasserzeichen durch eine gemeinsame Institution vergeben werden.

d) Das Wasserzeichen darf bei der Manipulation des Bildes (Bildverarbeitung) nicht vollständig verschwinden. Zwar wird sich bei einer Veränderung des Bildes auch die Information des Wasserzeichens verändern, aber hinreichend viele Teile müssen weiterhin zu finden sein, um eine Identifikation zu ermöglichen (erreichen eines Schwellwertes).

In der einfachsten Variante einer solchen Kennzeichnung wird ein zweites Bild gleicher Größe erzeugt, das die Informationen in lesbarer Form enthält. An diesen Stellen liegen die Pixelwerte im Bereich ±1 – ±5, ansonsten sind sie Null. Dieses Bild wird pixelweise zum ersten addiert. Differenzen in dieser Größenordnung sind für das Auge nicht sichtbar, d.h. das manipulierte Bild sieht genauso aus wie das Original. Diese Feststellung gilt auch für eine maschinelle Erkennung: die Abweichungen sind nicht systematisch und können daher auch von Software nicht erkannt werden. Zum Nachweis der Markierung wird das Original vom markierten Bild abgezogen, wodurch die Maske wieder erscheint.

Der Nachteil dieser Markierungsmethode besteht darin, dass bei einer Bildmanipulation (Änderung der Helligkeit, des Kontrasts usw.) die Markierung verschwindet, d.h. diese Variante erfüllt Anforderung d) nicht. Dieses Problem lässt sich durch Verwendung des nicht verlustfreien JPEG-Formats teilweise beseitigen. Bei dieser Kodierungsmethode wird nicht jedes Pixel mit seinen Farbinformationen gespeichert, sondern jeweils ausgehend von einem Startpixel mit einer Grundfarbe die Änderungsgeschwindigkeit, mit der sich die Farbe verändert (Frequenz), wenn man einige Pixelpositionen weitergeht. Ein Startpixel steuert auf diese Weise die Farbe in einem Quadrat von 64 (8*8) oder 256 (16*16) weiteren Pixeln. Das dahinter stehende mathematische Verfahren heißt diskrete Kosinustransformation und ist eine Interpolation mit der Kosinusfunktion als Interpolationsfunktion. Die Ortsinformationen werden durch

$$f_{i,j} = \sum_{k=0}^{N-1} \sum_{l=0}^{N-1} x_{k,l} \cos\left(\frac{\pi}{N}(k+1/2)*i\right) * \cos\left(\frac{\pi}{N}(l+1/2)*j\right)$$

in Frequenzinformationen umgerechnet (die Rückrechnung bedient sich der gleichen Formel). Abbildung 4.2 zeigt symbolisch die Spektralkoeffizienten einer 8*8-Transformation.

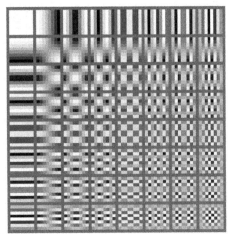

Abbildung 4.2: Spektralkoeffizienten der DCT

Das Bild ist so zu interpretieren, dass $i=j=0$ (links oben) die Mittelwertsfarbe beschreibt, die nächste Zelle $i=j=1$ in der Diagonale die bilineare Änderung zu den drei anderen Ecken usw. Die Frequenzkodierung hat einige bemerkenswerte Eigenschaften:

- Die zu kleinen Indizes gehörenden Koeffizienten sind häufig in vielen Teilen des Bildes gleich, weil die Änderungsgeschwindigkeiten über einige Pixel hinweg in vielen Bildteilen ähnlich sind. Auch bei der Datenkompression verlustfrei kodierter Bilder ergeben sich häufig bereits wesentlich kleinere Bilddateien.

- Das Auge bemerkt bei normaler Vergrößerung des Bildes keine Unterschiede, wenn höhere Frequenzen auf mittlere Werte über alle Pixel abgeglichen werden. Hierdurch wird eine noch stärkere Kompression ermöglicht. Im Wesentlichen wird durch den Ersatz das Pixelrauschen unterdrückt, es kommt aber auch zum Kantenversatz oder zur Verschmierung von Kanten. Das Auge gleicht solche Unsauberkeiten in gewissen Grenzen wieder aus.

  Dabei gehen natürlich Bildinformationen verloren, deren Fehler bei stärkerer Vergrößerung des Bildes auffallen. Die spätere Verwendung des Bildes muss daher bei der Auswahl der Stärke der Vereinheitlichung berücksichtigt werden.

- Das Auge bemerkt ebenfalls keine Unstimmigkeiten, wenn bei höheren Frequenzen Horizontal- und Vertikalanteile vertauscht werden. Da Software auch nur das detektieren kann, wozu das Auge eine logische Vorgabe liefert, kann eine solche Veränderung auch durch Analyseprogramme nicht detektiert werden kann.

- Die Charakteristik des gesamten Musters bei höheren Frequenzen ändert sich relativ wenig, wenn Helligkeit, Kontrast usw. manipuliert werden.

Zur Vorbereitung wird das zu markierende Bild zunächst aus fotografischer Sicht so optimiert, dass ein Datendieb wenig Ansatzpunkte für eine weitere Manipulation hat, ohne die Qualität zu drücken. Auf diese Weise wird die Wahrscheinlichkeit, das Wasserzeichen wiederzufinden, hoch gehalten. Wie zuvor wird anschließend eine Markierungsmaske, nun jedoch beim transformierten Bild und bei höheren Frequenzen, über das Original geblendet. Die Maskierung ist nicht additiv wie im ersten Beispiel, sondern besteht aus der Überführung der Werte in bestimmte Intervalle. Meist werden mehrere Werte für die Kodierung eines Pixels verwendet, beispielsweise

$$a_u \leq p_1 \leq a_o \ \wedge \ b_u \leq p_2 \leq b_o \ : \qquad \qquad w_{bit} = 0$$
$$c_u \leq p_1 \leq c_o (< a_u) \ \wedge \ (b_o <) d_u \leq p_2 \leq d_o \ : \ w_{bit} = 1$$

Positionen und Intervalle werden so ausgewählt, dass die Manipulation für den Betrachter des Bildes unsichtbar bleibt, d.h. sich der visuelle Eindruck des kodierten Bild nicht von dem des unkodierten unterscheidet. Legt man beide Bilder nebeneinander, so könnte das Auge zwar möglicherweise kleine Differenzen ausmachen, jedoch sind in keinem der Bilder logische Brüche der Szenendarstellung vorhanden, die auf eine Manipulation hinweisen würden.

Bei kleineren nachträglichen Bildmanipulationen werden nicht mehr alle Informationen eindeutig zurück lesbar sein, da die Pixelwerte aus ihren Intervallen herausgerutscht sind. Für die Wiedererkennung muss daher mit Schwellwerten gearbeitet werden:

- Je nach Lage der Pixelwerte (ein Wert oder beide Werte außerhalb des Bereichs; Verschieben des Wertes zwischen die Intervalle oder nach Außen; Verschieben eines Werte in den anderen Intervallbereich, usw.) eines Bits ist das Bit erkennbar, aber unsicher (oder eben nicht mehr erkennbar, im Extremfall sogar falsch).

- Je nach Anzahl der sicher oder unsicher erkennbaren Bits wird ein Wasserzeichen als lesbar, nicht mehr lesbar oder nicht vorhanden eingestuft.

Für den Nachweis des Wasserzeichens ist bei diesem Verfahren das Original nicht notwendig (das markierte Bild ist, bezogen auf die Kompressionsstufe, das Original). Zur Prüfung muss lediglich mitgeteilt werden, wie die Information beschaffen ist und an welchen Stellen ausgewertet werden muss. Teilweise wird die Markierung und die Kontrolle auch von Agenturen als Dienstleistung angeboten, was die Zuweisung eines verbindlichen Zeitstempels erlaubt.

Aufgabe. Ich habe hier nur die Grundzüge der Wasserzeichenthematik anreißen können. Das Prinzip ist nicht geheim, aber die Details sind oft Unternehmensgeheimnisse, hinter denen sehr viel Erfahrung und sehr viele Messungen stecken, um die geforderten Eigenschaften umzusetzen. Wenn Sie selbst Versuche dazu anstellen möchten, können Sie mit Hilfe von Bibliotheken wie „freeimage" Bilddateien dekodieren (möglichst TIFF oder ein anderes Rohformat) und eine DCT mit anschließender Manipulation und Begutachtung durchführen.

4.5 Und was macht der Gegner?

In der Geschichte wurden fast alle Verschlüsselungsverfahren gebrochen, und zwar aus der Sicht der Angreifer oft rechtzeitig genug, um noch Nutzen daraus zu ziehen. Dabei spielten eine Reihe von Faktoren eine Rolle: Sind fähige Analytiker vorhanden? Sind genügend Informationen über die Verschlüsselungsmethode vorhanden? Können genügend Daten erfasst werden? Lassen sich Daten mit bekannten Vorgängen verknüpfen?

Im 2. Weltkrieg wurden die meisten Codes aller Beteiligten zumindest zeitweise gebrochen, wenn alle Voraussetzungen erfüllt waren. Einer der wenigen Codes, die nicht gebrochen wurden, war der Navajo-Code der US-Navy im 2. Weltkrieg, was in der Hauptsache darauf zurückzuführen war, dass es sich um eine Verschlüsselung bei operativen Einsätzen handelte und es dadurch den Japanern nicht möglich war, hinreichend Material für die Kryptologen zu sammeln.[54]

---

54 Der Najavo-Code bediente sich zwar der den Japanern unbekannten Navajo-Sprache kombiniert mit Codes auf Wortebene, war aber aufgrund eines begrenzten Wörterbuchs, das Verwendung fand, aus kryptologischer Sicht nicht sonderlich komplex.

Trotz der eigenen Erfolge des Dechiffrierer war die Dickköpfigkeit, mit der jede Seite ihre eigenen Codes für unangreifbar hielt, sehr erstaunlich, beispielsweise die Hartnäckigkeit, mit der die Deutschen die Unsicherheit der Enigma-Verschlüsselung trotz vieler gegenteiliger Anzeichen ignorierten. Die Luftwaffencodes konnten während des gesamten Krieges von den Briten gelesen werden, die Heerescodes größtenteils, und auch bei der U-Boot-Waffe kam niemand auf die richtige Idee, als nach Monaten leer gefegter nordatlantischer Gewässer nach Einführung der 4-Walzen-Enigma das Meer plötzlich wieder vor Geleitzügen nur so wimmelte, weil die britischen Kryptologen den Anschluss an die Codes verloren hatten und die Geleitzüge nicht mehr um die U-Boot-Gebiete herum geleitet werden konnten.

Nun, das ist Historie, und die Probleme, mit denen die Analytiker vergangener Zeiten zu kämpfen hatten, sind andere als die der heutigen Dechiffrierer, die elektronische Code angehen müssen. Vergleichbare Reaktionen gibt es aber auch noch heute: wie wir in einem späteren Kapitel noch sehen werden, ist man aller technischen Wahrscheinlichkeit immer noch um Einiges davon entfernt, eine 1.024 Bit RSA-Verschlüsselung zu brechen, und die heutige Standardkonfiguration liegt bei einer 2.048 Bit-Verschlüsselung. Fallweise gelingen trotzdem Einbrüche in solche Verschlüsselungen, was nicht wenige pauschal nach stärkeren RSA-Schlüsseln bis 16.384 Bit schreien lässt, ohne durch eine Einzelfallanalyse erst einmal festzustellen, wo der Grund für den Bruch wirklich liegt.

WAS FÜHRT ZUM BRUCH EINES VERSCHLÜSSELUNGSSYSTEMS ?

Beachten Sie bitte die Wortwahl: Bruch des Systems, nicht Bruch eines Algorithmus. Das wird oft verwechselt. Wir haben ab Seite 57 etwas zur Verfahrenskonstruktion gesagt, aber selbst das umfasst noch nicht alles. Ein Verfahren umfasst oft eine Kombination unterschiedlicher Algorithmen, ein System auch die Softwareumgebung, die Hardware, den Einsatzbereich und den Kreis der Beteiligten. Wenn man herausfinden will, wo eine faule Stelle ist, muss man gewissermaßen wie bei einer Zwiebel Schale um Schale entfernen und untersuchen.

Geheimniskrämerei. Es herrschte lange Zeit die Ansicht, dass möglichst alles an einem Verfahren geheim sein sollte, also nicht nur die Schlüssel, sondern auch die Algorithmen. Im 2. Weltkrieg benutzte zwar fast jede Seite kommerzielle Produkte, die allerdings von den Spezialisten individuell „so modifiziert waren, dass ein Eindringen in den Code nicht möglich ist". Auch bei den modernen Algorithmen existieren einige, die zumindest eine Zeit lang geheim waren, um dem Erfinder einen Vorsprung beim Verkauf seines Produktes zu geben.

Ein Sicherheitskriterium sind geheime Algorithmen nicht, obwohl das häufig von den Geheimnisinhabern behauptet wird, denn grundsätzlich ist die Lebensdauer einer solchen Geheimniskrämerei begrenzt. Wenn genügend Interessenten vorhanden sind, kommt auch der Zeitpunkt, an dem jemand die Details knackt. In den meisten Fällen bekommt das derjenige, der die Geheimniskrämerei betreibt, zunächst gar nicht mit. Die Folgen sind gravierend:

- An der Entwicklung des geheimen Verfahrens waren nur relativ wenige Leute beteiligt, die obendrein noch mit einer gewissen Betriebsblindheit ausgestattet sind: als Entwickler neigt man nur selten dazu, seinem eigenen Produkt zu misstrauen, und oft hat man auch gar keine Zeit dazu, weil das Team weiter Aufgaben bekommt.

  Die verkürzte Version: 10 Leute wenden 95% ihrer Zeit auf die Entwicklung auf und nur 5% auf das Finden möglicher Lücken.

- Ist das Geheimnis gelüftet, können wir uns mit der Kurzform begnügen: 100 Leute wenden 100% ihrer Zeit auf das Finden der Lücken auf.

Grundsätzlich gilt: je mehr Leute sich mit der Suche nach Lücken in einem Verfahren beschäftigen, desto größer ist die Wahrscheinlichkeit, dass es tatsächlich eine gewisse Sicherheit bietet, wenn auch über längere Zeiträume kein Einbruch gemeldet wird. Das ist zwar keine Garantie, denn auch bei etablierten Verfahren können noch nach Jahren Lücken gefunden werden (siehe beispielsweise den RC4-Algorithmus ab Seite 71), aber die besten Aussichten haben OpenSource-Verfahren, bei denen von vornherein sämtliche Algorithmendetails und auch die Softwarequellcodes offenliegen.

Schlampigkeit. Eine der größten Gefahren ist Schlampigkeit im Umgang mit den Verfahrensparametern. Das notierte Kennwort auf der Rückseite der Tastatur ist nicht nur sinnbildlicher Ausdruck der Sabotage, hinzu kommt noch der Nachweis fortgeschrittener Blödheit, weil grundsätzlich Verstecke ausgesucht werden, an denen ein Angreifer zuerst nachschaut.

Historische Beispiele sind die Codes der Luftwaffe im 2. Weltkrieg, bei denen so ziemlich alle Fehler beobachtet werden konnten: Senden von Nachrichten mit alten und neuen Schlüsseln oder gar im Klartext, Wiederholen von Nachrichten anderer Abteilungen mit anderen Schlüsselsysteme, schlampiger Umgang mit dem Geheimmaterial, der Fremden Einblick gewährt, usw. Den Analytikern der Briten im 2. Weltkrieg ermöglichten solche Informationen Einbrüche in die Folgecodes der Luftwaffe beim Schlüsselwechsel sowie die Codes anderer Wehrmachtsteile.

Verfahrensfehler. Wenn ein Angreifer weiß, welcher Klartext an welcher Stelle des Chiffrats auftaucht, hat er schon etwas in der Hand für die Analyse. Kommen Fehler im Einsatz der Verfahrensparameter hinzu, kann das System schneller zusammenbrechen, als die Theorie vorgibt. Die Enigmaverschlüsselung war beispielsweise theoretisch nicht in sinnvoller Zeit zu knacken, praktisch allerdings aufgrund einer durchschaubaren Systematik, mit der die Verschlüsselung eingesetzt wurde, doch schneller als die deutschen Analytiker vermuteten. Wesentliche Einsatzparameter wurden über längere Zeiträume nicht geändert, so dass die Briten fast in Echtzeit mitlesen konnten und nur zeitweise über einige Wochen blind waren.[55]

KANN MAN EINEN BRUCH ERKENNEN?

Nun ja, jedenfalls nicht, indem man den Entwickler fragt, ob jemand in sein Verfahren eingebrochen sein könnte. Im 2. Weltkrieg haben sämtliche kryptologischen Abteilungen der Kriegführenden Stein und Bein geschworen, dass ihre Verfahren sicher sind, auch wenn die Realität etwas anderes sagte; die Deutschen haben sich dabei lediglich wieder einmal als Weltmarktführer hervorgetan.

Abgesehen von Fällen, in denen Whistle Blower einen Einbruch enttarnen, ist es in der Regel mehr ein Bauchgefühl, das einen Einbruch nahelegt. Klar, das Verfahren ist sicher, sonst würde man es nicht einsetzen, aber: Kann man auch die Information, um die es jetzt geht, noch dem Verfahren anvertrauen? Gibt es äußere Umstände, die gar nicht eintreten dürften, wenn das Verfahren wirklich sicher ist?

Man sollte auf das Bauchgefühl hören, aber nicht blind um sich schlagen. Auch wenn man keine Idee hat, ob und wie das Verfahren gebrochen worden sein könnte, kann man die eine oder andere Maßnahme ergreifen. Ein Einbruch kann ja alle möglichen Ursachen haben und muss nicht mathematischer Art sein. Dabei ist Ideenreichtum gefragt:

> ➤ **Gegenspiel.** Ein Einbruch ist zu vermuten, wenn der Gegenspieler Maßnahmen ergreift, die in ihrer Häufung statistisch unwahrscheinlich sind. Als Test kann man ganz bewusst Lockvogelinformationen verbreiten, die so beschaffen sind, dass ihr Ausnutzen einen

---

55 Das änderte sich mit der 4-Walzen-Enigma der U-Boote, die erst geknackt werden konnte, als eine Maschine erbeutet wurde.

Gewinn für den Gegner darstellt (Anreiz), sie aber so beschaffen sind, dass ein Zufall deutlich unwahrscheinlicher ist als bei normalen Informationen (statistische Signifikanz), wobei auch gewisse Kosten einzukalkulieren sind, um die Sache glaubwürdig zu machen und vielleicht selbst davon zu profitieren.

➤ **Systemwechsel**. Bei Einsatz von Computern ist es denkbar, dass die Maschinen von Schadsoftware (teilweise sogar Schadhardware; die NSA manipuliert selbst Maschinen) befallen sind. Ändert sich die Verdachtslage, wenn völlig andere Soft- und Hardwarekomponenten eingesetzt werden?

➤ **Zugangswechsel**. Den Faktor Mensch darf man nicht ausblenden, denn es gibt genügend Druckmittel, jemanden zum Verräter werden zu lassen. Wer hat Zugang zu welchen Informationen und was ändert sich, wenn man dies modifiziert?

➤ **Verfahrenswechsel**. Man kann natürlich auch das Verschlüsselungsverfahren über Bord werfen und ein neues einsetzen. Wenn sich dadurch gravierende Änderungen ergeben wie beispielsweise bei der Einführung der 4-Walzen-Enigma bei den U-Booten, sollte man auch die richtigen Schlüsse daraus ziehen.

➤ **Einschätzungsänderung**. Leider ist es auch gängige Eitelkeit, dem Gegner nicht mehr zuzugestehen als man selbst vermag. Im 2. Weltkrieg weigerte sich die deutsche Seite beispielsweise standhaft, in Erwägung zu ziehen, dass die Aliierten sich bei der Radartechnik einige Jahre Vorsprung erarbeitet hatten. Was, wenn das doch der Fall ist?

Das muss nun nicht in Verschwörungstheorie ausarten. Technische Entwicklungsmöglichkeiten lassen sich in der Regel recht gut überschauen, und was man sich selbst zutrauen würde, mittelfristig zu realisieren, oder was zumindest technisch nicht völlig unmöglich scheint, sollte man versuchsweise dem Gegenspieler als Fähigkeit zugestehen. Sollte es tatsächlich so sein, kann man zumindest eine ganze Reihe von Fehlern vermeiden.

Sie sehen: Kryptologie ist ein Spiel mit sehr vielen Facetten. Hier im Buch werden wir naturgemäß den Blick großenteils auf die mathematische Sicherheit der Algorithmen und Verfahren lenken. Die Mathematik ist nämlich schön systematisch, was gut in die Struktur eines Lehrbuches passt. Solche systematischen Brüche sind in der Realität aber eher die Ausnahme. Spektakuläre Einbrüche werden eher anders erzielt, und ihre Analyse führt eher zu anekdotenhaften Einzelgeschichten. Steht man in der Praxis vor einem Sicherheitsproblem, sollte deshalb die Mathematik eher am Ende der Arbeitsliste stehen als am Anfang.

5 Geheime Schlüsselsysteme

In diesem Kapitel diskutieren wir symmetrische Verschlüsselungsmethoden, womit gemeint ist, dass die Verschlüsselung mit dem gleichen Schlüssel erfolgt wie die Entschlüsselung. Die Rechenschritte müssen nicht die gleichen sein, haben aber in der Regel nur eine etwas andere Reihenfolge. Der Schlüssel muss geheim gehalten und wie die Einmalschlüssel auf vertrauenswürdigem Weg an die Empfänger verteilt werden. Neben dem Verteilungsproblem ist sicherheitstechnisch auch die Aufbewahrung der Schlüssel an mehreren Orten ein Problem, da ein Angreifer mehrere Ziele über einen längeren Zeitraum hinweg angehen kann. Da tunlichst jede Kommunikationsstrecke mit einem eigenen Schlüssel ausgestattet werden sollte (ansonsten könnte keine individuelle Kommunikation mit einem Partner geführt werden, da die Gruppe immer alles entschlüsseln kann), ist zudem eine Schlüsselverwaltung notwendig.

5.1 Stromverschlüsselung

Stromverschlüsselungsverfahren arbeiten nach dem gleichen Prinzip wie das One-Time-Pad, d.h. die Verschlüsselung erfolgt durch XOR-Verknüpfung eines Klartextzeichens mit einem Verschlüsselungszeichen. Im Unterschied zum One-Time-Pad wird ein mäßig langer geheimer Schlüssels zum Erzeugen einer PseudoZufallszahlenfolge der benötigten Länge mittels eines Algorithmus verwendet. Die bei den One-Time-Pads angesprochenen Probleme sind auch hier zu lösen:

> ➤ Das Chiffrat ist leicht manipulierbar, so dass Integritätssicherungsmaßnahmen notwendig sind.

> ➤ Eine bereits verwendete Verschlüsselungsfolge darf nicht ein weiteres Mal verwendet werden.

Zusätzlich darf der Erzeugungsalgorithmus auch bei längeren Verschlüsselungsfolgen keinen Rückschluss auf den verwendeten Geheimschlüssel geben. Kommt ein Angreifer in den Besitz der Klartextnachricht – was häufig der Fall ist, da Nachrichten oftmals nur über eine begrenzte Zeit geheim gehalten werden müssen – so kommt er damit auch in den Besitz der Verschlüsselungsfolge.

Wir werden in diesem Teilkapitel Algorithmen diskutieren, die sich zum Erzeugen von PseudoZufallszahlenfolgen eignen.

5.1.1 WLAN-Verschlüsselung und der RC4 – Algorithmus

WLANs gehören heute zur Standardausrüstung nahezu jeden Haushalts und jedes Betriebes, da Funknetze das Verlegen von Kabeln überflüssig machen und ein problemloses Ankoppeln der inzwischen ubiquitären Notebooks oder Tablets ermöglichen. Damit der Eigentümer eines solchen Netzwerkes nicht durch Fremde in seinem Nutzungsumfang eingeschränkt oder aufgrund einer Nutzung zu kriminellen Handlungen durch einen Fremden zur Verantwortung gezogen wird, wird der Netzwerkverkehr verschlüsselt. Nur bei Kenntnis eines geheimen Schlüssels erhält man Zugriff auf die hinter dem Zugangsknoten liegende Infrastruktur.

Wir beschränken die Diskussion zunächst auf die private Nutzung. Für Unternehmensnetze gelten andere Regeln, auf die wir in Kapitel 6.2.3 auf Seite 146 eingehen. Die Verschlüsselung schließt zwar unberechtigten Zugriff aus, hat jedoch einige andere Probleme im Gefolge:

- Der Schlüssel muss bekannt sein. Man benötigt daher Verfahren zur sicheren Verteilung der geheimen Schlüssel ohne einen größeren Verwaltungsaufwand.

- Alle Nutzer verwenden den gleichen Schlüssel, können also den Datenverkehr der anderen Teilnehmer belauschen und müssen alle mit einem neuen Schlüssel versorgt werden, sofern der Schlüssel kompromittiert wird.

- Die Verschlüsselung beschränkt sich auf die Funkverbindung. Genauer gesagt, wird ein verschlüsselter Übertragungskanal bereitgestellt, über den die eigentlichen Nutzdaten transparent von einem Gerät zum anderen übertragen werden. Sollen Daten außerhalb dieser Verbindung geschützt werden, sind sie nochmals zu verschlüsseln.

DER ALGORITHMUS

Neben der Unabhängigkeit eines Stromverschlüsselungsalgorithmus von der Länge der Nutzdaten ist die Effizienz der Verschlüsselung, die ja nur aus der Verknüpfung mit einer Maske besteht, ein wesentliches Verfahrensmerkmal. Konsequenterweise ist die Anforderung einer ebenfalls hohen Effizienz an die Stromverschlüsselungsalgorithmen selbst die logische Folge, da die Verfahren so auf Systemen mit begrenzten Rechenressourcen wie Mobilfunkgeräten eingesetzt werden können. Insbesondere zu Beginn des breiten Einsatzes dieser Technologien war die Rechenkapazität solcher Geräte zu gering, um mit Blockchiffrierverfahren wie DES umgehen zu können.

Ein sehr einfacher und schneller Algorithmus, der die Anforderungen erfüllt, ist der 1987 von Ron Rivest entwickelte **RC4**. Wir diskutieren ihn hier recht ausführlich, obwohl er heute nicht mehr eingesetzt wird, weil er aufgrund ungeschickt gewählter Schlüsselberechnung leicht zu brechen ist.[56] Er besitzt nämlich einen sehr einfachen Aufbau, so dass seine Funktionsweise ebenso wie die Angriffsmethoden gut verständlich sind und sich daher als Lehrbeispiel sehr gut eignen.

In einer Initialisierungsphase wird mit Hilfe eines Schlüssels K von k Btye Länge zunächst ein Feld initialisiert:

```
unsigned char s[256];
// Initialisierung des Generators
for(i=0;i<256;i++)
    s[i]=i;
for(j=0,i=0;i<256;i++){
    j=(j+s[i]+K[i (mod k)]) (mod 256);
    swap(s[i],s[j]);
}//endfor
```

Die Länge des Schlüssels ist beliebig, wobei in der Praxis meist Standardlängen von 8 oder 16 Byte gewählt werden. Anschließend kann eine Zufallszahlenfolge beliebiger Länge erzeugt werden:

```
// Erzeugung der Zahlenfolge
i=j=0;
do{
    i=i+1 (mod 256);
    j=j+s[i] (mod 256);
    swap(s[i],s[j]);
    out << s[s[i]+s[j] (mod 256)];
}while(output_needed),
```

---

56 Oder eingesetzt werden sollte. Aus Kompatibilitätsgründen ist er immer noch in jedem WLAN-Router vorhanden.

Initialisierung und Zahlenfolgegenerierung bestehen aus einfachen Permutationen eines relativ kurzen Feldes von Zahlen und sind auch auf kleinen Maschinen sehr schnell. Trotz der Einfachheit und des kleinen Zahlenfeldes besitzt der Algorithmus eine erstaunliche Komplexität, wie sich schnell nachrechnen lässt:

> ➤ Die Anzahl der möglichen Anordnungen der Feldelemente s[j] beträgt nach gründlicher Durchmischung 256!. Jedes Element hat während des kurzen Initialisierungslaufes mindestens einmal die Position gewechselt.

> Falls nicht Schlüssel verwendet werden, die Regelmäßigkeiten im Permutationsschema erzeugen, sollte man erwarten, dass die Unsicherheit des Zustands nach der Initalisierung zwar nicht gerade $256!^{-1}$ entspricht, aber zumindest in der Größenordnung 2^{-8*k} der verwendeten Schlüsselbits liegt.

> ➤ Die Permutation wird im Ausgabealgorithmus fortgesetzt, wobei 2 Indizes mit jeweils 256 möglichen Werten das Ergebnis (*Ausgabebyte und neuer Feld- und Indexzustand*) bestimmen. Nach Ausgabe einer Zahl sind die s[j] in einem von 256! Zuständen,[57] die Variable j weist einen zufälligen von 256 möglichen Werten auf (*i ist durch mitzählen der Ausgabebyte bekannt*). Es existieren also

$$N_{Zustände} = 2^8! * 2^8 \quad , \quad ld\left(N_{Zustände}\right) \approx 1700$$

> Möglichkeiten, wie sich die Folge in den nächsten Runden weiterentwickelt. Auch lange Folgen weisen daher keine sich wiederholenden Muster auf.

Die Qualität der Zufallszahlenfolge erreicht in der Praxis zwar nicht diesen theoretischen Wert, jedoch sollten Auffälligkeiten, die die Zahlenfolge von einer echten Zufallszahlenfolge unterscheidbar machen, nach weniger stark vereinfachenden Überlegungen frühestens bei 2^{26} Folgegliedern beobachtbar werden – genug für jede praktische Anwendung.

Aufgabe. Implementieren Sie den Algorithmus und erzeugen Sie eine längere Folge. Untersuchen Sie, mit welcher Wahrscheinlichkeit Sie sich wiederholende Teilfolgen vorgegebener Länge finden.

UNZULÄSSIGE SCHLÜSSEL

Erfolgt durch die Initialisierung bei Verwendung beliebiger Schlüssel tatsächlich immer eine starke Durchmischung der Feldelemente oder wird eine Reihe von Feldelementen unter bestimmten Umständen nur mehrfach zwischen den gleichen Positionen hin und her geschoben, wodurch sich ein wesentlich kleinerer Zustandsraum ergibt?

Die Untersuchung führen wir konstruktiv, d.h. wir entwickeln Schlüssel, die tatsächlich solche kleineren Zustandsräume erzeugen. Eine ungleichmäßige Durchmischung des Feldes kommt zustande, wenn der Schlüssel so beschaffen ist, dass sich die Indizes i und j immer um eine Differenz unterscheiden, die eine Potenz von 2 ist. Es vertauschen dann jeweils nur wenige Positionen untereinander ihre Inhalte (zur Verdeutlichung dieses Vorgangs vergleiche folgende Abbildung; die schraffierten Elemente werden jeweils aufeinander abgebildet, eine Vermischung mit anderen Elementen unterbleibt). Zerfällt der Grundzyklus mit 256 Elementen beispielsweise in 16 Zyklen mit je 16 Elementen, so erniedrigt sich die Zahl der möglichen Zustände von $256! \approx 10^{616}$ auf $16*16! = 3,35*10^{14}$, d.h. man kann die ausgegebene Zahlenfolge wesentlich schneller analysieren.

---

57 Wir nehmen der Einfachheit halber an, dass sich die Zustandsbeschreibung diesem Wert im Laufe der Zahlenentnahme nähert, obwohl das natürlich nicht zutrifft.

Als kürzere Unterzyklen der Permutationen kommen also die Zahlen

$$b=2^q \ , \ 1<q<8$$

in Frage. Bei einer Vertauschung von Feldelementen i und j wird für die Berechnung von j der Inhalt des Feldelementes $s[i]$ verwendet, und zyklische Vertauschungen der Länge b können auftreten, wenn zwischen Primärindex i und Feldinhalt $s[i]$ die Beziehung

$$s[i]\equiv i \,(mod\, b)$$

besteht.[58] Äquivalenzen dieses Typs nennen wir b-erhaltend für den Index i. In der Initialisierungsrunde t treffe diese Eigenschaft auf

$$I_t=I_b(s_t)=\#\left[s_t[i] \ | \ s_t[i]\equiv i\,(mod\, b)\right]$$

Indizes zu, und wegen $i_0=j_0=0 \ \wedge \ S[i]=i$ ist dies zumindest für die erste Runde sogar für alle b erfüllt.

Wir untersuchen nun $I_t\rightarrow I_{t+1}$ unter Berücksichtigung des Schlüssels mit dem Ziel, abzuleiten, für welche Schlüsselkonstruktionen Zyklen entstehen und bestehen bleiben. Zu Beginn der Runde t gelte

$$j_t\equiv i_t(mod\, b) \ \wedge \ s_t[i_t]\equiv i_t(mod\, b) \ \wedge \ I_t=N$$

Für $t=0$ ist das erfüllt. Für die Runde $t+1$ folgt dann unter Berücksichtigung des nächsten Schlüsselbytes

$$j_{t+1}=j_t+s_t[i_{t+1}]+K[i_{t+1}(mod\, l)]\equiv j_t+i_{t+1}+K[i_{t+1}(mod\, l)](mod\, b)$$

Damit die Zyklusbedingung für b nun immer noch gilt, muss der Schlüssel die Nebenbedingungen

$$b\,|\,l \ \wedge \ K[i(mod\, l)]\equiv(1-i)(mod\, b)$$

erfüllen. Setzen wir dies in die letzte Äquivalenz ein, so erhalten wir

$$j_{t+1}\equiv j_t+i_{t+1}+(1-i_{t+1})\equiv j_t+1\,(mod\, b)$$

i und j verändern sich in jedem Schleifendurchlauf in gleicher Weise. Da die Permutation im Schritt t aus einem Austausch von $s[i]$ und $s[j]$ besteht, folgt

$$(j_{t+1}\equiv i_{t+1}(mod\, b)) \ \Rightarrow \ \left[i_{t+1},j_{t+1}\in I_{t+1} \ \Leftrightarrow \ i_t,j_t\in I_t\right]$$

und weiter auch $I_t=I_{t+1}$, d.h. unsere Induktionsvoraussetzung lässt sich für alle Schritte des Initialisierungszyklus einhalten. Damit haben wir induktiv gezeigt, dass der speziell konstruierte

---

58 Die Modulrechnung wird erst im Theoriekapitel der asymmetrischen Verschlüsselung vorgestellt. Sie können $(mod\, n)$ an dieser Stelle auch einfach durch $\%n$ aus der Programmierung ersetzen. Betrachtet werden somit die Divisionsreste bei ganzzahliger Division.

Schlüssel Muster in einer Anzahl seiner Bits in Muster der Permutationsfolge transformiert. Bei genauerer Analyse zeigt sich, dass schwache Schlüssel mit einer Häufigkeit von 2^{-16} existieren und folgende Startsequenzen aufweisen: 00 00 00 ..., FF 01 00 ..., FE 02 00 ..., FD 03 00 ..., 01 FF 00 ... usw. Jeder Schlüssel mit einem solchen Beginn produziert mit hoher Wahrscheinlichkeit charakteristische Startsequenzen der Verschlüsselungsfolge, was zu einem Angriff ausgenutzt werden kann. Als Fazit unserer Überlegungen können wir jedoch notieren, dass ein hinreichend großer Schlüsselraum „sicherer" Schlüssel existiert und wir unsichere Schlüssel vermeiden können.

SCHLÜSSELMODIFIKATION

Mit einem bestimmten Schlüssel entsteht immer die gleiche Folge. Bereits im Kapitel Einmalverschlüsselung haben wir aber festgestellt, dass eine Folge jedoch nur einmal verwendet werden darf, um sicher zu sein. Nach Verwendung einer RC4-Folge muss daher der Schlüssel ausgetauscht werden, um eine neue Folge und damit eine sichere Verschlüsselung zu gewährleisten. Da der RC4 vielfach in Funknetzen eingesetzt wird, in denen auch schon einmal ein Datenpaket verloren geht und neu synchronisiert werden muss, tritt das Problem recht häufig auf. Ein Verfahren, bei dem von Vornherein eine große Anzahl geheimer Schlüssel vereinbart wird, ist aber praxisuntauglich.

Eine einfache und wirksame Methode zur Generierung wechselnder Schlüssel ohne den Austausch des Geheimschlüssels besteht in der Aufteilung des Sitzungsschlüssels in einen öffentlichen und den geheimen Teil. Beispielsweise kann ein 32 Byte langer Sitzungsschlüssel durch zwei 16 Byte lange Teilschlüssel durch einfache Stringaddition komponiert werden:

```
sess_key[32] = random[16] + master_key[16]
```

Der öffentliche Schlüssel wird jeweils vor Beginn einer Verschlüsselung im Klartext zwischen den Partnern ausgetauscht, der Geheimschlüssel ist immer der gleiche. Die formale Sicherheit des Verfahrens wird dabei weiterhin durch die Größe des Geheimschlüssels gegeben, im obigen Beispiel also 128 Bit bei einem Gesamtschlüssel von 256 Bit. Der RC4-Algorithmus kommt mit Schlüsseln dieser Länge problemlos klar, weshalb man in einer der ersten Anwendungen, der WEP-Verschlüsselung in WLAN-Netzen, bei dieser Schlüsselkomposition geblieben ist.

Diese Art des Schlüsselwechsels lässt sich auch bei allen anderen symmetrischen Verfahren mit Dauerschlüsseln einsetzen, wobei Modifikationen notwendig sind, wenn das Verschlüsselungsverfahren nicht mit variablen Schlüssellängen operieren kann. Andere Möglichkeiten, den neuen Sitzungsschlüssel zu berechnen, sind

```
sess_key[32] = master_key[16] + random[16]
sess_key[16] = random[16] XOR master_key[16]
sess_key[16] = Hash(random[16] + master_key[16])
sess_key[16] = Hash(master_key[16] + random[16])
```

Der Nachteil des ersten Verfahrens ist, dass bei bekanntem Algorithmus zumindest die Schleifendurchläufe, die den öffentlichen Teil verwenden, von einem Angreifer exakt nachvollzogen werden können.

DIE SICHERHEITSLÜCKEN

Der einfache Aufbau des RC4 reizt natürlich zu Versuchen, ihn doch irgendwie zu brechen, und ein erster Erfolg gelang durch die Ausnutzung der vorangestellten öffentlichen Schlüsselteile und dem damit möglichen exakten Nachvollziehen der ersten Initialisierungsschritte. Die WEP-WLAN-Verschlüsselungen wurde daher nachfolgend durch WPA/TKIP und letztendlich WPA/AES ersetzt.[59] Trotzdem tauchten auch lange nach der Einführung von WPA/AES weitere Angriffsmeldungen auf den RC4 auf. Neben der einfachen Struktur, die zu allen möglichen Überlegungen einlädt, ist auch die vielfache weitere Verwendung der unsicheren Algorithmen die Ursache. Aufgrund der langen Lebensdauer der Geräte kann der RC4 nicht so ohne Weiteres fortgelassen werden und taucht auch immer wieder in freier Wildbahn im Privatbereich auf.

Angriff bei bekanntem Schlüsselbeginn

Der RC4-Algorithmus wurde einige Jahre nach seiner Einführung bei gleichzeitigem Eintreffen der Bedingungen

a)   vorangestellter öffentlicher Schlüsselteil und

b)   Verwendung des ersten möglichen Ausgabebytes

als angreifbar erkannt, und dummerweise werden diese Bedingungen im WEP-Verfahren eingehalten. Durch die häufigen und erzwingbaren Synchronisationen kann ein praktischer Angriff sogar in recht kurzer Zeit erfolgen.

Das erste Element z_1 der Folge der Ausgabewerte wird durch

1	. . .		X	. . .	X+Y		. . .	
X	. . .		Y	. . .	Z		. . .	

$$z_1 = s[s[1] + s[s[1]]]$$

angegeben. Im Initialisierungsteil des Algorithmus werden durch den Laufindex i nacheinander alle Positionen im Feld systematisch dem Vertauschungsprozess unterworfen. Ist dieser Indexzähler aber erst einmal über einen bestimmten Index hinweg gelaufen, so hängt es vom Zufall ab, ob dieses Byte während der weiteren Initialisierung noch einmal verändert wird, denn dazu muss der in jedem Schritt neu berechnete Index j diesen Wert annehmen.

Betrachten wir nun das erste Ausgabebyte. Die Initialisierungsphase ist bei vorangestellten öffentlichen Schlüsselteilen für den Angreifer bis einschließlich des Schrittes t – der Anzahl der öffentlichen Schlüsselbytes und der bereits ermittelten geheimen Schlüsselbytes – exakt nachvollziehbar. Gilt nach dem Schritt t

$$t \geq max(1, s[1], s[1] + s[s[1]])$$

so liegt die Wahrscheinlichkeit, dass im folgenden Schritt der Initialisierung mit einem noch unbekannten Schlüsselbyte die Inhalte von $s[1]$, $s[s[1]]$ und $s[s[1] + s[s[1]]]$ (und damit auch z_1) unverändert bleiben, bei

$$w = 1 - 3/256$$

Da (*großzügigerweise*) noch maximal 256 weitere Schritte folgen, lautet die Prognose für weiterhin unveränderte Inhalte nach Abschluss der Initialisierung

$$w_{ges} \geq w^{256} \approx 0,05$$

---

59   Die Schilderung ist aus Sicht der Protokolle sehr grob. Die Normen umfassen nicht nur die Schlüsselgenerierung, sondern auch die Berechnung der Prüfsummen usw. Wer es genau wissen will, sei auf die Norm IEEE 802.11i verwiesen, die im Internet verfügbar ist und den Datenstrom im Detail bis auf die MAC-Ebene beschreibt.

Statistisch gilt somit:

- Untersuchen wir Initialisierungen mit verschiedenen bekannten Schlüsseln, die für ein gegebenes t die Bedingungen für die Inhalte der für z_1 verwendeten Felder erfüllen, so finden wir in 1/20 der Fälle das bis zum Schritt t ermittelte Byte z_1.

- Erfüllen die Schlüssel unsere Bedingung jedoch nicht, so kann man nur raten, welcher Wert als z_1 ausgegeben wird, und liegt dabei mit der Wahrscheinlichkeit 1/256 richtig.

Mit steigendem t ist zu erwarten, dass der Anteil von Schlüsseln, die die Voraussagebedingungen erfüllen, steigt.

Aufgabe. Entwerfen Sie ein Simulationsprogramm, dass die Häufigkeiten günstiger Schlüssel für verschiedene bekannte Schlüssellängen ermittelt. Prüfen Sie durch Fortsetzen der Simulation die vorausgesagten Wahrscheinlichkeiten für eine korrekte Vorhersage von z_1.

Kommen wir nun zur praktischen Nutzung dieser Überlegungen. Der Schlüssel bestehe aus einem bekannten öffentlichen Teilschlüssel von I Byte, der vor den geheimen Schlüssel kopiert wird, und vom geheimen Schlüssel selbst seien bereits die ersten B Bytes bekannt (*in der ersten Analyserunde ist B=0*). Die ersten $B+I$ Schritte der Initialisierung können mit dieser Kenntnis exakt nachvollzogen werden, d.h. der komplette Feldinhalt $s[..]$ ist vollständig bekannt und ebenso auch der Index j_{B+I}. Sind unsere Nebenbedingungen erfüllt und gilt zusätzlich

$$s[1]+s[s[1]]=B+I+1$$

so wird im nächsten Permutationsschritt der Wert $s[j_{I+B}+s[i]+K[B]]$ an diese Stelle geschoben und mit der Wahrscheinlichkeit 1/20 als erster Ausgabewert ausgegeben. Diese Nebenbedingung ist zwar eine weitere Einschränkung, die die Anzahl der günstigen Fälle nochmals erniedrigt, aber notwendig, damit das unbekannte Schlüsselbyte $K[B]$ in der Rechnung auftritt.

Der Angreifer kann nun alle 256 Möglichkeiten für $K[B]$ einsetzen und damit ein z_1 berechnen. Hat er das korrekte Schlüsselbyte eingesetzt, wird mit einer Wahrscheinlichkeit von 1/20 das Byte tatsächlich erscheinen, für alle anderen Bytes liegt die Trefferwahrscheinlichkeit bei 1/256. Addiert man die Treffer für verschiedene öffentliche Schlüssel über hinreichend viele Versuche auf, so hebt sich das korrekte Schlüsselbyte deutlich vom Rest ab.

Die Ermittlung weiterer Schlüsselbytes kann auf die gleiche Weise und unter Nutzung der bereits ermittelten Datensätze durchgeführt werden, so dass bei 8 öffentlichen Schlüsselbytes nach $4\text{-}6*10^6$ Messungen ein Schlüssel von 128 Byte Länge ermittelt ist – in frequentierten Netzwerken eine Angelegenheit von Stunden. Der Angreifer belauscht dabei in der Regel nur den Datenverkehr der regulären Teilnehmer und konzentriert sich auf Synchronisationsdatensätze, die ihm den öffentlichen Schlüssel und, da die Übertragungsprotokolle in den ersten Bytes genau festgelegte Inhalte aufweisen, auch die ersten Verschlüsselungsbytes verraten.[60] Ergänzt werden kann diese Analyse durch die Voraussage von $z_{2..k}$, wobei die Wahrscheinlichkeit für eine korrekte Voraussage dieser Werte allerdings schnell sinkt.

Angriffe auf beliebige RC4-Verschlüsselungen

Dies ist aber nicht die einzige Schwachstelle des Algorithmus. Zwischen den Indizes und den Inhalten des Feldes existieren weitere statistische Beziehungen, die zu noch schnelleren Angriffen auf

---

60 Ggf. kann er auch eine aktive Rolle einnehmen, indem er durch Störung des Datenverkehrs häufiger eine Resynchronisation auslöst, als dies normalerweise notwendig ist.

den Schlüssel genutzt werden können, wobei die einzige Bedingung an den verwendeten Schlüssel lautet:

● Teile des Schlüssels bleiben bei einem Schlüsselwechsel konstant.

Das sind bei entsprechendem Aufbau des Schlüsselwechselalgorithmus gerade die geheimen Teile, die nun selektiv angegriffen werden. Dazu betrachten wir nochmals die Generierung der Ausgabefolge, wobei wir für die Inhalte des Datenfeldes eine zufällige Verteilung unterstellen;

$$i = i + 1$$
$$j \equiv j + s_j \, (mod \, 256)$$
$$k \equiv s_i + s_j \, (mod \, 256)$$
$$swap(s_i, s_j)$$
$$out(s_k)$$

Zwischen den Größen bestehen unter diesen Voraussetzungen die Beziehungen

$$w\left(s_k + s_j \equiv i \,(mod \, 256)\right) = 1/128$$
$$w\left(s_k + s_j \equiv c \,(mod \, 256) \neq i\right) < 1/256$$

D.h. die Summe aus dem Ausgabebyte und dem Byte mit dem Zufallsindex j entspricht dem Schleifenindex i mit höherer Wahrscheinlichkeit als jedem anderen Wert. Diese unerwartete Beziehung erhält man, wenn man die Äquivalenzen mit Hilfe des Ausgabealgorithmus zu $k + s_k \equiv i + s_i \,(mod \, 256)$ bzw. $k + s_k \equiv c + s_i \,(mod \, 256)$ umstellt und die möglichen Zustände des Feldes abzählt, die diese Bedingungen erfüllen können. Da für die erste Beziehung sowohl für $i = k$ als auch für $i \neq k$ Zustände existieren, die die Relation erfüllen, für die zweite aber nur für den Fall $i \neq k \wedge c \neq k$, kommt es zu der Asymmetrie in den Wahrscheinlichkeiten.

Dies gilt es nun mit der Initialisierungsphase zu verknüpfen, um die Schlüsselbytes enttarnen zu können. Sind p-1 Schlüsselbytes bekannt, können die entsprechenden Schritte im Initialisierungsteil wieder exakt nachvollzogen werden. Zwischen dem Zustand des Feldes, dem p-ten Schlüsselbyte und dem p-ten z_p Byte der Ausgabenfolge ergibt sich aus dem Algorithmus die mit der Wahrscheinlichkeit $w \approx 1,36/256$ erfüllte Beziehung

$$K_p = s_{p-1, p-z_p}^{-1} - s_{p-1, p} - j_{p-1}$$

wobei $s_{k,j}$ den Inhalt des Feldelementes j in der k-ten Runde des Initialisierungsalgorithmus bezeichnet.[61] Für die Schlüsselanalyse kann daher jedes Datagramm verwendet werden, d.h. man muss nicht auf geeignete öffentliche Schlüssel warten, und diese müssen auch nicht mehr vor dem geheimen Schlüssel postiert sein. Statt der großen Datenmengen des ersten Analyseverfahrens benötigt man bei dieser Variante nur ca. 40.000 Pakete, um den Schlüssel komplett zu erhalten, was bei den üblichen Datenraten eine Angriffszeit von weniger als einer Minute bedeutet.

Sonstige Angriffsszenarien

Auch eine zweite Angriffsmethode, die keine bekannten Schlüsselteile benötigt, richtet sich primär gegen WEP. Bei der TKIP-Schlüsselgenerierung, die nach dem Hashprinzip arbeitet, wird nur der temporäre Schlüssel dekodiert, während der eigentliche Hauptschlüssel verborgen bleibt. Ist ein TKIP-Schlüssel aber lange genug in Betrieb, reicht dies, um zumindest die damit verschlüsselte Kommunikationssequenz zu entschlüsseln.

---

61 Die modulo 256-Relationen wurden der Übersichtlichkeit halber fortgelassen.

Ein kleiner Haken dabei ist allerdings, dass für die Ermittlung des k-ten Schlüsselbytes der Klartextinhalt des k-ten Datagrammbytes bekannt sein muss. Hier hilft die Einsatzmethode des Algorithmus in Funknetzwerkverschlüsselungen weiter. Zwischen den mobilen Einheiten wird ein PPP-Tunnel aufgebaut, dessen Inhalt komplett verschlüsselt wird. Der Inhalt wiederum besteht aus Datagrammen der TCP/IP-Protokollfamilie. Bei aller Variation des eigentlichen Datenteils sind diese im vorderen Bereich der Protokollheader recht gut bekannt bzw. abschätzbar und können für eine Analyse verwendet werden.

Noch besser geeignet sind Organisationsdaten wie ARP-Datagramme, die aufgrund ihrer Länge von 32 Byte einigermaßen sicher identifiziert werden können, deren Inhalt vielfach nahezu komplett vorausgesagt werden kann und deren Länge auch für die Analyse hinterer Schlüsselbytes ausreicht. ARP-Datagramme bieten darüber hinaus den Vorteil, recht häufig aufzutreten.

Alle diese Angriffe sind mehr oder weniger passiv, d.h. der Angreifer belauscht den Datenverkehr, ohne selbst einzugreifen. Durch eine aktiv Rolle (Stören der Synchronisation u.a.) kann die Anzahl der benötigten Datagramme mit bekanntem Inhalt auch vergrößert werden. Die TKIP-Algorithmen weisen weitere Schwächen auf, die es auch erlauben, durch Man-in-the-Middle-Angriffe den Datenverkehr oder Teile des Datenverkehrs zu entschlüsseln, ohne dass der Schlüssel selbst dekodiert würde. Mit Einführen der AES-Verschlüsselung glaubt man jedoch, die Probleme inzwischen beseitigt zu haben.

Die Einrichtung einer Verbindung erfordert die Eingabe des Schlüssels, was verlangt, dass man den Schlüssel bei Bedarf auch zur Hand hat. Um die Anbindung neuer Geräte zu vereinfachen, hat man eine der Kennwort-Anmeldung auf Rechnern ähnliche Methode entwickelt, das WiFi Protected Setup WPS, bei der eine 8-stellige PIN verwendet wird, um in einer Vorverschlüsselungsphase dem neuen Gerät den eigentlichen Schlüssel mitzuteilen. Die Nummer kann auf dem Router notiert werden, da WPS aus Sicherheitsgründen ohnehin durch Knopfdruck aktiviert werden muss und nicht permanent zur Verfügung steht. Kann sich das neue Gerät mit Hilfe der PIN erfolgreich anmelden, wird WPS wieder deaktiviert.

WPS ist allerdings auch wieder ein Beispiel dafür, wie man etwas in den Sand setzen kann. Um alle Nutzerverhaltensweisen zu berücksichtigen, kann nach dem Knopfdruck der Setup-Versuch beliebig wiederholt werden. Zusätzlich ist im Protokoll eine Antwort eingebaut, die im Fehlerfall dem neuen Gerät mitteilt, ob die ersten 4 Ziffern der 8-stelligen PIN korrekt sind, was die Anzahl der notwendigen Versuche halbiert. Ein Angreifer kann eine WPS-Aktivierung nutzen, um sich selbst zusätzlich anzumelden, und benötigt nur einige Stunden, um im brute-force-Modus die richtige PIN zu treffen und den Netzwerkschlüssel ausgeliefert zu bekommen. WPS sollte daher wie WEP grundsätzlich deaktiviert werden.

5.1.2 Zufallszahlengeneratoren

Der RC4 ist im Prinzip nichts anderes als ein hochwertiger Zufallszahlengenerator. Er besitzt eine große Zykluslänge, und wenn keine oder zumindest keine erkennbaren Schlüsseländerungen vorgenommen werden, entstehen keine Muster, an denen sich ein Angreifer orientieren und die nächsten Zufallszahlen vorhersagen könnte.

Warum nicht auch andere Zufallszahlengeneratoren mit großen Zykluslängen ausprobieren? Die normalerweise hinter der **rand()**-Funktion einer Programmiersprache stehenden Zufallszahlengeneratoren kommen sicher nicht in Frage, da bei 32 oder selbst bei 64 Bit nicht von „großer Zykluslände" im kryptologischen Sinn gesprochen werden kann. Aufbauend auf den einfachen Algorithmen lassen sich allerdings Generatoren mit großer Zykluslänge konstruieren. Ein Beispiel ist der Mersennetwister, der mit Startwerten $Y_1 .. Y_{624}$ die weiteren Generatorfolgenwerte mittels des Algorithmus

$$h = Y_{i-N} - Y_{i-N}(mod\, 2^{31}) + Y_{i-N+2}(mod\, 2^{31})$$
$$Y_i = Y_{i-227} \otimes [h/2] \otimes (c_1 * (h(mod\, 2)))$$

erzeugt.[62] Aus dieser Folge werden die Zufallszahlen Z_i durch

$$x = Y_i \otimes [Y_i/2^{11}]$$
$$y = x \otimes (x * 2^7 \wedge c_2)$$
$$z = y \otimes (y * 2^{15} \wedge c_3)$$
$$Z_i = z \otimes [z/2^{18}]$$

erzeugt, wobei c_1, c_2, c_3 vordefinierte Konstante sind. Die Zykluslänge liegt bei $2^{19937} - 1$, wodurch der Algorithmus auch zu seinem Namen kommt, denn diese Zahl gehört zu den in der Zahlentheorie bekannten Mersennezahlen.[63]

Der Mersennetwister besitzt zwar eine große Zykluslänge, ist jedoch aufgrund seiner Konstruktion nicht kryptologisch sicher und kann daher für Stromchiffren nicht verwendet werden. Wir wollen das nicht im Detail erläutern, sondern nur kurz anreißen: zu jedem Ausgabewert, der als Gesamtausgabe aller Bits erfolgt, lassen sich die möglichen Erzeugungszustände zurück berechnen, da jeweils nur wenige der Y_i betroffen sind. In den ersten Schritten gibt es natürlich keine Einschränkungen, durch den zyklischen Wechsel der Y_i scheiden aber kontinuierlich Zustände aus, die zu unterschiedlichen Ausgaben führen würden. Das Problem ist daher nicht von der Größenordnung $2^{19.968}$, sondern unter Vernachlässigung anderer Nebenbedingungen höchstens von $624 * 2^{32} \approx 2^{42}$, und das ist für kryptologische Zwecke eindeutig zu wenig.

Der Generator wurde auch nicht für kryptologische Zwecke entwickelt, sondern für den Einsatz in mathematischen Simulationen, in denen so viele Zufallszahlen benötigt werden, dass sich die Zahlenfolgen einfacherer Generatoren bereits wiederholen (die damit auch nicht in Frage kommen). Konstruktiv müssen kryptologische und simulatorische Generatoren zwar gleichverteilte Zahlen liefern, unterscheiden sich aber im Wesentlichen in zwei Randbedingungen:

1. Simulatorische Generatoren dürfen (in einem gewissen Rahmen) nach Beobachten einer begrenzten Folge von Zahlen durchaus vorhersagbar sein, so lange die Zahlen gleichverteilt sind, bei kryptologischen ist das nicht zulässig.

2. Simulatorische Generatoren müssen in kurzer Zeit eine große Menge an Zahlen erzeugen, bei kryptologischen Generatoren spielt die Zeit mehr oder weniger keine Rolle.

Kryptologisch sicher in diesem Sinn ist der BBS-Generator,[64] der Gebrauch von der Zahlentheorie macht und Zufallszahlen durch die Folge

---

62 Die normalen **rand()**-Funktionen beschränken sich mehr oder weniger auf eine Modulo-Operation der ersten Zeile.

63 Mersennezahlen werden nach der oben beschriebenen Formel gebildet, wobei der Exponent eine Primzahl ist. Die Vermutung, dass solche Zahlen ebenfalls Primzahlen sind, ist jedoch falsch.

64 Benannt nach seinen Erfindern Lenore Blum, Manuel Blum und Michael Shub; die Mathematik schaue sich der Leser im Kapitel über Public Key Systeme an, sofern die Symbolik unverständlich sein sollte, oder überlese das Kapitel zunächst, da sich die Idee ohnehin als unbrauchbar für die Praxis zeigt.

$$s_{i+1} \equiv s_i^2 \pmod n$$

generiert. Die Theorie werden wir uns in Kapitel 8 ab Seite 200 vornehmen, weshalb wir hier den Ball flach halten. Ggf. können Sie nach erarbeiten der zahlentheoretischen Grundlagen ja noch ein-mal auf die Konstruktionsdetails zurück kommen. In der angegebenen Formen ist $n=p^*q$ ein Pro-dukt zweier Primzahlen, die die Nebenbedingung $p = 4 * k + 3$ erfüllen.

Der Generator kann in zwei Modi betrieben werden: in der so genannten symmetrischen Betriebs-weise werden das Modul n und der Startwert s_0 geheim gehalten (in diesem Fall kann die Nebenbe-dingung auch entfallen), ausgeliefert wird in der Regel auch nur ein Teil der Zahl, z.B. das niedrigs-te Bit.

Im so genannten asymmetrischen Fall ist n bekannt und es wird nach Verschlüsselung der Nach-richt auch die letzte Zahl s_{n+1} der Folge komplett ausgeliefert.[65] Bei Kenntnis von p und q kann die Folge rückwärts entwickelt und rekonstruiert werden. Aufgrund der Folgenkonstruktion gilt näm-lich für die Teiler von n

$$s_{i+1}^{(p-1)/2} \equiv \left(s_i^2 \right)^{(p-1)/2} \equiv s_i^{p-1} \equiv 1 \pmod p$$

$$s_i^2 \equiv \left(s_{i+1}^{(p+1)/4} \right)^2 \equiv s_{i+1}^{(p+1)/2} \equiv s_{i+1}^{(p-1)/2} * s_{i+1} \equiv s_{i+1} \pmod p \ \Rightarrow \ s_i \equiv s_{i+1}^{(p+1)/4} \pmod p$$

Der Leser beachte dabei, dass die Nebenbedingung für die Primzahlen dafür sorgt, dass der Expo-nent $(p+1)/4$ eine ganze Zahl ist und die Potenz berechnet werden kann. Mit dem chinesischen Restsatz erhält man damit die Rekonstruktionsformel

$$s_i \equiv \left(u * p * s_{i+1}^{(q+1)/4} + v * q * s_{i+1}^{(p+1)/4} \right) \pmod n$$

mit $u * p + v * q = 1$ aus dem erweiterten euklidischen Algorithmus. Besitzen zwei Kommunikati-onspartner die Faktoren p und q, kann das beispielsweise genutzt werden, um eine Nachricht mit einer Zufallszahl s zu verschlüsseln und dem Partner den BBS-Wert von s zuzusenden, der nun als einziger in der Lage ist, den Schlüssel zu rekonstruieren.

Die so erzeugte Zahlenfolge (es wird in der Praxis nur ein Teil einer Zahl, beispielsweise 8 von 512 Bit, als Zufallszahl ausgeliefert, um Angriffe zu erschweren) genügt zwar den Ansprüchen an eine sichere Verschlüsselung, jedoch muss n hinreichend groß sein, um ein Eindringen in die Folge durch Faktorisieren des Moduls zu verhindern. Der rechnerische Aufwand liegt damit in der Grö-ßenordnung für die asymmetrische Verschlüsselung, was den Algorithmus für die Praxis untauglich macht.

Weitere Probleme können durch die Wahl von Startwerten mit ungünstiger Periode entstehen: durch die permamente Quadrierung kann es zu zyklischen Zuständen mit relativ geringen Abstän-den kommen (siehe u.a. Kapitel 8.4).

Die Erzeugung guter Zufallszahlen für die Kryptologie ist ein zentraler Sicherheitspunkt, auf den wir in Kapitel 7 ab Seite 190 nochmals eingehen.

---

65 Der Generator entspricht in seiner Konstruktion dem RSA-Algorithmus, also einem asymmetrischen Ver-schlüsselungsalgorithmus (Kapitel 9.3, S. 268). Symmetrisch und asymmetrisch bezieht sich beim BBS-Algorithmus auf das, was öffentlich bekannt ist.

5.1.3 Algorithmen in Mobilfunknetzen

ERWEITERTE PROBLEMATIK ZUM WLAN-BETRIEB

Mobilfunknetze unterliegen ähnlichen Rahmenbedingungen wie WLAN-Netze, wobei sich der Nutzer allerdings aufgrund der Mobilität und der begrenzten Kapazität der Geräte häufig in fremden Netzen anmelden muss. Ein Netzwerkwechsel kann sogar während einer aktiven Sitzung eintreten, so dass gleichzeitige Verbindungen zu mehreren stationären Einheiten notwendig sind, von denen aber nur jeweils eine aktiv ist. Den Geräten – Handy und Bodenstation – liegen dabei keine gemeinsamen geheimen Daten vor, die eine Authentifizierung des Handys oder eine Verschlüsselung ermöglichen würden. Die Schlüsselaushandlung können wir daher nicht wie bei den WLANs auf ein späteres Kapitel verschieben, sondern müssen diese bereits hier diskutieren.

Die technische Lösung besteht in folgenden Funktionsabläufen und der Verwendung von drei Algorithmen:

a) Das Handy verfügt über ein individuelles Geheimnis, das dem Server des Providers zusammen mit einer öffentlichen Kennung im Klartext bekannt ist.

b) Das Handy meldet sich zunächst mit seinen Kenndaten (Rufnummer, Provider) im Klartext bei der Bodenstation an, die eine Verbindung zum Server des Providers herstellt.[66] Diese Aushandlung wird über einen speziellen relativ langsamen Übertragungskanal abgewickelt.

c) Das Handy erhält via Bodenstation vom Server des Providers eine Zufallszahl, die er mit einem Algorithmus namens A3 mit dem geheimen Kennwort verschlüsselt und zurücksendet. Der Algorithmus ist als Einwegverschlüsselungsalgorithmus entworfen.

Durch die gleiche Berechnung überprüft der Server des Heimatnetzes die Antwort auf Korrektheit und authentifiziert das Handy.

d) Handy und Server führen die gleiche Operation mit einem Algorithmus namens A8 nochmals durch, wodurch der geheime Schlüssel für die Sitzung erzeugt wird. Der Server sendet diesen an die Bodenstation, womit nun Handy und Bodenstation im Besitz des Schlüssels sind.

e) Der geheime Sitzungsschlüssel wird nun verwendet, um mit Hilfe eines Algorithmus namens A5 eine Stromverschlüsselung der Daten durchzuführen. Hierbei wird meist auf einen anderen Übertragungskanal umgeschaltet, spätestens aber bei der Übernahme der Hauptfunktion, die eines schnellen Datenkanals bedarf.

Genau betrachtet gehören die Algorithmen A3/A8 in den Bereich Einwegverschlüsselung. Mobilfunknetze sind eine Welt für sich abseits des offenen Internetgeschehens, und sie wurden in einer Zeit entwickelte, in der man noch glaubte, durch Geheimhaltung der Algorithmen zur Sicherheit beitragen zu können. Über längere Zeiträume ist das natürlich um so weniger durchzuhalten, je mehr Partizipanten am System beteiligt sind, und so sind die Algorithmen heute bekannt. Sie sind aber immer noch proprietär, d.h. sie können ohne Lizenz nicht in anderen Bereichen straffrei eingesetzt werden.

Nun darf man den Entwicklern durchaus zubilligen, ihre Algorithmen sorgfältig konstruiert zu haben. Die Begrenzung des eingeweihten Personenkreises verstärkt allerdings die Wahrscheinlichkeit,

---

66 Sofern ein entsprechendes Roaming-Abkommen zwischen dem Betreiber der Bodenstation und dem Provider des Handys besteht.

dass doch Schwachstellen übersehen wurden. Das bereits bei den WLAN-Algorithmen diskutierte Problem, dass bei Erkennen der Schwachstelle so viele Geräte im Verkehr sind, dass ein Umsteuern nicht möglich ist, verstärkt sich durch die Geheimniskrämerei nochmals.

A3/A8-ALGORITHMUS UND CHOOSEN PLAINTEXT ATTACK

Die Algorithmen A3/A8 werden im Algorithmus COMP128 zusammen ausgeführt, der 256 Bit, bestehend aus dem 128 Bit Schlüssel des Chips und der 128 Bit Zufallszahl (in dieser Reihenfolge), mittels Substitutionstabellen in mehreren Runden folgendermaßen verarbeitet:

> For i=0 to 4 do:
> For j=0 to 2^i-1 do:
> For k=0 to 2^{4-i}-1 do:
> $s = k + j*2^{5-i}$
> $t = s + 2^{4-i}$
> $x = (X[s] + 2X[t]) \pmod{2^{9-i}}$
> $y = (2X[s] + X[t]) \pmod{2^{9-i}}$
> $X[s] = T_i[x]$
> $X[t] = T_i[y]$

X ist ein Register mit 32 Byte, T_i sind Permutationstabellen, die je nach Runde unterschiedlich viele Werte mit jeweils auch unterschiedlicher Breite enthalten:

Tabelle	Anzahl Werte	Werthöhe
T0	512 (9 Bit)	256 (8 Bit)
T1	256 (8 Bit)	128 (7 Bit)
T2	128 (7 Bit)	64 (6 Bit)
T3	64 (6 Bit)	32 (5 Bit)
T4	32 (5 Bit)	16 (4 Bit)

In der ersten Runde werden die Schlüssel- und Zufallszahlenbytes i und i+16 miteinander verknüpft, in der zweiten i, i+8, i+16 und i+24 usw. Nach dem Durchlauf aller Schleifen liefern die Bits 0..127 das Ergebnis des A3-Algorithmus, die Bits 128..255 das des A8-Algorithmus. Wie der RC4 ist dieser Algorithmus relativ kompakt und erzeugt Bitmuster, die nur aufgrund der Kenntnis der Zufallszahl und des Ergebnisses bislang anscheinend nicht erfolgreich angegriffen werden konnten (zumindest ließen sich keine derartigen Meldungen finden).

Das ändert sich jedoch, wenn der Angreifer (vorübergehend) in den Besitz der SIM-Karte gelangt und so dem Algorithmus gezielt spezielle „Zufallszahlen" zuführen kann.

Konzentriert man sich auf die zweite Runde, so werden dort die Schlüsselbytes i und i+8 mit den Zufallszahlenbytes i+16 und i+24 verknüpft. Setzt man für ein i jeweils alle anderen Zufallszahlenbytes auf den Wert Null, so existieren nun zwei Zufallszahlenkombinationen, die die gleiche Ausgabe, also eine Kollision erzeugen. Beispielsweise könnten die Zufallszahlenkombinationen (Rechts)

0								8								16								24							31
b5	54	83	62	1f	bf	42	91	33	09	76	47	11	aa	d2	e8	5e	00	00	00	00	00	00	00	70	00	00	00	00	00	00	00
																f5	00	00	00	00	00	00	00	ff	00	00	00	00	00	00	00

mit dem angegebenen Schlüssel (Links) in der zweiten Runde exakt den gleichen Zustand des Registers am Ende der Runde erzeugen. Ausgehebelt wird dieser Ansatz nur dann, wenn nicht übereinstimmende Zustände zufällig in einer der weiteren Runden zu einer Kollision führen. Die Wahrscheinlichkeit für dafür ist aber deutlich geringer.

Aufgabe. Implementieren Sie den Algorithmus und verifizieren Sie den Angriff durch eine Simulation.

Für den Angriff übermittelt man der SIM-Karte nach diesem Muster konstruierte Zufallszahlen und registriert jeweils das Ergebnis (choosen plaintext attack, da der Klartext – hier die Zufallszahl – vom Angreifer vorgegeben wird). Aufgrund des Geburtstagsparadoxons der Wahrscheinlichkeitsrechnung benötigt man etwa 20.500 Versuche, um ein Kollisionspaar zu ermitteln.[67] Das zugehörende Schlüsselbytepaar kann separat auf einem schnellen Rechner ermittelt oder einer vorher berechneten Tabelle entnommen werden. In gleicher Weise wird der Vorgang für die anderen Schlüsselbytes wiederholt. Fehler, die aufgrund weiterer Kollisionen während des Gesamtalgorithmus eintreten können, lassen sich mit vergleichsweise geringem Aufwand ebenfalls auf einem schnellen System durch systematisches Durchprobieren berechnen. Mit dem ermittelten Schlüssel lässt sich nun die SIM-Karte klonen.

Wurde diese Angriffsmöglichkeit bei der Konstruktion der Algorithmen schlicht übersehen? Bei Mobilfunkgeräten muss man von vornherein von einer relativ hohen Verlustrate durch Diebstahl oder Verlust ausgehen, und da es sich um einen Massenmarkt handelt, rechnet es sich für die Angreiferszene, durch Einflussnahme auf Insider oder durch Reverse-Engineering der SIM-Chips die Interna der Algorithmen aufzudecken, um solche Schwächen auszunutzen. Im Lastenheft für die Konstruktion des Algorithmus müsste daher die Berücksichtigung von Angriffen auf gestohlene Karten vorgekommen sein. Es ist durchaus denkbar, dass diese Lücke in einem öffentlichen Verfahren aufgefallen wäre, bevor massenweise SIMs verkauft worden wären.[68]

Dies ist aber nicht die einzige Angriffsmethode auf SIM-Karten. Man kann auch einfach den Stromverbrauch der Geräte zeitlich hoch aufgelöst messen. Da die Operationen bekannt sind, lassen sich aus den Strom-Zeit-Kurven bei bekannten Klartextvorgaben wiederum Rückschlüsse auf Schlüsselbytes ziehen. Wir gehen auf diese Angriffsmethode zu einem späteren Zeitpunkt ausführlicher ein.

---

67 Das Geburtstagsparadoxon resultiert aus der Frage, wie hoch die Wahrscheinlichkeit ist, dass von n Personen mindestens 2 am gleichen Tag Geburtstag haben. Die Anzahl aller Geburtstagskombinationen ist 365^n, für die erste Person existieren 365 mögliche Geburtstage, für die 2. nur noch 364 für unterschiedliche Geburtstage, usw. die Wahrscheinlichkeit für zwei gleiche Geburtstage liegt dann bei $P = 1 - 365*364*...*(365-n)/356^n$. Setzt man hier Zahlen ein, stellt man fest, dass bereits bei recht kleinen n entgegen der naiven Erwartung eine recht hohe Wahrscheinlichkeit für gleiche Geburtstage besteht. **Aufgabe.** Wenden Sie diese Überlegung auf den Angriff an!

68 Eine öffentliche Prüfung ist natürlich auch kein Allheilmittel. Es kommen immer wieder neue Angriffsmethoden oder Algorithmen auf den Markt, die bis dahin sicher Geglaubtes aushebeln, wie wir noch sehen werden.

Die Varianten des A5-Algorithmus

Der A5-Algorithmus existiert in inzwischen drei verschiedenen Versionen, die ebenfalls zunächst geheim waren. Die Erzeugung der Verschlüsselungsinformationen erfolgt bitweise (!). Der ursprüngliche **A5/1-Algorithmus** verwendet einfache Schiebeoperationen zur Erzeugung eines Verschlüsselungsbits, das mit einem Datenbit durch XOR verknüpft wird. Für die Schlüsselbiterzeugung kommen drei Schieberegister zum Einsatz (Abbildung 5.1):

Die drei Register werden zunächst mit Nullbits gefüllt und getaktet verarbeitet. In jedem Takt wird der Registerinhalt eines Registers

- um ein Bit nach Links verschoben, sofern das Auswahlbit (markierte Positionen 8/10/10 in den Registern) mit mindestens einem Auswahlbit in einem anderen Register übereinstimmt, bzw.

- konstant gehalten, wenn sich das Auswahlbit von den beiden Auswahlbits der anderen Register unterscheidet (der Bitwert der so definierten Mehrheit spielt keine Rolle, kann also 0 oder 1 sein).

Es werden somit mindestens 2 Register in jedem Takt geschoben. Ein Verwendungszyklus des Algorithmus besteht aus folgenden Runden:

1. 64 Takten, in denen jeweils Bit 0 durch den in der Grafik beschriebenen Rückkopplungsmechanismus berechnet und zusätzlich mit einem Bit des 64-Bit-Schlüssels aus dem A8-Algorithmus durch XOR verknüpft wird.

2. 22 Takten, in denen in gleicher Weise ein Blockzähler von 22 Bit eingetaktet wird, der anschließend für den nächsten Zyklus inkrementiert wird.

3. 100 weiteren Initialisierungstakten ohne weitere Einspeisung von Schlüsseldaten. Die Initialisierung ist damit abgeschlossen.

4. 228 Takte zur Erzeugung der Schlüsselbits.

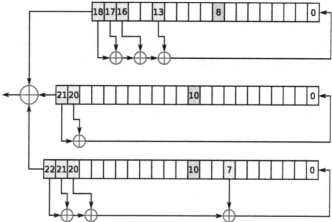

Abbildung 5.1: Schieberegister des A5/1

Danach ist der Zyklus abgeschlossen und die Initialisierung wird wiederholt, wobei aufgrund des fortlaufenden Blockzählers eine neue Zufallbitfolge entsteht.

ANGRIFFE MIT TABELLIERTEN SCHLÜSSELBITSEQUENZEN

Ein grundsätzliches Problem dieses Algorithmus ist die geringe Anzahl an nutzbaren Bits und die hierdurch erforderliche häufige Synchronisation mit dem Zähler als bekannte Größe. Im GSM-Handynetz ist dies ca. alle 5 ms der Fall. Bei vielen Paketen ist der Inhalt hinreichend genau vorhersagbar, so dass die Verschlüsselungsbits selbst ebenfalls in größerem Umfang bekannt sind. Ein weiterer Angriffspunkt ist die relativ geringe Anzahl vom 64 Bit in den drei Statusregistern. Die Anzahl der Möglichkeiten ist zwar zu groß, um effektiv nur durch Datenbanktabellen oder reine Rechenarbeit ausprobiert werden zu können, aber unter geeigneten Nebenbedingungen kann die Arbeit so auf beide Ressourcenkategorien aufgeteilt werden, dass ein erfolgreicher Angriff in den Bereich der Möglichkeiten heutiger Standard-Rechner gerät. Tatsächlich ermöglicht beides einen schnellen Lauschangriff, den wir hier grob skizzieren.[69]

Zunächst muss einiges an Vorarbeit geleistet werden. Die Ausgabe eines Schlüsselgenerators wirkt zwar zufällig, jedoch schwindet die Zufälligkeit häufig, wenn komplexe Korrelationsmöglichkeiten untersucht werden. Die Parameter für höchstmögliche Korrelation zu finden ist Aufgabe der Vorarbeit. Das kann u.U. lange dauern oder bei unbrauchbaren Korrelationen enden, wenn der Algorithmus gut konstruiert ist. Im Fall des A5/1 umfasst die Vorarbeit folgende Schritte:

a) Zunächst wird eine so genannte Testsequenz von Verschlüsselungsbits mit 16 Bit Länge festgelegt und Registerzustände, die diese Bitsequenzen generieren, durch Probieren ermittelt (roter = heißer Zustand). Bei 64 Bit Registerbreite und 16 Bit Testzuständen existieren sind formal bis zu 2^{48} verschiedene Registerzustände zu untersuchen, die die Testsequenz erzeugen könnten. Wie viele es tatsächlich sind, ergibt sich im Rahmen der Messung.

Die Testsequenz ist beliebig festlegbar. Stellt sich später heraus, dass mit der gewählten Testsequenz nur unbefriedigende Ergebnisse zu erzielen sind, ist das Verfahren mit einer anderen Sequenz zu wiederholen.

b) Um festzustellen, welcher der roten Registerzustände im späteren Analysefall eine gefundene Testsequenz erzeugt hat, werden zusätzlich zu jedem Eintrag die auf die Testsequenz folgenden Bits ebenfalls tabelliert. Dieser scheinbar kontraproduktive Schritt erweist sich in der Praxis als Filter für die Testsequenzen aus a): obwohl formal 48 Folgebit auf die Testsequenz benötigt werden, um den korrekten Registerzustand zu ermitteln, zeigt sich in der Praxis für bestimmte Testsequenzen, dass dazu deutlich weniger notwendig sind. Man kann so die Größe der Datenbank durch geeignete Wahl der Testsequenz verringern. Sie ist jedoch so immer noch zu groß, um einen effektiven Angriff zu ermöglichen. Die eigentliche Reduktion erfolgt im nächsten Schritt.

c) Die Testsequenz tritt bei der Analyse eines Datenstroms irgendwo im Frame auf, für die Ermittlung des Schlüssels ist aber die Kenntnis des Registerzustands am Ende der Schlüsseleinspeisung notwendig (grüner = brauchbarer Zustand). Um den grünen Zustand zu ermitteln, wird der A5-Algorithmus mit den zum Testwert gehörenden roten Registerzuständen als Startwert rückwärts durchlaufen, wobei für die Position des roten Zustands im Frame ein Intervall festgelegt wird, innerhalb dessen später nach ihm gesucht wird.

Das ist scheinbar eine Riesenaufgabe: zur Testsequenz gehören u.U. viele rote Zustände, und ein Zustand kann jeweils 0 – 4 mögliche Vorgänger besitzen, d.h. man muss iterativ alle Möglichkeiten in jedem Rückwärtsschritt ausprobieren und notieren. Die Riesenauf-

---

69   A.Biryukov, A.Shamir, D.Wagner, Real Time Cryptanalysis of A5/1 on a PC

gabe ist jedoch der Schwachpunkt des Algorithmus, und das Ergebnis ist schematisch in Abbildung 5.2 dargestellt.

Startpunkt der Rückwärtsrechnung ist die obere Linie, das Ziel liegt zwischen der mittleren und unteren, die das Intervall der möglichen Abstände der Testsequenz vom Start angeben. Die Analyse ergibt:

➤ Eine erste Gruppe roter Zustände besitzen nach einigen Schritten keine Vorgänger mehr. Ihr Vorgängerbaum endet bereits vor Erreichen des eigentlichen Messfensters (links in der Abbildung). Dies Zustände können aus der Tabelle gestrichen werden.

➤ Eine weitere Gruppe besitzt zwar grüne Vorgänger, jedoch so wenige (2. von Links), dass sie statistisch als als Ausgangswerte sehr unwahrscheinlich sind. Auch diese können gestrichen werden.

➤ Eine dritte Gruppe besitzt sehr viele grüne Erzeuger und wird in der Tabelle beibehalten.

Die Vorarbeit a) – c) ist erfolgreich abgeschlossen, wenn Tabellengröße der verbleibenden roten Zustände auf ca. 10^{11} reduziert ist.[70]

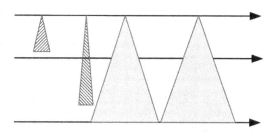

Abbildung 5.2: Zustandsbäume schematisch, nach Biryukov et al., Erläuterungen siehe Text.

Warum lässt man nur rote Zustände mit vielen grünen Erzeugern in der Liste ? Die Antwort besteht darin, dass aus einem gefundenen Testzustand und den damit verbundenen roten Zuständen der Schlüssel nicht zu ermitteln ist. Um einen unbekannten Schlüssel zu ermitteln und damit einen Datenstrom zu entschlüsseln, wird nach Kollisionen von Vorgängerbäumen gesucht:

➤ Im Datenframe wird nach dem Auftreten der Testsequenz gesucht. Die auf die Testsequenz folgenden Bits liefern den erzeugenden roten Zustand, sofern dieser in der Datenbank gespeichert ist.

➤ Aus der Position der Testsequenz wird durch Rückwärtsdurchlaufen des A5-Algorithmus die Menge der grünen Zustände berechnet und notiert.

➤ Bei weiteren roten Treffern wird auf übereinstimmende grüne Zustände in den Menge gesucht. Ist eine Kollision gefunden, kann daraus der Schlüssel berechnet werden.

---

70 Die Beschreibung zeigt, dass diese Arbeit sehr zeitaufwändig ist. Um den Gesamtaufwand richtig einschätzen zu können, muss man sich außerdem vergegenwärtigen, dass erst nach Abschluss von c) feststeht, dass dieser Weg überhaupt zum Erfolg führt. Die mögliche Reduktion der Zustände geht aus dem Algorithmus nämlich nicht hervor und lässt sich nur experimentell feststellen, d.h. der gesamte Aufwand muss gewissermaßen im Blindflug betrieben werden.

Die Kollision liefert den (grünen) Registerzustand am Ende der Initialisierung, womit das Ziel im Grunde schon erreicht ist, da ab diesem Zustand die Eintaktung des Framezählers für alle weiteren Dechiffrierungen vorgenommen werden kann. Das praktische Problem bei der Umsetzung liegt in der Abstimmung der Parameter und dem Aufbau der Datenbanken. Vorausgesetzt, der Algorithmus besitzt hinreichende Asymmetrien, um die zu tabellierenden Datenmengen zu begrenzen, ohne die Angriffsfähigkeit einzuschränken – was tatsächlich der Fall ist – muss ein Kompromiss zwischen der Größe der Datenbanktabellen (Zugriffszeiten) und der Simulation nicht in der Datenbank gespeicherter Teile auf dem Rechner gefunden werden. Tatsächlich genügen 2 Minuten Datensammlung einer Verbindung und ca. 1 TB Plattenspeicher, um die Verschlüsselung zu brechen und den Datenstrom mitzulesen, wobei die Vorarbeiten allerdings erheblich sind. Echtzeiteinbrüche sind so allerdings nicht möglich, und je kürzer das Gespräch ist, desto geringer ist die Chance, etwas über den Inhalt zu erfahren.

ITERATIVE SCHLÜSSELERMITTLUNG

Die spezielle Konstruktion des A5/1-Algorithmus erlaubt auch die Ermittlung des Schlüssels, wenn der Zustand am Ende der Schlüsseleinspeisung bekannt ist. Das Verfahren ist potentiell ist für alle Algorithmen geeignet, in denen formal die Schlüsselfortschreibung

$$K_{session} = f\left(K_{master}\right)$$
$$K'_{session} = f\left(K_{session}\right)$$

abläuft, d.h. der für eine begrenzte Zeit eingesetzte erste Sitzungsschlüssel aus einem Master-Schlüssel und weitere in einem begrenztem Umfang iterativ aus dem jeweils vorhergehenden berechnet werden. Um eine Verschlüsselung nachhaltig zu brechen, ist die Kenntnis des Master-Schlüssels notwendig, und diesen gilt es, aus einem Sitzungsschlüssel zu ermitteln. Voraussetzung für eine praktische Durchführung ist eine beschränkte Größe von K_{master}, so dass eine Kombination aus Speicherplatzeinsatz und Rechenaufwand technisch möglich ist.

Der Suchalgorithmus berechnet iterativ neue Sitzungsschlüssel aus den vorhergehenden

$$K_{i+1} = f\left(K_i\right)$$

Nach n Schritten wird das Paar (K_0, K_n) in die Datenbank eingetragen und K_n als neuer K_0 verwendet. Die Anzahl der Schritte wird so ausgelegt, dass bei vollständigem Durchlaufen des Schlüsselraums die Datenbankgröße und die Rechenzeit für n Schritte noch beherrschbar bleiben.[71]

Ist nun ein $K_{session}$ bekannt, wird dieser iterativ verschlüsselt, bis einer der in der Datenbank notierten Endwerte gefunden ist. Die Iteration wird nun mit dem Startwert dieses Schlüsselpaars fortgesetzt, bis $K_{session}$ wieder erreicht ist. Der Wert davor ist der gesuchte Master-Schlüssel. Die iterative Schlüsselfortschreibung ist auf einen Wert begrenzt, der noch nicht diese Zyklen erkennen lässt. Danach wird in bekannter Weise ein öffentlicher Teil des Master-Schlüssels neu ausgehandelt und ein neuer Zyklus eingeleitet, der aber nun komplett mitgelesen werden kann.

Die Angriffsmethode erfordert einen erheblichen Vorbereitungsaufwand, da der komplette Schlüsselraum zu untersuchen ist. Auch die Schlüsselsuche ist aufwändig, da im ersten Teil der Iteration nach jedem Verschlüsselungsschritt das Ergebnis in der Datenbank überprüft werden muss.

---

71 Zu Problemen kann es kommen, wenn während der Iteration ein bereits notierter Wert erneut auftritt, d.h. die Zykluslänge des gewählten Startschlüssels nicht den gesamten Schlüsselraum umfasst. Durch zufällig gewählte neue Startschlüssel muss in diesem Fall versucht werden, einen weiteren elementfremden Zyklus im Schlüsselraum zu finden.

DER A5/2-ALGORITHMUS

Aus rechtlichen Gründen wurde zusätzlich zum A5/1-Algorithmus der A5/2-Algorithmus entwickelt, der eine abgeschwächte (ja, Sie haben richtig gelesen) Variante des A5/1 darstellt (Abbildung 5.3).[72]

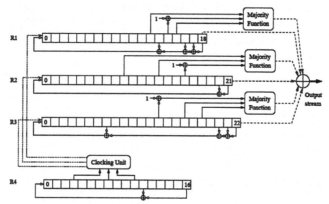

Abbildung 5.3: A5/2-Algorithmus, siehe Text

Hinzu gekommen ist ein viertes Register, das ebenfalls mit dem Sitzungsschlüssel und dem Zähler beaufschlagt wird. Es unterliegt keiner Restriktion hinsichtlich des zyklischen Schiebens und übernimmt die Kontrollfunktion für das zyklische Schieben der anderen Register. Dazu wird aus 3 Bits in R4 die Majorität berechnet und das Register geschoben, sofern diese und das dem Register zugeordnete Kontrollbit in R4 ungleich Null ist. Das Ausgabebit wird im Gegenzug etwas komplizierter berechnet, wobei die Funktionen dem des A5/1-Algorithmus entsprechen.[73]

Das vierte Register erlaubt ein schnelles Brechen des Algorithmus.[74] Wir reißen auch diesen Angriff nur kurz an. Der Framezähler bewirkt, dass das Register R4 in relativ kurzen Abständen den gleichen Wert annimmt. Die Register R1 – R3 weisen zwar unterschiedliche Werte auf, jedoch gilt

$$R4_k = R4_{k-l} \Rightarrow RI_k = RI_{k-l} + \delta_I \quad , \quad I = 1, 2, 3$$

d.h. die Differenzen zum letzten Zustand mit gleichem R4 sind Konstante, die vom Zustand R4 abhängen. Ein Ausgabebit entsteht nach Abbildung 5.3 durch die Operation

$$k = R1_{12} \cdot R1_{14} \oplus R1_{12} \oplus R1_{12} \cdot R1_{15} \oplus \ldots \oplus R3_{16} \cdot R3_{18} \oplus R3_{22}$$

aus den Registern R1 – R3, ist also eine quadratische Funktion der Zustände. Nimmt man nun zwei Ausgabebitsequenzen L_1, L_2 zu gleichem R4 auf, so ist die Differenz $\Delta = L_1 \oplus L_2$ eine lineare Funktion der Zustände R1 – R3 der ersten Sequenz, wie sich durch Einsetzen nachweisen lässt. Bei gegebenem Δ und bekanntem R4 (für die Berechnung der δ_k) erhält man so ein lineares Glei-

---

72 Solche Regelungen sind häufiger in den Parlamenten des Staates der garantierten Freiheit beschlossen worden, weil Freiheit dort eben vorzugsweise bedeutet, dass die Geheimdienste möglichst freien Zugang zu allen Daten weltweit besitzen.

73 Majority-Function bedeutet wieder, dass der von mindestens zwei der Eingangsbits repräsentierte Wert ausgegeben wird.

74 E.Barkan, E.Biham, N.Keller, Instant Ciphertext-Only Cryptanalysis of GSM Encrypted Communication (2006)

chungssystem für die Bestimmung der Zustände R1 – R3, was dann wiederum zur Ermittlung des Schlüssels verwendet wird.

R4 ist in diesem Gleichungssystem natürlich keine bekannte Größe. Formal müsste man nun alle 2^{16} möglichen Zustände durchrechnen, um eine konsistente Lösung zu finden. Das ist zwar machbar, aber nicht mehr in Echtzeit. Verwendet man mehr als zwei Ausgabesequenzen, lassen sich effektive Kriterien konstruieren, die eine schnellere Aussortierung völlig ungeeigneter Kandidaten für R4 erlauben und für die eine Vorausberechnung von Entscheidungstabellen aufgrund des gemessenen Δ möglich ist. Mit diesen Mitteln gelingt ein Brechen des Algorithmus in weniger als einer Sekunde, also in Echtzeit.

MAN IN THE MIDDLE - ANGRIFFE

Ein Einsatz der Angriffsmethoden in der Praxis erfordert die Kenntnis der Verschlüsselungsbits. Die sind zunächst unbekannt, weil die Bits mit denen der Nachrichtendaten verknüpft werden; im GSM-Protokoll besitzen jedoch ähnlich wie im WEP-Fall hinreichend viele Protokollteile weitgehend bekannte Inhalte, die es einem Angreifer erlauben, genügend viele Informationen für einen Einbruch zu sammeln. Auf Details müssen wir hier allerdings wieder verzichten.

Das A5/2-Protokoll wird selten verwendet, ist aber wie WEP in vielen Geräte implementiert und erlaubt einen Einbruch durch einen Man-in-the-Middle-Angriff, den wir hier kurz beschreiben.

> Der Angreifer simuliert hinreichend starke, aber nicht die stärkste Basisstation gegenüber des angegriffenen Mobiltelefones. Das Mobiltelefon baut eine Stand-By-Verbindung mit dem Angreifermodul auf, die im Bedarfsfall zur Arbeitsverbindung umgeschaltet werden kann.

> Das Angreifermodul leitet die Daten zur Schlüsselaushandlung nach A3/A8 ohne Modifikation an eine echte Basisstation, zu der das Mobilgerät keine Verbindung besitzt, weiter. Auch von dort kommende Daten werden an das Mobiltelefon ohne Modifikation durchgeleitet. Mobiltelefon und Basisstation sind nun im Besitz eines geheimen Schlüsselpaars, das Angreifermodul jedoch nicht.

> Zwischen den Geräten wird in der Regel der A5/1- oder der A5/3-Algorithmus verwendet. In beide Algorithmen kann der Angreifer nicht erfolgreich einbrechen. Um in den Besitz des Schlüssels zu kommen, vereinbart er mit dem Mobiltelefon im Rahmen der Aushandlung der Arbeitsparameter die Verwendung des A5/2-Algorithmus.

> Die Verbindungsaushandlung endet mit dem Austausch einer Reihe von Abgleichdaten. Unter Nutzung der Fehlerkontrollen des GSM-Protokolls kann das Angreifermodul hinreichend viele Datensätze mit dem Mobiltelefon austauschen, um den Schlüssel in Echtzeit (~1-2 Sekunden) zu ermitteln.

> Mit dem ermittelten Schlüssel schließt das Angreifermodul die Verbindungsaushandlung mit dem Mobiltelefon unter Verwendung des A5/2-Algorithmus und mit der Basisstation unter Verwendung von A5/1 oder A5/3 ab. Beide Verbindungen sind ordnungsgemäß aufgebaut, und weder das Mobiltelefon noch die Basisstation haben Kenntnis vom Angreifer.

> Das Angreifermodul erhöht seine Sendestärke und wird gegenüber dem Mobiltelefon zur stärksten Basisstation. Alle abgehenden und eingehenden Datenverbindungen werden nun automatisch über das Angreifermodul geführt, das lediglich umverschlüsseln muss. Die Daten können dabei je nach Angriffsmodell nur abgehört oder auch manipuliert werden.

Aufgrund der leichten Brechbarkeit wird der A5/2-Algorithmus seit einigen Jahren nicht mehr in Geräten implementiert, so dass neuere Mobiltelefone mit dieser Methode nicht mehr angreifbar sind.[75]

DER A5/3-ALGORITHMUS

Ab der Einführung von UMTS wurde auch der A5/2, der ja potentiell auch eine nachträgliche Entschlüsselung aufgezeichneter Verbindungsdaten erlaubt, durch einen neuen Algorithmus, den A5/3- oder KASUMI-Algorithmus, ersetzt.

Wie der Name schon andeutet (Kasumi ist die Bezeichnung einer spezielle Sorte japanischer Messer), stammt dieser Algorithmus ausnahmsweise nicht aus den USA oder Europa, sondern aus Japan. Mit der Einführung dieses Algorithmus hat man die nutzlose Geheimhaltung von Algorithmeninterna weitgehend aufgegeben, konnte sich aber nicht dazu entschließen, auf breit verwendete Algorithmen wie DES & Nachfolger zu wechseln. Kasumi ist ein Nachfolger des in Japan entwickelten Misty-Algorithmus, der zwar der japanischen Regierung als Verschlüsselungsstandard vorgeschlagen wurde, dessen Verwendung jedoch durch Patente eingeschränkt ist, so dass er weitgehend unbekannt blieb.

Der Kasumi-Algorithmus ist allerdings kein Stromverschlüsselungsalgorithmus mehr, sondern ein Blockverschlüsselungsalgorithmus. Da zum Verständnis etwas weiter ausgeholt werden muss, verschieben die Diskussion auf ein späteres Kapitel, in dem dies ohnehin geschieht. Inzwischen ist aber auch der Kasumi-Algorithmus gebrochen, d.h. aufgezeichnete Gespräche können wie beim A5/1 kurzfristig entschlüsselt werden, wenn auch der Aufwand etwas größer ist.

5.1.4 Salsa-20

Die Effizienz von Stromchiffrierverfahren hat zu weiteren Konstruktionen von Algorithmen Anlass gegeben, von denen wir hier noch den Salsa-20-Algorithmus diskutieren. Der Algorithmus produziert aus 512 Bit Eingabedaten 512 Bit Schlüsseldaten für die Stromverschlüsselung, die nach Bedarf eingesetzt werden können. Die 512 Bit unterteilen sich in

- 256 Bit Schlüssel
- 64 Bit-Zähler für 512-Bit-Klartextblöcke
- 64 Bit Zufallszahlen
- 128 Bit Konstante

Nach jedem Paket wird der Blockzähler inkrementiert. Ein einmal vereinbarter Geheimschlüssel kann somit über eine nahezu unbegrenzt lange Zeit verwendet werden, ohne dass eine zwangsweise Resynchronisation notwendig wäre.

Die Berechnung des Chiffrierschlüssels erfolgt durch einfache Operationen, die nur Addition (unter Streichen des Überlaufs), XOR-Verknüpfung und zyklisches Schieben auf 32-Bit-Registern verwenden. Der komplette C-Code lautet:

---

75 Bei älteren Mobilgeräten war auch eine unverschlüsselte Verbindung zulässig, was den Angreifer sogar des Aufwands enthob, den Schlüssel ermitteln zu müssen. Da die Basisstationen immer verschlüsseln, musste er die Verbindung zu dieser allerdings zu Lasten seiner eigenen Rufnummer übernehmen (die Authentifizierung wurde einfach bestätigt, ohne sie weiterzusenden). Mit dieser Methode waren nur ausgehende Rufe abhörbar, da eingehende weiter über die Basisstation direkt an das Mobilgerät geleitet wurden.

```c
#define R(a,b) (((a) << (b)) | ((a) >> (32 - (b)))))

void salsa20(uint32 out[16],uint32 in[16])
{
    int i;
    uint32 x[16];
    for (i = 0;i < 16;++i) x[i] = in[i];
    for (i = 20;i > 0;i -= 2) {
      x[ 4] ^= R(x[ 0]+x[12], 7);   x[ 8] ^= R(x[ 4]+x[ 0], 9);
      x[12] ^= R(x[ 8]+x[ 4],13);   x[ 0] ^= R(x[12]+x[ 8],18);
      x[ 9] ^= R(x[ 5]+x[ 1], 7);   x[13] ^= R(x[ 9]+x[ 5], 9);
      x[ 1] ^= R(x[13]+x[ 9],13);   x[ 5] ^= R(x[ 1]+x[13],18);
      x[14] ^= R(x[10]+x[ 6], 7);   x[ 2] ^= R(x[14]+x[10], 9);
      x[ 6] ^= R(x[ 2]+x[14],13);   x[10] ^= R(x[ 6]+x[ 2],18);
      x[ 3] ^= R(x[15]+x[11], 7);   x[ 7] ^= R(x[ 3]+x[15], 9);
      x[11] ^= R(x[ 7]+x[ 3],13);   x[15] ^= R(x[11]+x[ 7],18);
      x[ 1] ^= R(x[ 0]+x[ 3], 7);   x[ 2] ^= R(x[ 1]+x[ 0], 9);
      x[ 3] ^= R(x[ 2]+x[ 1],13);   x[ 0] ^= R(x[ 3]+x[ 2],18);
      x[ 6] ^= R(x[ 5]+x[ 4], 7);   x[ 7] ^= R(x[ 6]+x[ 5], 9);
      x[ 4] ^= R(x[ 7]+x[ 6],13);   x[ 5] ^= R(x[ 4]+x[ 7],18);
      x[11] ^= R(x[10]+x[ 9], 7);   x[ 8] ^= R(x[11]+x[10], 9);
      x[ 9] ^= R(x[ 8]+x[11],13);   x[10] ^= R(x[ 9]+x[ 8],18);
      x[12] ^= R(x[15]+x[14], 7);   x[13] ^= R(x[12]+x[15], 9);
      x[14] ^= R(x[13]+x[12],13);   x[15] ^= R(x[14]+x[13],18);
    }
    for (i = 0;i < 16;++i) out[i] = x[i] + in[i];
}
```

Die Konstruktion dieser Operationenfolge basiert auf der Anordnung von 16 32-Bit-Worten in einer 4*4-Matrix und spaltenweiser Transformation. Um alle vier Werte der ersten Spalte zu transformieren, werden die Komponentenkombinationen

```
 4 <- 4,0,12
 8 <- 8,4,0
12 <- 12,8,4
 0 <- 0,12,8
```

mit jeweils unterschiedlichen Rotationslängen durchgeführt. Dies wird für jede Spalte und anschließend auch für jede Zeile der virtuellen Matrix durchgeführt, was zu insgesamt 32 Operationen führt. Der gesamt Vorgang wird insgesamt 20 Mal wiederholt und das Ergebnis als Chiffrierstrom verwendet.

Analytisch konnte gezeigt werden, dass die Komplexität des Algorithmus bei etwa 2^{160} liegt und bei einer Beschränkung auf 8 statt 20 Runden eine Ermittlung des Schlüssels möglich ist. Bei 20 Runden liegt der Algorithmus damit so weit außerhalb der Reichweite bekannter Angriffsverfahren, dass wir auf eine weitere Diskussion verzichten.

5.2 Blockchiffrierung

Im Unterschied zu Stromverschlüsselungsverfahren, bei denen ein beliebig langer Strom von Pseudozufallsbits erzeugt wird, die mit dem Klartext durch die XOR-Operation verknüpft werden, wird bei Blockchiffrierverfahren in der Regel der Klartext selbst durch den Verschlüsselungsalgorithmus verändert. Verfremdungen des Klartextes durch XOR-Verknüpfungen mit eigenen Daten in Bereichen, in denen der Angreifer mit hoher Sicherheit bestimmte Inhalte vermutet, sind in Blockchiffrierverfahren nicht möglich: nach einer Änderung des Chiffrats kommt bei der Dechiffrierung in der Regel völliger Blödsinn heraus. Eine Veränderung sollte jedoch aus den bereits genannten Gründen von der Verschlüsselungsschicht selbst erkannt werden und nicht von nachgeschalteten Anwendungen, so dass eine Integritätssicherung auch hier beibehalten werden muss.

Blockchiffrierverfahren können in einem Verschlüsselungsschritt nur eine begrenzte Anzahl von Bits verschlüsseln, im Allgemeinen in der Größenordnung 64 – 128 Bit. Darüber hinausgehende Klartextmengen müssen in Blöcke dieser Größe zerlegt werden (Name!). Da Klartexte selten eine durch die Blockgröße teilbare Größe aufweisen, sind weitere Schritte notwendig, um bei der Dechiffrierung eine exakte Rekonstruktion zu ermöglichen. Wir beschäftigen uns weiter unten mit diesem Thema.

Durch die relativ kurzen Blöcke ist es möglich, dass in Chiffraten Wiederholungen auftreten oder durch gleiche Blöcke in verschiedenen Chiffraten ebenfalls Muster erkannt werden können, die einem Angreifer wertvolle Informationen auf den Inhalt liefern. Auch hiergegen sind Maßnahmen zu treffen, die wir jedoch erst im folgenden Kapitel diskutieren.

Noch eine Besonderheit ist bei den Blockverschlüsselungsverfahren zu erwähnen. Die Gesamtkonstruktion erlaubt zwar Ver- und Entschlüsselung, die Schlussfolgerung, dass die Verschlüsselungsoperationen reversibel sind, stimmt jedoch nur für eine Teilmenge der Algorithmen. Eine ganze Reihe von Algorithmen verwendet nicht reversible Verschlüsselungsschritte, d.h. der Klartext kann nicht direkt aus dem Chiffrat zurück gerechnet werden. Der Trick, mit dem dieses Problem beseitigt wird, trägt den Namen **Feistel-Netzwerk** (nach seinem Erfinder Horst Feistel, einem Mitarbeiter der IBM) und wird beim DES ausführlich beschrieben. Bei den einzelnen Algorithmen wird jeweils spezifiziert, ob er von diesem Modell Gebrauch macht.

5.2.1 Data Encryption Standard, DES

Der DES ist gewissermaßen der Urvater der modernen Blockchiffrieralgorithmen. Er wurde bereits zu Beginn der 1970er Jahre von IBM für die NSA entwickelt.[76] Die Verschlüsselung erfolgt mit einem 64-Bit-Schlüssel und gilt nach wie vor als sicher, d.h. die besten bekannten Angriffsmethoden unterscheiden sich nicht wesentlich von einem Frontalangriff durch Ausprobieren aller Schlüssel. Spezialisierte Hardware ist aufgrund der Entwicklung der Computertechnik heute in der Lage, den Schlüsselraum in wenigen Stunden auszuprobieren, weshalb man den DES nicht mehr verwenden sollte, wenn dem Angreifer ein Rückgriff auf solche Ressourcen zuzutrauen ist.

Die algorithmische Grundlage des DES (wie auch der meisten anderen Algorithmen) ist ein so genanntes Feistelnetzwerk. Obwohl insgesamt invertierbar, ist der eigentliche Verschlüsselungsschritt nicht invertierbar, und die Invertierbarkeit des Gesamtalgorithmus wird dadurch hergestellt, dass in

---

76 Die Entwicklung eines Chiffrieralgorithmus für einen Geheimdienst durch ein privates Unternehmen ist bislang einmalig in der Geschichte und hat dem DES auch manches an Verschwörungstheorien eingebracht, von dem allerdings bislang nichts bewiesen werden konnte.

einem Teilschritt jeweils nur ein Teil der Bits verschlüsselt, der andere Teil aber unverändert an den folgenden Schritt übergeben wird. Um das Prinzip zu verdeutlichen und andere Algorithmen leichter interpretierbar zu machen, schauen wir uns den DES detailliert an.

Der DES verschlüsselt formal 64 Bit große Datenblöcke mit einen 64 Bit großen Schlüssel. Allerdings entspricht diese Angabe nicht ganz der Praxis. Ein echter 64 Bit-Schlüssel umfasst einen Datenraum von etwa $1,84*10^{19}$ verschiedenen Schlüsseln. Nun stammt das Verfahren noch aus der Zeit, in der Schlüssel fast ausschließlich vom Menschen im Dialog als lesbarer Text eingegeben wurden. Der Algorithmus sieht daher nicht acht, sondern nur sieben Bit pro Byte für den Schlüssel vor; das achte Bit dient als Prüfbit auf gerade Parität im Byte, d.h. für die Summe aller Bits eines Bytes gilt $\sum b_i \equiv 0 \bmod 2$.[77] Damit bleiben nur noch 56 Bit für den Schlüssel entsprechend $7,21*10^{16}$ möglichen Werten übrig. Verwendet man nur druckbare Zeichen, so können von den 128 möglichen Zeichen etwa 32 nicht gedruckt werden, wodurch sich die effektiv genutzte Schlüsselmenge weiter auf $96^6 \approx 7,82*10^{11}$ Möglichkeiten verringert.

Zu Beginn der Verschlüsselung werden die 64 Bit (= 8 Byte) eines zu verschlüsselnden Blockes einer fest eingestellten Permutation aller 64 Bit unterworfen und dann in zwei Halbblöcke zu je 32 Bit (4 Byte) unterteilt.

1	2	3	4	5	6	7	8

Permutation

1'	2'	3'	4'	5'	6'	7'	8'

$$L_0 \qquad\qquad\qquad R_0$$

Diese Anfangspermutation wird als „Weißen" bezeichnet und soll die in fast allen Anwendungsdaten vorhandenen regelmäßigen Bitmuster durch unregelmäßigere ersetzen (siehe Ausführen zum One Time Pad und zur Stromverschlüsselung).

In jedem der 16 nun folgenden Iterationsschritte wird einer der Halbblöcke jeweils einmal unverändert in die nächste Runde übernommen **und** gleichzeitig nach Verschlüsselung mit einer Verschlüsselungsfunktion mit dem anderen Halbblock durch XOR verknüpft:

$$L_n = R_{n-1}$$
$$R_n = L_{n-1} \oplus f\left(R_{n-1}, IK_n\right)$$

Es werden somit zwei Verschlüsselungsrunden benötigt, um den Klartext einmal zu verschlüsseln. Der Grund hierfür ist, dass die Verschlüsselungsfunktion f nicht umkehrbar ist, wie noch gezeigt wird, d.h. aus dem Chiffrat kann der Klartext nicht zurückgewonnen werden. Die Umkehrung wird durch das Weiterreichen des für die Verschlüsselung verwendeten Klartextes in die nächste Runde erreicht. Diese Methode wird Feistelnetzwerk genannt, und der Leser kann ja bereits einmal versuchen, herauszufinden, wie die Umkehrung funktioniert, bevor hier die Lösung verraten wird (**Aufgabe**).

---

77 Der Algorithmus wäre in der Lage, mit vollständigen 64 Bit-Schlüsseln zu arbeiten, aber der Standard schreibt etwas anderes vor. Wenn man sich eine Implementation des Algorithmus besorgt, ist es angebracht, kurz nachzuforschen, in welcher Form der Schlüssel erwartet wird, um mit anderen Implementationen kompatibel zu bleiben.

Wie in den einleitenden Kapiteln diskutiert, sollen alle Bits maximal verschränkt sein, d.h. bei Änderung eines beliebigen Bits in einem zufällig gewähltem Klartext bzw. zufällig gewähltem Schlüssel soll die Wahrscheinlichkeit, dass ein Ausgabebit noch den gleichen Wert aufweist, (möglichst genau) ½ betragen. Das ist mit zwei Durchläufen natürlich nicht erreicht. Die Anzahl der Wiederholungen beim DES liegt bei 16. Die Entwickler waren nach ausgiebiger Prüfung der statistischen Eigenschaften der Ansicht, bei dieser Zahl das Optimum zwischen Sicherheit und Performanz erreicht zu haben. Abschließend wird das Ergebnis nochmals einer Permutation unterworfen und anschließend ausgegeben.

Der Schlüssel IK_n in der Verschlüsselungsfunktion $f\,(..)$ ist ein aus dem Primärschlüssel K erzeugter „Rundenschlüssel" von 48 Bit Größe, der für jede Verschlüsselungsrunde individuell berechnet wird. Das Verfahren zur Erzeugung der Schlüssel ist ebenfalls iterativ, da auch die Schlüsselbits mit allen Positionen des Chiffrats zu verschränken sind. Wie bei den Daten werden in einer Eingangspermutation zunächst alle 56 (!) Schlüsselbits untereinander vertauscht (*weißen*) und in zwei 28 Bit–Register unterteilt.

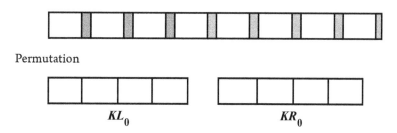

Parallel zu den 16 Iterationsschritten der Datenverschlüsselung wird jedes dieser Register einem zyklischen Schieben unterworfen (*je nach Schritt tabellarisch gesteuert ein- bis zweimal; insgesamt belegt jedes Bit alle Bitpositionen gleich häufig → Verschränkung*), anschließend werden mittels für jede Runde individuell definierter Tabellen 48 der 56 Bit als Rundenschlüssel ausgewählt

$$IK_n = Key\,(n,\, KL_n \circ KR_n)$$
$$KL_{n+1} = KL_n << sl_n \quad , \quad KR_{n+1} = KR_n << sr$$

Jedes der 56 Bit des Primärschlüssels wird in den 16 Runden gleich häufig verwendet, wobei die Positionen laufend wechseln. Zu klären ist jetzt noch, warum aus einem 56 Bit-Schlüssel ein 48 Bit-Rundenschlüssel generiert wird, um ein 32 Bit Datenwort zu verschlüsseln. Hier kommt nun ein recht raffinierter Substitutionsmechanismus zum Zuge.

Um den Schlüssel mit den Daten zu verknüpfen, werden durch eine Datenexpansion von 32 auf ebenfalls 48 Bit zunächst Bits bestimmter Positionen in den Daten verdoppelt (*Tabelle 5.2-1*). Dazu wird das 32-Bit-Wort in acht 4-Bit-Blöcke zerlegt und links und rechts von jedem 4-Bit-Block das jeweilige nächste Bit des Nachbarblocks nochmals eingefügt:

	1	2	3	4			5	6	7	8			9	10	11	12			13
32	1	2	3	4	5	4	5	6	7	8	9	8	9	10	11	12	13	12	13

Tabelle 5.2-1: obere Zeile: 32 Originalbits; untere Zeile: 48 Bit mit verdoppelten Positionen. Die Zahlen geben die Bitindizes der Originaldaten an.

In den hierdurch entstehenden acht 6-Bit-Blöcken der Tabelle 5.2-1 stellen die mittleren vier Bit die ursprüngliche Information dar, während die beiden äußeren Bit redundant sind und eigentlich zum Informationsbestand je eines Nachbarblocks gehören. Der Informationsgehalt des Registers bleibt bei der Erweiterung somit konstant.

> **Aufgabe.** Das hört sich kompliziert an, ist aber mit einigen Schiebeoperationen und Masken schnell zu erledigen. Probieren Sie es mal aus.

Zu diesen acht 6-Bit-Blöcken wird nun der jeweilige 48-Bit-Schlüssel IK_n addiert (*xor–Verknüpfung*):

$$I_{s,48,n} = P_{48}(I_{32,n}) \oplus IK_n$$

Auch nach der Addition des Rundenschlüssels ist die Redundanz natürlich noch vorhanden, und es können die gedoppelten 16 der 48 Bit entfernt werden, ohne dass sich der Informationsgehalt verändert. Durch die Maskierung mit dem Rundenschlüssel weisen die doppelt besetzten Positionen allerdings nicht mehr den gleichen Inhalt auf. Das Streichen der doppelten Positionen, wobei aus den 6 Bit-Blöcken wieder 4 Bit-Blöcke werden, wird mit einer Transformation des Bitmusters verbunden. Die Transformation erfolgt durch eine Substitution der zentralen vier Bits jedes sechs-Bit-Blockes durch ein anderes Bitmuster anhand einer Substitutionstabelle. Je Block sind aber gleich vier verschiedene Substitutionstabellen implementiert, von denen nun eine durch die redundanten Bits ausgewählt wird[78]

B1 B2 B3 B4 B5 B6 → B6 B1 + B5 B4 B3 B2

Zahlenbereiche: 0 .. 3   0 .. 15

Tabelle Nr.	Wert: 0	1	2	3	....
0	14	4	7	9	. . .
1	8	5	12	3	. . .
...	. . .	. . .	. . .	. . .	. . .

Tabelle 5.2-2: Wertkonvertierung

Sind zum Beispiel die Bit $B_6 B_1$ mit dem Bitmuster „00" besetzt, wird die erste Zeile/Teiltabelle der Tabelle 5.2-2 als Substitutionsmuster verwendet, beim Bitmuster „01" die zweite usw. Ist der Inhalt der zentralen vier Bit eine Drei, so ist das Ergebnis eine Neun, Drei, usw. Es entstehen so aus den 48 Bit wieder 32 mit dem ursprünglichen Informationsinhalt, aber einem völlig anderen Bitmuster. Das Verfahren sorgt zusätzlich für die Verschränkung der Klartextbits miteinander:

> ➢ Selbst wenn die Verknüpfung mit dem Schlüssel nicht vorgenommen wird, würde eine Änderung in einem Block mit der Wahrscheinlichkeit ½ dazu führen, dass einer der benachbarten Blöcke nach der Expansion/Reduktion völlig anders aussieht. In den nächsten Zyklen sind dann auch weiter entfernte Blöcke betroffen.

> ➢ Die Reduktionstabellen sind von den Entwicklern sorgfältig dahingehend optimiert, dass die inneren Bits, die nicht zu einer Veränderung der Nachbarn führen, dies mit hoher

---

78 Natürlich gibt es in der Implementation nur eine Tabelle mit 64 Feldern pro Block.

Wahrscheinlichkeit in einer der nächsten Runden machen. Dies verstärkt den ersten Effekt um ein Vielfaches, so dass am Ende der Verschlüsselung keine erkennbare Korrelationen mit dem Primärmuster oder dem Schlüssel vorhanden sind (*Tabelle 5.2-3*).[79]

Durch den Schlüssel wird die Operation unumkehrbar, da die redundanten Bits nur noch mit der Wahrscheinlichkeit ½ den gleichen Wert aufweisen, also die Inhalte eines Viererblocks

Nun zur Lösung der oben gestellten Aufgabe: die Entschlüsselung erfolgt durch die Anwendung des gleichen Algorithmus, wobei die Iterationsschritte in der umgekehrten Reihenfolge durchlaufen werden . Durch Umstellung der Verschlüsselungsoperationen verifiziert man leicht:

$$R_{n-1} = L_n$$
$$L_{n-1} = R_n \oplus f(L_n, IK_n)$$

denn wegen $L_n = R_{n-1}$ gilt auch $f(R_{n-1}, IK_n) = f(L_n, IK_n)$, und aus der Symmetrie von XOR folgt der Rest.

Schlüssel	Nachricht	Chiffrat
12345678	12345678	6C E3 9A 31 E7 7C AA 1C
12345578	12345678	7A 5F 14 8E 3E D0 5C 1A
12345678	12345578	B8 3B BB 54 9C 83 1D 0E

Tabelle 5.2-3: Chiffrat des DES-Algorithmus bei Änderung eines Bit in der Nachricht bzw. im Schlüssel

Das Verschlüsselungsschema wirkt relativ kompliziert hinsichtlich einer Implementation auf einem Rechnersystem. Es lohnt sich daher für den Leser, sich im Internet die Implementation von Algorithmen zu besorgen und einmal zu kontrollieren, mit welchen Programmiertricks dort gearbeitet wird. Dies gilt auch für alle weiteren Algorithmen, die hier diskutiert werden. Insbesondere bei den neueren Algorithmen wird man häufig auf zwei Implementationen stoßen:

- Eine „konventionelle" Implementation, die mehr oder weniger starr der algorithmischen Beschreibung folgt und in vielen Fällen nicht sonderlich durch Effektivität auffällt.

  Bei diesen Implementationen handelt es sich um Referenzcodes, die leicht kontrollierbar tatsächlich genau das machen, was der Algorithmus auf dem Papier vorschreibt. Ihre Aufgabe ist die Lieferung von Vergleichsverschlüsselungen, anhand derer kontrolliert werden kann, ob eine optimierte Implementation korrekt arbeitet oder noch Fehler enthält.

- Optimierte Implementationen, oft mehrere für unterschiedliche Rechnerarchitekturen. Hier muss man schon genauer hinschauen, um den Algorithmus wiederzufinden. Oft wer-

---

79 Die sorgfältige Konstruktion der Substitutionstabellen hat zu einer amüsanten Anekdote am Rande geführt: in einer Studie um 2002 wies eine Arbeitsgruppe nach, dass bei einer Konstruktion der Tabellen nach dem Zufallsprinzip die Sicherheit des Algorithmus schnell zusammenbricht. Während der DES mit einer statistischen Sicherheit von 2^{48} aufwartet, kam man mit schlechtestmöglichen Tabellen auf eine Sicherheit von etwa 2^{28}, womit man nicht zuletzt auch auf die Qualität moderner Angriffsmethoden hinweisen wollte (und dass man bei der Implementation von DES wohl reichlich viel Glück gehabt habe). Lapidarer Kommentar von IBM zu dem versteckten Vorwurf: „Ja, ja, daran haben wir 1973 auch schon gedacht."

den ganze Gruppen von Operationen durch Tabellenzugriffe ersetzt. Tabellen benötigen zwar einigen Speicherplatz, erlauben aber extrem effizientes Arbeiten.

5.2.2 Stärkere Verschlüsselung: der DES3

Da aufgrund der zunehmenden Rechnerleistung die 56-Bit-Verschlüsselung zunehmend unzureichend wurde, ein allgemeiner besserer Standard aber nicht rechtzeitig flächendeckend verfügbar war und es sich beim DES auch um einen sehr gut konstruierten Algorithmus handelt, hat man Überlegungen angestellt, ob man ihn nicht zu einer sichereren Version erweitern kann. Das Ergebnis dieser Überlegungen heißt Triple-DES oder DES3:

- Wähle einen Schlüssel $K=K_1+K_2+K_3$ von 3*64=192 Bit (effektiv 3*56=168 Bit aufgrund der Paritätsbildung) als

  ➤ kompletten 192/168-Bit-Schlüssel oder

  ➤ als 128/112 Bit-Schlüssel $K'=K_1+K_2$ und erweitere diesen durch $K=K'+K_1$ zu einem 192/168-Bit-Schlüssel.

- Verschlüssle einen 64-Bit-Klartextblock mit K_1

- Entschlüssle das Ergebnis mit K_2

- Verschlüssle das Ergebnis mit K_3 und gebe es aus.

Ein Datenblock von 64 Bit kann auf diese Weise mit einer effektiven Sicherheit von bis zu 168 Bit verschlüsselt werden, allerdings mit dem dreifachen Aufwand einer einfachen Verschlüsselung.[80] Zur Vermeidung dieses Aufwands wurde nach neuen Algorithmen gesucht, von denen wir weiter unten eine Reihe vorstellen. Da die Leistungsfähigkeit der Maschinen aber ebenfalls gewachsen ist, steht der DES in Form des DES3 auch heute noch den moderneren Algorithmen als immer noch breit eingesetzte Alternative zur Seite.

5.2.3 Advanced Encryption Standard AES

Da die Beschränkung der Block- und der Schlüssellänge auf 64 Bit beim DES-Algorithmus nicht mehr die geforderte Sicherheit der Verschlüsselung gewährleistet und der DES3 mit 128-Bit bzw. 192-Bit-Schlüsseln zwar diese Sicherheit wieder herstellt, jedoch zum Preis der dreifachen Laufzeit, hatte das amerikanische „National Institute of Standards" einen Wettbewerb zur Entwicklung eines neuen Standard-Verschlüsselungsalgorithmus ausgeschrieben. Zum Verdruss vieler Teilnehmer gewann den aber nicht eine amerikanische Entwicklung, sondern eine niederländisch-belgische. Da auf amerikanischer Seite eine Reihe von Unternehmen beteiligt war, die ihre Produkte natürlich auch als Aushängeschild für das Unternehmen verwenden, bevölkern heute noch viele dieser Algorithmen den Verschlüsselungskosmos, und wir stellen anschließend einige davon vor.

Der *Advanced Encryption Standard AES (vormals Rijndael-Algorithmus)*, den wir hier diskutieren, besitzt einen völlig anderen Aufbau als DES und verfügt über folgende Eigenschaften:

---

80 Aufgrund der Mächtigkeit der Räume existiert zu einem Datenblock mit einer Wahrscheinlichkeit von 1/256 auch ein sinnvoller 56-Bit-Schlüssel für die Wiederherstellung. Dieser gilt aber nur für diesen einen Block. Für eine universelle Komplettentschlüsslung benötigt man auch den kompletten 168-Bit-Schlüssel.

- Der Algorithmus ist wie der DES–Algorithmus ein Blockverschlüsselungsalgorithmus und kann mit unterschiedlichen Block- und Schlüssellängen betrieben werden, wobei Längen von jeweils 128 – 256 Bit für Daten und Schlüssel gebräuchlich sind. Je nach verwendeter Länge ändern sich einige Details im Ablauf.

- Über eine Schlüsselfortschreibung kann der Algorithmus auch ohne Rückkopplung für größere Datenblöcke oder eine Stromverschlüsselung eingesetzt werden.

- Der Algorithmus ist bidirektional, d.h. aus dem Chiffrat wird durch Entschlüsselung der Klartext wiederhergestellt. Ein Feistelnetzwerk kommt nicht zum Einsatz. Die Algorithmen sind symmetrisch, so dass Ver- und Entschlüsselung mit dem gleichen Zeitaufwand möglich ist.

Der AES ist einer der wenigen Algorithmen, deren Verschlüsselungsschritt voll reversibel ist. Die meisten anderen arbeiten wie der DES mit Feistelnetzwerken. Der Vorteil der Umkehrbarkeit liegt in der Einsparung einer kompletten Runde zur Verschlüsselung des Datenblocks. Ein solcher Algorithmus hat gute Chancen, effizienter zu sein. Die Umkehrbarkeit erfordert bei der Komstruktion einen größeren theoretischen Aufwand, aber lassen Sie sich davon nicht täuschen: bei der Implementation kommt der AES ebenfalls mit Tabellenzugriffen und anderen schnellen Operationen aus.

Wir werden uns hier auf die Diskussion der 256-Bit-Variante des Algorithmus beschränken. Die Datenbytes werden für die einfache Zuordnung zu den verschiedenen Operationen in einer logischen Matrix angeordnet (Indizes in Oktalbasis!)

$$(d_1 .. d_n) \rightarrow \begin{vmatrix} a_{00} & a_{01} & a_{02} & .. & a_{07} \\ a_{10} & a_{11} & a_{12} & .. & a_{17} \\ a_{20} & a_{21} & a_{22} & .. & a_{27} \\ a_{30} & a_{31} & a_{32} & .. & a_{37} \end{vmatrix} \quad ; \quad d_k \rightarrow a_{k \bmod 4 , \, k \bmod 8}$$

Dieser Aufbau erlaubt eine Veränderung des Bitmusters der Nachricht in den folgenden vier Arten:

(1) Transformation des Bitmusters jedes einzelnen Elementes der Matrix,

(2) Transformation der Elementmuster einer Zeile,

(3) Transformation der Elementmuster einer Spalte,

(4) Transformation der Datenmatrix mit der (*entsprechend definierten*) Schlüsselmatrix

Alle vier Möglichkeiten kommen nacheinander zum Einsatz. Wie in den bereits diskutierten Algorithmen werden die vier Basisschritte mehrfach durchlaufen.

Bitmustertransformation. Zu Beginn einer Runde wird jedes Byte einzeln einer Transformation unterworfen:

$$T_b : a_{ik} \rightarrow b_{ik}$$

Die Transformationsvorschrift T_b ist eine modulo-Operation, deren Theorie wir im Detail erst im Kapitel über die theoretischen Grundlagen der asymmetrischen Verschlüsselungsverfahren diskutieren werden. Sie besteht aus zwei Teilen:

- Bildung des multiplikativ Inversen:

$$c \equiv a_{ik}^{-1} \bmod 256$$

Da nur 256 Werte umzuwandeln sind, wird dies mittels einer Tabelle statt einer Rechnung erledigt.

- Lineare Transformation des Bitmusters eines Bytes durch die Abbildung

$$
\begin{pmatrix} b_0 \\ b_1 \\ b_2 \\ \dots \\ b_7 \end{pmatrix} \equiv \begin{pmatrix} 1 & 0 & 0 & 0 & 1 & 1 & 1 & 1 \\ 1 & 1 & 0 & 0 & 0 & 1 & 1 & 1 \\ 1 & 1 & 1 & 0 & 0 & 0 & 1 & 1 \\ 1 & 1 & 1 & 1 & 0 & 0 & 0 & 1 \\ 1 & 1 & 1 & 1 & 1 & 0 & 0 & 0 \\ 0 & 1 & 1 & 1 & 1 & 1 & 0 & 0 \\ 0 & 0 & 1 & 1 & 1 & 1 & 1 & 0 \\ 0 & 0 & 0 & 1 & 1 & 1 & 1 & 1 \end{pmatrix} * \begin{pmatrix} c_0 \\ c_1 \\ c_2 \\ \dots \\ c_7 \end{pmatrix} + \begin{pmatrix} 1 \\ 1 \\ 0 \\ 0 \\ 0 \\ 1 \\ 1 \\ 0 \end{pmatrix} \quad mod\ 2
$$

Auch diese Operation lässt sich mit einer Tabelle anstelle einer Rechnung erledigen.

Durch die erste Operation wird die Linearität der Abbildung gebrochen. Unter Linearitäten versteht man Eigenschaften der Art

$$ N_3 = N_1 \circ N_2 \ \Rightarrow \ f(K, N_3) = f(K, N_1) \times f(k, N_2) $$

d.h. eine Verknüpfung der Eingaben kann auch durch eine Verknüpfung der Ausgaben ersetzt werden.[81] Linearitäten lassen sich beispielsweise mit iterativer Verschlüsselung aufdecken. Dazu berechnet man die Folge

$$ X_{k+1} = F(K, X_k) $$

und untersucht die Punkteverteilung der Tupel $\left[X_k, X_{k+1}, \dots X_{k+n} \right]$ mit Methoden der linearen Algebra. Entstehen dabei Punktmuster wie in Abbildung 5.4, lassen sich daraus Rückschlüsse auf Systemparameter ziehen. Die lineare Transformation erlaubt diese Art von Analysen, die Invertierung hebt die Linearität jedoch auf und verhindert sie.[82]

---

81 Für bestimmte Anwendungen ist dieses Verhalten sogar erwünscht. Doch dazu (sehr viel) später.

82 Auch bei Invertierungen treten analysierbare Orientierungen an Hyperebenen auf, jedoch wird dieser Weg durch mehrere Runden mit unterschiedlichen Parametern abgeblockt.

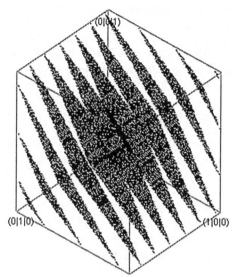

Abbildung 5.4: Linearer kongruenter Zufallszahlenge-
nerator

Zeilentransformation des Bytemusters. Anschließend an die Bytetransformation werden in jeder Zeile die Positionen einzelner Bytes nach folgender Vorschrift zyklisch vertauscht:

$$T_Z : b_i, k \rightarrow c_j, k \quad , \quad c_{jk} = b_{i-k \bmod n_k}, k$$

An der ersten Zeile ändert sich somit nichts, in der zweiten Zeile wird das erste Byte auf die letzte Position verschoben usw. Dieser Schritt dient über alle Zyklen hinweg der Verschränkung der Datenbytes untereinander.

Spaltentransformation. Die Spaltentransformation ist ebenfalls als nichtlineare Abbildung konzipiert und stellt einen S-Box-Mechanismus mit 8 S-Boxen dar. Alle S-Boxen sind beim AES identisch. Anders als beispielsweise beim DES, bei dem die statistische Sicherheit bei der Konstruktion im Vordergrund stand, sind die S-Boxen beim AES mathematisch konstruiert, um die Rücktransformation zu garantieren. Die mathematischen Details, wann und warum dies alles funktioniert, werden erst im Kapitel „Algebraische Grundlagen der Public Key Systeme" diskutiert. Wenn Sie also bei der nächste Seite hauptsächlich „Bahnhof" verstehen, merken Sie sie sich vielleicht noch einmal zur Wiederholung vor.

Formal mathematisch wird jeder Spaltenvektor als Koeffizientenfeld eines Polynoms betrachtet, dessen Inhalt durch die Vorschrift

$$A'(X) \equiv A(X) * B(X) (mod \ X^4 + 1)$$
$$B(X) = 3X^2 + X^2 + X + 2$$

substituiert wird. Die „Polynomkoeffizienten" müssen dabei natürlich weiterhin Bytes bleiben und eindeutig berechenbar sein. Für AES verwendet man für die Bytes einen Körper des Typs F_{2^8} mit dem Reduktionspolynom

$$a'_k(x) = \left(\sum_{r=0}^{k} a_r(x) * b_{k-r}(x) \right) (mod(x^8 + x^4 + x^3 + x + 1 \ , \ 2))$$

Das Polynom $m(x) = (X^4 + 1)$ ist allerdings nicht irreduzibel, d.h. die Moduloperation definiert keinen Körper, sondern nur einen Ring. Da $B(x)$ teilerfremd zu $m(X)$ ist, ist eine Umkehrung trotzdem möglich, und es gilt:

$$\left(3 X^3 + X^2 + X + 2 \right) * \left(11 X^3 + 13 X^2 + 9 X + 14 \right) \equiv 1 \, (mod \, X^4 + 1)$$

Multipliziert man $B(X)$ modular mit dem inversen Polynom, erhält man wieder $A'(X)$, d.h. der Verschlüsselungsschritt ist umkehrbar. Die spezielle Wahl der Polynome hat ebenfalls ihren Grund, denn sie führt zu der Transformationsformel

$$a'_m(x) \equiv \left(\sum_{k=0}^{m} a_k(x) * b_{m-k}(x) + \sum_{k=m+1}^{3} a_k(x) * b_{4+m-k}(x) \right) (mod \, m(x))$$

die in Matrix-Vektornotation folgendes Aussehen besitzt

$$\begin{vmatrix} d_0 \\ d_1 \\ d_2 \\ d_3 \end{vmatrix} \equiv \begin{pmatrix} 2 & 3 & 1 & 1 \\ 1 & 2 & 3 & 1 \\ 1 & 1 & 2 & 3 \\ 3 & 1 & 1 & 2 \end{pmatrix} * \begin{vmatrix} c_0 \\ c_1 \\ c_2 \\ c_3 \end{vmatrix} (mod \, m(x))$$

Auch diese Operation lässt sich wieder auf Tabellenzugriffe reduzieren und muss nicht als Rechnung durchgeführt werden.

Aufgabe. Berechnen Sie die Matrix für den Umkehrschritt, setzen Sie den kompletten Algorithmus zusammen.

Schlüsselfortschreibung. Um eine Runde zu beenden, wird im folgenden Schritt eine 256-Bit-Schlüsselmatrix mit der Datenmatrix durch XOR verknüpft. Da der Algorithmus mehrere dieser Runden durchläuft, ist der jeweils verwendete Schlüssel für jede Runde neu zu berechnen, außerdem sind Schlüssel mit geringerer Breite als 256 Bit auf die notwendige Breite auszuweiten. Dies erfolgt mit einem Schlüsselfortschreibungsalgorithmus, der durch eine nichtlineare Transformation den Schlüssel verändert, wobei die Zykluslänge sehr groß ist.

Bezeichnet n_k die Anzahl der Spaltenvektoren des Schlüssels, so lautet die Iterationsvorschrift für $n_k \leq 6$ zur Berechnung des Spaltenvektors $\vec{w}_i$ der Schlüsselmatrix

$$i \equiv 0 \, mod \, n_k : \quad \vec{w}_i = \vec{w}_{i-n_k} \oplus T_B(\vec{w}_{i-1}) \oplus 2^{[i/n_k]} \, (mod \, 256)$$

$$i \neq 0 \, mod \, n_k : \quad \vec{w}_i = \vec{w}_{i-n_k} \oplus \vec{w}_{i-1}$$

Die Transformation T_B ist ein zyklischer Austausch der Bytes der Vektoren

$$T_B = T_b \circ T$$

$$T : \left(w_{k,0}, w_{k,1}, w_{k,2}, w_{k,3} \right) \rightarrow \left(w_{k,1}, w_{k,2}, w_{k,3}, w_{k,0} \right)$$

verknüpft mit der Bitmustertransformation T_b aus dem ersten Schritt der Datentransformation.

Die vier Operationen nebst dem Verschlüsselungsschritt werden für einen Datenblock mehrfach hintereinander durchgeführt, wobei die Anzahl der Wiederholungen der Verschlüsselungsrunden semi-empirisch festgelegt ist: die Rundenzahl ist um mindesten fünf Runden höher als die höchste, bei der man mit den diskutierten kryptoanalytischen Methoden noch Teilerfolge erzielen konnte, und liegt zwischen 10 und 14 Wiederholungen.

Und zur Implementation. Neben dieser 256-Bit-Version existieren auch 128-Bit-Versionen und andere, die nach ähnlichem Muster aufgebaut sind. Der komplizierte Aufbau mit modularen Operationen hat hauptsächlich den Sinn, die Verschlüsselung ohne Umweg über ein Feistelnetzwerk rückgängig zu machen. Da in einem Feistennetzwerk in einem Schritt nur die Hälfte der Nachrichtenbits verschlüsselt wird, benötigt man formal doppelt so viele Verschlüsselungsrunden, um die gleiche Wirkung zu erreichen, die ein Algorithmus hat, der alle Bits gleichzeitig verschlüsselt. Das läuft zwar nicht auf eine Verdopplung der Laufzeit hinaus – es müssen ja weniger Bits bearbeitet werden – aber trotzdem ist zu erwarten, dass eine direkte umkehrbare Verschlüsselung effizienter ist.

Da jeweils nur wenige Bits von einer modularen Operation betroffen sind, muss man diese gar nicht als solche implementieren (wer im Vorgriff auf solche Rechnungen in Kapitel 8 geblättert hat, wird sich vielleicht schon gefragt haben, wie das effizient umzusetzen ist), sondern kann es sich leisten, die Ergebnisse aus einer Tabelle abzulesen. Tabellenzugriffe, d.h. der Austausch eines Wertes durch einen anderen aus einer Tabelle ohne irgendwelche Rechnungen, gehören zu den effizientesten Möglichkeiten der Transformation. Wir betrachten dazu die 128-Bit-Variante, die auf 16 Byte Eingabedaten mit einem 16-Byte-Schlüssel operiert. Benötigt werden hierfür vier 1.024-Byte-Tabellen $T_0 .. T_3$ mit jeweils 256 32-Bit-Einträgen sowie zwei Registersätze $x_0 .. x_3, y_0 .. y_3$ zu 32 Bit in 8-Bit-Unterteilung. Die Tabellen $T_0 .. T_3$ lassen sich aus zwei 256-Byte-Tabellen A, B generieren, die ebenfalls benötigt werden (*bzw. umgekehrt auch die Tabellen A, B aus $T_0 .. T_3$*):

$$T_0[i] = (B[i], A[i], A[i], A[i] \oplus B[i])$$
$$T_1[i] = (A[i] \oplus B[i], B[i], A[i], A[i])$$
$$T_2[i] = (A[i], A[i] \oplus B[i], B[i], A[i])$$
$$T_3[i] = (A[i], A[i], A[i] \oplus B[i], A[i])$$

Aufgabe. Wenn Sie alles, was wir oben als „durch Tabellenzugriffe ersetzbar" formuliert haben, einmal formal durch Tabellen ersetzen, sollten Sie diese Abhängigkeiten nachweisen können. Versuchen Sie es einmal.

Initialisiert wird der Algorithmus mit $\vec{x} = key, \vec{y} = n \oplus key$. Die Schlüsselfortschreibung erfolgt durch

$$\vec{e_8} = (A[x_3[1]] + 1, A[x_3[2]] A[x_3[3]], A[x_3[0]])$$
$$\vec{x_{32}} = (\vec{e_8} \oplus x_0, \vec{e_8} \oplus x_0 \oplus x_1, \vec{e_8} \oplus x_0 \oplus x_1 \oplus x_2, \vec{e_8} \oplus x_0 \oplus x_1 \oplus x_2 \oplus x_3)$$

wobei $\vec{e_8}$ ein 4-Byte-Feld ist, $\vec{x_{32}}$ ein Feld von vier 32-Bit-Worten. Die Konvertierung der Nachricht erfolgt nun durch den Algorithmus

$$\begin{vmatrix} y_0' \\ y_1' \\ y_2' \\ y_3' \end{vmatrix} = \begin{vmatrix} T_0[y_0[0]] + T_1[y_1[1]] \oplus T_2[y_2[2]] \oplus T_3[y_3[3]] \oplus x_0 \\ T_0[y_1[0]] \oplus T_1[y_2[1]] \oplus T_2[y_3[2]] \oplus T_3[y_0[3]] \oplus x_1 \\ T_0[y_2[0]] \oplus T_1[y_3[1]] \oplus T_2[y_0[2]] \oplus T_3[y_1[3]] \oplus x_2 \\ T_0[y_3[0]] \oplus T_1[y_0[1]] \oplus T_2[y_1[2]] \oplus T_3[y_2[3]] \oplus x_3 \end{vmatrix}$$

In den folgenden Runden werden anstelle des additiven Wertes „1" in der Formel für $\vec{e}_8$ die Werte 2, 4, 8, 16, 32, 64, 128, 27 und 54 verwendet, in der letzten Runde (*der 10. in dieser Version*) wird anstelle der Tabellen $T_0 .. T_3$ die Tabelle A verwendet.

Die Effizienz des AES wird allerdings durch relativ große Tabellen erkauft und machen ihn für Angriffsmethoden anfällig, die peinlicherweise vom NIST in der Ausschreibung als „unwesentlich" angesehen und nicht in die Bewertung aufgenommen wurden. Doch dazu später.

5.2.4 Kasumi (GSM/UMTS)

Die Telekommunikationswelt ist nach den als Misserfolge zu klassifizierenden Stromverschlüsselungsverfahren A5/1 und A5/2 weiterhin eigene Wege gegangen und hat unter dem Namen KASUMI (= A5/3) einen Blockverschlüsselungsalgorithmus für die mobile Telefonie eingeführt, obwohl zu diesem Zeitpunkt auch bereits andere öffentlich erprobte Verfahren zur Verfügung standen. Grundlage ist der proprietäre japanische MISTY-Algorithmus, der für den Einsatz in Mobiltelefonen „optimiert" wurde, was im Nachhinein allerdings bedeutet, dass der nach bisherigen Erkenntnissen recht sichere MISTY-Algorithmus in eine angreifbare Variante überführt wurde.[83]

KASUMI basiert auf einem Feistelnetzwerk, das 64 Bit Nachrichtenblöcke mit einem 128 Bit Schlüssel kodiert. Die Verschlüsselung wird in 8 Runden durchgeführt, die ihrerseits wieder aus 4 Teilen bestehen, in denen sämtliche 128 Schlüsselbits in Portionen von je 32 Bit mit den 32 Nachrichtenbits eines Feistelblocks verknüpft werden. Die Rundenschlüssel werden anhand des folgenden Schemas generiert:

	1	*2*	*3*	*4*	*5*	*6*	*7*	*8*
$KL_{i,1}$	K1<<1	K2<<1	K3<<1	K4<<1	K5<<1	K6<<1	K7<<1	K8<<1
$KL_{i,2}$	K3 + C$_1$	K4 + C$_2$	K5 + C$_3$	K6 + C$_4$	K7 + C$_5$	K8 + C$_6$	K1 + C$_7$	K2 + C$_8$
$KO_{i,1}$	K2<<5	K3<<5	K4<<5	K5<<5	K6<<5	K7<<5	K8<<5	K1<<5
$KO_{i,2}$	K6<<8	K7<<8	K8<<8	K1<<8	K2<<8	K3<<8	K4<<8	K5<<8
$KO_{i,3}$	K7<<13	K8<<13	K1<<13	K2<<13	K3<<13	K4<<13	K5<<13	K6<<13
$KI_{i,1}$	K5 + C$_1$	K6 + C$_2$	K7 + C$_3$	K8 + C$_4$	K1 + C$_5$	K2 + C$_6$	K3 + C$_7$	K4 + C$_8$
$KI_{i,2}$	K4 + C$_1$	K5 + C$_2$	K6 + C$_3$	K7 + C$_4$	K8 + C$_5$	K1 + C$_6$	K2 + C$_7$	K3 + C$_8$
$KI_{i,3}$	K8 + C$_1$	K1 + C$_2$	K2 + C$_3$	K3 + C$_4$	K4 + C$_5$	K5 + C$_6$	K6 + C$_7$	K7 + C$_8$

Die Zeilen enthalten 16 Bit-Teile des 128 Bit Schlüssels, die jeweils nach zyklischem Schieben oder durch XOR-Verknüpfung mit Konstanten an den angegebenen Positionen eingesetzt werden. Spaltenweise entstehen daraus die Rundenschlüssel mit den Bezeichnungen KL, KO und KI. Diese werden in zwei Funktionen FL() und FO() zur Berechnung der 32 Bit-Verschlüsselungsinformation einer Feistelrunde verwendet:

```
Runde 1,3,5,7:    f_i(I, RK_i) = FO( FL( I, KL_i ), KO_i, KI_i )
Runde 2,4,6,8: f_i(I, RK_i) = FL( FO( I, KO_i, KI_i ), KL_i )
```

Die Funktion FL() besteht aus zwei 16 Bit-Operationen, die auf einen 32 Bit-Block wirkt. Die Bezeichnungen R/L deuten an, dass es sich hier im Prinzip um eine Feisteloperation handelt, die reversibel ist, aber beide Teilblöcke umfasst

```
R' = R .xor. (( L .and. KL_{i,1} ) << 1)
L' = L .xor. (( R' .or. KL_{i,2} ) << 1)
```

---

[83] Der Name MISTY besteht aus den Anfangsbuchstaben des Projekttitels des Entwicklers Mitsubishi, KASUMI ist eine Bezeichnung spezieller japanischer Messerschmiedekunst.

Die Funktion FO() ist ebenfalls als Feisteloperation konzipiert und verwendet zwei 48 Bit-Schlüssel (siehe Tabelle) für die Verschlüsselung von 32 Bit:

```
Rⱼ = FI(Lⱼ₋₁ .xor. KOᵢ,ⱼ , KIᵢ,ⱼ ).xor. Rⱼ₋₁
Lⱼ = Rⱼ₋₁
```

wobei FI() die Operationsfolge

```
L₁ = R₀              R₁ = S9[L₀] .xor. ZE(R₀)
L₂ = R₁ .xor. KIᵢ,ⱼ,₂     R₂ = S7[L₁] .xor. TR(R₁).xor. KIᵢ,ⱼ,₁
L₃ = R₂              R₃ = S9[L₂] .xor. ZE(R₂)
L₄ = S7[L₃] .xor. TR(R₃) R₄ = R₃
```

bezeichnet. Hierbei ist die Aufspaltung unsymmetrisch: L enthält zu Beginn 9 Bit, R nur 7 Bit, wobei die Funktionen ZE() jeweils zwei Nullbits an einen 7Bit-Wert anfügen bzw. TR() die beiden letzten Bits streicht. Die Rolle des 7/9-Bitteils wird in jedem Schritt gewechselt, S7[] und S9[] sind 7- bzw. 9-Bit-Substitutionstabellen.

Der so schließlich umgewandelte 32 Bit-Block wird in einer abschließenden Feisteloperation mit den unveränderten 32 Bit der Eingabe verknüpft.

Aufgabe. Der KASUMI verwendet auch in den Verschlüsselungsfunktionen eine Reihe von Feisteloperationen. Untersuchen Sie die Unterschiede zum DES.

Weisen Sie nach, dass sämtliche Operationen umkehrbar sind (im Gegensatz zum DES, in dem der Substitutionsschritt nur in einer Richtung durchlaufen werden kann).

Formulieren Sie den Entschlüsselungsweg, d.h. die Funktionen FI()⁻¹, FO()⁻¹ und FL()⁻¹.

Als Blockchiffre erlaubt der KASUMI/A5/3 die Verschlüsselung längerer Sequenzen als die jeweils nur kurz wirkenden Stromchiffren A5/1 bzw. A5/2. Auf weitere Details können wir hier allerdings nicht eingehen. KASUMI hat sich jedoch inzwischen auch in der Praxis als angreifbar erwiesen.[84] Der ursprüngliche MISTY-Algorithmus weist diese Schwäche nicht auf, d.h. die „Optimierung" des Algorithmus für den Einsatz in Computerchips, wie sie in Mobiltelefonen zum Einsatz kommen, ist mit einer Schwächung der kryptografischen Sicherheit erkauft worden. Längerfristig ist sicher zu erwarten, dass auch die Mobiltelefonie sich bei AES oder einem anderen der besser bewährten Standardalgorithmen bedient, zumal durch die Geräteentwicklung Performanzargumente in den Hintergrund treten.

5.2.5 CAST

CAST ist ein frei verfügbarer Blockchiffrieralgorithmus, der ebenfalls ein Feistelnetzwerk verwendet. Sein Name besteht aus den Anfangsbuchstaben der Vornamen und Namen seiner Entwickler. Das Operationsschema ist in Abbildung 5.5 dargestellt.

---

84 A.Shamir et al., A Practical-Time Attack on the A5/3 Cryptosystem, 2011

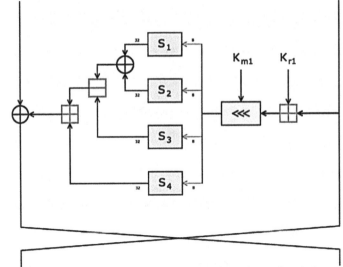

Abbildung 5.5: Feistelnetzwerk des CAST-Algorithmus (aus wikipedia)

Der CAST-Algorithmus verarbeitet 64 Bit Eingabedaten mit einem Schlüssel von 256 Bit, wobei kürzere Schlüssel auf 256 Bit erweitert werden. Je 32 Bit des Klartextes werden mit dem Rundenschlüssel verknüpft (Addition) und in vier 8-Bit-Pakete unterteilt, die jeweils aus einer S-Box 32-Bit-Werte abgreifen (Tabellen), die mit XOR, + und – zu einem Ergebnis verknüpft werden. Der Schlüssel wird durch Rotationsmechanismen fortgeschrieben. Das Ganze wird 48 Mal wiederholt. Die Entschlüsselung erfolgt wie beim DES, indem die Schlüssel in der umgekehrten Reihenfolge angewandt werden.

1998 veröffentlicht, sind bis heute keine ernst zu nehmenden Angriffserfolge auf diesen Algorithmus in der Literatur zu verbuchen. Der Algorithmus ist hinsichtlich seiner Performanz dem AES unterlegen.

5.2.6 Blowfish

Blowfish ist ein von Bruce Schneier entworfener und ebenfalls frei verfügbarer Algorithmus, der nach dem Feistel-Prinzip arbeitet. Er verschlüsselt 64 Datenbits mit einem 32 – 448 Bit langen Schlüssel in 14 Runden, deren C-Code folgendermaßen aussieht:[85]

```
uint32_t P[18];       // Rundenschlüssel
uint32_t S[4][0x100]; // S-Boxen

uint32_t f (uint32_t x) {
    uint32_t h = S[0][x >> 24] + S[1][x >> 16 & 0xff];
    return ( h ^ S[2][x >> 8 & 0xff] ) + S[3][x & 0xff];
}

void encrypt (uint32_t & L, uint32_t & R) {
    for (int i=0 ; i<16 ; i += 2) {
        L ^= P[i]; R ^= f(L); R ^= P[i+1]; L ^= f(R);
    }
    L ^= P[16]; R ^= P[17]; swap (L, R);
```

---

85 Beachten Sie, dass in der Verschlüsselungsfunktion die beiden Feisteloperationen für den linken und den rechten Teil des Textes nacheinander in einer Schleife ausgeführt werden!

```
}
void key_schedule (uint32_t key[], int keylen) {
    // ...
    // Initialisiere P[] und S[][] mittels der Kreiszahl Pi;
    // ...
    for (int i=0 ; i<18 ; ++i)
        P[i] ^= key[i % keylen];
    uint32_t L = 0, R = 0;
    for (int i=0 ; i<18 ; i+=2) {
        encrypt (L, R); P[i] = L; P[i+1] = R;
    }
    for (int i=0 ; i<4 ; ++i)
        for (int j=0 ; j<0x100 ; j+=2) {
            encrypt (L, R); S[i][j] = L; S[i][j+1] = R;
        }
}
```

Aufgabe. Formulieren Sie den Code für die Entschlüsselung. Entwerfen Sie eine Grafik zur symbolischen Darstellung der Abläufe.

Auch auf diesen Algorithmus sind keine praktisch brauchbaren Angriffsverfahren bekannt. Er erreicht aber ebenfalls nicht die Performanz des AES.

5.2.7 Twofish

Twofish ist der Nachfolger von Blowfish (Abbildung 5.6). Er verschlüsselt 128 Bit große Datenblöcke mit Schlüsseln von 128 – 256 Bit in 16 Runden.

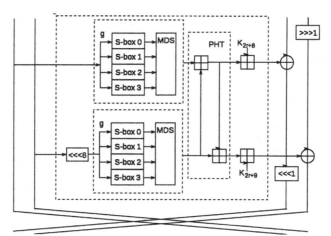

Abbildung 5.6: Blockschema des Twofish-Algorithmus (aus wikipedia)

Die 64 Datenbit der zu verschlüsselnden Datenhälfte werden nochmals in zwei 32-Bit-Segmente unterteilt, die byteweise einer S-Box-Substitution unterworfen werden (Abbildung 5.6 links, ein 32-Bit-Segment wird zusätzlich einer Rotation unterworfen). Die Ergebnisbytes werden (mod 256) mit einer 4*4-Matrix multipliziert (MDS), bevor sie wechselseitig durch XOR verknüpft werden (PHT). Nach einer weiteren XOR-Operation mit dem Rundenschlüssel erfolgt die Verknüpfung mit dem ebenfalls in zwei 32-Bit-Segmente zu blendenden Klartextanteil, von denen einer noch einer abschließenden Rotation unterworfen wird.

Als Besonderheit nimmt der Schlüssel Einfluss auf die S-Boxen. Dazu wird mittels einer weiteren Matrix aus 64 Bit des Schlüssels ein 32-Bitwort S berechnet:

$$
\begin{pmatrix} s_{i,0} \\ s_{i,1} \\ s_{i,2} \\ s_{i,3} \end{pmatrix} = \begin{pmatrix} 01 & A4 & 55 & 87 & 5A & 58 & DB & 9E \\ A4 & 56 & 82 & F3 & 1E & C6 & 68 & E5 \\ 02 & A1 & FC & C1 & 47 & AE & 3D & 19 \\ A4 & 55 & 87 & 5A & 58 & DB & 9E & 03 \end{pmatrix} \cdot \begin{pmatrix} m_{8i} \\ m_{8i+1} \\ m_{8i+2} \\ m_{8i+3} \\ m_{8i+4} \\ m_{8i+5} \\ m_{8i+6} \\ m_{8i+7} \end{pmatrix}
$$

Dieses wird in den S-Boxen mit Zwischenergebnissen fest definierter Substitutionen (symbolisiert durch die Quadrate in Abbildung 5.7) durch XOR verknüpft, bevor die abschließende Matrixmultiplikation erfolgt.

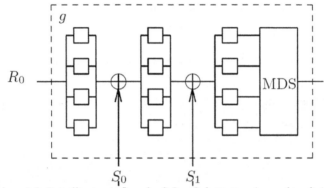

Abbildung 5.7: Detaillierter Aufbau der S-Box-Substitution (aus wikipedia)

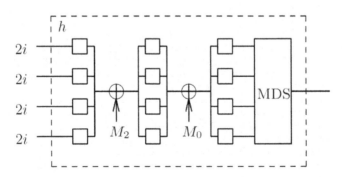

Abbildung 5.8: Berechnung des Rundenschlüssels (aus wikipedia)

Nach einem ähnlichen Mechanismus werden die Rundenschlüssel berechnet (Abbildung 5.8), wobei die Rundennummer die Funktion des Klartextes und Schlüsselteile die Funktion des S-Wortes übernehmen.

Interessant an diesem Algorithmus ist die Blockgröße von 128 Bit bei einer Feistelstruktur (bislang war ja nur der anders gestrickte AES dazu in der Lage, ein Gleichgewicht beider Längen herzustellen), so dass Blockgröße und Schlüsselbreite wieder miteinander korrespondieren. Der Aufbau zeigt jedoch, dass eine 32-Bit-Rechnerarchitektur zugrunde gelegt wurde, wobei die Verschränkung der 32 Bit-Teile recht interessant gelöst ist.

Erfolgreiche Angriffe sind nicht bekannt, wobei allerdings die Kritik geäußert wurde, dass die Komplexität des Algorithmus, insbesondere hervorgerufen durch die MDS-Matrix, eine Analyse außerordentlich erschwert. Man kann diese Art von Kritik als „Zeitbombenwarnung" verstehen. Je schlechter die Komplexität theoretisch fundiert werden kann, desto weniger kann man sich sicher sein, dass in einiger Zukunft irgendein findiger Kopf nicht doch einen Zugang findet (was bei besser durchschaubaren Algorithmen allerdings auch nicht ausgeschlossen ist). Der Kritik wurde mit dem Argument begegnet, dass gerade die MDS-Matrix eingeführt wurde, um ein Sicherheitspolster gegenüber neuen, noch unbekannten Angriffsmethoden zu besitzen. Der Algorithmus wird zusammen mit den folgenden Algorithmen „Mars" und „Serpent" inzwischen in eine höhere Sicherheitsklasse eingestuft als der AES.

5.2.8 Mars

Auch Mars ist ein auf einem Feistelnetzwerk basierender Verschlüsselungsalgorithmus aus dem Hause IBM, der 128 Bit in 32 Runden mit einem 128 – 448 Bit langen Schlüssel (4 – 14 Schlüsselworte zu 32 Bit) verschlüsselt.

Aus dem Primärschlüssel werden zunächst 40 Schlüsselworte zu 32 Bit generiert. Die Arbeitsschlüsselerzeugung besteht aus zwei Schritten. Zunächst erfolgt eine lineare Expansion der eingegebenen n Schlüsselworte auf die Endbreite von 40 Schlüsselworten.

```
// T enthält n Schlüsselworte (n >= 4)
T[0 ... n-1] = k[0 ... n-1], T[n] = n, T[n+1 ... 14] = 0
for j = 0 to 3 do {
    // Lineare Expansion
    for i = 0 to 14 do {
        T[i] = T[i] ⊕
                ((T[i-7 mod 15] ⊕ T[i-2 mod 15]) <<< 3) ⊕
                (4i+j)
    }

    // S-box Transformation
    repeat 4 times {
        for i = 0 to 14 do {
            T[i] = (T[i] + S[T[i-1 mod 15] mod 2¹⁰ ]) <<< 9
        }
    }

    // Schiebe die nächsten 10 Worte in den Arbeitsspeicher
    for i = 0 to 9 do { K[10j+i] = T[4i mod 15] }
}
```

Da die Schlüsselworte nach dieser Expansion noch Anteile mit zu vielen aufeinander folgenden Null- oder Einsbits enthalten können, erfolgt anschließend eine nochmalige Aufarbeitung.

```
B[ ] = {0xa4a8d57b; 0x5b5d193b; 0xc8a8309b; 0x73f9a978}
for i = 5 to 35 do {
    j = K[i] ^ 3
```

```
w = K[i] ˇ 3

// Maskenberechnung von M:
M=0
Mₙ = 1 ⇔ ( w_{k..k+10} ∈ {0000000000 , 1111111111 } ^
               k ≤ n ≤ k+10 ^ 2 ≤ n ≤ 30 ^ w_{n-1} = w_n = w_{n+1} )

    r = K[i-1] mod 2⁶
    p = B[j] <<< r
    K[i] = w ⊕ (p ∧ M)
}
```

Keines der Arbeitsschlüsselworte enthält danach noch mehr als 9 aufeinander folgende Null- oder Einsbits. Der Schlüssel wird im restlichen Algorithmus nicht mehr verändert.

Die Verschlüsselung erfolgt in drei Teilen zu je 8, 16 und 8 Runden, wobei der erste und der dritte Teil einander entsprechen, der mittlere Teil die eigentliche Kernfunktion darstellt. Die Feistelfunktion ist etwas anders konstruiert als in den vorhergehenden Algorithmen, da nur ein 32 Bit-Wort unverschlüsselt bleibt und 3 Worte, also 96 von 128 Bit, verschlüsselt werden. Die beiden Mischfunktionen am Beginn und am Ende des Algorithmus sind noch recht konventionell ausgelegt und enthalten algebraische Operationen neben Substitutionen, deren Tabellen jeweils 256 Worte zu 32 Bit umfassen.

```
// Mischvorgang 1
(A,B,C,D) = (A,B,C,D) + (K[0],K[1],K[2],K[3])
for i = 0 to 7 do {
   B = (B ⊕ S0[A]) + S1[A>>>8]
   C = C + S0[A>>>16]
   D = D ⊕ S1[A>>>24]
   A = (A>>>24) + B * i ∈ {1,5} + D * i ∈ {0,4}
   (A,B,C,D) = (B,C,D,A)
}
// Kernfunktion

// Mischvorgang 2
for i = 0 to 7 do {
   A = A - B * i ∈ {3,7} - D * i ∈ {2,6}
   B = B ⊕ S1[A]
   C = C - S0[A<<<8]
   D = (D - S1[A<<<16]) ⊕ S0[A<<<24]
   (A,B,C,D) = (B,C,D,A<<<24)
}
(A,B,C,D) = (A,B,C,D) - (K[36],K[37],K[38],K[39])
```

Die eigentliche kryptografische Kernfunktion wird 16-fach durchlaufen. In ihr liefert nun ein 32 Bit-Wort (A) jeweils 3 Zwischenwerte (R,M,L), die voneinander abhängen und zur Transformation der restlichen 96 Bit verwendet werden.

```
for i = 0 to 15 do {
   R = ((A<<<13) × K[2i+5]) <<< 10
   M = (A + K[2i+4]) <<< ((R>>>5) mod 2⁶)
   L = (S[M mod 2¹⁰] ⊕ (R>>>5) ⊕ R) <<< (R mod 2⁶)
   B = B + (L * (i<8)) ⊕ (R *(i≥8))
   C=C+M
   D = D ⊕ (R * (i<8)) + (L * (i≥8))
   (A,B,C,D) = (B,C,D,A<<<13)
}
```

Die S-Box in diesem Teil enthält 512 Werte zu 32 Bit, von denen die ersten 256 Einträge für die S0-Box, die letzten 256 Einträge für die S1-Box der Außenrunden verwendet wird. Eine der harten Kernfunktionen liegt im Einfluss der Daten selbst auf die Anzahl der zyklischen Rotationen.

Aufgabe. Stellen Sie die Teile des Algorithmus in symbolischen Grafiken dar.

Aufgabe. Entwerfen Sie den Entschlüsselungsalgorithmus.

Der Algorithmus verwendet einen sorgfältig konstruierten Schlüssel, der auch bei einfachen Primärschlüsseln Arbeitsschlüssel mit definierten Maximalmustern erzeugt, und besitzt wie der DES eine interessante Rückkopplung der Daten selbst auf Details der Rechnung. Der Aufwand hat sich gelohnt: der Algorithmus wird in die derzeit höchste Sicherheitsklasse noch vor dem AES eingestuft, der die entscheidenden Punkte in der Performanz geholt hat. Erfolgreiche Angriffe sind nicht bekannt.

5.2.9 Serpent

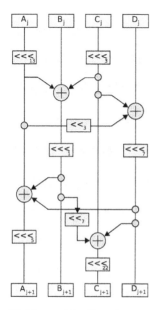

Abbildung 5.9: Transformationen des Serpent-Algorithmus (aus wikipedia)

Serpent besitzt keine Feistelstruktur, sondern basiert nur auf Substitutionen und linearen Transformationen. Er verschlüsselt 128 Bit Klartext mit Schlüsseln bis zu 256 Bit. Der wesentliche, 32 Mal zu durchlaufende Verschlüsselungsteil umfasst folgende Operationen:

- Die 128 Datenbits werden mit 128 Bit eines Rundenschlüssels XOR-verknüpft. Der Rundenschlüssel besteht ähnlich wie beim DES aus einer Auswahl bestimmter Bits.

- Jeweils 4 Bit werden durch eine S-Box substituiert. Es sind 8 verschiedene S-Boxen implementiert, so dass in einer Runde jede S-Box viermal zum Einsatz kommt. Die Positionen der S-Boxen werden von Runde zu Runde variiert. Die 4 Bit können je nach Variante hintereinander oder in einem Abstand von 32 Bit voneinander liegen.

- Anschließend werden vier 32-Bit-Segmente gebildet und durch eine lineare Transformation aus Schiebe- und XOR-Operationen miteinander verknüpft (Abbildung 5.9).

Zum Entschlüsseln wird der Algorithmus rückwärts durchlaufen, wobei inverse Substitutionstabellen zum Einsatz kommen.

Aufgabe. Formulieren Sie den Algorithmus in algorithmischer Notation.

Trotz des sehr einfachen und konservativen Designs wird Serpent in die Hochsicherheitsgruppe zusammen mit MARS und TWOFISH eingeordnet und ist hier möglicherweise sogar der führende Algorithmus. Bei einer reinen Hardwareimplementation ist Serpent der schnellste aller AES-Kandidaten, da die einfachen Substitutionen weitgehend parallelisierbar sind, in einer Softwareimplementation schneidet er aber deutlich schlechter ab, was schließlich den Ausschlag für den nicht zur Hochsicherheitsgruppe gehörenden Rijndael als AES-Sieger gegeben hat.

5.2.10 RC6

RC6 hat mit dem Stromverschlüsselungsverfahren RC4 nur den Entwickler Ronald Rivest gemeinsam (Ron's Code 4 bzw. 6); ansonsten haben die beiden Algorithmen aber nichts miteinander zu tun.

RC6 basiert auf einem Feistelnetzwerk, das bei 4 Registern (A,B,C,D) in jeder Runde zwei verwendet, um die anderen beiden zu verschlüsseln. Die Registerbreiten können 32 Bit oder 64 Bit betragen, was zu 128 Bit oder 256 Bit Blockchiffren führt. In jeder Runde werden die unveränderten Register mit einem Geheimschlüssel verschlüsselt, der bei w Bits Registerbreite und r Runden einschließlich der Anfangs- und Endverschlüsselung insgesamt eine Größe $2*r+4$ Worte besitzt. Der Geheimschlüssel wird aus dem geheimen Anwenderschlüssel generiert, der maximal diese Länge besitzen kann.

Die Verschlüsselung erfolgt durch den Algorithmus

$$B = B + S[0]$$
$$D = D + S[1]$$
$$\text{for } i = 1 \text{ to } r \text{ do}$$
$$\quad t = (B * (2B + 1)) \ll lg(w)$$
$$\quad u = (D * (2D + 1)) \ll lg(w)$$
$$\quad A = ((A \otimes t) \ll u) + S[2i]$$
$$\quad C = ((C \otimes u) \ll t) + S[2i + 1]$$
$$\quad (A, B, C, D) = (B, C, D, A)$$
$$A = A + S[2r + 2]$$
$$C = C + S[2r + 3]$$

Als Operationen werden dabei verwendet

- Addition und Subtraktion modulo 2^w (+,-)

- Multiplikation modulo 2^w (*)

- Bitweises exklusives Oder ($\oplus$)

- Zyklisches Links- oder Rechtsschieben, wobei die Anzahl der Schiebeoperationen durch das höchste Bit des Schiebeoperanden angegeben wird (<<, >>)[86]

Das Schlüsselregister S wird aus dem Anwenderschlüssel L mit c Worten durch folgenden Algorithmus berechnet (P und Q sind algorithmusspezifische Konstante)

$$S[0] = P$$
$$\text{for } i = 1 \text{ to } 2r + 3 \text{ do}$$
$$\quad S[i] = S[i-1] + Q$$
$$A = B = i = j = 0$$
$$\text{for } s = 1 \text{ to } 3 \max(c, 2r + 4) \text{ do}$$
$$\quad A = S[i] = (S[i] + A + B) \ll 3$$
$$\quad B = L[j] = (L[j] + A + B) \ll (A + B)$$
$$\quad i \equiv i + 1 \pmod{2r + 4}$$
$$\quad j \equiv j + 1 \pmod{c}$$

---

86 Technisch lässt sich dies einfach durchführen, indem der Operand jeweils nach Rechts herausgeschoben wird, bis der Registerinhalt Null ist.

In der Version für den Vergleich mit dem AES-Algorithmus wird w=32, r=20 und c=4 gewählt, was zu einer 128 Bit-Blockchiffre mit 128 Bit Schlüssel führt; der Anwender kann jedoch auch wesentlich größere Schlüssel verwenden.

Aufgabe. Stellen Sie den Algorithmus in grafischer Form dar.

Die Sicherheit des Algorithmus ist durch Prüfen der Resistenz gegenüber den gebräuchlichen Angriffsmethoden, speziell linearer und differentieller Kryptoanalyse festgestellt worden. Bereits bei sechs Runden ist es nach Aussage der Entwickler nur mit extremem Aufwand möglich, überhaupt noch geeignete Relationen für diese Angriffsmethoden zu finden. Sicherheitstechnisch wird er ähnlich wie der Rijndael eingeschätzt.

5.2.11 Warum so viele Algorithmen ?

Genügt nicht der DES, oder wenn 64 Bit zu wenig sind, der AES ? Oder weisen die Algorithmen Schwächen auf, die man für Angriffe nutzen kann, weshalb eine größere Auswahl sinnvoll ist ?

Angriffsmethoden sind Gegenstand des nächsten Kapitels, aber auch wenn der eine oder andere Algorithmus formal Schwächen aufweist, können wir schon einmal vorweg nehmen, dass außer bei speziellen Szenarien die Algorithmen in der Praxis nicht effektiv angreifbar sind, zumindest nach dem heutigen Kenntnisstand. Das scheint somit nicht der Grund zu sein.

Ein Grund ist die historische Entwicklung: Internet, WLAN, Telefonie und Dateiverschlüsselung sind erst im Laufe der Zeit zusammen gewachsen, und in den Bereichen wurden aus verschiedenen praktischen und/oder egoistischen Gründen häufig Eigenentwicklungen betrieben. Ein Teil der Algorithmen resultiert ganz einfach aus dieser historischen Entwicklung, und aus Kompatibilitätsgründen stehen alle noch nebeneinander, weil ein Rauswurf bestimmter Algorithmen auch bedeuten würde, dass Nutzer alter Geräte gezwungen wären, sich neue Geräte zu kaufen (siehe WLAN).

Ein zweiter Grund ist verletztes Ego. Verschlüsselung wurde lange Zeit als US-amerikanische Domäne angesehen, und dass ausgerechnet ein europäischer Algorithmus auf den Sockel des AES gehievt wurde, hat in den Staaten wohl viele Entwickler gestört. Da auch Firmeninteressen dahinter stehen, sind eine Reihe von Algorithmen, teilweise proprietärer Natur, was ihre Verbreitung nicht unbedingt fördert, geblieben und werden neben dem AES weiter eingesetzt.

Ein weiterer Nutzerkreis sind super-misstrauische Entwickler, die ihre Anwendungen mit exotischen oder mehreren Algorithmen ausstatten, um eine größere Sicherheit zu erreichen. In Kapitel 1 haben wir uns mit dem Sicherheitsdenken bereits auseinander gesetzt, und ich überlasse es Ihnen, zu beurteilen, ob eine Verschlüsselung des Typs

$$C = AES(K_1, Blowfish(K_2, N))$$

tatsächlich mehr echte Sicherheit bringt als eine DES3-Verschlüsselung mit einem 192-Bit-Schlüssel. Egal zu welchem Schluss Sie kommen, es gibt Anwendungen, die so vorgehen oder das zumindest anbieten.

5.3 Angriffsverfahren

Die Sicherheit von Verschlüsselungsalgorithmen wird allgemein danach beurteilt, wie robust sie gegenüber Angriffen sind. Dabei lassen sich folgende Angriffsklassen unterscheiden:

> die Menschen hinter den verschlüsselten Daten

> mathematische Methoden

> physikalische Methoden

Die erste Kategorie – soziale oder gewalttätige Angriffe auf den Anwender oder dessen unqualifiziertes Verhalten wie Verwendung ungeeigneter Schlüssel und Verstöße gegen Verhaltensmaßregeln oder Loyalität – führen zwar eher zur Kompromittierung von Geheimnissen, sind aber schlecht in mathematischer Form beschreibbar, weshalb sie meist und auch hier nicht betrachtet werden. Die Kapitel 5.3.1 - 5.3.3 befassen sich mit mathematischen Methoden, Kapitel 5.3.4 - 5.3.6 die physikalischen, in Kapitel 5.3.7 folgen Ergänzungen nebst einer Zusammenfassung.

Bei Angriffen auf Stromverschlüsselungsverfahren ist in Teilen eine Kenntnis des Klartextes notwendig, um die korrespondierenden Verschlüsselungsbits zu erfahren. Um daraus auf die geheimen Schlüssel zu schließen, ist eine umfassende Analyse der mathematischen Eigenschaften des angegriffenen Algorithmus notwendig. Das gilt natürlich im Endeffekt auch für die Blockchiffren, und für eine individuelle Sicherheitsbewertung müsste man jeden Algorithmus im Einzelnen analysieren. Das können wir hier natürlich nicht leisten. Es existieren aber systematische Vorgehensweisen, die bei fast jedem Algorithmus zum Einsatz kommen können. Man kann die Rahmenbedingungen für die Durchführung eines Angriffs grob in folgende Klassen und Unterklassen unterteilen (die Liste erhebt keinen Anspruch auch Vollständigkeit):

a) Passive Angriffe, bei denen der Angreifer den Datenverkehr beobachtet und zumindest teilweise über Klartext/Chiffrat-Paare, ggf. auch über Relationen zwischen aufeinander folgende Sitzungsschlüssel verfügt.

   In der Regel erhält man hierdurch zu wenig Informationen, um Blockchiffren erfolgreich angreifen zu können.

b) Aktive Angriffe, in denen der Angreifer ausgewählte Klartexte vorgeben kann und das Chiffrat erhält, ggf. auch über Relationen zwischen aufeinander folgende Sitzungsschlüssel verfügt. In dieser Klasse findet man u.a. folgende Unterklassen:

   > Statistische Analysen von Klartext/Chiffrat-Paaren.

   > Statistische Analysen von Klartextdifferenz/Chiffratdifferenz-Paaren.

c) Spezielle physikalische Angriffe, bei denen der Angreifer im Besitz des Verschlüsselungsgerätes selbst sein muss, u.a.

   > Stromverbrauchsanalyse

   > Reaktionszeitanalyse

   Solche Angriffe sind auch unter dem Namen Seitenkanalangriffe (side channel attacks) bekannt.

Wenn sich aus einer Angriffsmethode eine Gefährdung eines Algorithmus ergibt, bedeutet dies, dass dessen Einsatzbereiche überprüft werden müssen, um das reale Gefahrenpotential abschätzen zu können.[87]

● Setzt eine Gefährdung nach a) voraus, dass der Schlüssel in mindestens N Datensätzen mit bekannten Inhaltsteilen verwendet werden muss, so genügt es bereits, den Bekanntheits-

---

87 Immer vorausgesetzt, es handelt sich um eine echte Gefährdung und nicht nur um einen Erfolg der Theorie, die für die Praxis keine Auswirkungen hat (wir haben dies im Einleitungskapitel erläutert).

grad des Inhalts herabsetzen (Verwenden anderer Protokolle, Nichtverwendung bei bestimmten Daten) oder den Schlüssel häufig genug auszutauschen, um einen Angriff zu verhindern.

- Bei Gefährdung b) gilt es zu verhindern, dass der Angreifer unerkannt die notwendige Anzahl von Systemzugriffen durchführen kann. Hier existieren eine Reihe von Kontrollmöglichkeiten, sofern es sich um Zugriffe über ein Netzwerk handelt. Entsteht die Gefährdung durch Geräteverlust, so müssen die Verwendungsregeln eine weitere Verwendung des im Gerät gespeicherten Schlüssels unterbinden.

- Gefährdung c) ist gewissermaßen eine erweiterte Form von Gefährdung b), so dass man die gleichen Überlegungen anstellen oder das physikalische System dahingehend verbessern muss, dass dieser Angriff nicht mehr (leicht genug) möglich ist.

5.3.1 Lineare Kryptoanalyse

Die lineare Kryptoanalyse gehört zu den Standarduntersuchungsmethoden bei der Bewertung der Algorithmenqualität. Durch umfangreiche Voruntersuchungen versucht man zunächst, statistische Beziehungen zwischen Ein- und Ausgabebits zu finden, die vom Idealwert $w = 1/2$ abweichen. Die Abweichung definiert die Anzahl der Klartext/Chiffratpaare zu einem konkreten Schlüssel, die man benötigt, um die mit der Beziehung verknüpften Schlüsselbits ermitteln zu können. Die so nicht ermittelbaren Schlüsselbits werden durch brute-force-Methoden ermittelt.

EINZELSCHRITTANALYSE

Die Grundidee besteht darin, je einen Satz von Eingabe- und Ausgabebits (E,A) auszuwählen und die Wahrscheinlichkeit zu untersuchen, dass für die Gesamtkombination eine bestimmte Parität gilt:

$$I = \left[i_1, i_2, \dots i_v \right] \quad , \quad J = \left[j_1, j_2, \dots j_w \right]$$

$$\left(\bigoplus_{k=1}^{v} E_{i_k} \right) \oplus \left(\bigoplus_{k=1}^{w} A_{j_k} \right) = 0$$

Die Anzahl der Bits im Ein- und im Ausgang muss dabei nicht notwendigerweise gleich sein und umfasst meist nur wenige Bits eines Verschlüsselungsblocks. Diese Untersuchung wird im Labor des Angreifers mit bekanntem Schlüssel (meist Null) durchgeführt und benötigt noch keine Klartext/Chiffrat-Paare der anzugreifenden Daten. Die Kombinationen der Bits sind beliebig, und prinzipiell können alle möglichen Kombinationen ausprobiert werden. Um die Analyse nicht ausufern zu lassen, werden die Bitkombinationen aber in der Regel auf einzelne Substitutionsboxen beschränkt.

Aufgabe. Ein Algorithmusschritt bearbeitet in einem Schritt n Bits. Von diesen werden v Eingangsbits und w Ausgangsbits ausgewählt. Berechnen Sie, wie viele Kombinationen theoretisch zu untersuchen sind. Nehmen Sie typische S-Boxgrößen der Algorithmen und rechnen Sie passende Zahlenwerte dazu aus.

Optimale Algorithmen weisen keine derartigen Linearitäten auf, d.h. für alle Kombinationen von Bits gilt $w(p=0) = 1/2$. Bitkombinationen, für die $w(P=0) = 1/2 + \epsilon$ mit hinreichend großem ϵ ist, sind Kandidaten für einen erfolgreichen Angriff, wobei die Größe von ϵ die Zahl der später notwendigen Klartext/Chiffrat-Paare im realen Angriff bestimmt. Die Suche nach geeigneten Bitkombinationen erfolgt durch Durchführung des Algorithmusschrittes mit jeweils sämtlichen möglichen Eingabewerten (Tabelle generieren) und Ermitteln der Paritäten für alle möglichen Kombinationen.[88] Die Analyse wird für alle weiteren Schritte des Algorithmus, also sämtliche anderen S-Boxen der Runde und sämtliche anderen Runden wiederholt.

Beispiel. Wir untersuchen die S-Boxen eines DES-ähnlichen Algorithmus, um geeignete Ein- und Ausgangsbitkombinationen zu finden. Dazu werden für alle S-Boxen alle Eingangs-/Ausgangspaare aufgezeichnet und dann für alle möglichen Bitkombinationen im Ein- (X) und Ausgang (Y) ausgewertet:

X_1	X_2	X_3	X_4	X_5	X_6	Y_1	Y_2	Y_3	Y_4	$X_2 + X_3$	$Y_1 + Y_2$	...
0	0	0	0	0	0	1	0	1	0	0	1	
0	0	0	1	0	0	1	1		0	0	0	
		...										
1	1	1	1	1	1	0	0	1	1	0	0	

Die Bitanzahlen müssen dabei nicht gleich sein, sondern in der Auswertung sind auch Fälle wie 3 Eingangsbits in Korrelation zu einem Ausgangsbit usw. enthalten. Bei 6 Eingangs- und 4 Ausgangsbits im DES ergeben sich so für jede der 8 S-Boxen

$$\sum_{k=1}^{6}\binom{6}{k} + \sum_{k=1}^{4}\binom{4}{k} = 1.323$$

mögliche Kombinationen, die mindestens eine Eingangs- und ein Ausgangsbit enthalten (*von denen natürlich diejenigen mit vielen Bits relativ uninteressant sind*). Die Auswertungen werden nach möglichst großen Abweichungen der Übereinstimmungen vom Mittelwert sortiert. Kombinationen mit hohen Abweichungen entsprechen einer starken Korrelation der Bits und können für die weitere Analyse verwendet werden. Dies könnte so aussehen:

$X_1 \oplus X_2 \oplus X_3$	0	1	1	0	1	0	0	1	0	1	1	1	0	0	0	1
Y_2	0	0	1	0	0	0	0	1	0	1	0	0	0	0	0	1

Wir finden hier 12 Übereinstimmungen, d.h. $\epsilon = 0,25$. Das zweite Ausgangsbit korreliert also relativ stark mit den ersten drei Eingangsbits.

WAHRSCHEINLICHKEITSKASKADEN UND WEGANALYSE

Die Algorithmen enthalten mehrere Verschlüsselungsrunden, und die Ausgangsbits einer Runde sind die Eingangsbits der nächsten. Kombinieren wir zwei voneinander unabhängige Bits miteinander, deren Zustandswahrscheinlichkeit für einen Wert ein wenig von ½ abweicht, so gilt

---

88 Diese simple Handlungsanweisung zeigt, dass man sich bei der Bitmustersuche weitgehend auf die Breite der S-Boxen beschränken sollte, wenn die Anzahl der möglichen Kombinationen nicht ausufern soll. Damit ist natürlich nicht ausgeschlossen, dass die Untersuchung von Überlappungen nicht erstaunliche Ergebnisse aufweisen kann.

$$w(x_1 \oplus x_2 = 0) = w(x_1 = 0 \wedge x_2 = 0) + w(x_1 = 1 \wedge x_2 = 1)$$
$$= p_1 * p_2 + (1 - p_1) * (1 - p_2)$$
$$= 1/2 + 2\,\epsilon_1 \epsilon_2 = 1/2 + \epsilon_{12} \qquad mit \quad p = 1/2 + \epsilon$$

Aufgabe. Induktiv zeigt man leicht die Verallgemeinerung für n Variable:

$$w(x_1 \oplus x_2 \oplus \dots x_n = 0) = 1/2 + 2^{n-1} \prod_{i=1}^{n} \epsilon_i$$

Die Annahme, dass die Wahrscheinlichkeiten tatsächlich unabhängig voneinander sind, ist zwar in vielen Fällen nicht erfüllt (*Nichtlinearität, Schlüsselbits*), aber der Ansatz funktioniert trotzdem im Allgemeinen recht gut.

Diese Analyse kann man nun auf mehrere Runden ausdehnen. Hierbei entfällt natürlich die Unabhängigkeit der Variablen, denn der Ausgangswert einer Runde ist gleichzeitig der Eingangswert der nächsten. Kennt man beispielsweise $w(x_1 \oplus x_2 = 0)$ für die erste Runde und $w(x_2 \oplus x_3 = 0)$ für die folgende (x_2 *ist nun Ausgangsbit der Runde 1 und Eingangsbit der Runde 2*), so folgt für $w(x_1 \oplus x_3 = 0)$ unter der Voraussetzung, dass auch die beiden Zwischenergebnisse unabhängig voneinander sind, mit den obigen Bezeichnungen:

$$w(x_1 \oplus x_3 = 0) = w(x_1 \oplus x_2 = 0 \wedge x_2 \oplus x_3 = 0) = 1/2 + 2\,\epsilon_{1,2} \epsilon_{2,3}$$

Allerdings kann man hieraus auch die Grenzen des Verfahrens erkennen:

- Die Parität ist nur eine schwache Bindung zwischen den Bits, da sie nur ein Bit im Verhältnis zu den anderen festlegt. Mit größer werdender Rundenanzahl wird der Informationsgewinn zunehmend geringer.

- Da die Abweichungen von der Nichtlinearität relativ klein sind, wird das Produkt mit zunehmender Runden- oder Bitzahl schnell kleiner, d.h. für eine statistische Auswertung müssen mehr Klartext/Chiffrat-Paare gesammelt werden.

Beispiel. Wir setzen der Anschaulichkeit halber unser oben begonnenes Beispiel der Analyse eines DES-ähnlichen Algorithmus fort. Nachdem nun korrelierte Bitkombinationen einzelner S-Boxen bekannt sind, kann der Gesamtalgorithmus analysiert werden. Unter Einbeziehung der Schlüsselbits gelte für einen Schritt

$$Y_{i,s,k} \oplus K_{i+1,r,l} = X_{i+1,r,l}$$

Das Ausgabebit k der S-Box s im Schritt i erscheint aufgrund der auf die S-Box folgenden Permutation als Eingabebit l der S-Box r, wobei der Schlüssel eine unbekannte, jedoch für alle Nachrichten konstante Größe ist, so dass er aus der statistischen Betrachtung wieder herausfällt, wenn wir das Aufzeichnungsschema von Ein- und Ausgabebitkorrelationen bei allen möglichen Eingabeworten auf mehrere Runden ausdehnen. Betrachtet man beispielsweise die Bitkombinationen

$$E_{1,1,2} \oplus E_{1,1,3} = A_{1,1,4} \ , \ \epsilon_{1,1} = 1/4$$
$$E_{2,2,3} = A_{2,2,1} \oplus A_{2,2,4} \cdot \epsilon_{2,2} = 1/4$$
$$E_{2,4,1} = A_{2,4,1} \oplus A_{2,4,4} \cdot \epsilon_{2,2} = -1/4$$

mit

$$E_{2,2,3} = A_{1,1,4} \oplus K_{2,2,3} \ , \ E_{2,4,1} = A_{1,1,4} \oplus K_{2,4,1}$$

so wird

$$E_{1,1,2}\oplus E_{1,1,3}\oplus A_{2,2,1}\oplus A_{2,2,4}\oplus A_{2,4,1}\oplus A_{2,4,4}\oplus K_{2,2,3}\oplus K_{2,4,1}=0$$

mit der Wahrscheinlichkeit

$$p=1/2\pm2^2(1/4)*(1/4)*(1/4)=1/2\pm1/16$$

erfüllt, je nachdem, ob die Schlüsselbits gerade oder ungerade Parität besitzen.

Es gilt nun allgemein, Bitwege durch die verschiedenen Runden zu finden, die möglichst hohe Korrelationen aufweisen. Dazu werden Bitkombinationen der ersten Runde mit hohen Korrelationswerten dahingehend geprüft, ob sie als Eingaben für hohe Korrelationskombinationen in der zweiten Runde in Frage kommen usw. Je näher ein Endergebnis am Wahrscheinlichkeitswert ½ liegt, desto weniger ist dieser Weg für eine Analyse brauchbar, da mehr Nachrichten ausgewertet werden müssen, um zu einer statistisch verwertbaren Aussage zu gelangen.

ERMITTLUNG VON TEILSCHLÜSSELN

Die Schlüsselbits gehen in die Überlegungen nur im Rahmen des Vorzeichens der Abweichungen ein. Misst man diese über den gesamten Algorithmus, erhält man allerdings nur minimale Kenntnisse. Sind m Schlüsselbits an einem Weg beteiligt, erhält man lediglich deren Parität, d.h. es bleiben weiterhin m-1 Bits unbekannt. Die Wahrscheinlichkeit, mit dieser Methode hinreichend verschiedene Wege durch einen Algorithmus zu finden, um eine nennenswerte Anzahl von Schlüsselbits zu fixieren, ist zu klein, als dass man eine Chance hätte, schneller als durch Durchprobieren aller Schlüssel zum Ziel zu kommen.

In Feistelnetzwerken geht man daher einen anderen Weg und nutzt aus, dass in jeder Runde ein Teil der Information unverändert in den nächsten Schritt injiziert wird, z.B.:

$$R_1=f(R_0,K_0)\oplus L_0 \quad L_1=R_0$$
......
$$R_{14}=f(R_{13},K_{13})\oplus L_{13} \quad L_{14}=R_{13}$$
$$R_{15}=f(R_{14},K_{14})\oplus L_{14} \quad L_{15}=R_{14}$$

Die Untersuchung der Schlüsselwirkung wird auf den letzten Schritt beschränkt. Hier gilt:

- Bekannt: R_{15} und $R_{14}(=L_{15})$,
- gesucht ist K_{14},
- → benötigt werden Informationen über L_{14}

Für die Analyse stehen viele Klartext/Chiffratpaare zur Verfügung, d.h. Wertepaare $(L_0,R_0),(L_{15},R_{15})$, und die Analyse der Verschlüsselungsrunden haben auch eine brauchbare Korrelation zwischen Bits der Register (L_0,R_0,L_{14}) ergeben. Kehrt man nun die Verschlüsselung des letzten Schrittes um, d.h. berechnet man unter Einsetzen der korrekten Schlüsselbitwerte K_{14} den unbekannten Zwischenwert L_{14} aus dem bekannten Endwert R_{15}, so muss man (bis auf das Vorzeichen) die statistische Abweichung in (L_0,R_0,L_{14}) wiederfinden.

Diese Überlegung gilt streng allerdings nur bei Verwendung des korrekten Teilschlüssels. Wählt man eine falsche Bitkombination K_{14}, so entfällt die Bedingung, dass der Schlüssel eine Konstante über den gesamten Algorithmus darstellt (die Bits aus K_{14} tauchen ja auch in den anderen Runden auf, wenn auch aufgrund der Schlüsselfortschreibung nicht mit diesen Werten), und die ermittelte Abweichung tritt nicht in der berechneten Höhe ein.

K_{14} weise nun insgesamt m Bits auf, von denen k auf die korrelierten Bits wirken. Die Rückrechnung erfolgt nun für alle 2^k möglichen Belegungen der Wirkungspositionen und m-k beliebigen, aber konstanten Werte auf den anderen Positionen (diese stimmen zwar ebenfalls nicht mit dem korrekten Schlüssel überein, aber das spielt keine Rolle). Der korrekte Teilschlüssel sollte dann durch die vorausgesagten statistischen Abweichungen in der Paritätsauswertung auffallen.

Damit die Messung in der Praxis Erfolg hat, muss die Anzahl der Messwertpaare meist in der Größenordnung $N \approx \epsilon^{-2}$ statt $N \approx 1/\epsilon$ liegen, weil die unterstellte Unabhängigkeit der S-Boxen untereinander meist nicht zutrifft und zusammen mit weiteren Effekten den statistischen Effekt weiter verschmiert. Um zu einem praktisch nutzbaren Gesamterfolg zu gelangen, müssen mehrere Bedingungen zutreffen:

> ➢ Die Anzahl k der in einer Paritätsanalyse verknüpften Schlüsselbits darf nicht zu hoch sein, da ja 2^k Möglichkeiten getestet werden müssen.

> ➢ Die Anzahl n-k der unbestimmt gebliebenen Bits des Gesamtschlüssels K darf ebenfalls nicht zu hoch sein, da diese Bits ebenfalls nur durch Testen der 2^{n-k} Möglichkeiten ermittelt werden können.

ABSCHLUSSBEMERKUNGEN

Solche Analysen sind auch Bestandteile der Verfahrensentwicklung. Die spezielle Gestalt der S-Boxen hat entscheidenden Einfluss auf den Widerstand, den ein Algorithmus Angriffen entgegensetzt, und bei der Entwicklung werden S-Boxen und andere Verfahrensteile systematisch anhand der Ergebnisse solcher Analysen optimiert. Nahezu sämtliche Kandidaten für Standardalgorithmen wie AES oder SHA haben in den Bewertungsrunden Verbesserungen erfahren, nachdem die damit verbundenen breiteren Prüfungen noch gewisse Schwachstellen ergeben hatten, die von den Entwicklern noch nicht berücksichtigt worden sind.[89]

In den meisten Algorithmen gelingt es nur, brauchbare Wege durch einen Teil der Runden zu finden. Nach einem gehörigen „Angstzuschlag" in der Rundenanzahl werden die Algorithmen dann als sicher eingestuft. Erfolgt diese Angabe durch den Entwickler, so löst das keine Panik aus. Finden allerdings andere Leute Wege für solche Teilangriffe, so ist das schon eine Veröffentlichung wert, in der von einem erfolgreichen Angriff gesprochen werden kann (*fett gedruckte Titelzeile in einer Veröffentlichung*), der aber nur bei Beschränkung auf 6 von 16 Runden tatsächlich funktioniert (*das findet sich dann im Kleingeschriebenen irgendwo hinten, wo Nichtfachleute das Studium längst aufgegeben haben und in Panik ob des gelungenen Angriffs verfallen*).

Ob man solchen Angriffen auf symmetrische Verschlüsselungsalgorithmen eine praktische Bedeutung beimessen muss, ist eine andere Frage. Es ist eine hohe Anzahl an Klartext/Chiffrat-Paaren notwendig – mehr als der Inhaber des Schlüssels vermutlich je chiffrieren wird (zumal in der Regel Schlüssel auch nur eine begrenzte Verwendungsdauer haben). Auch wenn der Angreifer selbst durch Zugriff auf das Gerät solche Paare erzeugen kann, wird dies vermutlich deutlich weniger effizient sein als ein brute-force-Angriff mit spezialisierten Maschinen.

---

89 Das ist keine ehrenrührige Schlamperei, denn die Anzahl der Prüfmöglichkeiten ist i.d.R. zu groß, als dass sie ein Entwickler alle berücksichtigen könnte.

5.3.2 Differentielle Kryptoanalyse

In der differentiellen Kryptoanalyse wird das Verhalten von Differenzen von Klartextpaaren/Chiffratpaaren im Verlauf der Verschlüsselung untersucht

$$\Delta X = X_1 \oplus X_2 \quad \rightarrow \quad \Delta Y = Chif(X_1) \oplus Chif(X_2)$$

Ein Analyseschritt benötigt somit doppelt so viele Daten wie die lineare Kryptoanalyse. Zwar kann man Klartext/Chiffratpaare einer linearen Analyse auch für eine differentielle Analyse klassifizieren, allerdings fallen viele Daten fort, da sich mit ihnen nicht die gewünschte Differenz bilden lässt. Die aufwändige Voranalyse muss allerdings von vornherein mit Paaren von Eingabe- und Ausgabedaten operieren.

Der Begriff „Differenz" kann dabei unterschiedlich definiert werden. Eine bitweise Differenz legt ein festes Muster bei XOR-Verknüpfungen fest, und die Klartexte sind via

    X₁ = D XOR X₂

miteinander verknüpft. Die Differenzbildung betrifft somit nur ganz bestimmte Bits, und deren Anzahl müssen im Ein- und im Ausgang wie bei der linearen Kryptoanalyse auch nicht übereinstimmen. Man kann durchaus untersuchen, ob sich eine 4-Bit-Differenz von Eingangswerten auf eine 2-Bit-Differenz der Ergebnisse abbilden lässt.

Bei einer arithmetischen Differenz wird unter Ignorieren auftretender Überläufe ein vorgegebener Differenzwert subtrahiert

    X₁ = X₂ - D

Auch diese Differenzbildung muss nicht alle Bits betreffen. Wie schon in der linearen Kryptoanalyse wird man beispielsweise die S-Boxstruktur des Algorithmus berücksichtigen und den Differenzbegriff auf die hierzu gehörenden Bits beschränken.

Die gesamte Vorgehensweise bei der linearen Kryptoanalyse kann nun auch auf die differentielle Kryptoanalyse angewandt werden (die Mathematik ist die gleiche; wir wiederholen sie deshalb hier nicht):

> ➢ Der Algorithmus wird zunächst in seine Strukturbestandteile (S-Boxen) zerlegt. Diese werden systematisch für alle Bitkombinationen und Differenzen untersucht. Die Differenzen treten hierbei als weitere variable Größe auf, d.h. der Aufwand vergrößert sich formal gegenüber der linearen Kryptoanalyse, da jede Kombination von m Eingangsbits mit 2^m Differenzen durchprobiert werden muss.

> ➢ Im zweiten Schritt wird wieder untersucht, ob sich brauchbare Bitkombinationen/Differenzen einer Runde in den nächsten Runden bis zum Schluss des Algorithmus fortsetzen lassen.

> ➢ Der Schlüssel wird bei diesen Vorgängen wieder als eine Konstante betrachtet und fällt aus der Fortsetzungsstatistik bis auf Vorzeichenänderungen heraus. Für ein Feistelnetzwerk kann nun an einer hinreichend großen Menge an echten Verschlüsselungspaaren wieder der letzte Schritt mit allen beteiligten Schlüsselbits systematisch zurück gerechnet werden. Bei Verwendung der richtigen Bitbelegung sollte die in den ersten beiden Schritten ermittelte Differenz wieder statistisch auffallen. Da zu jedem Klartext aber auch der Differenzklartext bearbeitet werden muss, verdoppelt sich die Anzahl der Schritte gegenüber der linearen Kryptoanalyse.

Aufgabe. Formulieren Sie die Vorgehensweise im Detail, indem Sie die in der linearen Krypto- analyse verwendeten Formeln sinngemäß auf die differentielle Kryptoanalyse anpassen.

Bei gut konstruierten Algorithmen zeigt sich auch für diese Analysemethode, dass sich Anfangser- folge bei der Auswertung von S-Boxen sehr schnell im Laufe der Runden in Nichts auflösen. Als Beispiel seien Zahlen für den DES genannt, der aufgrund seines Alters zu den bestuntersuchten und aufgrund der begrenzten Schlüsselbreite auch zu den bestuntersuchbaren gehört:

Auf der differenziellen Kryptoanalyse basierende Angriffe benötigen 2^{47} Eingabepaare nebst den zugehörenden Chiffraten, um die 48 Bit des letzten Rundenschlüssels zu extrahieren, eine lineare Analyse 2^{43} Eingabe/Chiffratkombinationen. Dazu kommt jeweils noch der Aufwand zum Aus- probieren der möglichen Werte für die fehlenden 8 Bit des Gesamtschlüssels, der aber in diesem Zusammenhang zu vernachlässigen ist. In realistischen Szenarien betreffen aktive Angriffsmöglich- keiten aber meist recht leistungsschwache Geräte (Chipkarten, Netzwerke), so dass der Aufwand an Rechenzeit für die Generierung der Klartext/Chiffrat-Paare so hoch ist, dass ein Durchprobieren aller 2^{56} möglichen Schlüssel schneller zu bewerkstelligen ist.

Auch der Einfluss der Verfahrensparameter ist interessant: bei einer Negativoptimierung der S- Boxen des DES sind nur etwa 2^{28} Klartext/Chiffrat-Paare zur Ermittlung des Schlüssels notwen- dig. Derartige Analysen sind bei der Konstruktion neuer Algorithmen daher ein Muss für den Qua- litätsnachweis.

5.3.3 Bumerang-Analyse

Die differentielle Kryptoanalyse lässt sich auf Relationen zwischen zwei Differenzenpaaren er- weitern und gewinnt hierdurch sogar an Angriffskraft. Abbildung 5.10 zeigt das erweiterte Relatio- nenschema. Es basiert auf folgenden Überlegungen:

Der Algorithmus wird in zwei Teile E_0 und E_1 zerlegt, d.h. die Verschlüsselung einer Nachricht P er- folgt durch

$$C = E_1(K, E_0(K, P))$$

Die Zerlegung kann etwa nach der halben Rundenanzahl erfolgen. Der Schlüssel K ist dabei natür- lich in die jeweiligen Rundenschlüssel umzurechnen. Für beide Teile wird in der beschriebenen Weise eine differentielle Kryptoanalyse durchgeführt, d.h zunächst eine Analyse einer einzelnen Runde, gefolgt von einer Fortsetzung über alle Runden des Teilalgorithmus. Da nur etwa die Hälfte des Gesamtalgorithmus untersucht wird, steigt die Wahrscheinlichkeit, nutzbare Differenzenpfade zu finden. Als einziger Unterschied zum Standardverfahren wird E_1 in Rückwärtsrichtung, also Ent- schlüsselungsrichtung untersucht. Als Ergebnis erhält man beispielsweise die Relationen

$$w(E_0(K, P+\Delta) \otimes E_0(K, P) = \Delta^*) = 1/2 + \epsilon_1$$
$$w(E_1^{-1}(K, C+\nabla) \otimes E_1^{-1}(K, C) = \nabla^*) = 1/2 + \epsilon_2$$

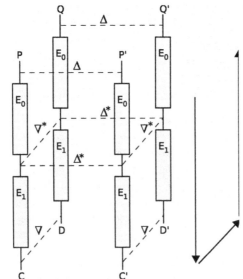

Abbildung 5.10: Bumerang-Quartett (aus wikipedia)

Wie Abbildung 5.10 schematisch zeigt, sind beide Relationen an der Schnittstelle von E_0 und E_1 miteinander über Kreuz verbunden, wodurch sich die Zwischenergebnisse eliminieren lassen: man übergibt dem Algorithmus zwei Klartexte $(P, P' = P \otimes \Delta)$ und erhält zunächst die Chiffrate $(C = E(K, P), C' = E(K, P'))$, für die keine Relationen mit den Ausgangswerten mehr bestehen. Mit diesen fordert man nun die Entschlüsselungen

$$Q = E^{-1}(K, C \otimes \triangledown) \quad , \quad Q' = E^{-1}(K, C' \otimes \triangledown)$$

an, die an der Schnittstelle von E_0 und E_1 durch die Relation $\triangledown^*$ mit den Teilchiffraten von C und C' verbunden sind. An der Schnittstelle wird somit Δ^* auf den D/D' – Entschlüsselungszweig übertragen und führt zu $(Q = Q' \otimes \Delta)$ mit ebenfalls von 1/2 verschiedener Wahrscheinlichkeit.

Der Name „Bumerang"-Angriff beruht darauf, dass ein Klartextpaar wiederum als modifiziertes Klartextpaar zurückkommt. Nach Bestimmung geeigneter Differenzen im Laborversuch wird durch Erzeugen von zufälligen Klartext-Differenzpaaren und untersuchen der generierten modifizierten Klartext-Differenzpaare nach Quartetten mit

$$C \otimes C' = Q \otimes Q'$$

gesucht, aus denen dann der Schlüssel ermittelt wird. Die Wahrscheinlichkeit für ein Quartett liegt aufgrund der Kaskadenwirkung bei

$$w(C \otimes C' = Q \otimes Q') = 1/2 + (\epsilon_1 \epsilon_2)^2$$

d.h. die Methode ist brauchbar, wenn $\epsilon_1 \epsilon_2 < 2^{n/2}$ mit n als Anzahl der Schlüsselbits gilt.

Der Nachteil ist, dass nicht nur Verschlüsselungen, sondern auch Entschlüsselungen durchgeführt werden müssen. Das trifft natürlich kaum auf irgendwelche realen Anwendungsfälle zu. Ist nur die Verschlüsselungsrichtung zugänglich, muss der Angreifer untersuchen, ob sich bei zufälligen verschiedenen Klartextdifferenzenpaaren die Ausgangsdifferenz der Chiffrate ergibt. In diesem Fall hätte er ebenfalls ein Quartett gefunden. Aufgrund des Geburtstagsparadoxons gilt näherungsweise

$$w(E(K,C) \otimes E(K,Q) = E(K,C') \otimes E(K,Q')) = 1/2 + \epsilon_1 \epsilon_2 2^{-n/2}$$

Die Wahrscheinlichkeit ist also kleiner, verbunden mit dem experimentellen Problem, nun nicht nur einzelne Paare miteinander vergleichen zu müssen, sondern jedes neu erzeugte mit allen vorhergehenden Kandidaten.

Die Ermittlung des Schlüssels mit Hilfe der gefundenen Quartette hängt von weiteren Randbedingungen ab.

Konstanter Schlüssel. Die beiden Paare des Quartetts erfüllen beide den Differenzenpfad, was aber aufgrund des ersten Schrittes der differenziellen Analyse des Algorithmus auch zu ganz bestimmten Relationen zwischen Klartext und Schlüssel in der ersten oder letzten Runde führt. Details hängen vom Algorithmus ab, aber in der Regel vermindert jedes Quartett die Unsicherheit des Rundenschlüssels um 1-2 Bit. Nach Bestimmung einer hinreichenden Anzahl von Schlüsselbits der ersten Runde kann der Rest wieder durch Probieren berechnet werden.

Variable Schlüssel. Wie bei den WEP- und GSM-Algorithmen diskutiert, ist die Lebensdauer der Schlüssel einiger Algorithmen begrenzt. Allerdings ändern sich die Schlüssel in einigen Fällen nach festen Regeln. Der Bumerang-Angriff wird meist mit folgendem Schlüsselaustauschschema verknüpft (verbundene Schlüssel, related key attack):

$$K_a$$
$$K_b = K_a \circ \alpha$$
$$K_c = K_a \circ \beta$$
$$K_d = K_b \circ \beta = K_c \circ \alpha$$

Die Schlüssel werden nacheinander für die Verschlüsselung von P, P', Q, Q' verwendet. Die Schlüsseldifferenzen α und β sind dabei meist bekannt und müssen bei der Erzeugung der Differenzenwege berücksichtigt werden. Gefundene Quartette können wieder in der ersten oder der letzten Runde zur Festlegung von Schlüsselbits eingesetzt werden.

Diskussion. Die Bumerang-Analyse mit verbundenen Schlüsseln ist recht erfolgreich auf verschiedene Algorithmen anwendbar. Angriffe auf AES haben beispielsweise zu folgenden Ergebnissen geführt:

Runden	Paare	Aufwand
7	2^{18}	$2^{67,5}$
9	2^{67}	2^{143}

Ein auf 7 Runden beschränkter AES-192 lässt sich mit 2^{18} Klartext/Chiffrat-Paaren und dem Äquivalent von $2^{67,5}$ Verschlüsselungsrunden brechen, für 9 Runden steigen der Werte stark an. Da der AES-192 in 12 Runden verschlüsselt, ist seine Sicherheit zwar jenseits von Gut und Böse, aber ein Teilalgorithmus von 7 Runden liegt durchaus im Bereich der heutigen Möglichkeiten. Ähnlich weit ist man mit anderen Angriffsverfahren bislang nicht gekommen.

Auch wenn solche Erfolge in der Nomenklatur unter „Brechen des Algorithmus" verbucht werden, handelt es sich für die Praxis meist nur um einen Sicherheitsnachweis und nicht um eine konkrete Einbruchsmöglichkeit. Dazu sind die Randbedingungen für einen erfolgreichen Angriff in der Regel zu weit von den tatsächlichen Einsatzbedingungen entfernt. Aber das ist natürlich keine Garantie dafür, dass nicht Morgen jemand einen Einsatz konstruiert, der genau diesen Angriff zulässt oder Übermorgen ein pfiffiger Kopf darauf eine weitere Methode aufbaut, die in der Praxis zu Erfolg führt. Bei den Hashalgorithmen werden wir zu solchen späten Erfolgen noch kommen.

5.3.4 Cold-Boot-Attack

Ein physikalischer Angriff, der auf alle Algorithmen anwendbar ist, die auf einem Rechner ausgeführt werden, ist die Cold-Boot-Attack. Schlüssel und Kennworte werden aus Sicherheitsgründen nur im RAM unverschlüsselt gespeichert; auf der Festplatte dürfen nur kennwortverschlüsselte Kopien vorliegen. Wird der Rechner elektrisch ausgeschaltet, geht der RAM-Inhalt verloren und damit auch der Schlüssel. Läuft der Rechner, kommt man nicht am Betriebssystem vorbei und damit auch nicht an interessante RAM-Inhalte.[90]

Das Verlöschen des RAM-Gedächtnisses eines Rechners erfolgt allerdings nicht spontan. Wird der RAM vor dem elektrischen Abschalten stark abgekühlt (-70 °C oder kälter), bleibt der Inhalt einige Zeit (Minuten bis hin zu Stunden) erhalten. Startet man den Rechner nun mit einem modifizierten Betriebssystem, das nur minimalen Platz im RAM erfordert, kann der Rest des alten RAM-Inhalts ausgelesen werden. Sind Schlüssel und Kennworte darunter, können sie durch systematisches Probieren gefunden werden, sofern sie sich nicht schon durch den Code des Algorithmus verraten.

Voraussetzung für den Erfolg ist der Zugriff auf einen laufenden Rechner mit aktivem Verschlüsselungsalgorithmus. Maßnahmen zum Verstecken der Schlüssel sind in der Regel wenig wirksam, da Codeanalysen i.d.R. eine einfache Identifikation von Standardalgorithmen erlauben und nachfolgend natürlich auch die Aufdeckung der Verschleierungsmaßnahmen. Bei nur temporär genutzten Kennworten und Schlüsseln empfiehlt sich daher ein Löschen der Speicherinhalte nach einem vorgewählten Zeitfenster.[91]

5.3.5 Differentielle Stromanalyse

In vielen Bereichen, in denen auch Verschlüsselungstechniken eingesetzt werden, kommen heute Chipkarten zum Einsatz (Kreditkarten, Ausweise, usw.). Diese enthalten einen kleinen Rechner mit Arbeitsspeicher sowie einen Permamentspeicher, in dem unter anderem die Schlüssel untergebracht sind. Allgemein geht man davon aus, dass es die Fertigungsweise der Chipkarten selbst Institutionen mit unbegrenzten Mitteln nicht erlaubt, die Schaltung so weit zu öffnen, dass ein Auslesen der Daten möglich ist; das Gerät und seine Daten werden bei solchen Zugriffen unweigerlich zerstört.

Die Geräte sind natürlich nicht autark, sondern müssen in Verbindung mit anderen Rechnersystemen betrieben werden (Abbildung 5.11). Die Schnittstelle enthält neben dem seriellen Ein/Ausgabekanal auch Kontakte für die Stromversorgung und die Rechnertaktung. Man kann deshalb den

---

90   Unzureichend konstruierte oder durch einen Einbruch veränderte Betriebssysteme, die das doch erlauben, lassen wir in der Betrachtung außen vor.

91   Der Angriff gehört zum Standardrepertoir der Strafverfolgungsbehörden bei der Beschlagnahme von Rechnern. Eine Abwehr ist aber nicht nur für potentielle Straftäter interessant, die dies zu fürchten hätten. Sicherheitsunternehmen bieten auch Hardware an, die bis hin zur physikalischen Zerstörung von Festplatten im Falle unberechtigter Zugriffe sicher sein soll. Denkbare Einsatzfelder sind hier beispielsweise Bankautomaten, die gegen eine Cold-Boot-Attacke gesichert sein müssen, oder größere Datenbanken mit geheimen Daten, die auch bei einem Diebstahl ihre Geheimnisse nicht freigeben dürfen.

Stromverbrauch des Gerätes messen und ihn auch hochgenau bestimmten Operationen zuordnen. Dies ermöglicht einen zerstörungsfreien physikalischen Angriff auf das Gerät.

Die Idee hinter dieser Angriffsmethode ist, dass die elektrischen Vorgänge im Gerät je nach Bitmuster der beteiligten Daten unterschiedlich viel Strom verbrauchen. Beispielsweise ist der Stromverbrauch bei der Verknüpfung $1 \otimes 1$ sicher ein anderer als bei der Verknüpfung $0 \otimes 0$, wie man sich aufgrund der Konstruktion von Schaltkreisen versichern kann, und man kann versuchen, diesen Unterschied zu messen und bestimmten Schlüsselbits zuzuordnen.

In der Praxis ist das natürlich nicht ganz so einfach, da die Differenzen kleiner sind als das Rauschen und viele Bits gleichzeitig verarbeitet werden, so dass sich die Effekte gegenseitig löschen können. Einer einzelnen Messkurve werden sich daher keine Informationen entnehmen lassen. Der Stromverbrauch ist aber über die Versorgungskontakte hochgenau messbar, so dass es möglich ist, die Messkurven mehrerer Verschlüsselungsvorgänge taktgenau übereinander zu kopieren. Dies kann man für die Verstärkung des gesuchten Signals verwenden.

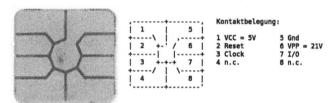

Abbildung 5.11: Kontaktbelegung einer Chipkarte mit externer Taktung

Der Angriff besteht aus zwei Teilen: im ersten experimentellen Teil werden zunächst die Strom/Zeitkurven der Verschlüsselungen zufällig ausgewählter Nachrichten aufgenommen. Die Auflösung muss hoch genug sein, um die Einzelschritte des Algorithmus zu umfassen. In der Regel genügen einige 1.000 – 10.000 Datensätze, die mithin schnell zu generieren sind.

Der zweite rechnergestützte Teil besteht aus der wiederholten Auswertung dieser Daten zur Ermittlung von Schlüsselbits. Da die Klartexte und die Algorithmen bekannt sind, weiß man, welche Nachrichtenbits in welcher transformierten Form mit welchen Schlüsselbits in der ersten Verschlüsselungsrunde eines Blockverschlüsselungsverfahrens in einem Takt zusammentreffen. Für eine frei gewählte Belegung der Schlüsselbits kann man daher die Datensätze in 2 – 3 Klassen sortieren:

- Klasse 1 enthält alle Datensätze, in denen in einem Takt ausschließlich Bitkombinationen der Art $1 \otimes 1$ aufeinandertreffen.

- Klasse 3 enthält alle Datensätze, die der Angreifer bei dieser Auswertung als störend empfindet, z.B. solche, in denen mehr als die Hälfte der Bits die Kombinationen $1 \otimes 1$ aufweisen.

  Die Einrichtung dieser Klasse ist allerdings optional, und in der Regel wird auf ihre Einrichtung verzichtet.

- Klasse 2 enthält sämtliche verbleibenden Datensätze.

Von sämtlichen Datensätzen der Klassen 1 und 2 werden Mittelwertdatensätze gebildet, die beispielsweise ein Aussehen wie in Abbildung 5.2 besitzen können. Sie enthalten zufällige Vorgänge, die nichts mit den Modellvorgängen zu tun haben, aber eine Erkennung des gesuchten Signals unterbinden (Abbildung 5.2).

Zieht man nun die Kurven voneinander ab (und ist das Modell brauchbar), so erscheinen in der Differenz bei korrekt gewählten Schlüsselbits signifikante Abweichungen vom Rauschpegel (Abbildung 5.13 unten). Ist der Schlüssel falsch, so treten die Modellvorgänge statistisch in beiden Klassen auf, und die Differenzkurve besteht nur aus dem Rauschen.

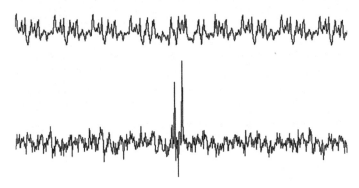

Abbildung 5.12: Differenzen bei falscher und korrekter Klassenbildung

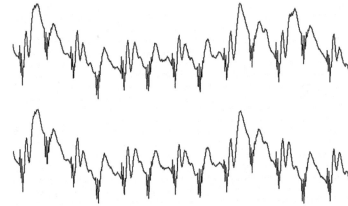

Abbildung 5.13: Mittelwertskurven der Klassen

Die Klassifizierung ist daher mit allen Belegungen der Schlüsselbits zu wiederholen. Je nach Ergebnis hat man die Schlüsselbits danach eindeutig identifiziert, muss bei Mehrdeutigkeiten ggf. eine Klasse 3 einrichten und die Auswertung wiederholen oder hat einen Chip vor sich, der Gegenmaßnahmen enthält und neue Vorstellungen erfordert.

Im Idealfall kann man den 56 Bit-Schlüssel DES-Algorithmus mit dieser Methode mit folgendem Aufwand ermitteln:

➢ Pro S-Box werden 6 Schlüsselbits eingesetzt, d.h. maximal 64 Klassifizierungen gebildet, um den Teilschlüssel zu erhalten.

➢ In einer Runde werden 8 S-Boxen verwendet, d.h. im ungünstigsten Fall sind 512 Klassifizierungsauswertungen notwendig, um die 48 Bit des Rundenschschlüssels zu ermitteln.

> ➤ Für die Ermittlung der fehlenden 8 Bit bis zum 56-Bit-DES-Schlüssel sind maximal 256 weitere Versuche notwendig, so dass im denkbar ungünstigsten Fall 768 Auswertungen durchzuführen sind.

Aufgabe. Anstelle des Eingabeklartextes kann auch mit dem Chiffrat des letzten Verschlüsselungsschritts gearbeitet werden, wobei ähnlich wie bei der linearen und der differentiellen Kryptoanalyse auf den unbekannten Teil der 15. Runde zurückgerechnet wird. Es sei dem Leser überlassen, die Klassifizierungsregeln für diese Methode aufzustellen.

Außer dem hier verwendeten Modell der XOR-Verknüpfung von Schlüssel- und Nachrichtenbits kann man natürlich auch weitere Stromverbrauchsmodelle unterstellen und in Messreihen ausprobieren. Wichtig ist lediglich, dass man das unterstellte Modell auf eine eindeutige Kombination von Schlüssel- und Nachrichtenbits zurück verfolgen kann, wobei natürlich sämtliche Transformationen vor und nach dem Aufeinandertreffen von Nachrichten- und Schlüsselbits mit berücksichtigt werden müssen.

Aufgabe. Ist der AES durch eine solche Analyse gefährdet? Untersuchen Sie die Tabellenform des Algorithmus und legen Sie die Rahmenbedingungen für einen solchen Angriff fest.

Ist eine Chipkarte erst einmal abhanden gekommen, so kann der Schlüssel sehr schnell ermittelt werden, wenn keine Gegenmaßnahmen ergriffen werden – möglicherweise schneller, als der Verlust überhaupt auffällt. Gegenmaßnamen sind allerdings nicht einfach.

- Soll das Gerät nur wenige Daten ver- und entschlüsseln, beispielsweise zur Authentifizierung des Inhabers, können Zeitverzögerungen vorgesehen werden, so dass die notwendigen Analysedaten nicht so schnell erzeugt werden können. Wie weit diese Maßnahmen gehen können, hängt allerdings auch von den Einsatzbedingungen ab, da ja die Brauchbarkeit nicht eingeschränkt werden darf.

- Elektrischen Maßnahmen, die ein direktes Durchschlagen des Stromverbrauchs der Bausteine auf die Versorgungseinheit verhindern (beispielsweise Kondensatoren oder Drosseln zur Dämpfung der Verbauchsschwankungen), steht die begrenzte Bauteilgröße entgegen.

- Zufällige Abfolgen der S-Box-Auswertung lassen sich unter Inkaufnahme längerer Arbeitszeiten realisieren. Allerdings führt diese Maßnahme nur zu begrenzten Erfolgen und lässt sich ggf. durch größere Messreihen oder Klassifizierungsmethoden wieder ausgleichen.

- Zufällige Verzögerungen im Programmablauf stören die Synchronität der Operationen, führen aber auch zu einem zusätzlichen Zeitbedarf, der die Anwendungsqualität mindert. Auch hier sind nur begrenzte Möglichkeiten vorhanden, die vom Angreifer ausgeglichen werden können.

- Wirksam sind PIN-kontrollierte Freigaben des Algorithmus, die bei mehreren Fehlversuchen das Gerät sperren. Anwendungsbedingt ist dies aber nicht überall realisierbar.

Aufgabe. Für die Anordnungen der 8 S-Boxen des DES existieren zwar formal $8!=40.320$ Möglichkeiten, da die S-Boxen aber immer einzeln untersucht werden, liegt die Unsicherheit lediglich bei $1/8$. Wie könnte sich das in Messungen auswirken? Wie könnte man dem durch eine erweiterte Klassenbildung begegnen?

5.3.6 Cache-Zeit-Analyse

Blockchiffrieralgorithmen verwenden aus Perfomanzgründen Substitutionstabellen, die bei größer werdender Schlüssel- und Klartextbreite zwar nicht gerade ausufern, aber doch selbst auch schon beachtliche Größen annehmen können. Computer wiederum organisieren ihren RAM-Speicher in Speicherbänken, die unterschiedliche Zugriffszeiten besitzen können, und bei größeren Substitutionstabellen besteht eine gewisse Wahrscheinlichkeit, dass die Daten auf unterschiedliche Bänke verteilt werden. Als Programmierer erfährt man allerdings nichts davon, da der Speicherbereich in der Programmierung immer das gleiche Aussehen besitzt.[92] Ein Angreifer kann aber versuchen, zwischen Zugriffen auf verschiedene Bänke zu differenzieren und so Informationen über den Schlüssel zu erhalten. Das funktioniert natürlich wieder nur, wenn er dem System Klartexte nach Wahl zuführend und die Zeit zur Verschlüsselung messen kann.

Um einen solchen Angriff durchführen zu können, muss der Angreifer zunächst in Erfahrung bringen, ob und welche Tabellenzugriffe mit längeren Zugriffszeiten verbunden sind. Da Rechner recht individuelle Hardwarezusammenstellungen aufweisen und die Position der Tabellen nach dem Laden auch vom Betriebssystem abhängt, ist dies nur mit einem System in Erfahrung zu bringen, bei dem man alle Größen einschließlich des Schlüssels kontrollieren kann. Der Angreifer muss daher zunächst das Zielsystem, dessen Schlüssel er ermitteln will, exakt nachbauen, d.h. gleiche Hardware, gleiches Betriebssystem und gleiche Software, die Versionen eingeschlossen. Häufig ist das weniger kompliziert, als es den Anschein hat. Um ein System nutzen zu können, muss ja zuerst eine Verbindung zu ihm hergestellt werden, und die Verbindungsprotokolle sind gerade in dieser Phase in den meisten Fällen außerordentlich geschwätzig und verraten viele Hard- und Softwaredetails. Mit diesem nachgebauten System kann er nun ermitteln, ob es für einen solchen Angriff anfällig ist und welche Betriebsparameter gemessen werden müssen.

Die Zeitdifferenzen, um die es geht – wenige Takte auf dem Systembus – sind natürlich viel zu klein, um direkt gemessen werden zu können. Wie bereits bei der Differentialstromanalyse ist eine Klassenbildung und Aufsummierung günstiger Ereignisse notwendig.

Vorbereitung des Angriffs. Nehmen wir den AES als Beispiel, so erfolgt die Verknüpfung von Klartext- mit Schlüsselbytes in der Form $X'[k] = T[X[i] \otimes K[j]]$, also bezüglich der Schlüsselbytes linear. In der ersten Verschlüsselungsrunde ist $X[i]$ bekannt, auch wenn der Index auf komplizierte Weise berechnet wird. Das Schlüsselbyte $K[j]$ ist natürlich ebenfalls bekannt und wird der Einfachheit halber meist auf den Wert Null gesetzt. Der Angreifer konstruiert nun etliche 100.000 Klartextdatensätze, in denen $X[i] \otimes K[j]$ immer den gleichen Wert besitzt, alle anderen Positionen aber mit wechselnden Zufallszahlen besetzt sind. Nur dieser eine Indexzugriff besitzt daher eine individuelle Zugriffszeit, alle anderen wechseln zufällig zwischen der kleinsten und der größten Zugriffszeit. Gemessen wird die Antwortzeit des Systems mit hoher zeitlicher Auflösung.

Summiert man die Zeiten aller Datensätze auf, mitteln sich die unterschiedlichen Zugriffszeiten der zufällig besetzten Klartextpositionen heraus. Damit das tatsächlich effektiv erfolgt, also jeder Verschlüsselungsvorgang zeitlich möglichst wenig vom statistischen Mittelwert abweicht, und auch Verwaltungsvorgänge durch das Betriebssystem berücksichtigt werden, müssen die Klartextdatensätze oft relativ lang sein, und die Feststellung der optimalen Länge ist ebenfalls einer der Parameter, die experimentell ermittelt werden müssen. Lediglich der festgehaltene Indexwert sollte zu einer zeitlichen Konstante führen, die in allen Summanden gleich ist.

---

92 Daniel Bernstein, Cache Timing Attacks on AES

Die Messung wird nun für alle Belegungen des Index wiederholt, im Fall des AES also für alle 256 möglichen $X[i]$. Ist die Hypothese unterschiedlicher Zugriffszeiten für diesen Indexzugriff zutreffend und stimmen andere Parameter wie Nachrichtenlänge ebenfalls, könnte die Abweichung vom mittleren Zeitbedarf aller Messungen in Abhängigkeit vom eingestellten Testwert etwa wie Abbildung 5.12 aussehen. Einige Zeiten weichen statistisch signifikant vom Mittelwert ab. Ein solches Ergebnis muss nicht mit allen Schlüsselbytes der ersten Runde entstehen, aber die, die ein markantes Muster ergeben, sind angreifbar. Damit ist die relativ aufwändige Vorbereitung abgeschlossen.

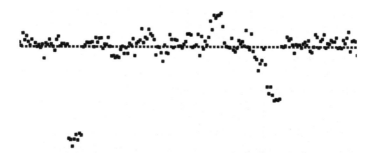

Abbildung 5.14: Abweichungen vom mittleren Zeitbedarf in Abhängigkeit vom konstanten Indexzugriff

Angriffsdurchführung. Das charakteristische Muster verschiebt sich linear mit dem Inhalt des Schlüsselbytes. Misst der Angreifer die Antwortzeiten des Zielsystems bei bekanntem Klartext und klassifiziert die Indexzugriffe entsprechend, ergibt sich das zugehörende Schlüsselbyte einfach aus der Verschiebung des Musters. Die Auswertung wird für alle gefundenen Musterpositionen wiederholt, wobei die Messdaten mehrfach verwendet werden können und nur umsortiert werden müssen.

Der Aufwand für den Angriff ist deutlich geringer als der der vorbereitenden Messungen, da ungeeignete Textpositionen, die kein auswertbares Muster liefern, nicht berücksichtigt werden müssen, und zum Erkennen des Musters auch nicht unbedingt alle 256 Klassen gemessen werden müssen. Auf diese Weise nicht ermittelte Schlüsselbytes müssen wieder durch Ausprobieren gefunden werden.

Die Erfolgsmöglichkeiten dieser Angriffsmethode sind erstaunlich Es konnte gezeigt werden, dass dieser Angriff selbst dann noch funktioniert, wenn die Maschinen nur über das Internet verbunden sind, die Messungen also auch die Datenlaufzeiten über Router und Netzwerke enthalten.

Aufgabe. Ein Blockchiffrieralgorithmus verwende sehr lange Schlüssel (z.B. 128 Bit), von denen in der ersten Runde nur relativ wenige zum Einsatz kommen (z.B. 64 Bit), so dass ein Ausprobieren selbst bei Ausspähen aller Bits der ersten Runde zeitlich wenig Aussicht auf Erfolg hat. Kann der Angriff so modifiziert werden, dass auch Schlüsselbits, die erst in der zweiten Runde eingesetzt werden, ausgespäht werden können?

5.3.7 Ergänzungen und Fazit

DATEISYSTEME

Die Ergänzung ist eigentlich ein alter Hut; er sei aber trotzdem noch einmal aufgesetzt. Sie besteht nicht aus einem Angriff auf verschlüsselte Daten, sondern dem Auffinden vertraulicher Daten, die es eigentlich gar nicht mehr geben sollte. Dateien nisten sich einigermaßen hartnäckig auf Festplattensystemen ein und sind dann natürlich auch einem Ausspähen zugänglich.

Papierkörbe. Die meisten Dateisysteme löschen Dateien nicht sofort, sondern verschieben sie nur in einen so genannten Papierkorb, aus dem sie jederzeit wiederhergestellt werden können, weil sich außer dem Ordner, dem die Dateien zugeordnet sind, nichts ändert.

Löschen von Dateien. Beim „endgültigen Löschen" werden nur die Dateiverweise in den Ordnern, den Papierkorb eingeschlossen, gelöscht, nicht jedoch die Daten selbst. Diese bleiben so lange erhalten, bis der Platz anderweitig benötigt und die Daten überschrieben werden.[93] Suchprogramm können eine Vielzahl an Dateien auch dann wiederherstellen, wenn sie „endgültig gelöscht" oder aufgrund anderer Fehler verloren gegangen sind.

Das gilt vielfach selbst dann noch, wenn die Reihenfolge der Sektoren durch Neuverwendung verloren gegangen ist. Selbst Dateibruchstücke sind oft noch identifizierbar.

Will man die Daten tatsächlich löschen, muss man spezialisierte Löschprogramme einsetzen, die nicht nur „endgültig löschen", sondern auch die Daten selbst mit Zufallswerten überschreiben. Das Überschreiben gilt auch für die Ordnereinträge, wenn man verhindern will, dass auch die Existenz überschriebener Dateien nicht bekannt wird, denn auch diese werden beim Löschen i.d.R. nicht wirklich gelöscht, sondern nur als ungültig gekennzeichnet. Grund für diese Nachlässigkeit der Dateisysteme ist die Geschwindigkeit: würde das Betriebssystem jeweils gründlich aufräumen, geschähe das vermutlich zu mehr als 90% bei Daten, bei denen das nicht notwendig ist, verbrauchte aber sehr viel Zeit, die der Anwender wartend vor dem System verbringen müsste.

Anmerkung. Das Überschreiben von Dateien erfolgt zwischen 3 und 27 Mal, da durch Analogauswertung der Magnetisierung auch alte Daten noch rekonstruierbar sind. Grund sind Einschwingvorgänge am Beginn eines Bits (kleine Zeitversätze bei wiederholtem Schreiben) und absolute Magnetisierungshöhen (wird ein 1-Bit mit einem 1-Bit überschrieben, erhöht das etwas die Magnetisierung). Die heutigen Platten besitzen jedoch so hohe Packungsdichten an Daten, dass die Rekonstruierbarkeit nach Überschreiben zunehmend geringer wird.

Löschen des unbelegten Speicherplatzes. Das nachhaltige Löschen von Dateien kann man auch durch Löschen des freien Speicherplatzes auf der Platte ersetzen. Allerdings ist das weniger trivial, als es sich anhört: Dateien füllen den letzten Sektor selten komplett, was aber auch bedeutet, dass bei Wiederverwendung bereits benutzter Sektoren dort noch Daten aus der gelöschten Datei vorhanden sein können. Nachhaltiges endgültiges Löschen durch Löschen des unbenutzten Speicherplatzes anstelle einer nachhaltigen endgültigen Löschung von Dateien ist deshalb nur dann gleichwertig mit der Dateilöschmethode, wenn die Dateienden der vorhandenen Dateien ebenfalls überschrieben werden.

Temporäre Dateien. Ein problematisches Kapitel sind temporäre Dateien, die von vielen Anwendungen angelegt und meist, aber nicht immer (!) nach Beenden der Anwendung gelöscht werden.[94]

---

93 Das kann u.U. sehr lange dauern, denn auch bei dem Speicherbedarf heutiger Anwendungen und Daten bedeuten Plattengrößen im Terrabytebereich doch noch eine ganze Menge Platz.

94 Viele Anwendungen melden sich beim Neustart nach Fehlern mit „folgende Dateien können wiederhergestellt werden:" zurück, d.h. die temporären Dateien sind alles andere als temporär.

Selbst verschlüsselte Daten finden sich nach einer Bearbeitung dann oft unverschlüsselt auf der Festplatte. Abhilfe bringen spezialisierte Softwareagenten, die beobachten, welche Anwendungen laufen, und nach deren Beendigung die temporären Dateien nachhaltig löschen, ggf. kombiniert mit regelmäßigem Überschreiben des freien Speicherplatzes.

Auslagerungsdateien. Betriebssysteme lagern nicht benötigte Daten im RAM auf die Festplatte aus, wenn dies notwendig ist. Selbst bei 2-4 GB Speicher kann dies vom Betriebssystem für notwendig erachtet werden, wenn Prozesse lange unbenutzt in der Warteliste stehen. Dabei können auch Daten ausgelagert werden, die eigentlich nur für die Aufbewahrung im RAM vorgesehen sind, wie beispielsweise Kennworte. Die Verhinderung der Auslagerung kritischer Daten wird von den Systemen bislang nur unzureichend unterstützt. Spezialisierte Anwendungen können für das nachhaltige Löschen dieser Bereiche beim Herunterfahren des Systems sorgen; bei lang laufenden Systemen kann sich allerdings in den Auslagerungsdaten beim harten Abschalten auch Kritisches Ansammeln.

PROGRAMME

Der Vollständigkeit halber sei die Installation von Programmen auf Zielrechnern erwähnt, die Daten ausspähen und über das Netzwerk versenden oder versteckt auf der Festplatte hinterlegen, wo sie später ausgelesen werden können. Bei solchen Programmen kann es sich um Troianer handeln, die vom Nutzer selbst unbewusst installiert werden, oder um gezielte Einzelinstallationen, die der Angreifer selbst auf den Rechner bringt, wenn der Eigentümer gerade woanders hin schaut. Je gezielter solche Installationen erfolgen, desto besser können die Spähprogramme versteckt und auf das spezielle Angriffsziel eingestellt werden.

FAZIT

Wenn Sie die verschiedenen Methoden noch einmal Revue passieren lassen, werden Sie um die Schlussfolgerung kaum herum kommen, dass die Bedeutung von Angriffen auf Verschlüsselungen meistens falsch bewertet wird. Mathematische Angriffe sind oft kompliziert und verlangen vom Angreifer gute Programmierkenntnisse, sehr umfangreiche Laborversuche, bei denen man vorab nicht abschätzen kann, ob sie überhaupt Erfolg haben, und umfangreiches Datenmaterial für den letztlichen echten Angriff. Allein Letzteres disqualifiziert mathematische Angriffe als nutzbare Methoden, denn hinreichend große Mengen an Datenmaterial lassen sich in der Praxis gar nicht gewinnen. Wirklich nutzbare Angriffsmethoden beschränken sich auf WEP oder – bereits für Echtzeitangriffe nicht mehr nutzbar – auf bestimmte Mobilfunkverschlüsselungen.

Physikalische Angriffe erfordern direkte Zugriffe auf die Hardware, was meist vom Angegriffenen bemerkt wird. Je nach Fall kann er im Vorfeld oder danach Gegenmaßnahmen ergreifen, die den Schaden begrenzen. Im Buch „Die ausgespähte Gesellschaft" werden einige Methoden beschrieben, die unbemerkt am Ziel des Angriffs vorbei führen, jedoch sind auch das keine Angriffe auf die Verschlüsselung selbst und erfordern so hohen Aufwand, dass sie nur von Nachrichtendiensten und in Einzelfällen eingesetzt werden können.

Die echte direkte Gefahr für Verschlüsselungssysteme geht von den Schlüsseln selbst aus, was selten in die Betrachtungen eingeht. Die meisten Angriffsmethoden sind kaum besser als ein brute-force-Angriff mit Durchprobieren aller Schlüsselkombinationen. In den vielen Fällen folgen Schlüsselkonstruktionen jedoch bestimmten Regeln, was Angreifern erlaubt, brute-force-Angriffe mit wohlsortierten Schlüsselmengen auszuführen und so sehr viel schneller zum Ziel zu kommen als mit Angriffen gegen die Algorithmen selbst.

5.4 Verschlüsselung in der Praxis

Welcher Algorithmus ist der Beste? Wenn man sich in die einschlägigen Foren begibt, stellt man schnell fest, dass die Teilnehmer an Diskussionen tatsächlich dazu neigen, verbal aufeinander einzuschlagen. Oft geht es dort hitziger zu als in den Foren, in denen die für das Leben wirklich wichtigen Fragen, welcher Modelleisenbahnmarke der Vorzug zu geben ist, behandelt werden. Also lassen wir das.

Trotzdem ist festzustellen, dass die nackten Algorithmen, so wie sie vorgestellt wurden, in der Praxis nicht ausreichen. Der Grund liegt im Missverhältnis der Datenmenge, die ein Algorithmus in einem Schritt verschlüsseln kann, und der Datenmenge, die insgesamt zu behandeln ist.

5.4.1 Von der Blockchiffre zur Datenchiffre

Die Blockverschlüsselungsverfahren haben einige Eigenschaften, die bei einem Praxiseinsatz durch entsprechende Verfahrenserweiterungen zu berücksichtigen sind:

a) Die Datenlänge entspricht statistisch nur in 1/8 bzw. 1/16 der Fälle einem Vielfachen der Blocklänge des Algorithmus. Da entschlüsselten Daten nicht anzusehen ist, ob sie zu den ursprünglichen Daten gehören oder durch Auffüllen entstanden sind, sind Maßnahmen zur Längensicherung notwendig.

b) Short Range Repeating. Daten besitzen in der Regel eine gut definierte Struktur, so dass auch bei 8- oder 16-Byte-Blöcken eine relative hohe Wahrscheinlichkeit besteht, Blöcke mit gleichen Inhalten im Klartext zu finden. Diese sollten aber nicht im Chiffrat wiederauffindbar sein.

c) Long Rang Repeating. Sitzungsschlüssel werden in der Regel nicht bei jedem Datenpaket gewechselt, sondern in größeren Abständen. In vielen Anwendungen weisen Pakete jedoch wiederkehrende Sequenzen auf, insbesondere im Bereich des Paketbeginns. Eine Unterteilung in Paketklassen aufgrund gleicher Chiffratsequenzen sollte aber nicht möglich sein.

Daneben sind weitere Eigenschaften wie Paketintegrität (d) und ggf. Paketwiederholung (e) zu kontrollieren. Um die Anforderungen zu erfüllen, werden die Daten zunächst in eine Paketstruktur eingepackt, die folgendes maximale Aussehen haben könnte:[95]

```
struct Data {
    byte iv[8];        // Zufallszahl          (A)
    byte len[8]; // Paketlänge           (B)
    byte count[8];     // Paketzähler          (C)
    byte data[len];    // Datenpaket           (D)
    byte pad[..];      // Auffüllung           (E)
    byte iv[8]; };     // Wiederholung Zufallszahl    (F)
```

Welche Datenfelder man davon nutzt, hängt von der Verfahrenserweiterung insgesamt ab. Auch die angegebenen Längen sind natürlich fallweise anpassbar. Im Praxiseinsatz sind die im Folgenden beschriebenen Methoden.

---

95 Die Datenstruktur berücksichtigt sämtliche Aspekte einschließlich der Integritätssicherung. Diese wird in der Praxis allerdings meist von Hashfunktionen übernommen. Die Datenstruktur ist mithin eher ein mögliches Modell als ein in der Praxis auftretendes Verfahren.

ELECTRONIC CODE BOOK ECB

Diese Methode ist die einfachste und verwendet die Verschlüsselungsalgorithmen unmodifiziert. Die Pakete werden in Segmente der Blocklänge des Verschlüsselungsverfahrens unterteilt und einzeln verschlüsselt. Das Chiffrat besteht aus den Datenteilen (B), (D) und (E); (A), (C) und (F) machen keinen Sinn, da die Datenblöcke von einem aktiven Angreifer unbemerkt ausgetauscht werden können.

Sofern eine geeignete Funktion zur Berechnung einer Prüfsumme, die über alle verwendeten Felder zu führen ist (nicht nur über die Daten!), zur Verfügung steht, können auch die Felder (C) und (F) aktiviert werden ((F) enthält den Prüfsummenwert). Das ECB-Verfahren berücksichtigt nicht die Anforderungen b) und c) bezüglich Wiederholungen kurzer Blöcke oder ganzer Nachrichten. Dies erfolgt erst beim

CIPHER-BLOCK-CHAINING CBC

Die Datensegmente werden hierbei untereinander verknüpft, in dem das Chiffrat des vorhergehenden Blocks zunächst mit dem Klartext durch XOR verknüpft wird, bevor die Verschlüsselung erfolgt (Abbildung 5.15).

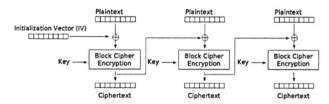

Abbildung 5.15: CFC-Verschlüsselungsschema (aus wikipedia)

Die Verknüpfung der Segmente untereinander sorgt dafür, dass gleiche Segmente verschiedene Chiffrate ergeben, die wechselnde Zufallszahl am Beginn des Datensatzes (IV für „initialisation vector" im Bild) dafür, dass auch gleiche Klartexte verschiedene Chiffrate ergeben.

Die Zufallszahl IV in dem in Abbildung 5.15 dargestellten Verfahren einer Kommunikationsverschlüsselung muss den Kommunikationspartnern bekannt sein und kann durch unterschiedliche Methoden vor Beginn jeder neuen Verschlüsselungssequenz festgelegt werden, z.B.

➢ durch öffentlichen Austausch zwischen den Kommunikationspartnern, wodurch sie natürlich auch Lauschern bekannt ist,

➢ durch Berechnen aus einem geheimen Schlüsselteil und einem öffentlichen Teil ähnlich der Schlüsselfortschreibung beim WEP-Verfahren, wozu aber bereits der Einsatz von Hashfunktionen notwendig ist,

➢ durch geheime Vereinbarungen zusammen mit dem Schlüssel selbst, womit wir aber bereits beim Einsatz der asymmetrischen Verschlüsselung angelangt sind.

Damit erübrigt sich Feld (C) (der Schlüssel für die Verschlüsselung ändert sich natürlich nicht).

Bei Dateiverschlüsselungen besteht natürlich kaum eine Möglichkeit, einen IV zwischen Ver- und Entschlüsseler auszuhandeln. Hier wird er als echte Zufallszahl erzeugt und als erster Block zusätzlich verschlüsselt. Nach seiner Entschlüsselung kann die Datei gemäß Abbildung 5.15 entschlüsselt werden. Ist zusätzlich irgendeine Form von Reihenfolgesicherung notwendig, ist Feld (C) einzufügen.

Durch (F)=(A) kann man eine separate Prüfsummenfunktion einsparen, was in der Praxis aber kaum eingesetzt wird.

CIPHER-FEED-BACK CFB

Dieses Verfahren überführt die Blockchiffrierung durch eine andere Blockverknüpfung in ein Stromverschlüsselungsverfahren (Abbildung 5.16). Angefangen mit der Zufallszahl IV, die den Kommunikationspartnern wieder bekannt sein muss, wird ein Klartextsegment mit dem letzten Chiffrat durch XOR verschlüsselt und dient dann als Eingabewert für die nächste Verschlüsselungsrunde.

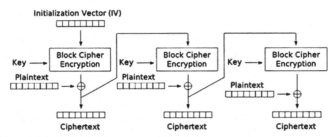

Abbildung 5.16: CFB-Verfahren (aus wikipedia)

Der Längenzähler (B) und die Padding-Daten (E) können entfallen, da im letzten Segment nur die Bits des Chiffrats verwendet werden, die tatsächlich noch benötigt werden.

Die Prüfsummenfunktion muss hier weniger hohen Ansprüchen genügen als bei echten Stromchiffrierverfahren, da sich Datenmanipulationen durch den iterativen Einsatz bei der Entschlüsselung auf nicht vorhersagbare Weise auf alle folgenden Segmente auswirken. Der IV anstelle einer Prüfsumme kann ebenfalls für die Sicherung der Integrität verwendet.

> **Aufgabe.** Muss oder sollte der IV geheim sein, wenn er für die Datenintegrität verwendet wird? Prüfen Sie, ob ein öffentlich bekannter IV für Fälschungen verwendet werden kann. Falls nicht, prüfen Sie, ob ein bekannter IV andere Einbruchsmöglichkeiten zumindest in der Theorie erleichtert.

OUTPUT-FEED-BACK OFB

Wenn man die Rückkopplung auf das nächste Segment nicht nach der Verknüpfung mit dem Klartext wie in Abbildung 5.16 vornimmt, sondern nur den IV fortlaufend verschlüsselt und das jeweilige Zwischenergebnis für die XOR-Verknüpfung verwendet, erhält man ein echtes Stromverschlüsselungsverfahren (Abbildung 5.14).

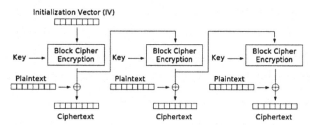

Abbildung 5.17: Output Feed Back (aus wikipedia)

Der Vorteil dieser Methode besteht in der Unabhängigkeit von Verschlüsselungsstrom und Klartext. Die Verschlüsselungsdaten können bereits berechnet werden, bevor der Klartext zur Verfügung steht. Dies ist für weniger leistungsstarke Geräte interessant, in denen die Datenrate stark schwankt. Wie bei jedem Stromchiffrierverfahren ist eine Integritätssicherung notwendig, wenn die Möglichkeit von Fälschungen, die auch von der Anwendung nicht mehr erkannt werden können, ausgeschlossen werden soll.

| **Aufgabe.** Kann der IV für die Sicherung der Integrität eingesetzt werden (Feld (F))?

Counter Mode CTM

Eine weitere Variante ist der Counter-Mode, bei dem ein Teil des IV als Zähler ausgebildet ist und keine Rückkopplung mehr erfolgt (Abbildung 5.18).

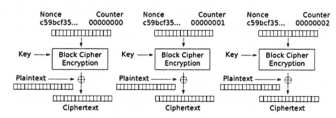

Abbildung 5.18: Counter Mode

| **Aufgabe.** Skizzieren Sie die Entschlüsselungsschritte der Verfahren.

Key Propagation

Einige Algorithmen wie der AES bieten die Möglichkeit, den Schlüssel von Segment zu Segment systematisch zu variieren, so dass auch bei Einsatz des ECB-Verfahrens Blockwiederholungen mit kurzer Reichweite nicht auftreten. Die nochmalige Verschlüsselung des Klartextes ergibt jedoch das gleiche Chiffrat wie zuvor, und auch gleiche Datenblöcke an den gleichen absoluten Positionen in verschiedenen Klartexten haben das gleiche Chiffrat.

In Verbindung mit den erweiterten Verfahren liefert eine Schlüsselfortschreibung keine neuen Sicherheitsmerkmale. Da sie ohnehin nur in wenigen Algorithmen definiert ist, wird sie äußerst selten eingesetzt.

Außer den hier beschriebenen Verfahren findet man in der Literatur etwa 10 weitere, die Kombinationen darstellen oder spezielle Absicherungen gegen Fälschungen oder Einbruch besitzen.

DATENRETTUNG IM FEHLERFALL

Mit einem Prüfsummenabgleich durchgeführt erlauben die Verschlüsselungsmethoden das Erkennen fehlerhafter Datensätze auf der Verschlüsselungsebene, so dass den Anwendungen jeweils nur korrekte Daten zur Verfügung gestellt werden. Wenn fehlerhafte Daten auch nicht mehr direkt brauchbar sind, kann natürlich versucht werden, die noch lesbaren Daten von Hand zu retten und die fehlerhaften Teile irgendwie zu rekonstruieren. Solche Rekonstruktionen können meist nicht vollautomatisiert erfolgen, sondern nur datenspezifisch bei Kenntnis des Aufbaus der Daten, und sind mit einem hohen Aufwand verbunden.

Im ersten Analyseschritt liegt die dechiffrierte Nachricht zusammen vor, wobei die Prüfsumme falsch ist. Die Analyse, welche Datenteile noch brauchbar sind und an welcher Stelle welcher Fehler aufgetreten ist, kann nur von Hand durch Begutachtung des Dechiffrats erfolgen.

Aufgabe. Stellen Sie Fehlerbilder für die verschiedenen Verfahren für folgende Fehlerfälle zusammen (Fehler können durch Übertragungsfehler oder durch Manipulation durch einen aktiven Angreifer entstehen):

a) Einzelne Blöcke besitzen fehlerhafte Bytes.

b) Es fehlen komplette Blöcke.

c) Es sind zusätzliche komplette Blöcke vorhanden.

d) Es fehlen einzelne Bytes oder Bytegruppen.

e) Es sind zusätzliche Bytes oder Bytegruppen vorhanden.

Prüfen Sie auch, ob und wie bei den Fehlerbildern d) und e) Daten nach dem Auftreten des Fehlers rekonstruiert werden können.

Im zweiten Schritt kann versucht werden, die fehlerhaften Daten zu rekonstruieren. Formal könnte man in Abhängigkeit vom Fehlerbild sämtliche Möglichkeiten simulieren lassen, bis eine korrekte Checksumme entsteht. In der Praxis scheitert eine solche Automatik allerdings am Umfang.

Aufgabe. Wenn man eine Vorstellung von den Daten besitzt, lässt sich eine exakte Rekonstruktion vielfach doch vornehmen. Arbeiten Sie Verfahrensvorschriften für solche Rekonstruktionen in Abhängigkeit von den Fehlerbildern aus.

Aufgabe. Für alle Verfahren können leicht Algorithmen aus dem Internet geladen werden. Verschlüsseln Sie längere Textdateien und prüfen Sie Ihre Erkenntnisse aus den letzten beiden Aufgaben in der Praxis.

Wenn die Klartextdaten komprimiert sind, ist eine Rekonstruktion in der Regel nicht möglich. Viele Kompressionsverfahren erlauben zwar eine Rekonstruktion, wenn nicht allzu viele Daten verfälscht sind, bei einem Fehler in einer Verschlüsselung sind aber meist zu viele Daten bzw. Daten an Stellen, die wesentlich für einen Rekonstruktionsvorgang sind, betroffen.

5.4.2 Polymorphe Verschlüsselung

Warum nur einen Algorithmus nutzen und nicht alle? Das Ergebnis dieser Strategie ist eine polymorphe Verschlüsselung: aus einem Pool von N verschiedenen Verschlüsselungsalgorithmen wird einer ausgewählt, um einen Block zu verschlüsseln, für die Verschlüsselung des nächsten Blocks wird der Algorithmus gewechselt.

Polymorphe Verschlüsselung muss gleichwohl systematisch sein, denn die Entschlüsselung muss ja auch problemlos möglich sein. Ein mögliches Modell ist:

1. Die Schlüsselbits $K_1 .. K_x$ wählen nach einem festgelegten Schema einen Verschlüsselungsalgorithmus aus.

2. Der ausgewählte Algorithmus verschlüsselt einen Block mit den Schlüsselbits $K_{x+1} .. K_n$

3. Mindestender Schlüssel $K_1 .. K_x$ wird nach einem festgelegten Verfahren fortgeschrieben, wobei sich alle Schlüsselbits pseudo-zufällig ändern. Geeignet ist beispielsweise auch die Beteiligung von Klartextbits, um eine variable Größe ins Spiel zu bringen. Sind noch weitere Blöcke vorhanden, wird bei 1. fortgefahren.

Aufgabe. Konstruieren Sie ein Gesamtverfahren für die Ver- und Entschlüsselung. Die Vorgehensweise ist beliebig, da für polymorphe Verfahren keine etablierten Vorschriften existieren.

Der Gedanke dahinter: dem Chiffrat ist nicht anzusehen, welcher Algorithmus für die Verschlüsselung eines Blocks verwendet wurde, so lange man den Schlüssel nicht kennt. Ein Blockchaining wird durch den Algorithmenwechsel automatisch durchgeführt, so dass weitere Maßnahmen nicht notwendig sind.[96] Will ein Angreifer einen Block knacken, muss er alle Algorithmen durchprobieren. Das hat Konsequenzen:

◆ Gelingt es ihm, einen Block zu knacken (es kommt sinnvoller Inhalt heraus), hat er

   ● den Schlüssel ermittelt, weil er den richtigen Algorithmus ausgewählt hat, oder

   ● einen Schlüssel für den falschen Algorithmus ermittelt, der bereits für den nächsten Block nicht mehr passt (aufgrund der Bijektivität gibt es für jeden Algorithmus einen Schlüssel, der etwas Sinnvolles liefert).

◆ Benötigt er m Blöcke, um einen bestimmten Algorithmus knacken zu können, und muss er aufgrund der Polymorphie n Blöcke untersuchen, um statistisch m-faches Verwenden des Algorithmus erwarten zu können, muss er $\binom{n}{m}$ Kombinationen untersuchen.

Polymorphe Verschlüsselung ist theoretisch somit durchaus in der Lage, einem Angreifer das Leben noch schwerer zu machen. Möglicherweise können Angriffe bei bestimmten Szenarien mehr oder weniger ausgehebelt werden, allerdings ist das durch Fallanalysen zu prüfen. Andererseits wird man ohnehin nur Algorithmen einsetzen, die bereits sicher und/oder gehärtet sind und kaum Angriffsmöglichkeiten bieten, die wesentlich über einen Brute-Force-Angriff hinausgehen. Also sinnvoll oder nur fortgeschrittene Paranoia? Zumindest die NSA scheint nach privaten Informationen ihre internen Daten mit solchen Methoden abzusichern – und fällt dann prompt auf Whistle Blower wie Edward Snowden herein. Vielleicht doch zu viel Aufwand an der falschen Stellen (siehe auch Kapitel 4.5 Und was macht der Gegner?, S. 67 ff.).

---

96 Das hängt ein wenig von der Vorgehensweise in Schritt 3. ab und wäre statistisch/kombinatorisch jeweils abzusichern.

5.4.3 Festplattenverschlüsselung

VERSCHLÜSSELTE PLATTEN

Im Unterschied zu Anwendungen wie Kennwortmanagern, bei denen die unverschlüsselte Information so gering ist, dass sie komplett im Hauptspeicher Platz findet und auf der Platte nur verschlüsselte Daten liegen, oder manuellen Dateiverschlüsselungen, bei denen meist zwischen verschlüsselter und unverschlüsselter Form auf der Platte gewechselt wird, sind bei der Verschlüsselung von Dateisystemen große Datenmengen, von denen jeweils nur ein gerade benötigter kleiner Teil nach einem zufälligen Zugriffsmuster entschlüsselt wird, zu bearbeiten.

Grundsätzlich ist eine strikte Trennung einzuhalten: entschlüsselte Daten werden nur im Hauptspeicher abgelegt, alle Daten auf der Festplatte sind **immer** verschlüsselt.

Jede Schreiboperation wird daher mit einem Verschlüsselungsschritt verbunden, jede Leseoperation mit einem Entschlüsselungsschritt.

Im diesem ersten Teil diskutieren wir die komplette Verschlüsselung einer Festplatte. Die damit ausschaltbare Gefährdung von Festplattendaten liegt

- in der Entwendung der Platten/des Rechners oder

- der Entsorgung defekter oder nicht mehr benötigter Platten mit unvollständig gelöschtem Inhalt.

Nicht zu verhindern ist Datendiebstahl durch Schadprogramme, die auf dem Rechner installiert werden und natürlich im normalen Betrieb Zugriff auf die unverschlüsselten Daten besitzen.

Verschlüsselungen wurden ursprünglich vom Betriebssystem mit erledigt. Aufgrund der Arbeitsgeschwindigkeit der Systeme spielt der Verschlüsselungsschritt nur eine kleine Rolle, wenn auch die CPU sich in dieser Zeit natürlich anderen Prozessen widmen könnte. Im Rahmen der Verlagerung vieler systemnaher Funktionen auf die Festplattensteuerung selbst ist heute auch die Verschlüsselung meist Aufgabe des Plattencontrollers, so dass sich das Betriebssystem nicht mehr um diese Vorgänge zu kümmern braucht und lediglich zu Beginn eine Verbindung zur Plattensteuerung herstellen muss, um den Schlüssel zu übertragen.[97] Nach wie vor existieren jedoch auch Lösungen, die die Arbeit im Betriebssystem erledigen.

Festplattenspeicher werden unabhängig von der tatsächlich angeforderten Datenmenge immer in der physikalischen Sektorengröße gelesen oder beschrieben.[98] Häufig werden jedoch nur wenige Bytes von der Anwendung angefordert, so dass eine komplette Ver- und Entschlüsselung eines Sektors nach einem der Stromverfahren aus Kapitel 5.4.1 in den meisten Fällen ein zeitfressender Aufwand ist. Daher wird vorzugsweise ein ECB-Modus verwendet.

---

97 Das System wird dadurch ein wenig angreifbarer, da laufende Festplatten immer noch zugänglich sein können, wenn das Betriebssystem ansonsten bereits alle Funktionen gesperrt hat. Vom Betriebssystem muss daher als zusätzliche Maßnahme beim vorübergehenden Sperren des Zugriffs auch die Festplatte gesperrt werden.

98 Die physikalischen Größen der Festplatte und die logische Größen des Betriebssystems können sich unterscheiden, was auch ein Grund ist, dem Festplattencontroller die Arbeit zu überlassen.

Eine normaler ECB-Modus zeigt aber genau das Problem, weshalb wir uns mit Stromchiffren beschäftigt haben: gleiche Klartexte führen zu gleichen Chiffraten, und wenn es einem Angreifer gelingt, eigene Daten z.B. über einen Dateidownload einzuschleusen, erhält er Hinweise über die Datenstruktur auf der Platte bzw. sogar Informationen über bestimmte Inhalte.[99]

Die einzelnen Datenblöcke müssen daher mit Blendinformationen verschlüsselt werden, die von Position zu Position wechseln. Jede Blockchiffre kann eindeutig über ihre

- Sektornummer i und die
- Blockposition k

innerhalb des Sektors mit einer Positionsnummer versehen werden, die zur Berechnung der Blendinformation herangezogen werden kann. Die Blendwerte dürfen aber nicht durch einen Angreifer berechenbar werden, weil eine Systematik einen passenden Einstieg für einen Angriff bietet und eine Festplatte obendrein das macht, was bei vielen anderen Szenarien fehlt, nämlich eine große Datenmenge zur Verfügung zu stellen. Das Problem wird mit Hilfe zweier Schlüssel im XTS-Blockverschlüsselungsschema gelöst, das folgende Schritte enthält:

$$b_{i,k} \equiv AES(K_2, i) * P(x)^k \, mod(x^{128} + x^7 + x^2 + x + 1)$$
$$C_{i,k} = AES(K_1, N_{i,k} \oplus b_{i,k}) \oplus b_{i,k}$$

Die Schlüssel K_1 und K_2 sowie ein primitives Polynom $P(x)$ werden zufällig festgelegt und im Bootsektor mit dem Anwenderschlüssel verschlüsselt hinterlegt. Die modularen Potenzen des Polynoms werden in einer Tabelle hinterlegt, so dass die Berechnungen sehr effizient implementiert werden können. Die doppelte Verknüpfung der Blendinformation mit Klartext und Chiffrat soll dafür sorgen, das aus der auf Geschwindigkeit optimierten und daher kryptologisch relativ schwachen Blockblendung keine Daten heraussickern können (das Rückkopplungsprinzip wird uns bei den Hashfunktionen wieder begegnen). Das XTS-Schema ist u.a. von NIST und NSA getestet und als sicher anerkannt.

Aufgabe. Beim AES könnte man grundsätzlich auch mit der Schlüsselfortschreibung operieren und die Blocknummer unberücksichtigt lassen. Weisen Sie nach, dass diese Methode weniger effektiv ist.[100]

VERSCHLÜSSELTE PARTITIONEN UND DATEIEN

Statt die gesamte Festplatte zu verschlüsseln, kann man die Verschlüsselung auf einzelne Partitionen beschränken oder Partitionen mit unterschiedlichen Schlüsseln versehen. Verschlüsselungssysteme bieten oft beides nebeneinander an, wobei Partitionsverschlüsselung weniger gut durch die Plattenhardware unterstützt wird. Solche Strategien können sinnvoll sein, wenn

a) Mehrere Betriebssysteme nativ nebeneinander auf einem Rechner betrieben werden sollen.

---

99 Die Verwendung von CFC & Co. würde zu anderen Problemen führen: die Verwendung eines IV zur Individualisierung der Sektorinhalte hätte eine andere Sektorgröße zu Folge. Allerdings ist das nur ein rechnerisches Problem, wie im Folgekapitel dargelegt wird.

100 Da nur wenige Algorithmen wie der AES überhaupt über die Schlüsselfortscheibung verfügen, die Blockchiffren aber je nach Vorliebe austauschbar sein sollen, kommt die Schlüsselfortschreibung schon allein aus diesem Grund nicht zur Anwendung.

b) Ein mobiles Rechnersystem auch für private Zwecke eingesetzt werden darf, aber während der privaten Nutzung kein Zugriff auf Unternehmensdaten erfolgen soll.[101]

c) In einer Cloud Daten und Anwendungen ohnehin keine festen Positionen haben und die Verschlüsselung unter Kontrolle des Cloud-Nutzers und nicht des Betreibers stehe soll.

Notwendig ist a) heute eigentlich nicht mehr, da virtuelle Maschinen diese Aufgabe erledigen und bei den meisten Aufgaben auch mit keinerlei Performanzeinschränkungen verbunden sind. Die alternativen Systeme werden innerhalb der verschlüsselten Partition (in diesem Fall die gesamte Platte) des Wirtssystems angelegt.

Bei b) sollten die Systeme stets streng getrennt und komplett sein, also unabhängig voneinander gestartet werden können. Die Gründe sind relativ einfach einzusehen:

➤ Wird die Partition der vertraulichen Daten innerhalb eines allgemeinen Betriebssystems geöffnet, landen temporäre Daten mit hoher Wahrscheinlichkeit auf der privaten Platte. Zumindest die sind dann auch von einer Kompromittierung der privaten Seite betroffen.

➤ Bei privater Nutzung ist die Infektion des Systems mit irgendwelchen Schadprogrammen nicht auszuschließen. Bei nicht getrennter Nutzung wären davon letztendlich auch die vertraulichen Daten betroffen.

Wird eine komplette Partition verschlüsselt, können die gleichen Methoden wie bei der Plattenverschlüsselung zum Einsatz kommen. Alternativ können aber auch Partitionen durch große Dateien simuliert oder nur Dateien verschlüsselt werden.

Aufgabe. Entwerfen Sie eine Klasse **fsecstream** in C++, die wie **fstream** funktioniert. Sie können hierbei nicht mit Vererbung arbeiten, da die Methoden nicht virtuell in **fstream** deklariert sind. Implementieren Sie statt dessen ein **fstream**- oder ein **FILE**-Attribut.

Je nach Durchgriff auf die Datenpuffer der Attribute (möglich bei **FILE**) können Sie das volle XTS-Schema oder ein vereinfachtes, das nur die Blocknummer als Blendinformation enthält, verwenden.

VERSTECKTE LAUFWERKE

Einige Verschlüsselungssysteme bieten an, zusätzlich ein weiteres verschlüsseltes Laufwerk innerhalb des verschlüsselten zu verstecken. Wesentlich dabei ist, dass die Existenz nicht erkannt werden kann, d.h. ein verschlüsseltes Primärlaufwerk ohne inneres verstecktes Laufwerk sieht bei einer Untersuchung genauso aus wie eines mit einem versteckten. Abbildung 6.2 zeigt die prinzipielle Vorgehensweise.

Ein verschlüsseltes Laufwerk besitzt zwei Headerbereiche, die jeweils mit eigenen Anwenderschlüsseln verschlüsselt sind. Der erste Header enthält die Beschreibung des kompletten Laufwerks sowie die Parameter für die XTS-Verschlüsselung. Aus seiner Sicht steht immer das komplette Laufwerk für die Datenspeicherung zur Verfügung und kann auch mit Daten uneingeschränkt gefüllt werden.

Der zweite, separat verschlüsselte Headerbereich enthält die entsprechenden Daten für das innere Laufwerk sowie die Verzeichnisinformation für das äußere Laufwerk. Wird es zusätzlich geöffnet, so wird die Dateiinformation für die innere verschlüsselte Partition in das äußere Verzeichnissystem eingehängt, d.h. die Information über dortigen freien Speicherplatz entsprechend modifiziert.

---

101 Eine solche Strategie ist durchaus zu überlegen, denn einem Mitarbeiter ist wohl kaum zuzumuten, bei einer mehrtägigen Reise gleich mehrere Notebooks mitzuschleppen. Privat ist allerdings privat und mit weniger Sorgfalt verbunden.

Es verhält sich somit zur äußeren Partition wie diese zur Festplattenpartition, sofern die äußere Partition ebenfalls als Datei angelegt wurde. Beim Aushängen der inneren Partition wird die Dateiinformation wieder in das Verzeichnis freier Speicherblöcke eingefügt und ist damit unsichtbar.[102]

Damit ein inneres Laufwerk wirklich unsichtbar ist, sind mehrere Maßnahmen notwendig:

> Bei Anlegen des verschlüsselten Laufwerks werden sämtliche Sektoren mit Zufallswerten gefüllt (ein Entschlüsseln liefert also ebenfalls Unsinn).

> Beim Löschen einer Datei werden sämtliche frei werdenden Sektoren mit Zufalldaten gefüllt.

> Die Sektoren werden in zufälliger Reihenfolge aneinander gekettet. Auch größere Dateien belegen i.d.R. keine zusammenhängenden Bereiche (insofern ist Abbildung 6.2 nur eine grobe Näherung).

Bei Einhalten dieser Bedingungen ist es bei Öffnen des äußeren Laufwerks nicht möglich, die Existenz des inneren Laufwerks zu erkennen, allerdings zu Lasten der Effizienz, denn ständiges Nachfüllen freien Speicherplatzes mit Zufallsdaten oder nicht zusammenhängenden Dateibereichen kosten Zeit.

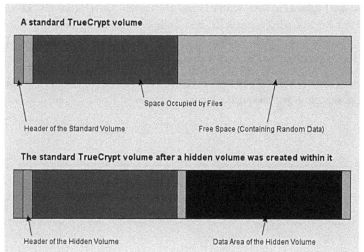

Abbildung 5.19: Prinzip eines versteckten Laufwerks, aus TrueCrypt-Dokumentation zum „Hidden Volume"

Sinn und Zweck der ganzen Operation ist, die Existenz des inneren Laufwerks glaubhaft bestreiten zu können. Das Vorliegen der äußeren Verschlüsselung ist unbestreitbar, und der Inhaber des Systems kann auch legal gezwungen werden, den Schlüssel preis zu geben. Wird dies in einem Rechtsverfahren gerichtlich angeordnet, ist Beugehaft bis zum Nachkommen dieser Anordnung in fast allen Rechtssystemen möglich. Verbirgt der Beschuldigte aber die wirklich kritischen Daten im inneren Bereich, so kann er dessen Existenz schlicht leugnen, womit auch rechtliche Zwangsmaßnahmen entfallen, da ihm das Gegenteil nicht nachweisbar ist. Bei Kontrollen über einige Zeit hinweg ist die Leugnung allerdings nicht aufrecht zu erhalten, weil

---

102 Auf eine doppelte Verschlüsselung der inneren Partition kann man (natürlich) verzichten. Prinzipiell können beide Partitionen gleichzeitig genutzt werden, in der Praxis beschränkt man sich allerdings meist darauf, entweder die eine oder die andere Partition für eine Nutzung zu öffnen, wobei aber wegen der Nutzung des äußeren Verzeichnissystems beide Kennwort anzugeben sind.

- bestimmte Bereiche des freien Speicherplatzes des äußeren Laufwerks konstant verkettet bleiben bzw.

- sich bei vorzugsweiser Nutzung des inneren Laufwerks dessen Inhalte ändern, ohne dass das äußere Laufwerk alleine dazu Anlass gäbe.

Von entsprechenden erfolglosen Leugnungen und daraus resultierenden Zwangsmaßnahmen wurden berichtet.

Es wird viel gemunkelt, dass versteckte Laufwerke ohnehin nur dem Schutz krimineller Machenschaften dienen. Aus krimineller Sicht kann man aber auch umgekehrt einmal Fälle betrachten, in denen nicht mit rechtlichen Mitteln gearbeitet wird. Wenn die Mafia von der Existenz eines inneren Laufwerks überzeugt ist, wird der Platteninhaber spätestens nach dem zweiten gebrochenen Finger den Tag verfluchen, an dem er dessen Einrichtung vergessen hat.

Anmerkung. Eines der bekanntesten Verschlüsselungssysteme auf Betriebssystemebene war True-Crypt, das 2014 Knall auf Fall aus dem Netz verschwunden ist. Man findet lediglich noch den Hinweis „TrueCrypt ist unsicher". Allerdings scheint es sich dabei weniger um eine Unsicherheit in der Verschlüsselungsmethodik zu handeln: ursprünglich als kostenlose, aber nicht freie und quelloffene Software angelegt, scheinen die Entwickler im Laufe der Zeit zu anderen Ansichten gekommen zu sein, als die IT-Welt zu beglücken. Von schon länger laufenden Kungeleien mit IT-Unternehmen und einem Verkauf der Rechte wird gemunkelt, und Teile des Codes für bestimmte Betriebssysteme waren (angeblich) nicht zugänglich. Zudem sind die Rechte auf eine verlassene Station in der Antarktis eingetragen, was ebenfalls nicht vertrauensfördernd wirkt.

TrueCrypt ist inzwischen durch das OpenSource-Projekt VeraCrypt substituiert, so dass weiterhin auf solche Werkzeuge zurück gegriffen werden kann.

6 Einwegverschlüsselung / Hashfunktionen

6.1 Auf der Suche nach Prüfsummenfunktionen

Bei der Untersuchung symmetrischer Verschlüsselungsverfahren haben wir erkannt, dass eine Absicherung der Daten gegen Verfälschung durch eine nicht fälschbare Prüfinformation – im weiteren Prüfsumme genannt – unbedingt notwendig ist, um Fehler in der Verschlüsselungsebene erkennen zu können und nicht erst durch Unfug im Bereich der mit den Daten arbeitenden Anwendungen. Bei verschlüsselten Daten ist die Konstruktion von Prüfsummenfunktionen noch relativ überschaubar: bei Stromverschlüsselungsverfahren genügen oft bereits einfache nichtlineare Funktionen, um Fälschern das Leben schwer zu machen.

Etwas weiter gedacht stellt man aber schnell fest, dass nicht umgehbare Prüfsummen auch für unverschlüsselte Daten sinnvoll sind. Beispielsweise werden Programme häufig zum Download aus dem Internet angeboten und sind zwangsweise unverschlüsselt, wenn sie nutzbar sein sollen, andererseits ist es aber wünschenswert, durch Prüfsummen abzusichern, dass niemand ein manipuliertes Programm untergeschoben hat. Um hier eine Fälschbarkeit auszuschließen, müssen die Prüfsummenfunktionen ähnliche Eigenschaften wie die Verschlüsselungsalgorithmen aufweisen. Da eine Entschlüsselung jedoch nicht notwendig ist, kann man konstruktiv auf die Umkehrbarkeit verzichten und spricht deshalb von Einwegverschlüsselungsalgorithmen, die sich zunächst durch einige in Verbindung mit dem Begriff „Verschlüsselung" sehr überraschende Eigenschaften auszeichnen:

a) Sämtliche Verfahrensparameter (außer in spezialisierten Versionen) sind allgemein bekannt. Schärfer formuliert: es existieren keine geheimen Verfahrensteile, insbesondere also auch keine Schlüssel.

b) Die Verschlüsselung ist einfach und effizient durchführbar, eine Entschlüsselung ist nicht möglich. Schärfer formuliert: um einem Chiffrat einen bestimmten Klartext zuweisen zu können, existiert (bei einem idealen Verfahren) keine andere Möglichkeit, als alle Klartexte auszuprobieren, bis das Chiffrat entsteht.

c) Da eine Entschlüsselung per Definition nicht möglich ist, entfällt auch die Notwendigkeit, dass der ursprüngliche Informationsinhalt erhalten bleibt. Die Verfahren werden daher in der Regel so konfektioniert, dass

```
beliebig langer Input   →   feste Anzahl von Outputbits
```

Das ist auch insofern wünschenswert, als es sich vom Ansatz her um Prüfsummen handelt, und die sollen im Vergleich zur abgesicherten Datenmenge nur einen minimalen Umfang aufweisen und wenig Ressourcen verbrauchen.

In der Praxis gilt für die Eigenschaft c) verschärfend sogar

```
Mindestlänge Input > Länge Output
```

Aus diesem Grunde werden Einwegverfahren oft auch als *Kompressionsverfahren* bezeichnet, wobei gerade die verschärfende Längenrelation ein Sicherheitskriterium der Verschlüsselung darstellt.

Eine weitere Bezeichnung, die von der Algorithmuskonstruktion herrührt und die wir im Folgenden vorzugsweise verwenden werden, ist *Hashfunktionen.*

Natürlich existieren unter diesen Umständen Nachrichten N_1 und N_2 mit

$$f(N_1) = f(N_2)$$

also gleichem Verschlüsselungsergebnis. Damit man mit diesem Fall in der Praxis nicht konfrontiert wird, wird die Zahl der Outputbits hinreichend hoch gewählt und liegt heute in der Größenordnung von 128-512 Bit. Konstruktiv lassen sich dann zwei Anforderungen an einen Algorithmus stellen:[103]

a)   Der Algorithmus muss *kollisionsfrei* sein.

Kollisionsfreiheit bedeutet, dass die Wahrscheinlichkeit, bei zwei *zufällig* gewählten Nachrichten auf das gleiche Chiffrat zu stoßen, in der Praxis bei Null liegt.

b)   Der Algorithmus muss *fälschungssicher* sein.

In a) ist der Term *zufällige Nachrichten* durch *sorgfältig ausgewählte Nachrichten* zu ersetzen. Anders ausgedrückt muss der Aufwand, zwei Nachrichten absichtlich so zu konstruieren, dass sie den gleichen Hashwert besitzen, so groß sein, dass er in der Praxis nicht durchgeführt werden kann.

Anforderung b) ist eine wesentlich schärfere Forderung als a), was Sie sicher leicht nachvollziehen können, wenn Sie die Einbruchsmethoden in die symmetrische Verschlüsselung erinnern. Einige Algorithmen sind zwar kollisionsfrei, aber nicht fälschungssicher, wie wir sehen werden. Das bedeutet nun – wie an anderer Stelle schon mehrfach betont wurde – nicht, dass sie nicht mehr verwendet werden dürfen, sondern nur, dass man sich sehr genau überlegen muss, in welchem Umfeld sie einsetzbar sind und wo nicht. Um dem Leser einen ersten Einstieg in solche Bewertungen zu geben, seien die Formulierungen noch einmal etwas deutlicher interpretiert:

a)   Unter dem Gesichtspunkt „Kollisionsfreiheit" ist einer der Nachrichtentexte völlig frei wählbar. Aus der Sicht eines Angreifers betrachtet, besitzt er keinen Einfluss auf einen vorgelegten Text und kann nur versuchen, einen zweiten mit dem gleichen Hashergebnis zu finden, wobei dieser keinen Sinn im Umfeld des Urtextes besitzen wird, sollte das tatsächlich gelingen.

b)   Bei einer Fälschung ist keiner der Nachrichtentexte frei wählbar, sondern durch die Konstruktion entsteht ein so genanntes Kollisionspaar, wobei keiner der beiden Texte in irgendeiner Umgebung einen Sinn aufweisen muss. Das Paar ist nur durch den Angreifer selbst konstruierbar, und um es zu nutzen, muss er überlegen, wie er es anderen unterschieben kann, ohne dass diese es merken, wenn sie ihre Nachrichtentexte verschlüsseln.

---

103 Im Englischen finden sich hier die Bezeichnungen „pre-image resistance", „second pre-image resistance" und „collision resistance" für die Einwegeigenschaft, die Kollisionsfreiheit und die Fälschungssicherheit. Ich finde die deutsche Umschreibung hier (ausnahmsweise) einmal aussagekräftiger, auch wenn sich der eine oder andere Kommentator vermutlich eher an eine wörtliche Übersetzung klammert und für Verwirrung sorgt.

6.2 Einsatzfelder von Einwegfunktionen

Die Einsatzfelder für Hashfunktionen sind erstaunlich vielfältig. Wir präsentieren hier einen kleinen Überblick, der nicht unbedingt vollständig ist.

6.2.1 Kennwortkonversion

Fassen wir unsere Kenntnisse über Kennworte und Verschlüsselungsalgorithmen aus den ersten Kapiteln zusammen, so stellen wir fest:

- Menschenverträgliche Kennworte können sehr lang werden und sind keine Binärdaten, sondern oft hoch geordnete lesbare Texte.

- Schlüssel für Algorithmen sind Binärdaten genau definierter Länge, die Zufallszahlen ähneln.

Hashalgorithmen liefern uns nun die Verbindung zwischen diesen beiden Punkten: der Hashwert eines guten menschenverträglichen Kennwortes ist in der Regel ein guter maschinentauglicher Schlüssel für ein Verschlüsselungsverfahren.

6.2.2 Sicherung gespeicherter Kennworte

Die Authentifizierung von Anwendern auf Rechnersystemen erfolgt ebenfalls mit Kennworten, die dazu auf dem Rechner in irgendeiner Form gespeichert werden müssen. Um sich gegen eine Kompromittierung der Datenbank abzusichern, deren Inhalt dem Angreifer die Anmeldung unter einer anderen Identität erlauben würde, werden die vom Anwender verwendeten Kennworte meist nicht im Klartext gespeichert, sondern in Form ihrer Hashwerte. Der Anmeldeagent berechnet den Hashwert des übermittelten Kennworts und vergleicht es mit einem gespeicherten Wert. Kommt ein Angreifer in den Besitz der Kennwortdatei, muss er zunächst die Klartexte zu den Hashwerten ermitteln, um sich erfolgreich im System unter einem anderen Namen anmelden zu können.

Derartige Angriffsverfahren sind mit dem Begriff der so genannten Rainbow Tables verbunden, was bedeutet, die Hashwerte aller möglichen Kennworte in einer Datenbank zu speichern und dann einfach zu prüfen, ob ein Hashwert eines Kennwortes in der Datenbank enthalten ist, womit man dann auch den Klartext besitzt. Bei nicht zu langen Kennworten und einer Vorstellung davon, was Anwender in der Regel für Zeichenkombinationen wählen, sind derartige Datenbanken durchaus im Rahmen der Möglichkeiten heutiger Speichersysteme.[104]

In der Praxis wird dies deshalb – nicht nur bei der Kennwortsicherung, sondern nahezu in allen Bereichen, in denen mit Kennworten umgegangen wird – durch das so genannte *Salt* erschwert. Die Kennwortdateien enthalten die Angaben

```
John Doe, 21278273, af09aklsw...
```

Gibt nun der Anwender sein Kennwort 'sally' ein, wird für John Doe geprüft, ob

```
hash( 21278273 + 'sally')
```

den hinten angegebenen Hashwert ergibt. Der entspricht durch die Stringerweiterung mit der Zahl aber nun nicht dem Hashwert von 'sally', kann also nicht in der Datenbank gefunden werden, und

---

104 Sie können unter diesem Stichwort Software aus dem Internet laden, die solche Tabellen erzeugt.

da jeder Nutzer ein eigenes Salt erhält, sehen auch die Hashwerte anderer Nutzer, die ebenfalls 'sally' als Kennwort verwenden, völlig anders aus.

6.2.3 Sicherung übertragener Kennworte

Bei Servern besteht häufig ein etwas anders gelagertes Problem. Den Server hat der Administrator hinreichend im Griff (oder glaubt dies zumindest), aber das Netzwerk könnte ein Belauschen der Kommunikation erlauben. Wird das Kennwort im Klartext übertragen, kann der Angreifer sich nun wieder mit einer fremden Identität beim Server anmelden.

Die Abhilfe besteht darin, dass der Server dem Anwender zunächst eine Zufallszahl zukommen lässt, die dieser wie das Salt verwendet (Challenge-and-Response-Verfahren). Die Antwort sieht somit bei jedem Authentifizierungsvorgang anders aus. Da die Zufallszahl vom Server beigesteuert wird, nützt dem Angreifer auch ein Aufzeichnen der Vorgänge nichts, da die Zahlen nur einmal verwendet werden. Die Antwort wird vom Server dadurch überprüft, dass auch er den Hashwert mit der Zufallszahl und dem Kenntwort bildet und das Ergebnis mit dem übertragenen Wert vergleicht. Dazu muss er jedoch das Kennwort im Klartext besitzen, d.h. die verschlüsselte Speicherung des vorhergehenden Modells funktioniert nicht!

Dieses Verfahren nutzt man auch aus, um in industriellen WLAN-Netzen Schlüssel zu vereinbaren. Der WLAN-Router erlaubt die Einrichtung unverschlüsselter Verbindungen, fungiert allerdings gleichzeitig als Firewall und lässt nur Verbindungen zum Authentifizierungsserver (RADIUS-Server) zu. Nach Anmeldung mit den Nutzernamen wird im Challenge-Response-Verfahren zwischen RADIUS-Server und externem Gerät überprüft, ob der Nutzer eine Zugangsberechtigung zum Netz besitzt. Im zweiten Teil wird der Schlüssel ausgehandelt:

> ➢ Der RADIUS-Server sendet eine weitere Zufallszahl an das externe Gerät, die dieses wie zuvor mit dem Kennwort verrechnet. Das Ergebnis wird jedoch nicht zurückgeschickt, sondern ist der Netzwerkschlüssel.

> ➢ Der RADIUS-Server berechnet den Netzwerkschlüssel aus der Zufallszahl und dem Nutzerkennwort direkt und sendet diesen nebst Informationen, auf welche Netzwerkbereiche der Nutzer zugreifen darf, an den WLAN-Router.

> ➢ Externes Gerät und WLAN-Router haben den gleichen Schlüssel und richten die verschlüsselte Verbindung ein.

Im Gegensatz zum häuslichen WLAN (Kap. 5.1.1, S. 71) hat hier jede Funkverbindung ihren eigenen Netzwerkschlüssel, so dass auch innerhalb des Funknetzwerkes keine Abhörmöglichkeit besteht. Die nachfolgende Routerfunktion im internen Netz eermöglicht es auch, dass Betriebsangehörige und Gäste mit eingeschränkten Netzwerkzugriff den gleiche Zugangsknoten verwenden können.

6.2.4 Sicherung bei der Übertragung und der Speicherung

Die Situation ist naturgemäß unbefriedigend, wenn man beiden Systemen nicht vollständig vertraut. Es gibt allerdings einen Trick, beides zu verbinden. Auf dem Server wird weiterhin

```
SrvSec = Hash(Salt + Kennwort)
```

gespeichert. Um nun das Kennwort verdeckt abzufragen, sendet der Server die Zufallszahl und das Salt an das Clientsystem. Dieses generiert als Antwort

```
ClntSec = Kennwort XOR Hash(Rand + Hash(Salt + Kennwort))
```

Dort kann der Server mit den ihm bekannten Daten

```
Test = ClntSec XOR Hash(Rand + SrvSec)
```

generieren. Ist der Client im Besitz des korrekten Kennwortes, muss nun

```
SrvSec == Hash(Salt + Test)
```

gelten. Ein Angreifer hingegen steht nun sowohl beim Belauschen der Übertragungsstrecke als auch beim Auslesen der Kennwortdatei vor dem Problem, den Schlüsselraum durchprobieren zu müssen (oder beides durchführen zu müssen).

Das Verfahren begrenzt die Kennwortlänge auf die Länge des Hashwertes. Da sowohl ein erfolgreicher Lauschangriff als auch ein direkter Angriff auf die Serverdateien den Angreifer in die Lage versetzt, mit unbegrenzten eigenen Mitteln das Kennwort zu ermitteln, muss dieses zwangsweise sicher sein, d.h. kryptisch und entsprechend lang. Die Hashfunktion muss daher so ausgewählt werden, dass die gewünschte Kennwortlänge auch unterstützt wird.

6.2.5 Einmalkennworte

Eine Absicherung gegen unsichere Netzwerke und verdächtige Rechnersysteme bietet ein Verfahren zur Generierung von Einmalkennworten. Der Anwender wählt ein Kennwort *key* und führt in der Initialisierungsphase den rekursivenAlgorithmus

```
k=key;
for(i=0;i<M;i++)
   k=hash(k);
```

durch. Der Wert M hängt davon ab, wie oft das Kennwort für eine Anmeldung verwendet werden soll; eine hinreichend große Wahl macht es in der Praxis leicht zu einem nahezu für unbegrenzte Zeit verwendbaren Kennwort.

Auf dem Server werden das letzte k sowie $m=M$-1 gespeichert. Für eine Systemanmeldung überträgt der Server die Iterationsanzahl m an den Anwender. Dieser führt nun wieder den oben angegebenen Algorithmus aus, stoppt aber bei Erreichen von m und überträgt das bis dahin ermittelte k' an den Server, der überprüft, ob die einmalige Anwendung der Hashfunktion auf das übermittelte k' den gespeicherten Wert k ergibt. Trifft das zu, kann er den Zugriff erlauben, k durch den übermittelten Wert ersetzen und m um Eins erniedrigen. Bei $m=0$ ist das Kennwort verbraucht und es muss ein neues gewählt werden.

Das Verfahren ist sicher, da gemäß Definition niemand den nächsten Schlüssel vorhersagen kann, es sei denn, er besitzt *key*. Dies ist wiederum ein menschengerechter Schlüssel, der nirgendwo notiert wird.

Aufgabe. Arbeiten Sie ein Verfahren und eine Verfahrensanweisung aus, die nur mit dem Konsolenprogramm 'md5.exe' operiert.

Arbeiten Sie ein weiteres Verfahren aus, in dem der Anwender das Einmalkennwort verwendet, um einer vertrauenswürdigen Person Zugang zum System zu gewähren. Zwischen den Personen muss das Kennwort natürlich in einer menschengerechten Form ausgetauscht werden können (z.B. telefonisch).

6.2.6 Fingerprint

Beim Erhalt größerer Datenmengen besteht das Problem, sich zu vergewissern, dass die Informationen nicht verfälscht worden sind. Hashfunktionen bieten die Möglichkeit einer einfachen Kontrolle: über die gesamte Information wird ein Hashwert gebildet und beispielsweise in einen Hexadezimalstring umgewandelt. Bei 128 Bit sind dies 16 Doppelzeichen, die nun auf einfache Weise mit der entsprechenden Angabe des Absenders verglichen werden können.

Wichtig ist hierbei, dass *verschiedene* Kommunikationswege und Speicherorte für den Informationsaustausch gewählt werden. Das Fingerprint-Verfahren wird sehr häufig beim Download von Software angewandt, um dem Empfänger der Software zu versichern, dass niemand statt der offiziellen Softwareversion einen Trojaner einschleust, ein Angreifer also das Programm auf dem Downloadserver durch seine Schadsoftware ersetzt hat. Ist der Fingerprint nun auf einer Webseite angegeben, die nicht auf dem Downloadserver liegt, müsste der Angreifer auch diesen manipulieren.[105]

Wir werden später bei den asymmetrischen Verschlüsselungsverfahren Methoden kennen lernen, den Fingerprint durch Verschlüsselung zu sichern, was das gerade diskutierte Problem aufhebt, allerdings den Menschen aus dem Verfahren hinauswirft, da solche Signaturen, wie sie auch genannt werden, nichts Menschenverständliches mehr an sich haben. Für eine erfolgreiche Fälschung müsste der Angreifer den Server kompromittieren UND die Verschlüsselung brechen, was jedoch nicht möglich ist.

Für Fingerprints verwendete Hashfunktionen müssen fälschungssicher sein. Dies gilt zunächst für die Erstellung von Fingerprints durch Dritte: besitzt der Ersteller beispielsweise ein passendes Kollisionspaar, kann er versuchen, die zu signierenden Daten so zu fälschen, dass zwei unterschiedliche Versionen entstehen, von denen der Auftraggeber nur eine kennt. Aber auch ein Empfänger eines Fingerprints könnte bei Verwendung einer nicht fälschungssicheren Funktion nicht sicher sein, dass der Aussteller aufrichtig ist. Dieser könnte nämlich selbst zwei Versionen der Daten mittels eines Kollisionspaares herstellen und den Empfänger bewusst täuschen. Beispiele diskutieren wir unten nach Vorstellung der Generatoren für Kollisionspaare.

6.2.7 Message Authentication Code „MAC"

Einwegverschlüsselungsverfahren lassen sich mit einem geheimen Schlüssel zur Absicherung der Integrität einer Nachricht für einen beschränkten Personenkreis erweitern. Dazu wird das Paar

$$(N,S) \ , \ S = Hash(key + N)$$

erzeugt und gespeichert. Ähnlich wie beim Salt in der Kennwortsicherung kann die Nachricht nun nicht mehr von Unbefugten geändert werden, ohne dass dies auffällt, da ohne den Geheimschlüssel kein gültiger MAC zu produzieren ist. Allerdings muss dazu bemerkt werden, dass Fälschungen nur von den Inhabern des Geheimschlüssels bemerkt werden können. Fremde können die Gültigkeit nicht prüfen! Hierfür existieren eine ganze Reihe von Anwendungen:

---

105 Manche Downloadanbieter speichern die Daten jedoch nicht nur auf dem gleichen Server, sondern bieten den Fingerprint ebenfalls zum Download, also mit dem gleichen Übertragungsprotokoll, an – ein sicheres Zeichen dafür, dass diese Leute leider wenig vom Sinn der Aktion verstanden haben.

a) In Datenbanken werden nicht mehr veränderbare Datensätze wie Buchungssätze oft auf diese Weise gesichert, um unbemerkte Manipulationen auszuschließen. Ebenso können aber auch alle anderen Daten gegen Manipulation gesichert für den berechtigten Nutzer hinterlegt werden.

b) In Datenströmen werden die einzelnen Blöcke zusätzlich mit einer Sequenznummer versehen und *Hash*(*key + nr + N*) verschlüsselt. Der Empfänger akzeptiert Datenströme nur dann, wenn der nächste Nachrichtenblock innerhalb eines bestimmten Sequenznummernfensters liegt. Bei sehr vielen Daten in kurzer Zeit (Video on Demand) kann die Prüfung auch statistisch erfolgen, um keine Echtzeitprobleme zu bekommen.

   In der Sicherheitstechnik sorgt dieses Verfahren dafür, dass das übliche Thriller-Szenarium – Wachmann sieht leeren Tresorraum, während Panzerknacker den Tresor aufschweißen – damit der Vergangenheit angehört, denn Replay-Attacken, also Aufnahme des Bildes über eine längeren Zeitraum und Einspielen der Aufnahme statt des Echtbildes, sind so nicht möglich.

c) Theoretisch ist auch Steganografie betreibbar.[106] Dazu werden zu einer Nachricht mit M Worten N weitere sinnlose Nachrichten mit ebenfalls M Worten gebildet. Versandt werden

```
wortnr , wort , mac(wort)
```

   wobei allerdings nur für die Nachricht selbst der MAC mit dem vereinbarten Schlüssel erzeugt wird; alle anderen MACs werden mit Zufallszahlen versehen.

   Der berechtigte Empfänger hat nun keine Probleme, die Nachrichtenworte herauszufiltern und an die Nachricht zu gelangen. Ein Angreifer weiß allerdings nicht, wie die Worte zu kombinieren sind, und muss formal N^M Möglichkeiten untersuchen.

> **Aufgabe.** Die richtige Nachricht herauszufinden ist natürlich meist einfacher als die Untersuchung aller Möglichkeiten, wenn etwas Logik eingesetzt wird. Konstruieren Sie einen Algorithmus für diese Steganografie und machen Sie einige Versuche dazu.

Wenn MACs in der beschriebenen Weise – Schlüssel + Nachricht – generiert werden, sind sie fälschungssicher. Es existieren aber auch andere Bildungsvorschriften für den MAC, bei dem der Schlüssel nicht an den Anfang der Nachricht gestellt wird, sondern die Entwicklung des Hashwertes über einen größeren Bereich der Daten verfolgt werden kann. Sofern die Daten extern beigesteuert werden, besteht in diesem Fall für den Erzeuger der Daten wieder die Möglichkeit der Fälschung, sofern er Kollisionspaare einschleusen kann.

6.3 Hashalgorithmen

Wie bei den symmetrischen Verschlüsselungsalgorithmen finden wir auch bei den Hashalgorithmen verschiedene Generationen, die sich aufgrund der fortschreitenden Angriffstechniken ablösen. Allerdings fallen die technischen Unterschiede zwischen den Generationen sehr viel deutlicher aus als bei den Verschlüsselungsalgorithmen, und ein Großteil der Algorithmen der Generation, die nun in den Startlöchern steht, steht den symmetrischen Verschlüssungsalgorithmen näher als den älteren Hashfunktionen.

---

106 Diese Möglichkeit wurde tatsächlich einige Zeit diskutiert, um die hirnlosen US-Gesetze zur Verwendung von Verschlüsselungssoftware zu umgehen. Glücklicherweise haben sich später andere Tricks gefunden.

In der Praxis eingesetzte Algorithmen der ersten Generation beginnen mit dem MD5–Algorithmus (RFC1321), der aus 512 Bit Eingabedaten bzw. Vielfachen davon 128 Bit Ausgangsdaten erzeugt. 160 Bit lange Ausgabemuster aus der gleichen Eingabelänge liefert der SHA-1–Algorithmus, der ein Nachfolger des MD5 und vom NIST als Standardhashalgorithmus festgelegt ist (SHA = Secure Hash Algorithm), von dem aber inzwischen auch Versionen im Umlauf sind, die bis zu 512 Bit lange Ausgabemuster erzeugen. Alle Algorithmen der ersten Generation beruhen auf einem weitgehend gemeinsamen Konstruktionsschema, das Biterzeugungs- und Bitvernichtungsoperatoren für die Verschlüsselung einsetzt.

„MD" ist die Abkürzung für „message digest", die Versionsnummer 5 zeugt bereits von (*mindestens*) 4 mehr oder weniger erfolglosen Versuchen, einen fälschungssicheren Algorithmus zu entwickeln, und auch der MD5 ist inzwischen vollständig gebrochen. Da auch die anderen Hashalgorithmen der ersten Generation inzwischen komplett im Verdacht stehen, auf die Dauer nicht sicher zu sein, hat man sich seit etwa 2005 im Rahmen eines öffentlichen Wettbewerbs aufgemacht,[107] eine Nachfolgegeneration zu entwickeln, die die Algorithmen der ersten Generation als verbindliche Standards ablösen. Inzwischen ist der Wettbewerb abgeschlossen und der in Kapitel 6.3.12 vorgestellte Algorithmus zum SHA-3 avanciert.

In einem solchen Wettbewerb werden natürlich sämtliche Erfahrungen über Angriffsmöglichkeiten explizit in den Anforderungskatalog aufgenommen, so dass Teilnehmer auch eine verlässliche Basis haben, ihre Entwicklungen zu testet. Trotzdem ist die Entwicklung eines zuverlässigen Algorithmus alles andere als einfach. In Runde 2 dieses Wettbewerbs waren noch 14 der eingereichten Algorithmen in der Auswahl (wir werden die meisten vorstellen, um dem Leser einen Begriff von den Konstruktionsproblemen zu geben), während 42 ausschieden, weil sie in den Tests so große Schwächen aufwiesen, dass die Autoren auf eine Weiterentwicklung verzichteten.

Die Problematik liegt wie bei den symmetrischen Verschlüsselungsalgorithmen allerdings nur zum Teil in einem kollisionsfreien und fälschungssicheren Algorithmus, auch wenn der Nachweis der Sicherheit in den Diskussionen natürlich primär einen breiten Raum einnimmt. Das zweite K.O.-Kriterium im Wettbewerb ist die Effizienz, mit der sich ein Algorithmus implementieren lässt. In den Veröffentlichungen finden sich neben den recht behäbigen, aber leicht verständliche Referenzimplementationen in der Regel auch mehrere, für bestimmte Architekturen optimierte Codes, denen man oft nicht mehr ansieht, dass das gleiche Ergebnis erzielt wird wie bei der Referenzimplementation.

6.3.1 MD5 und RIPEMD

Wir behandeln diesen Algorithmus der 1. Generation sehr ausführlich, um die Konstruktionsprinzipien zu verdeutlichen. Die weiteren Algorithmen sind ähnlich konstruiert, sodass schematische Darstellungen für das Verständnis hinreichend sind. Das soll aber nicht bedeuten, dass die Konstruktion trivial ist: bei der Festlegung der einzelnen Parameter ist große Sorgfalt notwendig, um nicht Unsicherheiten einzubauen.

Hashalgorithmen besitzen keinerlei geheime Parameter. Die einzige Eingabegröße ist der zu verschlüsselnde Datensatz. Die Funktionsweise ist schnell erklärt:

---

107 Es handelt sich hierbei um einen Verdacht, der im wesentlichen darauf beruht, dass der MD5 über viele Jahren hinweg als sicher galt, dann aber schlagartig völlig zusammen gebrochen ist. Allerdings ist der nicht unbrauchbar, wie in Kapitel 6.4.4 und 6.4.5 dargelegt wird. Bei den anderen Hash-Algorithmen sind Einbrüche noch nicht zu beobachten, man befürchtet aber ähnliche Entwicklungen wie beim MD5.

a) Ein- und Ausgabegrößen werden so konfektioniert, dass sie zu den Größen der üblichen Rechenregister passen, d.h. Vielfache von 32 Bit sind. Für den MD5 wurde beispielsweise festgelegt:

- 128 Bit Output (= 4 Worte zu 32 Bit)

- 512 Bit Input (=16 Worte zu 32 Bit).

Die Ausgabelänge ist bei allen Hashalgorithmen um den Faktor 2-4 kürzer als die Länge der Eingabe, was auch den Begriff „Kompressionsfunktion" verständlich macht, aber mit echter reversibler Datenkompression wie ZIP usw. natürlich nichts zu tun hat.

b) Die Ausgaberegister werden zu Beginn mit definierten Standardwerten gefüllt, die Einga- beregister mit entsprechend vielen Bits des zu komprimierenden Datensatzes. Enthält die- ser weniger als 512 Bit, werden die fehlenden Bits mit einem festgelegten Bitmuster aufge- füllt.

c) Ausgaberegister und Eingaberegister werden durch ein komplexes algorithmisches Verfah- ren gemischt, wodurch das Ausgaberegister ein neues Bitmuster erhält.

d) Ist die Nachricht nicht vollständig verarbeitet worden, werden nun die nächsten 512 Bit in das Eingaberegister geschoben, die Ausgaberegister werden nicht verändert. Anschließend wird mit Schritt c) fortgefahren, bis alle Nachrichtenbits bearbeitet sind.

In der schließlich erzeugten Ausgabe sind sämtliche Eingabebits berücksichtigt, wobei die Länge der Nachricht keinen Beschränkungen unterliegt.

Der komplizierte Teil ist sicher c). Wir wollen diesen im Detail für die Hashfunktion RIPEMD-160 vorstellen, die aus 512 Bit Input 160 Bit Output, also 5 Worte zu 32 Bit, erzeugt. Dieser Algorith- mus ist schon relativ früh vorgeschlagen worden und besteht neben dem zusätzlichen Ausgabewort aus einer Verdopplung des MD5, d.h. die Verarbeitungskette des MD5 wird in zwei parallelen Ar- beitsketten mit unterschiedlichen Parametern ausgeführt.[108]

Der Algorithmus besitzt 2*5 Rechenregister mit 32 Bit Größe, die wir im Folgenden mit den Buch- staben A, B, C, D, E und A', B', C', D', E' bezeichnen. Beide Registersätze werden zum Ausgabe- registersatz h0, h1, h2, h3, h4 vereinigt. Alle drei Registersätze werden zu Beginn des Algorith- mus mit definierten Werte gefüllt:

```
A = A' = h0 = 0x67452301
B = B' = h1 = 0xEFCDAB89
C = C' = h2 = 0x98BADCFE
D = D' = h3 = 0x10325476
E = E' = h4 = 0xC3D2E1F0;
```

Die Registersätze A, B, C, D, E und A', B', C', D', E' werden in gleichartigen Operationen mit den 16 Eingabeworten in parallelen Rechenzweigen verknüpft. Lediglich die verwendeten Konstan- tensätze unterscheiden sich dabei und sorgen dafür, dass unterschiedliche Werte erzeugt werden. Für das Verständnis genügt daher die Betrachtung eines Zweiges.

---

108 Die Parallelverarbeitung zweier Ketten erfordert natürlich auch die doppelte Rechenzeit, was durch Mehr- prozessorarchitekturen wieder ausgeglichen wird. Die relativ frühe Entwicklung dieses Algorithmus (1996) im Dunstkreis des BND kann natürlich auch wieder als Spekulationsgrundlage dafür dienen, dass in Geheimdienstkreisen Schwächen von Algorithmen wesentlich früher bekannt sind als in der Öffentlich- keit (der MD5 wurde erst 2004 offiziell gebrochen).

In einem Rechenzyklus werden die Inhalte des Registersatzes **A, B, C, D, E** mit einem der Eingabeworte gemischt und daraus ein neuer 32 Bit-Wert erzeugt, der einen der alten Registerinhalte ersetzt. Insgesamt werden 80 dieser Rechenzyklen durchlaufen (und aufgund der Parallität insgesamt
160), was bedeutet, dass jedes der 16 Eingabeworte fünfmal zur Verwendung kommt, also auf jedes
der 5 Ausgabeworte formal einmal einwirkt. Der Mischvorgang wird durch folgenden Code repräsentiert ([+] repräsentiert den XOR-Operator):

```
A:=h0; B:=h1; C:=h2; D:=h3; E:=h4;
A':=h0;B':=h1;C':=h2;D':=h3;E' = h4;


// Schleife über die 80 Doppelrunden
for j:= 0 to 79 {
  T:= (A [+] f(j,B,C,D) [+] X[r(j)] [+] K(j));
  T:= T ≪ s(j) [+] E;
  A:= E;   E:= D;   D:= C ≪ 10;   C:= B;   B:= T;

  T:= (A' [+] f(79-j,B',C',D') [+] X[r'(j)] [+] K'(j));
  T:= T ≪ s'(j) [+] E';
  A':= E'; E':= D'; D':= C' ≪ 10; C':= B'; B':= T;
}


// Erzeugen des Hashwertes/Hashzwischenwertes
T:= h1 [+] C [+] D';
h1:= h2 [+] D [+] E';
h2:= h3 [+] E [+] A';
h3:= h4 [+] A [+] B';
h4:= h0 [+] B [+] C';
h0:= T;
```

Im Algorithmus kommen eine Reihe tabellierter Konstanten zum Einsatz. Die jeweils 16 Nachrichtenworte werden in folgender Reihenfolge eingesetzt:

```
r(00..15) = 0, 1, 2, 3, 4, 5, 6, 7, 8, 9, 10, 11, 12, 13, 14, 15
r(16..31) = 7, 4, 13, 1, 10, 6, 15, 3, 12, 0, 9, 5, 2, 14, 11, 8
r(32..47) = 3, 10, 14, 4, 9, 15, 8, 1, 2, 7, 0, 6, 13, 11, 5, 12
r(48..63) = 1, 9, 11, 10, 0, 8, 12, 4, 13, 3, 7, 15, 14, 5, 6, 2
r(64..79) = 4, 0, 5, 9, 7, 12, 2, 10, 14, 1, 3, 8, 11, 6, 15, 13

r'(0..15) = 5, 14, 7, 0, 9, 2, 11, 4, 13, 6, 15, 8, 1, 10, 3, 12
r'(16..31)= 6, 11, 3, 7, 0, 13, 5, 10, 14, 15, 8, 12, 4, 9, 1, 2
r'(32..47)= 15, 5, 1, 3, 7, 14, 6, 9, 11, 8, 12, 2, 10, 0, 4, 13
r'(48..63)= 8, 6, 4, 1, 3, 11, 15, 0, 5, 12, 2, 13, 9, 7, 10, 14
r'(64..79)= 12, 15, 10, 4, 1, 5, 8, 7, 6, 2, 13, 14, 0, 3, 9, 11
```

In jeder Runde werden additive Konstanten zum Zwischenergebnis addiert, die für ein ausgeglichenes Verhältnis von 0- und 1-Bits sorgen sollen:

```
K(j) = 0x00000000   (00 <= j <= 15)
K(j) = 0x5A827999   (16 <= j <= 31)
K(j) = 0x6ED9EBA1   (32 <= j <= 47)
K(j) = 0x8F1BBCDC   (48 <= j <= 63)
K(j) = 0xA953FD4E   (64 <= j <= 79)

K'(j) = 0x50A28BE6   (0 <= j <= 15)
K'(j) = 0x5C4DD124   (16 <= j <= 31)
K'(j) = 0x6D703EF3   (32 <= j <= 47)
K'(j) = 0x7A6D76E9   (48 <= j <= 63)
K'(j) = 0x00000000   (64 <= j <= 79)
```

Ebenfalls durch Tabellen gesteuert ist zyklisches Schieben der Bits des Zwischenergbnisses.

```
s(00..15) = 11, 14, 15, 12, 5, 8, 7, 9, 11, 13, 14, 15, 6, 7, 9, 8
s(16..31) = 7, 6, 8, 13, 11, 9, 7, 15, 7, 12, 15, 9, 11, 7, 13, 12
```

```
s(32..47) = 11, 13,  6,  7, 14,  9, 13, 15, 14,  8, 13,  6,  5, 12,  7,  5
s(48..63) = 11, 12, 14, 15, 14, 15,  9,  8,  9, 14,  5,  6,  8,  6,  5, 12
s(64..79) =  9, 15,  5, 11,  6,  8, 13, 12,  5, 12, 13, 14, 11,  8,  5,  6

s'(00..15)=  8,  9,  9, 11, 13, 15, 15,  5,  7,  7,  8, 11, 14, 14, 12,  6
s'(16..31)=  9, 13, 15,  7, 12,  8,  9, 11,  7,  7, 12,  7,  6, 15, 13, 11
s'(32..47)=  9,  7, 15, 11,  8,  6,  6, 14, 12, 13,  5, 14, 13, 13,  7,  5
s'(48..63)= 15,  5,  8, 11, 14, 14,  6, 14,  6,  9, 12,  9, 12,  5, 15,  8
s'(64..79)=  8,  5, 12,  9, 12,  5, 14,  6,  8, 13,  6,  5, 15, 13, 11, 11
```

Bleiben noch die eingesetzten Funktionen zu diskutieren. Diese verwenden von den 5 Arbeitsworten nur jeweils 3 in einem Verschlüsselungsschritt und besitzen folgende Definition

```
f(j, x, y, z) = x [+] y [+] z                      (00 <= j <= 15)
f(j, x, y, z) = (x AND y) OR (NOT(x) AND z)        (16 <= j <= 31)
f(j, x, y, z) = (x OR NOT(y)) [+] z                (32 <= j <= 47)
f(j, x, y, z) = (x AND z) OR (y AND NOT(z))        (48 <= j <= 63)
f(j, x, y, z) = x [+] (y OR NOT(z))                (64 <= j <= 79)
```

In den ersten Runden wird nur der XOR-Operator eingesetzt, der zwar für ein zufälliges Bitmuster sorgt, aber umkehrbar ist. Da die Hashfunktionen keine geheimen Schlüssel verwenden, würde man so zwar kollisionsfreie, aber voraussichtlich leicht fälschbare Hashwerte erhalten. Die Nicht-fälschbarkeit wird durch den Einsatz der Biterzeugungs- und Bitvernichtungsoperatoren OR und AND realisiert, was in den letzten 64 Runden erfolgt.

Wie der aufmerksame Leser bemerkt haben wird, werden in den Mischfunktionen die Erzeugungs- und Vernichtungsoperatoren in Verbindung mit der NOT–Funktion eingesetzt. Die Motivation bei der Konstruktion der Funktionen lässt sich an der 2. Funktion erklären, in der das Wort x mit den Worten y und z gemischt wird. Wenn die Größe x nur wenige gesetzte Bits enthält, ist das Ergebnis des ersten AND–verknüpften Teils nur mit wenigen Bits besetzt. Die Verwendung von NOT x im zweiten Teil sorgt dafür, dass hier mehr Bits entstehen können, so dass die OR–Funktion (hoffentlich) ein ausgeglichenes Verhältnis an 1- und 0-Bits liefert (den Rest erledigt die additive Konstante).

Damit sind wird auch schon am Ende des Algorithmus angekommen, der in einem Versuch die geforderten Eigenschaften aufweist. Die beiden angegebenen Texte unterscheiden sich in einem Bit ('0' = 0x30, '1' = 0x31) und besitzen völlig unterschiedliche Hashwerte (jeweils 2. Zeile).

```
Text zum Testen des RIPEMD-160-Verfahrens
E9198BFE 7FC42E7A 55A3CD30 11CCB159 E0F5C32C

Text zum Testen des RIPEMD-161-Verfahrens
CF950F57 4C0F3A80 7B01078A 517292F9 AC16683F
```

Aufgabe. Besorgen Sie sich Implementationen der MDx-Algorithmen im Internet und führen Sie einige statistische Tests durch, beispielsweise

a) Prüfen Sie, ob Sie an einem Hashwert erkennen können, ob eine binäre Nachricht aus Zufalls-zahlen kodiert wurde oder eine Nachricht, die nur ein begrenztes Alphabet verwendet (beispielsweise nur ASCII-Ziffern.

b) Prüfen Sie, welchen Einfluss die Position eines Bitflips (Umkehren des Wertes) auf die Anzahl der geflipten Bits im Ausgang hat.

c) Prüfen Sie, ob bestimmte Bitflips im Ausgang mit Bitflips im Eingang korrelieren.

Prüfen Sie die Auswirkung von Modifikationen in den Funktionen.

Der Rechenaufwand für die Erzeugung eines Hashwertes mit dem RIPEMD ist nicht gerade klein zu nennen. Immerhin landet man überschlägig bei ca. 3.000 Operationen für die Verarbeitung von 16 Datenworten. Allerdings erfolgt die Berechnung von Hashwerten i.d.R. an Schnittstellen zu langsamer DV-Komponente wie Netzwerken oder Festplatten. Die Wartezeit bis zur Bereitschaft der langsamen Einheit reicht für die CPU (meist) mehr als aus, die Rechenarbeit zu beenden.

Der MD5 ist wesentlich kompakter und besitzt nur einen Rechenzweig für 4 Statusworte mit 64 Runden. Aufgrund seiner hohen Geschwindigkeit ist er trotz des inzwischen erfolgten kompletten Bruchs (sieh Kapitel 6.4.4 und 6.4.5) in vielen Bereichen weiterhin eines der beliebteste Arbeitstiere.

6.3.2 Secure Hash Algorithm

Für kritische Anwendungen wurde weder der MD5 (bereits früh vermutete, aber nicht nachgewiesene Unsicherheit) noch der RIPEMD (ungenügende Effizienz) zum Standard erhoben. Die Konstruktion wurde bei den kritischen Algorithmen aber nicht verändert. Abbildung 6.3 zeigt den Ablauf des SHA-1, der 512 Eingabebits in 80 Runden zu 160 Bits Hashwerten verarbeitet. Zusätzlich zu den bereits genutzten Operatoren führt er die Addition ein.[109]

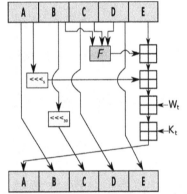

Abbildung 6.1: SHA-1, Blockschema (wikipedia)

Auch der SHA-1 ist inzwischen „theoretisch gebrochen", was bedeutet, dass ein erfolgreicher Analyseplan vorliegt, aber der Rechenaufwand, der zum Herstellen einer Kollision notwendig ist, derzeit immer noch außerhalb der praktisch durchführbaren Möglichkeiten liegt. Wenn man die weitere Maschinenentwicklung und die vielen Zufälligkeiten im Analyseverlauf berücksichtigt, ist das allerdings keine langfristig vertrauenswürdige Position.

Man hat daher als Zwischenlösung den SHA-1 zum SHA-2 (Abbildung 6.12) erweitert, der je nach Variante 512-1024 Eingabebits zu 224-512Bit-Hashwerten verarbeitet und dazu 64-80 Runden verwendet. Die OR-Operation wurde fallen gelassen, aber intensive Nutzung von Rotationen gemacht.

$$Ch(E,F,G)=(E \wedge F) \otimes (\neg E \wedge G)$$
$$Ma(A,B,C)=(A \wedge B) \otimes (A \wedge C) \otimes (B \wedge C)$$
$$\Sigma_0(A)=(A \gg 2) \otimes (A \gg 13) \otimes (A \gg 22)$$
$$\Sigma_1(E)=(E \gg 6) \otimes (E \gg 11) \otimes (E \gg 25)$$

Wie man leicht bemerkt, wurde lediglich versucht, durch weitere Komplexität die Analysemöglichkeiten zu unterbinden. Für ca. 40 Runden des SHA-2 sind Analyseerfolge bekannt, insgesamt gilt er aber derzeit als sicher. Der ständig gewachsene Aufwand mit einem letztendlich doch nicht zufriedenstellenden Konstruktionsprinzip hat schließlich zur Ausschreibung für eine neue Generation von Hashalgorithmen geführt.

---

109 Wir gehen hier und bei den weiteren Algorithmen nicht mehr auf alle Details ein, sondern begnügen uns mit Blockschemata. Die Rezepte sind hinreichend vorgestellt, und eine zu detaillierte Aufspaltung mindert eher die Erkenntnis als sie zu fördern.

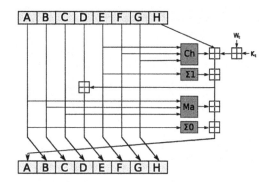

Abbildung 6.2: SHA-2, Blockschema (wikipedia)

6.3.3 HAVAL

HAVAL gehört noch vollständig zur ersten Generation (Entwurf 1992) und verknüpft 1024 Bit Eingabedaten (32 Worte zu 32 Bit) mit 256 Bit Statusdaten (8 Worte zu 32 Bit), kann aber variable Anzahlen von Ausgabebits unter Verwendung einer variablen Anzahl von Verschlüsselungsrunden erzeugen, lässt sich also an das Sicherheitsbedürfnis des Nutzers anpassen. Der grobe Ablauf wird durch die folgende Iteration dargestellt:

$$E_0 = \text{LAST\_HASH}$$
$$E_{i+1} = H_i(E_i, INPUT) \ , \ i = 0..n-1$$
$$\text{NEW\_HASH} = E_n \otimes \text{LAST\_HASH}$$

Neu ist die Rückkopplung am Ende der Hauptschleife, die Angriffe deutlich erschwert. Die Anzahl der Schleifendurchläufe liegt je nach Anspruch des Nutzers bei 3-5, die Geschwindigkeit des Algorithmus soll bei 5 Schleifendurchläufen der des MD5 entsprechen. Die Rundenfunktionen H_i bestehen aus 32 Schleifendurchläufen, in denen jedes Eingabewort einmal verwendet wird.

$$\text{FOR } J = 0 \text{ TO } 31 \text{ DO}$$
$$P = F_i\big(\phi_{i,j}(E_6, E_5, E_4, E_3, E_2, E_i, E_0)\big)$$
$$R = (E_7 \ll a) + (P \ll b) + INPUT_j$$
$$E_k = E_{k-1}(k = 7..1), E_0 = R$$

Dieser Aufbau ist dem MD5 sehr ähnlich, wie der Leser durch Vergleich leicht feststellen kann. Die XOR-Operation ist allerdings durch die Addition ersetzt. Die Reihenfolge der Statusregister in der Mischfunktion wird einer rundenabhängigen Pemutation unterworfen, die Mischfunktionen selbst von Hauptrunde zu Hauptrunde ausgetauscht. Sie sind den MD5-Funktionen ebenfalls recht ähnlich, z.B.

$$F_1(x_6 ... x_0) = x_1 \otimes (x_0 \wedge x_4) \otimes (x_2 \wedge x_5) \otimes (x_3 \wedge x_6) \otimes x_0$$

Die UND-Verknüpfung, in der Originalbeschreibung als bitweise Multiplikation (mod 2) bezeichnet, wird weiterhin eingesetzt, ebenso die bitweise Invertierung in weiteren Mischfunktionen, die ODER-Verknüpfung fehlt allerdings. Die Verknüpfungsdichte der Bits ist wesentlich höher als beim MD5 und Verwandten.

Kleinere Hashausgaben als 256 Bit werden durch XOR-Verknüpfung der primär erzeugten Worte gebildet. Analysemethoden wie beim MD5 haben lediglich mögliche Gefährdungen (!) bei 3 Runden und 128 Bit Hashwerten ergeben. Längere Ausgaben und 4-5 Runden werden derzeit als sicher angesehen. Obwohl von vornherein OpenSource, konnte sich dieser Algorithmus jedoch nicht gegen die MD5 und seine Nachfolger durchsetzen. Trotz seines Alters hat er es in der Kandidatenliste für die nächste SHA-Generation bis in die Zwischenrunde geschafft.

6.3.4 TIGER

Ebenfalls nur begrenzt durchgesetzt hat sich der TIGER-Algorithmus, der im Unterschied zu den zuvor diskutierten Algorithmen direkt für eine 64-Bit-Architektur konstruiert wurde. Drei 64-Bit-Register führen zu einer Hashlänge von 192 Bit, die Eingabe besteht pro Runde aus acht 64-Bit-Worten, also 512 Bit insgesamt, die im Folgenden mit $x_0 - x_7$ bezeichnet werden.

Der TIGER-Algorithmus weist eine Reihe von anderen Konstruktionsmerkmalen auf und stellt somit den Übergang zu einer neuen Generation von Algorithmen dar. Wie beim HAVAL erfolgt zum Schluss eines Algorithmusdurchlaufs eine Mischung mit den Eingabedaten (*ich verwende hier eine C-ähnliche Repräsentation des Algorithmus, d.h. ^ ist hier der XOR-Operator und nicht mit dem ^ -Operator für die UND-Funktion aus den vorhergehenden Beschreibungen zu verwechseln!*):

```
aa = a ;
bb = b ;
cc = c ;

pass(a,b,c,5)
key_schedule
pass(c,a,b,7)
key_schedule
pass(b,c,a,9)

a ^= aa ;
b -= bb ;
c += cc ;
```

Diese Mischung, die bei TIGER neben dem XOR auch Addition und Subtraktion enthält, ist ein Charakteristikum der zweiten Generation und verhindert die Anwendung der bei der ersten Generation erfolgreich angewandten Differenzenanalyse nach der weiter unten beschriebenen Systematik.[110]

Im inneren Mischvorgang, der ebenfalls methodisch von der ersten Generation abweicht, werden in acht Runden die Eingabedaten mit den Ausgaberegistern verknüpft:

```
pass(a,b,c,mul):
-----------------
round(a,b,c,x0,mul);
round(b,c,a,x1,mul);
round(c,a,b,x2,mul);
round(a,b,c,x3,mul);
round(b,c,a,x4,mul);
round(c,a,b,x5,mul);
round(a,b,c,x6,mul);
round(b,c,a,x7,mul);

round(a,b,c,x,mul):
-----------------
```

---

110 Was nicht bedeuten soll, dass die Differenzenanalyse unmöglich ist. Aber man muss sich zumindest eine völlig neue Analysetechnik des Innenlebens überlegen.

```
c ^= x ;
a -= t1[c_0] ^ t2[c_2] ^ t3[c_4] ^ t4[c_6] ;
b += t4[c_1] ^ t3[c_3] ^ t2[c_5] ^ t1[c_7] ;
b *= mul;
```

Das Register **c**, bestehend aus der XOR-Verknüpfung des Statusregisters mit einem 64-Bit-Wort der Eingabedaten, wird in acht einzelne Bytes zerlegt, die als Index für den Zugriff auf vier 64-Bit-Substitutionstabellen mit je 256 Werten verwendet werden. Deren Werte werden XOR-verknüpft, bevor sie, wieder unter Einsatz von Addition und Subtraktion, zum neuen Status verarbeitet werden. Zwischen den Runden werden die Eingabedaten einer Transformation unterworfen:

```
key_schedule:
-------------
x0 -= x7 ^ 0xA5A5A5A5A5A5A5A5 ;
x1 ^= x0;
x2 += x1;
x3 -= x2 ^ ((~x1)<<19) ;
x4 ^= x3;
x5 += x4;
x6 -= x5 ^ ((~x4)>>23) ;
x7 ^= x6;

x0 += x7;
x1 -= x0 ^ ((~x7)<<19) ;
x2 ^= x1;
x3 += x2;
x4 -= x3 ^ ((~x2)>>23) ;
x5 ^= x4;
x6 += x5;
x7 -= x6 ^ 0x0123456789ABCDEF;
```

Die zweite Neuerung besteht somit im Ersatz der AND- und OR-Operationen durch Substitutionsoperationen, und Schiebeoperationen werden auf die Eingabedaten beschränkt, um die von $w=1/2$ oft deutlich abweichende Bitbesetzungswahrscheinlichkeit bestimmter Positionen auszugleichen. Die Nichtlinearität des Algorithmus wird vorzugsweise durch die Substitutionstabellen hergestellt. Der Wechsel der Reihenfolge der Register in den Runden sowie insbesondere die durch die unscheinbare Multiplikation in jeder Runde hergestellte Verschränkung der Substitutionstabellen (die Ergebnisse eines Substitutionsvorgangs greifen beim nächsten Durchgang an einer anderen Indexposition zu) machen die Verschlüsselung zu einem Einweggeschäft und den Algorithmus auch relativ unempfindlich gegen die bei den anderen Algorithmen erfolgreichen Angriffsmethoden.

Ingesamt ähnelt der Algorithmus damit mehr einem symmetrischen Verschlüsselungsalgorithmus als den zuvor diskutierten Hashalgorithmen, und wir kommen damit auch noch einmal auf eine Anmerkung zu Beginn dieses Kapitels zurück. Gedanklich – was sich auch in der Originalbeschreibung des Algorithmus niederschlägt – hat die Nachricht einen Rollentausch von der zu verschlüsselnden Größe zum Schlüssel des Verfahrens durchgemacht. Wenn man diesen Rollentausch zur Vermeidung von Konfusion in Bezug auf die Anwendungen von Hashalgorithmen verbal nicht nachvollziehen sollte, ist er doch notwendig, um konstruktiv die Grenzen von MD5 & Co. zu sprengen.

6.3.5 WHIRLPOOL

Noch eindeutiger demonstriert der Whirlpool-Algorithmus den Übergang zu einer neuen konstruktiven Generation: er wurde bereits um 2000 veröffentlicht, was wohl auch der Grund ist, weshalb sich auch dieser Algorithmus nicht gegen MD5 und SHA-x durchsetzen konnte: SHA-x war zu dieser Zeit sicher und als anerkannter Standard etabliert, so dass sich keine Notwendigkeit für einen weiteren Standardalgorithmus ergab.

Der Algorithmus verarbeitet in einem Schritt 512 Eingabebits mit 512 Arbeitsbits, wobei aufeinander folgende Eingabeblöcke ähnlich wie beim TIGER-Algorithmus durch die folgende Funktion miteinander verknüpft werden:

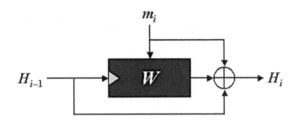

Abbildung 6.3: Kompressionsfunktion von WHIRLPOOL

Der Verschlüsselungsblock W ist eine modifizierte einfachere Form des AES-Algorithmus, auf die wir hier nicht näher eingehen. Der Hasharbeitswert H_i übernimmt die Rolle des Schlüssels im Algorithmus, die Nachricht die des zu verschlüsselnden Klartextes, d.h. die Rollenverteilung entspricht wieder mehr der ursprünglichen Betrachtungsweise als im TIGER-Algorithmus. Nach Verarbeiten der kompletten Eingabe wird ein vorgewählter Teil des letzten Arbeitswertes als Hashwert ausgeliefert, d.h. die Ausgabe kann im Bereich 128 –512 Bit eingestellt werden.

Ein wesentliches Merkmal der neuen Generation ist die Verwendung symmetrischer Verschlüsselungsalgorithmen und die abschließende Verknüpfung von Eingabe, Schlüssel und Chiffrat zur neuen Ausgabe. Bei höherer Geschwindigkeit infolge weniger zu durchlaufender Arbeitsschritte, die nahezu alle durch Tabellenzugriffe erledigt werden können, sind diese Algorithmen nach dem bisherigen Erkenntnisstand immun gegen bei der ersten Generation angewandte Angriffsmethoden.

6.3.6 BLAKE

Wir kommen nun mit BLAKE zum ersten Finalisten für den neuen Standard. Die verschiedenen Varianten des Algorithmus können Hashwerte von 224 bis 512 Bit aus 512 bis 1024 Bit Eingabedaten erzeugen und sind für 32-Bit- oder 64-Bit-Architekturen ausgelegt. Als Neuerung integriert der Algorithmus private Schlüssel, hier als Salt-Werte bezeichnet, direkt in den Ablauf. Die Erzeugung gesicherter Kennworttabelleneinträge auf Rechnersystemen oder von MAC-Werten ist also Bestandteil des Algorithmus und keine angehängte Erweiterung. Er verwendet pro Nachrichtenblock folgende Parameter, die je nach Variante als 32-Bit- oder 64-Bit-Worte ausgelegt werden:

a)   Start/Ergebnisregister $h_0 - h_7$

b)   Die Nachrichtenworte $m_0 - m_{15}$

c)   Das Salt $s_0 - s_3$, das wahlweise vom Anwender vorgegeben wird oder Null ist

d)   Ein Zähler $t_0 - t_1$ für die verarbeiteten Bits der Nachricht

e)   Ein Satz Konstante $c_0 - c_{15}$

f) Eine Permutationstafel $\sigma_{0,0..15} - \sigma_{k,0..15}$

In einem Initialisierungsschritt werden zunächst die Arbeitswerte für die Runden bereitgestellt:

$$\begin{pmatrix} v_0 & v_1 & v_2 & v_3 \\ v_4 & v_5 & v_6 & v_7 \\ v_8 & v_9 & v_{10} & v_{11} \\ v_{12} & v_{13} & v_{14} & v_{15} \end{pmatrix} \leftarrow \begin{pmatrix} h_0 & h_1 & h_2 & h_3 \\ h_4 & h_5 & h_6 & h_7 \\ s_0 \oplus c_0 & s_1 \oplus c_1 & s_2 \oplus c_2 & s_3 \oplus c_3 \\ t_0 \oplus c_4 & t_0 \oplus c_5 & t_1 \oplus c_6 & t_1 \oplus c_7 \end{pmatrix}$$

Die 10-14 Verarbeitungsrunden bestehen in der 32-Bit-Version aus den Aufrufen

$G_0(v_0, v_4, v_8, v_{12})$ $G_1(v_1, v_5, v_9, v_{13})$ $G_2(v_2, v_6, v_{10}, v_{14})$ $G_3(v_3, v_7, v_{11}, v_{15})$

$G_4(v_0, v_5, v_{10}, v_{15})$ $G_5(v_1, v_6, v_{11}, v_{12})$ $G_6(v_2, v_7, v_8, v_{13})$ $G_7(v_3, v_4, v_9, v_{14})$

mit $G_i(a, b, c, d) = $ [111]

$$a \leftarrow a + b + (m_{\sigma_r(2i)} \oplus c_{\sigma_r(2i+1)})$$
$$d \leftarrow (d \oplus a) \lll 16$$
$$c \leftarrow c + d$$
$$b \leftarrow (b \oplus c) \lll 12$$
$$a \leftarrow a + b + (m_{\sigma_r(2i+1)} \oplus c_{\sigma_r(2i)})$$
$$d \leftarrow (d \oplus a) \lll 8$$
$$c \leftarrow c + d$$
$$b \leftarrow (b \oplus c) \lll 7$$

Die Nachrichtenworte werden hier rundenspezifisch eingearbeitet. Grafisch sind Mischfunktion und Verarbeitungsschema der Arbeitsdaten in Abbildung 6.4 und Abbildung 6.10 dargestellt.

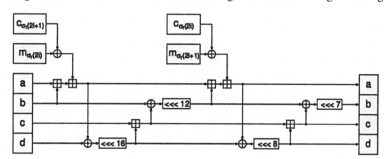

Abbildung 6.4: Grafische Darstellung der Mischfunktion

Abschließend wird durch Rückkopplung der neue Hashwert generiert:

$$h_i = h_i \otimes s_i \otimes v_i \otimes V_{i+8} \ , \quad i = 0..7$$

Die Mischfunktionen G sind, da keine Erzeugungs- oder Vernichtungsoperatoren verwendet werden, voll reversibel, d.h. eine Eingabe erzeugt eine eindeutige Ausgabe und umgekehrt. Innere Freiheitsgrade existieren somit nicht und unterschiedliche Eingaben führen auch zu unterschiedlichen

---

111 Man sehe mir bitte den erneuten Wechsel der Symbolik nach. Man muss ihn auch in Kauf nehmen, wenn man die Originalveröffentlichungen für Details konsultiert, und Copy-and-paste ist bei meiner Meinung nach zumutbarem Wechsel der Bezeichnungen halt einfacher, als für alle Algorithmen alles neu eintippen zu müssen.

Ergebnissen. Aus der Konstruktion der Arbeitswerte folgt für die Kollisionswahrscheinlicheiten bei der 32-Bit-Version:

$$w\left(h=BLAKE\left(m,h,s,t\right)\right)\approx 2^{-192}$$
$$w\left(h=BLAKE\left(m,h,s,t\right)=BLAKE\left(m',h',s',t'\right)\right)\approx 2^{-320}$$

Die Nichtumkehrbarkeit und Fälschungssicherheit wird ausschließlich durch die Rückkopplung hergestellt. Der Algorithmus ist hinsichtlich der Anzahl der Runden so ausgelegt, dass bekannte Angriffsmethoden keine brauchbare Systematik zur Erzeugung einer Kollision aufbauen können.

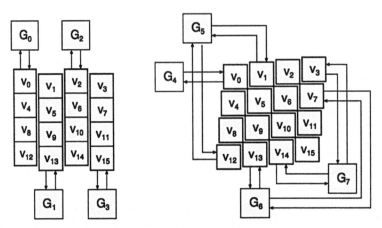

Abbildung 6.5: Verarbeitungsschema (Verschränkung) der Arbeitswerte

6.3.7 Blue Midnight Wish

Etwas andere Wege geht dieser Algorithmus, der 512-Bit- oder 1024-Bit-Eingabeblöcke mit 512-Bit- bzw. 1024-Bit-Arbeitswerten verknüpft, um abschließend durch eine Auswahl Hashwerte der Größen 226, 256, 384 oder 512 Bit zu liefern. Die Nachricht M wird mit dem aufgelaufenen Hashwert H in drei Stufen zu einem neuen Hashwert verdichtet

$$Q_a=f_0\left(M^{(i)},H^{(i-1)}\right)\ ,\ i=1\dots N$$
$$Q_b=f_1\left(M^{(i)},H^{(i-1)},Q_a\right)$$
$$H^{(i)}=f_2\left(M^{(i)},Q_a,Q_b\right)$$

und zuletzt einer Abschlusstransformation unterworfen

$$Q_a=f_0\left(H^{(N)},CONST\right)$$
$$Q_b=f_1\left(H^{(N)},CONST,Q_a\right)$$
$$H=f_2\left(H^{(N)},Q_a,Q_b\right)$$

Die Funktionen f_0 .. f_2 machen intensiven Gebrauch der XOR-Operation, der Addition/Subtraktion sowie von zyklischen und nicht zyklischen Schiebeoperationen. Die Sicherheit wird durch die Mehrfachverknüpfung im Grundalgorithmus erreicht: f_0 und f_1 kann man als „Expansionsgruppe" interpretieren, die Status und Nachricht in zwei Feldern verschlüsselt. f_3 ist schließlich eine „Kompressionsgruppe" die die Aufspaltungen wieder zusammenführt und damit die Umkehrbarkeit aufhebt.

Die Funktion $f_0(a,b)$ bildet die beiden Eingabewerte durch 16 unterschiedlichen Abbildungen und Mischfunktionen auf die Zwischenwerte ab (*hier nur die erste Abbildungsfunktion*):

$$W_0=(a_5 \otimes b_5)-(a_7 \otimes b_7)+(a_{10} \otimes b_{10})+(a_{13} \otimes b_{13})+(a_{14} \otimes b_{14})$$
$$Q_{a,0}=s_0(W_0)+b_1 \quad \text{mit} \quad s_0(x)=(x>>>1) \otimes (x<<<3) \otimes (x \ll 4) \otimes (x \ll 19)$$

Im ersten Teil – Berechnung der Zwischenwerte W_k – erfolgt eine Verschränkung der Nachrichtenworte untereinander, im zweiten Teil mittels der Funktionen s_k eine Verschränkung der Bits, wobei der Operator $>>>$ ein nichtzyklisches Schieben beschreibt, d.h. die am Ende hinausgeschobenen Bits werden nicht am anderen Ende wieder angefügt, sondern gehen verloren.

Die Funktion f_1 generiert aus diesem Zwischenergebnis den zweiten Zweig

$$Q_{b,i}=s_0(Q_{a,i})+s_1(Q_{a,i+1})+s_2(Q_{a,i+2})+s_3(Q_{a,i+3})+ \ldots$$
$$+ (M_{i+k_1} \ll (i+k_1))+(M_{i+k_2} \ll (i+k_2))-(M_{i+k_3} \ll (i+k_3)) \otimes Q_{a,i+k_4};$$

Funktion $f_2(a,b,c)$ bildet zunächst eine XOR-Verknüpfung von jeweils acht der Q_b-Werten in einen oberen und einen unteren Teil (*XH* und *XL*) und berechnet dann in einer Mischung der *W*- und *Q*-Wertermittlung der Funktion f_0 die Arbeitswerte für die nächste Runde.

$$H'_0=(XH <<< 5) \otimes (Q_{b,0} <<< 5) \otimes M_0+ (XL \otimes Q_{a,0} \otimes Q_{b,0});$$

Die Funktionen sind teilweise linear, teilweise nichtlinear. Eine Analyse zeigt:

a) Die Funktion f_0 ist leicht umkehrbar,

b) die Funktion f_1 ist eine Permutation, die die Berechnung von M aus Q_a und Q_b erlaubt bzw. auch von Q_a, sofern die beiden anderen Größen bekannt sind,

c) f_2 ist eine schwache Blockchiffrierung.

Obwohl alle Teile des Algorithmus somit nicht sonderlich stark sind, ergibt die Kombination doch einen sehr zuverlässigen Algorithmus. Theoretisch sind zwar Fastkollisionen möglich, praktisch scheint bislang aber keine Möglichkeit eines Angriffs zu bestehen.

6.3.8 CubeHash

Algorithmisch sehr einfach aufgebaut ist der CubeHash-Algorithmus, der 1.024 Bit verarbeitet und Hashwerte bis zu 512 Bit liefert. Der interne Status besitzt ebenfalls 1.024 Bit und wird zunächst mit dem gleich langen Eingabeblock durch XOR verknüpft. In einer wählbaren Anzahl von Runden wird der Statusblock anschließend sehr gründlich durchmischt. Formal wird dazu der Statusblock in einem 5-dimensionalen Feld organisiert

```
uint32 x[2][2][2][2][2];
```

Die Mischfunktion wird hiermit in folgender Weise formuliert:

```
#define ROTATEUPWARDS7(a) (((a) << 7) | ((a) >> 25))
#define ROTATEUPWARDS11(a) (((a) << 11) | ((a) >> 21))
#define SWAP(a,b) { myuint32 u = a; a = b; b = u; }


for (r = 0;r < CUBEHASH_ROUNDS;++r) {

  for(j=0;j<2;++j) for(k=0;k<2;++k) for(l=0;l<2;++l)
    for(m=0;m<2;++m)
      x[1][j][k][l][m] += x[0][j][k][l][m];
```

```
for(j=0;j<2;++j) for(k=0;k<2;++k) for(l=0;l<2;++l)
    for(m=0;m<2;++m)
      x[0][j][k][l][m] = ROTATEUPWARDS7(x[0][j][k][l][m]);

for(j=0;j<2;++j) for(k=0;k<2;++k) for(l=0;l<2;++l)
    for(m=0;m<2;++m)
      SWAP(x[0][0][k][l][m],x[0][1][k][l][m])

for(j=0;j<2;++j) for(k=0;k<2;++k) for(l=0;l<2;++l)
    for(m=0;m<2;++m)
      x[0][j][k][l][m] ^= x[1][j][k][l][m];

for(j=0;j<2;++j) for(k=0;k<2;++k) for(l=0;l<2;++l)
    for(m=0;m<2;++m)
      SWAP(x[1][j][k][0][m],x[1][j][k][l][m])

for(j=0;j<2;++j) for(k=0;k<2;++k) for(l=0;l<2;++l)
    for(m=0;m<2;++m)
      x[1][j][k][l][m] += x[0][j][k][l][m];

for(j=0;j<2;++j) for(k=0;k<2;++k) for(l=0;l<2;++l)
    for(m=0;m<2;++m)
      x[0][j][k][l][m] = ROTATEUPWARDS11(x[0][j][k][l][m]);

for(j=0;j<2;++j) for(k=0;k<2;++k) for(l=0;l<2;++l)
    for(m=0;m<2;++m)
      SWAP(x[0][j][0][l][m],x[0][j][1][l][m])

for(j=0;j<2;++j) for(k=0;k<2;++k) for(l=0;l<2;++l)
    for(m=0;m<2;++m)
      x[0][j][k][l][m] ^= x[1][j][k][l][m];

for(j=0;j<2;++j) for(k=0;k<2;++k) for(l=0;l<2;++l)
    for(m=0;m<2;++m)
      SWAP(x[1][j][k][l][0],x[1][j][k][l][1])
  }
}
```

Dieser formale Algorithmus eignet sich natürlich wenig für eine Arbeitsimplementation, lässt sich jedoch recht gut in eine effiziente Form überführen. Die Nichtumkehrbarkeit des Algorithmus beruht trotz der reversiblen Einzelschritte auf dem Informationsverlust, da nur ein Teil der Statusbytes als Hashwert ausgeliefert werden. Der Algorithmus ist kollisionsfrei und nach den bisherigen Erkenntnissen aufgrund der hohen Verschränkung auch fälschungssicher.

6.3.9 ECHO

Der ECHO-Algorithmus arbeitet mit dem gleichen Parametersatz wie der BLAKE-Algorithmus, d.h. neben dem Status und dem Nachrichtenblock mit einem vom Anwender wählbaren Salt und einem Bitzähler für die verarbeiteten Bits. Nachricht, Eingangsstatus und Ausgangsstatus werden am Ende jeder Runde per XOR zum Eingangsstatus für die nächste Runde bzw. zum Hashwert verarbeitet.

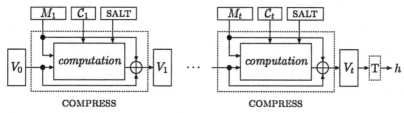

COMPRESS COMPRESS

Abbildung 6.6: ECHO-Verarbeitungsschema

Der Algorithmus verarbeitet in einem Verarbeitungsschritt 16 128-Bit-Blöcke = 2.048 Bit. Davon sind 512 bzw. 1024 Bit – je nach gewünschter Hashwertlänge – interner Status, der Rest Nachrichtenbits, d.h. 1536 bzw. 1024. Bezeichnet man 128-Bit-Blöcke mit w_0 .. w_{15} , so werden die ersten Blöcke jeweils mit dem Status belegt, der Rest mit der zu verarbeitenden Nachricht. Die Verarbeitung erfolgt unter Rückgriff auf den AES-Algorithmus. Hierzu wird zunächst

$$w_i' = AES(AES(w_i, SALT), C_t)$$

berechnet, wozu zwei Runden des AES verwendet werden. Anschließend werden auf einer größeren Skala die 128-Bit-Blöcke der Zeilen- und Spaltentransformation des AES unterworfen

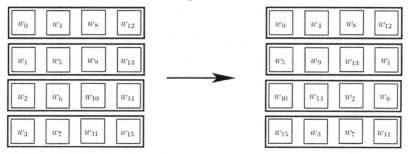

Abbildung 6.7: Zeilentransformation

$$\begin{pmatrix} B'_{16i+j} \\ B'_{16i+16+j} \\ B'_{16i+32+j} \\ B'_{16i+48+j} \end{pmatrix} = \begin{pmatrix} 02 & 03 & 01 & 01 \\ 01 & 02 & 03 & 01 \\ 01 & 01 & 02 & 03 \\ 03 & 01 & 01 & 02 \end{pmatrix} \cdot \begin{pmatrix} B_{16i+j} \\ B_{16i+32+j} \\ B_{16i+48+j} \\ B_{16i+64+j} \end{pmatrix}$$

Abbildung 6.8: Spaltentransformation mit B = Bytes eines 128-Bit-Blocks w

Die Gesamtoperation wird acht mal wiederholt. Sicherheit und Geschwindigkeit lehnen sich an den AES-Algorithmus an, wobei die Sicherheit als Hashalgorithmus durch die Rückkopplung hergestellt wird.

6.3.10 Fugue

Auch dieser von IBM entwickelte Algorithmus macht intern vom AES-Algorithmus Gebrauch, verwendet aber ein anderes Konzept für die Bearbeitung langer Eingaben. Intern wird mit einem Statusregister von 30 Worten mit je 32 Bit gearbeitet:

$$S_{0..21}=0 \quad , \quad S_{22..29}=IV$$

Die Nachricht wird in 32-Bit-Worte zerlegt, wobei im letzten Wort ggf. das übliche Padding erfolgt. Sämtliche Nachrichtenworte N_k werden in einem relativ kurzen Verfahren in das Statusregister eingearbeitet:

$$
\begin{aligned}
&\text{for } k=0 \text{ to } n \text{ do}\\
&\quad S_{10}=S_{10}\oplus S_0\\
&\quad S_0=S_0\oplus N_k\\
&\quad S_8=S_8\oplus S_0\\
&\quad S_1=S_{11}\oplus S_{24}\\
&\quad \text{for } i=0 \text{ to } 1 \text{ do}\\
&\quad\quad S_j\leftarrow S_{j-3(mod\,30)} \quad , \quad j=0..29\\
&\quad\quad S_j=S_j\oplus S_{j+4} \quad , \quad j=0..2\\
&\quad\quad S_j=S_j\oplus S_{j-11} \quad , \quad j=15..17\\
&\quad\quad S_{0..3}=MAES(S_{0..3})
\end{aligned}
$$

MAES bezeichnet eine Runde eines modifizierten AES-Algorithmus, in dem die Bitsubstitution übernommen, die Bytesubstitution aber durch eine Matrixoperation ersetzt wird, die alle Worte untereinander tauscht.

Aufgrund der wenigen Operationen, bezogen auf sämtliche Nachrichtenbits, ist dieser Algorithmus sehr effizient, führt jedoch noch nicht zu einer effektiven Verschränkung insbesondere der letzten Eingabedaten mit allen anderen. Dafür sorgt eine etwas längere Abschlussrunde, die vorzugsweise aus der Wiederholung der inneren Schleife besteht. Zehnmal wird folgende Schleife durchlaufen

$$
\begin{aligned}
&S_j\leftarrow S_{j-3(mod\,30)} \quad , \quad j=0..29\\
&S_j=S_j\oplus S_{j+4} \quad , \quad j=0..2\\
&S_j=S_j\oplus S_{j-11} \quad , \quad j=15..17\\
&S_{0..3}=MAES(S_{0..3})
\end{aligned}
$$

gefolgt von 13 Durchläufen der folgenden Anweisungen

$$
\begin{aligned}
&S_4=S_4\oplus S_0\\
&S_{15}=S_{15}\oplus S_0\\
&S_j\leftarrow S_{j-15(mod\,30)} \quad , \quad j=0..29\\
&S_{0..3}=BAES(S_{0..3})
\end{aligned}
$$

$$
\begin{aligned}
&S_4=S_4\oplus S_0\\
&S_{16}=S_{16}\oplus S_0\\
&S_j\leftarrow S_{j-14(mod\,30)} \quad , \quad j=0..29\\
&S_{0..3}=BAES(S_{0..3})
\end{aligned}
$$

wobei *BAES* eine Reduzierung des AES-Anteils auf die reine Bitsubstition, also ohne Wortsubstitution, bedeutet. Nach einer nochmaligen XOR-Verknüpfung von S_4 und S_{15} mit S_0 wird die Kette

$$Hash=S_{1..4\,,15..18}$$

als 256-Bit-Hashwert ausgeliefert. Andere Hashwertbreiten verwenden modifizierte Schleifendurchläufe.

Nach bisherigen Erkenntnissen ist der Algorithmus nicht angreifbar.

6.3.11 Grøstl

Hier kommt nun ein weiterer der letzten fünf. Wir stellen an dieser Stelle den Aufbau von Grøstl nur stichwortartig vor. Der Algorithmus verwendet zwei Mischfunktionszweige, die einen Status h mit einer Nachricht m in der in Abbildung 6.9 dargestellten Weise miteinander verknüpfen

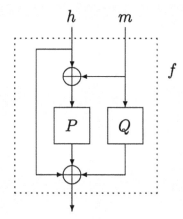

Abbildung 6.9: Blockschema von Grøstl

Die Hashwertlänge ist beliebig bis zur Länge von 512 Bit wählbar, die verarbeitete Nachrichtenblocklänge liegt pro Durchgang bei 512 Bit. Die Funktionen P und Q sind gleichartig gestaltet und arbeiten nur mit anderen Konstanten. Die Daten werden ähnlich wie beim AES formal in 8*8-Bytematrizen (64 Byte = 512 Bit) angeordnet und nacheinander Zeilen-, Spaltentransformationen sowie Substitutionen und zyklischem Schieben in 10-14 Runden unterworfen. Die Ähnlichkeit zum AES ist so hoch, dass sich weitere Diskussionen erübrigen. Angriffsmöglichkeiten sind derzeit nicht bekannt.

6.3.12 Keccak

Der inzwischen zum SHA-3 ausgewählte Keccak-Agorithmus verwendet ein komplexes dreidimensionales Permutationsschema, das eine UND-Operation als nichtlineares Element enthält. Eine Rückkopplung des Verschlüsselungsergebnisses mit dem Nachrichtenblock erfolgt nicht, weshalb der Algorithmus ein wenig an die Vorgehensweise in der ersten Generation erinnert.

Das Sicherheitsniveau des Algorithmus ist einstellbar: der Algorithmus verfügt in der 64 Bit-Version über 1.600 Statusbits, die logisch in einem dreidimensionalen Feld $S[5,5,2^l]$, $0 \le l \le 6$ angeordnet sind (Abbildung 8.5). Allgemeiner: die Grundstruktur ist ein Feld der Dimension [5*5] aus 8-, 16-, 32- oder 64-Bit-Werten. In der Regel legt man 64-Bit-Systeme zu Grunde, was wir im Weiteren ebenfalls machen werden. In dieser werden die Statusbits mit Nachrichtenblöcken von 1.152 und 576 Bits der Nachricht verknüpft und Hashwerte der Größe 224 – 512 Bit generiert. In der Basisstufe (1.152 , 224) erzeugen somit große Nachrichtenblöcke eine geringe Menge an Ergebnisbits, in der höchsten Sicherheitsstufe (576 , 512) kleine Blöcke eine große Menge an Ergebnisbits.

Im Detail: Statusregister und Nachricht werden nach der Initialisierung/dem Padding

```
forall (x,y) in (0..4,0..4)
  S[x,y] = 0
P = M || 0x01 || 0x00 || ... || 0x00
P = P xor (0x00 || ... || 0x00 || 0x80)
```

blockweise XOR-verknüpft und einer Permutation unterworfen

```
forall block P_i in P
  forall (x,y) such that x+5*y < r/w
    S[x,y] = S[x,y] xor P_i[x+5*y]
  S = Keccak-f[r+c](S)
```

Die Permutation besteht aus einer von der Anzahl der Statusbits abhängigen Anzahl von Runden (im 64-Bit-Modus 24 Runden)

```
Keccak-f[b](A) {
  forall i in 0..12+2*l
    A = Round[b](A, RC[i])
  return A
}
```

$RC[..]$ sind hierbei fest definierte Konstante. Eine Runde besteht aus insgesamt 5 verschiedenen Operationen:

```
Round[b](A,RC) {
  // P_1
  forall x in 0..4
    C[x] = A[x,0] xor A[x,1] xor A[x,2] xor A[x,3] xor A[x,4]
  forall x in 0..4
    D[x] = C[x-1] xor rot(C[x+1],1)
  forall x in 0..4
    A[x,y] = A[x,y] xor D[x]

  // P_2 / P_3
  forall x in 0..4
    B[y,2*x+3*y] = rot(A[x,y], r[x,y])

  // P_4
  forall x in 0..4
    A[x,y] = B[x,y] xor ((not B[x+1,y]) and B[x+2,y])

  // P_5
  A[0,0] = A[0,0] xor RC

  return A
}
```

$r[..,..]$ sind wiederum vordefinierte Konstante. Nachdem die komplette Nachricht so in die Statusbits eingearbeitet ist, werden die Mischrunden wiederholt und nach jedem Rundendurchlauf eine Anzahl von Hashbits entnommen, bis die gewünschte Anzahl an Bits erreicht ist

```
Z = empty string
```

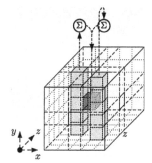

Abbildung 6.10: Transformation P_1

```
while output is requested
   forall (x,y) such that x+5*y < r/w
      Z = Z || S[x,y],
   S = Keccak-f[r+c](S)
```

Die Wirkung der Transformationen lässt sich besser an einigen Grafiken demonstrieren.[112] P_1 verdichtet die Paritäten von Säulen im dreidimensionalen Statusblock auf ein Bit (Abbildung 8.5), P_2 wirkt innerhalb einer Wand (Abbildung 6.11) und P_3 auf verschiedenen Röhren (Abbildung 6.12).

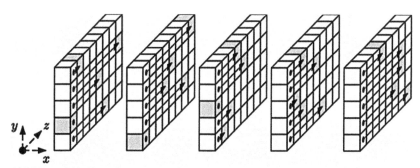

Abbildung 6.11: Transformation P_2

Die einzige nichtlineare Operation ist P_4, die eine UND-Verknüpfung enthält. Die letzte Operation P_5 besteht aus der XOR-Verknüpfung mit einer Rundenkonstanten.

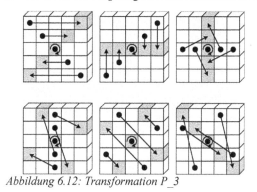

Abbildung 6.12: Transformation P_3

---

112 Die Grafiken sind der Webseite http://keccak.noekeon.org entnommen und für die freie Verwendung lizensiert.

Spätestens bei der Betrachtung der Grafiken dürfte sich der Leser an den AES erinnert fühlen, was nicht ganz von ungefähr kommt, da Rijndael/AES und Keccak gewissermaßen aus dem gleichen Stall kommen und mit Joan Daemen einen gleichen Mitautor aufweisen. Auf den komplexen Unterbau des AES hat man beim Keccak verzichten können, da Reversibilität nicht gefragt ist. Wie der AES ist auch dieser Algorithmus sehr effektiv implementierbar.

Systematische Angriffe sind aufgrund des übersichtlichen algebraischen Aufbaus sehr gezielt konstruierbar, gleichzeitig lässt die Konstruktion aber auch relativ wenig Raum für neue Angriffsideen (zumindest bislang). Versuche haben ergeben, dass bereits ab ca. 3 Runden ein Angriff ebenso aufwändig ist wie reines Ausprobieren.

6.3.13 JH

JH ist ein von einer chinesischen Arbeitsgruppe entwickelter SHA-3-Kandidat der Runde der letzten fünf und basiert ebenfalls auf einer symmetrischen Blockchiffre, die an zwei Positionen mit dem Nachrichtentext verknüpft wird (Abbildung 6.13).

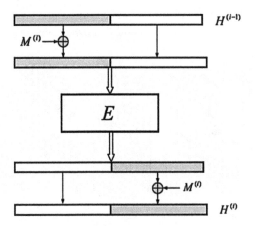

Abbildung 6.13: Hash-Zyklus des JH-Algorithmus

9ine Hälfte des Zwischenhashwertes wird mit einem Nachrichtenblock per XOR verknüpft, anschließend wird das Ergebnis mit einer AES-ähnlichen Blockchiffre verschlüsselt. Deren Ergebnis, nochmals mit dem Nachrichtenblock verknüpft, bildet den nächsten Zwischenhashwert. Durch die vorher-nachher-Verknüpfung entsteht für eine Kollisionsbildung wieder das Problem, eine Nachricht zu finden, deren Verschlüsselung auf sich selbst führt.

Der Algorithmus kann Hashwerte von 224 bis 512 Bit liefern, die Blockgröße für die Nachrichtenblöcke beträgt 512 Bit. Das Statusregister umfasst nach Abbildung 6.13 1.024 Bit (von denen die letzten 224 – 512 als letzter Ausgabewert ausgewählt werden), und die Blockchiffrierfunktion E kann daher nicht die AES-Verschlüsselungsfunktion selbst sein, sondern eine verallgemeinerte Funktion, die auf dem Prinzip des AES aufsetzt.

Das Prinzip der verallgemeinerten AES-Blockchiffre sei an Abbildung 6.17 erläutert. Zur besseren Übersichtlichkeit ist hier eine 64 Bit-Version dargestellt. Der zu verschlüsselnde 64 Bit-Block wird zunächst in 4 Bit-Blöcke $a_0 - a_{15}$ aufgeteilt (dies gilt auch für die eigentliche JH-Hashfunktion, die jedoch 256 solcher Blöcke enthält, womit wohl auch der Grund für die reduzierte Darstellung klar sein sollte; die im weiteren jeweils notwendige Umrechnung auf den 1.024-Bit-Fall sei dem Leser überlassen). Die Aufteilung ist mit einer Umgruppierung der Eingabedaten verbunden:

	a_0	a_1	a_2	a_3	...
I_0	1	0	0	1	...
I_4	0	1	0	0	...
I_8	0	0	1	0	...
I_{12}	1	1	1	0	...

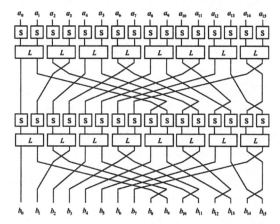

Abbildung 6.14: Blockchiffre, 64-Bit-Version, Erläuterung siehe Text

Durch diese Umgruppierung enthält jeder 4 Bit-Block zwei Bits der zu hashenden Nachricht und zwei Bits des letzten Zwischenwertes. Die Blöcke werden zunächst einer Substitution unterworfen (S), wobei die jeweilige Substitutionstabelle aus zwei vorgegebenen Tabellen S_0, S_1 durch eine Rundenkonstante ausgewählt wird. Die Rundenkonstanten übernehmen damit die Funktion eines Schlüssels.

Je zwei 4 Bit-Blöcke werden anschließend einer linearen Transformation L unterworfen, die der Zeilentransformation des AES entspricht, anschließend einer Permutation (Linienführung), die mit der Spaltentransformation des AES vergleichbar ist. Nach einer vorgegebenen Anzahl von Runden (42 im 1.024 Bit-Hashalgorithmus) wird das Ergebnis ($b_0 – b_{15}$) einer erneuten Umgruppierung unterworfen, die die Bits wieder in die ursprüngliche Position bringt. Die Gesamtoperation ist reversibel, und bei Ersatz der Rundenkonstanten durch geheime Schlüssel könnte der Algorithmus auch zur Verschlüsselung verwendet werden.

Für die verwendeten Parameter – Rundenkonstanten, Permutationstabellen, Substitutionstabellen – liegen formale Berechnungsmethoden vor, so dass leicht von einer 64 Bit- auf eine 1.024 Bit-Version hochgerechnet und auch in einer Analyse kontrolliert werden kann, ob schwache Parameter vorliegen. Der Gesamtaufbau ist wieder so gewählt, dass für unterschiedliche Hardwarearchitekturen optimierte Implementationen erzeugt werden können. Die üblichen Angriffsmethoden führen allenfalls zu einer Verwundbarkeit einiger weniger Runden.

6.3.14 Skein

Skein gehört ebenfalls zu den fünf Finalisten für den SHA-3. Es existieren drei Versionen mit 256, 512 oder 1.024 Bit internem Status, die je nach Sicherheits- oder Geschwindigkeitsbedürfnis eingesetzt werden können. Der Algorithmus basiert auf dem Einsatz einer Blockchiffre in Verbindung mit einem Verkettungsalgorithmus und beinhaltet auch die Verwendung privater Schlüsselanteile zur Berechnung von MAC-Werten.

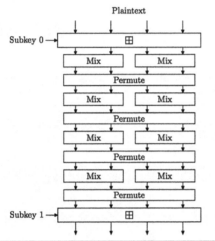

Abbildung 6.15: Threefish-Blockchiffre (vier Runden, 265-Bit)

Die Blockchiffre (Threefish, Abbildung 6.15) besteht in der 256-Bit-Version aus 72 Verschlüsselungsrunden, bei denen alle vier Runden ein neuer Schlüssel zum Status addiert wird. Eine Runde besteht aus einer Mischfunktion, die auf zwei 64-Bit-Register wirkt, und einer Permutation.

Die Mischfunktion besteht aus einer Addition, einer rundenspezifischen zyklischen Schiebeoperation und einer XOR-Verknüpfung (k.. Rundenindex).

$$s_{0,k+1} = s_{0,k} + s_{1,k}$$
$$s_{1,k+1} = (s1,k \ll R_k) \otimes s_{0,k+1}$$

Die anschließende Permutation ist tabellengesteuert. Der Schlüssel wird aus dem letzten Zwischenhashwert $K = K_0 K_1 ... K_{N-1}$, aufgeteilt in 64 Bit-Teilwortmengen je nach der verwendeten Algorithmenvariante mit 256 – 1.024 Bit, und einem erweiterten 128-Bit-Positionzähler $t = t_0 t_1$ gebildet (Abbildung 6.16). Die Erweiterung des Positionszählers besteht aus Bitkennungen für den ersten und letzten Block, Typkennungen für Schlüssel, Nachricht, Konfiguration usw., verwendetem Padding in der Nachricht sowie der Baumtiefe. Die Baumtiefe kennzeichnet eine besondere Berechnungsart des Hashwertes, in der die Nachrichtenteile nicht komplett hintereinander verschlüsselt, sondern nur Hashwerte über Nachrichtenteile generiert werden, von denen dann mehrere wiederum in einer nächsten Stufe zu einem neuen Hashwert verdichtet werden. In einer sehr langen

Nachricht kann so beispielsweise jede Teilsendung und jede Verdichtungsstufe separat simultan abgesichert werden.

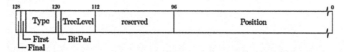

Abbildung 6.16: Erweiterer Positionszähler zur Schlüsselgenerierung

Alle vier Runden werden iterativ neue 64 Bit-Rundenschlüssel durch Addition aus diesen Werten gebildet (s ist der 64 Bit-Wortindex im Status, i der Rundenindex):

$$k_N = [2^{64}/3] \otimes \bigotimes_{i=0}^{N-1} K_i \quad , \quad t_2 = t_0 \otimes t_1$$

$$k_{s,i} = k_{s+i(mod\ N+1)} \quad \begin{array}{ll} + & 0 & ..\ i = 1.. N-4 \\ + & t_{s(mod\ 3)} & ..\ i = N-3 \\ + & t_{s+1(mod\ 3)} & ..\ i = N-2 \\ + & s & ..\ i = N-1 \end{array}$$

Die Blockchiffrierung ist invertierbar, so dass die Unumkehrbarkeit der Hashfunktion wieder durch Rückkopplung der verschlüsselten Nachricht mit der Nachricht selbst hergestellt wird (Abbildung 6.18).

Der Gesamtalgorithmus enthält eine Initialisierungsphase, in der beispielsweise der MAC-Schlüssel zugeführt werden kann, die Verschlüsselungen der einzelnen Nachrichtenblöcke und einer Abschlussrunde

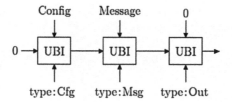

Abbildung 6.17: Gesamtalgorithmus mit Initialisierungsphase, Hashwertgenerierung und Abschlussphase

Der Algorithmus hat im Laufe des SHA-3-Auswahlverfahrens einige Verfeinerungen bezüglich der verwendeten Konstanten erfahren. Angriffe gegen die Blockchiffrierung haben etwa im Umfang von 12-14 Runden gewisse Erfolgsaussichten, danach verliert sich die Systematik. Der sehr einfache Aufbau erlaubt eine effiziente Implementation des Algorithmus.

6.4 Angriffe auf Hashfunktionen

Bei den Angriffen auf symmetrische Verschlüsselungsalgorithmen ist es um die Aufdeckung des geheimen Schlüssels gegangen, um anschließend die verschlüsselten Daten mitlesen oder manipulieren zu können. Hashfunktionen besitzen keine geheimen Schlüssel. Ziel eines Angriffs kann daher nur sein, verschiedene Nachrichten mit gleichen Hashwerten zu erzeugen.

Hashfunktionen sind primär auf Kollisionsfreiheit optimiert. Die Wege zu einem bestimmten Hashwert sind aufgrund der beliebigen Länge der Klartexte äußerst unsystematisch. Zu einem gegebe-

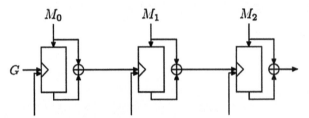

Abbildung 6.18: Verkettung der Blöcke, G .. Schlüssel/Zwischenhashwert, M .. Nachricht/MAC-Schlüssel, von unten zugeführt: erweiterter Positionszähler

nen Nachrichten/Hashwertpaar systematisch eine weitere Nachricht mit dem gleichen Hashwert zu generieren ist daher aussichtslos. Ein weiteres Handycap ist die Nachricht selbst: selbst wenn eine Kollision gefunden wird, besitzt diese, verglichen mit der ursprünglichen Nachricht, keinen sinnvollen Inhalt.

Eine erfolgversprechende Strategie unter diesen Rahmenbedingungen lautet:

- Zu zwei Klartexten werden zwei verschiedene anzuhängende Klartexte (Kollisionsblöcke) konstruiert, die am Schluss zu gleichen Hashwerten führen.

- Die Kollisionsblöcke besitzen die gleiche Länge und umfassen nur wenige Eingabeblöcke der Hashfunktion.

- Die Hashwerte werden in Anwendungen verwendet, in denen die inhaltlich sinnlosen Kollisionsblöcke mit einiger Sicherheit nicht als solche entdeckt werden.

Für Hashalgorithmen hat sich die Methode der *differentiellen Kryptoanalyse* als besonders erfolgreich herausgestellt. Ähnlich wie bei den symmetrischen Verschlüsselungsalgorithmen untersucht man die einzelnen Runden des Algorithmus auf wahrscheinliche Muster und setzt dies bis zum Ende fort mit dem Ziel, hierbei so viele Bits mit definierten Werten versehen zu können, dass der Rest für das Erreichen einer Kollision in den Bereich des Simulierbaren gerät (der Leser beachte: durch die festgelegte Differenz zwischen den Nachrichten ergibt sich das Bitmuster der zweiten automatisch, sobald man für die ersten eine Belegung gewählt hat).

Bei den Hashalgorithmen der neuen Generation, die zu einem großen Teil Konstruktionsmerkmale der symmetrischen Algorithmen verwenden, sind solche Angriffsversuche bislang nach wenigen Runden stecken geblieben. Wir klammern diese Versuche aus der Diskussion aus und beschränken uns auf Angriffe auf Algorithmen der ersten Generation. Aufgrund der Konstruktion muss man mit anderen Vorgehensweisen in die Analyse der Runden einsteigen. Über lange Zeit hinweg galt das – zumindest im Bereich der öffentlich zugänglichen Forschung – als reichlich wenig erfolgversprechend. Die folgende Skizze des schließlich zum Erfolg führenden Analysewegs zeigt, wie weit man doch in die Vorgänge eindringen kann, aber auch, wie mühsam dieser Weg ist.

6.4.1 Systematisches Erzeugen von Kollisionen

Der Ausgangspunkt für eine differentielle Kryptoanalyse ist im einfacheren Fall eine Nachricht mit einem beliebigen Hashwert, im komplizierteren sind es zwei unterschiedliche Nachrichten mit verschiedenen Hashwerten H_1 und H_2. An diese Nachricht(en) werden zwei unterschiedliche Nachrichtenblöcke N_1 und N_2 angehängt, die im Idealfall zu einer Kollision

$$Hash(H_1, N_1) = Hash(H_2, N_2)$$

mindestens aber zu einem kontrollierbaren Unterschied der neuen Hashwerte führen:

$$\Delta H = Hash(H_1, N_1) - Hash(H_2, N_2)$$

Liegt der zweite Fall vor, wird iterativ versucht, über weitere hinzugefügte Nachrichtenblöcke die Differenz zu verkleinern und schließlich eine Kollision, d.h. die Differenz Null, zu realisieren.

Um dies zu erreichen, wird der Werdegang der Differenz im Laufe des Algorithmus genauer untersucht, wobei der Inhalt der primär hinzugefügten Nachrichtenblöcke der Nebenbedingung

$$\Delta N = N_1 - N_2$$

mit vorgegebener Differenz unterworfen wird.

Bevor wir in die Details gehen, sei dies nochmal anders aufgeschlüsselt, da dies wesentlich für das Verständnis der Vorgehensweise ist. Wir beginnen mit dem Analyseteil des Algorithmus, für den nur die Kenntnis der Differenz der beiden Nachrichtenblöcke vorausgesetzt wird. Da der Algorithmus genau bekannt ist, können wir jede Runde des Algorithmus exakt nachvollziehen.

Es sind zwar weder die genauen Zwischenhashwerte noch die genauen Nachrichtenworte bekannt, aber die in die Nachricht eingebauten Differenzen werden zu unterschiedlichen Zwischenhashwerten in beiden Rechenzweigen führen. Für eine beliebige Runde können wir ganz allgemein davon ausgehen, dass Zwischenhashwerte mit bekannter Differenz (aber unbekanntem Gesamtinhalt) auf Nachrichtenworte mit bekannter Differenz (aber unbekanntem Gesamtinhalt) treffen.

Das Ergebnis einer Runde kann natürlich alles mögliche sein. Um die Kontrolle zu behalten, müssen wir fordern, dass die Differenz der Zwischenhashwerte nach der Runde (bei weiterhin unbekanntem Gesamtinhalt) ebenfalls bekannt sind, damit wir die nächste Runde wieder im Sinne des vorhergehenden Absatzes behandeln können.

Das lässt sich aber nur erfüllen, wenn die Zwischenhashwerte zu Beginn einer Runde ganz bestimmte Nebenbedingungen erfüllen, konkret:

- bestimmte Bitpositionen müssen 0 oder 1 sein oder

- bestimmte Positionen in verschiedenen Zwischenwerten müssen miteinander korreliert sein oder

- bestimmte Nachrichtenbits müssen ebenfalls bestimmte Bedingungen erfüllen.

Nun sind die exakten Zwischenwerte der Vorstufen ja noch unbekannt. Die einzige Möglichkeit, dass die Anforderungen trotzdem erfüllt werden, besteht darin, dass in den Vorstufen die Nachrichtenworte so angepasst werden, dass es wieder stimmt. Wir erhalten somit weitere Regeln über Beziehungen zwischen Zwischenwerten und Nachrichtenworten.

Diese Analyse wird über sämtliche Runden fortgesetzt, was bei 64 Runden des MD5 schon einigen Aufwand bedeutet. Sie ist erfolgreich, wenn

a) am Ende der gleiche Hashwert oder zumindest eine bekannte Differenz vorliegt, die in einem weiteren Durchlauf gelöscht werden kann,

b) keine Widersprüche in den Anforderungen aufgetaucht sind (ein Nachrichtenbit, das den Wert 1 und einige Runden weiter den Wert 0 haben muss, ist nicht möglich),

c) genug der 512 Nachrichtenbits festliegen, um den Rest durch Probieren herausbekommen zu können.

Hat man erfolgreich ein solches Schema gefunden, können nun für einen konkret vorgelegten Hashwert die fest liegenden Nachrichtenbits berechnet und der Rest brute-force durchgetestet werden. Aber:

➤ Das funktioniert nur für einen vorgelegten (Zwischen)hashwert.

➤ Man hat keinerlei Wahlfreiheit bezüglich des Nachrichteninhalts.

6.4.2 Differenz zwischen Werten

Beginnen wir die Darstellung der Analyse mit dem Begriff „Differenz". Für diesen lassen sich verschiedene Modelle definieren. Bei der differentiellen Analyse von Hashalgorithmen hat sich die normale Subtraktion (mod 2^{32}) als geeignet herausgestellt. Für die analytische Kontrolle der Entwicklung der Differenzen im Verlauf des Algorithmus ist außerdem eine vorzeichenbehaftete Bitrepräsentation (*binary signed digit representation* BSD[R]) geeigneter als die normale Bitdarstellung. Hierbei handelt es sich um eine spezielle *ternäre* Zahlendarstellung, die wir hier kurz vorstellen.

Betrachten wir als Beispiel eine 32-Bit-Zahl mit der Hexadezimaldarstellung X=0xFF000000, die oberhalb von Bit 24 nur noch Bits mit dem Inhalt Eins enthält. Eine mit der normalen Bitkodierung identische BSD-Kodierung dieser Zahl ist

$$X = \sum_{k=24}^{31} 1 * 2^k$$

Eine äquivalente, aber wesentlich einfachere BSD-Kodierung für eine 32-Bit-Zahl ist

$$X = -2^{24}$$

Anstatt nun ab der Position 24 jeweils die 1-Bits auf ein leeres Register zu addieren, wird an Position 24 ein Bit abgezogen, was aufgrund der Übertragsregeln zum gleichen Bitmuster führt. Zahlen mit komplizierterer Bitzusammensetzung lassen sich unter Berücksichtigung des Vorzeichens ebenfalls durch solche Summen zusammensetzen, z.B.

```
0xFC00F000 = -2¹² + 2¹⁶ -2²⁶
```

Eine BSD-Kodierung verwendet somit die Ziffernmenge {-1,0,1}. Händisch sind solche Darstellungen leicht zu konstruieren, wenn von der normalen Binärdarstellung ausgegangen wird:

● Bitfolge ..00100.. mit einem 1-Bit an Position k in einer 0-Bitfolge:

Addiere zur Darstellung $+2^k$

- Bitfolge ..11100.. mit 1-Bits ab Position k in einer 0-Bitfolge:

Addiere zur Darstellung -2^k

- Bitfolge ..00111.. mit 0-Bits ab Position k in der 1-Bitfolge:

Addiere zur Darstellung $+2^k$

- Bitfolge ..11011.. mit einem 0-Bit an Position k in der 1-Bitfolge:

Addiere zur Darstellung -2^k

Vom Zahlenraum her ist mit dieser Darstellung allerdings nichts gewonnen, denn für eine 32-Bit-Binärzahl werden ebenfalls 32-BSD-Bits benötigt. Aber es existieren nun 3^{32} BSD-Codes zur Darstellung von 2^{32} verschiedenen Zahlen, d.h. jede Binärzahl ist auf verschiedene Arten durch eine BSD-Kodierung darstellbar. Wir schaffen somit zunächst nur eine Redundanz der Darstellung.[113]

Was ist damit gewonnen ? An den oben angegebenen Beispielen lässt sich ablesen, dass bestimmte Zahlen übersichtlicher dargestellt werden können. Insbesondere trifft dies auf Zahlen zu, die im Algorithmus kontrolliert werden sollen. Auch lassen sich zyklische Schiebeoperationen leichter verfolgen. Beispielsweise ist

$$(-2^{12} + 2^{16} -2^{26}) \gg 5 = -2^7 + 2^{11} -2^{21}$$

Wir werden dies unten genauer untersuchen. Als Maß für die Auswahl einer der alternativen BSD-Kodierungen einer Zahl dient das Gewicht, das als Anzahl der von Null verschiedenen Bits definiert ist

$$X = \sum_{i=0}^{31} k_i * 2^i \quad , \quad w(X) = \sum_{i=0}^{31} |k_i| \quad , \quad k_i \in \{-1, 0, 1\}$$

Verschiedene BSD-Darstellungen einer Zahl können anhand ihres Gewichtes diskriminiert werden. Für die Analyseverfahren geeignet sind die Darstellungen minimalen Gewichts. In der Praxis sind diese glücklicherweise leicht zu finden, wobei man die oben angegebenen Konstruktionsprinzipen anwenden kann. Diese führen nämlich zu einer Darstellung, in der benachbarte Bits nicht gleichzeitig gesetzt sind:

$$k_i \neq 0 \Rightarrow k_{i \pm 1} = 0$$

Unter diesen Darstellungen findet sich auch die mit dem kleinsten Gewicht.

Aufgabe. Implementieren Sie einen Algorithmus zur Berechnung von BSD-Darstellungen von Zahlen.

6.4.3 Details der Analyse

Wir kommen damit zur Diskussion der Vorgehensweise bei des Anakyse des Algorithmus MD5:[114]

---

113 Man kann sich natürlich fragen, was man durch eine solche Erweiterung gewinnt, abgesehen von dem zu diskutierenden Angriff auf Hashfunktionen. BSDR-Kodierungen bieten einige Vorteile bei der Zahlenarithmetik, die man sich mit spezieller Hardware zur Beschleunigung von Rechenoperationen nutzbar machen kann. Wir werden auf solche Anwendungen aber nicht weiter eingehen.

114 Vergleichen Sie ggf. mit der detaillierten Beschreibung des RIPEMD-160.

```
Qt .. Rechenregister/Hashwert (entspricht den Bezeichnungen A..E im
         diskutierten RIPEMD-160). Die Startwerte besitzen die
         Indizes -1, -2, -3, -4, die Indizes durchlaufen im
         Algorithmus den Bereich 0..63
Mt .. In der Runde t verwendetes Nachrichtenwort (aus 16
         Nachrichtenworten = 512 Bit im Puffer)
Kt .. Rundenspezifische XOR-Konstante
Rt .. Rundenspezifische Rotate-Konstante
ft() Mischfunktion in Runde t, ähnlich den RIPEMD-160-
         Funktionen:

f_t(x,y,z) = (x and y) [+] (not x and z)      0<=t<=15
           = (z and x) [+] (not z and y)      16<=t<=31
           = x [+] y [+] z                    32<=t<=47
           = y [+] (x or not z)               48<=t<=63

for(t=0;t<64;t=t+1)
    Ft   = ff(Qt,Qt-1,Qt-2)
    Tt   = Ft [+] Qt-3 [+] Kt [+] Mt
    Rt   = Tt << Rt
    Qt+1 = Qt [+] Rt
```

Wie die Indizes anzeigen, wird in der Analyse für jedes der 4 verwendeten Registerworte bei jeder Änderung einzeln Buch geführt. Dies ist notwendig, da nicht alle Berechnungen gleichzeitig erfolgen, und erlaubt auch eine Verknüpfung entfernter Schritte untereinander.

In einem Schritt des Algorithmus entstehen vier neue Größen F, T, R, Q_t wobei es aber nur auf die Größen Q_t – die Statusregister bzw. die Hash- und Zwischenhashwerte – für die Verfolgung der Entwicklung in der nächsten Runde ankommt. Die drei anderen notierten Größen eines Schrittes dienen lediglich dazu, die Ziele zu definieren und damit die Bedingungen festlegen zu können, denen die Nachrichtenworte M_t genügen müssen. Erschwerend ist zu berücksichtigen, dass die Nachrichtenworte jeweils vier Mal im Algorithmus verwendet werden, d.h. es ist darauf zu achten, dass bei einem erneuten Einsatz eines Wortes keine Widersprüche zu bereits ermittelten Relationen entstehen.

Die veröffentlichten Angriffsmethoden arbeiten mit zwei 512-Bit-Nachrichtenblöcken, wobei das Ziel des ersten Durchlaufs beispielsweise so aussehen kann:

```
ΔIV_0 = 0
ΔM_0  = M* - M = [0,0,0,0,31,0,0,0,0,0,0,15,0,0,31,0]

ΔIV_1 = [31,31+25,31+25,31+25]
```

In einem zweiten Durchlauf werden mit zwei weiteren 512-Bit-Nachrichtenblöcken mit ähnlicher Differenz die Differenzen ΔIV_1 der Hashwerte gelöscht und eine Kollision erzeugt. Als Ergebnis hat man zwei Nachrichtenblöcke von 1.024 Bit Länge konstruiert, die bei gegebenem Startwert den gleichen Hashwert liefern, aber selbst unterschiedlich sind, also eine Kollision.

Sehen wir uns die grundsätzliche Vorgehensweise in der Analyse an.[115] In jeder Runde sind neben den Konstanten des Algorithmus die jeweiligen Differenzen

$$\Delta Q_t \; , \;\; \Delta Q_{t-1} \; , \;\; \Delta Q_{t-2} \; , \;\; \Delta Q_{t-3} \; , \;\; \Delta M_t$$

---

115 Wir können hier nur einen Einstieg geben. Die erste halbwegs vollständige Darstellung der Analyse des ersten 512-Bit-Blockes verschlingt in der Literatur bereits an die 70 Seiten, und inzwischen sind noch eine Reihe Ergänzungen dazu gekommen. Wer sich für die komplette Theorie interessiert, kann sich die entsprechenden Dokumente aus dem Internet besorgen und diese detailliert aufarbeiten, z.B.: M.M.J.Stevens, On Collisions for MD5, Master Thesis, Eindhove, 2007; Philip Hawkes, Michael Paddon, and Gregory G. Rose1, Musings on the Wang et al. MD5 Collision; Vlastimil Klima1, Finding MD5 Collisions on a Notebook PC Using Multi-message Modifications; u.a.

aus den vorhergehenden Runden und dem Klartext gegeben. Über die Mischfunktionen berechnet man damit zunächst die Größe ΔF_t, die aber aufgrund der Nichtlinearität der Funktionen nicht von den Differenzen, sondern auch von den tatsächlichen Werten abhängt, d.h. es gilt

$$\Delta F_t = f_t (Q_t, Q_{t-1}, Q_{t-2}) - f_t (Q'_t, Q'_{t-1}, Q'_{t-2}) \neq f_t (\Delta Q_t, \Delta Q_{t-1}, \Delta Q_{t-2})$$

Dieser nichtlineare Schritt soll die Sicherheit der Hashfunktion herstellen. In der Analyse wird er für die Festlegung der Differenzen ΔF, ΔQ verwendet, wobei ähnlich wie bei der Untersuchung der Runden eines symmetrischen Verschlüsselungsalgorithmus vorgegangen wird. Da die tatsächlichen Inhalte der Q_t nicht zur Verfügung stehen, werden zufällige Belegungen getestet. Für verschiedene ΔQ_t erhält man beispielsweise

```
1 Q-Differenz im Eingang
================================
ΔQt = -12 :        ΔF₁ = +12    ΔF₂ = -14    ΔF₃ = +14 +12    ΔF₄ = +12
ΔQt = -12 :        ΔF₁ =  -     ΔF₂ = -12    ΔF₃ = - 12       ΔF₄ =  -

2 Q-Differenzen im Eingang
================================
ΔQt = -20 , ΔQt-2 = -12 :    ΔF₁ = +20        ΔF₂ = -20    ΔF₄ = -12
ΔQt = -20 , ΔQt-2 = -12 :    ΔF₁ = +21 +12    ΔF₂ = +12    ΔF₄ = -22 -20
-15 +13
. . .
```

Wie zu beobachten ist, können durch die Mischfunktionen je nach Inhalt der Q_t unterschiedliche Terme in den Differenzen entstehen. Aufgrund des Einsatzes der Operatoren UND und ODER können für die Differenzen entscheidende Bits verschwinden oder Differenzen gelöscht werden. Als Zielergebnis einer Runde wird eine günstige Differenz festgelegt, wobei „günstig" bedeutet:

a) Die Anzahl Terme in der BSD-Darstellung der Differenz nimmt (möglichst) nicht zu.

b) Die statistische Wahrscheinlichkeit für die Transformation dieser Differenz ist hoch (d.h. sehr viele verschieden Q_t-Werte liefern genau diese Differenz).

Beispielsweise ergibt sich bei 10^7 Testläufen mit unterschiedlichen Q_t – Werten für die Funktion f_1, dass immerhin ca.19.000 unterschiedliche Differenzen entstehen können, aber nur wenige eine nennenswerte Häufigkeit besitzen:

$$\Delta f_1 = -12 \qquad w = 11,11\%$$
$$\Delta f_1 = - \qquad w = 11,10\%$$
$$\Delta f_1 = +20 \qquad w = 6,35\%$$
$$\Delta f_1 = -20 \qquad w = 6,35\%$$
$$\Delta f_1 = +20 -12 \qquad w = 6,34\%$$
$$\Delta f_1 = -20 -12 \qquad w = 6,34\%$$

Mit Δf_t durch Festlegung und ΔM_t durch die vorgegebene Differenz der Nachrichtenblöcke liegt auch ΔT_t fest, so dass nun das zyklische Schieben untersucht werden kann. Beim zyklischen Schieben darf ebenso wie bei der Auswertung der Mischfunktionen wiederum nicht die Differenz geschoben werden, sondern die Werte müssen einzeln rotiert werden, um abschließend die Differenz wieder zusammen zu setzen. Die beiden folgenden Bitmuster besitzen beispielsweise die gleichen Differenzen:

```
N : 0 0 1 0 0 1 1 0    N : 0 0 0 1 0 0 1 1
N':0 0 0 1 1 0 0 1      N':0 0 0 0 0 1 1 0
D: 0 0 0 0 1 1 0 1      D: 0 0 0 0 1 1 0 1
```

Bei einem anschließenden zyklischen Verschieben um 3 Positionen erhält man allerdings verschiedene Ergebnisdifferenzen:

$N:$ 00110001 $N:$ 10011000
$N':$ 11001000 $N':$ 00110000
$D:$ 11010001 $D:$ 11010000

Das einzelne, im linken Beispiel beim Schieben ausgetriebene Bit findet sich als Carry-Bit in der Differenz wieder. Genauer gilt bei einem zyklischen Schieben um n Bit und der Bitdifferenz $k_i = T[i] - T'[i]$

$$\delta R = \sum_{i=0}^{31} 2^{i+n(mod\,32)} k_i = 2^n \sum_{i=0}^{32-n} 2^i k_i + 2^{n-32} \sum_{i=32-n}^{31} 2^i k_i = 2^n \alpha + 2^{32-n}\beta$$

Zahlen mit gleicher Aufspaltung der Bitdifferenzen in die Teile α und β ergeben das gleiche δR, und man kann auch hier wieder statistisch ermitteln, welches Ergebnis mit hoher Wahrscheinlichkeit auftritt und damit ΔR_t festlegen, womit abschließend auch ΔQ_{t+1} festliegt.

Aufgabe. Implementieren Sie Algorithmen zur statistischen Auswertung der Funktionen und Algorithmusschritte. Versuchen Sie, für einige Schritte einen Pfad zu ermitteln.

Die Festlegung des Schiebeergebnisses ist der entscheidende Schritt im Analyseverfahren. Während die Schritte vor dem Schieben nur statistische Aussagen beinhalten, führt das Schieben selbst nun zusätzlich zu Nebenbedingungen, die bestimmte Bitpositionen in den T_t und damit mittelbar nun auch in den Q_t festlegen. Man kann sich bei der Notierung dieser Relationen zunächst auf die Q_t beschränken, da der Zusammenhang mit den Nachrichtenworten und den Startwerten linear ist und später ausgewertet werden kann. Führt man dies über sukzessive Schritte des Gesamtalgorithmus durch, erhält man Relationentabellen wie in Abbildung 6.1.

t	δQ_t	∇Q_t	∇f_t	δf_t
0-4	-	....	....	-
5	$\bar{6}$	........-+++++++++++++++.......	..............+.......+..........	$\overset{+}{19}, \overset{+}{11}$
6	$\overset{\pm}{31}, \overset{+}{23}, \bar{6}$	$\pm$.......+............-......	..........-+++++++.+++++.........	$\overset{-}{14}, \overset{-}{10}$
7	$\overset{-}{27}, \overset{+}{23}, \bar{6}, \bar{0}$	$\pm$+++++--.........-+++++-+++++	...-.-......+....+....+..-..	$\overset{-}{27}, \overset{+}{25}, \overset{-}{16}, \overset{+}{10}, \overset{-}{5}, \overset{-}{2}$
8	$\overset{-}{23}, \overset{+}{17}, \overset{-}{15}, \overset{+}{0}$	.......-..-+++-+........+	$\pm$......-........+...+.+.+....	$\overset{-}{31}, \overset{+}{24}, \overset{-}{16}, \overset{+}{1}, \overset{+}{8}, \overset{+}{6}$
9	$\overset{\pm}{31}, \overset{+}{6}, \overset{+}{0}$	$\pm$.............-++..+-+	$\pm$.+..-..-.........+....+	$\overset{+}{31}, \overset{+}{26}, \overset{-}{23}, \overset{+}{2}, \overset{-}{6}, \overset{-}{0}$
10	$\overset{\pm}{31}, \overset{+}{12}$	$\pm$.............+-.......	...................+.......+....+	$\overset{-}{23}, \overset{+}{13}, \overset{-}{6}, \overset{-}{0}$
11	$\overset{\pm}{31}, \overset{+}{30}$	$\pm$+..................	......................-.....-	$\bar{8}, \bar{0}$
12	$\overset{\pm}{31}, \overset{+}{13}, \bar{7}$	$\pm$.......-+++++....-+.	$\pm$......+--.......+......	$\overset{+}{31}, \overset{+}{17}, \overset{+}{7}$
13	$\overset{\pm}{31}, \overset{+}{24}$	$\pm$.....+-.........	$\pm$.........-+++++...........	$\overset{\pm}{31}, \bar{13}$
14	$\overset{\pm}{31}$	$\pm$...............	$\pm$.............+.......	$\overset{\pm}{31}, \overset{+}{18}$
15	$\overset{\pm}{31}, \overset{-}{15}, \overset{+}{3}$	$\pm$.........-.....+..	$\pm$..+...........	$\overset{\pm}{31}, \overset{+}{25}$

Abbildung 6.19: Relationentabelle für Q-Werte aufgrund der Differenzenfestlegungen

Hierbei bedeutet

```
  .   Q[i] = Q'[i]
  +   Q[i] = 0 , Q'[i] = 1
  -   Q[i] = 1 , Q'[i] = 0
```

In jeder Runde sind somit einige Bits der Q_t festgelegt. Für die weitere Auswertung ist es sinnvoll, die Daten verschiedener Runden miteinander zu verbinden und die festgelegten Bits als Relation zu vorhergehenden Runden zu formulieren. Iterativ entsteht hierdurch eine kummulierte Tabelle wie in Abbildung 6.8.

t	Cumulative Conditions on Q_t
3	. . . . vvv0vvvvvvv0vvvv0 . . . . . .
4	v . . . . v^^^1^^^^^^^^1^^^^0 . . . . . .
5	^ . . . . ^10000000000000000 . . . . . .
6	. . . . 011111111011110001 . . . . . .

Abbildung 6.20: Kummulierte Bitmustertabellen, Symbole siehe Text

Diese Bedingungen sind nun bei gegebenen Startwerten Q_{-3} .. Q_0 durch die Wahl geeigneter Nachrichtenworte zu erfüllen. Wie der Leser bemerken wird, ist die Differenz der Nachrichtenblöcke in diesem Beispiel so festgelegt, dass die ersten vier Schritte noch keine Differenzen in den Q_t enthalten, so dass durch geeignete Nachrichtenworte auf jede Startwertkombination reagiert werden kann. Die Gesamtanalyse zeigt, dass das Differenzenschema so aufgebaut werden kann, dass in den höheren Iterationsschritten immer weniger neue Relationen in den kummulierten Tabellen auftreten und Widersprüche zu bereits festgelegten M_t (die Nachrichtenworte werden ja jeweils vier Mal im Gesamtalgorithmus verwendet) unterbleiben.

Am Ende des ersten Durchgangs entsteht nun aufgrund dieses Vorgehens eine gut definierte Zieldifferenz der Zwischenhashwerte. Die Zahl der nicht festgelegten Nachrichtenbits ist am Schluss hinreichend klein, so dass eine geeignete Belegung gefunden werden kann. Im zweiten Durchgang wird diese Differenz nun wieder gelöscht, d.h. nach dem gleichen Muster wird auch hier ein Pfad konstruiert, der schließlich in der Kollision mündet.

Wie Sie sicher bemerkt haben, gehe ich in dieser Übersicht ebenso wie sämtliche Veröffentlichungen zu diesen Angriffen nicht darauf ein, wie lange die Tüftelei bis zum Auffinden geeigneter Angriffswege gedauert hat. Immerhin wurde der MD5 1991 konstruiert und galt bis ca. 2004 als einigermaßen sicher. Die Hindernisse auf diesem Pfad kann man sich sicher leicht ausmalen:

- Welche Nachrichtendifferenz legt man fest? Ungünstige Differenzen können zu einem schlecht verfolgbaren Auffasern der Differenzen in den Q_t führen.

- Welchen Zielwert für Δf wählt man aus? Der statistisch beste muss nicht zu den besten Ergebnissen führen.

- Welchen Zielwert ΔR wählt man aus? Hier gilt das gleiche wie für Δf.

Immerhin muss man die Differenzen über 2*64 Schritte verfolgen. Trifft man in einer Runde eine ungünstige Entscheidung, kann

➤ die Belegung eines Nachrichtenwortes auf einen Widerspruch führen, d.h. dieser Differenzenweg ist so nicht konstruierbar, oder

➤ die nicht festliegende Restmenge an Nachrichtenbits so hoch sein, dass eine Simulation zeitlich nicht durchführbar ist.

Die erste Veröffentlichung dieses Einbruchs in den MD5 wurde in kurzer Zeit durch eine Reihe von Verbesserungen ergänzt. Dabei wurden neben verbesserten kummulierten Relationenmengen weitere Relationen längerer Reichweite, d.h. nicht nur zwischen benachbarten Q_t-Werten, gefunden, so dass eine neuere Relationentabelle (Abbildung 6.8) eine Reihe weiterer Symbole enthält:

```
^    Qt[i] = Q't[i] = Qt-1[i]
v    Qt[i] = Q't[i] = Qt+1[i]
!    Qt[i] = Q't[i] = -Qt-1[i]
y    Qt[i] = Q't[i] = -Qt+1[i]
```

```
m    Qt[i] = Q't[i] = Qt-2[i]
w    Qt[i] = Q't[i] = Qt+2[i]
#    Qt[i] = Q't[i] = -Qt-2[i]
h    Qt[i] = Q't[i] = -Qt+2[i]
?    Qt[i] = Q't[i] .UND. (Qt[i] = 1 .ODER.Qt-2[i] = 0)
q    Qt[i] = Q't[i] .UND. (Qt[i] = 1 .ODER.Qt+2[i] = 0)
```

Erforderten die ersten erfolgreichen Versuche noch Stunden an Rechenzeit, so liegt der Aufwand heute in der Größenordnung von Sekunden bis Minuten.

Wie Sie gesehen haben, ist die Vorgehensweise bei der Konstruktion eines Differenzenpfades systematisch genug, um die Suche nach einem geeigneten Pfad zu automatisieren. Hierdurch können auch längere Sequenzen von mehr als zwei 512-Bit-Blöcken untersucht werden, und inzwischen kann man auch die Differenzen von Zwischenhashwerten beliebiger unterschiedlicher Nachrichten in 4-6 aufeinander folgenden 512-Bit-Blöcken schrittweise löschen. Der MD5-Hashalgorithmus ist somit vollständig gebrochen.

Nach dem MD5 sind natürlich auch die anderen Hashalgorithmen mit den gleichen Konstruktionsmerkmalen ins Visier der Analytiker gelangt – mit einigen Erfolgen. Für den SHA-1 lassen sich beispielsweise inzwischen Kollisionen mit einem Aufwand von etwa 2^{69} Versuchen finden (Wang et al, von dem bereits der erste komplette MD5-Einbruch stammt) – für Geheimdienste also durchaus bereits im Bereich ihrer vermutlichen Ressourcen.

6.4.4 Ausnutzen einer Kollision durch Austausch der Kollisionsblöcke

Schaut man sich die Einsatzfelder von Hashfunktionen an, dann sind von Fälschungen nur die Bereiche betroffen, die im weitesten Sinn mit Fingerprints von Nachrichten zu tun haben. Sämtlich Kennwortbereiche bleiben unberührt, d.h. dort kann auch weiterhin der MD5 eingesetzt werden, ohne dass sich irgendwelche Gefährdungen ergeben.

Bei MD5-fingerprintgesicherten Nachrichten muss man mit Kollisionen rechnen, d.h. es können andere Nachrichten existieren, die den gleichen Fingerprint besitzen. Dazu ist es aber notwendig, dass beide Nachrichten gleichzeitig durch die gleiche Person erzeugt werden. Mit Fälschungsmöglichkeiten muss daher gerechnet werden, wenn

> man aufgefordert wird, eine von einer anderen Person vorgelegte Nachricht durch einen Fingerprint zu bestätigen, oder

> eine nicht selbst erzeugte Nachricht mit Fingerprint vorgelegt wird.

Eigene durch einen MD5-Fingerprint gesicherte Nachrichten sind weiterhin nicht fälschbar.

Im einfachsten Betrugsfall liegt lediglich ein Kollisionspaar vor, d.h. zwei 1.024 Bit lange Nachrichten, die, an das Dokument, für das sie berechnet wurden, angehängt, den gleichen Gesamthashwert produzieren. Original und Fälschung haben also das folgende Aussehen:

Nachricht	*Fälschung*
Nachricht Teil 1	
Kollisionsblock 1	Kollisionsblock 2
Nachricht Teil 2	

Für die Manipulation berechnet der Betrüger den Zwischenhashwert von „Nachricht Teil 1", erzeugt hierfür zwei Kollisionsblöcke, von denen er einen in das Dokument einfügt, den zweiten für sich zurückbehält, und hängt schließlich „Nachricht Teil 2" an das Dokument an. Den Kollisionsblock kann der Betrüger nun austauschen, ohne dass sich der Gesamthashwert ändern würde; ansonsten kann er im Dokument aber nichts mehr ändern.

Bevor wir uns damit auseinander setzen, was man damit anfangen kann – die sinnvolle Information ist ja in beiden Gesamtnachrichten die gleiche, da die Kollisionsblöcke ja zufälligen Charakter besitzen – begründen Sie bitte zunächst, dass MAC-Sicherungen von Datensätzen ebenfalls keiner Fälschungsgefährdung unterliegen, sofern der geeignete Generatoralgorithmus verwendet wird:

> **Aufgabe.** Bei der Erzeugung des Message Authentication Codes wurde
>
> MAC = Hask(Key + Message)
>
> als einzig korrekte Form bezeichnet. Begründen Sie anhand der Angriffsmöglichkeiten, warum
>
> MAC = Hash(Message + Key)
>
> oder die von einigen Protokollen vorgesehene Form
>
> MAC = Hash(Key + Hash(Nachricht))
>
> nicht fälschungssicher sind, die erste jedoch schon (selbst bei Signierung eines fremden Dokuments gilt:
>
> Hash(Message_1) = Hash(Message_2) → MAC(Message_1) ≠ MAC(Message_2)).

Wenn die sinnvollen Inhalte in beiden Versionen eines Dokuments vorhanden sein müssen, besteht die einzige Betrugsmöglichkeit darin, dass einem Betrachter unterschiedliche Informationsteile sichtbar gemacht werden, je nachdem, welcher Kollisionsblock eingebaut ist. Dazu darf der Prüfer aber nicht zu tief in die Details des Dokuments schauen. Hierzu zwei Anwendungsbeispiele:

TEXTDOKUMENTE

Viele Dokumentensysteme sind aber nicht nur Abbilder der Information, sondern können auch Programme beinhalten oder sind von vornherein als Programmiersprachen konzipiert. Beispielsweise müssen PostScript und PDF in der Lage sein, Formatierungen für Drucker nach Bedarf umzurechnen und komplexe Grafiken aus einfachen Grafikbefehlen zu konstruieren, was ohne Programmierung kaum oder nicht funktioniert. Insbesondere PostScript als Obermenge von PDF ist also nicht nur einfach eine Datensammlung für die Ausgabe auf einen geeigneten Drucker, sondern gleichzeitig eine Sammlung von Anweisungen an den Drucker, wie er die Daten zu behandeln hat. Das schließt die Definition von Funktionen, Verzweigungen und Schleifen und was eine Programmiersprache im Allgemeinen sonst noch so zu bieten hat, mit ein.

Diese Programmiermöglichkeit lässt sich nun ausnutzen, je nach Absicht aus einer PostScript/PDF-Datei vollständig unterschiedliche gedruckte Dokumente zu produzieren:

```
%!PS-Adobe-1.0
%%BoundingBox: 0 0 612 792
(èB|jÞM àÕ‰_øåœÁ§/Ê·—...)
(èB|jÞM àÕ‰_øåœÁ§/Ê·—...)
eq
{/Times-Roman findfont 20 scalefont setfont
300 700 moveto (Zahlungsanweisung) show
....
}
{/Times-Roman findfont 20 scalefont setfont
```

```
300 700 moveto (Gutschrift) show
...
}ifelse
showpage
```

PostScript arbeitet nach der umgekehrten polnischen Notation (UPN), bei der beispielsweise die Rechenanweisung „a + b" in der Form „a b +" eingegeben und abgearbeitet wird (*schlagen Sie notfalls bei Wikipedia nach*). Nach einer einleitenden Formatierungsangabe folgen zwei geklammerte Datenblöcke (...) und (...), die auf Gleichheit mittels des Befehls `eq` geprüft werden. Das Ergebnis ist `true` oder `false` und wird vom Befehl `ifelse` verwendet, um zwischen den beiden davor definierten Druckblöcken { ... } { ... } zu unterscheiden.

Diese können nun völlig unterschiedliche Ausdrucke erzeugen. Hierzu erzeugt der Textverarbeiter zunächst beide Schriftstücke und vereint sie in einem Dokument. Dann berechnet er die Hashwerte bis unmittelbar vor dem ersten Kollisionsblock[116] und mit diesem Zwischenergebnis nun die beiden Kollisionsblöcke. Um den ersten Druckblock anzusteuern, wird in beiden Datenblöcken der gleiche 128-Byte-Kollisionssatz eingetragen, für die Ansteuerung des zweiten wird anstelle des ersten der zweite Kollisionssatz eingetragen. Da die Sätze nicht gedruckt werden, fällt der Austausch nicht auf, und aufgrund der Kollision haben beide Varianten den gleichen Hashwert. Dem Auftraggeber wird die von ihm bestellte Version des Dokument präsentiert, welche dieser signiert (beispielsweise ein Einladungsschreiben). Nach Austausch des Kollisionsblocks im signierten Dokument – weder Länge noch Hashwert ändern sich – kann der Betrüger nun mit dem zweiten Dokument und gültiger Unterschrift den beabsichtigten Betrug begehen (beispielsweise eine Zahlung in Empfang nehmen).[117]

Auffallen könnte der Betrug aufgrund der Dateigröße – die Datei enthält ja beide Dokumente –, was aber kaum kontrollierbar ist, da die Dateigrößen von Textverarbeitungssystem oft sehr wenig mit der Größe des Inhalts zu tun haben, sowie bei Inspektion der Rohdatei mit einem Hexeditor, was aber mangels Kenntnissen beim Anwender ebenfalls kaum passieren wird; mit anderen Worten: der Betrug wird vermutlich nicht auffallen.

PROGRAMMFÄLSCHUNGEN

Das Beispiel ist etwas hypothetisch, aber machbar und funktioniert ähnlich wie das Fälschen eines Textdokuments. Stellen Sie sich vor, Sie produzieren ein Shareware-Programm, dass Sie für 10,- € verkaufen und mit einem selbstauspackenden Archivprogramm für die Auslieferung konfektionieren. Der Hersteller des Archivprogramms bietet nun seinerseits Ihr Programm zum Download an, tauscht jedoch zuvor einen Kollisionsblock aus, so dass der bei Ihnen hinterlegte Fingerprint weiterhin gültig ist. Statt der 10,- € soll der Interessent jedoch nun 20,- € auf das Konto des Archivherstellers überweisen, der nun seinerseits 10,- € an Sie weiterreicht, um einen gültigen Lizenzschlüssel zu erhalten, den er weitergibt. Sofern nicht zwei Käufer aufeinander stoßen und die unterschiedlichen Preise feststellen, dürfte das kaum auffallen.

Aufgabe. Arbeiten Sie anhand der Vorgaben der Dokumentenfälschung die Details dieses Betruges heraus.

---

116 Hierzu muss man mit Hilfe von Kommentaren oder anderem erlaubten, aber unwesentlichem Code dafür sorgen, dass eine 512-Bit-Grenze vorliegt, da Padding nicht möglich ist.

117 **Aufgabe.** Begründen Sie, warum er den ersten Block austauschen muss und nicht den zweiten !

6.4.5 Fälschungen mit unterschiedlichen Nachrichteninhalten

Wesentlich interessanter sind natürlich Fälschungsmöglichkeiten, in denen unterschiedliche Nachrichteninhalte vorliegen und der Betrug daher auch bei Feinkontrolle nicht auffällt

Nachricht	*Fälschung*
Nachricht 1	Nachricht 2
Kollision 1	Kollision 2
Nachricht 3	

Im Unterschied zu ersten Variante erhält man hier <u>nicht</u> austauschbare Kollisionsblöcke, sondern <u>unterschiedliche</u> Nachrichten, die den gleichen Hashwert besitzen. Wie zuvor enthalten die Nachrichten wieder Teile, auf deren Inhalt der Betrüger keinen Einfluss besitzt und die daher in einer realen Umgebung wenig Sinn ergeben. Wie zuvor ist dieser Betrug ebenfalls nur dann möglich, wenn der Betrüger beide Nachrichten konstruieren kann. Wir erläutern die Technik, die natürlich auch wieder auf Dokumente angewendet werden kann, an der Fälschung von Zertifikaten, mittels derer öffentliche Schlüsselanteile asymmetrischer Verschlüsselungsverfahren an bestimmte Personen gebunden werden. Die Details asymmetrischer Verschlüsselungsverfahren harren in kommenden Kapiteln noch ihrer Diskussion; wir geben hier daher nur einen kurzen Überblick.

In einem Zertifikat – dem elektronischen Äquivalent eines Ausweises und mit vergleichbaren Inhalten – werden zunächst persönliche Daten, allgemeine Daten eines asymmetrischen (!) Verschlüsselungsalgorithmus sowie dessen öffentlichen Schlüsselanteile in einer ASN.1-Struktur zusammengefasst. Von dieser ASN.1-Struktur wird ein Hashwert berechnet, der anschließend mit dem privaten Schlüssel eines ebenfalls asymmetrischen Verschlüsselungsverfahrens von einer Agentur verschlüsselt und an die Struktur angefügt wird. Dieser Wert kann – da mit einem privaten Schlüssel – nicht gefälscht werden. Die Rolle der Agentur besteht in der Regel darin, die persönlichen Daten in irgendeiner Form zu kontrollieren und mit ihrer Signatur den Inhaber des Zertifikats gegenüber Dritten zu authentifizieren, d.h. diesen die Sicherheit zu verschaffen, es tatsächlich mit der angegebenen Person zu tun zu haben.

Um ein Zertifikat zu überprüfen, berechnet der Empfänger ebenfalls den Hashwert und vergleicht diesen mit dem Wert, den er aus der Entschlüsselung des angehängten Wertes mit dem öffentlichen (!) Schlüssel der Agentur erhält. Die im Zertifikat enthaltenen Daten können nicht verändert werden, ohne dass sich der Hashwert ändert, und der angehängte verschlüsselte Datensatz kann wiederum ohne Kenntnis des geheimen Schlüssels nicht korrigiert werden. Das Dokument wird damit fälschungssicher. So weit die Theorie. Wenn allerdings Kollisionen für den verwendeten Hashalgorithmus erzeugt werden können, sieht die Sache anders aus. Dazu werfen wir zunächst einen genaueren Blick auf den Aufbau eines Zertifikats.

Ein ASN.1-kodiertes Zertifikat für den RSA-Algorithmus besitzt folgenden Aufbau (dekodierte ASN.1-Daten; das auf dem Rechner gespeicherte Zertifikat liegt natürlich in Binärform vor):[118]

```
Certificate:
    Data:
        Version: 3 (0x2)
        Serial Number: 1 (0x1)
        Signature Algorithm: md5WithRSAEncryption
        Issuer: C=XY, ST=XYZ, L=here, O=Trust AG,
```

---

118 Den genauen Aufbau entnehme der Leser der Norm PKCS#1, die im Internet erhältlich ist.

```
              OU=Certificate Authority, CN=CA/Email=ca@trustme.dom
    Validity
         Not Before: Oct 29 17:39:10 2000 GMT
         Not After : Oct 29 17:39:10 2001 GMT
    Subject: C=DE, ST=XYZ, L=Rome, O=Home, OU=Web Lab,
         CN=anywhere.com/Email=xyz@anywhere.com
    Subject Public Key Info:
         Public Key Algorithm: rsaEncryption
         RSA Public Key: (1024 bit)
             Modulus (1024 bit):
                 00:c4:40:4c:6e:14:1b:61:36:84:24:b2:61:c0:b5:
                 d7:e4:7a:a5:4b:94:ef:d9:5e:43:7f:c1:64:80:fd:
                 9f:50:41:6b:70:73:80:48:90:f3:58:bf:f0:4c:b9:
                 90:32:81:59:18:16:3f:19:f4:5f:11:68:36:85:f6:
                 1c:a9:af:fa:a9:a8:7b:44:85:79:b5:f1:20:d3:25:
                 7d:1c:de:68:15:0c:b6:bc:59:46:0a:d8:99:4e:07:
                 50:0a:5d:83:61:d4:db:c9:7d:c3:2e:eb:0a:8f:62:
                 8f:7e:00:e1:37:67:3f:36:d5:04:38:44:44:77:e9:
                 f0:b4:95:f5:f9:34:9f:f8:43
             Exponent: 65537 (0x10001)
    X509v3 extensions:
         X509v3 Subject Alternative Name:
             email:xyz@anywhere.com
         Netscape Comment:
             mod_ssl generated test server certificate
         Netscape Cert Type:
             SSL Server
         User defined extension: Octet String
         12:ed:f7:b3:5e:a0:93:3f:a0:1d:60:cb:47:19:7d:15:59:9b:
         3b:2c:a8:a3:6a:03:43:d0:85:d3:86:86:2f:e3:aa:79:39:e7:
    Signature Algorithm: md5WithRSAEncryption
         12:ed:f7:b3:5e:a0:93:3f:a0:1d:60:cb:47:19:7d:15:59:9b:
         3b:2c:a8:a3:6a:03:43:d0:85:d3:86:86:2f:e3:aa:79:39:e7:
         82:20:ed:f4:11:85:a3:41:5e:5c:8d:36:a2:71:b6:6a:08:f9:
         cc:1e:da:c4:78:05:75:8f:9b:10:f0:15:f0:9e:67:a0:4e:a1:
         4d:3f:16:4c:9b:19:56:6a:f2:af:89:54:52:4a:06:34:42:0d:
         d5:40:25:6b:b0:c0:a2:03:18:cd:d1:07:20:b6:e5:c5:1e:21:
         44:e7:c5:09:d2:d5:94:9d:6c:13:07:2f:3b:7c:4c:64:90:bf:
         ff:8e
```

Bei den meisten Feldern handelt es sich um Pflichtdaten, die zwar individuell eingestellt werden, aber gewissen Formanforderungen genügen müssen. Das Feld „User defined extensions" ist jedoch für individuelle Daten vorgesehen, in denen der Inhaber unterbringen darf, was er will, und auch in einer Form, die für andere nicht interpretierbar sein muss.

Das RSA-Modul – das Kernstück der asymmetrischen Verschlüsselung – ist eine aus zwei großen Primzahlen zusammengesetzte Zahl, die binärkodiert die Bytes in der Reihenfolge

```
    Bits 1.023..1.016    ....    Bits 7..0
```

enthält. Die Mindestlänge liegt aufgrund der verfügbaren Angriffstechniken bei 1.024 Bit, kann jedoch auch wesentlich größer sein und wird vereinbarungsgemäß jeweils verdoppelt, d.h. andere normkonforme Größen sind 2.048, 4.096 und 8.192 Bit. Da Zahlen keine reguläre Struktur aufweisen, bietet sich dieser Bereich naturgegeben an, unbemerkbar eine Kollision unter zu bringen.

Das Ziel einer Fälschung ist nun, ein Zertifikat (Original) von einer Agentur signieren zu lassen und die Signatur später an einem zweiten (gefälschten) Zertifikat ebenfalls zu verwenden. Der Fälscher besitzt am Schluss damit nicht ein ambivalentes Dokument mit steuerbarer Nutzbarkeit, sondern zwei unterschiedliche Dokumente mit gleicher Signatur. Eine mögliche Strategie besteht in der Erzeugung folgender gleich langer Zertifikate:

Zertifikat 1	Zertifikat 2
Seriennummer xxxxxx	Seriennummer yyyyyy
Aussteller AAAA	Aussteller BBBB
John Doe	Joe Smith
ABC Corp.	RSA-Modulus 0..1024 Bits
Department of Computer Science	Zertifikat-Parameter
RSA-Base	Zertifikat-Parameter A (unknown)
RSA-Kollision	Zertifikat-Parameter B (unknown)
RSA-Kopf	Zertifikat-Parameter C (unknown)
Zertifikat-Parameter	Zertifikat-Parameter D (unknown)

Welches der beiden Zertifikate der Betrüger später als Original signieren lässt und welches er als austauschbare Fälschung verwendet, hängt vom Zweck des Betruges und der Möglichkeit, die inhaltliche Prüfung der Agentur zu bestehen, ab und muss daher nicht weiter interessieren. Die Kollision wird innerhalb des dick umrandeten Bereiches erzeugt. Zertifikat 2, das als erstes erzeugt wird, erhält einen (ungewöhnlich) kurzen Kopfbereich und ein kleinex RSA-Modul, das völlig regelkonform konstruiert ist. Die kompletten Pflichtdaten des Zertifikats müssen definiert sein, bevor im Zertifikat 1 das RSA-Modul beginnt, in das die Kollision eingebaut wird. Hierzu werden die Pflichtdaten entsprechend überlang aufgebaut.

Der komplette Bereich des sehr langen RSA-Moduls (8.192 Bit) des Zertifikats 1 sowie die weiteren Zertifikatparameter werden von einem privaten Zertifikatparameter im Zertifikat 2 eingenommen. Der Inhalt dieses Bereichs ist beliebig und muss, da privat, von niemandem interpretiert werden können. Das RSA-Modul wird konstruktiv in drei Bereiche unterteilt, von denen die beiden ersten für die Konstruktion der Kollision verwendet werden, während man den dritten dazu ausnutzen kann, auch das Originalzertifikat nutzbar zu machen. Die Erzeugung des zweiten Zertifikats spielt sich nun in drei Schritten ab:

a) **RSA-Base.** Am stark umrandeten Bereich angekommen, werden bei den beiden Zertifikaten völlig unterschiedliche Hashzwischenwerte vorliegen, mit denen so ohne Weiteres keine Kollision erzeugt werden kann. Fortgeschrittene Analysetechniken erlauben jedoch die Erzeugung von „Fastkollisionen" aus beliebigen Startdaten, womit Unterschiede des Typs

$$\Delta M_{1..4} \ (\ \texttt{0x0b} \ , \ \texttt{0x0b} \ , \ \texttt{0x0b} \ , \ \texttt{0x0b})$$

gemeint sind, also zwar nicht unbedingt kleine, aber sehr symmetrisch verteilte Unterschiede.

Die beiden Teile des RSA-Base-Bereiches werden für die Erzeugung solcher Fastkollisionen ausgenutzt, wozu für den MD5 96 Bits am Ende eines 512-Bit-Blocks genügen, die aufgrund des Geburtstagsparadoxons in 2^{48} Schritten ausprobiert werden können.[119] Je nach Länge des Zertifikates werden die ersten Bits mit Zufalldaten besetzt und die letzten 96 Bit der Bereiche 'RSA-Base' und 'Zertifikat-Parameter A' systematisch durchsucht.

---

119 Bei dieser Komplexität macht man sich in der Regel noch keine Gedanken, wie dies durch eine Systematik verbessert werden könnte, sondern überlässt die Angelegenheit den Rechnern.

b) **RSA-Kollision** und Zertifikat-Parameter B enthalten Kollisionsblöcke. Da die Zwischenhashwerte nicht gleich sind, benötigt man hier mehr als zwei Blöcke (für MD5 ca. 3-8) zum Löschen der Unterschiede. Die grundsätzliche Vorgehensweise bei der Konstruktion der Differenzenpfade entspricht dabei der oben beschriebenen.

c) **RSA-Kopf.** Dieser Bereich wird nun verwendet, um einen gültigen RSA-Modulus zu berechnen. Ab hier werden die Ergebnisse des Hauptzertifikats nur noch in den privaten Bereich des gefälschten kopiert. Da die akzeptierten Größen für RSA-Module bei 1.024, 2.048, 4.096 und weiteren Gliedern dieser Folge bestehen, ist die Größe des Kopfbereiches durch a) und b) festgelegt.

Die Berechnung des gültigen RSA-Moduls ist einfach, aber aufwändig. Es muss ein Produkt aus zwei großen Primzahlen sein, d.h. $n = p * q$. Wesentlich für den Erfolg ist die Reihenfolge der Bits in der ASN.1-Codierung, die mit dem höchsten Bit beginnt. Ist n_1 die durch RSA-Base und RSA-Kollision festgelegte Teilzahl, die durch den RSA-Kopf mit weiteren k Bit zu einem gültigen RSA-Modul zu ergänzen ist, so sind folgende Suchschritte durchzuführen:[120]

1. Es wird eine zufällige Primzahl p mit $l < k$ Bit Länge ausgewählt und $-b_0 \equiv n_1 * 2^k \,(mod\ p)$ berechnet.

2. Für die Zahlen

    $$q_i = (n_1 * 2^k + b_0 + i * p) / p \quad ; \quad i = 0, 1, 2, \ldots$$

    wird überprüft, ob $q_i \in P$ zutrifft. Ist dies der Fall, so ist $n = p * q_i$ ein gültiges RSA-Modul und man ist fertig.

3. Ist $q_i \geq 2^k$, so wird erneut bei 1. begonnen.

Aufgabe. Wir werden die Verteilung von Primzahlen zwar erst im übernächsten Hauptkapitel untersuchen, aber Sie können mit Vorgriff auf die Formeln zur Primzahldichte schon einmal abschätzen, mit welchem Aufwand man bei der Modulermittlung in Abhängigkeit von der Bitanzahl rechnen muss. Die Anzahl der Primzahlen unterhalb einer Grenze n wird in guter Näherung durch

$$\pi(n) = \frac{n}{\ln(n)}$$

beschrieben, und den mittleren Abstand von Primzahlen erhält man durch die Ableitung der Funktion. Allerdings schwankt dieser in sehr weiten Grenzen.

Untersuchen Sie außerdem, ob ein gültiges Modul auch dann ermittelt werden kann, wenn die Bitreihenfolge anders herum ist, d.h. die unteren Bits des Moduls durch die Kollision festgelegt werden.

Ein praktisches Beispiel hierfür haben Marc Stevens, Arjen Lenstra und Benne de Weger bereits 2006 vorgelegt. Abbildung 6.7 und Abbildung 6.6 zeigen die Kollisionssätze sowie die Entwicklung des Hashwertes bis zu Kollision. Bei genauem Nachzählen kann man in der Originalveröffentlichung feststellen, dass die Modulgröße leicht vom Sollwert 8.192 Bit abweicht – ein Zugeständnis an das Problem, in der Größenordnung noch gültige RSA-

---

120 Die theoretischen Hintergründe folgen leider erst im nächsten Kapitel. Ggf. blättern Sie später noch einmal zurück, wenn Sie mit den Formeln noch nicht umgehen können.

Parameter zu finden. Aber man muss schon genau nachzählen, wenn man das bemerken will.

```
block |        certificate 1 | certificate 2        |  difference
====== | ==================== | ==================== | =======================================
  0 |           0123456789ABCDEFFEDCBA9876543210 |                   0
  1 | 488FAE30B8259F77F81AA10709F1667D | 8CD14B34EE2CE093EE1238A70A9449C1 |  many
  2 | 3E15562D935DC8950E86F877F650A439 | 7D99D701715647503BDA995E53F9EB07 |  many
  3 | A2934A57268FC8FB99270DB2BD42867F | 9756EBE66FC92AD60256345C8EC444A8 |  many
  4 | 2D857B4E0479B7259F7662D4777122OB | 2DB57B4EA419FB613F17A61017126647 | -2^5-2^7-2^13+2^15-2^18-2^22+2^26-2^30
  5 | E745A14768C24DF4F16EF79A0EE57A77 | E745A14708639F1F0910F3B97AE85BE73 | -2^5-2^7-2^13+2^15-2^18-2^22+2^26
  6 | 6900F0DD6886OAD3B8A559C5D95807BC7 | 6900F0DD0821F13B2AF6DF5D3521BFC7 | -2^5-2^7-2^13+2^15-2^18-2^22
  7 | 6F48D9E5989D51D05CA3E94D800AF3F8 | 6F48D9E5383E55D0FC43ED4D20ABF6F8 | -2^5-2^7-2^13+2^15-2^18
  8 | 80D9AE066685A793F953E15A6EDE318F | 80D9AE060626A79399F4E05A0E7F318F | -2^5-2^7-2^13+2^15
  9 | 73A70ACOFAA8B2239EAB7BE423EC6388 | 73A70AC09AC9B2233EC0C7BE4C30C6488 | -2^5-2^7-2^13
 10 | DE56FC8A9A091FEB1E6E537D16629AC4 | DE56FC8A3A0A1FEBBE6E537DB6629AC4 | -2^5-2^7
 11 | DCA82596635B2D4FOEDB818BDEE0D521 | DCA82596835B2D4F2EDB818BFEE0D521 | -2^5
 12 |           505D9746FAB00B328018DBC34A87DF11 |                   0
 13 |           DAC293C410FD4B465B174166617DA963 |                   0
 14 |           524312A4FD34CF77AF144C43F7EAC0BBF |                   0
 15 |           AA6FAC2CFD96D7C22F35ACF82BE55B146 |                   0
```

Abbildung 6.21: Entwicklung des Hashwertes bis zur Kollision

```
EE73E7D6B3B34FBAA1393D02   1A09B4CB40C7267AAFO17F9B    | part 1: 96 birthday bits
                          \------------------------\
A4742581B DC84F86736E907228BBE877    A474725818DC84F86736E907228BBE877 | part 2: 8 near-collision blocks
0203858D8CF1837AFF5E6C2213036AF3    0203858D8CF1837AFF5E6C2213036AF3 |
D96C77E9C2237D608C04A9FB97308BBF    D95C77E9C2237D608CC4A9FB97307BBF | <-- bit difference on this line
9828612F1599E2615B0CCDEDA5930532F   9828612F1599E2615B0CCDEDA5930532F |
B3DD117278E494401433630E7461C1DC   B3DD117278E494401433630E7461C1DC |
9B801B2E552015A513FF7AE7973EF44B   9B801B2E552015A513FF7AE7973EF44B |
8352E4E04979B31EB600654D51F4A381   8352E4E04979B31EB600654D51F4A481 | <-- bit difference on this line
CEBE3F0BD099D130D1456FABE04A3E98   CEBE3F0BD099D130D1456FABE04A3E98 |
85C8C4FB297B86B57752C0D6419809FE3  85C8C4FB297B86B57752CD6419809FE3 |
7E6286F07732D1E069A5B4E56670B8BB   7E6288F07732D1E069A5B4E56670B8BB |
BAE5C211742A131D05711CF1FE32AF93   BAE5C211742A131D05711CF1FE22AF93 | <-- bit difference on this line
3F1EEF224762E3AADAC17C40E448CA41   3F1EEF224762E3AADAC17C40E448CA41 |
A879A03D3CF665F239C7F3FE82B384E8   A879A03D3CF665F239C7F3FE82B384E8 |
35E7C9E8BDEE30C268A2121284789DF4   35E7C9E8BDEE30C268A2121284789DF4 |
2F44906F19B79026464436E1DA66FA0C   2F44906F19B79026464436E1DA64FA0C | <-- bit difference on this line
53A377FA0D2B012B7DDC2855DAE5B551   53A377FA0D2B012B7DDC2855DAE5B551 |
51E28034112120B5E79EC5F26A9F69DA   51E28034112120B5E79EC5F26A9F69DA |
85D74EF6A97A0B1164EFA25FB1AE26BA   85D74EF6A97A0B1164EFA25FB1AE26BA |
451CCDA7A2E784339C447D562549A60B   451CCDA7A2E784339C447D560549A60B | <-- bit difference on this line
F0676294BF580C919EC457025D3C7860   F0676294BF580C919EC457025D3C7860 |
B98296C0AB9FE5B1D353882E26C1F721   B98296C0AB9FE5B1D353882E26C1F721 |
B41899D972B5A1D5050B684536448010   B41899D972B5A1D5050B684536448010 |
AF8C7AFF7CE8EACCB9B1FBBDD129D4F5   AF8C7AFF7CE8EACCB9B1FBBDC929D4F5 | <-- bit difference on this line
D499FB812924DF302C3BC45023386297   D499FB812924DF302C3BC45023386297 |
9396B3A46CD0FF7F1426711C45929786   9396B3A46CD0FF7F1426711C45929786 |
5D1CEF66C18751E094BF08F3B2981C5C   5D1CEF66C18751E094BF08F3B2981C5C |
CE52D963D5A4259A64557E4D1B9EFE2D   CE52D963D5A4259A64557E4D1B9EFE2D | <-- bit difference on this line
9A516D1E6EC8BB37066825AEA6361660   9A516D1E6EC8BB37066825AEA6361660 |
2BD7D11625A06A90739B4D0A06EA872A   2BD7D11625A06A90739B4D0A06EA872A |
3AF9EBA12629BED67940561BD9374A89   3AF9EBA12629BED67940561BD9374A89 |
D60F0D722C9FEB6833EC53F0B0FD76AA   D60F0D722C9FEB6833EC53F0B0FD76A2 | <-- bit difference on this line
047B66C90FCEB1D2E22CC099B9A4B93E   047B66C90FCEB1D2E22CC099B9A4B93E |
                                  /------------------------------/ at this point an MD5 collision is reached
0000000F54A895176E4C295A405FAF54  part 3: identical parts of the modulus
CEE82D043A46CE40B155BE34EBDE7847 |
85A25B7F894D424FA127B157A8A120F9 |
9FE53102C81FA90E0B9BDA1BA775DF75 |
D9152A90257A1ED352DD49E57E068FF3 |
F02CABD4AC97DBBC3FA0205A74302F65 |
C7F49A419E08FD64BFAFC14D78ABAAB3 |
0DDB3FC848E3DF02C5A40EDA248C9FF4 |
7482850CFDFBDD9BC55547B7404F5803 |
C1BB8163217312TE1A93B24AFB6E7A80 |
```

Abbildung 6.22: Kollisionssätze (Modulus nicht vollständig abgebildet)

Der Aufwand für die Ermittlung eines gültigen RSA-Moduls ist erheblich, so dass man bei einer Implementation eines solchen Algorithmus tunlichst einige der Optimierungen verwendet, die in den späteren Kapiteln beschrieben werden. Für die Erzeugung der Parameter einer RSA-Verschlüsselung ist jedoch nur die Kenntnis der Primzahlzerlegung des Moduls notwendig, d.h. es kann auch mehr als zwei Primfaktoren aufweisen, die allerdings hinreichend groß sein müssen, um nicht bei Kontrollen aufzufallen.[121] Der Betrüger kann daher auch durchaus über Modifikationen des Algorithmus nachdenken, die das Modul aus 3-5 Primfaktoren aufbauen.

Aufgabe. Die beiden Zertifikate besitzen bei dieser Konstruktionsmethode natürlich eine auffällige und dadurch möglicherweise Verdacht erregende Form. Aber auch wieder nur für Fachleute

---

121 Allerdings macht das in der Praxis niemand, weil kein Grund dafür besteht. Wenn schon geprüft wird, dann höchstens im Rahmen eines echten Angriffsversuchs.

und bei genauem Hinsehen. Ihr Browser verwaltet für SSL/TLS-verschlüsselte Internetseiten eine ganze Menge Zertifikate. Versuchen Sie, sie zu finden, und prüfen Sie, wie oft Sie selbst dann noch auf „Details" klicken müssen, bis Sie das RSA-Modul oder andere der kritischen Zertifikatteile sehen. Die Mühe sparen sich selbst die Fachleute, die Verdacht schöpfen könnten, und so besteht die begründete Hoffnung, dass eine Fälschung lange Zeit unerkannt in den Tiefen des elektronischen Datengrabes überdauert.

Alternativ zur Konstruktion des zweiten RSA-Moduls könnte man die Kollisionsdaten in den RSA-Exponenten statt im Modul unterbringen, was zwar zulässig, aber ebenfalls ungewöhnlich ist, da nur wenige Exponenten im öffentlichen Teil zum Einsatz kommen (oft 65.537 oder etwas in der Nähe, also nur ca. 20 Bit in der ASN.1-Kodierung). RSA-Exponenten in der Größenordnung der Module, die nun bei beiden Zertifikaten in der Größenordnung von 8.192 Bit liegen müssten, sind eher für private Schlüssel charakteristisch. Der Vorteil dieser Variante besteht darin, dass sich kein Zusatzaufwand bei der Berechnung der RSA-Parameter ergibt. Beide Datensätze werden völlig normal berechnet und hätten abgesehen von den ungewöhnlichen Exponenten keine auffälligen privaten Erweiterungen.

Aufgabe. Leiten Sie aus der ASN.1-Kodierung eines Zertifikats ab, wie Original und Fälschung aufgebaut werden müssen und an welcher Stelle im Zertifikat die Kollisionssätze (einschließlich Anpassungsdaten) eingebaut werden.

Statt in den Exponenten könnten die Kollisionsdaten natürlich auch vollständig in den privaten Erweiterungen untergebracht werden. Aus mathematischer Sicht wären in diesem Fall keine Auffälligkeiten festzustellen.

Als letzte und vermutlich unauffälligste Variante lässt sich der oben angegebene Algorithmus so modifizieren, dass aus den beiden Kollisionsblöcken zwei gültige RSA-Module konstruiert werden können. Seien nun n_1 und n_2 die beiden oberen, durch die Kollisionsblöcke festgelegten Teilmodule. Der modifizierte Algorithmus lautet:

1. Es werden zwei zufällige Primzahlen p_1 und p_1 mit $l<k/2$ Bit Länge ausgewählt und

$$-b_0 \equiv n_1 * 2^k (mod\ p_1) \equiv n_2 * 2^k (mod\ p_2)$$

mit Hilfe des chinesischen Restsatzes berechnet.

2. Für die Zahlen

$$q_i = (n_1 * 2^k + b_0 + i * p_1 * p_2)/p_1$$
$$r_i = (n_2 * 2^k + b_0 + i * p_1 * p_2)/p_2$$
$$i = 0,1,2,...$$

wird überprüft, ob $q_i \in P \wedge r_i \in P$ zutrifft. Ist dies der Fall, so sind

$$m_1 = p_1 * q_i \quad, \quad m_2 = p_2 * r_i$$

gültige RSA-Modulw und man ist fertig.

3. Ist $b_0 + i * p_1 * p_2 \geq 2^k$, so wird erneut bei 1. begonnen.

Auch hier kann man natürlich Vereinfachungen vornehmen und die Module aus vielen statt aus zwei Primzahlen zusammensetzen. Derartig lange RSA-Module sind ungewöhnlich (selbst Hochsicherheitszertifikate verwenden nicht mehr als 2.048 Bit), aber die Zertifikate enthalten sonst nichts mehr, was irgendwie auffällig sein würde. Ganz ohne verdächtige Längen geht es aber in keinem Fall.

Bei dem insgesamt großen Aufwand muss man auch den Nutzen für den Betrüger im Auge behalten. Der kann sich beispielsweise daraus ergeben, dass das gefälschte Zertifikat zur Abwicklung von Geschäften verwendet wird, die der Betrüger nicht erfüllt und hinterher glaubhaft leugnen kann, das Geschäft abgeschlossen zu haben, indem er sein Primärzertifikat präsentiert. Den schwarzen Peter hätte in diesem Fall die Zertifizierungsagentur, die unsichere Algorithmen eingesetzt hat.

6.4.6 Fazit

Fassen wir noch einmal zusammen: tatsächlich gebrochen ist von den breit eingesetzten Hashalgorithmen lediglich der MD5. Bei den anderen Algorithmen der ersten Generation ist man noch weit von tatsächlichen Einbrüchen entfernt, Algorithmen der zweiten Generation sind unempfindlich gegenüber den Angriffsmethoden.

Der Angriffsweg auf den MD5 ist sehr systematisch. Es hat zwar sehr lange gedauert, bis er gefunden wurde, ist jedoch leicht auf andere Algorithmen übertragbar. Wenn weitere Algorithmen für diesen Angriffsweg empfindlich sind, sollte das inzwischen bekannt sein. Das Ausbleiben von Angriffserfolgen spricht dafür, dass ihnen mit der für den MD5 verwendeten Methodik alleine nicht beizukommen ist. Wenn sie gebrochen werden können, dann sind dazu neue Ansätze notwendig.

Der Bruch des MD5 beschränkt sich auf Fälle, in denen der Angreifer sämtliche Nachrichten, die den gleichen Hashwert ergeben, kontrolliert. Um zwei beliebige Dokumente den gleichen Hashwert erzeugen zu lassen, müssen beiden Dokumenten die Kollisionssequenzen angehängt werden. Das schließt aus, dass Alice ein Dokument erzeugt und Bob signiert vorlegt und der Angreifer Eve anschließend ein anderes Dokument vorlegt, zu dem die Signatur passt.

Der Inhalt der Kollisionssequenzen ist vom Angreifer nicht kontrollierbar, was dazu führt, dass die Dokumente anschließend im Vergleich zu nicht manipulierten Dokumenten „merkwürdig" aussehen. Das schränkt die Anwendung weiter ein. Durch Inspektion eines Dokuments, die auch automatisiert durch eine Sicherheitsanwendung erfolgen kann, lässt sich mit einiger Sicherheit feststellen, ob ein Dokument sauber ist oder möglicherweise bzw. sicher eine Kollisionssequenz enthält.

Für Fälle, auf die solche Rahmenbedingungen nicht zutreffen, kann auch der gebrochene Algorithmus uneingeschränkt eingesetzt werden; Dokumente, die vor Bekanntwerden des Bruchs signiert wurden, sind weiterhin gültig signiert. Wenn beispielsweise davon geredet wird, ein Dokumente müssen mit dem oder dem Hashalgorithmus werden, weil sie die nächsten 50 sicher sein müssen, dann ist das Unfug: entweder die Signatur ist von vornherein gefälscht, und dann spielen die 50 Jahre keine Rolle mehr, oder sie ist korrekt, dann ist die Wahrscheinlichkeit einer nachträglichen Fälschung in den nächsten 50 Jahren auch nicht viel anders als bei anderen Hashfunktionen.

7 Zufallszahlen

Dies ist eines der kürzesten Kapitel des Buches, das Thema ist jedoch eines der wichtigsten überhaupt. Zufallszahlen besitzen eine sehr große Bedeutung beim Einsatz der verschiedenen Verschlüsselungsverfahren in der Praxis. Ob man nun mit der Erzeugung eines neuen Schlüsselpaares für asymmetrische Verfahren beginnt, ein neues Kennwort für ein weiteres Account auf einem Rechner benötigt oder geheime Schlüssel generiert – stets müssen die Daten so beschaffen sein, dass andere Leute keine Möglichkeit haben, mit relativ wenigen systematischen Versuchen hinter Ihr Geheimnis zu kommen.

Natürlich kann man versuchen, sich jeweils irgendwelche willkürlichen Zahlen- oder Zeichenkolonnen auszudenken, aber in der Praxis stellt sich meist heraus, dass solche selbst ausgedachten Zahlen weit weniger zufällig sind als man selbst glaubt (vergleiche Kapitel 2.1.3 und folgende). Außerdem werden sehr viele solcher Zufallszahlen benötigt, da in der Praxis außer wenigen Master-Kennworten kein Schlüssel mehrfach verwendet wird, sondern für jeden Vorgang ein neuer „Sitzungsschlüssel" erzeugt wird. Würde ein Browser jedes mal den Nutzer fragen, wenn er einen neuen Zufallsschlüssel benötigt, wäre das ein unzumutbar hoher Anteil an der Internetnutzung überhaupt. Eine maschinelle Erzeugung von Zufallszahlen ist daher notwendig und sinnvoll.

Zufallszahlen können zwei Schwachstellen aufweisen:

1. Eine gegebene unbekannte Zufallszahl kann durch deutlich weniger Versuche als statistisch notwendig erraten werden. Beispielsweise könnte der Angreifer herausgefunden haben, dass aufeinander folgende Ziffern selten eine größere Differenz als 3 aufweisen, was den Suchraum stark eingrenzt.

2. Aus einer beobachteten Reihe von Zufallszahlen lassen sich die nächsten Glieder der Reihe mit hoher Wahrscheinlichkeit vorhersagen, weil der Angreifer irgendein mathematisches Prinzip in der Reihe entdeckt hat.

Zahlen mit solchen Eigenschaften sind natürlich keine echte Zufallszahlen. Wirkliche Zufallszahlen lassen sich im Prinzip nur durch unbeeinflussbare physikalische Vorgänge erzeugen. Außerdem verwendet man mathematische Algorithmen, die allerdings im strengen Sinn keine Zufallszahlen sondern Pseudozufallszahlen generieren: eine Folge von Zufallszahlen ist durch den Zustand bei der Erzeugung der ersten Zahl mathematisch eindeutig festgelegt und kann reproduziert werden, wenn man den Anfangszustand wiederherstellt. Kennt man jedoch die primären Erzeugungsparameter nicht, wirken die Zahlen auf einen Betrachter wie echte Zufallszahlen, d.h. er kann sie (in einem gewissen Rahmen) nicht von echten Zufallszahlen unterscheiden. Genauer: auch bei Aufzeichnung und Analyse einer sehr langen Folge generierter Zahlen gelingt es dem Beobachter nicht, die nächste(n) Zahl(en) richtig vorherzusagen.

Wir unterhalten uns also auch über Pseudozufallszahlen, werden sie aber der Einfachheit halber im Folgenden als Zufallszahlen bezeichnen. Es existieren zwei Sorten von Zufallszahlen, zwischen denen wir differenzieren müssen:

- Technische Zufallszahlen. Diese werden meist in Simulationen verwendet, und die Generatoren müssen sehr viele Zufallszahlen in kurzer Zeit erzeugen.

- Kryptologische Zufallszahlen. Bei diesen darf es auch bei Aufzeichnung sehr langer Folgen nicht möglich sein, das nächste Folgenglied vorher zusagen.

Ohne nun auf die Details einzugehen: technische Zufallszahlen besitzen die geforderte Nichtvoraussagbarkeit nicht. Nach Aufzeichnung mehr oder weniger langer Folge lassen sich die weiteren Glieder exakt vorhersagen. Die möglichen Anfangszustände sind technisch häufig auch begrenzt, was ein weiteres Negativum in Bezug auf die Kryptografie ist. Die in den Softwarebibliotheken vorhandene Funktion `rand()` darf für Verschlüsselungszwecke daher keinesfalls verwendet werden.

Umgekehrt sind kryptologische Algorithmen nicht in der Lage, Zufallszahlen schnell genug für technische Anwendungen zu liefern. Wer für eine Simulation statt der normalen 2 Minuten Laufzeit 6 Monate investieren kann, mag sie trotzdem nehmen. Für die einzeln benötigten kryptologischen Zufallszahlen spielt die Zeit allerdings keine Rolle.

7.1 Zufallsquellen

Gleichgültig, wie der Generator insgesamt aufgebaut ist, er muss zumindest einen Startzustand aufweisen, der nicht zu erraten ist. Vorkonfektionierte Tabellen fallen somit aus. Daher zapft man in der Praxis verschiedene Quellen an, die mehr oder minder zufällige Bitfolgen liefern.

Thermisches Rauschen. Lange Zeit waren Hardwarequellen für physikalische Zufallsereignisse Mangelware, durch die zunehmende Bedeutung der Verschlüsselung haben sie jedoch auch Eingang in die Prozessorkonstruktion gefunden.[122] Häufig werden Schaltungen verwendet, die so genanntes thermisches Rauschen erzeugen. Dabei handelt es sich um Digitalschaltungen, die ein invertiertes Signal liefern, das auf den Eingang rückgekoppelt wird, was zu einem ständigen Schwingen führt.

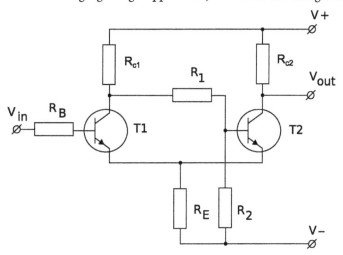

Abbildung 7.1: Schmitt-Trigger

Schaltungstechnik ist nicht gerade Gegenstand dieses Buches. Trotzdem sollte man auch hier über Grundkenntnisse verfügen. Deshalb ein kleiner Ausflug in diesen Bereich.

Gebräuchlich ist die Verwendung eines Schmitt-Triggers: bei kleinem V_{in} sperrt T1 und die Emitterspannung wird maximal abhängig vom Widerstandsnetzwerk

---

122 Ein unbestechliches Beispiel ist der radioaktive Zerfall, wobei aber vermutlich niemand scharf darauf ist, solch einen Generator in seinem Computer vorzufinden.

R_{C1}+R1+R2. Dies ist so bemessen, dass die Basis des Transistors T2 genügend hohe Spannung erhält, um T2 leitend zu machen und V_{out} ebenfalls auf kleine Spannung zu bringen ($R_{C2} > R_E$). Wird V_{in} hoch, wird T1 leitend und sperrt damit T2, so dass nun V_{out} ebenfalls hoch ist. Die Schaltpunkte sind scharf: eine angelegte sinusförmige Wechselspannung wird in eine Rechteckspannung überführt.

Benutzt man V_{out} zur Ansteuerung der Basis eines weiteren Transistors, der ähnlich T2 verschaltet ist, wird das Signal invertiert. Führt man das invertierte Signal auf V_{in} zurück, bekommt die Schaltung bei jedem Schaltvorgang gewissermaßen den Gegenbefehl und schwingt zwischen 0 und 1 hin und her.

Um ein Bit auszulesen, wird der Ausgang mittels des Uhrentaktes des Rechnersystems kurzfristig auf ein Bit-RAM-Speicherelement geschaltet und dadurch der Zustand zum Taktzeitpunkt gesichert. Die Schaltungen müssen so bemessen sein, dass während des Uhrentaktes ein stabiles Signal am RAM-Speicherelement erscheint, die Schaltung beim nächsten Auslesevorgang aber ein zufälliges neues Ergebnis anzeigt. Diese Randbedingungen beschränken die Bitrate des Generators.

Menschliches Rauschen. Der Nutzer wird traditionell als Zufallsquelle verwendet. Da ein Rechner im Vergleich zum Menschen sehr schnell arbeitet, können die Zeiten zwischen Tastenanschlägen auf der Tastatur als Quelle verwendet werden, nicht jedoch die bedienten Tasten selbst, das im Buchstabensalat zu wenig Zufall ist. Die zweite Quelle sind die Positionsänderungen bei Bewegungen der Maus, wobei die letzten Ziffern der Position bei Messraten, die kleiner sind als die Handbewegungen des Nutzers, ausgewertet werden.

Bei beiden Vorgängen kann man pro Messung aber nur 1-2 Bit an Information gewinnen, was langen Messzeiten entspricht. Andererseits müssen die Messzeiten in akzeptablen Grenzen gehalten werden, um den Nutzer nicht zu verärgern.

Netzwerkrauschen. Datenströme auf Netzwerken unterliegen einer gewissen Zufälligkeit, auch wenn diese deutlich geringer ist als man zunächst vermutet. Die Netzwerkprotokolle erfordern einen regelmäßigen Aufbau der Datenpakete, womit der Zufall für sehr viele Daten entfällt. Liest ein Angreifer den Datenstrom mit, kennt er die Quelle ebenfalls. Die beschränkte Zufallsqualität wird allerdings dadurch ausgeglichen, dass sehr viele Daten anfallen.

Uhrenrauschen. Schnelle Netzwerke und Multimediaanwendungen erfordern Uhren mit Auflösungen im Nanosekundenbereich, und da die Ausführungszeiten von Programmen nicht gleichmäßig sind, stellen auch die letzten Stellen der Hardwareuhren durchaus eine Zufallsquelle dar.

Aufgabe. In C lassen sich mit der Funktion rusage(..) auch hochaufgelöste Uhrensignale auslesen. Testen Sie die Uhrensignale auf Brauchbarkeit als Zufallsquelle.

Dateirauschen. Daten auf der Festplatte oder im RAM können ebenfalls als Zufallsquelle verwendet werden. Die meisten Dateiinhalte sind zwar bekannt, insbesondere bei frisch installierten Systemen, aber dafür stehen riesige Mengen zur Verfügung. Bereits kleine Unsicherheiten, aus welchen Dateien welcher Inhalt als Zufallsquelle verwendet wird, können für einen Angreifer zu einem Riesenproblem werden.

7.2 Ein Modellgenerator für sichere Zufallszahlen

Alle Datenquellen sind nicht geeignet, direkt Zufallszahlen zu liefern, weil

✗ sie aus unterschiedlichen Gründen doch Korrelationen zwischen verschiedenen Bits aufweisen können oder

✗ nicht schnell genug Bits liefern können, um die Nutzeransprüche zu befriedigen.

Für eine kryptografisch sichere n-Bit-Zufallszahl, die als Schlüssel in einem Algorithmus verwendet wird, ist zu fordern, dass letztlich alle 2^n Möglichkeiten durchzuprobieren sind und keine Abkürzung existiert. Daran darf sich auch nichts ändern, wenn eine längere Folge von Zufallszahlen beobachtet wird. Für die Konstruktion eines Algorithmus sind daher folgende Fragen zu lösen:

1. Es sind $m>n$ Bits zu sammeln, so dass unter Berücksichtigung von Korrelationen 2^n mögliche Zustände resultieren. Wie groß ist m mindestens zu wählen, um die gewünschte Unsicherheit zu erreichen?

2. Die m Primärbits müssen auf n Zufallsbits reduziert werden. Wie ist der Algorithmus zu gestalten, um eine Zufallszahl zu erzeugen?

3. Es können mehr Zufallszahlen angefordert werden als die Generatoren an Primärbits zu liefern im Stande sind. Wie ist der Algorithmus zu gestalten, dass möglichst viele Zufallszahlen erzeugt werden können, ohne Rückschlüsse auf den Zustand des Generators zu ermöglichen?

4. Aufgrund der Aufzeichnung Sehr langer Folgen von Zufallszahlen oder irgendwelcher anderer Methoden könnte der Generatorstatus zumindest teilweise komromittiert werden, wodurch die Sicherheit der Zufallszahlen sinkt. Wie kann dies verhindert werden?

Die Festlegung von m ist mehr oder weniger Alchimie. Man kann Quellen statistisch bewerten, steht jedoch vor dem Problem, welche Korrelationen zu berücksichtigen sind, und darüber hinaus vor dem Problem, eigentlich auch noch eine Statistik über die Quellen selbst anfertigen zu müssen. Neue Hardware, neue Software oder neue Umgebung können sich durchaus in anderen Parametern ausdrücken.

In der Literatur findet man an dieser Stelle häufig den Begriff Entropie.[123] Gibt p_i die Wahrscheinlichkeit an, das System im bestimmten Zustand i vorzufinden, so ist die Entropie des Systems durch

$$E = \sum_{i=1}^{N} p_i \ln p_i$$

definiert. Das praktische Problem ist die Bewertung der p_i. Im einfachsten Fall interpretiert man dies als die Wahrscheinlichkeit, ein Bit in einem bestimmten Zustand vorzufinden, d.h. $N=m$, was natürlich Korrelationen unterschlägt. Im anderen Extremfalls $N=2^m$ Summanden auszuwerten funktioniert natürlich auch nicht. Wenn man das Entropiemaß für die Bewertung einsetzt, muss man folglich gewissen Kompromisse eingehen, was Theoretikern wieder eine Handhabe zur Kritik liefert.

---

123 Er ist aus der Thermodynamik entlehnt, weil Beziehungen der statistischen Thermodynamik und des Shannonschen Informationsinhaltsmaßes in der Informatik auf die gleichen Formeln geführt haben. Im Unterschied zur Thermodynamik, in der die Entropie im Laufe der Systementwicklung asymptotisch auf ein maximales Maß zunimmt, nimmt sie in der Informatik ab, d.h. die Entropie wird mit jeder Messung geringer.

Letzten Endes wird m in einer Größenordnung festgelegt, in der man glaubt und/oder durch Erfahrung/Experiment verifiziert, auf der richtigen Seite zu sein, zuzüglich des üblichen Angstzuschlags.

DAS GENERATORMODELL

Eine der ältesten und noch immer probatesten Möglichkeiten für die Konstruktion eines sicheren Algorithmus besteht in der Verwendung von Hashfunktionen, deren Output unabhängig vom Input Zufallscharakter aufweist und die ja beliebig langen Input zu einem Output fester Länge verarbeiten. Eine mögliche Datenstruktur für die Konstruktion ist

```
struct generator {
    int stirrer;
    int randpos;
    char buffer[BUF_SIZE];

    char pbuffer[PBUF_SIZE];
    int plen;
    int nrand;
    int ntime;     // NTIME_MIN <= ntime <= NTIME_MAX
    ...
};
```

Phase 1 (Initialisierung). Der Datenpuffer **buffer** (in der Größe von 1-2 kB; die Größe wird so bemessen, dass andere Aufgabenstellungen berücksichtigt werden) wird zunächst mit Material aus Primärquellen gefüllt. Dazu werden in **pbuffer** Bits (1-x-fache Inputlänge der Hashfunktion) aus den Zufallsquellen gesammelt und nach kompletten Füllen mit einer Hashfunktion verdichtet, deren Ergebnis in **buffer** übertragen wird. Erst mit vollständigen Füllen ist der Generator betriebsbereit.

Als Modifikation kann man Daten aus verschiedenen Quellen in unterschiedlichen Puffern sammeln oder Mischungsverhältnisse der Quellen vorgeben.

Phase 2 (Verändern des Bitmusters) wiederholt sich bei jeder Entnahme einer Zufallszahl. Sie dient zur Erfüllung von Aufgabenstellung 3 und soll verhindern, dass auch aus langen Folgen von Zufallszahlen irgendein Rückschluss auf den Zustand des Puffers möglich ist. In ihr wird ein Datenblock ab der Position **stirrer** einer Hashfunktion unterworfen (beim MD5 512 Bit) und mit dem Ergebnis oder einem Teil davon (32-128 Bit) ein Teil der Eingabedaten mit XOR überschrieben.

Anschließend wird **stirrer** auf eine neue Position gesetzt, die wahlweise fix vorgegeben ist und einen Teil des alten Blocks umfasst oder zufällig aus den überschriebenen Daten berechnet wurde. Auf diese Weise wird der Inhalt des Puffers laufend auf unvorhersagbare Weise verändert, was im Englischen mit 'Umrühren' umschrieben wird.

> **Aufgabe.** Stellen Sie einen Schritt des Ablaufs in Form eines Diagramms dar. Untersuchen Sie, unter welchen Bedingungen eine Verschränkung aller Eingabedaten zustande kommt.

Phase 3 (Entnahme der Zufallszahl). Wird eine Zufallszahl benötigt, so wird nach einem Umrühren ab Position **randpos** der Hashwert eines Datenblocks berechnet und davon eine Anzahl von Bits (z.B. 8-32 von 128) als **Zufallszahl** an den Aufrufer ausgeliefert. Die Position wird anschließend ebenso wie die Position des Rührers verändert. Werden längere Zufallszahlen benötigt, z.B. 128 Bit für einen AES-Schlüssel, muss der Generator mehrfach aufgerufen werden.

Phase 4 (Nachrandomisierung). Die Nachrandomisierung ähnelt der Initialisierung und besteht wieder im Einlesen von Primärzufallsbits in **pbuffer** und XOR-Verknüpfung der Daten mit **buffer** an der Stelle **nrand**. Die Nachfüllstelle wird wie die anderen Positionen jeweils neu berechnet. Das

Nachfüllen kann nach Kapazität der Quellen erfolgen oder durch **ntime** gesteuert werden, wobei die Variable nach jedem Schreibvorgang zufällig mit Zeiten zwischen **NTIME_MIN** und **NTIME_MAX** gesetzt wird. Welche Strategie bevorzugt wird, hängt von der Einschätzung der Quellenqualität und der Abnahme der Entropie durch Entnahme von Zahlen ab.

Eigenschaften

Generatoren dieser Art liefern nicht vorhersagbare Zahlenfolgen und sind schnell genug für kryptologische Einsatzbereiche. Der Pufferinhalt (Status) muss natürlich geheim bleiben, da bei seiner Kenntnis und der Kenntnis der Algorithmendetails die weitere Zahlenfolge nachvollzogen werden kann. Die Puffer werden daher tief in den Betriebssystemkernen versteckt, um ihre Kompromittierung durch Schadsoftware zu verhindern.

Ein praktisches Problem entsteht beim Herunterfahren des Rechners. Beim Neustart kann

- der Generator komplett neu initialisiert werden, was eine gewisse Zeit in Anspruch nimmt und die Startphase nicht übermäßig ausdehnen darf, oder

- der alte Zustand bei Herunterfahren auf der Platte gespeichert und wieder eingelesen werden, um schneller wieder einsatzbereit zu sein. Beim Herunterfahren und Starten besteht bei geeigneter Vorgehensweise wenig Gefahr einer Kompromittierung, aber dazwischen könnten die Daten natürlich von der Platte gelesen werden.

Welches Verfahren bevorzugt wird, hängt von der Gefahreneinschätzung ab. Befürchtet man eine Kompromittierung von Plattendaten, ist zumindest eine schnelle Nachrandomisierung notwendig, um dem Angreifer wieder davon zu laufen.[124]

Aufgabe. Implementieren Sie einen solchen Generator mittels der bereits genannten Hashfunktion 'md5'. Sehen Sie vor, dass Sie für Versuchszwecke die Phasen 2 und 4 Ein- und Ausschalten können. Bewerten Sie die Ergebnisse mit für solche Zwecke vorgesehenen statistischen Programmen, die im Internet verfügbar sind, z.B. mit dem Diehard-Tool.

Viele gebräuchliche Generatoren verwenden diese oder eine ähnliche Architektur. Als Hashfunktion ist MD5 ausreichend; alternativ wird auch AES in Generatoren als Mischfunktion eingesetzt.

7.3 Generatoren in der Praxis

Die vorgestellte Generatorgrundkonstruktion findet sich in mannigfaltigen Varianten in der freien Wildbahn.

Hardware-Generatoren

Einige große Chiphersteller haben die Basisschaltungen für thermisches Rauschen in die CPU integriert und mit zusätzlichen Schaltkreisen versehen, die vergleichbare Operationen wie die beschriebenen ausführen und für die Mischung u.a. AES verwenden. Die Konstruktion baut auf ständige Versorgung mit frischem Bitmaterial aus der Zufallsquelle und besitzt nur kleine Puffer.

---

124 Man darf bei solchen Überlegungen die Holistik nicht aus den Augen verlieren. Natürlich kann man befürchten, dass jemand auf irgendeine Art den Platteninhalt ausliest und so den Status des Zufallszahlengenerators erhält. Allerdings dürfte der in den meisten Fällen zu den unwichtigeren Bestandteilen des Platteninhalts gehören. Zum Schutz der wichtigen Daten hat man sich vermutlich meist schon eine Reihe von Maßnahmen einfallen lassen, die auch für den Status des Generators angewendet werden können.

Kleinere spezialisierte Unternehmen gehen noch weiter und bauen komplette Steckkarten, die nur die Aufgabe haben, Zufallszahlen zu erzeugen. Hier wird bei den Generatoren natürlich wesentlich mehr Aufwand getrieben. Um jede Manipulationsmöglichkeit auszuschließen, werden die Karten oft vergossen. Dies dürfte eine der besten, aber auch aufwändigsten Möglichkeiten sein.

LINUX-BETRIEBSSYSTEM

Einer der am besten beurteilten Generatoren ist der des Linux-Betriebssystems. Er setzt ebenfalls vorzugsweise auf die Nutzung verschiedener Hardwarequellen mit nachgeschalteter Mischung nach einem ähnlichen Muster, allerdings mit erheblich weniger Aufwand. Der Generator besitzt zwei Ausgänge:

```
/dev/random        // liefert immer Zufallszahlen
/dev/urandom       // blockiert bei zu wenig Entropie
```

Die Entwickler gehen davon aus, dass aufgrund der Konstruktion die Sicherheit des Generators relativ schnell geringer wird, wenn nicht permanent neue Zufallsbits aus den Hardwarequellen nachgeliefert werden. Kernstück des Generators sind daher Bewertungsfunktionen, die die Entropie der Quellen sowie die des Status ständig beobachten. Unterschreitet die Entropiebewertung des Status eine vorgegebene Grenze, blockiert **/dev/urandom** die Auslieferung weiterer Zufallszahlen, bis durch neue Zufallsbits die Entropie wieder im grünen Bereich ist. **/dev/random** liefert auch dann weiter Zufallszahlen aus, wenn die Grenze unterschritten ist, was aber nicht bedeutet, dass die Sicherheit sofort zusammen bricht.

Diskutabel sind natürlich die Bewertungsfunktionen für die Entropie. Leider ist der Generator kaum dokumentiert; man ist mehr oder weniger auf Codenanalysen angewiesen.

ZAHLENTHEORETISCHE GENERATOREN

Auch die Softwarekonstrukteure sind nicht untätig geblieben. In Kapitel 5.1.2 auf Seite 79 haben wir im Rahmen der Stromverschlüsselung andere Zufallszahlengeneratoren angesprochen, beispielsweise den auf der Restklassenarithmetik basierenden BBS-Algorithmus. Ein vom US-amerikanischen NIST und (ausgerechnet!) der NSA vorgeschlagener, auf elliptischen Kurven (Kapitel 8.6 ab Seite 241) basierender Algorithmus verwendet zwei Punkte P und Q sowie einen Initialzustand s_0 und (mindestens) eine Funktion F. Iterativ werden durch

$$r = F(s_k * Q)$$

$$s_{k+1} = F(s_k * P)$$

Zufallszahlen r und neue Zustände s_k erzeugt. Wesentlich für die Algorithmen sind

> ➢ geheime Startparameter hinreichender Sicherheit,

> ➢ unbekannte Verfahrensparameter (z.B. Modul bei BBS),

> ➢ Auslieferung von Teilen der gesamten Zahl.

Da die Mathematik der Verfahren erst im Anschluss an dieses Kapitel ausführlich diskutiert wird, gehen wie hier nicht weiter auf die Details ein. Dennoch kann man den Schluss ziehen, dass diese Algorithmen vorzugsweise Phase 3 – die Erzeugung einer Zufallszahl – unterstützen, in der Mathematik allerdings auch einige Fragezeichen verborgen sind. Wird Phase 2 ebenfalls hinreichend unterstützt? Und was ist mit den eigentlichen Knackpunkten, der Initialisierung (Phase 1) und den Maßnahmen gegen möglich Kompromittierung?

7.4 Angriffe auf die Generatoren

Nachrichtendiensten wie der NSA wird nachgesagt, dass sie mit vertretbarem Aufwand symmetrische und asymmetrische Verschlüsselungsverfahren brechen können. Nun verfügt zwar die NSA über einen Haushalt, der der Summe der Gesamthaushalte von ca. 20 beliebig ausgewählten afrikanischen Staaten entspricht, aber anzunehmen, dass der Geheimdienst allen anderen Wissenschaftlern der Welt technologisch um mindestens 200 Jahre voraus ist, ist dennoch Utopie. Die großen IT-Unternehmen dürften problemlos in der Lage sein, den Spitzenabsolventen besser bezahlte und auch interessantere Jobs anzubieten als ein Staatsunternehmen. Außerdem wären Anstrengungen, Algorithmen zu brechen, wirtschaftlich wenig sinnvoll: jede Verschlüsselung müsste einzeln angegangen werden. Sinnvoller wäre ein Bruch auf Systemebene, der Zugang zu den Daten aller Nutzer gewährt, die das betreffende System einsetzen. Wenn die Nachrichtendienste Verschlüsselungen brechen können, dann sicher nicht die Verschlüsselungsalgorithmen selbst, sondern man muss woanders suchen.[125]

SOFTWAREBASIERTE GENERATOREN

Eine passende Stelle ist der Zufallszahlengenerator. Wir nehmen dazu unseren MD5-basierten Generator als Modell; prinzipiell lässt sich jedoch auch jeder andere Generator nach diesem Verfahren manipulieren. Das Modell besteht aus mehreren Schritten:

1. Die Software wird so manipuliert, dass die Übertragung der Daten aus den Quellenpuffern in den Hauptpuffer unterbleibt. Das betrifft sowohl die Initialisierung als auch die Nachrandomisierung. Hierfür genügt beispielsweise ein Sprungbefehl; der Code arbeitet ansonsten normal weiter, damit nichts auffällt.

2. Der Puffer wird mit einem nur der NSA bekannten geheimen Schlüssel gefüllt. Das erfolgt bei der Systeminstallation, bei der der Schlüssel beispielsweise aufgrund von Tastaturereignissen aus einer Tabelle ausgewählt wird (siehe aber auch Punkt 5).

   Da die Tabelle beschränkt ist, würden verschiedene Rechner allerdings nun die gleichen Folgen liefern und die Täuschung möglicherweise auffallen.

3. Um das zu verhindern, wird zusätzlich die Startzeit des Systems in den Puffer geschrieben. Zwei Folgen sehen nun nur dann gleich aus, wenn die Rechner bis auf die Sekunde genau exakt zur gleichen Zeit anlaufen.

4. Zusätzlich wird eine von außen einfach zu ermittelnde charakteristische Größe, beispielsweise die MAC-Adresse der Hardwarekarte, in den Puffer geschrieben. Selbst Rechner, die zur gleichen Zeit anlaufen, liefern nun verschiedene Zahlen.

   Wenn das Ganze in der Startphase gut durchmischt wird, fällt diese Manipulation selbst beim Auslesen des Puffers nicht auf.

5. Die meisten Rechner werden bei der Installation über das Netzwerk konfiguriert. Hierbei besteht die Möglichkeit, vom Rechner einen Fingerprint zu erzeugen, der eine schnelle

---

125 Interessanterweise kommt in solchen Verschwörungstheorien fast ausschließlich die NSA vor, vielleicht noch gefolgt von ihren Partner in Großbritannien, Kanada, Australien und Neuseeland. Die NSA gehört aber politisch eigentlich zu unseren Freunden. Was ist eigentlich mit den Russen, die in der Vergangenheit immer wieder gezeigt haben, dass auch mit geringeren Mitteln große Erfolge möglich sind, oder den Chinesen, die es bezüglich des Aufwands mit den Amerikanern aufnehmen könnten?

Zuordnung erlaubt. Ansonsten müssten bei einem Einbruchsversuch eben alle Möglichkeiten durchprobiert werden, was mehr Aufwand verursacht.

6. Bei einem Systemneustart kann wahlweise alles wiederholt oder der Status temporär auf der Platte gesichert werden.

Wenn ein Zufallszahlengenerator in dieser Weise manipuliert wurde, ist dies bei guten Algorithmen auch an beliebig langen Zahlenfolgen beliebig vieler Rechner nicht zu erkennen. Die einzige Möglichkeit besteht in einer Analyse des Quellcodes oder in wiederholten kontrollierten Installationen in einer Umgebung, die eine Einzelschrittanalyse erlaubt.

Passend konfiguriert liegt die Unsicherheit des Nachrichtendienst über den Startzustand eines Generators auf einem beliebigen Rechner sicherlich kaum außerhalb 10^{-7} – 10^{-9} , ohne dass irgendjemand aus dem Verhalten der Zufallszahlengeneratoren auf irgendeinen Verdacht kommen würde. In vielen Verfahren werden Zufallszahlen im Klartext ausgetauscht, und der Nachrichtendienst kann den Startwert suchen, der diese Zahlen in seiner Folge passend generiert. Damit kann er dann auch testen, ob andere Zahlen der Folge in Verschlüsselungsverfahren verwendet werden. Da im Prinzip alles bekannt und regelmäßig ist, hätte der Nachrichtendienst tatsächlich Zugriff auf die meisten Daten, ohne dass die symmetrischen oder asymmetrischen Verfahren gebrochen worden wären.

Wird dieses Modell von den Nachrichtendiensten verfolgt? Zumindest bei den Systemen mit proprietärer geheimer Software kann man das nicht ausschließen; in OpenSource-Systemen wie Linux ist es schon unwahrscheinlicher, das solche Manipulationen unentdeckt bleiben.

ZAHLENTHEORETISCHE GENERATOREN

In einen anscheinend begründeten Manipulationsverdacht gekommen ist der von der NSA vorgeschlagene Generator auf der Basis elliptischer Kurven. Public Key Systeme liefern zwar im Einzelfall Werte, die nicht von Zufallszahlen zu unterscheiden sind, aber was ist mit Folgen von Werten? Bekannt ist:

✗ Eine bestimmte Parameterwahl bei elliptischen Kurven liefert in Folgen Ergebnisse mit deutliche geringerem Zufallsgehalt als statistisch notwendig.

✗ Die Initialisierung und das Nachfüttern von Zufallswerten ist alles andere als einfach, da eine Menge Nebenbedingungen einzuhalten sind.

Es scheint so zu sein, dass zahlentheoretische Methoden weniger deshalb akzeptiert wurden, weil sie qualitativ hochwertige Zufallszahlen liefern, sondern eher deswegen, weil etwas, das so fürchterlich kompliziert ist, dass es die meisten Leute nicht verstehen, nicht ungeeignet sein kann. Zumindest scheint die menschliche Psyche so gestrickt zu sein, denn trotz großen Redeflusses mancher Kommentatoren gehören Verfahrensdetails zur absoluten Mangelware. Bezüglich der elliptischen Kurven wurde ein Manipulationsverdacht durch die NSA schließlich so groß, dass das NIST den Algorithmus wieder aus seiner Liste empfohlener Algorithmen gestrichen hat.

HARDWAREGENERATOREN

Ebenfalls nicht ungeschoren kommen die Hardwaregeneratoren auf CPU-Chips davon. Bereits geringe Abweichungen in der Halbleiterdotierung reichen aus, um von einer Bitfolge von 128 Bit Unsicherheit weniger als 30 Bit übrig zu lassen. Die Hardwarehersteller bestreiten zwar solche Manipulationen, aber misstrauische Zeitgenossen weisen darauf hin, dass die NSA schon andere Sachen manipuliert hat, die ebenfalls sicher sein sollten. Fatal an der Sache ist, dass aufgrund der AES-

Mischung den generierten Zufallszahlen diese Unsicherheit nicht anzusehen ist, zumindest nicht ohne sehr ausführliche Analysen der Zahlenreihen.

Die meisten Kommentatoren empfehlen daher, die Hardwaregeneratoren auf den Chips nur als Zufallsquelle zu verwenden, nicht aber für die Zufallszahlen selbst. Ob das berechtigt ist, sei einmal dahin gestellt. Die speziellen Hardwarekarten sind davon nicht betroffen.

SOFTWAREFEHLER

Auch Softwarefehler sind eine Quelle von Unsicherheiten, wobei zuletzt ausgerechnet ein Open-Source-Code erst nach ca. 10 Jahren aufgefallen ist. Bei OpenSSL hat sich herausgestellt, dass wesentliche Teile der Zufallszahlengeneratoren beim Erzeugen neuer Server-Prozesse mit der **fork()**-Funktion im Hauptspeicher dupliziert wurden. Zumindest theoretisch ergab sich daraus die Möglichkeit, aus den Zufallszahlen eines Prozesses auf die eines anderen zu schließen. Inzwischen ist dieses Loch gestopft. Generell muss für ein System gelten, dass nur ein Zufallszahlengenerator existiert, der alle anderen Prozesse mit Daten versorgt (Singleton-Prinzip).

LINUX-ZUFALLSZAHLENGENERATOR

Da an Generatoren grundsätzlich die eine oder andere Eigenschaft ein wenig willkürlich definiert werden muss, findet man in der Regel auch Artikel, in denen Unsicherheiten nachgewiesen werden – oft ergänzt durch eigene Vorschläge, die die Unsicherheiten natürlich nicht aufweisen. Davon ist auch der im Allgemeinen als gut beurteilte Linux-Generator nicht ausgenommen.

Wie bei Angriffen auf Verschlüsselungen muss man sich allerdings die Randbedingungen genauer anschauen, bevor man die Unsicherheiten als kritisch bewertet. Zunächst sind die angelegten Kriterien ebenfalls mit einigen Annahmen behaftet, die zutreffen können oder eben auch nicht. Wenn bei der Analyse herauskommt, dass eine Folge im Umfang von 10^{12} oder mehr Zufallszahlen aufgezeichnet werden muss oder die Quellen ebenfalls in größerem Umfang synchron beobachtet werden müssen, um die Sicherheit der Zahlen von 128 Bit auf (128-X) Bit zu erniedrigen, handelt es sich um akademische Einbrüche, die für die Praxis keine Rolle spielen. Grober formuliert: wenn ein Verschlüsselungsalgorithmus mit formal 128 Bit Sicherheit durch gewissen Schwächen im Algorithmus nur 95 Bit Sicherheit aufweist, der Zufallszahlengenerator für die Erzeugung des Schlüssels vielleicht dies vielleicht gar um weitere 20 Bit reduziert, die 128 Bit Brute-Force-Attacke in der Praxis aber immer noch der schnellste Weg ist, um die Nachricht zu entschlüsseln, interessieren die gefundenen Unsicherheiten nicht.

8 Mathematik der Public Key Systeme

Das Kapitel über die mathematischen Grundlagen hat mir einiges Kopfzerbrechen gemacht. Zum Einen wird zwar auch in den praxisorientierten Kapiteln theoretisches Wissen benötigt, aber nur relativ wenig. Erst weiter hinten in der Diskussion komplexerer asymmetrischer Verfahren und der Angriffsmethoden gegen solche Verfahren geht es härter zur Sache. Was soll nun in ein weit vorne stehendes Kapitel aufgenommen werden, ohne dass der Leser bereits bei diesem Kapitel etwas die Lust verliert und erst viel später auf die Anwendungen stößt?

Zum Anderen stellt sich auch immer wieder die Frage, in welcher Breite etwas aufgenommen werden soll. Beginnt man bei Adam und Eva oder setzt man bestimmte Kenntnisse einfach voraus? Einiges, was man in jedem einführenden Lehrbuch finden kann, werde ich nur beim Namen nennen, Anderes, was bei den Nichtmathematikern unter den Lesern zu einem Rückgriff auf schwerverständliche Literatur führen könnte, zumindest in der Breite vorgetragen, die für ein Gesamtverständnis notwendig ist. Der Mathematiker mag die eine oder andere Trivialität oder Beschränkung auf bestimmte Details mit Rücksicht auf Leser anderer Fachgebiete nachsehen.

Den gleichen Hintergrund hat (zumindest teilweise) der Aufbau der Hauptabschnitte. In den ersten vier Abschnitten werden viele allgemein gültige Beziehungen angesprochen, jedoch mehr oder weniger nur im Umfeld der elementaren Zahlentheorie ganzer Zahlen diskutiert. Erfahrungsgemäß ist für den Nichtmathematiker die Nähe zu Bekanntem recht nützlich, wenn er sich mit abstrakten Inhalten auseinander setzen muss. Weiter hinten wird allgemein Gültiges wiederverwendet, wobei der Transfer, was allgemein und was speziell ist, dem Leser überlassen bleibt.

Eine weitere Angelegenheit, die mit dem Theoriekapitel und seinem Aufbau verknüpft ist, ist die Umsetzung in die Praxis, insbesondere in Software. Praktische Beispiele sind für das Verständnis oft wesentlich, und was nützt alle Verschlüsselungstheorie, wenn man nicht in der Lage ist, sie tatsächlich durchzuführen. Aufgrund der Thematik landet man schnell bei Programmieraufgaben, für die man tunlichst spezielle Techniken verwendet, wenn man Lösungen später wiederverwenden will. In dem Buch „Gilbert Brands, Das C++ Kompendium" ist alles im Kapitel „Zahlendarstellungen" ausführlich erläutert, so dass ich mich hier in der Technikbeschreibung etwas zurückhalte und Sie dieses Buch tunlichst ebenfalls auf Ihrem Schreibtisch haben sollten.

8.1 Restklassenalgebra

Wie Sie sicher aus Medienberichten wissen, beruht ein Teil der Verschlüsselungstechniken auf komplizierteren mathematischen Berechnungen mit großen Zahlen. Einige einfache Überlegungen zeigen bereits, welche Mathematik und Technik dafür benötigt wird.

> ➢ Verschlüsselungen müssen absolut exakt sein, damit bei der Entschlüsselung auch das gleiche Ergebnis herauskommt. Damit fallen Fließkommazahlen für eine Realisierung schon einmal aus, da selbst einfache Brüche mit dieser Zahlenklasse nicht exakt dargestellt werden können.[126] Grundlage einer Verschlüsselungstechnik sind daher zwangsweise ganze Zahlen, ggf. in bestimmten Erweiterungsformen.

---

126 Vergleichen Sie dazu die Ausführungen im C++ Kompendium

➤ Die Zahlen müssen groß genug sein, um Angriffen zu entkommen. Die darstellbare Zahlengröße auf Rechnern ist aber beschränkt. Es sind somit Methoden notwendig, die auf Rechnern Operationen mit großen ganze Zahlen ermöglichen.

➤ Bereits bei einer Multiplikation ist die Anzahl der Ziffern des Ergebnisses die Summe der Ziffern der Multiplikatoren. Große Zahlen würden ohne weitere Maßnahmen schnell so groß werden, dass mit ihnen nicht mehr hantiert werden kann. Es ist deshalb eine Mathematik notwendig, die die Anzahl der Ziffern unabhängig von der Anzahl der Operationen begrenzt, ohne dass die Eindeutigkeit des Ergebnisses verloren geht.

➤ Die Mathematik muss asymmetrische Operationen enthalten, d.h.

● Operationen, die in einer Richtung leicht durchzuführen sind, deren Umkehrung aber nach heutigen Erkenntnissen nicht in sinnvoller Zeit durchführbar ist, bzw.

● Operationen, die bei Kenntnis bestimmter Größen[127] leicht durchgeführt werden können, ohne Kenntnis dieser Größen aber wieder nicht in akzeptabler Zeit.

Gewissermaßen als Wunscheigenschaft aus der letzten Bedingungen kann man noch fordern, dass neben der trivialerweise außer bei den natürlichen Zahlen immer erfüllten Umkehrbarkeit der Addition auch die Multiplikation umkehrbar ist. In den ganzen Zahlen ist zwar die Subtraktion gut definiert, aber für die Division gilt das nicht.

8.1.1 Ringe, Körper, Gruppen

Wir beginnen mit einigen Definitionen, die den meisten Lesern bereits geläufig sein sollten. Um Blättern in anderen Werken zu vermeiden, hier trotzdem noch einmal als Auffrischung (verkürztes Adam und Eva-Prinzip). Wer tiefer eindringen möchte, dem sei „Falko Lorenz, Einführung in die Algebra I" empfohlen.[128]

Definition. Ein *Ring R* in der Algebra ist eine Struktur mit folgenden Eigenschaften

$$a+b\in R \ , \ a*b\in R$$
$$\exists 0: \ a+0=0+a=a$$
$$\exists 1: \ a*1=1*a=a$$
$$\exists (-a): a+(-a)=0$$
$$a+b=b+a$$
$$a+(b+c)=(a+b)+c \ , \ a*(b*c)=(a*b)*c$$
$$a*(b+c)=a*b+a*c \ , \ (a+b)*c=a*c+b*c$$

In einem Ring ist die Addition somit umkehrbar, und es existiert je ein neutrales Element für die Addition und die Multiplikation.

Aufgabe. Weisen Sie nach, dass die natürlichen Zahlen kein Ring sind, die ganzen Zahlen hingegen schon. Außerdem fehlt eine Bedingung in der Liste, die auf den ganzen Zahlen ebenfalls erfüllt ist. Welche ?

---

127 Hiermit sind nicht die Schlüssel gemeint!

128 Der Autor bietet meiner Meinung nach einen klaren und einfach erfassbaren Stil an und deckt mit verschiedenen Werken, die untereinander vernetzt sind, den gesamten Bereich der benötigten Mathematik ab, weshalb ich zur Vertiefung häufiger auf ihn verweise. Sie finden die Themen natürlich auch in anderen Büchern.

Wie an der Definition zu sehen ist, die die Umkehrung der Multiplikation, die Division, in einem Ring zwar teilweise möglich, aber es sind keine genaueren Festlegungen für sie getroffen. Eine Klassifizierung von Elementen bezüglich der Division wird durch die folgende Definition vorgenommen:

Definition. Die Teilmenge der Elemente eines Rings, für die ein inverses Element bezüglich der Multiplikation existiert, heißt Menge der Einheiten des Rings.

$$R^* = \left\{ a \in R \mid \exists\, a^{-1} \in R : a * a^{-1} = a^{-1} * a = 1 \right\}$$

Der Ring der ganzen Zahlen besitzt nach dieser Definition offensichtlich nur die Einheiten $\{-1,1\}$. Für andere Ringe muss das natürlich nicht zutreffen und die Menge der Einheiten kann wesentlich größer sein. Betrachtet man beispielsweise die Menge der rationalen Zahlen, die eine Erweiterung der ganzen Zahlen mit dem Ziel der Herstellung der Division ist, ist lediglich die 0, also das neutrale Element der Addition, nicht mehr in der Einheitenmenge vorhanden. Dies gibt Anlass zu

Definition. Ein Ring mit der Einheitenmenge $R^* = R \setminus \{0\}$ heißt Körper.

Nun haben wir in Ring und Körper zwei Operationen definiert. Für die Ableitung vieler in der Verschlüsselung benötigter Beziehungen genügt aber die Untersuchung einer Operation. Wir definieren dazu einen weiteren Begriff, den wir im Vorgriff bereits auf endliche Mengen beschränken:

Definition. Eine endliche Gruppe ist eine Struktur $(G, \circ)$ mit einer endlichen Menge G und einer darauf definierten Operation $\circ$, die meist als „Multiplikation" bezeichnet wird[129], mit den Eigenschaften

(a) $\# G < \mathbb{N}_0$ *endliche Menge*

(b) $(\forall\, a, b \in G)\ (\exists\, c \in G)\ (a \circ b = c)$ *geschlossene Menge*

(c) $(\exists!\, e \in G)\ (\forall\, a \in G)\ (a \circ e = e \circ a = a)$ *neutrales Element*[130]

(d) $(\forall\, a \in G)\ (\exists!\, a^{-1} \in G)\ (a \circ a^{-1} = a^{-1} \circ a = e)$ *inverses Element*

(e) $a \circ (b \circ c) = (a \circ b) \circ c$ *Assoziativgesetz*

In einem gegebenen Ring R ist R selbst eine Gruppe bezüglich der Addition und R^* eine Gruppe bezüglich der Multiplikation.

8.1.2 Restklassen

Wie wir festgestellt haben, muss eine Verschlüsselungstechnik auf dem Ring der ganzen Zahlen aufsetzen, wobei wir natürlich auch Erweiterungen wie die rationalen Zahlen zulassen dürfen, da sie sich als Paar (Quotient) zweier ganzer Zahlen implementieren lassen und damit ebenfalls die geforderten Genauigkeitsansprüche erfüllen. Wir nehmen uns jetzt dem Problem der Beschränkung der Zahlengröße an und führen dazu zwei Definitionen ein.[131]

---

129 Es muss sich trotz der Bezeichnung nicht um die auf G oder einer Obermenge davon definierte Multiplikation handeln! Die Endlichkeit der Menge ist natürlich kein zwingender Bestandteil des Gruppenbegriffs. Die Einschränkung ist hier aber ganz nützlich, weil unsere Restklassenmengen, um die es gleich gehen wird, endliche Mengen sind.

130 $\exists!$ bedeutet: „es existiert ein und nur ein"

131 Für tiefere Details sei wieder auf F. Lorenz, Einführung in die Algebra I verwiesen.

Definition. Eine Teilmenge $I \subset M$ einer Menge M heißt *Ideal* der Menge, wenn gilt

$$a, b \in I: \ a + b \in I, a * b \in I$$
$$a \in I, c \in M: \ c * a \in I$$

Das hört sich komplizierter an, als es ist. Die Menge $n\mathbb{Z}$, die entsteht, indem man jedes Element der Menge der ganzen Zahlen mit der Zahl n multipliziert, ist ein Ideal der ganzen Zahlen, wie Sie selbst leicht prüfen können (**Aufgabe**). n soll nun unsere Obergrenze für die Zahlen werden, die bei Rechnungen entstehen können. Das bedeutet natürlich auch, dass in einem Schritt nur höchstens eine von n verschiedenen Informationen übertragen werden kann; ist die Informationsmenge größer, müssen wir stückeln. Für den Zugriff auf die Zahlen außerhalb des Ideals dient die zweite

Definition. Für eine Restklassenmenge R zu einem Ideal I über einer Menge M gilt

$$a, b \in R: a - b \in I$$

Auch diese Beziehung wird weniger kompliziert, wenn man sich Alternativformulierungen anschaut. Ist wie im ersten Beispiel $I = n\mathbb{Z}$, so folgt aus der Definition der Restklassenmenge die Teilerbeziehung

$$n \mid (a - b)$$

Die das Ideal generierende Zahl n wird auch Modul genannt und ist ein Teiler der Differenz zweier Zahlen einer Restklassenmenge. Da die Menge der ganzen Zahlen eine Division mit Rest besitzt, lässt sich eine weitere Formulierung finden:

$$R_n = [r]_n = \{a \ : \ a = c * n + r\} \ , \ \ a, c, n, r \in \mathbb{Z}, 0 \le r < n$$

Eine Restklasse besteht somit aus allen Zahlen, die bei Division durch das Modul den gleichen Divisionsrest ergeben. Machen Sie sich aber klar, dass diese Definition nur eine Spezialisierung der allgemeineren für diejenigen Ringe ist, auf denen eine Division mit Rest definiert ist. Bei der Diskussion der elliptischen Kurven werden wir Ringe kennen lernen, für die das nicht gilt.

Die Menge $\mathbb{Z}_n$ aller Restklassen ist die Modulmenge von n

$$\mathbb{Z}_n = \mathbb{Z} / n\mathbb{Z} = \{R_k, k = 0, \dots n - 1\}$$

$\mathbb{Z}_n = \mathbb{Z} / n\mathbb{Z}$ (lies: „Zett in mZett" oder „Zett modulo mZett") wird *Restklassenring* zu n genannt. Hiermit haben wir aber schon etwas vorgegriffen, denn es bleibt noch nachzuweisen, dass die Restklassenmenge $\mathbb{Z}_n$ tatsächlich ein Ring ist, was wir im folgenden Teilkapitel untersuchen wollen.

8.1.3 Rechnen mit Restklassenelementen

Was haben wir mit den vorhergehenden Definitionen gewonnen? Nun, technisch gesehen können wir eine Restklasse durch das kleinste positive Element repräsentieren. Addieren oder multiplizieren wir zwei solche Zahlen, so gilt

$$a + b < 2 * n \ , \ \ a * b < n^2$$

Bevor wir nun weiter rechnen, können wir anstelle der zu groß gewordenen Zahlen mit den kleinsten Elementen der jeweiligen Restklasse weitermachen, die wir einfach durch eine Division durch n

und Verwendung des Restes erhalten. Damit wäre das Problem wachsender Zahlen beseitigt. Es ist aber erst einmal nachzuweisen, dass auf diese Art sinnvolle Ergebnisse entstehen.

Aufgabe. Diese Aufgabe gilt für das komplette Teilkapitel, wobei Details zur Division in einem späteren Abschnitt nachgereicht werden. Die Restklassenrechnung ist (eine) Voraussetzung für asymmetrische Verschlüsselungsverfahren. Für eine Implementation bietet sich die Template-technik in C++ an. Wie eine Implementation realisiert werden kann, ist im C++ Kompendium im Teilkapitel „Restklassenkörper" des Kapitels „Zahlendarstellungen" beschrieben. Führen Sie eine solche Implementation anhand der dort beschriebenen Techniken parallel zum Studium der hier beschriebenen Theorie durch. Sie können die Software dann auch für praktische Zahlenbeispiele verwenden, wenn dies für das Verständnis sinnvoll ist.

ADDITION UND MULTIPLIKATION

Wir führen zunächst eine weitere Schreibweise ein, die unsere Vorüberlegung in recht praktischer Weise widerspiegelt. Gehören zwei Zahlen a, $b \in \mathbb{Z}$ zur gleichen Restklasse, so wird das formelmäßig auf folgende Art ausgedrückt

$$a \equiv b \, (mod \; m) \quad \Leftrightarrow \quad m \,|\, (b - a) \, ,$$

gesprochen: „*a ist kongruent b modulo m*". Unsere Vorüberlegung ist in mathematischer Notation die Behauptung

Lemma. Gelte $a' \equiv a \, (mod \; m)$ und $b' \equiv b \, (mod \; m)$ für Paare (a', a) und (b', b) von ganzen Zahlen. Dann gilt für die Addition und die Multiplikation

$$a' + b' \equiv a' + b \equiv a + b' \equiv (a + b) \, (mod \; m)$$

$$a' * b' \equiv a' * b \equiv a * b' \equiv (a * b) \, (mod \; m)$$

In Worten formuliert: Rechnungen können mit beliebigen Vertretern einer Restklasse durchgeführt werden. Das Ergebnis liegt in einer eindeutig festgelegten Restklasse, die durch einen beliebigen ihrer Vertreten repräsentiert werden kann.

Beweis. Die Kongruenz zwischen den verschiedenen Zahlen können wir mit ganzzahligen Faktoren (d, c) auch in der Form $a' = a + d * m$ und $b' = b + c * m$ ausdrücken. Eingesetzt in die Rechenformel folgt

$$a' + b' \equiv (a + d * m) + (b + c * m) \equiv (a + b) + m * (d + c) \equiv a + b \, (mod \; m)$$

$$a' * b' \equiv a * b + m * (a * c + b * d) + m^2 * c * d \equiv a * b \, (mod \; m)$$

Womit auch schon alles bewiesen ist, weil ein Summand, der das Modul m als Faktor enthält, immer den Divisionsrest Null liefert. ❑

Aufgabe. Den Nachweis, dass Restklassenmengen mit der Addition und der Multiplikation tatsächlich ein Ring sind, überlasse ich Ihnen.

An den Rechenregeln lässt sich leicht nachvollziehen, dass gemischte Operationen mit verschiedenen Modulen wenig Sinn machen. Eine sinnvolle Antwort auf die Frage nach Lösungen für $(a \; mod \; m + b \; mod \; n)$ oder $(a \; mod \; m * b \; mod \; n)$ ist nicht möglich (*auf was sollte sie sich den auch beziehen?*). Sinnvoll für die Beantwortung bestimmter Fragestellungen ist allerdings die Frage nach Kongruenzen des Typs

$$c \equiv a \; mod \; m \quad \wedge \quad c \equiv b \; mod \; n$$

Hierdurch werden Schnittmengen der Restklassen zu m und n definiert, deren Größe davon abhängt, wie viele Gemeinsamkeiten die beiden Module aufweisen

$$\lfloor c \rfloor = [a]_n \cap [b]_m$$

Wir werden solche Mengen bei der Untersuchung spezieller Eigenschaften von Restklassen, insbesondere bei Modulerweiterungen, benötigen. Machen Sie sich aber unbedingt die Unterschiede der Menge $\lfloor c \rfloor$ zu einer Restklasse eines Moduls klar.

POTENZIEREN UND EIN SCHNELLER ALGORITHMUS

Das Potenzieren ist eine fortgesetzte Multiplikation und kann nach jedem Multiplikationsschritt auf das kleinste positive Restklassenelement zurückgesetzt werden, d.h. die Zahlengröße bleibt auch bei der Potenzierung beschränkt. Sie führt allerdings zu einem praktischen Problem. Die Berechnung von Potenzen in der Größenordnung

$$27197987391798273897 4^{1826786128763187628736}$$

kann nämlich aus zeitlichen Gründen nicht durch eine Schleife erledigt werden, deren Laufvariable von 1 bis 1826786128763187628736 läuft.

Die Aufgabe lässt sich aber unter Nutzung der Regeln der Potenzrechnung recht effektiv erledigen. Statt jeweils die Basis zum Zwischenergebnis zu multiplizieren, konstruieren wir zunächst folgende Potenzfolge:

$$a^1, a^2, a^{4,} a^{8,} \dots a^{2^k}$$

Der Exponent in a^m wird in $ld(m)$ Schritten erreicht, und da sich bei der Multiplikation von Potenzen die Exponenten addieren, brauchen wir nur eine passende Kombination von Gliedern der Potenzfolge miteinander zu multiplizieren. Dies führt immer zum Ziel, da die Exponenten Glieder der Potenzfolge von 2 sind, für die bekanntlich

$$\sum_{k=0}^{n-1} 2^k = 2^n - 1$$

gilt. Verwenden wir die Binärdarstellung des Exponenten und bezeichnen den Wert des Bits an der Stelle k mit $e(k)$, so erhalten wir als Formel zur Berechnung einer Potenz

$$a^m = \prod_{k=1}^{ld(m)} a^{e(k) * 2^k} = a^{\sum_{k=1}^{ld(m)} e(k) * s^k} \quad , \quad e(k) \in \lfloor 0,1 \rfloor$$

Die Berechnung des oben angegebenen Potenzierungsbeispiels erfordert somit nur etwa 75 Schritte.

Aufgabe. Implementieren Sie den Algorithmus für die Berechnung einer Potenz (er besteht aus ca. 5-6 Programmzeilen).

SUBTRAKTION

Die Subtraktion haben Sie bereits für den Nachweis der Ringeigenschaft von Restklassenmengen untersucht. Aus der Definition eines Rings folgt

$$a - b \equiv a + (-b) \, (mod \, m)$$
$$-b \equiv m - b \, (mod \, m)$$

Wegen $b < m$ ist $-b$ eine positive Zahl, und für ungerade m gilt $b \neq -b \pmod{m}$.

Die Untersuchung der Subtraktion führt aber auch zu einer äquivalenten Repräsentatormenge der Restklassen, die nicht den absolut kleinsten, sondern den betragsmäßig kleinsten Vertreter einer Restklasse enthält, d.h. aus den Elementen

$$M' = \left\{ \left[-\frac{m-1}{2} \right] , \ldots \left[\frac{m}{2} \right] \right\}$$

besteht. Dabei bezeichnen die eckigen Klammern [..] in diesem Kontext nicht die Restklassen, sondern sind so genannte gaußsche Klammern und bezeichnen die größte Zahl $z \in \mathbb{Z}$ mit $z \leq r$. Für einige theoretische Untersuchungen besitzt diese Darstellungsart Vorteile.

DIVISION

Eine rationale Kongruenz wird definiert durch

$$x \equiv \frac{b}{a} \equiv b * a^{-1} \pmod{m} \quad \Leftrightarrow \quad a * x \equiv b \pmod{m}$$

Auf gleiche Art können wir auch höhere negative Potenzen interpretieren. Divisionsaufgaben besitzen in $\mathbb{Z}$ nicht immer eine Lösung, so dass dies auch in $\mathbb{Z}_m$ nicht erwartet werden kann. Speziell besitzt $\mathbb{Z}$ nur die Einheiten 1 und -1. Wie es mit Einheiten in $\mathbb{Z}_m$ bestellt ist, können Sie zunächst einmal experimentell prüfen:

Aufgabe. Erzeugen Sie mit Hilfe eines Tabellenkalkulationsprogramms eine Multiplikationstabelle mit Rückführung auf den Restklassenrepräsentator und untersuchen Sie für verschiedene Module, für welche Restklassen jeweils $a * a^{-1} \equiv 1 \pmod{m}$ erfüllt ist.

Wie Sie bemerken, besitzen Restklassenringe größere Einheitenmengen als ihre Ursprungsmenge $\mathbb{Z}$. Speziell werden Sie aber auch auf Elemente stoßen, für die bei der Multiplikation mit anderen Elementen das Ergebnis

$$a * b \equiv 0 \pmod{m}$$

gilt. Dieses Ergebnis sollte Sie erstaunen, denn ein Produkt ist im Normalfall dann Null, wenn einer der Faktoren Null ist, was hier aber nicht gegeben ist. Zahlen, in deren Multiplikationstafel solche Ergebnisse auftauchen, heißen Nullteiler, und wie Sie leicht feststellen können, gehören Nullteiler auch nicht zu Einheiten. Nullteiler existieren auch nur bei bestimmten Arten von Modulen, nämlich solchen, die keine Primzahlen sind. Für Module mit mehreren Faktoren lassen sich Nullkongruenzen leicht konstruieren:

$$m = p * q , \quad a = r * p , \quad b = s * q$$
$$a * b \equiv r * p * s * q \equiv r * s * m \equiv 0 \pmod{m}$$

Im Umkehrschluss können Sie aus Ihren Tabellen auch entnehmen, dass alle zum Modul teilerfremden Restklassen Einheiten des Rings sind. Zusammengefasst erhalten wir daraus den

Satz. Ist m eine Primzahl, so ist der Restklassenring $\mathbb{Z}_m$ ein Körper.

Mit der Beschränkung der ganzen Zahlen auf eine endliche Menge (von Mengen) haben wir algebraisch unter bestimmten Voraussetzungen eine höhere Organisationsstufe eingekauft, was für sich alleine gesehen schon recht erstaunlich ist. Den konstruktiven Beweis, dass teilerfremde Restklassen tatsächlich Einheiten sind, und damit auch eine im Vergleich zu Multiplikationstabellen komfortablere, wenn auch praktisch immer noch unbrauchbare Methode zur Ermittlung der multiplikativ Inversen, werden wir im nächsten Kapitel nachholen. Im Vorgriff sei aber schon festgestellt, dass sich die Division auf Restklassen effektiv und problemlos durchführen lässt.

WURZEL UND LOGARITHMUS

Nach der gleichen Methode ist das Wurzelziehen oder der (diskrete) Logarithmus behandelbar:

$$\sqrt[b]{a} \equiv x \bmod m \quad \Leftrightarrow \quad a \equiv x^b \bmod m$$

$$\ln_a(b) \equiv x \bmod m \quad \Leftrightarrow \quad b \equiv a^x \bmod m$$

Für Wurzeln und Logarithmen existieren auch bei Beschränkung auf Einheiten nicht in jedem Fall Lösungen. Intuitiv können wir diese Aussage dadurch begründen, dass die Wurzelfunktion und der Logarithmus erst auf den transzendenten Erweiterungskörpern $\mathbb{R}$ bzw. $\mathbb{C}$ (*den reellen bzw. komplexen Zahlen*) von $\mathbb{Q}$ eindeutig lösbar sind. Bis zur Körpereigenschaft sind wir zwar mit den Restklassen vorgedrungen, noch mehr zu erwarten, wäre aber illusorisch. Diese intuitive Antwort werden wir im nächsten Kapitel ebenfalls beweisen und quantifizieren.

Die Rechengesetze für Potenzen behalten ihre Gültigkeit, d.h. es gilt

$$\left(a^b\right)^c \equiv a^{b*c} \bmod m \quad , \quad \left(\sqrt[b]{a}\right)^c \equiv a^{c/b} \bmod m$$

Allerdings ist hier ein wenig Vorsicht geboten! Wenn die Exponenten groß werden, liegt eine Größenreduktion durch eine Restklassenabbildung wie bei den Basen nahe. Wie Sie durch einfache Beispiele aber experimentell feststellen können, führt

$$a^k * a^l \equiv a^{k+l} \equiv a^s (\bmod m) \quad \text{mit} \quad k+l > m \quad , \quad k+l \equiv s (\bmod m)$$

zu einem falschen Ergebnis! Die Übertragung der Modulrechnung auf die Exponenten folgt anderen Gesetzmäßigkeiten, denen wir uns später zuwenden werden.

Aufgabe. Erzeugen Sie mit Hilfe einer Tabellenkalkulation ähnlich der Multiplikationstabelle eine Potenztabelle. Wie kann mit Hilfe der Tabelle eine bestimmte Wurzel gefunden werden? Wie kann ein bestimmter Logarithmus gefunden werden? Kann die Suche mit Spezialtabellen für bestimmte Fälle vereinfacht werden?

Haben wir bei der Division noch (im Vorgriff) feststellen können, dass effektive Methoden zu ihrer Durchführung existieren, so gilt dies für Wurzeln und Logarithmen nicht. Bis heute sind keine Algorithmen bekannt, deren Aufwand nicht exponentiell mit der Anzahl der Ziffern des Moduls steigt.[132] Das gleiche gilt unter bestimmten Voraussetzungen auch für das Problem der Restklassenabbildung des Exponenten, auf das wir oben hingewiesen haben. Wir haben damit auch den letzten Punkt unserer Sollliste abgehakt, nämlich den asymmtrischer Operationen. Bevor wir dies in Verschlüsselungsalgorithmen umsetzen, ist aber noch ein wenig mathematische Detailarbeit notwendig.

---

132 Eine Ausnahme sind Quantenalgorithmen, deren Aufwand polynomial steigt, die aber andere Probleme aufweisen. Vergleiche „Gilbert Brands, Einführung in die Quanteninformatik".

8.2 Gruppentheorie

Restklassenringe besitzen eine additive und eine multiplikative Gruppe, deren Elemente sich im Fall eines Körpers nur um ein Element unterscheidet. Um weitere für die Verschlüsselung wichtige Erkenntnisse zu sammeln, genügt es glücklicherweise, sich auf die Untersuchung von Gruppeneigenschaften zu beschränken.

8.2.1 Zyklische Gruppen

Wir nehmen uns noch einmal das Potenzieren vor, das wir oben unter dem Gesichtspunkt der Entwicklung eines schnellen Berechnungsalgorithmus untersucht haben. Wir betrachten also die Potenzfolge

$$a^1 = a, \, a \circ a = a^2 = b_1, \, a \circ a \circ a = a^3 = b_2, \ldots$$

eines beliebigen Gruppenelementes. Da wir endliche Mengen betrachten, treten bei hinreichender Fortführung der Potenztabelle zwangsweise Zyklen auf, wie wir oben schon bemerkt haben, d.h. in der Folge bereits vorhandene Glieder werden erneut gefunden. Wir formulieren diese Erkenntnis als

Satz. Für jedes $a \in G$ existiert ein Exponent k mit $a^k = a$. k heißt zyklische Ordnung[133] von a und ist ein Teiler der Gruppengröße, $k \mid \#G$.

Beweis. Da die Gruppe endlich ist, muss mindestens ein a mit einem dazugehörenden k existieren. Mit $a^k = a$ gilt aber auch

$$a^k = a^{k-1} * a = a \;\Rightarrow\; a^{k-1} = 1$$
$$a^{k-1} = a^{k-2} * a = 1 \;\Rightarrow\; a^{k-2} = a^{-1}$$

Die Potenzfolge enthält somit das neutrale Element sowie das inverse Element sowie aufgrund

$$a^{k-1} = a * a^{k-2} = a^2 * a^{k-3} = \ldots = 1$$

auch die Inversen aller anderen Elemente der Potenzfolge. Die Menge

$$U = \left[a, a^2, \ldots a^{k-1} \right] \subseteq G$$

ist also eine Gruppe. Das Element a bezeichnen wir als *erzeugendes Element* oder *Generator* der *zyklischen Gruppe U*. Jedes andere Elemente dieser Gruppe erzeugt ebenfalls eine zyklische Gruppe mit einer Ordnung k', die aber nicht mit der Ordnung k von a übereinstimmen muss.

Für $U = G$, also $k = \#G$ ist nun schon alles bewiesen. Nehmen wir also an, U sei eine echte Untermenge von G und $G \setminus U$ die Komplementärmenge zu U . Da U eine Gruppe ist, können definitionsgemäß die Verknüpfungselemente von Elementen aus U und $G \setminus U$ nicht in U liegen:

$$\left(\forall \, b \in G \setminus U \quad , \quad a \in U \right) \; \left(a \circ b \notin U \;\wedge\; b \circ a \notin U \right)$$

Durchläuft a alle Elemente aus U bei konstantem b , so ist die entstehende, zu U elementfremde Menge gleichmächtig zu U

$$\left(b \in G \setminus U \quad , \quad a_i \in U \quad , \quad a_i \neq a_k \right) \; \left(\# \left[a_i \circ b \quad , \quad i = 1 \ldots \#U \right] = \#U \right)$$

---

133 Im weiteren kurz als „Ordnung" bezeichnet.

Wäre das nämlich nicht so, so erhielten wir unter der Voraussetzung $a_i \neq a_k$ den Widerspruch

$$b \circ a_i = b \circ a_k \;\Rightarrow\; b^{-1} \circ b \circ a_i = a_i = a_k$$

also doch wieder ein Element von U. Jedes Element aus U erzeugt somit ein anderes Element in der neuen Menge, die (*linke oder rechte*) *Nebenklasse* zu b genannt wird.

Wird anstelle des Elementes b aus der Komplementärmenge ein anderes Element c gewählt, so sind die entstehenden Nebenklassen zu b und c entweder identisch oder elementfremd

$$\left(b \in G \setminus U \;,\; c \in G \setminus U \;,\; c \neq b \right) \left(c \circ U = b \circ U \;\vee\; b \circ U \cap c \circ U = \emptyset \right)$$

Lässt sich nämlich ein gemeinsames Element der Nebenklassen zu (b, c) finden, so lässt sich mit c und b mindestens ein weiteres Element aus U konstruieren:

$$b \circ a_i = c \circ a_k \;\Rightarrow\; c^{-1} \circ b = a_k \circ a_i^{-1} = a_l \in U$$

Damit ist aber auch eine Konstruktion weiterer Elemente einer Nebenklasse mit Hilfe von Elementen der anderen möglich, so dass eine Nebenklasse mindestens Teilmenge der anderen ist:

$$b \circ a = c \circ (c^{-1} \circ b \circ a) = c \circ a_l \circ a \in (b \circ U) \;\Rightarrow\; (c \circ U) \subseteq (b \circ U)$$

Da die Reihenfolge von b und c beliebig ist, also die Nebenklasse zu b auch mindestens Teilmenge zur Nebenklasse von c ist, sind die Nebenklassen identisch, wobei der Nachweis eines gemeinsamen Elementes genügt. Ansonsten sind sie, wie behauptet, elementfremd.

Die Gruppe selbst ist die Vereinigungsmenge aller Nebenklassen einer Untergruppe

$$G = U \cup (b_k \circ U)$$

Da alle Teilmengen gleich mächtig sind und untereinander identisch oder elementfremd, folgt unmittelbar die Teilereigenschaft

$$\# G = s * \# U \quad \square$$

Dem Satz können wir auch das bei der Untersuchung der Division in Restklassenringen versprochene praktisches Ergebnis entnehmen, das wir aber letztendlich doch nicht nutzen werden: das inverse Element zu einem a lässt sich durch die Potenz a^{n-2} ermitteln, wobei n die Gesamtgruppengröße ist. Die Methode ist zwar aufgrund der Potenz nicht sonderlich elegant, aber immer noch wesentlich systematischer als stures Ausprobieren, besonders wenn wir große Gruppen untersuchen. Dazu muss man allerdings die Gruppengröße wissen, die in einigen Verschlüsselungsalgorithmen zu den Geheimnissen gehört, wie wir noch sehen werden.

8.2.2 Zerlegung in zyklische Untergruppen

Die sich anschließende Frage ist, welche Ordnungen insgesamt auftreten und wie viele Elemente jeweils die gleiche Ordnung besitzen. Die Beantwortung dieser Frage wird etwas umfangreichere Untersuchungen erfordern, und wir beginnen mit zwei weiteren Definitionen.

Definition. Ein Element a einer Gruppe G mit der Ordnung $\# U = \# G$ seiner Potenzfolge heißt primitives Element der Gruppe.

Definition. Seien n und m zwei beliebige natürliche Zahlen.

(a) Der größte gemeinsame Teiler $ggT\,(n,m)$ ist das Supremum (*Maximum*) der Teiler[134] von n und m:

$$ggT\,(n,m)=sup\left\lfloor x:\ \ x|m\ \ \wedge\ \ x|n\right\rfloor$$

(b) Das kleinste gemeinsame Vielfache $kgV\,(n,m)$ ist das Infimum (*Minimum*) der durch n und m teilbaren Zahlen

$$kgV\,(n,m)=inf\left\lfloor x:\ \ m|x\ \ \wedge\ \ n|x\right\rfloor\quad\square$$

Primitive Elemente einer Gruppe sind mit anderen Worten solche, die die Gruppe selbst erzeugen, d.h. deren Potenzfolge alle Gruppenelemente durchläuft. Mit Hilfe des ggT-Begriffs können wir von der Ordnung d einer Potenzfolge eines erzeugenden Elementes a auf die Ordnungen der Potenzfolgen seiner Potenzen a^h schließen. Wir untersuchen

$$U=\left\lfloor a^1,a^2,\ldots a^d=e\right\rfloor\ \Rightarrow\ (U)^2=\left\lfloor (a^2)^{1,}(a^2)^2,\ldots (a^2)^r=e\right\rfloor,(U)^3=\ldots,\ldots$$

und finden das

Lemma. Induziere a eine Potenzfolge der Ordnung d. Dann ist die Ordnung der durch a^h induzierten Potenzfolge durch den Quotienten von d mit dem größten gemeinsamen Teiler von d und h gegeben:

$$ord\,(a^h)=\frac{d}{ggt\,(h,d)}$$

Beweis. Die Potenzfolge von a^h ist eine Untergruppe der von a generierten Gruppe, deren Ordnung d teilt. Nach Definition des ggT gilt

$$k=ggT\,(h,d)\ \Leftrightarrow\ h=k*h_g\ \wedge\ d=k*d_g\ \wedge\ ggT\,(h_g,d_g)=1$$

Mittels dieser Größen folgt

$$e=a^d=(a^d)^h=(a^h)^d=(\,(a^h)^d\,)^{1/k}=(a^h)^{d_g}$$

Der letzte Term ist aber gerade die Behauptung. $\square$

Ist ein primitives Element einer Gruppe G bekannt, so folgt unmittelbar als weitere Schlussfolgerung, dass alle weiteren primitiven Elemente sowie die vollständige Untergruppenstruktur von G gefunden werden können:

Korollar. Ist a ein primitives Element, so induzieren die Potenzen von a, die mit der Gruppenordnung von G keinen gemeinsamen Teiler größer als 1 aufweisen, alle primitiven Potenzfolgen:

$$(\forall\,i)\,(ggT\,(\,i\,,\#\,G)=1)\ \Rightarrow\ (\#\,U(a^i)=\#\,G)$$

Die Frage, wie viele Untergruppen mit welchen Ordnungen existieren, lässt sich dann leicht beantworten, wenn eine Gruppe primitive Zyklen aufweist. Es müssen nur die gemeinsamen Teiler der Gruppenordnung $\#\,G$ mit jeder Zahl $m<\#\,G$ ermittelt und abgezählt werden. Für Gruppen ohne primitive Elemente ist die Frage wesentlich schwieriger zu beantworten. Wir werden diesbezügliche

---

134 Die Definition setzt den Begriff der Teilbarkeit voraus: eine ganze Zahl p teilt eine ganze Zahl q, wenn eine weitere ganze Zahl s existiert, so dass p*s=q. Man kann die Teilbarkeitsrelation allgemeingültiger mit Hilfe der Ideale definieren. Wir gehen weiter unten darauf ein.

Untersuchungen im nächsten Kapitel systematisch durchführen und geben dem „Abzählschema" deshalb an dieser Stelle bereits einen Namen:

Definition. Das Potenzspektrum oder kurz Spektrum einer Gruppe ist die Menge[135]

$$SP(G) = \Big[(d,s) \mid (d = \# G / \# U_i) \wedge (s = \# U_i) \ , \ i = 1..r \Big]$$

Das Spektrum besteht aus Zahlenpaaren, die jeweils die Größen einer zyklischen Gruppe sowie die Anzahl der Elemente mit dieser Gruppengröße angeben. Für die Beantwortung der Frage, wann eine Gruppe primitive Elemente besitzt und wie das Spektrum bei Gruppen ohne primitive Elemente zusammengesetzt ist, müssen wir noch etwas weiter ausholen, können sie dann aber auch quantitativ beantworten. Die darüber hinaus gehende Frage, welche Ordnung ein beliebiges herausgegriffenes Element besitzt bzw. wie ein Element mit einer bestimmten Ordnung gefunden werden kann, lässt sich allerdings nur durch Ausprobieren beantworten.

8.3 Primzahlen und prime Restklassen

8.3.1 Primzahlzerlegung

Wie wir festgestellt haben, ist ein Restklassenring ein Körper, wenn das Modul ein *Primelement* ist. Bislang haben wir Restklassenmengen auf den ganzen Zahlen untersucht. Primelemente in dieser Menge werden Primzahlen genannt. Wir nehmen diese hier zunächst etwas genauer unter die Lupe, werden aber später auch andere Mengen untersuchen und führen deshalb den Begriff Primelement als Oberbegriff ein. Vieles, was wir hier feststellen, werden wir sogar auf andere Primelementbegriffe übertragen können.

Definition. Eine Primzahl ist eine natürliche Zahl, die außer durch sich selbst und die Zahl 1 durch keine andere natürliche Zahl ohne Rest teilbar ist.[136] P ist die Menge aller Primzahlen

$$P = \big[p \mid \forall q, 1 < q < p : \ q \nmid p \big] \subset \mathbb{N}$$

Alle Nicht-Primzahlen aus der Menge der natürlichen Zahlen lassen sich durch ein Produkt von Primzahlen darstellen, das kanonische Primzahlzerlegung genannt wird. Die Berechnung der Zerlegung ist keine triviale Aufgabe, wie wir im weiteren Verlauf der Untersuchungen noch feststellen werden, jedoch ist sie zumindest eindeutig lösbar:

Satz. Die Zerlegung einer natürlichen Zahl in Primfaktoren ist eindeutig bis auf die Reihenfolge der Faktoren.

Beweis. Den Beweis führen wir induktiv und indirekt. Der Induktionsanfang für kleine natürliche Zahlen, z.B. alle Zahlen < 100, ist durch Zerlegung in Faktoren direkt überprüfbar.

Für den Induktionsschluss sei n die größte Zahl, für die die Behauptung nachgewiesen ist. Die Annahme, dass die Behauptung für die nächste Zahl nicht (!) mehr zutrifft, führt auf einen Wider-

---

135 Wenn Sie sich mit der linearen Algebra bereits etwas näher beschäftigt haben, werden sie bemerkt haben, dass wir mit dem Begriff „Spektrum" etwas verwenden, das dort eine wichtige Bedeutung besitzt. Wie die weiteren Untersuchungen zeigen werden, trifft der Begriff als solcher recht genau das, was wir beobachten wollen. Die hier hat aber nichts mit den Spektralsätzen der linearen Algebra zu tun und sollte nicht damit verwechselt werden.

136 Bezüglich der Teilbarkeit mit oder ohne Rest vergleiche die Fußnote auf Seite 200

spruch: trifft die Annahme nicht zu, dann besitzt die Zahl $(n+1)$ [137] mindestens zwei verschiedene Primzahlzerlegungen

$$(n+1) = p * S = q * R \quad , \quad p > q \quad , \quad p, q \in \mathbf{P}$$

Die Zahlen S und R besitzen, da sie kleiner als n sind, eindeutige Zerlegungen. Sollen die Zerlegungen von $(n+1)$ verschieden sein, dann kann z.B. q nicht Faktor von $(p*S)$ sein, da sonst nur die Reihenfolge eine andere ist. Da gemäß Annahme $R > S$ gilt, folgt $n \geq k = (n+1) - q*S > 0$. Die Zahl k kann dann auf mehrere Arten berechnet werden, ist aber auf jeden Fall eine eindeutig bestimmte und zerlegbare Zahl (*weil nicht größer als n*):

$$k = (n+1) - q*S \quad \Rightarrow$$
$$k = p*S - q*S = (p-q)*S \quad \wedge \quad k = q*R - q*S = q*(R-S)$$

Aus den rechten Seiten beider Gleichungen folgt

$$\left[(p-q)*S = q*(R-S) \right] \quad \Rightarrow \quad \left(q | (p-q) \quad \vee \quad q | S \right)$$

Beides ist laut Voraussetzung nicht möglich, woraus die ursprüngliche Behauptung folgt. ❑

Der Beweis wirkt vielleicht etwas überflüssig und trivial, steht oder fällt aber mit der gewissermaßen im Nebensatz angeführten Möglichkeit, die Eindeutigkeit der Zerlegung einer kleinen Menge von „Starterzahlen" direkt nachzuweisen. Die Eigenschaft scheint zwar ebenfalls trivial zu sein, muss jedoch nicht in allen Zahlenmengen erfüllt sein, wie das folgende Beispiel zeigt.

Die gaußschen Zahlen sind eine Teilmenge der Komplexen Zahlen und besitzen ganzzahlige reelle oder imaginäre Argumente.

$$\mathbf{G} = \left[(a, b) \mid a, b \in \mathbb{Z} \right] \text{ [138]}$$

Gaußsche Primzahlen lassen sind genauso wie natürliche Primzahlen definiert, jedoch lässt die sich Menge nicht mit einer eindeutigen natürlichen Ordnung versehen wie die Menge der natürlichen Zahlen (*mit der Ordnungsrelation* $<$). Anschaulich können Sie sich die Ordnungsrelation auf den natürlichen Zahlen mit Hilfe der Anordnung der Zahlen auf einem Zahlenstrahl vorstellen, [139] aber komplexe Zahlen lassen sich aufgrund ihrer zwei Komponenten nur auf einer Ebene anordnen. Ein direktes Ordnungskriterium ist hier nicht gegeben.

Wir können aber eine Teilordnung der Zahlen mit Hilfe des Begriffs des Betrages erreichen. Bildlich gesprochen stellen wir damit für komplexe Zahlen eine Ordnungsrelation her, indem wir den Abstand einer Zahl auf der Ebene vom Nullpunkt messen.

Definition. Ein Betrag oder eine *Norm* ist eine Abbildung $\| . \| : A \to \mathbb{R}$ aller Elemente einer Menge $\mathbf{A}$ auf die positiven reellen Zahlen mit den Eigenschaften:

$$\| a \| \geq 0$$
$$\| a \| = 0 \quad \Leftrightarrow \quad a = \mathbf{0}$$
$$\| a + b \| \leq \| a \| + \| b \|$$
$$\| k * a \| = |k| * \| a \| \quad , \quad k \in \mathbb{R}$$

---

137 Sofern (n+1) eine Primzahl ist, wird die folgende Argumentation o.B.d.A. mit (n+2) durchgeführt.

138 Anstelle (a,b) können Sie auch a+ib setzen, wenn ihm diese Schreibweise angenehmer ist.

139 Tatsächlich folgt die Ordnungsrelation bereits aus den peanoschen Axiomen. Das Zahlenstrahlbild ist damit tatsächlich nur eine anschauliche Hilfskrücke.

Für gaußsche Zahlen erfüllt die Wurzel aus dem Produkt einer Zahl mit ihrer konjugiert komplexen diese Eigenschaft. Sie wird euklidischer Betrag genannt:

$$\|\alpha\| = \sqrt{\alpha * \overline{\alpha}}$$

Allerdings wird hierdurch nur eine Teilordnung erreicht: für zwei beliebige natürliche Zahlen a, b, $a \neq b$ gilt immer $a < b \ \lor \ b < a$, die beiden gaußschen Zahlen $(5,0)$ und $(3,4)$ sind sicherlich nicht gleich, besitzen aber den gleichen Betrag $\|(5,0)\| = \|(3,4)\| = 5$. Die kleinsten Beträge haben die Zahlen 0, ± 1, $\pm i$. Gaußsche Primzahlen können wir mit Hilfe des Betrages nun folgendermaßen definieren

$$P_G = \{\alpha \ | \ \beta \neq \alpha, \ 1 < \|\beta\| \leq \|\alpha\| \ , \ \beta \nmid \alpha\}$$

Wie leicht nachzuvollziehen ist, ist die Feststellung der Primeigenschaft für gaußsche Zahlen nicht komplizierter als für natürliche Zahlen, aber technisch aufwendiger in der Durchführung. Prüfen wir als Beispiel die Zahl $(65,0)$, so finden wir, wie schon beim Nachweis der Teilordnung, zwei verschiedene Faktorisierungen durch gaußsche Zahlen:

$$(65,0) = (8,1) * (8,-1) = (7,4)*(7,-4)$$

Für die gaußsche Zahlen $(8,1)$ und $(7,4)$ sowie deren Konjugierte lassen sich aber keine gemeinsamen Faktoren in den gaußsche Zahlen finden, die zu einer Eindeutigkeit der Zerlegung von $(65,0)$ führen. Für gaußsche Zahlen gilt der Eindeutigkeitssatz somit nicht.

Als Fazit müssen wir aus unserer Nebenbetrachtung feststellen, dass der Beweis des Satzes im unscheinbaren ersten Teil nicht so ganz problemlos ist. Können wir sicherstellen, dass die Startermenge mit einer eindeutigen Zerlegung komplett ist, stellt der Satz die Eindeutigkeit auch für alle anderen Fälle sicher. Aber wie überzeugen wir uns von der Vollständigkeit des Startersatzes? Bei den ganzen Zahlen mit direkt definierter Ordnungsrelation ist das kein Problem, aber bei Ordnungsrelationen, die über eine Betragsabbildung definiert sind, müssen wir diese genauer untersuchen. Lässt sie Mehrdeutigkeiten zu, wie es bei gaußschen Zahlen der Fall ist? Bis zu welcher Schranke müssen wir sie untersuchen, um sicher zugehen, dass keine Mehrdeutigkeit mehr auftritt? Handelt es sich bei einer gefundenen Zerlegung um Primelemente, oder zerfallen die Zerlegungen noch weiter in Primfaktoren?

Ordnen wir die Primzahlen nach steigender Größe an und geben ihnen einen Index, so ist jede Zahl durch ihre kanonische Primzahldarstellung darstellbar

$$n = \prod_{i=1}^{\infty} p_i^{\alpha_i}$$

und wird eindeutig durch ihre Exponentenfolge $(\alpha_1, \alpha_2, ...)$ charakterisiert, wobei ab einem bestimmten Index alle folgenden Exponenten Null sind. Diese Formulierung ist aber nur dann sinnvoll, wenn auch die Anzahl der Primzahlen unbegrenzt ist und auch ein Verschlüsselungsalgorithmus, der auf Primzahlen basiert, kann nur dann sicher sein, wenn die Menge der Primzahlen nicht endlich oder überschaubar ist. Die Unbeschränktheit der Primzahlanzahl geht aus dem bisher Gesagten nicht hervor, ist jedoch aufgrund der Eindeutigkeit der Primzahlzerlegung jeder natürlichen Zahl leicht indirekt beweisbar. Nehmen wir dazu an, die Zahl p_k sei die größte existierende Primzahl. Der Nachfolger des Produkts aller Primzahlen $m = (p_1 * p_2 * ... * p_k) + 1$ sicherlich auch eine natürliche Zahl, die aber gemäß ihrem Bildungsgesetz durch keine der Primzahlen p_1, p_2, $\cdots p_k$ teilbar ist. Sie muss also entweder selbst eine Primzahl sein, oder es existieren weitere Primzahlen oberhalb von p_k, die Teiler von m sind. Beides steht im Widerspruch zu der Annahme über p_k als maximale Primzahl. d.h. es gilt der

Satz. Die Anzahl der Primzahlen innerhalb der Menge der natürlichen Zahlen ist nicht beschränkt.

Wir werden uns später noch damit beschäftigen, welche Dichte diese Menge P aufweist und ob die überschaubar ist, d.h. ein einfaches Berechnungsschema für das Finden einer Primzahl existiert.

Die kanonische Primzahlzerlegung erlaubt die Aufdeckung weiterer Beziehungen zwischen ggT und kgV, die wir hier, da später benötigt, noch kurz anfügen. Zwischen beiden Begriffen besteht die Beziehung

$$ggT\,(m\,,\,n) = \prod_{i=1}^{\infty} p_i^{\,min\,(\alpha_i)} \quad ; \quad kgV\,(m\,,\,n) = \prod_{i=1}^{\infty} p_i^{\,max\,(\alpha_i)}$$

$$\Rightarrow \quad kgV\,(n\,,\,m) = \frac{n*m}{ggT\,(n\,,\,m)}$$

Aus den Minimum- und Maximumfunktionen folgen auch direkt die Rekursionseigenschaften von ggT und kgV

$$ggT\,(a_1\,,\,a_2\,,\,...\,a_n) = ggT\,(ggT\,(a_1\,,\,a_2\,,\,...\,a_{n-1})\,,\,a_n)$$

$$kgV\,(a_1\,,\,a_2\,,\,...\,a_n) = kgV\,(kgV\,(a_1\,,\,a_2\,,\,...\,a_{n-1})\,,\,a_n)$$

und aus der Rekursion erhalten wir wiederum mit $A = a_1 * a_2 ... * a_n$

$$kgV\,(a_1\,,\,...\,a_n) = \frac{A}{ggT\,(A/a_1\,,\,...\,A/a_n)}$$

Die Gültigkeit der Beziehungen können Sie an den Exponenten einer beliebigen Primzahl p_k leicht nachvollziehen. Den größten Einzelexponenten einer Primzahl k im Produkt A (das in seiner oben angegebenen Formulierung aus den Nichtprimzahlen a_i mit jeweils bekannter Primzahlzerlegung besteht) finden wir als Differenz der Summen

$$max\,(\alpha_{k,1}\,...\,\alpha_{k,n}) = \sum_{i=1}^{n} \alpha_{k,i} - min\,(\sum_{i=2}^{n} \alpha_{k,i}\,,\,...\,,\,\sum_{i=1}^{n-1} \alpha_{k,i})$$

In jeder der Summen in der Minimumfunktion fehlt einer der Summanden der Gesamtsumme. Die kleinste dieser Summen ist sicher die, in der der größte Summand fehlt. Diese von der Gesamtsumme abgezogen, lässt gerade den größten Summanden übrig. Vollziehen Sie dies an einem Zahlenbeispiel nach, wenn Ihnen diese knappe Formulierung zu abstrakt ist.

8.3.2 Teilbarkeit und Inverse

AUFWAND EINER PRIMFAKTORZERLEGUNG

Um die Frage zu beantworten, ob zwei Zahlen teilerfremd sind, ist eine Zerlegung der Zahlen in ihre Primfaktoren und der anschließende Vergleich der Faktoren eine weit über das Ziel hinaus schießende Operation, da sie wesentlich mehr Informationen liefert, als die Fragestellung anfordert. Dieses Phänomen betrifft sehr viele Strategien, die man zur Beantwortung gegebener Fragestellung ins Auge fasst, und ein viel zu großer Aufwand, der mit der Ermittlung der überflüssigen Information verbunden ist, ist die Folge.

Gleichwohl wollen wir den Aufwand einer Primfaktorzerlegung mit dem einfachsten denkbaren Verfahren einmal ermitteln. Ein solches Verfahren beantwortet dann beispielsweise die Frage, ob eine Zahl eine Primzahl ist, und es existieren Verschlüsselungsverfahren, zu deren Bruch gerade die Ermittlung der Primzahlzerlegung notwendig ist. Das hier untersuchte Verfahren ist die Probedivision, bei der die zu untersuchende Zahl systematisch durch kleinere Zahlen dividiert wird. Geht diese Division ohne Rest auf, hat man einen Faktor gefunden.

Sei n diese Zahl. Als Zahl zu Papier gebracht weist sie $z \sim \log(n)$ Ziffern auf. Da eine zusammengesetzte Zahl n mindestens aus zwei Faktoren $p*q$ besteht und der ungünstigste denkbare Fall $p=q$ ist, muss die Probedivision bis zur Grenze $\sqrt{n}$ durchgeführt werden, falls n eine Primzahl sein sollte (andernfalls ist ein Faktor kleiner als diese Grenze, und man hat den anderen damit auch gefunden).

In der Schulmultiplikation zweier Zahlen – und anders geht man auf Rechnern in der Regel auch nicht vor – wird jede Ziffer der einen Zahl mit jeder der anderen multipliziert und anschließend stellenbezogen saldiert. Besitzen die Zahlen k Ziffern, so sind dies größenordnungsmäßig k^2 Operationen. Die Division als Umkehrung der Multiplikation verursacht etwa den gleichen Aufwand. Da die meisten Zahlen in unserem Algorithmus groß sind, finden wir für den Gesamtaufwand der Probedivision in Abhängigkeit von der Zahlengröße

$$O(n) = \sqrt{n} * \log(n)^2 = e^{z/2} * z^2 \approx e^z$$

Unabhängig vom Geschick des Programmierers – die tatsächlichen Rechenzeiten optimierter und primitiver Algorithmen können für die gleiche Aufgabe durchaus um den Faktor 100 oder größer differieren – ist die Kernaussage dieser Abschätzung, dass der Rechenaufwand exponentiell mit der Anzahl der Ziffern, die eine Zahl besitzt, steigt. Algorithmen, deren Sicherheit auf der Unkenntnis der Primzahlzerlegung beruht, können durch die Wahl größerer Zahlen zumindest diesem Angriffsalgorithmus recht einfach entkommen.

GRÖSSTER GEMEINSAMER TEILER UND EUKLIDISCHER ALGORITHMUS

Die Berechnung des ggT zweier Zahlen geht auf einen über 2.000 Jahre alten Algorithmus von Euklid zurück. Dazu wird zunächst eine normale Division mit Rest durchgeführt

$$b = q_0 * a + r_1$$

Ist $r_1=0$, so ist ggt$(a,b)=a$, und wir sind fertig. Andernfalls muss die Zahl, die a und b teilt, zwangsweise auch den Divisionsrest teilen.

$$s|b \Rightarrow s|q_0*a + r_1 \Rightarrow s|a \wedge s|r_1$$

Wir können die ggt-Untersuchung also auch an dem Zahlenpaar (a, r_1) durchführen, was den Vorteil besitzt, dass die Zahlen kleiner sind als zu Beginn der Prüfung. Wir wiederholen daher die Division rekursiv

$$a = q_1 * r_1 + r_2$$
$$\dots$$
$$r_{n-1} = q_n * r_n + r_{n+1}$$

Ist $r_{n+1}=0$, so ist ggt$(r_{n-1}, r_n)=r_n$. Da die Reste in jedem Schritt kleiner werden, wird dieser Zustand zwangsweise irgendwann erreicht, und wir erhalten im Umkehrschluss

$$r_{n+1}=0 \Rightarrow r_n = ggT(a,b)$$

TEILBARKEIT UND IDEALE

Wir wollen an dieser Stelle den Teilbarkeitsbegriff auch noch einmal mit Hilfe des Idealbegriffs definieren, was für einige theoretische Untersuchungen nützlich sein kann. Sind $I_a = a*\mathbb{Z}, I_b = b*\mathbb{Z}$ die durch a und b generierten Ideale, so folgt aus mengentheoretischen Überlegungen[140]

$$a|b \Leftrightarrow I_b \subset I_a$$

Der größte gemeinsame Teiler und das kleinste gemeinsame Vielfache sind die Vereinigungs- bzw. Durchschnittsmengen der beteiligten Ideale

$$ggt(a,b,c,...): I_{ggt} = I_a \cup I_b \cup I_c \cup ...$$
$$kgv(a,b,c,...): I_{kgv} = I_a \cap I_b \cap I_c \cap ...$$

womit auch die Primzahlzerlegung einer Zahl ihr Äquivalent als Ideal erhält

$$n = \prod p_i^{a_i} \Leftrightarrow I_n = \cap I(p_i^{a_i})$$

Die Äquivalente zu Primzahlen, die *Primideale*, sind folglich die Ideale, die nicht als Teilmenge anderer Ideale auftreten und nur noch Teilmengen des Rings selbst sind

$$I_p \subset I \Rightarrow I = R$$

Damit wollen wir es einstweilen belassen. Der Formalismus ist intuitiv recht gut zu erfassen, aber für die Praxis, und an der arbeiten wir im Moment, nicht sehr relevant.

DIE ERMITTLUNG DES MULTIPLIKATIV INVERSEN ELEMENTS

Wenden wir uns nochmals dem euklidischen Algorithmus zu, denn er hält noch eine Überraschung für uns bereit. Wir haben die Quotienten, die im Algorithmus vorhanden sind, nicht benutzt, sondern nur die Divisionsreste. Liefern uns die Quotienten auch neue Informationen? Um dies zu untersuchen, lösen wir die Gleichungen nach den Divisionsresten auf, im ersten Schritt also

$$r_1 = b - q_0*a = u_1*a + v_1*b$$

Setzen wir dies rekursiv in die nächsten Gleichungen ein, so folgt

$$r_2 = a - q_1*r_1 = a - q_1*(b-q_0*a)$$
$$= (q_1*q_0+1)*a - q_1*b = u_2*a + v_2*b$$
...
$$r_{k+1} = -q_k*r_k + r_{k-1}$$
$$= -q_k*(u_{k-1}*a + v_{k-1}*b) + (u_{k-2}*a + v_{k-2}*b)$$
$$= (u_{k-2} - q_k*u_{k-1})*a + (v_{k-2} - q_k*v_{k-1})*b$$
$$= u_k*a + v_k*b$$

und damit der wichtige Satz

---

140 Ich benutze aus Anschaulichkeitsgründen wieder die Menge der ganzen Zahlen. Unter diesen Bedingungen können Sie die folgenden Beziehungen leicht selbst an Beispielen überprüfen. Die Überlegungen gelten natürlich ganz allgemein für Ideale, die durch ein Element der Grundmenge erzeugt werden.

Satz. Zu zwei Zahlen a und b existieren stets zwei ganze Zahlen u und v, so dass

$$ggT\,(a\,,b) = u*a + v*b$$

Der Satz liefert sogar die Rekursionsvorschrift für die Zahlen u und v

$$u_k = u_{k-2} - q_k * u_{k-1}$$
$$v_k = v_{k-2} - q_k * v_{k-1}$$

Der ggt-Algorithmus lässt sich so erweitern, dass $(u\,,v)$ mitberechnet werden. Die Erweiterung lässt sich als Vektoriteration recht elegant formulieren. Wir starten mit

$$\vec{W}_0 = \begin{pmatrix} b \\ 1 \\ 0 \end{pmatrix} \quad , \quad \vec{W}_1 = \begin{pmatrix} a \\ 0 \\ 1 \end{pmatrix} \quad , \quad b > a$$

und berechnen die Vektoren der folgenden Schritte iterativ durch

$$q_k = \left[W_{k-1,1} / W_{k,1} \right] \quad ; \quad \vec{W}_{k+1} = \vec{W}_{k-1} - q_k * \vec{W}_k$$

Mit dem letzten Schritt, der noch ein $q_k \neq 0$ besitzt, wird das gesuchte Ergebnis

$$ggT\,(a\,,b) = W_{n,1} = b * W_{n,2} + a * W_{n,3}$$

erreicht.

| **Aufgabe.** Implementieren Sie den Algorithmus.

Wie wichtig das Ergebnis ist, werden Sie schnell feststellen, wenn Sie sich nochmals das Problem der Berechnung der Inversen einer Zahl anschauen

$$a * x \equiv 1\,(mod\ m)$$

Dass es bei gegebenem (a,m) eine Lösung x gibt, können wir über ggt$(a,m)=1$ schnell feststellen. Nach den weiter vorne gefundenen Beziehungen bei der Potenzrechnung benötigen wir für die Berechnung von x die Gruppengröße der multiplikativen Gruppe von m. Der gerade gefundene Satz entledigt uns dieses Problems und macht darüber hinaus die Berechnung erheblich einfacher. Der erweiterte euklidische Algorithmus liefert nämlich die Gleichung

$$u * a + v * m \equiv u * a \equiv 1\,(mod\ m) \quad \Rightarrow \quad u \equiv a^{-1}\,(mod\ m)$$

| **Aufgabe.** Sie können nun die weiter oben begonnene Templatelklasse für die Restklassenrechnung komplettieren, in dem Sie die Division mit Hilfe des erweiterten euklidischen Algorithmus hinzufügen.

8.3.3 Die Eulersche Funktion

Zu klären ist nun, wie groß die Menge der teilerfremden Zahlen zu einem beliebigen Modul m ist. Wir beschränken die Untersuchung auf Restklassenringe des Typs $\mathbb{Z}_m$; die Ergebnisse können natürlich auch auf andere Ringe ausgeweitet werden, die vergleichbare Eigenschaften haben. Wir gehen dabei rein formal vor und definieren die eulersche Funktion $\varphi\,(n)$, die für jedes beliebige n die gesuchte Antwort liefern soll.

Definition. Eine zahlentheoretische Funktion ist eine Abbildung

$$\Phi : \mathbb{N} \to \mathbb{C}$$

Die eulersche Funktion $\varphi\,(n)$ ist definiert durch

$$\varphi\,(n) = \#\,\{x \mid 1 \le x < n \;\wedge\; ggT\,(x,\,n) = 1\}$$

Machen wir uns zunächst die Bedeutung der Funktion klar. Nach unseren bisherigen Erkenntnissen gilt unter Verwendung der eulerschen Funktion der (euler-fermatsche)

Satz. $(\forall\,a\,,\,ggT\,(a,\,n) = 1)(a^{\varphi\,(n)} \equiv 1 \; mod\; n)$

Noch offen aus früheren Versuchen waren Regeln, wie Exponenten auf kleinere Zahlenwerte zurückzuführen sind, wenn sie die Größe des Moduls erreichen. Der euler-fermatsche Satz liefert hierfür sofort das

Lemma. $(a^b)^c \equiv a^{b*c} \equiv a^d\,(mod\,m) \;\Rightarrow\; b*c \equiv d\,(mod\,\varphi(m))$

Während Zahlen in der Basis jeweils $(mod\,m)$ reduziert werden, sind Zahlen im Exponenten $(mod\,\varphi(m))$ zu reduzieren. Notieren Sie sich dies als wichtige Erkenntnis und Rechenregel! In Verschlüsselungsverfahren spielen sich viele Vorgänge im Exponenten ab.

Wenden wir uns nun der Berechnung von $\varphi\,(n)$ zu. Dabei setzen wir voraus, dass die Primzahlzerlegung einer Zahl bekannt ist. Wir können dann die teilerfremden Zahlen bei vorgegebener Zerlegung abzählen und ein Berechnungsschema daraus zu entwickeln. Wir gehen dabei systematisch vor und untersuchen Zahlen mit steigendem Schwierigkeitsgrad:

Primzahl $\Rightarrow$ *Primzahlpotenz* $\Rightarrow$ *Primzahlprodukt* $\Rightarrow$ *beliebiges Produkt*

Bevor das Ergebnis der Untersuchung im folgenden Satz vorgestellt und erläutert wird, ermuntere ich Sie, es zunächst einmal selbst zu versuchen und erst dann weiter zu lesen. Die Frage lautet: wie berechnet man $\varphi\,(a)$ für $a = p$, $a = p*q$, $a*p^k$ $(p,q \in P)$?

Nicht mogeln! Haben Sie wirklich darüber nachgedacht oder lesen Sie einfach weiter?

Satz. Für die Funktion $\varphi(n)$ gilt:

(a) $(n \in P) \;\Rightarrow\; \varphi(n) = n - 1$

(b) $(n = p^a, p \in P) \;\Rightarrow\; (\varphi(n) = p^{a-1}*(p-1))$

(c) $(n = p*q\,,\,ggT(p,q) = 1) \;\Rightarrow\; \varphi(n) = \varphi(p)*\varphi(q)$

Beweis.

(a) Ist n selbst eine Primzahl, so existieren $(n-1)$ zu n teilerfremde Zahlen (*einschließlich der Eins*), die kleiner als n sind, womit der Beweis dieses Teils abgeschlossen ist.

(b) Die Anzahl der teilerfremden Zahlen folgt auch hier durch einfaches Abzählen: die ersten $p-1$ Zahlen besitzen keinen gemeinsamen Teile mit n. Jede p-te Zahl ist durch p teilbar und damit nicht teilerfremd zu n. Insgesamt existieren p^{a-1} teilerfremde Zahlenfolgen der Länge $p-1$, womit auch dieser Beweisteil abgeschlossen wäre.

(c) Sei $A = \{a_1, a_2, ...\}$ die Menge der $(mod\,q)$ teilerfremden Restklassen $1 \le a_i < q$, wobei q eine beliebige zusammengesetzte Zahl ist. Gemäß Voraussetzung ist $\#A = \varphi(q)$. Bezogen auf n weist jede dieser Restklassen p Vertreter $(mod\,n)$ auf, nämlich

$$a_i(s) = a_i + s*q \;,\quad s = 0,1,...p-1$$

Wegen $ggT(p,q)=1$ sind die Zahlen

$$\overline{a_i(s)} \equiv a_i + s*q\,(mod\ p)\ ,\quad s=0..p-1$$

eindeutig und paarweise verschieden, d.h. sie umfassen die komplette Restklassenmenge (mod p). Gemäß Voraussetzung sind davon $\varphi(p)$ teilerfremd zu p und damit auch zu n. Da insgesamt $\varphi(q)$ solche Zahlenreihen existieren, ist die Gesamtzahl der zu n teilerfremden Zahlen somit $\varphi(n)=\varphi(p)*\varphi(q)$ .Dies ist aber gerade die Behauptung $\square$

Damit können wir den Wert der eulerschen Funktion bei bekannter Primfaktorzerlegung leicht nach einer der folgenden Formeln berechnen:

$$\varphi(n)=\prod_{i=1}^{\infty}\varphi(p_i^{\alpha_i})$$

$$\varphi(n)=n\prod_{p|n}(1-\frac{1}{p})$$

wobei sich die zweite Formel aus der ersten durch folgende Rechnung herleiten lässt:

$$\varphi(p^{\alpha})*\varphi(q^{\beta})=(p^{\alpha}-p^{\alpha-1})*(q^{\beta}-q^{\beta-1})=p^{\alpha}*q^{\beta}*(1-\frac{1}{p})*(1-\frac{1}{q})$$

Für das Potenzieren benötigen wir die eulersche Funktion nicht. Wozu also dieser Aufwand. Die Antwort gibt bereits ein kurzer Blick auf ein Zahlenbeispiel:

N	Primzahlzerlegung	$\varphi(n)$
50	2*5*5	20
51	3*17	32
52	2*2*13	24
53	P	52
54	2*3*3*3	18
55	5*11	40
56	2*2*2*7	24
57	3*19	36
58	2*29	28
59	P	58
60	2*2*3*5	16

Tabelle 8.3-1: Werte der eulerschen Funktion für einige Zahlen

Wie sich zeigt, ist der Funktionswert äußerst einfach zu berechnen, wenn man die Primfaktoren einer Zahl vollständig kennt, entzieht sich einer systematischen Vorhersage ohne diese Kenntnis aber vollständig. Die Primfaktorzerlegung einer Zahl haben wir aber bereits als hartes Problem erkannt (zumindest, was einfache Algorithmen angeht). Kennen wir sie, halten sie aber geheim, so bildet der nur uns bekannte und von anderen nicht ermittelbare Wert der eulerschen Funktion neben dem ebenfalls als hart erkannten Problem, eine Potenzierung umzukehren, eine Basis für Verschlüsselungsverfahren.

8.4 Das Spektrum einer Restklassen-Gruppe

Die eulersche Funktion liefert in der multiplikativen Gruppe eines Moduls den Exponenten, der mit allen Restklassen die Äquivalenz Eins ergibt. Wie wir aber bereits wissen, kommen auch alle Teiler des Funktionswertes als Exponenten in Frage, die mit einer oder mehrerer Restklassen dieses Ergebnis liefern. Wir haben hierzu bereits den Begriff Spektrum eingeführt.[141]

Es scheint durchaus sinnvoll, das Spektrum eines Moduls noch etwas genauer unter die Lupe zu nehmen. Den Wert der eulerschen Funktion zu ermitteln ist zwar via Primzahlzerlegung des Moduls für Außenstehende zunächst eine harte Aufgabe, aber gibt es vielleicht eine Umweg einer einfacheren Berechnung, wenn Teile des Spektrums ermittelt werden können? Um die Antwort vorweg zu nehmen: wir werden in diesem Kapitel nur die Erkenntnis erarbeiten, dass die Berechnung des Spektrum eine recht komplizierte Angelegenheit ist, die keine brauchbaren Ansatzpunkte für eine alternative Berechnung des eulerschen Wertes liefert. Wenn für Sie die Ermittlung dieser akademischen Erkenntnis weniger interessant ist, lesen Sie bitte nur die Ausführungen zum chinesischen Restsatz (in der Kapitelüberschrift vorhanden); danach können Sie auch ohne Probleme direkt zum nächsten Teilkapitel weiterblättern.

Wir werden die Untersuchung des Spektrums in zwei Schritten durchführen: wir werden zunächst ermitteln, welche Zyklen und Besetzungszahlen theoretisch möglich sind und dies im weiteren als **potentielles Spektrum** bezeichnen. Im zweiten Teilschritt werden wir untersuchen, welche Zyklen und Besetzungszahlen tatsächlich auftreten und dieses messbare Spektrum[142] **reales Spektrum** nennen. Es sei nochmals angemerkt, dass das Spektrum eine statistische Größe eines Moduls ist und mit seiner Kenntnis, von wenigen Ausnahmen abgesehen, keine Kenntnis der Ordnung eines bestimmten Elementes verbunden ist. Diese kann nur experimentell bestimmt werden.

8.4.1 Das „potentielle" Spektrum

Fassen wir die bisherigen Erkenntnisse noch einmal zusammen: die höchste theoretisch mögliche Ordnung einer Restklasse ist die primitive, deren Wert für ein gegebenes Modul n durch $\varphi(n)$ gegeben ist. Existiert ein Element mit dieser Ordnung, so existieren insgesamt $\varphi(\varphi(n))$ Elemente mit dieser Ordnung. Wir haben ja bereits folgenden Zusammenhang nachgewiesen:

$$b \equiv a^{\,h} \,(mod\; n) \quad , \quad \left(d = \frac{\varphi(n)}{ggt(h,\varphi(n))} \right) \;\Rightarrow\; b^d \equiv 1\,(mod\; n)$$

Nun erzeugt ein primitives Element sämtliche Elemente der Gruppe. Für $\varphi(\varphi(n))$ von diesen gilt $ggt(h,\varphi(n))=1$, womit die behauptete Anzahl beweisen wäre. Die Ordnung d weisen mit der glei-

---

141 Auf die Verwendung des Begriffs Spektrum in der linearen Algebra in einem völlig anderen Zusammenhang sei nochmals hingewiesen, um Verwechslungen zu vermeiden.

142 Zur „Messung" eines Spektrums werden die Ordnungen aller Elemente der Gruppe einzeln berechnet.

chen Begründung wiederum $\varphi(d)$ Elemente auf. Fassen wir alle Elemente jeweils gleicher Ordnung in entsprechenden Klassen zusammen, so ist deren Vereinigungsmenge die gesamte Gruppe.

Damit haben wir bereits eine erste Berechnungsmöglichkeit für das potentielle Spektrum formuliert. Identifizieren wir die Ordnungen der Klassen mit den Frequenzen eines physikalischen Spektrums, etwa eines optischen Spektrums oder eines akustischen Klangspektrums, die Klassengrößen mit den Intensitäten, so können wir das Klassenschema anschaulich darstellen. Hieraus resultiert auch die Wahl des Begriffs „Spektrum". Bevor wir das praktische demonstrieren, formulieren wir die mathematischen Erkenntnisse zunächst noch einmal etwas genauer und in allgemeinerer Form:

Satz. Ist $D_m = \{d \mid d \mid m\}$ die Menge aller Teiler von m unter Einschluss von 1 und m, dann gilt

$$\sum_{\forall\, d \in D_m} \varphi(d) = m$$

Beweis. Der Beweis muss etwas anders angelegt werden als unsere erste Argumentation, da wir die Aussage nicht auf $\varphi(m)$, sondern auf m direkt bezogen haben. Unsere Eingangsüberlegung ist ein Spezialfall des Satzes. Wenn Sie die gedrängten Gedanken des letzten Absatzes beim Lesen gedanklich etwas ausführlicher formuliert haben, sollten Sie den nun folgenden Beweis bereits recht weitgehend vorliegen haben.

Den Beweis führen wir induktiv, indem wir m in seine Primfaktoren zerlegen:

(a) ist m prim, so kann direkt ausgezählt werden:

$$\sum_{d \mid m} \varphi(d) = \varphi(1) + \varphi(m) = 1 + (m-1) = m$$

(b) die Behauptung gelte für ein beliebiges m. Wird m um die Potenz einer beliebigen, noch nicht in m als Faktor enthaltenen Primzahl zur Zahl n erweitert,

$$n = m * p^a \quad \wedge \quad p \in P \quad \wedge \quad p \nmid m$$

dann sind alle Teiler von m, multipliziert mit $p, p^2, .. p^a$, neue Teiler von n. Die Summenformel über die Werte der eulerschen Funktion für alle Teiler von n lautet nun:

$$\sum_{d \mid n} \varphi(d) = \sum_{d \mid m} \varphi(d) + \sum_{k=1}^{a} \sum_{d \mid m} \varphi(d * p^k)$$

Mit der Konstruktionsvorschrift für von $\varphi(m)$ und der Summenformel $\sum_{k=0}^{n-1} a^k = \dfrac{a^n - 1}{a - 1}$ für eine Potenzreihe erhalten wir

$$= \sum_{d \mid m} \varphi(d) * \left(1 + \sum_{k=1}^{a} \varphi(p^k)\right)$$

$$= \sum_{d \mid m} \varphi(d) * \left(1 + (p-1) * \sum_{k=0}^{a-1} p^k\right) = m * p^a$$

❏

Damit haben wir bereits die Grundlagen für die Ermittlung des potentiellen Spektrums ermittelt. Die „Spektrallinien" einer Zahl m werden durch $\varphi(m)$ und alle Teiler d von $\varphi(m)$ gegeben, die

„Spektralintensitäten" durch $\varphi\left(\varphi\left(m\right)\right)$ bzw. $\varphi\left(d\right)$. Der folgende Algorithmus berechnet die Ordnungen und ihre Besetzungszahlen als Menge von Zahlenpaaren $\left(d\,,b\right)$.

Algorithmus. Berechnung des „potentiellen Spektrums" einer beliebigen Zahl m

    Gegeben   : m

    1. Faktorisiere : $\quad m=\prod_{a_i>0} p_i^{a_i}$

    2. Berechne : $\quad \varphi\left(m\right)=\prod p_i^{a_i-1}*\left(p_i-1\right)$

    3. Faktorisiere : $\quad \varphi\left(m\right)=\prod_{b_i>0} q_i^{b_i}$

    4. Bilde Menge $\quad \boldsymbol{D}=\left\{d\;:\;q_1^{b_{1v}}*q_2^{b_{2w}}*...\;,\;\;0\le b_{1v}\le b_1\;,\;\;0\le b_{2w}\le b_2\;,\;...\right\}$

    5. Berechne Paare: $\quad \boldsymbol{S}=\left\{\left(d\,,b\right)\;\middle|\;d\in\boldsymbol{D}\,,b=\varphi\left(d\right)\right\}$

Aufgabe. Diese Schreibweise für einen „Algorithmus" ist sicher ungewöhnlich, fehlen doch jegliche Schleifen- und Fallunterscheidungskonstrukte. Implementieren Sie den Algorithmus. Teile wie die Faktorisierung können aus Lösungen früherer Aufgaben übernommen werden.

Aufgrund der nicht näher eingrenzbaren Mengen in den Zwischenergebnissen und im Endergebnis erfordert der Algorithmus ein wenig Geschick bei der Umsetzung, insbesondere wenn die Lösung nicht allzu holprig ausfallen soll. Zum Vergleich kann ein Zählalgorithmus implementiert werden, der zu einer gegebenen Zahl mit „brutaler Gewalt" die Ordnungen aller Restklassen durch fortgesetztes Potenzieren berechnet und zählt.[143] Allzu groß dürfen die Testzahlen dann zwar nicht werden, jedoch lässt sich die Implementation damit gut kontrollieren. Wenn Primzahlen als Testzahlen verwendet werden, müssen die Ergebnisse beider Rechnungen übereinstimmen, wie wir gleich sehen werden (*allerdings gilt das nur für Primzahlen! Die Verwunderung über unterschiedliche Ergebnisse im Fall zusammengesetzter Module sollte sich in Grenzen halten*).

8.4.2 Maximale Ordnung verschiedener Module

Bei den bisherigen Überlegungen haben wir die Existenz einer primitiven Restklasse stillschweigend angenommen. Für den letzten Beweis war jedoch die Existenz einer solchen Restklasse gar nicht notwendig, so dass der Summensatz auch allgemein verwendet werden kann. Es gilt nun zu untersuchen, für welche Module tatsächlich primitive Restklassen existieren. Wir gehen dabei, wie bei der Untersuchung von $\varphi\left(n\right)$, schrittweise vor: eine Klassifizierung verschiedener Modultypen erfolgt auf der Grundlage der Primfaktorzerlegung, wobei folgende Typen unterschieden werden:

(a) $m\in\boldsymbol{P}$ (*Modul ist eine Primzahl*)

(b) $m=2^k$, $k=1,2,...$ (*Modul ist eine Potenz der einzigen geraden Primzahl*)

---

143 „brute force" hört sich, weil Englisch und geläufig, etwas höflicher an. Es kann aber nicht schaden, sich den einen oder anderen Begriff mal ins Deutsche zu übertragen, um das Gefühl nicht zu verlieren, was hinter solchen Begriffen häufig wirklich steckt.

(c) $m = p^k$ (*Modul ist eine Potenz einer ungeraden Primzahl*)

(d) $m = p * q$, $ggT(p,q) = 1$ (*Modul ist ein Produkt teilerfremder Zahlen*) [144]

Die folgenden Sätze erschließen sich Ihnen am anschaulichsten, wenn er ihnen jeweils einige Versuche mit kleinen Zahlen vorausschickt und die vorhandenen Ordnungen und die Anzahl der in ihnen vorhandenen Elemente mit Hilfe der zuletzt als Übung erstellten Algorithmen berechnet.

PRIMZAHLMODUL

Im Fall (a) eines Primzahlmoduls sind primitive Restklassen vorhanden, so dass das potentielle Spektrum auch das reale ist.**Satz.** Sei $m \in \boldsymbol{P}$ dann existiert eine primitive Restklasse *mod m*

Beweis. In allen bisherigen Untersuchungen haben wir immer primitive Restklassen zu Primzahlmodulen gefunden. Wir stellen nun sicher, dass es keine Ausnahmen von dieser Erfahrung geben kann.

Sei $d | (p-1)$ ein beliebiger Teiler von $\varphi(p)$ und a eine Restklasse der Ordnung d. Insgesamt existieren $\psi(d)$ [145] Elemente mit dieser Ordnung, und da jedes Element eine Ordnung besitzt, muss gelten

$$\sum_{d|p-1} \psi(d) = p - 1$$

Die Elemente der Potenzfolge von a besitzen entweder die Ordnung d oder aber d ist ein ganzzahliges Vielfaches der Ordnung eines Elementes. Sie sind deshalb auch Lösungen der Polynomgleichung

$$x^d - 1 \equiv 0 \,(mod\ p)$$

Diese besitzt ihrerseits maximal d verschiedene Lösungen. Da alle Glieder von Potenzfolgen paarweise voneinander verschieden sind, besitzt die Polynomgleichung für beliebig gegebenes d entweder genau d Lösungen, von denen $\varphi(d)$ selbst die Ordnung d besitzen, oder aber keine Lösung. Für die Besetzungszahlen der verschiedenen möglichen Ordnungen d folgt somit, dass eine mögliche Ordnung unbesetzt ist (*d.h. kein Element mit dieser Ordnung existiert*) oder die Besetzungsanzahl mit der potentiellen Ordnung übereinstimmt

$$\psi(d) = 0 \quad \vee \quad \psi(d) = \varphi(d)$$

Aufgrund des letzten Satzes entfällt aber der Fall $\psi(d) = 0$, da ein solcher auftretender Fall nicht durch höhere Besetzungszahlen in anderen Klassen ausgeglichen werden kann. Alle Teiler d von $(p-1)$ sind als Ordnungen von jeweils $\varphi(d)$ Restklassen vorhanden, mithin auch die primitive Ordnung $(p-1)$. ❑

In Tabelle 8.4-1 und Abbildung 8.1 sind zwei Beispiele für Spektren von Primzahlmodulen dargestellt. Bei der grafischen Wiedergabe eines Spektrums empfiehlt sich eine doppelt-logarithmische Darstellung wegen der großen Besetzungszahlunterschiede und der Massierung der verschiedenen Ordnungen im unteren Bereich. Tabelle 8.4-1 gibt die Ordnungen jedes einzelnen Elementes wieder.

---

144 Dieser Fall kann weiter unterteilt werden, z.B. (p,q $\in$ **P**), (p = r^k) , (p,q) zusammengesetzte Zahlen, usw., und enthält damit den allgemeinen Fall beliebig zusammengesetzter Zahlen

145 Wir verwenden Ψ anstelle von φ , da wir die Übereinstimmung der auftretenden Anzahlen mit denen des potentiellen Spektrums erst noch beweisen wollen.

O(2)=5	O(3)=30	O(4)=5	O(5)=3	O(6)=6	O(7)=15	O(8)=5	O(9)=15
O(10)=15	O(11)=30	O(12)=30	O(13)=30	O(14)=15	O(15)=10	O(16)=5	O(17)=30
O(18)=15	O(19)=15	O(20)=15	O(21)=30	O(22)=30	O(23)=10	O(24)=30	O(25)=3
O(26)=6	O(27)=10	O(28)=15	O(29)=10	O(30)=2			

Tabelle 8.4-1: Ordnungen sämtlicher Restklassen zum Modul m=31

POTENZEN VON 2

Für den Modultyp (b), Potenzen der einzigen geraden Primzahl 2, lassen sich experimentell nur für die ersten beiden Potenzen primitive Restklassen nachweisen. Bei höheren Potenzen ist die höchste auftretende Ordnung die Hälfte der primitiven Ordnung; das potentielle Spektrum ist daher nicht mehr das reale Spektrum. Wir formulieren daraus den

Satz. Sei $m = 2^k$. Für $k \in \lfloor 1,3 \rfloor$ existieren primitive Restklassen. Für $k \geq 3$ gilt

$$a^{2^{k-2}} \equiv 1 \ mod \ 2^k$$

und es existieren keine primitiven Restklassen.

Beweis. (a) die Ordnungen für $k \in \lfloor 1,2,3 \rfloor$ werden direkt berechnet:

$$\varphi(2) = 1$$
$$\varphi(4) = 2 \ ; \ 3^2 \equiv 1 \ mod \ 4$$
$$\varphi(8) = 4 \ ; \ 3^2 \equiv 5^2 \equiv 7^2 \equiv 1 \ mod \ 8$$

Der Schluss für $k \geq 3$ erfolgt induktiv. Der Wert der eulerschen Funktion für ein gegebenes k ist $\varphi(2^k) = 2^{k-1}$ und verdoppelt sich jeweils bei Erhöhung von k um eine Einheit, d.h. auch die linke Seite von $a^{2^{k-2}} \equiv 1 \ mod \ 2^k$ ist bei jedem Schritt zu quadrieren, wenn unsere Behauptung richtig ist.

Die Behauptung sei für ein bestimmtes k gültig, d.h. es existiert eine Zahl b, so dass

$$a^{2^{k-2}} = b * 2^k + 1$$

Durch Quadrieren des Ausdrucks folgt für den Nachfolger

$$a^{2^{k-1}} = b^2 * 2^{2k} + 2 * b * 2^k + 1 = 2^{k+1}(b + b^2 * 2^{k-1}) + 1 \equiv 1 \ (mod \ 2^{k+1})$$

Mit $k = 3$ als Startwert ist die Induktion abgeschlossen. ❑

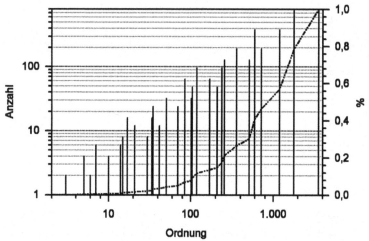

Abbildung 8.1: Spektrum der Primzahl 3.571, Anteil der Elemente an der Gesamtanzahl, $\varphi(3.571)=3.570 = 2 * 3 * 5 * 7 * 17$

Der Satz ist konstruktiv und erlaubt die Berechnung der höchsten auftretenden Ordnung. Mit einigen Zusätzen erlaubt es sogar die Berechnung des vollständigen realen Spektrums. Wir werden uns dieser Aufgabe aber erst im nächsten Kapitel zuwenden.

PRIMZAHLPOTENZEN

Für den Typ (c), Module einer beliebigen Primzahlpotenz (*außer Potenzen von Zwei*) existieren primitive Ordnungen. Wie sich leicht zeigen lässt, kann diese Aussage auf Module erweitert werden, die zusätzlich den Primfaktor 2 enthalten.

Satz. Für Module der Form $m = p^k$ oder $m = 2 * p^k$ existieren primitive Restklassen.

Beweis. (A) Wir begründen zunächst die Gültigkeit für den Einschluss des Faktors zwei. Sei die Behauptung für p^k erfüllt und a Vertreter einer primitiven Restklasse. Aufgrund unseres Konstruktionsgesetzes für die eulersche Funktion gilt

$$\varphi\left(2\,p^{k}\right)=\varphi\left(2\right)*\varphi\left(p_{k}\right)=\varphi\left(p^{k}\right)$$

a ist daher auch Vertreter einer primitiven Restklasse zu $2 * p^k$.

(B) Den weiteren Beweis führen wir induktiv, in dem wir von der Existenz einer primitiven Restklasse bei einer Primzahlpotenz auf die Existenz einer primitiven Restklasse bei der nächsten Potenz schließen. Als Induktionsanfang verwenden wir die Existenz primitiver Restklassen $(mod\,p)$.

Sei a Vertreter einer primitiven Restklasse $(mod\,p)$. Wir untersuchen zunächst p^2 . Entweder gilt dann bereits $a^{p-1} \neq 1\left(mod\,p^2\right)$, oder wir bilden

$$(a+p)^{p-1}\equiv\sum_{k=0}^{p-1}\binom{p-1}{k}a^{k}\,p^{p-1-k}\equiv a^{p-1}+(p-1)\,a^{p-2}\,p\equiv 1-a^{p-2}\,p\big(mod\,p^{2}\big)$$

Wir können somit immer eine Restklasse konstruieren, für die $s^{p-1} \neq 1\,(mod\,p^2)$ gilt. Als Zykluslänge d einer solchen Restklasse kommen alle Teiler von $\varphi\left(p^2\right)=p(p-1)$ in Frage. Wegen $s^{p-1}\equiv 1\,(mod\,p)$ scheiden die Teiler von $(p-1)$ aber aus, und es bleibt nur die primitive Ordnung übrig. Damit ist ein Induktionsanfang gemacht.

Sei nun eine geeignete Restklasse $(mod\ p^k)$ gegeben, was wir in Bezug auf p^{k-1} mit einem zu p teilerfremden b folgendermaßen formulieren

$$s^{p^{k-2}(p-1)} = 1 + b * p^{k-1}$$

Potenzieren wir diese Gleichung mit p, so erhalten wir

$$s^{p^{k-1}(p-1)} = s^{\varphi(p^k)} = \sum_{j=0}^{p} \binom{p}{j} b^j * p^{(k-1)*j}$$

Werten wir diesen Ausdruck $(mod\ p^{k+1})$ aus ($(mod\ p^k)$ *ist er notwendig Eins*), so bleiben nur die Ausdrücke

$$s^{\varphi(p^k)} \equiv 1 + p * b * p^{k-1} (mod\ p^{k+1})$$

übrig (*alle anderen Terme weisen Potenzen >k+1 von p auf und werden Null*). Wiederum erhalten wir eine Restklasse, deren Zykluslänge größer als die primitive der kleineren Restklassenmenge ist.

Die Konstruierbarkeit einer „geeigneten" Restklasse mit $ggt(b, p^k)$ haben wir für *k*=2 nachgewiesen. Die Eigenschaft setzt sich konstruktiv im letzten Schritt fort. Mit der gleichen Argumentation wie im Fall *k*=2 können Teiler von (*p*-1) ausgeschlossen werden, so dass nur die primitive Ordnung bleibt. ❑

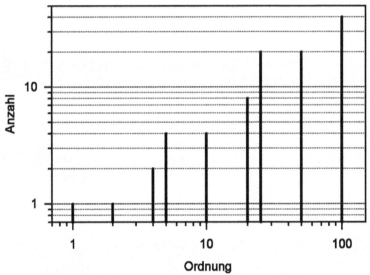

Abbildung 8.2: die identischen Spektren von 125=5*5*5 und 500=2*2*5*5*5 (φ=5*5*4=100)

Das reale Spektrum einer Primzahlpotenz, optional multipliziert mit dem Faktor zwei, ist mit dem potentiellen Spektrum identisch. Ein Beispiel zeigt Abbildung 8.2. Darüber hinaus ist der Satz konstruktiv hinsichtlich der konkreten Ermittlung einer primitiven Restklasse: ist eine primitive Restklasse $[a]$ zu einer beliebigen Potenz bekannt, so ist $[a]$ oder $[a+p]$ auch primitiv zur nächsten Potenz.

BELIEBIG ZUSAMMENGESETZTE MODULE

Abschließend untersuchen wir den allgemeinen Fall (c) $m = p * q$ m=p*q . Hier existieren keine primitiven Restklassen, wie wir mit Hilfe des *kgV*-Begriffs leicht nachweisen können:

Satz. Sei $m = p * q$, $ggT(p, q) = 1$. Die maximalen Ordnungen zu (p, q) seien (r, s). Dann wird die maximale Ordnung von m gegeben durch

$$kgV(r * s) \leq r * s$$

Besitzen p und q primitive Ordnungen, so gilt speziell

$$kgV(\varphi(p), \varphi(q)) \leq \frac{1}{2} \varphi(p) * \varphi(q)$$

Beweis.

$$a^r \equiv a^{(k*r)} \equiv a^{kgV(r,s)} \equiv 1 \ (mod \ p)$$
$$\wedge \quad a^s \equiv a^{(l*s)} \equiv a^{kgV(r,s)} \equiv 1 \ (mod \ q)$$
$$\Rightarrow \quad a^{kgV(r,s)} \equiv 1 \ (mod \ (p*q))$$

Sind r und s primitiv, also $r = \varphi(p)$ und $s = \varphi(q)$, so sind r und s gerade Zahlen, besitzen also mindestens den gemeinsamen Faktor zwei, woraus unmittelbar die Behauptung folgt.

□

Auch diesem Satz lassen sich weitere Aussagen über das reale Spektrum entnehmen. Wir kommen im nächsten Kapitel im Rahmen einer Erweiterung darauf zurück.

8.4.3 Das reale Spektrum und der chinesische Restsatz

Wenn keine primitiven Restklassen existieren, muss sich die Anzahl von Elementen in den verbleibenden Ordnungen verändern. Möglicherweise entfallen auch weitere Ordnungen. Wir werden die hierbei auftretenden Gesetzmäßigkeiten ermitteln und einen Algorithmus zur Berechnung eines realen Spektrums entwickeln. Für die weiteren Betrachtungen führen wir einen neuen Begriff ein: die $\varphi(d)$ Elemente einer Potenzfolge der Ordnung d, die selbst die Ordnung d aufweisen, nennen wir **Kern**[146] der Folge.

Im ersten Schritt gehen wir der Frage nach, ob sich die Anzahl der Elemente mit einer bestimmten Ordnung beliebig oder nur in bestimmten Schritten ändern kann. Wir können uns dabei an die Untersuchung der Ordnung von Untergruppen anlehnen. In allen folgenden Aussagen beziehen wir uns jeweils stillschweigend auf Module, deren reales vom potentiellen Spektrum abweicht und die nicht ausschließlich Potenzen der Zahl Zwei sind. Wir finden

Lemma. Seien (M_1, M_2) Folgen der Ordnung d mit den jeweiligen Erzeugenden $(a, b, a \neq b)$ und den Kernen (T_1, T_2). Dann gilt

(a) Die Kerne sind gleich oder elementfremd

$$T_1 = T_2 \quad \vee \quad T_1 \cap T_2 = \emptyset$$

(b) Wenn die Kerne gleich sind, sind auch die Folgen elementgleich. Wenn die Kerne elementfremd sind, können die Folgen gleiche Elemente mit niedrigerer Ordnung aufweisen

$$(T_1 = T_2) \Rightarrow (M_1 = M_2)$$
$$(T_1 \cap T_2 = \emptyset) \Rightarrow (M_1 \cap M_2 \supseteq \emptyset)$$

---

146 Nicht zu verwechseln mit dem algebraischen Begriff des Kerns!

Beweis. (a) Besitzen die Kerne die Elemente $(a \in T_1 , b \equiv a^r \,(mod\; m) \in T_2)$, so folgt

$$\left[b , b^2 , ... b^d\right] = \left[a^{\;r} , a^{\;r^2} , ... a^{\;r^d}\right] = \left[a , a^2 , ... a^d\right]$$

Ist ein Element eines Kerns aus einem Element des anderen Kerns erzeugbar, so sind die Kerne identisch. Da wir aber mehr Elemente auf einzelne Ordnungen verteilen müssen, als im potentiellen Spektrum enthalten sind, müssen auch elementfremde Kerne der gleichen Ordnung existieren.

(b) Wenn die Kerne gleich sind, ist trivialerweise auch der Rest der Folgen identisch. Wir betrachten nun verschiedene Kerne und untersuchen als Beispiel Potenzfolgen der Zahl 5*7*11*13=5005, die die höchste Gruppenordnung 60 besitzt. Für unseren Existenznachweis genügt ja ein Beispiel, so dass wir für den Beweis die von uns entwickelten Algorithmen einsetzen können. Tabelle 8.4-2 entnehmen wir: die Folgen der Erzeugenden 3 und 17 sind bezüglich der Elemente der maximalen Ordnung 60 elementfremd, weisen aber beide die gleichen Elemente einer Folge der Ordnung 10 auf[147], womit der Beweis abgeschlossen ist   ❑

Aus Teil (a) des Lemmas können wir wiederum folgern, dass die Gesamtanzahl der Elemente einer bestimmten Ordnung ein ganzzahliges Vielfaches der Normalanzahl des potentiellen Spektrums ist

$$\psi(d) = c_d * \varphi(d) \quad , \quad c_d \in \mathbb{N}_0$$

Wir prüfen nun, ob ähnlich wie bei Gruppen mit primitiven Restklassen alle Elemente mit einer kleinen Ordnung in einer Folge höherer Ordnung vorhanden sind. Sofern dies nicht der Fall ist, genügt wie im vorhergehenden Beweis der Nachweis eines Beispiels.

---

147 Hier liegt einer der wenigen Fälle vor, in denen ein Rechenbeispiel als Beweis genügt. Der von Anfänmgern häufig begangene Fehler, Rechenbeispiele als Beweise aufzufassen, beruht auf der ungenauen Unterscheidung der Quantoren ∃ (*es existiert mindestens ein..*), ∃! (*es existiert genau ein ..*) und ∀ (*für alle gilt ..*). Nur für die erste Quantorart sind Rechenbeispiele zulässig. Gleichwohl sollte aber auch der Mathematiker zugeben, dass einführende Rechenbeispiele für den Anfänger eine wichtige Verständnisbrücke darstellen.

3	3721	4007	1719	17	2986	1018	984	729
9	1153	2011	152	289	712	2291	1713	911
27	3459	1028	456	4913	2094	3912	4096	3459
81	367	3084	1368	3441	563	1439	4567	4096
243	1101	4247	4104	3442	4566	4443	2564	3004
729	3303	2731	2302	3459	2547	456	3548	2731
2187	4904	3188	1901	3748	3259	2747	256	3914
1556	4702	4559	698	3656	348	1654	4352	456
4668	4096	3667	2094	2092	911	3093	3914	2094
3994	2278	991	1277	529	472	2531	1473	1
1972	1829	2973	3831	3988	3019	2987	16	
911	482	3914	1483	2731	1273	729	272	
2733	1446	1732	4449	1382	1621	2383	4624	
3194	4338	191	3337	3474	2532	471	3533	
4577	3004	573	1	4003	3004	3002	1	

Tabelle 8.4-2: Potenzfolgen der Erzeugenden (3, 17, 729) zum Modul m=5005

Lemma. Sei T_a Kern von M_a, $M_b = \left[M_k \mid \# M_k = d_b \right]$ die Menge aller Folgen mit einer höheren Ordnung und $d_a | d_b$, dann können Kerne existieren, deren Elemente in keiner der Elementmengen von M_b enthalten sind

$$(\exists\,(m\,,\,T_a))\ \ (\forall\,M_k \in M_b)\ \ (T_a \cap M_k = \emptyset)\ \text{[148]}$$

Anders ausgedrückt: Die erzeugenden Elemente von Potenzfolgen mit kleinen Ordnungen müssen nicht in Potenzfolgen vorhanden sein, deren Ordnung ein ganzzahliges Vielfaches der eigenen Ordnung ist.

Beweis. Auch für diese Existenzaussage ist wieder die Berechnung eines Zahlenbeispiels ausreichend. Das Beispiel $(m = 385 = 5 * 7 * 11)$ besitzt die Gruppenordnung $\varphi\,(m) = 240$ und die maximale Untergruppenordnung $(\psi\,(m) = kgV\,(\varphi\,(5)\,,\,\varphi\,(7)\,,\,\varphi\,(11)) = 60)$. Durch Berechnung lassen sich 64 Elemente der Ordnung 60 und 56 Elemente der Ordnung 30 ermitteln. Durch Berechnung der Potenzfolgen aller Elemente der Ordnung 60 lässt sich ermitteln, welche Elemente der Ordnung 30 in diesen Folgen auftreten. Insgesamt werden von den 56 Elementen nur 8 gefunden, die in Folgen der Ordnung 60 auftreten (*d.h. sie treten zudem in mehreren der Folgen mit Ordnung 60 auf*); die weiteren Gruppen mit der Ordnung 30 sind im Kern elementfremd mit den Gruppen der Ordnung 60 (*Abbildung 8.3*). ❑

Das Ergebnis ist scheinbar ein Rückschlag, da es bedeutet, dass sich zwischen den Koeffizienten c_k keine Beziehungen herstellen lassen, die auf einer „Enthalten-Relation" zwischen Folgen hoher und niedriger Ordnung beruhen. Wir müssen daher nach komplexeren Zusammenhängen suchen.

---

148 „m" ist die Einschränkung der Aussage auf bestimmte Module m.

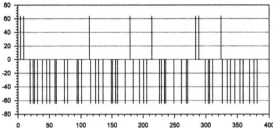

Abbildung 8.3: Elemente der Potenzfolgen der Ordnung 30 der Restklassengruppe von m=385. Positive Abszisse: die Elemente sind in Potenzfolgen der Ordnung 60 als Elemente vorhanden; negative Abszisse: die Elemente sind in keiner Potenzfolge der Ordnung 60 zu finden

Bislang ist nur klar, dass Ordnungen oberhalb der maximalen Ordnung unbesetzt bleiben. Wir untersuchen nun, ob unterhalb der maximalen Ordnung weitere, nicht mehr besetzte Ordnungen des potentiellen Spektrums zu finden sind. Wir erweitern dazu zunächst den Satz über die Obergrenze der Ordnungen in zusammengesetzten Modulen. Die dort nachgewiesene Beschränkung der Obergrenze der auftretenden Ordnungen muss nämlich keineswegs auf die höchste Ordnung beschränkt sein. Tatsächlich erweist sich die Schlussfolgerung über den Zusammenhang zwischen dem *kgV* und der höchsten auftretenden Ordnung als ein Spezialfall eines allgemeineren Satzes namens „*Chinesischer Restsatz*".

Satz. (Chinesischer Restsatz) Sei $m = m_1 * m_2 * \dots m_k$ eine Faktorzerlegung einer Zahl m mit der Nebenbedingung $ggT(m_i, m_j) = 1$, $i \neq j$. Dann existiert zu jedem Tupel ganzer Zahlen $(c_1, c_2, \dots c_k)$ eine Restklasse x von m , so dass gilt

$$x \equiv c_i \, (mod \, m_i)$$

Beweis. Die Zahl x lässt sich konstruktiv berechnen durch

$$x = \sum_{i=1}^{k} c_i * N_i * M_i \quad , \quad M_i = \frac{m}{m_i} \quad , \quad N_i * M_i \equiv 1 \, (mod \, m_i)$$

Wegen $ggT(M_i, m_i) = 1$ lässt sich N_i für jedes i eindeutig berechnen, und aufgrund von $M_i \equiv 0 \, (mod \, m_j)$ folgt die Behauptung. ❏

Der chinesische Restsatz ist von wesentlich allgemeinerer Form als der im Lemma benutzte Spezialfall $x \equiv a^r \equiv 1 \, (mod \, m)$, bei dem alle Koeffizienten c_i gleich (und zwar = 1) sind. Er wird uns später noch einige Male begegnen, weil auch er – wie schon der in einem Beweis verwendete erweiterte euklische Algorithmus – einen konstruktiven Beweisteil besitzt. Damit lässt sich nun eine Aussage über besetzte Ordnungen im allgemeinen machen und darüber hinaus das Spektrum eines zusammengesetzten Moduls vollständig berechnen.[149] Wir ziehen folgende Gesamtschlüsse:

---

149 Wir beschränken die Aussage an dieser Stelle auf aus zwei Primzahlen zusammengesetzte Module. Die Verallgemeinerung auf beliebig zusammengesetzte Module einschließlich höherer Potenzen der Primzahl Zwei, die keine primitiven Restklassen aufweisen, werden wir nach der Untersuchung der Spektren von Modulen aus höheren Potenzen von Zwei vornehmen.

(a) Wir schließen auf Eigenschaften des Moduls $m = p * q$ mit Hilfe der eulerschen Funktion $\varphi(m) = \varphi(p) * \varphi(q)$, indem wir beachten, wie sich jeder Teiler von $\varphi(m)$ aus den Teilern der einzelnen eulerschen Funktionen zusammensetzt:

$$d_p | \varphi(p) \quad , \quad d_q | \varphi(q) \quad \Rightarrow \quad (d = d_p * d_q) | \varphi(m)$$

Sind p oder q zusammengesetzt, so ist die Aufschlüsselung entsprechend zu erweitern. Wir erhalten so eine mehr oder weniger komplexe Liste, in der jeder Teiler d der Gesamtfunktion mehrere Aufschlüsselungen in Teiler der Einzelfunktionen besitzen kann.

Im weiteren beachten wir jeweils die Zerlegung der Teiler von $\varphi(m)$ in die von den Faktoren von m vorgegebenen Subteiler:

$$m = \prod_{k=1}^{s} p_k^{\alpha_k} \quad \Rightarrow \quad d | \varphi(m): \quad d = \prod_{k=1}^{s} d_k \quad , \quad d_k \in \left\{ t : t | \varphi(p_k^{\alpha_k}) \right\}$$

Beispiel: mit $m = 5005 = 5 * 7 * 11 * 13$ erhalten wir $\varphi(5005) = 4 * 6 * 10 * 12 = 2880$ sowie $Q_5 = \lfloor 1, 2, 4 \rfloor$, $Q_7 = \lfloor 1, 2, 3, 6 \rfloor$, $Q_{11} = \lfloor 1, 2, 5, 10 \rfloor$, $Q_{13} = \lfloor 1, 2, 4, 6, 12 \rfloor$ als Teilermengen der Euler'schen Funktionen der einzelnen Faktoren.

(b) Die Überlegungen dürfen auf alle theoretisch möglichen Ordnungen angewandt werden, d.h. die Ordnungen $d = d_p * d_q$ werden abgebildet auf

$$(d_p | \varphi(p) \quad \wedge \quad d_q | \varphi(q)) \quad \Rightarrow \quad (Ord(d_p * d_q) \to Ord(kgV(d_p, d_q)))$$

Als Konsequenz aus den Eigenschaften des *kgV* und den Teilerbeziehungen der Ordnungen treten im realen Spektrum nur noch solche Ordnungen auf, die Teiler der realen Maximalordnung sind und nicht der theoretischen Höchstordnung.

Die höchste mögliche reale Ordnung berechnet sich aus dem *kgV* der Ordnungen der einzelnen Primfaktoren.

$$Ord_{max} = kgV(\varphi(p_1), \varphi(p_2), ...) \quad , \quad Ord_{bes} | Ord_{max}$$

Die Anzahlen der im realen Spektrum auftretenden Spektrallinien wird dadurch stark vermindert. Sämtliche Ordnungen des theoretischen Spektrums, die nicht Teiler des höchsten realen Spektrums sind, entfallen.

Beispiel: als höchste auftretende reale Ordnung erhalten wir $kgV(4, 6, 10, 12) = 60$ statt $4 * 6 * 10 * 12 = 2880$. Alle anderen realen Ordnungen sind Teiler von 60.

(c) Um zu einer Aussage zu gelangen, welche Kombinationen von Ordnungen zu den einzelnen Teilern des Moduls auftreten können, betrachten wir eine Restklasse $[a]_p$ zu einem Faktor p von m mit der Ordnung r. Alle Elemente

$$a , \quad a + p , \quad a + 2 * p , \quad a + (q - 1) * p$$

besitzen die gleiche Ordnung bezüglich p, sind aber wegen $ggT(p, q) = 1$ paarweise verschiedene Vertreter von Restklassen zu q. Wir können damit feststellen, dass jede Kombination von Restklassen bezüglich der Faktoren vom m in der Restklassengruppe von m auftritt, wobei die Anzahlen multiplikativ sind, d.h. Elemente der Ordnungen r, s bezüglich p, q treten in $m = p * q * w \quad \varphi(r) * \varphi(s) * w$ Mal auf.

(d) Bei der Berechnung der Elementanzahlen zu einer Ordnung müssen wir die Surjektivität der Abbildung der d_s auf d berücksichtigen. Es existieren nämlich in den meisten Fällen Zerlegungen der Art

$$d_1 * d_2 * \ldots d_s = d'_1 * d'_2 * \ldots d'_s = d$$
$$kgV(d_1, d_2, \ldots d_s) \neq kgV(d'_1, d'_2, \ldots d'_s)$$

Wir haben das zwar schon in den Betrachtungen (a) und (b) zuvor implizit notiert, aber erst hier besteht die Notwendigkeit, tatsächlich die Urbilder von $f^{-1}(d)$ einzeln zu betrachten.

Beispiel: Für die potentielle Ordnung 720 erhalten wir u.a die Zerlegungen 720=2*6*5*12 und 720=2*6*10*6 mit $kgV(2,6,5,12)=60$ und $kgV(2,6,10,6)=30$.

Mit gleichen der Argumentation wie im Beweis des chinesischen Restsatzes sowie aufgrund von (c) können wir nun folgern, dass eine bestimmte Zerlegung einer potentiellen Ordnung d so viele Elemente zu einer realen Ordnung, die dem *kgV* der Zerlegung entspricht, hinzufügt, wie das Produkt der eulerschen Funktionen der Zerlegung angibt. Zu summieren ist dann über alle *kgV's* gleichen Wertes:

$$Ord(o) = \sum_{o = kgV(d_1, \ldots d_k)} \prod_{k=1}^{s} \varphi(d_k)$$

Da wir letztendlich wieder über alle Ordnungen summieren, sind alle Elemente auf reale Ordnungen verteilt. Die Elementanzahl einer potentiellen Ordnung wird dabei aber meist auf mehrere reale Ordnungen verteilt.

Beispiel: Die Zerlegung 2*6*10*6 trägt $\varphi(2) * \varphi(6) * \varphi(10) * \varphi(6) = 16$ Elemente zur realen Ordnung 30 bei, die Zerlegung 2*6*5*12 ihrerseits 32 Elemente zur Ordnung 60. Die restlichen Zerlegungen von 720 liefern weitere Beiträge zu realen Ordnungen.

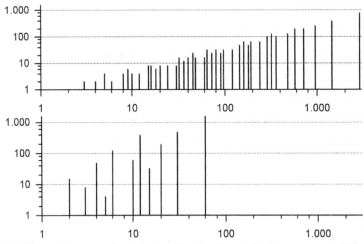

Abbildung 8.4: potentielles (oben) und reales (unten) Spektrum von m=5005

Abbildung 8.4 zeigt das Spektrums des zusammengesetzten Moduls $m = 5005$, das im Text auszugsweise schon erwähnt und nach diesen Überlegungen vollständig berechnet wurde. Der größte

Teil des potentiellen Spektrums verschwindet, die verbleibenden Linien besitzen eine hohe „Intensität".

Alternativ zu der Berechnung jedes Produkts, seines $kgV's$ und der zugehörenden eulerschen Funktionen nach der letzten Methode kann auch für jedes d das Infimum der $kgV's$ berechnet und die vollständige Anzahl der zu d gehörenden Elemente dorthin verschoben werden:

$$Ord\ (\ \inf_{(d_1 .. d_s) \in f^{-1}(d)}\ (kgV\ (d_1, ... d_s))) \Rightarrow \varphi\ (d)$$

Eine reale Ordnung wird hierbei ebenfalls von mehreren potentiellen Ordnungen „versorgt", das Schema sieht allerdings etwas übersichtlicher aus, da von jeder fortfallenden potentiellen Ordnung nur auf eine reale Ordnung zugeordnet wird. In Tabelle 8.3-1 sind für das Beispiel $m = 5005$ zusätzlich die Ordnungen angegeben, in die „verschoben" wird. Für das oben betrachtet Beispiel werden alle 192 Elemente von $d = 720$ der minimalen realen Ordnung 30 zugeordnet.

1	2	3	4	5	6	8	9	10	12	15	16	18	20	24	30	32	36
1	1	2	2	4	2	4	6	4	8	8	8	6	8	8	8	16	12
1	2	3	2	5	6	2	3	10	6	15	2	6	10	6	30	4	6
1	15	8	48	4	120	0	0	60	384	32	0	0	192	0	480	0	0

40	45	48	60	64	72	80	90	96	120	144	160	180	192	240	288	320	360
16	24	16	16	32	24	32	24	32	32	48	64	48	64	64	96	128	96
10	15	6	30	4	6	10	30	12	30	6	20	30	12	30	12	20	30
0	0	0	1536	0	0	0	0	0	0	0	0	0	0	0	0	0	0

480	576	720	960	1440	2880
128	192	192	256	384	768
60	12	30	60	60	60
0	0	0	0	0	0

Tabelle 8.4-3: Spektrum von m=5005 (Abbildung 8.4), berechnet nach Fehler: Referenz nicht gefunden. 1. Zeile: Ordnung (potentielle + reale); 2. Zeile: potentielle Besetzungszahl; 3. Zeile: Verschiebung zur angegebenen realen Ordnung; 4. Zeile: reale Besetzungszahl

Aufgabe. Implementieren Sie die angerissenen Algorithmen und vergleichen Sie sie untereinander. Dabei ist sicher auch interessant, sich die Details der verschiedenen Zuordnungen für einzelne (potentielle oder reale) Ordnungen anzuschauen und sie mit den theoretischen Überlegungen zu vergleichen. Sofern das Programm zur Berechnung des theoretischen Spektrums, das im ersten Abschnitt der Spektrenbetrachtungen implementiert wurde, bereits über eine Primfaktorzerlegung von $\varphi\ (m)$ verfügt, lässt es sich zur Umsetzung dieses Algorithmus noch einmal erweitern, in dem für einen bestimmten Teiler $d \,|\, \varphi\ (m)$ das Minimum verschiedener, aus seiner Zerlegung in Primfaktoren ermittelbarer kgV's berechnet wird.[150]

Wenn Sie die Liste der behandelten mit der der möglichen Fälle vergleichen, wird Ihnen auffallen, dass noch eine Berechnungsmöglichkeit für das reale Spektrum eines Moduls des Typs 2^k sowie der Einschluss von höheren Potenzen der Zahl Zwei in der Primfaktorzerlegung eines allgemeinen

---

150 Die Primfaktorzerlegung eines Teilers von $\varphi(m)$ kann formal auf verschiedene Euler'schen Funktionen der Primfaktoren von m verteilt werden, woraus unterschiedliche Faktorkombinationen bei der Berechnung des kgV resultieren.

Moduls fehlt. Was können wir über die Spektren von Potenzen von Zwei folgern? Mögliche Ordnungen sind weiterhin nur die Teiler von $\varphi(m)$, wobei nur die oberste mögliche Ordnung unbesetzt bleibt. Außerdem lässt sich dem Beweis zu den Lemmas eine weitere Eigenschaft der Restklassen entnehmen: die Ordnung des Basiselementes (*mit einer Ausnahme*) einer Restklasse verdoppelt sich, wenn sich das Modul verdoppelt:

$$a^{s-1} \equiv 1 \,(mod\ 2^{k-1}) \quad \Rightarrow \quad a^s \equiv 1 \,(mod\ 2^k)$$

Die Ausnahme (*außer der 1*) ist das letzte Restklassenelement. Diese besitzt die Ordnung zwei und behält diese beim Übergang zur nächsten Potenz der Zahl 2 bei:

$$(a = 2^k - 1) \quad \left(a^2 \equiv (2^k - 1)^2 \equiv 2^{2k} - 2^{k+1} + 1 \equiv 1 \,(mod\ 2^k) \equiv 1 \,(mod\ 2^{k+1}) \right)$$

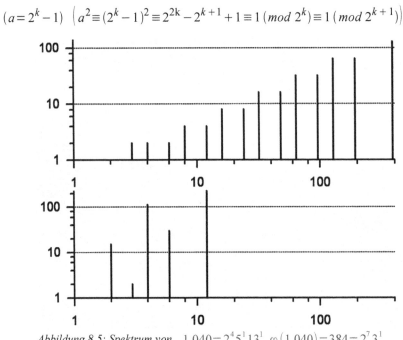

Abbildung 8.5: Spektrum von $\quad 1.040 = 2^4 5^1 13^1, \varphi(1.040) = 384 = 2^7 3^1$

Die neu hinzu kommenden Basiselemente lassen sich durch Addition von 2^{k-1} aus den vorherigen Basiselementen berechnen und haben die gleichen Ordnungen wie ihre Referenzelemente in der unteren Hälfte:

$$(b = a + 2^{k-1}) \quad (b^s \equiv (a + 2^{k-1})^s \equiv a^s 2^{k-1} + a^{s-1} 2^k + \dots \equiv 1 \,(mod\ 2^k))$$

Fassen wir dies zusammen, so erhalten wir das reale Spektrum aus dem theoretischen, indem wir die Besetzungszahlen jeweils auf die nächst niedrige Ordnung verschieben, wodurch jede Ordnung doppelt so viele Elemente wie im „Normalfall" erhält, die unterste Ordnung die dreifache:

$$\psi(d_n) = \varphi(d_{n+1}) \quad , \quad d \neq 2 \quad \wedge \quad \psi(2) = 3$$

Modul $2^7 = 128 : \varphi(128) = 64$

keine Klasse zur Ordnung 64   „normal": 32

Ordnung 32 = 32 Klassen   „normal": 16

Ordnung 16 = 16 Klassen   „normal": 8

Ordnung 8 = 8 Klassen   „normal": 4

Ordnung 4 = 4 Klassen   „normal": 2

Ordnung 2 = 3 Klassen   „normal": 1

Ordnung 1 = 1 Klassen   „normal": 1

Mit der Kenntnis der Spektren von Modulen höherer Potenzen von 2 lassen sich nun auch die realen Spektren beliebiger Module berechnen. Es muss „nur" das Ordnungsschema für Faktoren des Typs 2^k in die Berechnung der Ordnungen und der Anzahlen integriert werden (*das „nur" hat hier so seine Tücken*). Ich überlasse Ihnen den Ausbau der Algorithmen auf die endgültige Version. Abbildung 8.7 gibt ein Beispiel für ein Modul mit einer höheren Potenz von Zwei als Faktor. Zur Kontrolle können bei kleineren Modulen stets noch *brute-force*-Berechnungen der Ordnungen aller Elemente durchgeführt werden.

Zusammengefasst benötigen wir für die Berechnung des realen Spektrums eines Moduls sowohl die Faktorisierung des Moduls selbst als auch die Faktorisierungen der eulerschen Funktionen der einzelnen Faktoren. Diese Kenntnisse vorausgesetzt, ist die Berechnung unproblematisch, aber relativ mühsam. Die Beispiele zeigen, dass die Zahl der Spektrallinien des realen Spektrums bei allgemeinen Modulen relativ klein gegenüber der Linienanzahl des potentiellen Spektrums ist. Ein systematisches Erschließen des Spektrums wird hierdurch erschwert, und selbst bei Kenntnis der Lage aller Spektrallinien gewinnt man keine Rückschlüsse auf die Lage der potentiellen Linien, die für eine Ermittlung des Wertes der eulerschen Funktion notwendig sind. Die Besetzungszahlen des realen Spektrums besitzen untereinander ebenfalls keine Systematik, die solche Rückschlüsse erlaubt. Wir können damit feststellen, dass eine Spektralanalyse voraussichtlich keine Gefährdung für die geheimen Parameter eines Verschlüsselungsalgorithmus und insbesondere keine Alternative zu der bereits als sehr mühsam postulierten Faktorisierung darstellt.

8.5 Polynomringe

8.5.1 Polynome und ganze Zahlen

In der Algebra bezeichnet $R[x]$ die Menge der Polynome, deren Koeffizienten dem Ring (*oder Körper*) R entstammen.

$$P_n(x) = \sum_{k=0}^{n} a_k * x^k \quad , \quad a_n \neq 0 \quad , \quad a_k \in R$$

$$n = grad(P(x)) \overset{def}{=} max(k : a_k \neq 0)$$

Eine Untersuchung von Polynomen kann man in zwei Richtungen führen: Ermittlung von Gesetzmäßigkeiten der bekannten Größen, also Koeffizienten und Grad, oder Eigenschaften, die sich aus dem Einsetzen bestimmter Werte für die Variable x ergeben. Wir bleiben zunächst bei den Koeffizienten und dem Grad und weisen die Ringeigenschaften von Polynommengen nach.

Durch den Gradbegriff wird eine Teilordnung auf der Polynommenge definiert. Ein Polynom kann als größer bezeichnet werden, wenn es einen höheren Grad aufweist.[151] Da die Koeffizienten nicht

---

151 Im Gedankenschema der Analysis macht dies insofern einen Sinn, als Polynome höheren Grades schneller

in diese Überlegung eingeschlossen sind, handelt es sich nur um eine Teilordnung.[152] Die folgenden arithmetischen Regeln definieren eine Addition und eine Multiplikation auf $R[x]$, wobei es immer nur um das Verhalten der Koeffizienten geht und x eine unbestimmte Variable bezeichnet:

$$S(x)=P_n(x)+Q_m(x)=\sum_{k=0}^{max(n,\,m)}(a_k+b_k)*x^k$$

$$grad(S(x))\leq max(grad(P(x)),\,grad(Q(x)))$$

$$S(x)=P_n(x)*Q_m(x)=\sum_{k=0}^{n}\sum_{l=0}^{m}a_k*b_l*x^{(k+l)}$$

$$grad(S(x))=grad(P(x))+grad(Q(x))$$

Das Gleichheitszeichen bei der Gradbeziehung der Addition gilt nur, wenn die Grade der Polynome unterschiedlich sind. Bei gleichen Graden kann das Ergebnis einen niedrigeren Grad besitzen, was genau dann passiert wenn die oberen Koeffizienten der Summanden ein entgegengesetztes Vorzeichen aufweisen.

Mit den neutralen Elementen

$$Null:P_0(x)=0\quad,\quad Eins:P_1(x)=1$$

bezüglich der Addition und der Multiplikation lässt sich leicht nachweisen, dass $R[x]$ alle Ringeigenschaften erfüllt (die Details seien Ihnen überlassen).

Zwischen zwei Polynomen $P(x),Q(x),grad(P)\geq grad(Q)$ lässt sich ähnlich wie bei ganzen Zahlen eine Division mit Rest definieren

$$P(x)=S(x)*Q(x)+R(x)$$

Ist R ein Ring (aber kein Körper!), beispielsweise der der ganzen Zahlen, überzeugt man sich durch einige Beispiele schnell davon, dass allgemeine Aussagen zu $S(x)$ und $R(x)$ sich in $grad(R)\leq grad(P)$ und $grad(S)\leq grad(P)-grad(Q)$ erschöpfen (führen Sie dazu eine Beispielrechnung mit beliebig gewählten Koeffizienten durch).[153]

Wenn R jedoch ein Körper ist, ist immer eine vollständige Division der Koeffizienten möglich und es folgt

$$grad(S)=grad(P)-grad(Q)\quad,\quad grad(R)<grad(Q)$$

Polynome über Körpern wir $\mathbb{Q}[x]$ sind somit euklidische Ringe, und wir können Eigenschaften, die wir bei den ganzen Zahlen ermittelt haben und die nur diese Eigenschaft erfordern, auf Polynomringe übertragen.

---

im Unendlichen verschwinden, wenn x sehr große absolute Werte annimmt.

152 Vergleichbares war uns bei den gaußschen Zahlen bereits begegnet.

153 Auch wenn es eigentlich trivial ist, aber noch mal zur Erinnerung: zur Polynomdivision dividiert man den höchsten Koeffizienten des Dividenden durch den höchsten Koeffizienten des Divisors und notiert das Ergebnis bei einer Potenz von x, die der Differenz der Grade beider Koeffizienten entspricht. Der Divisor wird nun mit diesem Ausdruck multipliziert und das Ergebnis vom Dividenden subtrahiert, wobei mindestens der höchste Grad des Dividenden Null wird (bei Koeffizienten aus Ringen funktioniert das nicht immer!). Das Verfahren wird fortgesetzt, bis der Grad des Restdividenden kleiner als der des Divisors ist.

8.5.2 Rechnen mit großen ganzen Zahlen

Bevor wir uns weiter mit der Mathematik von Polynomen beschäftigen, schieben wir eine praktische Schlussfolgerung ein: mittels Polynomen kann nämlich die Beschränkung der Darstellung ganzer Zahlen auf einem Rechner überwunden werden. Von Polynomen mit nicht näher spezifizierten Koeffizienten x kommen wir nämlich mit dem Einsetzungshomomorphismus

$$f : \mathbb{Z}[x] \to \mathbb{Z}$$
$$x \to 10$$

zu einer Darstellung der ganzen Zahlen im dekadischen System. Die Darstellung einer beliebigen ganzen Zahl durch eine Summe der Art

$$n = \sum_{i=1}^{n} a_i * 10^i$$

ist zunächst nicht eindeutig und kann auf beliebig viele Arten erfolgen. Durch zwei zusätzliche Regeln wird die Mehrdeutigkeit beseitigt:

Regel 1. Die Koeffizientengrößen werden auf Werte $< |10|$ durch

$$a * 10^n \to (a \bmod 10) * 10^n + [a/10] * 10^{n+1}$$

begrenzt. Aus einer Polynomaddition wird damit beispielsweise

$$(7 * 10 + 5) + (3 * 10 + 7) = (10 * 10 + 12) = 1 * 10^2 + 1 * 10 + 2$$

(*entsprechendes gilt für die Multiplikation*). Wie sich leicht nachweisen ist, kann eine beliebige Zahl iterativ in eine nach dieser Regel genormte Zahl überführt werden, wenn man beim Koeffizienten a_0 beginnt.

Regel 2. Alle Koeffizienten besitzen das gleiche Vorzeichen. Ein Vorzeichenwechsel wird durch

$$(-a) * 10^n \to (-a + n * 10) * 10^n - n * 10^{n+1}$$

vermittelt, also beispielsweise $7 * 10 - 3 = 6 * 10 + 7$. Auch diese Regel lässt sich iterativ auf eine Zahl anwenden, indem man beim Koeffizienten des höchsten Grads beginnend alle anderen Koeffizienten auf dieses Vorzeichen umrechnet. Bei einer positiven Zahl sind somit alle Koeffizienten positiv, bei einer negativen alle Koeffizienten negativ.

So verwirrend das auf den einen oder anderen Leser zunächst wirken mag, bei genauerem Hinsehen werden Sie feststellen, dass dies genau die Rechenregeln sind, die Sie in der Grundschule gelernt haben.[154] Addition, Subtraktion und Multiplikation können mittels dieser Regeln problemlos ausgeführt werden, lediglich die Division verlangt noch eine Ergänzung. Da die Koeffizienten ganze Zahlen sind, findet eine Verringerung des Grades in den seltensten Fällen statt, wenn die normale Polynomdivision durchgeführt wird.[155] Das Problem lässt sich beseitigen, indem man vor der Division

---

154 Da heute bereits zu Anfang der folgenden Schulstufe Taschenrechner eingeführt werden, womit die Notwendigkeit des eigenen Rechnens deutlich zu früh entfällt, muss man sich aber kaum wundern, wenn diese einfachen Zusammenhänge ziemlich exotisch wirken.

155 In den meisten Fällen wird man sogar den Dividenden mehr oder weniger als Divisionsrest ausgewiesen

die höchste Ziffer durch Umkehrung von Regel 1 entfernt und ihr Vielfaches mit der Basis eine Stelle darunter dazu addiert, den Übertrag also für eine Stelle rückgängig macht.

```
1 2 0 4 : 5 0 = 12 0 4 : 5 0 = 2 (*10) REST 2 0 4
  2 0 4 : 5 0 =  20 4 : 5 0 = 4        REST     4
---------------------------------------------------
1 2 0 4 =  2 4 * 5 0 + 4
```

Der Polynomgrad erniedrigt sich damit (mindestens) um Eins und die Division der höchsten Koeffizienten hat auf jeden Fall ein von Null verschiedenes ganzzahligen Ergebnis. Das Verfahren wird iterativ fortgesetzt, bis der Grad des Dividenden kleiner als der des Divisors ist oder bei gleichen Graden eine Division der Koeffizienten nicht mehr aufgeht.

Aufgaben.[156] Damit haben wir nun alle Teile für die Implementation großer ganzer Zahlen zusammen. Diese beginnt zweckmäßigerweise mit der Implementation einer Polynomklasse in C++ Template-Form:

```
template <typename T> class Polynom {
public:
    ...
    Polynom<T>& operator+=(Polynom<T> const& t);
    ...
};//end class
```

Die Polynomdivision kann der Einfachheit halber mittels Addition, Subtraktion und Multiplikation realisiert werden. Das führt zwar nicht zu sehr effizientem, dafür aber recht kurzem Code.

Der nächste Schritt ist bereits die Klasse für große ganze Zahlen, die eine Instanz der Polynomklasse als Attribut enthält:

```
class Integer{
...
protected:
    Polynom<long> p;
```

In den arithmetischen Operationen werden zunächst normale Polynomoperationen durchgeführt und anschließend auf das Ergebnis die Regeln 1 und 2 angewandt. Lediglich die Division muss separat implementiert werden, wobei der Code der Polynomdivision mit einigen Modifikationen übernommen werden kann.

Wenn Sie die Aufgaben der vorhergehenden Kapitel bearbeitet haben, sind Sie bereits im Besitz einer Templateklasse für die Restklassenrechnung, die folgendes Aussehen haben könnten

```
template <typename T> Restklasse {
    static T& modul(){
        static T mod;
        return mod;
    }
    ...
```

und das Modul in Form eines Singleton verwaltet. Die Eleganz der Templatetechnik tritt durch die einfache Definition von Variablen eines Modulkörpers wie

```
Restklasse<Polynom<Restklasse<Integer> > > var1;
```

plastisch in Erscheinung. **Integer** ist eine Darstellung des Rings ganzer Zahlen mit technisch nahezu unbegrenzter Zahlengröße, **Restklasse<Integer>** bei Wahl einer Primzahl als Modul ein Kör-

---

bekommen.

156 Details zu den Implementationen entnehmen Sie bitte bei Bedarf wieder dem C++ Kompendium.

per. Dies macht **Polynom<Restklasse<Integer> >** wiederum zu einer Darstellung eines völlig normalen euklidischen Polynomringes, und mit Wahl eines Primpolynoms als Modul wird **Restklasse<Polynom<Restklasse<Integer> > >** wiederum zu einem Körper (wobei wir uns den Begriff „Primpolynom" noch einmal anschauen sollten). Theoretisch ist alles klar, aber wer wäre schon bereit, ein einfaches Rechenbeispiel mit diesem Bandwurm auf dem Papier auszuführen?

Betrachten wir abschließend die 10 als hier verwendete Basis, die ich eigentlich nur verwendet habe, um anschauliche Beispiele präsentieren zu können. Man kann beliebige Basen B mit einem Ziffernsystem $\{0, 1, \ldots B\text{-}1\}$ statt dessen verwenden, z.B. $B=16$ mit $z \in \lvert 0, 1, \ldots, E, F \rvert$ oder $B=100$ mit $z \in \lvert 0, 1, \ldots 99 \rvert$. Je größer die Basis, desto weniger Koeffizienten benötigt das Polynom, und um so effizienter wird Ihre Rechner mit großen Zahlen umgehen können. Wie groß Sie die Basis machen können, lässt sich durch eine einfache Rechnung feststellen:

1. Schritt: wie groß ist das Modul, oder genauer, wie viele Dezimalstellen[157] d weist es auf? Nach den Regeln der Restklassenrechnung besitzen die größten Zahlen, die auftreten können, die Stellenanzahl $s=2^*d$.

2. Schritt: legen Sie (willkürlich) eine Basis B fest (wir bleiben bei den Betrachtungen im Dezimalsystem; bei anderen Systemen müssen Sie die Formeln entsprechend anpassen. Ein Polynom benötigt $n=\lceil d/\log_{10}(B) \rceil+1$ Koeffizienten zur Darstellung des Moduls (und das ist die größte Zahl, mit der Rechnungen begonnen werden).

3. Schritt: bei einer Multiplikation können im schlimmsten denkbaren Fall Zwischenergebnisse in der Größe von B^2 entstehen, und bei der internen Addition der Zwischenergebnisse können wiederum maximal n solcher Zahlen aufeinander treffen, bevor nach den Regeln 1 und 2 auf Zifferngröße reduziert wird. Ist die Registerbreite Ihres Rechners b Bit, von denen eines als Vorzeichenbit verwendet wird, so muss nun gelten

$$2^{b-1} \geq n * (B-1)^2$$

wenn alle Rechnungen garantiert ausgeführt werden sollen.

Durch Variation von B können Sie nun eine möglichst große Basis ermitteln. Es sei jedoch angemerkt, dass Sie sich außerdem noch überlegen sollten, was Sie später mit den Zahlen anzufangen gedenken. Weder für die Lesbarkeit noch für den Datenaustausch mit anderen Systemen eignen sich Basen wie $B=1.761$ wirklich. Für lesbare Zahlen kommen mehr oder weniger Zehnerpotenzen in Frage, für den Datenaustausch Potenzen der Zahl Zwei.

8.5.3 Restklassen über Polynomringen

Aus der Division mit Rest lässt sich schließen, dass euklidische Polynomringe auch *faktorielle Ringe* sind, d.h. eindeutig in Primpolynome zerfallen. Wir führen den Nachweis in zwei Teilen.

Sei zunächst $a \in K$ eine einfache Nullstelle eines Polynoms $P_n(x)$ über einem Körper $\boldsymbol{K}$ vom Grad n, d.h. $P_n(a)=0$. Dann kann das Polynom eindeutig ein zwei Faktoren $P_n(x)=P_{n-1}(x)(x-a)$ zerlegt werden, ohne dass ein Rest bleibt.[158] Für das Restpolynom muss

---

157 Sie können auch in anderen Einheiten rechnen. Rechnen Sie in einer anderen Basis B anstelle von 10, so können Sie über den logarithmischen Faktor $\ln(10)/\ln(B)$ und Aufrunden auf die Stellenzahl in B umrechnen. Da die Bezugsgröße auf einem Rechner die Bitanzahl ist, bietet sich $B=2$ anstelle von $B=10$ als Alternative an.

158 Fall a eine mehrfache Nullstelle ist, können wir die Argumentation auch mit $(x\text{-}a)^k$ führen und kommen

nämlich $R(a)=0$ und $grad(R)=0$ gelten, wenn $(x\text{-}a)$ als Divisor verwendet wird, woraus $R=0$ folgt. Zerlegen wir nun $P_n(x)$ rekursiv auf die gleiche Art mit weiteren Nullstellen aus K in Faktoren, so lässt sich das im Idealfall genau n Mal durchführen, d.h. wir erhalten bis auf die Reihenfolge der Faktoren die eindeutige Zerlegung

$$P(x)=b*\prod_{k=1}^{grad(P)}(x-a_k)\ ,\ \ b,a_k\in R$$

Nun muss aber nicht in jedem Fall $a\in K$ gelten. Beispielsweise besitzt die Gleichung

$$x^2-2=0$$

im Körper Q keine Lösung. Ähnlich wie bei der Konstruktion eines Quotientenkörpers aus einem Ring lässt sich aber eine Körpererweiterung definieren, die das Problem löst, hier beispielsweise:[159]

$$\mathbb{Q}(\sqrt{2})=[(a+b*\sqrt{2}):a,b\in\mathbb{Q}]$$

Man verifiziert an diesem Beispiel rechnerisch recht leicht, dass bei jeder Art von Operation wiederum Zahlen dieses Typs entstehen und dass das Problem der Division mit $\sqrt{2}$ im Nenner durch Erweitern des Bruchs

$$\frac{a+b\sqrt{2}}{c+d\sqrt{2}}=\left(\frac{a+b\sqrt{2}}{c+d\sqrt{2}}\right)\left(\frac{c-d\sqrt{2}}{c-d\sqrt{2}}\right)=\frac{e+f\sqrt{2}}{c^2+2d^2}$$

zu beseitigen ist. Für jedes Polynom lässt sich auf diese Weise ein Erweiterungskörper konstruieren, in dem es vollständig in Linearfaktoren zerfällt. In unserem Körper K gelangen wir aber nur bis zu einer Zerlegung zum Grad $k>1$, beispielsweise

$$P(x)=x^4+6x^2+6=(x^2+2)*(x^2+3)$$

Betrachten wir nun wieder die Gleichung $P_n(x)=Q(x)*P_k(x)+R(x)$, so muss für alle k Nullstellen (in einem entsprechenden Erweiterungskörper) $P_k(a_j)=0\Rightarrow R(a_j)=0$ gelten. Da $R(x)$ aber einen kleineren Grad als k aufweist, bleibt wieder nur $R=0$ als Schlussfolgerung. Polynome, die sich in einem Körper nicht weiter zerlegen lassen, heißen irreduzible Polynome oder Primpolynome.

Auf wenn wir somit wissen, dass es irreduzible Polynome über einem Körper gibt, haben wir damit aber noch keine praktische Vorschrift an der Hand, festzustellen, ob ein Polynom irreduzibel ist oder es in weitere Faktoren zerfällt. Genau betrachtet sind wir bezüglich der Primzahlen aber auch nicht weiter vorgedrungen, denn wie stellt man fest, ob eine gegebene große Zahl eine Primzahl ist oder in Faktoren zerfällt? Bei Polynomen fällt dieser Umstand dem Betrachter meist früher auf, da man mit Zahlen bis zu einer gewissen Größe in der Regel noch ganz gut jonglieren kann, Polynome aber schon frühzeitig recht „unhandlich" werden. Wir heben uns die Problematik, Primeigenschaften festzustellen, jedoch für einen späteren Zeitpunkt auf.

Polynomringe über Körpern besitzen somit die gleichen Eigenschaften wie die ganzen Zahlen, und wir können mit ihnen auch eine komplette Restklassenalgebra aufbauen. Beispielsweise bezeichnet $\mathbb{Z}_{n,Q(x)}$ einen Restklassenkörper mit der Notation

---

zu dem gleichen Ergebnis.

159 Bei Polynomen mit höherem Grad ist die Konstruktion einer Nullstelle nicht unbedingt einfach, und die Elemente des Erweiterungskörpers weisen in der Regel mindestens so viele Komponenten auf, wie der Grad des Polynoms angibt.

$$R(x) \equiv P(x) \ (mod \ n, Q(x)) \ , \ n, Q(x) \, prim$$

für äquivalente, also zur gleichen Restklasse gehörende Polynome mit Koeffizienten aus $\mathbb{Z}_n$. Um in diesem Raum rechnen zu können, werden zunächst „normale" Polynomoperationen durchgeführt, wobei bei allen Koeffizienten im Körper $\mathbb{Z}_n$ operiert wird, anschließend wird der Divisionsrest mit $Q(x)$ als Restklassenvertreter berechnet, wiederum für die einzelnen Koeffizienten in $\mathbb{Z}_n$.

Ein solcher Restklassenkörper weist die der Koeffizienten-Köper über den ganzen Zahlen zyklische Gruppen auf. Auch hier gilt der fermatsche Satz

$$P(x)^{\varphi(n, Q(x))} \equiv 1 \, mod \, (n, Q(x))$$

Teilerfremde Polynome zu $Q(x)$ sind alle Polynome kleineren Grades außer dem Nullpolynom, so dass für die eulersche Funktion folgt

$$\varphi(n, Q) = n^{grad(Q)} - 1$$

Technisch kommt der Restklassenring $\mathbb{Z}_2[x]$ recht häufig zum Einsatz. Da die Koeffizienten nur die Werte Null oder Eins annehmen können, kann man ein Bitmuster eines Bytes oder eines größeren Wortes auf einem Rechner auch als Polynom interpretieren. Die Addition zweier Polynome entspricht dann der XOR–Verknüpfung zweier Worte, die Multiplikation einer Kombination von arithmetischem Rechtsschieben und XOR–Verknüpfungen der Zwischenergebnisse, so dass sehr effiziente Algorithmen implementiert werden können.

8.6 Elliptische Kurven

8.6.1 Vorausbemerkungen

Einen weiteren Gruppentyp mit Operationen, die Einwegcharakter aufweisen, findet man bei der Untersuchung der Eigenschaften elliptischer Kurven. Als elliptische Kurven bezeichnet man implizite Funktionen der Form

$$y^2 = x^3 + a * x + b$$

Auf der Punktmenge solcher Kurven lässt sich eine Addition definieren, d.h. eine Zuordnung

$$P(x_{1,} y_1) + P(x_{2,} y_2) = P(x_{3,} y_3)$$

in der die Koordinaten des dritten Punktes algebraisch aus den Koordinaten der ersten beiden berechnet werden können. Die Operation auf der Punktmenge weist obendrein noch der Gruppencharakter auf, d.h. es existiert ein neutraler Punkt und zu jedem anderen jeweils ein inverser Punkt.

Die praktische Anwendung dieser Beziehungen ist relativ einfach, ihre Herkunft und die diversen Nebenkriegsschauplätze jedoch sehr komplex,[160] so dass die meisten Werke sich auf die Anwen-

---

160 Siehe z.B. Joseph Silverstein, The Arithmetic of Elliptic Curves, Springer-Verlag. Dieses Buch ist in gewisser Hinsicht die Bibel für die Mathematik der elliptischen Kurven, setzt jedoch bei einem algebraischen Niveau ein, das den meisten nichtspezialisierten Mathematikern den Zugang mehr als schwer macht. Das Buch von Max Koecher und Alois Krieg, Elliptische Funktionen und Modulformen, Springer-Verlag, nähert sich dem von einer etwas anderen Seite, ist aber weniger nah an der kryptografischen Pra-

dungsseite beschränken, die dann eben so ist, wie sie ist. Ich möchte trotzdem hier versuchen, einen kleinen Einblick in die mathematischen Hintergründe zu geben, die vielleicht den Zugang zu tieferen Werken vereinfachen.

Für das folgende Teilkapitel benötigen Sie Grundkenntnisse der Analysis und der Funktionentheorie, d.h. Differential, Integral und die grundlegenden Eigenschaften komplexer Funktionen sollten bekannt sein.[161] Das Eine oder Andere werden Sie möglicherweise anderswo nachschlagen müssen; es handelt sich jedoch um Grundlagenstoff, den Sie fast jedem Lehrbuch entnehmen können.

8.6.2 Mathematische Grundlagen elliptischer Funktionen

Auch wenn unsere Anwendungen später auf Modulkörpern aufbauen, ist der Ausgangspunkt unserer Betrachtungen der Raum der komplexen Funktionen. Unschön bei der Handhabung von Funktionen in der einfachen Analysis ist zunächst der unterschiedliche Charakter von Null- und Polstellen. Während an Nullstellen nichts Aufregendes zu finden ist, gehören Polstellen nicht zum Bildbereich und erzeugen eine Lücke im Definitionsbereich. Zur Beseitigung dieses Problems erweitert man die Menge der komplexen Zahlen um den unendlich fernen Punkt und ordnet diesen Punkt dem Funktionswert einer Polstelle zu, d.h.

$$\mathbb{C} \rightarrow \hat{\mathbb{C}} = \mathbb{C} \cup \{\infty\}$$
$$f(b) = \infty$$

Hierdurch verschwindet die Definitionslücke und Nullstellen und Polstellen können durch eine Transformation eindeutig aufeinander abgebildet werden:

$$\Phi : f \rightarrow g = 1/f \quad , \quad f(a) = \infty \Leftrightarrow g(a) = 0$$

Die Abbildung Φ ist ein Isomorphismus, wie sich leicht feststellen lässt. Durch $\hat{\mathbb{C}}$ wird der Raum der so genannten meromorphen Funktionen definiert. Die oft problematische Untersuchung von Polstellen lässt sich hier leicht in eine Untersuchung von Nullstellen überführen.[162]

Abbildung 8.6 Gitter auf der komplexen Ebene

Gegenstand der Betrachtungen sollen periodische Funktionen sein. Hierzu definiert man zunächst mittels zweier linear voneinander unabhängiger komplexer Zahlen (ω_1, ω_2), $\omega_1 \neq \lambda * \omega_2$, $\lambda \in \mathbb{R}$ ein so genanntes Gitter M auf der komplexen Ebene $\hat{\mathbb{C}}$ [163]

---

xis.

161 Z.B. Falko Lorentz, Funktionentheorie, Spektrum-Verlag.

162 Sie können sich dies der Anschaulichkeit halber an einigen reellen Schnitten von Funktionen verdeutlichen, wenn Sie Polstellen mit einfachen, doppelten und höhergradigen Nullstellen korrelieren.

163 Gemeint ist im Weiteren immer die um den unendlich fernen Punkt erweiterte komplexe Ebene, ohne dass wir dies jedes mal dazu schreiben werden.

$$M = \omega_1 * \mathbb{Z} + \omega_2 * \mathbb{Z}$$

Ein Gitter ist somit eine Punktmenge, die gleichmäßig auf der komplexen Ebene verteilt ist.

Auf dem Gitter M interessieren im Weiteren doppelt periodische Funktionen in einer komplexen Variablen

$$f(z) = f(z+\omega) \ , \ \omega \in M \ , \ E_M = \left[f(z) = f(z+\omega) \right]$$

E_M heißt der Raum der elliptischen Funktionen (zum Gitter M), und mit $f_1 \in E_M$, $f_2 \in E_M$ ist sicherlich auch $f_1 + f_2 \in E_M$. Mit der Nullfunktion als neutralem Element identifiziert man die elliptischen Funktionen als eine additive Gruppe, die mit den konstanten Funktionen auch Einheiten enthält. Da wir meromorphe Funktionen betrachten, folgt auch

$$f(z) \in E_M \ \Rightarrow \ 1/f(z) \in E_M$$

d.h. E_M ist sogar ein Körper. Weiterhin definieren die elliptischen Funktionen auf natürliche Weise auch eine Restklassenabbildung $\hat{\mathbb{C}}_M = \hat{\mathbb{C}}/M$ auf der komplexen Ebene. Eine beliebige komplexe Zahl lässt sich immer durch ihr Äquivalent in der ersten Elementarzelle repräsentieren.[164]

Auch wenn jetzt bereits alle Begriffe aufgetreten sind, die wir benötigen, sei darauf hingewiesen, dass dies noch nicht die gesuchten Beziehungen sind. Wir werden im nächsten Schritt die gerade definierte Funktionenklasse konstruieren, also den Funktionen ein analytisches Bild der Form $F(x,y) = 0$ zuordnen. In der Funktionentheorie wird bewiesen, dass analytische oder reguläre Funktionen in einem Gebiet U der komplexen Ebene, das keine Polstelle enthält (wohl aber Nullstellen enthalten kann), um einen inneren Punkt $a \in U$ durch eine konvergente Potenzreihe darstellbar sind:

$$f(z) = \sum_{k=0}^{\infty} a_k * (z-a)^k$$

In der Umgebung $U \setminus [b]$ einer Polstelle b besitzt eine analytische Funktion eine Potenzreihenentwicklung der Funktion in der Form

$$f(z) = \sum_{k=-m}^{\infty} b_k * (z-b)^k$$

mit einem $m > 0$. Hierbei kommt dem Koeffizienten b_{-1} der Reihenentwicklung, dem Residuum, eine besondere Bedeutung zu.[165]

Zur (gemeinsamen) Klassifizierung von Null- und Polstellen führt man den Begriff der Ordnung einer Stelle. Die Vielfachheit einer Nullstelle bzw. Polstelle an der Stelle b bzw. die Ordnung der Funktion an der Stelle b ist definiert durch die maximale Potenz eines an der Stelle b abtrennbaren Linearfaktors

$$ord_b(f) = r: \ f(z) = g(z) * (z-b)^r$$

---

164 Verifizieren Sie, dass diese Restklassendefinition auf einer kontinuierlichen Menge mit unseren Festlegungen für diskrete Mengen vereinbar ist.

165 Die besondere Bedeutung offenbart sich bei der Integration längs eines geschlossenen Weges um die Polstelle. Wenn Sie mit diesen Begriffen wenig verbinden können, sollten Sie vor dem Weiterlesen zunächst Ihre Kenntnisse in elementarer Funktionentheorie auffrischen, da sonst der Rest auch unverständlich bleiben wird.

$$ord_b(f) = -r: \quad (1/f(z)) = (1/g(z)) * (z-b)^r$$

Nullstellen haben somit eine positive, Polstellen eine negative Ordnung. Alle anderen Stellen einer Funktion haben die Ordnung Null.

Mit diesen Begrifflichkeiten gelangt man zu einigen Aussagen, die wesentlich für die analytische Konstruktion elliptischer Funktionen sind und als liouvillesche Sätze bekannt sind (die folgende Liste von Schlussfolgerungen entspricht allerdings nicht ganz der Literaturliste).

F 1. Nicht konstante elliptische Funktionen besitzen Polstellen im Gitterparallelogramm.

Beweis. Besäße eine Funktion auf einem Gitterelement eine betragsmäßige Obergrenze, so gälte dies wegen der Periodizität auch auf ganz $\mathbb{C}$. Bei einer Integration längs eines Weges um ein gebiet ohne Polstelle liegt das Betragsmaximum aber auf dem Rand, wie in der Funktionentheorie nachgewiesen wird, was unmittelbar auf die Konstanz der Funktion führt. Nicht konstante Funktionen müssen also Polstellen aufweisen. $\square$

F 2. Die Anzahl der Polstellen ist beschränkt.

Beweis. Da äquivalente Punkte in $\hat{\mathbb{C}}$ aufeinander abgebildet werden, müssen alle Polstellen bereits im ersten Gitterparallelogramm zu finden sein. Wäre deren Menge unbeschränkt, müssten zwangsweise Häufungspunkte von solchen Stellen im Gitterelement existieren, was aber mit dem Begriff der regulären Funktion nicht vereinbar ist. $\square$

F 3. Die Summe ihrer Residuen verschwindet

$$\sum_{p \in M} Res_p(f) = 0$$

Beweis. Wir wählen als geschlossenen Integrationsweg den Rand P eines Gitterparallelogramms. Aufgrund der Beschränkung der Pol(- und Nullstellen)anzahl können wir durch Verschieben des Startpunktes des Integrationsparallelogramms von Null in einen Punkt c im Inneren des Parallelogramms immer erreichen, dass keine Polstellen der Funktion auf der Integrationsgrenze liegen. Damit wird die Integration ausführbar, und das Ergebnis kann die Restklassenabbildung eindeutig auf das Basisparallelogramm abgebildet werden. Für die Integration längs der Kanten α, β, γ, δ eines solchen Parallelogramms folgt:

$$\oint_P f \, dz = \int_\alpha f \, dz + \int_\beta f \, dz + \int_\gamma f \, dz + \int_\delta f \, dz$$
$$= \int_\alpha f \, dz + \int_\beta f \, dz - \int_{\alpha+\omega_2} f \, dz - \int_{\beta+\omega_1} f \, dz = 0$$

Hierbei haben wir von der Periodizität der Funktion auf dem Gitter und der Gegenläufigkeit gegenüberliegender Wege Gebrauch gemacht. Da der Weg andererseits alle Polstellen umfasst und somit deren Residuen summiert, folgt die Behauptung. $\square$

F 4. Die Ordnungen von Pol- und Nullstellen heben sich gegenseitig auf oder – etwas salopp und unscharf formuliert – es sind unter Berücksichtigung der Vielfachheiten genauso viele Nullstellen wie Polstellen in einer Elementarzelle vorhanden.

$$\oint_P \frac{f'(z)}{f(z)} dz = \sum_{p \in E} ord_p(f) = 0$$

Beweis. Aus der Definition der Ordnung von Null- bzw. Polstelle erhalten wir

$$\frac{f'(z)}{f(z)} = \frac{g'(z)}{g(z)} + \sum_{(a)} \frac{ord_a(f)}{z-a}$$

Die Summe ist über alle Null- und Polstellen des Gitterparallelogramms zu führen, und der Term $g'(z)/g(z)$ weist definitionsgemäß keine Null- oder Polstelle mehr auf. Mit dem Integrationsweg aus F3 erhalten wir die Behauptung unmittelbar durch Anwendung des Residuensatzes. $\square$

F 5. Die Summe über alle Stellen der Funktion multipliziert mit deren Vielfachheit ist ebenfalls Null

$$\oint_P z \frac{f'(z)}{f(z)} dz = \sum_{p \in E} p \; ord_p(f) = 0$$

Beweis. Aus der Definition des Residuums folgt alternativ zum Integral

$$Res_a(h) = \lim_{z \to a} h(z)(z-a)$$

Um dies zu sehen, muss nur die Reihenentwicklung der Funktion eingesetzt werden. Ist nun eine Funktion $g(z)$ gegeben, die bei a keine Polstelle besitzt, so folgt daraus unmittelbar

$$Res_a(g \cdot h) = g(a) \cdot \lim_{z \to a} h(z)(z-a)$$

Setzen wir $g(z) = z$ und $h(z) = f'(z)/f(z)$ so besitzt $g(z)$ in der Elementargitterzelle eine Nullstelle bei $z=0$ und sonst weder eine weitere Null- noch eine Polstelle. Die Integration längs der gesamten Gitterzellengrenze liefert somit die behauptete Summe. $\square$

F 6. Eine nicht konstante elliptische Funktionen ist surjektiv auf $\hat{\mathbb{C}}$ und nimmt jeden Funktionswert gleich oft an.

Beweis. Die Funktion f hat offenbar die gleiche Anzahl von Polstellen wie die Funktion $g = f - c$, $c \in \mathbb{C}$, also (unter Berücksichtigung der Multiplizität) nach F4/F5 auch die gleiche Anzahl an Nullstellen, nur liegen die Nullstellen an anderer Stelle. Da es sich hier nur um eine Nullpunktverschiebung handelt, die jeden beliebigen Funktionswert auf eine Nullpunkt transformiert, folgt unmittelbar die Behauptung. $\square$

F 7. Es gibt keine elliptische Funktion, deren Polstellenmenge nur aus einem einfachen Pol besteht.

Beweis. Das Integral $\oint f \, dz$ längs eines Weges über um eine komplette Gitterzelle ist mit der gleichen Begründung wie in den anderen untersuchten Fällen Null. Hätte die Funktion einen einfachen Pol, müsste das Integral aufgrund des Residuensatzes aber ungleich Null sein. $\square$

Damit haben wir nun alle notwendigen Kenntnisse gesammelt, und die explizite analytische Konstruktion des Raums der elliptischen Funktionen durchführen zu können. Wir beginnen mit einer Funktion, die in E_M nur bei $z=0$ einen (*zweifachen*) Pol besitzt und kein konstantes Glied aufweist. Die Funktion ist in der Literatur als Weierstrassfunktion bekannt und besitzt folgende Partialbruchentwicklung bzw. Laurentreihe:

$$\wp(z) = \frac{1}{z^2} + \sum_{\omega \neq 0} \left(\frac{1}{(z-\omega)^2} - \frac{1}{\omega^2} \right) = \frac{1}{z^2} + \sum_{k=1}^{\infty} c_k z^k$$

Aufgabe. Weisen Sie nach, dass es sich um eine gerade periodische Funktion handelt $(\wp(z)=\wp(-z))$.[166]

Diese Darstellung einer geraden elliptischen Funktion mit einer doppelten Polstelle bei Null und ohne weitere Polstellen durch die Weierstrassfunktion ist eindeutig. Gäbe es nämlich zwei Möglichkeiten (f_1, f_2) der Konstruktion, unterscheiden sich diese gemäß Konstruktionsansatz lediglich in den Koeffizienten c_k der Laurentreihe und $g(z)=f_1(z)-f_2(z)$ ist eine beschränkte Funktion mit $g(0)=0$, woraus nach F1 $f_1=f_2$ folgt.

Weitere gerade elliptische Funktionen, die höchstens im Punkt 0 Polstellen aufweist, lassen sich daher in eindeutiger Form als Polynom in $\wp$ darstellen:

$$g=\sum_{k=0}^{n} a_k \wp(z)^k$$

Aufgabe. Durch direkte Rechnung und Rückgriff auf F1 - F7 überzeuge man sich von folgenden Schlussfolgerungen:

a) Die Funktion $h(z)=\wp(z)-\wp(p)$ ist eine gerade elliptische Funktion mit doppelter Polstelle bei Null und doppelter Nullstelle bei p (*und keinen weiteren Null- oder Polstellen*).

b) Die Funktion $\wp'(z)$ ist eine ungerade Funktion mit einer Polstelle 3. Ordnung in Null.

Wie oben bereits ganz allgemein festgestellt wurde, ist der Raum der elliptischen Funktionen ein Körper, den wir mittels der Weierstrassfunktion konstruieren. Für den Teilraum der geraden Funktionen gilt zunächst

F 8. Jede gerade elliptische Funktion lässt sich eindeutig durch eine rationale Funktion der Weierstrassfunktion darstellen.

Beweis. Sei f eine beliebige gerade elliptische Funktion mit den Polstellen $(q_1, q_2 ... q_r)$ und deren Vielfachheiten $(n_1, n_2, ... n_r)$. Unter Verwendung des Ergebnisses a) der Aufgabe folgt, dass

$$g=f*\prod_{k=1}^{r}(\wp(z)-\wp(q_k))^{n_k}$$

eine gerade elliptische Funktion mit einer doppelten Polstelle bei Null mit der Vielfachheit

$$n=\sum_{k=1}^{r} n_r$$

ist. g lässt sich als Polynom der Weierstrassfunktion darstellen, und f besitzt damit eine eindeutig Darstellung als Quotient zweier Polynome in $\wp(z)$. $\square$

Die Erweiterung auf den Körper aller elliptischen Funktionen ist mit Ergebnis b) der Aufgabe nun nicht mehr schwierig. Eine beliebige (*elliptische*) Funktion f lässt sich immer zerlegen in einen geraden und einen ungeraden Anteil durch

$$f_g(z)=\frac{1}{2}(f(z)+f(-z)) , \quad f_u(z)=\frac{1}{2}(f(z)-f(-z))$$

---

166 Hinweis: die Gitterpunkte in der Summe belegen die komplette komplexe Ebene.

Die Funktion f_g ist als gerade Funktion bereits in $\hat{\mathbb{C}}(\wp)$ enthalten. $f_u/\wp\,'$ ist als Quotient zweier ungerader Funktionen ebenfalls eine gerade Funktion und muss deshalb auch in $\hat{\mathbb{C}}(\wp)$ vorhanden sein, d.h. $f_u * \wp\,' \in \hat{\mathbb{C}}(\wp)$. Daraus folgt nun endgültig

F 9. Jede elliptische Funktion zum Gitter M lässt sich über $\hat{\mathbb{C}}$ rational durch die Körperkonstruktion

$$E_M = \hat{\mathbb{C}}(\wp,\wp\,') = \hat{\mathbb{C}}(\wp) + \hat{\mathbb{C}}(\wp)\,\wp\,'$$

darstellen. Der Körper aller elliptischen Funktionen ist ein Vektorraum der Dimension 2 über dem Körper der geraden elliptischen Funktionen □

Einmal abgesehen vom Symbol ∞ in der Summe der Weierstrassfunktion ist der Körper der elliptischen Funktionen damit konstruktiv nicht komplizierter als der Körper der rationalen Funktionen (Quotientenkörper der Polynome) im Reellen. Die Summenformel lässt sich aber noch weiter aufarbeiten, womit wir dann auch endlich zu den Beziehungen vorstoßen, auf denen die Verschlüsselungstechnik mit elliptischen Kurven beruht.

Das Quadrat einer ungeraden Funktion ist eine gerade Funktion, d.h. $\wp\,'^2$ muss sich als Polynom in $\wp$ darstellen lassen. Eine etwas mühsame Rechnung liefert den Zusammenhang

$$\wp\,'(z)^2 = 4\,\wp(z)^3 - g_2 * \wp(z) - g_3$$

$$g_2 = 60 \sum_{\omega \neq 0} \frac{1}{\omega^4} \qquad g_3 = 140 * \sum_{\omega \neq 0} \frac{1}{\omega^6}$$

Wir skizzieren den Rechenweg kurz. Zunächst wird die Reihenentwicklung der Weierstrassfunktion in eine Potenzreihe um $z=0$ explizit durchgeführt. Für die Koeffizienten gilt $c_n = f^{(n)}(0)/n!$ mit $f(z) = \wp(z) - 1/z^2$, da die Potenzreihe ja nur den Teil der Funktion umfasst, der nicht durch die Polstelle beschrieben wird. Differenzieren liefert für die Ableitungen (*Übung*)

$$f^{(n)}(z) = (-1)^n (n+1)! \sum_{\omega \neq 0} \frac{1}{(z-\omega)^{n+2}}$$

und mit der Abkürzung $G_k = \sum_{\omega \neq 0} \frac{1}{\omega^k}$ (wir entwickeln um $z=0$) erhalten wir

$$\wp(z) = \frac{1}{z^2} + \sum_{m=1}^{\infty} (2m+1) G_{2m+2}\, z^{2m}$$

In dieser Entwicklung ist berücksichtigt, dass $\wp(z)$ eine gerade Funktion ist, also alle Koeffizienten mit ungeradem Index in der Entwicklung verschwinden müssen. Durch nochmaliges Differenzieren dieses Ausdrucks erhalten wir auch $\wp\,'$.

Die erste hiermit konstruierbare gerade Funktion, die $\wp$ und $\wp\,'$ enthält und keine höheren Polstellen besitzt, ist

$$\wp\,'^2 - 4\,\wp^3 = -60\,G_4\, z^{-2} - 140\,G_6 + ...$$

Addieren wir zu dieser Gleichung noch $60\,G_4\,\wp$, so entfällt auf der rechten Seite der Term in z^{-2} (*dafür treten weitere mit geraden Potenzen in z hinzu*):

$$\wp'^2 - 4\wp^3 + 60\,G_4\;\wp = -140\,G_6 + \sum_{m=1}^{\infty} a_m z^{2m}$$

Die rechte Seite enthält nun keine Polstelle mehr. Nach F1 ist damit aber auch die Potenzreihe Null und der Ausdruck auf der linken Seite ist konstant $= -140\,G_6$, womit der Zusammenhang nachgewiesen wäre. Die Werte von g_2, g_3 hängen nur vom Gitter M ab, und eine Weiterführung dieser Untersuchung, auf die wir aber hier verzichten, zeigt sogar $g_2, g_3 \in \mathbb{Q}$.

Damit ist die einführende Untersuchung der elliptischen Funktionen abgeschlossen, soweit es die Belange der Kryptografie betrifft.

8.6.3 Elliptische Kurven und Additionstheorem

Eine elliptische Kurve ist die Lösungsmenge einer durch

$$y^2 = 4x^3 - g_2 * x - g_3$$

beschriebenen impliziten Funktion. Sie ist mit der Weierstrassfunktion durch den Einsetzungshomomorphismus

$$\phi: (\wp, \wp') \to (x, y)$$

zum Gitter $M(g_2, g_3)$ (oder bei entgegengesetzter Betrachtung zum Gitter M mit der Abbildung $g_2(M), g_3(M)$ auf die Koeffizienten der elliptischen Kurve) verknüpft. Die Beziehung geht aber noch wesentlich tiefer:

F 10. Sei M ein Gitter und $\wp$ die elliptische Basisfunktion. Dann vermittelt

$$z \to (\wp(z), \wp'(z))$$

eine Bijektion $\mathbb{C}_M \to F_M$ zwischen einer durch ein Gitter auf $\hat{\mathbb{C}}$ definierten Restklassenabbildung und der Lösungsmenge F_M einer elliptischen Kurve.

Beweis. (a) Wir untersuchen zunächst die *Surjektivität* der Abbildung. Sei $(a, b) \in F_M$ ein beliebiger Punkt der elliptischen Kurve. Da eine (nicht konstante) elliptische Funktion jeden Wert aus $\hat{\mathbb{C}}$ über einem Gitterelement annimmt, existiert ein $z \in \hat{\mathbb{C}}$ mit $\wp(z) = a$, und ebenso existiert auch $\wp'(z)^2 = b^2$, also $\wp'(z) = b$ oder $\wp'(z) = -b$.

Ist $\wp'(z) = b$, so ist die Abbildung damit bereits gefunden. Im anderen Fall $\wp'(z) = -b$ muss aber, da $\wp$ eine gerade und $\wp'$ eine ungerade Funktion ist, $(\wp(-z), \wp'(-z)) = (a, b)$ gelten. Da z und $-z$ vermöge der Restklassenabbildung $\mathbb{C}_M$ eindeutig in die Elementarzelle des Gitters abgebildet werden, ist die Surjektivität damit nachgewiesen.

(b) Zum Nachweis der *Injektivität* untersuchen wir die Funktion $\wp - \wp(p)$. Sie macht lediglich aus einem beliebigen Punkt p eine Nullstelle, und da $\wp$ gemäß Konstruktion genau eine doppelte Polstelle besitzt und eine gerade Funktion ist, folgt, dass $\wp - \wp(p)$ genau zwei Nullstellen bei p und $-p$ besitzt.

Für $p \neq -p \,(mod\,M)$ sind das zwei verschiedene Nullstellen, für die folglich $\wp' \neq 0$ gilt. Für $p \equiv -p \,(mod\,M)$ liegt eine doppelte Nullstelle vor, und da $\wp'$ eine ungerade Funktion ist, gilt hier $\wp' = 0$. Jedes $z \in \mathbb{C}_M$ wird also genau auf einen Punkt im Bildraum abgebildet, womit auch die Injektivität beweisen wäre. $\qquad \Box$

F10 hat eine sehr tief greifende Konsequenz, die sonst wohl nur schwerlich zu erkennen und der Grund für den ganzen bisherigen Aufwand ist. Die Addition

$$z_3 \equiv z_1 + z_2 \,(mod\, M)$$

hat ein eindeutiges Ergebnis in $\mathbb{C}_M$, und $(\mathbb{C}_M, +)$ ist eine Gruppe. Da jedes z aber auch eindeutig mit einem Punkt (a,b) einer elliptischen Kurve verknüpft ist, ist auch die Punktmenge einer elliptischen Kurve eine Gruppe, d.h. es existiert eine Additionsvorschrift mit

$$P_1 + P_2 = P_3 \in F_M$$
$$\exists O: \ P + O = O + P = P$$
$$\exists -P: \ P + (-P) = (-P) + P = O$$

Die Addition auf der Punktmenge ist bislang allerdings nur über die Weierstrassfunktion definiert, was für eine praktische Anwendung kaum brauchbar wäre. Es bleibt also zu untersuchen, ob brauchbare Rechenformeln direkt auf der Punktmenge existieren. Dazu erweitern wir zunächst unser geometrisches Objekt „elliptische Kurve" auf den Einschluss des unendlich fernen Punktes. In der projektiven Geometrie[167] wird das durch eine weitere Koordinate, die so genannte *projektive Koordinate*, erledigt. Aus den (euklidischen) Koordinaten (x,y) einer elliptischen Kurve werden (projektive) Koordinaten (x,y,z), wobei zwischen beiden Koordinatensätzen die Abbildungsvorschrift

$$(x, y, z) \rightarrow (x/z, y/z, 1)$$

besteht. Damit dieses Koordinatensystem immer funktioniert, muss zusätzlich die Koordinatendarstellung einer Kurve homogenisiert werden, was bedeutet, dass in jedem Term die projektive Koordinate so aufzunehmen ist, dass in allen Summanden die Summe der Exponenten der Koordinaten gleich ist. Eine belieginge Funktion erfüllt dann die Beziehung

$$f(\lambda * x_1, \lambda * x_2, ..., \lambda * x_n) = \lambda^n * f(x_1, x_2, ..., x_n)$$

In projektiven Koordinaten sieht die Funktionsgleichung einer elliptischen Kurve damit folgendermaßen aus:

$$y^2 z = 4 x^3 + g_2 x z^2 + g_3 z^3$$

Zusätzlich gilt, dass nicht alle Koordinaten gleichzeitig Null werden dürfen. Im normalen Raum, in dem x und y den Wert Null annehmen dürfen, gilt der Einfachheit halber daher $z=1$, und der unendlich ferne Punkt wird durch die Koordinaten $(0,1,0)$ repräsentiert.[168] Mit $\wp(0)$ erhalten wir die Abbildung auf P_∞. Damit haben wir in der projektiven Geometrie nun eine einheitliche Beschreibung der Kurve ohne irgendwelche Sonderfälle.

Bevor wir uns nun mit den Additionsformeln auseinander setzen, sei der Vollständigkeit halber darauf hingewiesen, dass man sich dem Phänomen „elliptische Kurve" alternativ zu unserem Zugang über die Analysis auch über algebraische und geometrische Überlegungen nähern kann. Dabei stößt man auf eine etwas allgemeinere Funktionsgleichung:

$$y^2 z + a_1 x y z + a_3 y z^2 = x^3 + a_2 x^2 z + a_4 x z^2 + a_6 z^3$$

---

167 Literatur z.B. Albrecht Beutelspacher, Ute Rosenbaum, Projektive Geometrie, Vieweg Verlag

168 Die Eins ist auch hier eine vereinfachende Normierung. Man überzeugt sich leicht, dass mit diesem Koordinatensatz (und nur mit diesem Koordinatensatz) die homogene Funktionsgleichung erfüllt ist.

In dieser Darstellungsform treten mit den Termen bei a_1, a_2, a_3 zusätzliche Summanden auf, was aber nicht zu Probleme führt, denn wie man rechnerisch nachweist, lässt sich die linke Seite dieser Funktionsgleichung durch die Variablentransformation $y \leftarrow y + (a_{1x} + a_3)/2$ zunächst auf y^2 reduzieren:

$$y^2 z = x^3 + b_2 x^2 z + b_4 x z^2 + b_6 z^3$$

Das jetzt noch störende quadratische Glied auf der rechten Seite lässt sich durch eine kubische Ergänzung $x \leftarrow x + b_2/3$ ebenfalls zum Verschwinden bringen.

Aufgabe. Die Berechnung der Zusammenhänge zwischen den Koeffizienten ist etwas aufwändig, aber nicht besonders kompliziert. Führen Sie die Berechnung explizit durch und geben Sie die Zusammenhänge zwischen (g_2, g_3), (b_2, b_4, b_6) und $(a_1 - a_6)$ an. Existieren Bedingungen, unter denen eine Überführung der Formen ineinander nicht möglich ist ?

So lange man im Raum der komplexen Zahlen bleibt, sind die verschiedenen Funktionsgleichungen zueinander äquivalent. Für die Verschlüsselungsarbeit sind die komplexen Zahlen aber nicht der geeignete Rahmen; wir werden wieder auf Restklassenkörper irgendeiner Art zurückgreifen müssen, wenn Genauigkeit gepaart mit Sicherheit erforderlich ist. Eine genauere Analyse zeigt dann, dass die quadratische Ergänzung für Körper der Charakteristik 2 nicht gelingt,[169] d.h. hierfür gibt es keine äquivalenten Darstellungen

$$E(a_1 - a_6) \sim E(b_2, b_4, b_6)$$

Ebenso gilt, dass ein äquivalente Formen

$$E(b_2, b_4, b_6) \sim E(g_2, g_3)$$

für Körper der Charakteristik 2 oder 3 nicht hergestellt werden können. Die Gruppeneigenschaft der Punktmengen ist hierdurch nicht betroffen, so dass wir für die Praxis die Form frei wählen können. Der sehr viel wichtigeren Frage, ob nämlich für einen beliebigen Körper K

$$P_1, P_2 \in K^2 \Rightarrow P_1 + P_2 \in K^2$$

erfüllt ist, gilt der nächste Untersuchungsabschnitt.

Zunächst definieren wir das neutrale Element der Gruppe und setzen in Analogie zum neutralen Element des Gitters $P_0 = P_\infty$, d.h. der unendlich ferne Punkt $(0,1,0)$ übernimmt die Rolle des neutralen Elementes in der Gruppe. Diese Festlegung ist nicht zwingend, aber recht zweckmäßig. Aufgrund der Bijektion zwischen den Räumen können wir auch jeden anderen Punkt als Nullpunkt festlegen. Diese Festlegung führt jedoch zu relativ simplen Rechenformeln.

Das Inverse eines Elementes erhalten wir bei dieser Festlegung des neutralen Elementes durch Einsetzen von $-z$ in die Weierstrassfunktion

$$P = (x, y) = (\wp(z), \wp'(z)) \Rightarrow -P = (\wp(-z), \wp'(-z)) = (x, -y)$$

Die Summe zweier Punkte ist über die Weierstrassfunktion durch

$$P_3 = (\wp(z_1 + z_2), \wp'(z_1 + z_2)) = (y_3, x_3) = P_1 + P_2$$

---

169 Unter Charakteristik versteht man die Anzahl der neutralen Elemente in der Summe $1+1+1+...+1=0$. In beschränkten Körpern ist die Charakteristik immer größer als Null, unbeschränkte Körper besitzen vereinbarungsgemäß die Charakteristik 0.

definiert. Zur geometrischen Konstruktion von (y_3, x_3) betrachten wir zunächst den Fall $z_1 \neq \pm z_2 (mod\, M) \Leftrightarrow P_1 \neq \pm P_2$. Legt man durch P_1 und P_2 eine Grade $Y = (a * X + b)$, so gilt an den Stützstellen $\wp'(z_i) = a * \wp(z_i) + b$, $i = 1,2$, und die elliptische Funktion $f = \wp' - (a * \wp + b)$ enthält die Stützstellen wiederum als Nullstellen. Sie hat wegen $\wp'$ einen Pol der Ordnung 3 an der Stelle $z = 0$ und besitzt daher nach F4 noch genau eine weitere Nullstelle, die nach Konstruktion der Geraden ebenfalls ein Schnittpunkt mit der elliptischen Kurve ist. Zusammengefasst erhalten wir

F 11. Eine Gerade durch zwei Punkte einer elliptischen Kurve schneidet diese in genau einem weiteren Punkt. □

Die Koordinate der fehlenden dritte Nullstelle von f ist

$$z_3 = -(z_1 + z_2) \; ,$$

da nach F5 die Summe des Produktes der Stellen mit deren Vielfachheiten verschwinden muss. Die Polstelle liegt bei $z=0$, so dass in dieser Summe nur die Nullstellen zur Zählung kommen und diese Beziehung liefern. Damit folgt für die Summe der beiden Punkte und Berücksichtigung der Eigenschaften der Weierstrassfunktion schließlich[170]

$$P_3 = (\wp(z_3), -\wp'(z_3)) = (\wp(z_1 + z_2), \wp'(z_1 + z_2)) = P_1 + P_2$$

Geometrisch lässt sich das Ergebnis so interpretieren, dass zur Konstruktion des Summenpunktes zunächst der dritte Schnittpunkt einer Geraden durch die zwei zu summierenden Punkte bestimmt wird und anschließend durch diesen Punkte eine Parallele zur Y-Achse gelegt wird, deren zweiter Schnittpunkt den Summenpunkt liefert. Da wir uns im projektiven Raum bewegen, ist diese Parallele aber eine Gerade durch den Nullpunkt (unendlich ferner Punkt) und den dritten Schnittpunkt der ersten Gerade. Auf dieser Grundlage könnten wir nun auch $P + (-P) = P_0$ bzw. $P + P_0 = P_0 + P = P$ nachweisen, heben uns dies jedoch für später auf.

Betrachtet man nun noch

$$\lim_{P_2 \to P_1} P_1 + P_2 = 2 * P_1 = P_3$$

so folgt aus F11

F 12. Eine Tangente an eine elliptische Kurve schneidet die Kurve in genau einem weiteren Punkt. □

Außerdem wird hierdurch eine skalare Multiplikation auf der elliptischen Kurve definiert, die in der Verschlüsselungstechnik die Rolle der Potenz auf den bisher untersuchten Modulkörpern übernimmt.

Damit hat die Weierstrassfunktion (weitgehend) ihre Aufgabe erfüllt, und wir betrachten nun ausschließlich elliptische Kurven. Zur praktischen Berechnung der Koordinaten (x_3, y_3) bei bekanntem $(x_1, y_1), (x_2, y_2)$ mit $x_1 \neq x_2$ quadrieren wir die Gradengleichung und substituieren damit y^2 in unserer elliptischen Kurve $y^2 = 4x^3 - g_2 * x - g_3$. Formal hätten wir damit eine Gleichung dritten Grades gewonnen, deren dritte Nullstelle zu berechnen ist. Da die ersten beiden Nullstellen bekannt sind, können wir sie als Linearfaktoren abspalten und erhalten die Identität

---

170 Achten Sie darauf, dass z_3 hier nicht die Summe der beiden Ausgangswerte ist, sondern die Koordinate der dritten Nullstelle. Bei Wahl des Standardnullpunktes ist diese das negative Äquivalent der Summe !

$$4 * x^3 - g_2 * x - g_3 - (a * x + b)^2 = 4(x - x_1) * (x - x_2) * (x - x_3)$$

Ausmultiplizieren der beiden Seiten und Koeffizientenvergleich liefert durch Auflösen nach x_3 und Auswerten der Koeffizienten der Geraden die gesuchten Koordinaten (*Übungsaufgabe*):

$$x_3 = -x_1 - x_2 + \frac{1}{4} \left| \frac{y_2 - y_1}{x_2 - x_1} \right|^2$$

$$y_3 = 2 * \frac{y_2 * x_1 - y_1 * x_2}{x_2 - x_1} + \frac{y_2 * x_2 - y_1 * x_1}{x_2 - x_1} - \frac{1}{4} * \left| \frac{y_2 - y_1}{x_2 - x_1} \right|$$

Auf den Verdoppelungsfall $P_1 = P_2$ können wir diese Formeln nicht direkt anwenden, da hier die Koeffizienten der Tangentengeraden nicht durch einfaches Einsetzen der Punktkoordinaten zu erhalten sind. Ein (nochmaliger) Rückgriff auf die Weierstrassfunktion liefert jedoch auch hier eine Lösung:

$$x_3 = \lim_{x_2 \to x_1} -x_1 - x_2 + \frac{1}{4} \left| \frac{y_2 - y_1}{x_2 - x_1} \right|^2 = \lim_{z_2 \to z_1} -\wp(z_1) - \wp(z_2) + \frac{1}{4} \left| \frac{\wp'(z_2) - \wp'(z_1)}{\wp(z_2) - \wp(z_1)} \right|^2$$

Erweitern den letzten Bruch mit $(z_2 - z_1)/(z_2 - z_1)$, so ist der Grenzübergang auswertbar und wir erhalten

$$\wp(2z_1) = -2\wp(z_1) + \frac{1}{4} \left| \frac{\wp''(z_1)}{\wp'(z_1)} \right|^2$$

Differenzieren der Differentialgleichung der Weierstrassfunktion liefert für die benötigte zweite Ableitung

$$\left(\wp'^2 = 4\wp^3 - g_2 \wp - g_3 \right)' \Rightarrow \wp'' = \frac{1}{2}(12\wp^2 - g_2)$$

so dass nach Einsetzen und Rücksubstitution auf (y,x) für den Tangentenfall

$$x_3 = -2x_1 + \frac{1}{4} \left| \frac{12 x_1^2 - g_2}{2 y_1} \right|^2$$

$$y_3 = \frac{64 x_1^6 - 80 g_2 x_1^4 - 320 g_3 x_1^3 - 20 g_2 x_1^2 - 16 g_2 g_3 x_1 - 32 g_3^2}{32 y_1^3}$$

folgt. Diese Formeln erlauben nicht nur, die Addtion auf elliptischen Kurven direkt zu berechnen, sondern geben, da sie außer den einfachen Operationen Addition und Multiplikation sowie deren Umkehrungen nichts enthalten, auch Anlass zur Beantwortung der wichtigen Frage, ob beliebige Körper als Basisraum dienen können:

F 13. Sei F_M eine elliptische Kurve mit $g_2, g_3 \in K$ und K ein Körper. Eine Gerade, die die elliptische Kurve in zwei Punkten $P_1, P_2 \in K^2$ schneidet bzw. eine Tangente an einen Punkt $P \in K^2$ ist, schneidet die Kurve in genau einem weiteren Punkt $P \in K^2$. Die Menge $F_{K,M} = \left[P \in F_M \wedge P \in K^2 \right]$ ist eine Untergruppe von F_M. ☐

Etwas einfacher ausgedrückt: wenn es uns gelingt, Punkte einer elliptischen Kurve zu finden, deren Koordinaten in einem rationalen oder beschränkten Körper liegen, liegen alle weiteren Ergebnisse bei Punktadditionen ebenfalls in diesem Körper. Damit können wir aber auch uneingeschränkt exakte Rechnungen, wie sie für Verschlüsselungszwecke benötigt werden, durchführen.

8.6.4 Kurven über Körpern

Bislang haben wir über elliptische Kurven in $\hat{\mathbb{C}}^2$ diskutiert. Veranschaulichen wir uns nun zunächst einmal die Ergebnisse grafisch. Mit $g_2, g_3 \in \mathbb{R}$ können wir die Betrachtung auch auf $\mathbb{R}^2$ beschränken, und aufgrund des letzten Satzes handelt es sich hierbei um eine echte Untergruppe von F_M. Um zu Anwendungen zu gelangen, setzt man meist irgendwelche Werte für g_2, g_3 ein und erhält dann Kurven wie in Fehler: Referenz nicht gefunden.

Die Auswahl von g_2, g_3 ist jedoch nicht ganz beliebig. Die konstruktive Herleitung der Additionsformeln im letzten Kapitel setzt ja voraus, dass die Kurve in jedem Punkt eindeutige Ableitungen besitzt. Das ist aber nicht der Fall, wenn die folgenden Gleichungen simultan erfüllt werden:

$$f(y,x) = 4*x^3 - g_2*x - g_3 - y^2 = 0$$
$$\frac{\partial f}{\partial y} = -2*y = 0$$
$$\frac{\partial f}{\partial x} = 12*x^2 - g_2 = 0$$

Eine Rechnung zeigt, dass die Nebenbedingung (*Übungsaufgabe*)

$$g_2^3 \neq 27\, g_3^2$$

einzuhalten ist, denn sonst erhält man singuläre Kurven, die keinem Gitter entsprechen (*Abbildung 8.8*).

Die Addition können wir uns nun grafisch veranschaulichen, wobei hier abweichend vom Standard als Nullpunkt ein Punkt der Kurve gewählt wurde, um auch diese Möglichkeit zu demonstrieren (die Rechenformeln können natürlich bei dieser Wahl des Nullpunktes nicht verwendet werden):

(a) Sollen zwei Punkte P und Q addiert werden, so wird zunächst eine Gerade durch sie gezogen, die die elliptische Kurve im dritten Punkt (P*Q) schneidet.[171] Der dritte Schnittpunkt einer weiteren Geraden durch O und (P*Q) ist dann der gesuchte Punkt (P+Q) (*Abbildung 8.9*).

---

171 Der Operator * bedeutet hier nicht, dass es sich um eine Multiplikation im üblichen Sinn handelt. Tatsächlich haben wir ja auch nur eine Addition als Gruppenoperation definiert, nicht aber eine Multiplikation. Die Verwendung von * ist hier somit eher als Verlegenheitslösung zu betrachten, die zur symbolischen Darstellung des Zwischenergebnisses dient.

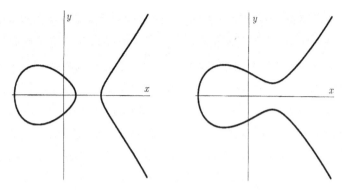

Abbildung 8.7: Graphen elliptischer Funktionen, Beispiele für eine einfache Parameterauswahl: linker Graph: y^2=x^3-7x+6, rechter Graph: y^2=x^3-5x+6

(b) Zur Verdopplung eines Punktes (P -> 2P) wird die Tangente an die Kurve in P gezeichnet. Mit dem zweiten Schnittpunkt (P*P) wird wie unter (a) verfahren.

(c) Die Addition des neutralen Punktes (P+O) ergibt den dritten Schnittpunkt (O*P). Bei weiterer Anwendung der Arbeitsweise von (a) gelangt man wieder zu P zurück (*Abbildung 8.6*).

(d) Zur Konstruktion des inversen Punktes -P benötigt man den Punkt (O*O), der durch eine Tangente an O konstruiert wird. Die weitere Vorgehensweise ist wie gehabt.

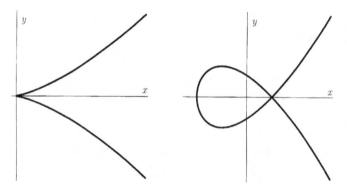

Abbildung 8.8: Graphen singulärer elliptischer Funktionen, linker Graph y^2=x^3, rechter Graph: y^2=x^3-4x+16√3/9

Aufgabe. In einer additiven Gruppe muss auch das Assoziativgesetz P+(Q+R)=(P+Q)+R erfüllt sein. Weisen Sie dies durch eine grafische Konstruktion nach

Anmerkung. Das ist nicht ganz einfach, da man zeichnerisch schnell aus dem vorhandenen Grafen hinausläuft. Der Graf selbst sollte auch den realen Verlauf einer elliptischen Kurve darstellen. Handskizzen reichen da meist nicht.

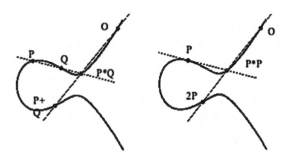

Abbildung 8.9: Addition auf elliptischen Kurven

Solche grafischen Beispiele werden in der Literatur vielfach für den ersten Einstieg in die Verschlüsselung mit elliptischen Kurven verwendet, weil Grafiken eben leicht zu verstehen und bei einigem zeichnerischen Geschick die Gruppeneigenschaften tatsächlich nachvollziehbar sind. Außer einem optischen Nachweis, dass der Standardnullpunkt rechnerisch die beste Wahl ist (bei einem anderen Nullpunkt wie hier müssten die formelmäßigen Auswertungen zweimal ausgeführt werden), bergen die Zeichnungen allerdings auch einiges Verwirrungspotential in sich. Zunächst einmal wird sich der Betrachter wohl nach einiger Euphorie über geglückte Zeichnungen fragen, wie man denn um alles auf der Welt auf solche Beziehungen kommen konnte – eine Frage, die sich bei unserem zugegebenermaßen mühsameren Zugang nicht stellt. Außerdem lassen sich über den Körpern, mit denen wir schließlich Verschlüsselungstechnik betreiben, keine Grafen zeichnen. Die grafische Präsentation der Arithmetik auf elliptischen Kurven in ein Nebenkapitel am Ende der Theorie zu stellen ist daher wohl gerechtfertigt.

Um elliptische Kurven in der Verschlüsselung einsetzen zu könnten, müssen wir sie über Körper wie $\mathbb{Z}_p^2$ oder $F_{p^n}^2$ definieren, d.h. die Koeffizienten der elliptischen Kurven und alle Punkte liegen in den entsprechenden Körpern. Wir untersuchen dies an einem Beispiel.

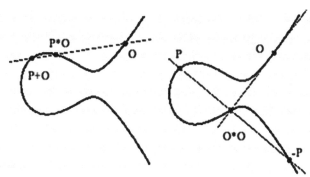

Abbildung 8.10: neutrale und inverse Elemente

Für die elliptische Kurve

$$y^2 \equiv x^3 + x + 1 \bmod 11$$

finden wir für $x \in \lfloor 5, 7, 9, 10 \rfloor$ keine Lösung der Äquivalenz, für alle anderen x existieren erwartungsgemäß jeweils zwei Lösungen, nämlich $(y, 11 - y)$ [172]. Ähnlich wie in Kapitel 2.1 können wir eine Additionstabelle berechnen und finden

	(0,1)	(1,5)	(2,0)	(3,3)	(4,5)	(6,5)	(8,2)	(0,A)	(1,6)	(2,B)	(3,8)	(4,6)	(6,6)	(8,9)
(0,1)	(3,3)	(4,5)	(1,5)	(6,6)	(8,2)	(3,8)	(8,9)	**	(2,0)	(0,A)	(1,6)	(6,5)	(4,6)	
(1,5)	(4,5)	(3,3)	(0,1)	(8,2)	(6,6)	(4,6)	(6,5)	(2,0)	**	(0,1)	(1,6)	(0,A)	(8,9)	(3,8)
(2,0)	(1,5)	(0,1)	**	(4,5)	(3,3)	(8,9)	(6,6)	(1,6)	(0,A)	**	(4,6)	(3,8)	(8,2)	(6,5)
(3,3)	(6,6)	(8,2)	(4,5)	(6,5)	(8,9)	(0,A)	(4,6)	(0,1)	(1,5)	(4,5)	**	(2,0)	(3,8)	(1,6)
(4,5)	(8,2)	(6,6)	(3,3)	(8,9)	(6,5)	(1,6)	(3,8)	(1,5)	(0,1)	(3,3)	(2,0)	**	(4,6)	(0,A)
(6,5)	(3,8)	(4,6)	(8,9)	(0,A)	(1,6)	(0,1)	(2,0)	(6,6)	(8,2)	(8,9)	(3,3)	(4,5)	**	(1,5)
(8,2)	(8,9)	(6,5)	(6,6)	(4,6)	(3,8)	(2,0)	(0,A)	(4,5)	(3,3)	(6,6)	(1,5)	(0,1)	(1,6)	**
(0,A)	**	(2,0)	(1,6)	(0,1)	(1,5)	(6,6)	(4,5)	(3,8)	(4,6)	(1,6)	(6,5)	(8,9)	(3,3)	(8,2)
(1,6)	(2,0)	**	(0,1)	(1,5)	(0,1)	(8,2)	(3,3)	(4,6)	(3,8)	(0,A)	(8,9)	(6,5)	(4,5)	(6,6)
(2,B)	(1,5)	(0,1)	**	(4,5)	(3,3)	(8,9)	(6,6)	(1,6)	(0,A)	**	(4,6)	(3,8)	(8,2)	(6,5)
(3,8)	(0,A)	(1,6)	(4,6)	**	(2,0)	(3,3)	(1,5)	(6,5)	(8,9)	(4,6)	(6,6)	(8,2)	(0,1)	(4,5)
(4,6)	(1,6)	(0,A)	(3,8)	(2,0)	**	(4,5)	(0,1)	(8,9)	(6,5)	(3,8)	(8,2)	(6,6)	(1,5)	(3,3)
(6,6)	(6,5)	(8,9)	(8,2)	(3,8)	(4,6)	**	(1,6)	(3,3)	(4,5)	(8,2)	(0,1)	(1,5)	(0,A)	(2,0)
(8,9)	(4,6)	(3,8)	(6,5)	(1,6)	(0,A)	(1,5)	**	(8,2)	(6,6)	(6,5)	(4,5)	(3,3)	(2,0)	(0,1)

Für jedes Element lässt sich mit der Tabelle außerdem der Zyklus d feststellen, für den

$$d * P \equiv O \bmod p \quad, \quad d \in \mathbb{Z}$$

gilt. Die Multiplikation lässt sich auf die gleiche Weise wie die Exponentiation durchführen.

Aufgabe. Implementieren Sie einen Multiplikationsalgorithmus. Dazu wird fortlaufend $P_{k+1} = P_k + P_k$ berechnet, d.h. in jedem Schritt wird das Ergebnis des letzten verdoppelt (*mit dem Startpunkt $P_0 = P$*). Anschließend werden die Teilergebnisse so addiert, dass die Indexsumme dem Faktor entspricht. Dies kann vor der Verdopplung geschehen, in dem das aktuelle Zwischenergebnis zum Resultat addiert wird, wenn Bit k im Faktor gesetzt ist.

Beispielsweise finden wir so für die ersten beiden Punkte die Folgen

(0,1) , (3,3) , (6,6) , (6,5) , (3,8) , (0,A) , **

(1,5) , (3,3) , (8,2) , (6,5) , (4,6) , (0,A) , (2,0) , (0,1) , (4,5) , (6,6) , (8,9) , (3,8) , (1,6) , **

und damit die Zykluslängen 7 und 14. Das kleine experimentelle Beispiel deutet aber bereits an, dass die maximale Zykluslänge weniger leicht zu berechnen ist als im Fall unserer einfachen Modulringen, für die wir ja mit der eulerschen Funktion φ einen recht einfachen funktionalen Zusammenhang gefunden haben. Für die in diesem Beispiel genau vier Verweigerer 5, 7, 9 und 10 bezüglich der Existenz einer quadratischen Lösung bei insgesamt zehn Kandidaten gibt es nämlich nicht eine so ohne weiteres nutzbare Formel.

Die Sicherheit einer Verschlüsselung mittels elliptischer Kurven besteht in einer äußerst einfach und effizient durchführbaren skalaren Multiplikation übernommen, deren Umkehrung, die skalare Division, nicht in einer schnellen Form existiert. Die skalare Multiplikation übernimmt somit auf den elliptischen Kurven die Rolle der Exponentiation auf den Modulkörpern, deren jeweilige Umkehrungen – Wurzeln oder Logarithmen – ja bislang auch nicht mit schnellen Methoden berechnet werden können.

Bezüglich der für Verschlüsselungen notwendigen Modugröße können wir an dieser Stelle auch schon festhalten, dass elliptische Kurven bei gleicher rechnerischer Sicherheit bezüglich eines Frontalangriffs mit kleineren Zahlen auskommen. Während der Suchraum für einen solchen Angriff bislang $O(p)$ zunahm, besitzt er bei elliptischen Kurven $O(p^2)$ Punkte. Die Stellenanzahl des Moduls kann also mindestens halbiert werden. Die Verwendung kleinerer Module hat aber auch noch andere Gründe als die rechnerische Sicherheit.

---

172 Für einfache Beispiele können die Punktmengen „brute force" berechnet werden und zur Kontrolle der korrekten Implementierung der Additionsformeln dienen.

8.6.5 Die Gruppengröße und ihre Berechnung

Die Gruppenstruktur elliptischer Kurven ist wesentlich schwieriger zu erfassen als in unseren bisherigen Modulringen. Für die Gruppengröße existiert keine der Eulerfunktion vergleichbare einfache Berechnungsfunktion. Für Verschlüsselungszwecke müssen wir aber die Zykluslänge eines Gruppenelementes wissen, um die Verfahrenssicherheit angeben zu können, und dafür wiederum ist die Kenntnis der Gruppengröße unumgänglich.[173]

Es bleibt letztlich nichts anderes übrig, als das Intervall für die Gruppengröße einzugrenzen und den genauen Wert mittels eines geeigneten Algorithmus zu berechnen. Dieser Aufwand beschränkt natürlich auch die spätere technische Nutzung. Während man für Algorithmen auf Basis von Primzahlkörpern jederzeit sämtliche Parameter neu festlegen kann, wird man für Algorithmen auf Basis von elliptischen Kurven nur auf eine begrenzte Auswahl von Kurven zurückgreifen können, für die dieser Parameter ermittelt wurde.

Ein grober heuristischer Erwartungswert für die maximale Zykluslänge lässt sich noch recht einfach abschätzen. Besitzt der Grundkörper K q Elemente, so besteht bei einem beliebig herausgegriffenen Element die Wahrscheinlichkeit $w = 1/2$, dass sich daraus eine Quadratwurzel ziehen lässt. Ein erzeugendes Element der kompletten zyklischen Gruppe des Grundkörpers erzeugt ja in seiner Potenzfolge alle Mitglieder der Gruppe, aber nur die Hälfte aller Folgenglieder hat gerade Exponenten und besitzt damit auch eine quadratische Wurzel, was genau zu dieser Wahrscheinlichkeit führt. Für unsere elliptische Kurve $y^2 \equiv a*x^3 + b*x + c$ wird es somit in erster Näherung $q/2$ Elemente x geben, zu denen ein $y \in K$ existiert. Da jedes Quadrat wiederum zwei Wurzeln besitzt, hier y und $-y$, und der neutrale Punkt ebenfalls enthalten ist, liegt ein erster Erwartungswert für $\#F$ bei $q+1$ Elementen.

Nun ist aber nicht aus jedem Element des Grundkörpers eine Wurzel zu ziehen, sondern aus dem Ergebnis der rechten Seite der Funktionsgleichung. Je nach Kurvenparametern können daher mehr oder weniger Quadrate bei Einsetzen aller Elemente von K entstehen, so dass wir die Schätzung mit einem Korrekturparameter versehen müssen:

$$\#F(K) = q+1+t$$

Für eine gegebene elliptische Kurve lässt sich t nicht durch eine einfache Formel berechnen. Für die Konstruktion entsprechender Algorithmen wäre aber bereits eine Obergrenze für den Korrekturwert wichtig, und hier gilt nach H. Hasse:

$$|t| \leq 2\sqrt{q}$$

$$q+1-2\sqrt{q} \leq \#F(K) \leq q+1+2\sqrt{q}$$

Der Beweis dieser Grenze erfordert allerdings einige algebraische Kenntnisse, die wir hier weder einführen noch voraussetzen können, so dass wir es dabei belassen müssen. Das Ergebnis für t ist für die Praxis allerdings erschreckend. Verglichen mit q hat $\sqrt{q}$ zwar nur die halbe Anzahl an Dezimalstellen, ist bei genügend großen q, wie sie in der Verschlüsselungstechnik zu erwarten sind, aber immer noch so groß, dass man sich etwas einfallen lassen muss, um sie doch durch Probieren

---

[173] Stellen Sie sich einmal vor, Sie würden nach 5 h Proberechnung auf Ihrer Workstation ein Verfahren mit der Aufschrift „wird schon stimmen" freigeben – und der erste Angreifer hätte es nach 6 h auf einem Cluster von 5 Maschinen geknackt. Man kann durchaus darüber spekulieren, wie sich der 2. Weltkrieg entwickelt hätte, wenn sich die deutsche Militärführung nicht mit solchen hochnäsigen Einstellungen begnügt hätte.

ermitteln zu können. Als Einstieg in die Problematik diskutieren wir hier den *Babystep-Giantstep-Algorithmus*, der allerdings nur einen begrenzten Einsatzbereich aufweist.[174]

Wir wissen, dass die Ordnung eines Elementes stets ein Teiler der Gruppenordnung ist. Wir können beispielsweise nach Punkten fahnden, deren Ordnung kleiner als die Intervallgröße des Hasse-intervalls ist. Finden wir auf diese Weise hinreichend viele Teiler der Gruppengröße, können wir versuchen, sie zu rekonstruieren.

Zunächst berechnen wir einen zufälligen Punkt der Kurve, in dem wir beliebige x-Koordinaten vorgeben und testen, ob dazu eine y-Koordinate existiert.[175] Der Punkt habe die (*vorerst noch unbekannte*) Ordnung *l*.

Für die Suche nach der Ordnung verwenden wir eine Rastermethode, um die Anzahl der Berechnungen zu vermindern. Die Rastermethode besteht darin, nur eine relativ kleine Anzahl von $b-1$ aufeinander folgenden Punkten $(P, 2P, \dots (b-1)P)$ zu berechnen. Dies ist der Baby-Step. Anschließend werden Punkte $(bP, 2bP \dots nbP)$ im Abstand b voneinander berechnet, was folglich der Giant-Step ist. Die unbekannte Ordnung *l* sollte irgendwo in dem Raster zu finden sein, d.h. $l = i*b+j$, woraus nun folgt

$$l*P = O = i*b*P + j*P \iff i*b*P = -j*P$$

Findet man nun in den Listen der Baby-Step-Punkte und der Giant-Step-Punkte einen übereinstimmenden Punkt, kann die Punktordnung berechnet werden.

In der Praxis wird das Intervall $[q+1-2\sqrt{q}, \ q+1+2\sqrt{q}]$, in dem die Gesamtgruppenordnung liegen muss, in $k = 2\sqrt[4]{q}$ Teilintervalle der Größe $a = [2\sqrt[4]{q}]$ zerlegt und die Liste

$$R_j = jP \ , \quad j = 0, \dots (k-1)$$

der Baby-Step-Punkte berechnet. Findet sich hierbei bereits der Nullpunkt, so hat der Punkt eine zu kleine Ordnung, und wir prüfen einen anderen Punkt.

Die Giant-Step-Liste besteht aus den Vielfachen des Punktes an den Intervallgrenzen

$$H_i = ([q+1-2\sqrt{q}] + (i*a))P \ , \quad i = 0 .. k-1$$

Technisch lassen sich beide Listen durch $2k$ Additionen erzeugen. Vergleichen wir die Punkte H_i mit den Punkten R_j auf Übereinstimmung, so sind folgende Fälle zu unterscheiden:

(1) Es existiert nur ein Paar (i, j) mit $H_i = R_j$. In diesem Fall haben wir die Gruppenordnung gefunden:

$$\# F_M = [q+1-2\sqrt{q}] + i*a - j$$

Die Ordnung des Punktes kann zwar immer noch ein Teiler der Gruppenordnung sein, sie ist aber auf jeden Fall größer als der größte Abstand zu den Intervallgrenzen, d.h. unsere gefundene Ordnung kann nur die Gesamtgruppengröße sein, da sie ja im Intervall liegt und ein anderer Kandidat im Intervall nicht zu finden ist.

---

174 Auch als Shanks Algorithmus in der Literatur bekannt. Wer das Kapitel über symmetrische Algorithmen bereits durchgearbeitet hat: im Teilabschnitt über Angriffe auf die GSM-Verschlüsselung wurden vergleichbare Ansätze zur Ermittlung des Schlüssels verwendet. Vergleichen Sie einmal die Gedankengäng dort mit denen hier.

175 Die Methoden zur Ermittlung einer y-Koordinate werden allerdings erst im letzten Kapitel beschrieben.

(2) Es existieren mehrere Paare (i_k, j_k) mit $H_{i_k} = R_{j_k}$, d.h. die Ordnung des Punktes passt mehrfach in das untersuchte Gesamtintervall. Die Gruppenordnung kann nun jeder der gefundenen Zahlen

$$l_k = [q+1-2\sqrt{q}] + i_k * a - j_k$$

sein. In diesem Fall wiederholen wir die Prozedur mit weiteren Punkten P' , für die wir jedoch nur noch

$$l_k P' \overset{?}{=} O$$

prüfen (*d.h. der Aufwand wird deutlich geringer*). Sofern die neuen Punkte andere Ordnungen aufweisen, reduziert sich die Menge der Kandidaten l_k für die Gruppenordnung $\# F_M$. Der Algorithmus terminiert, wenn nur noch eine Zahl übrig ist.

Aufgabe. Implementieren Sie einen solchen Algorithmus. Schätzen Sie ab, bis zu welcher Modulgröße ein solches Verfahren sinnvoll einsetzbar ist.

Diese Aufgabe ist mit einigem Aufwand verbunden, da zunächst die Algorithmen für den Umgang mit elliptischen Kurven implementiert werden müssen. Für die Berechnung der Vielfachen eines Punktes können Sie eine Modifikation des Potenzierungsalgorithmus verwenden. Den Algorithmus für die Ermittlung von Punkten müssen Sie aus den Ausführungen in einem späteren Kapitel entnehmen.

Der Baby-Step-Giant-Step-Algorithmus kommt mit $O(\sqrt[4]{q})$ Rechenschritten aus, wozu aber noch der Rechenaufwand bei steigender Modulgröße hinzukommt. Mit ihm in Bereiche vorzustoßen, in denen praktische Verschlüsselungsarbeit betrieben werden kann, ist daher nur beschränkt möglich.- Effektivere Algorithmen bedienen sich allerdings ebenso wie der Beweis des Hasseschen Satzes wieder bei algebraischen Beziehungen, die über das in diesem Kapitel vertretbare hinausgehen. Wir belassen es daher an dieser Stelle mit dem vorgestellten Algorithmus.

8.7 Hyperelliptische Kurven

Das Schreckgespenst „Quantencomputer" hat die derzeit hauptsächlich verwendete asymmetrische Kryptografie auf Modulringen mit großen Primzahlen hinsichtlich ihrer Sicherheit in Frage gestellt. Während alle bekannten mathematischen Verfahren eine exponentielle Aufwandssteigerung bei Vergrößerung der Stellenanzahl der Zahlen aufweisen, steigt der Aufwand bei Quantencomputern nur im unteren polynomialen Bereich, d.h. man kann den Angriffen nicht so leicht entkommen.[176]

Nun existieren zwar schon die Algorithmen für Quantenrechner, die Quantenrechner selbst aber noch nicht, und es ist durchaus fraglich, ob sie tatsächlich das behauptete Gefährdungspotential besitzen.[177] Für die Kryptografie mittels elliptischer Kurven sind bereits ebenfalls Algorithmen, die theoretisch zu einem erfolgreichen Angriff genutzt werden könnten, gefunden,[178] so dass weitere mathematische Objekte auf ihre Brauchbarkeit untersucht werden, zumal auch die als sicher ange-

---

176 Und bereits bei der Darstellung dieser Zusammenhänge wird nicht selten kräftig verschwiegen.

177 Siehe z.B. Gilbert Brands, Einführung in die Quanteninformatik, Springer-Verlag

178 J. Proos, Chr. Zalka, arXiv:quanth-ph/0301141v2 (2004/2008)

priesene Quantenkryptografie nicht wenige Probleme für die Praxis – die tatsächliche Sicherheit eingeschlossen – aufweist.

Als Kandidaten werden hyperelliptische Kurven gehandelt, die die Form

$$y^2 + h(x) * y = f(x)$$

mit Polynomen $h(x), f(x)$ besitzen. Sie sind die Fortsetzung der elliptischen Kurven, oder präziser: die elliptischen Kurven sind eine spezielle Klasse dieser Funktionen. Auch auf solchen Kurven existieren additive Gruppen, die allerdings komplizierter strukturiert sind als auf den elliptischen Kurven. Die Grundlagen für das Verständnis dieser Zusammenhänge werden bei einem Zugang über die Algebra zwar recht frühzeitig gelegt, da wir aber einen Zugang über die Analysis gewählt haben und hyperelliptische Kurven noch keine praktische Bedeutung für die Verschlüsselungspraxis besitzen, belassen wir es mit diesen Hinweisen.

9 Asymmetrische Verfahren

Asymmetrische Verschlüsselungsverfahren verwenden für die Ver- und die Entschlüsselung verschiedene Schlüssel. Die Schlüssel werden in einer Initialisierungsphase gemeinsam erzeugt. Nach Abschluss der Initialisierung wird einer der Schlüssel veröffentlicht, steht also der Allgemeinheit zur Verfügung, der andere bleibt das Geheimnis des Inhabers. Dabei kommen zwei Relationen zwischen den Schlüsseln zum Einsatz.

a) **Klasse 1 – Verfahren.** Schlüssel 2 lässt sich sehr einfach und effizient aus Schlüssel 1 berechnen, der umgekehrte Rechenweg ist jedoch technisch nicht in realistischer Zeit durchführbar. Schlüssel 1 ist damit der geheime Schlüssel, Schlüssel 2 kann veröffentlicht werden.

Zu den Verschlüsselungsverfahren, die auf der Grundlage dieser Relation arbeiten, gehören unter anderem die Diffie-Hellman-Verschlüsselung, die El Gamal-Verschlüsselung oder die Elliptic Curve Cryptography (ECC).

b) **Klasse 2 – Verfahren.** Schlüssel 1 und Schlüssel 2 lassen sich bei Kenntnis bestimmter, nur während der Initialisierungsphase bekannter Zusatzinformationen berechnen und sind daher gleichwertig. Die Berechnung der notwendigen Zusatzinformationen aus den öffentlichen Verfahrensparametern ist technisch nicht in realistischer Zeit durchführbar.

Auf dieser Basis arbeitet das RSA-Verfahren.

c) **Klasse 3 – Verfahren.** Schlüssel 1 und Schlüssel 2 (sowie ggf. weitere Schlüssel) sind nicht miteinander verknüpft, sondern völlig unabhängig voneinander und können in beliebiger Reihenfolge angewendet werden, um ein gemeinsames Geheimnis zu erzeugen. Aus den bei der Vereinbarung des Geheimnisses ausgetauschten Informationen kann nicht durch einen effektiven Algorithmus auf die Schlüssel und damit das gemeinsame Geheimnis zurückgeschlossen werden.

Zu dieser Klasse zählen numerische Verfahren, die mathematisch anderen Prinzipien gehorchen als die zahlentheoretischen Verfahren.

Grundsätzlich sind zwei Verschlüsselungsrichtungen denkbar:

1. Die Allgemeinheit kann Informationen mit dem öffentlichen Schlüssel verschlüsseln, die nur vom Inhaber der Geheiminformationen dechiffriert werden können. Die Kommunikation bleibt somit vertraulich.

2. Der Inhaber des Geheimschlüssels kann Informationen verschlüsseln, die die Allgemeinheit entschlüsseln oder zumindest prüfen kann. Die Information kann bei erfolgreicher Kontrolle nur vom Inhaber der Geheiminformationen stammen, ist also digital unterschrieben oder signiert.

Im Gegensatz zur symmetrischen Verschlüsselung ist die Informationsverschlüsselung nach 1. sicherheitstechnisch besser kontrollierbar, da die Geheiminformationen nur an einer Stelle aufbewahrt werden. Asymmetrische Verfahren sind allerdings wesentlich langsamer in der Ausführungszeit, so dass symmetrische Verfahren nicht so ohne Weiteres gegen asymmetrische ausgetauscht werden können.

Der Ersatz einer klassischen Unterschrift durch eine digitale Signatur stellt sich bei näherer Betrachtung nur als der einfachste Fall einer Beglaubigung eines Dokuments heraus. Bei der Übertragung der unter vielen verschiedenen Bedingungen auftretenden Identitätsnachweise in die digitale Welt entwickelt sich schnell ein ganzer Zoo von Signaturalgorithmen.

Wir beginnen mit einer Diskussion der Basisverfahren nach a) und b) und schließen jeweils die Verschlüsselung nach 1. sowie die einfachste Signatur nach 2. ein.

9.1 Klasse 1 (a): Diffie-Hellman und ElGamal

Die Sicherheit dieser Verfahren basiert auf der Nichtlösbarkeit des diskreten Logarithmus, die beim RSA-Verfahren zwar auch eine Rolle spielt, der jedoch für die Entschlüsselung weitere Eigenschaften aus der Zahlentheorie nutzt. In den Verfahren werden drei Parametertypen eingesetzt:

1. Allgemeine Parameter, die prinzipiell von allen, die diese Verfahren einsetzen wollen, gemeinsam genutzt werden können.

   Die allgemeinen Parameter bestehen aus einer großen Primzahl p und einer primitiven Restklasse $g\ (mod\ p)$.

2. Der geheime Schlüssel $x < p$.

3. Der öffentliche Schlüssel $y \equiv g^x (mod\ p)$.

Die einfachste Wahl der allgemeinen Parameter besteht in einer primitiven Restklasse und einer Primzahl mit möglichst kleinem Spektrum, d.h. $p, q \in P$: $p = 2*q + 1$. Bei dieser lässt sich sehr einfach ein g mit maximaler Zykluslänge bestimmen, da aufgrund von $\varphi(p) = 2*q$ wenig Auswahl besteht. In der Praxis wird aber meist eine andere Variante bevorzugt. Soll p in der Größenordnung 2^n liegen, so wählt man

$$q \approx 2^{3n/4} \ , \ \ p = q*r + 1 \ \ , \ \ r = 2*random()$$
$$g^q \equiv 1(mod\ p)$$

Die Basis hat nicht die maximale Zykluslänge, sondern eine geringere, aber immer noch sehr große und zumindest dem Konstrukteur bekannte (jeder andere muss zunächst die Primfaktorzerlegung von $\varphi(p) = p - 1$ ermitteln, was nicht unbedingt trivial sein muss). Ein passendes g lässt sich mit einigem Suchaufwand finden, da aufgrund der Primzahleigenschaft von q eine kleinere Zykluslänge nicht möglich ist und auch genügend Kandidaten bei der Größe von q zur Verfügung stehen. Der Grund für diese Einschränkung ist, dass bei gegebenem y die Kongruenz $y \equiv g^x\ mod\ p$ nicht unbedingt eine Lösung x besitzt. Das erschwert gewisse Betrugsversuche des Geheimschlüsselinhabers sowie Angriffsversuche zur Ermittlung des privaten Schlüssels.

Die öffentlichen Parameter können nun in der Form

```
DH_Parameter ::= SEQUENCE{
    owner   String,
    general SEQUENCE {
        modul   INTEGER,
        base    INTEGER},
    public  INTEGER}
```

der Allgemeinheit zur Verfügung gestellt werden.

9.1.1 Öffentliche Aushandlung geheimer Schlüssel

Dieses als Diffie-Hellman-Verfahren bekannte Protokoll ermöglicht es Kommunikationspartnern, zwischen denen keine Geheimnisse vereinbart sind, einen geheimen Schlüssel auszuhandeln, der im Weiteren z.B. für eine symmetrische Verschlüsselung verwendet werden kann. Nach einer Einigung auf ein allgemeines Parameterpaar (g,p) erzeugen die Partner

$$x_k \quad , \quad y_k \equiv g^{x_k} (mod\ p) \quad , \quad k=1,2$$

und tauschen die öffentlichen Parameter y_k untereinander aus. Im zweiten Schritt potenzieren sie den erhaltenen öffentlichen Parameter mit ihrem geheimen

$$y_1^{x_2} \equiv y_2^{x_1} \equiv g^{x_1 * x_2} (mod\ p)$$

und besitzen nun den gleichen geheimen Wert.

Aufgabe. Es ist unschwer zu sehen, dass ein Belauschen des Austauschs einem Angreifer nichts nützt. Weisen Sie nach, dass ohne Lösen des diskreten Logarithmus das Geheimnis nicht ermittelt werden kann.

Ein Problem entsteht, wenn die Verbindung zwischen den beiden Kommunikationspartnern manipulierbar ist. Ein Angreifer kann dies für einen man-in-the-middle-Angriff nutzen, indem er die Verbindung auftrennt, sich jeweils als der andere ausgibt und mit jedem diese Schlüsselaushandlung durchführt. Die anschließende Kommunikation läuft über ihn, wobei er die Daten jeweils umverschlüsselt und dabei natürlich auch den Inhalt erfährt bzw. weitere Manipulationen durchführen kann.

Behebbar ist dieses Problem nur einseitig, wenn einer der Partner (g,p,y) sich durch ein Zertifikat absichert (siehe unten) und jeder diesen Parametersatz verwenden kann. Wie man leicht nachvollzieht, wird die Sicherheit des Verfahrens hierdurch nicht beeinträchtigt, und der Verwender des zertifizierten Parametersatzes kann sicher sein, mit wem er kommuniziert. In der Gegenrichtung besteht diese Sicherheit nicht, aber ein man-in-the-middel-Angriff ist nicht möglich.

9.1.2 Verschlüsselung von Daten

Soll eine Nachricht N verschlüsselt versandt werden, so kann sie nur multiplikativ in einer Formel mit den öffentlichen Parametern auftreten. Würde sie nämlich mit einem Exponenten potenziert werden oder selbst als Exponent der öffentlichen Parameter auftreten, wäre sie entweder aufgrund des Logarithmusproblems nicht rekonstruierbar oder wegen der einfachen Konstruktion mit einem Primzahlmodul durch jeden zu entschlüsseln.

Die veröffentlichten Parameter können aber nun auch nicht alleine verwendet werden, da sonst N durch Division ebenfalls leicht ermittelbar ist. Wir benötigen also einen weiteren „Blendparameter", der eine einfache Rückrechnung unmöglich macht, jedoch mit dem Geheimparameter eliminierbar ist. Der Geheimparameter ist ein Exponent, folglich ist es sinnvoll, den Blendparameter ebenfalls als Exponenten in das Verfahren einzuführen. Mit einer Zufallszahl r berechnet der Absender nun

$$Q \equiv y^r * N\ (mod\ p)$$

als sichere Verschlüsselung der Nachricht. Zur Entschlüsselung ist für den Empfänger allerdings nun noch eine zweite Information notwendig, die die Elimination von y^r aus der Gleichung erlaubt. Mit dem allgemeinen Parameter g wird der Blendparameter r hierfür zusätzlich durch

$$R \equiv g^r \, (mod \ p)$$

verschlüsselt. Die verschlüsselte Nachricht besteht somit aus dem Paar (R, Q). Damit kann nun niemand etwas anfangen, so lange r nicht bekannt ist.

Das gilt auch für den Inhaber des Geheimschlüssels, allerdings kann der mit Hilfe seines Geheimnisses um die Entschlüsselung von r herumkommen, indem er R in den Blendparameter für N überführt. Die Nachricht erhält er dann durch eine einfache Division:

$$N \equiv \frac{Q}{R^x} \, (mod \ p) \quad , \quad R^x \equiv g^{r*x} \equiv y^r \, (mod \ p)$$

Diese Verschlüsselungstechnik ist als ElGamal-Verfahren bekannt.

Der methodische Trick, der uns bei dieser Algorithmenklasse immer wieder begegnen wird, liegt darin, mit Hilfe des Geheimnisses das unlösbare Problem des diskreten Logarithmus $(mod \ p)$ in eine einfach lösbare lineare Gleichung $(mod \ p\text{-}1)$ im Exponenten zu überführen. Da das aber nur der Geheimnisinhaber kann, ist die Algorithmenklasse unsymmetrisch, d.h. Entschlüsselungen wie bei RSA können von Inhabern des öffentlichen Schlüssels nicht durchgeführt werden. Außerdem erhöht sich die Zahl der auszutauschenden Parameter auf mindestens 2, die für die Konstruktion der Gleichung (oder eines Gleichungssystems) notwendig werden.

Eine Verbesserung des ElGamal-Verfahrens gegenüber RSA ist die Nichterkennbarkeit von Wiederholungen, wenn die gleiche Nachricht erneut verschlüsselt wird. Bei RSA ist dies nur durch zusätzliche Initialisierungsschlüssel wie bei den erweiterten Blockchiffrierverfahren möglich. Da die asymmetrischen Verfahren aber in der Regel nicht für eine direkte Datenverschlüsselung eingesetzt werden, besitzt dieser Unterschied keine größere Bedeutung.

9.1.3 Signaturen

Wie bei RSA wird wieder ein Hashwert der Nachricht als überprüfbarer Fingerabdruck verwendet. Da der Hashwert, den der Signaturaussteller verschlüsselt, nicht einfach vom Empfänger entschlüsselt werden kann, ist das Prüfproblem etwas kniffliger. Die wesentlichen Konstruktionsüberlegungen lauten:

- Wie im Verschlüsselungsfall verwendet der Signaturaussteller einen Blendparameter r zum Verschlüsseln des Hashwertes, muss dem Empfänger also zwei Werte zur Verfügung stellen.

- Der Signaturaussteller muss zusätzlich seinen Geheimparameter x bei der Konstruktion verwenden, da nur bei Kenntnis des korrekten x eine Berechnung der Signaturgrößen möglich sein darf.

- Da x im Exponenten wirkt, muss der Empfänger den von ihm berechneten Hashwert in Exponententermen unterbringen. Die Rechnung geht nur dann auf, wenn er und der Aussteller den gleichen Hashwert verwendet haben.

Die letzte Überlegung führt zunächst zu einer Erweiterung der notwendigen Parameter, denn um einen Exponenten korrekt berechnen zu können, muss dort ja modulo des Wertes der eulerschen Funktion gerechnet werden. Das kann zwar $(mod \ p\text{-}1)$ erfolgen, der schließlich genormte Digital Signature Algorithm sieht jedoch etwas anderes vor, nämlich die Veröffentlichung von $(g,p,q),(y)$, d.h. die Zykluslänge von g wird ebenfalls veröffentlicht.

Beginnen wir mit dem Blendparameter, der ähnlich wie im Verschlüsselungsalgorithmus angesetzt wird

$$s_1 \equiv g^r \, (mod \, p)(mod \, q)$$

Nach Berechnung der Potenz wird hier ein zweites Mal modulo der Zykluslänge reduziert. Für die Prüfung wird nun vereinbart, dass s_1 am Ende der Rechnung des Empfängers die Vergleichsgröße ist.

Die zweite Signaturgröße muss nun den Hashwert der Nachricht, das Geheimnis x, den ersten Signaturwert als Blendgröße und die Zufallszahl enthalten. Eine einfache lineare Zusammenstellung dieser Größen ist

$$s_2 \equiv r^{-1} * (Hash(N) + s_1 * x)(mod \, q)$$

Man überzeugt sich leicht, dass hier zumindest r nicht fehlen darf, da sonst x kompromittierbar wäre.

Gemäß der Zielvorstellung und der allgemeinen Vorgehensweise aus dem Verschlüsselungsalgorithmus muss nun etwas konstruiert werden, das für den Empfänger zu der Äquivalenz

$$s_1 \equiv g^u \, y^w \, (mod \, p)(mod \, q)$$

führt, oder konstruktiv ausgedrückt

$$r \equiv u + x * v \, (mod \, q)$$

wobei der Empfänger x und r natürlich nicht kennt. Die Konstruktion

$$u \equiv Hash(N) * s_2^{-1} (mod \, q)$$

$$w \equiv s_1 * s_2^{-1} (mod \, q)$$

führt zum Ziel, denn setzt man dies in die konstruktive Gleichung ein, so folgt

$$r \equiv s_2^{-1} * (Hash(N) + x * s_1)(mod \, q)$$

und bei Einsetzen s_2 bleibt in der Tat nur r übrig.

Nachdem nun dieser Algorithmus als Signaturalgorithmus verankert war, hat man allerdings festgestellt, dass man sich das Leben auch wesentlich einfacher machen kann und sich gleichzeitig ein wesentlich größeres Einsatzspektrum erschließt. Wie zuvor besteht die Signatur aus zwei Werten s und t, die jedoch nun die einfache Gleichung

$$s = Hash(y^s \, g^t (mod \, p) + N)$$

erfüllen müssen. Das ist recht einfach herstellbar: da die Hashfunktion definitionsgemäß nicht kontrollierbar ist, kann der Signaturaussteller mit Hilfe einer Zufallszahl r nur

$$s = Hash(g^r (mod \, p) + N)$$

berechnen. Durch Vergleich mit der ersten Formel führt dies auf

$$g^r \equiv g^t \, y^s = g^{t + x * s} (mod \, p)$$

$$t \equiv r - s * x \, (mod \, p - 1)$$

d.h. der Signaturaussteller (und nur dieser) kann auf recht einfache Weise das Signaturpaar erstellen.

9.2 Klasse 1 (b): Kryptografie mit Elliptischen Kurven

9.2.1 Öffentliche und geheime Parameter

Die Kryptografie mit elliptischen Kurven ist eine Adaption der Algorithmen aus dem vorhergehenden Abschnitt, wobei die Multiplikation die Rolle der Exponentiation übernimmt. Benötigt wird ein allgemeiner Parametersatz:

$$E(p,a,b):(y^2 \equiv x^3 + ax + b)(mod\ p)$$
$$O \quad ... \quad (neutraler\ Punkt, i.A.\ P_\infty)$$
$$G \quad ... \quad (Basispunkt)$$
$$q \quad ... \quad Gruppengröße\ von\ E, d.h.\ q*G = O$$

Anstelle eines Primzahlmoduls p kann auch eine andere Körperbasis eingesetzt werden.[179] Die Verwendbarkeit eines allgemeinen Parametersatzes ist nicht ganz unwichtig für die praktische Einsetzbarkeit der elliptischen Kurven, da ja die Kenntnis der Gruppengröße notwendig und diese nur durch recht aufwändige Rechnungen zu ermitteln ist.

Wie bei ElGamal-Verfahren wählt der Aussteller eine Zufallszahl x und berechnet damit den öffentlichen Schlüsselteil

$$Y \equiv x * G$$

Damit sind die öffentlichen Parameter komplett.

9.2.2 Öffentliche Verschlüsselung

Zur Durchführung einer Verschlüsselung ist zunächst die Nachricht N auf einen Punkt $P(N)$ abzubilden. Da eine Aufspaltung der Nachricht in zwei Teile mit der Eigenschaft $N = N_y \| N_x$, $P = (N_y, N_x) \in E$ wohl allenfalls an besonderen Feiertagen Erfolg haben dürfte, bleibt nur eine Konstruktion der Art $P(y, N')$, d.h. eine angepasste Form der Nachricht wird als x-Komponente verwendet und eine passende y-Koordinate berechnet. Eine „angepasste Form" der Nachricht in der Form $N' = N \| bitstring$ ist notwendig, da sich nicht aus jedem $x^3 + ax + b (mod\ p)$ die Wurzel ziehen und damit ein Punkt der elliptischen Kurve ermitteln lässt. Man muss also einige zusätzliche Bits an die Nachricht anhängen, die verändert werden können, bis sich eine Wurzel ziehen lässt. Da dies statistisch für jeden zweiten Wert zutrifft, genügen zwei zusätzliche Bits.

Aufgabe. Wie eine Wurzel $(mod\ p)$ effektiv berechnet werden kann, werden wir erst sehr viel weiter hinten im Buch beim quadratischen Sieb diskutieren, wenn die dazu notwendigen mathematischen Grundlagen gelegt sind. Mit Hilfe des fermatschen Satzes

$$N^{p-1} \equiv 1 (mod\ p) \quad \Leftrightarrow \quad N^p \equiv N (mod\ p)$$

---

179 In der Praxis wird meist ein Körper vom Typ $\mathbf{F}_2$ verwendet (siehe Theorieteil).

kann aber eine Methode zur Prüfung, ob eine Wurzel existiert, entwickelt werden. Was müssen Sie prüfen? (Hilfe: analysieren Sie die Zykluslängen).

Überträgt man das ElGamal-Schema auf die elliptischen Kurven, so erhält man unmittelbar mit einer Zufallszahl r das Chiffratpaar

$$Q = P(N) + r*Y \quad , \quad R = r*G$$

das durch

$$P(N) = Q - (x*R)$$

wieder dechiffriert werden kann.

9.2.3 Signaturverfahren

Wir diskutieren hier die adaptierte Version des Digital Signature Standard. Die wesentlichen Gedankengänge können Sie von dort übertragen, so dass wir die Diskussion hier etwas kürzer halten können. Der Signaturgeber erzeugt zunächst einen zufälligen Kurvenpunkt $R=r*G$. Die Prüfung beim Empfänger soll auf folgende Art erfolgen:

$$c_1*G + c_2*Y \equiv R(mod\ p)$$

Die Konstanten (c_1, c_2) muss der Empfänger allerdings aus R und einem weiteren Parameter berechnen können. Um die Verknüpfung zwischen G und Y zu konstruieren, hat der Signaturgeber wieder nur die geheimen Werte (r, x) zur Verfügung, von denen r für die Bildung von R schon „verbraucht" ist. Er muss daher x für die Korrelation von (c_1, c_2) einsetzen.

Die Signatur sei also durch $(s, t \equiv R_x(mod\ q))$ gegeben mit einem noch zu ermittelnden zweiten Parameter s (*statt R können wir auch die mod q reduzierte X-Komponente einsetzen, da die Y-Komponente bis auf das Vorzeichen ohnehin festliegt. Da wir t in der weiteren Rechnung noch verwenden werden und G per Voraussetzung die Ordnung q besitzt, genügt die Angabe mod q*). Unter Einsetzen von V und R erhalten wir:

$$c_1 + d*c_2' \equiv r(mod\ q)$$

Mit $c_1 \equiv Hash(n)*s^{-1}(mod\ q)$ und $c_2' \equiv t*s^{-1}$ (*die Parameter sind ja noch irgendwie mit dem Hashwert der Nachricht zu verbinden und können außer dem Hashwert nur die Parameter s und t enthalten, da der Empfänger ja nur diese Werte kennt*) finden wir schließlich

$$s \equiv r^{-1}*(Hash(n) + d*t)(mod\ q)$$

Erhält der Empfänger also nun (n, s, t) als Nachricht und Signaturwerte, so prüft er

$$(Hash(n)*s^{-1}(mod\ q))*G + (t*s^{-1}(mod\ q))*V \equiv P(mod\ p)$$
$$t \equiv P_x(mod\ q)$$

Hätten wir (c_1, c_2') auch anders konstruieren können? Wie man sich leicht überzeugt, ist das nicht möglich, wenn man eine Situation aufbauen will, die nur mit geheimen Parametern gelöst werden kann.

9.3 Klasse 2: RSA

Die RSA-Verschlüsselung[180] basiert auf Schlüsselrelationen nach b), d.h. die die Schlüssel verbindenden Informationen sind nur während der Initialisierungsphase bekannt. Die Überlegungen, die zur Konstruktion des Verfahrens geführt haben mögen, sind folgende:

- Die Berechnung von $\varphi(m)$ zu einer beliebig vorgegebenen Zahl m ist nur lösbar, wenn die Primfaktorzerlegung von m bekannt ist. Wenn m aus bekannten Primzahlen konstruiert wird, diese Konstruktion aber geheim bleibt, so kennt nur der Konstrukteur den Wert der eulerschen Funktion.

- Ist N eine Nachricht, so ist $X \equiv N^e \, mod \, m$ mit einem frei gewählten Exponenten e offenbar eine Verschlüsselung für N, die auch bei Kenntnis von m und e nicht umgekehrt werden kann.

  Durch Anwendung des fermatschen Satzes lässt sich die Verschlüsselung allerdings durch

  $$X^d \equiv (N^e)^d \equiv N^{e*d} \equiv N^{\varphi(m)+1} \, mod \, m$$

  aufheben. Dazu ist der zu e inverse Exponent $d(mod\,\varphi(m))$ notwendig, zu dessen Berechnung die Kenntnis des Wertes der eulerschen Funktion notwendig ist.

Das Verschlüsselungsverfahren besitzt somit die

- ➤ öffentlichen Parameter m (Modul) und e (Verschlüsselungsexponent) und den

- ➤ geheimen Parameter d (Entschlüsselungsexponent)

9.3.1 Initialisierungsphase: Konstruktion der Parameter

Der Algorithmus verfügt nur über öffentliche und geheime Parameter, nicht aber über allgemeine Parameter, die viele Anwender gemeinsam nutzen können. Jeder Nutzer des Algorithmus muss sämtliche Parameter individuell für sich berechnen.

a) Es werden zwei große ("*zufällige*") Primzahlen p und q ermittelt, die sich zur Verhinderung bestimmter Angriffsmethoden deutlich unterscheiden sollten. Dazu werden zwei hinreichend große Zufallszahlen erzeugt und jeweils die nächsten darauf folgenden Primzahlen gesucht. Wie eine Primzahl identifiziert werden kann, werden wir in einem späteren Kapitel untersuchen.

b) Aus den Primzahlen wird das Modul und der Wert der eulerschen Funktion des Moduls berechnet:

$$m = p*q \quad , \quad \varphi(m) = \varphi(p)*\varphi(q) = (p-1)*(q-1)$$

Die Zahlen p und q werden anschließend nicht mehr benötigt und gelöscht.

c) Es wird eine zu $\varphi(m)$ teilerfremde große Zufallszahl e als Verschlüsselungsexponent gewählt. Mittels des erweiterten euklidischen Algorithmus wird der inverse Exponent d berechnet:

---

180 Die Bezeichnung enthält die Anfangsbuchstaben der Entwickler Rivest, Shamir und Adleman. Daraus ist die RSA Security Inc. als Unternehmen hervorgegangen, das auch maßgeblich an der Definition von Protokollen beteiligt ist. Die Internetseiten können als Quelle für verschiedenartige Informationen empfohlen werden.

$$ggT\left(e,\varphi\left(m\right)\right)=1 \quad , \quad 1=e*D+\varphi\left(m\right)*S \quad , \quad D\equiv d \bmod \varphi\left(m\right)$$

Die Zahl $\varphi\left(m\right)$ wird anschließend ebenfalls nicht mehr benötigt und gelöscht. Damit stehen die Verfahrensparameter fest.

In der Praxis werden heute Zahlen in der Größenordnung $m\approx2^{1.024}$ oder $m\approx2^{2.048}$ verwendet, was ganzen Zahlen mit 300-600 Dezimalstellen entspricht (größere Zahlen sind möglich). Der kleinere Primfaktor besitzt etwa 1/3 – 1/2 der Dezimalstellen, für den öffentlichen Parameter gilt meist e=65.535, was aber nicht zwingend notwendig ist.

9.3.2 Öffentliche Ver- und private Entschlüsselung

Dem Inhaber der Geheiminformation sei die Nachricht

$$N \quad , \quad ggT\left(N,m\right)=1 \quad , \quad N<m$$

zu übermitteln. Dazu sind folgende Schritte notwendig:

a) Die öffentlichen Parameter werden zum freien Laden bereitgestellt, beispielsweise auf einer Webseite im ASN.1-Format:

```
RSA_Parameter ::= SEQUENCE {
    owner    String,
    modul    INTEGER,
    exponent INTEGER}
```

b) Der Sender lädt die öffentlichen Parameter und kontrolliert optional die Richtigkeit, beispielsweise durch Berechnen eines Hashwertes und Bestätigung dieses Wertes durch den Inhaber der Geheiminformationen auf einem anderen Kommunikationsweg.

c) Die Nachricht wird nun verschlüsselt und auf einem beliebigen Weg versandt.

$$X\equiv N^{e}\bmod m$$

Ist die Nachricht länger als das Modul, muss sie in kleinere passende Teile zerlegt werden. Im Prinzip können dabei alle Verfahren, die bei den symmetrischen Verschlüsselungsverfahren zum Einsatz gekommen sind, verwendet werden.

d) Der Empfänger rekonstruiert die Nachricht mit seinem geheimen Schlüssel:

$$N\equiv X^{d}\equiv\left(N^{e}\right)^{d}\bmod m$$

9.3.3 Signaturen

Wie man leicht erkennt, ist die RSA-Verschlüsselung in dem Sinn symmetrisch, dass es gleichgültig ist, welcher Schlüssel für die Verschlüsselung eingesetzt wird. Der andere Schlüssel bewirkt in jedem Fall die Entschlüsselung. Das erlaubt ein besonders einfaches Signaturverfahren.

➢ Signaturerstellung: $S\equiv Hash\left(N\right)^{d}\left(\bmod m\right)$

➢ Signierte Nachricht (z.B. ASN.1-verpackt): $\left(N,S\right)$

➢ Signaturprüfung: $Hash\left(N\right)\overset{?}{=}S^{e}\left(\bmod m\right)$

9.3.4 Spektrum und einfache Angriffe

Aufgrund des zusammengesetzten Moduls ist der Ring ($mod\ m$) zwar nicht nullteilerfrei, aber wie der Leser aus der Verschlüsselung leicht ableiten kann, können Pannen bei der Ver- und Entschlüsselung nicht auftreten, weil N allenfalls einen der Primfaktoren als Teiler enthält und sich daran bei allen Zwischenprodukten der Potenzierung nichts ändert.

Der Absender kann natürlich bei jeder Nachricht überprüfen, ob der größte gemeinsame Teiler mit dem Modul ungleich Eins ist. Er hätte damit das Verfahren gebrochen. Die Wahrscheinlichkeit hierfür wird durch den Kehrwert des kleineren Primfaktors bestimmt, führt also in der Praxis zu keiner Gefährdung.[181]

Nach unseren theoretischen Untersuchungen im letzten Kapitel ist die Zykluslänge eines beliebigen N ein Teiler von $\varphi(m)$, d.h. ein zufällig gewähltes verschlüsseltes N ist möglicherweise mit einem erheblich kleineren Exponenten als d wiederherzustellen. Wenn „erheblich kleiner" tatsächlich klein genug ist, kann dies für einen Angriff ausgenutzt werden. Dazu wird die Verschlüsselung einfach iterativ fortgesetzt

$$X_0 \equiv N^e\ mod\ m \quad , \quad X_{i+1} \equiv X_i^e \equiv N^{e^i}\ mod\ m$$

Nach einer gewissen Anzahl von Iterationen, spätestens aber beim Schritt

$$N \equiv N^{e^{\varphi(\varphi(m))}\ mod\ \varphi(m)}\ mod\ m$$

wird wieder das Urbild erzeugt (wobei dieser Aufwand natürlich nicht zum Ziel führend

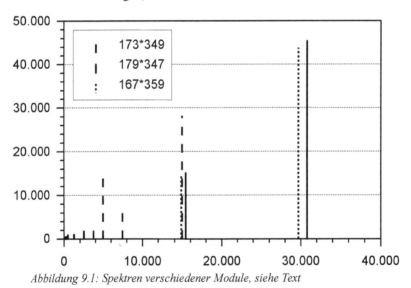

Abbildung 9.1: Spektren verschiedener Module, siehe Text

würde). Beginnt ein Angreifer die Iteration mit X, so erhält er irgendwann wieder X und kann den Klartext N als davor liegenden Wert lesen.

Sehen wir uns diese Angriffsmöglichkeit einmal systematisch an. Jede Nachricht N besitzt bei iterativer Verschlüsselung einen Wiederherstellungsindex, dessen mögliche Werte

---

181 Ein systematisches Probieren wäre nur ein Monte-Carlo-Ersatz für eine Probedivision und hätte den gleichen Aufwand zur Folge.

durch das Spektrum von $\varphi(m)$ bestimmt werden. Je kleiner das Spektrum von $\varphi(m)$ ist, desto geringer sind die Chancen, eine Nachricht N mit einem kleinen Wiederherstellungsindex zu finden. Wir verdeutlichen dies an einem Beispiel mit den Modulen

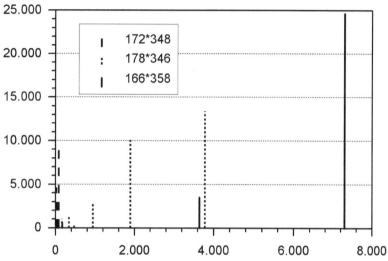

Abbildung 9.2: Spektren der Euler'schen Funktionen verschiedener Module, siehe Text

$$m_1 = 173 * 349 = 60.377$$
$$m_2 = 179 * 347 = 62.113$$
$$m_3 = 167 * 359 = 59.953$$

Die Spektren von m_2 und m_3 sind einander recht ähnlich (*Abbildung 9.1*): während bei m_1 50% der Elemente der Modulmenge Ordnungen kleiner als 10.000 aufweisen, liegen bei den anderen beiden Modulen unterhalb von 30.000 nur knapp 25% der Elemente. Die Spektren von $\varphi(m)$ weisen jedoch deutliche Unterschiede auf (Abbildung 9.2): m_3 weist hohe Besetzungszahlen in hohen Ordnungen auf, während die anderen beiden Spektren relativ geringe Ordnungen zeigen[182]. Ein Wiederherstellungsversuch mit m_1 verspricht bereits bei einer kleinen Zahl von Iterationen Erfolg und könnte zum Beispiel so aussehen:

```
m = 60377, r = 31 , X = 31314      (geheime Information N = 347)

Iterationen:

  49825 36158 15571 32179 13841    ( 1.. 5)
  33217 6402 30622 59686 35120     ( 6..10)
  25605 28027 27335 44289 20415    (11..15)
  26470 39272 28546 40656 37542    (16..20)
  49306 41867 35466 8651 17301     (21..25)
  8824 347 31314          (26..28)

Wiederherstellungsindex = 28, N = X(27)=347
```

---

182 Man beachte die Bemerkungen über logarithmische Maßstäbe im Kapitel über Spektren. Hier ist ein linearer Maßstab gewählt, so dass kleine Ordnungen oder geringe Besetzungszahlen optisch verschwinden.

Da der Wiederherstellungsindex für verschiedene Nachrichten meist ein anderer ist, kann ein Angreifer mit dieser Methode jedoch nur einen gewissen Bruchteil an Nachrichten dechiffrieren. Bei Kenntnis eines oder mehrerer Indizes können auch Vielfache oder Produkte getestet werden, der Erfolg bleibt aber ein statistischer.

Wenig Erfolg hätte man dabei mit einem Modul der Art m_3 , das dahingehend konstruiert ist, auch in $\varphi(m)$ ein möglichst kleines Spektrum aufzuweisen. Die Nachrichten mit kleinen Wiederherstellungsindizes sind zu selten, als dass sich die Versuche lohnen würden. Beim Modul m_2 ist die Konstruktion nur auf ein kleines Spektrum von m selbst ausgerichtet, was aber noch nicht zu vielen Elementen mit großen Wiederherstellungsindizes führt.

Die Konstruktionsprinzipien für kleine Spektren kennen wir bereits, denn wir haben uns bei der Untersuchung des diskreten Logarithmus ein Kriterium überlegt, wie Primzahlen mit einer möglichst hohen Anzahl an primitiven Restklassen zu konstruieren sind. Da für die Spektren die Primfaktor-Zerlegungen der eulerschen Funktionen maßgeblich sind, müssen wir nur dafür sorgen, dass auch möglichst wenige Faktoren in der zweiten Stufe $\phi(\phi(m))$ vorhanden sind. Eine Zerlegung des RSA-Moduls zeigt uns:

$$m = p_1 * p_2 \ , \ \ p_1, p_2 \in \boldsymbol{P} \ \ \Rightarrow \ \ \phi(m) = (p_1 - 1) * (p_2 - 1)$$

$$\phi(m) = 2 * p_{11} * 2 * p_{21} \ \ \Rightarrow \ \ p_k = 2 * p_{k1} + 1$$

$$\phi(\phi(m)) = 2 * (p_{11} - 1) * (p_{21} - 1) = 2 * 2 * p_{12} * 2 * p_{22}$$
$$\Rightarrow \ \ p_{k1} = 2 * p_{k2} + 1$$

Die Primfaktorzerlegung von $\phi(m)$ ist $2^3 * p * q$ besitzt also fünf Faktoren, die insgesamt 15 echte Teiler erzeugen:

$$2, 4, 8, (2, 4, 8) * p, (2, 4, 8) * q, (2, 4, 8) * p * q, p, q, p * q$$

Konstruktiv hätten wir damit die Erfolgsaussichten, durch Iteration einzelne Nachrichten zu dechiffrieren, minimiert. Praktisch lässt sich aber feststellen, dass für die Bereitstellung von RSA-Parametern kein zusätzlicher Aufwand in dieser Richtung getrieben werden muss. Schon bei Modulen im Bereich um 10^{10} , die nicht nach diesen Kriterien konstruiert sind, lassen sich mit 250.000 Iterationen kaum Wiederherstellungsindizes ermitteln. Bei gebräuchlichen RSA-Modulen in der Größenordnung 10^{300} wird auch ein Angreifer mit sehr großer Rechenkapazität keine Vorteile aus einem solchen Angriff erzielen können. Trotzdem werden wir bei einigen Algorithmen nochmals auf solche Modulkonstruktionen zurück kommen, wenn auch aus anderen Gründen.

9.3.5 Physikalische Angriffe

Im Kapitel über symmetrische Verschlüsselungsalgorithmen wurden einige sehr effektive physikalische Angriffe diskutiert, die allerdings Zugriff auf das Verschlüsselungsgerät erforderten. Die meisten dieser Angriffe sind auch auf asymmetrische Verschlüsselungsverfahren anwendbar. Die Grundprinzipien ändern sich dabei nicht: ausgehend von einem Modell des Systemverhaltens werden Messungen in positive und negative Klassen eingeteilt, gemittelt und ausgewertet. Für weitere Details sei auf die entsprechenden Kapitel bei den symmetrischen Verfahren verwiesen.

Zentraler Angriffspunkt bei asymmetrischen Verfahren ist die Exponentiation mit einem geheimen Parameter, der sowohl bei RSA als auch bei den verschiedenen Varianten mit diskretem Logarithmus als Hintergrund auftritt. Der schnelle Potenzierungsalgorithmus besitzt besitzt die Grundform

```
result=1
for(i=1;i<exponent;i=2*i)
   if(i & exponent)
      result=(result*a)%modul
   a=(a*a)%modul
```

In den Details können sich die Implementationen unterscheiden. So existieren unterschiedliche Multiplikationsalgorithmen, und eine Quadrierung lässt sich effektiver implementieren als eine einfache Multiplikation.[183] Die Implementationsdetails des Gerätes, das angegriffen werden soll, sollten bekannt sein, um die Klassifizierungen korrekt bilden zu können.[184]

Bei der Analyse werden schrittweise nacheinander sämtliche geheimen Bits des Exponenten ermittelt. Die Kenntnis der unteren Bits ist notwendig, um die Klassifizierung für das nächste unbekannte Bit vornehmen zu können. Wie bei den symmetrischen Algorithmen kann man viele Messungen mit zufälligen Daten durchführen und diese immer wieder neu klassifizieren.

ZEITANALYSE

Der zeitliche Aufwand für den modularen Multiplikationsschritt

```
prod = (fak1 * fak2) % modul
```

wird zu einem großen Teil durch den Divisionsschritt bestimmt. Einige Zwischenprodukte benötigen nur wenige Divisionsschritte bis zum Vorliegen des Divisionsrestes, andere liegen im Extremfall in der Größenordnung der Bitbreite des Moduls.

Sind die ersten Bits des geheimen Exponenten bekannt (die ersten kann man durch Probieren bestimmen), so ist für jede Zahl die Größe **result** bis zum unbekannten Exponentenbit bekannt. Klassifiziert man die Messdaten unter der Voraussetzung, dass das nächste Bit ein 1-Bit ist, in schnelle und langsame Operationen, so sollte eine Klasse eine statistisch signifikant längere Zeit benötigen, wenn die Vermutung zutrifft (*Differenzen in alle anderen Operationen mitteln sich durch eine große Anzahl statistischer Messungen wieder heraus*), sonst erhält man keine Unterschiede zwischen den Klassen. Das Verfahren wird fortgesetzt, bis alle geheimen Bits ermittelt sind.

Im Vergleich zu den symmetrischen Algorithmen kann man feststellen:

- Die Zeiteinheiten umfassen viele Zyklen und sind deutlich größer, also schneller sichtbar.

- Die Messdatensätze sind kürzer, was zu einem vergleichsweise größeren Grundrauschen führt.

- Die Zeit für einen Messung ist aufgrund der komplexen Algorithmen wesentlich höher.

- Die Klassenbildung ist deutlich schwieriger und aufwändiger, da

---

183 Verschiedene Implementationsformen sind in Gilbert Brands, Das C++ Kompendium zu finden. Die Liste dort ist aber nicht vollständig. Es existieren weitere, teilweise auf bestimmte Architekturen ausgelegte Algorithmen,

184 Man kann natürlich auch bekannte Implementationen zu Grunde legen und die Versuche mehrfach durchführen, bis man das richtige Modell ermittelt hat. Alternativ kann man sich ein eigenes Gerät mit bekannten Parametern zulegen, an dem man die optimale Vorgehensweise ermittelt.

- ◆ geeignete Klassen aufgrund der Größe der Zwischenergebnisse seltener sind (unter Umständen müssen geeignete Zwischenergebnisse konstruiert und erneut gemessen werden) und

- ◆ jeder Fall durchgerechnet werden muss.

- ● Es sind wesentlich mehr Bits zu bestimmen (bis zu 2.048 statt 128).

Experimentelle Versuche zeigen, dass bei Modulen mit 512 Bit bereits weniger als 10.000 Messungen für die Ermittlung des Exponenten genügen können.[185]

STROMANALYSE

Die Quadrierung wird häufig in anderer Form als die einfache Multiplikation implementiert und nimmt dann weniger Zeit und auch weniger Leistung in Anspruch.

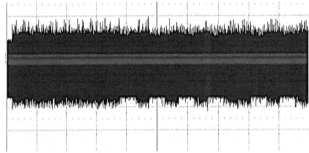

Abbildung 9.3: Stromanalyse

Bereits durch eine einfache Strommessung lässt sich das Bitmuster des Exponenten auslesen. Die Einbuchtungen im unteren Teil von Abbildung 9.3 entsprechen Multiplikationen.

Aufgabe. Versuchen Sie, das Bitmuster zu ermitteln.

Der Erfolg ist allerdings vom Gerät und der Implementation abhängig.

DIFFERENTIELLE STROMANALYSE

Die differentielle Stromanalyse kann man grundsätzlich ähnlich durchführen wie bei den symmetrischen Algorithmen, indem man unterschiedliche Leistungen beim Aufeinandertreffen bestimmter Teilfaktoren unterstellt und die Nachrichten entsprechend klassifiziert. Auch hier wird die Analyse danach ausgerichtet, sukzessive einen positiven Nachweis für eine Multiplikation zu erhalten.

Ein alternativer Ansatz erfordert ein eigenes identisches Gerät, mit dem man mit frei vorgegebenen Exponenten arbeiten kann. Der Ansatz hierbei ist wieder, dass sich Multiplikation und Quadrierung systematisch unterscheiden. Die erste Klasse der Messwerte wird durch das zu analysierende Gerät geliefert, zwei andere Klassen steuert das eigene Gerät bei, wobei jeweils ein Bit des Exponenten gesetzt bzw. gelöscht ist. Im Differenzvergleich sollte sich eindeutig feststellen lassen, zu welcher der eigenen Klassen die unbekannte Klasse passt, womit ebenfalls wieder ein Bit ermittelt wäre.

---

185 Paul C. Kocher, Timing Attacks on Implementations of Diffie-Hellman, RSA, DSS, and Other Systems (1996)

Akustische Analyse, Emissionsanalyse

Einen völlig anderen Weg kann man unter günstigen Bedingungen auch bei kleineren, nicht ganz so leistungsstarken Geräten einschlagen. Im Grunde handelt es sich hierbei um eine Variante der Stromanalyse, die nur andere Messwerte verwendet.

Die unterschiedlichen elektrischen Vorgänge bei der Verarbeitung von 0- oder 1-Bits führen manchmal dazu, dass die Geräte im Takt der Aufgabenbearbeitung vibrieren oder elektromagnetische Signale aussenden, was mit empfindlichen Mikrofonen oder Antennen aufgefangen werden kann. Das „Zwitschern" des Gerätes ist ein Fingerabdruck für das, was es gerade macht, und durch Eichmessungen ist es wieder möglich, diesen Fingerabdruck direkt oder als Differenz auszuwerten.[186]

9.4 Klasse 3: gitterbasierte Verfahren

Ausgehend von den diskutierten algebraischen Verfahren versucht man, diese Techniken so weit aufzubohren, dass auch der Quantencomputer aufgibt. Eines der Ergebnisse ist das Peikert-Schema bzw. seine praktische Implementierung namens New Hope, die bereits in gewissem Umfang in der Praxis getestet wird. Das Schema gehört zur Klasse der so genannten gitterbasierten Verfahren, auch als „learning from errors"-Verfahren bezeichnet.

Key Exchange

Die grundlegende Idee besteht darin, nicht mehr das Ergebnis der modularen Operationen als Schlüssel zu verwenden, sondern nur dessen Parität, d.h. ob das Ergebnis gerade oder ungerade ist, als Schlüsselbit zu verwenden. Alice und Bob setzen ihre geheimen und öffentlichen Parameter allerdings so ein, dass sie nicht direkt in den Besitz des Ergebniswertes gelangen, sondern in einen leicht verschobenen. Betrachtet man den korrekten Ergebniswert als Punkt eines Gitters, müssen sie eine Fehlerkorrektur durchführen, um ihn und damit das Schlüsselbit zu erhalten.

Ein Quantencomputer kann solche Operationen nicht mit dem subexponentiellen Shor-Algorithmus nachvollziehen, sondern nur mit dem bislang einzigen weiteren bekannten Quantenalgorithmus, dem Grover-Algorithmus, der jedoch eine exponentielle Ordnung besitzt und dem man deshalb ebenso wie den klassischen Angriffsalgorithmen fortlaufen kann, indem man die Anzahl der Schlüsselbits erhöht. Der Nachteil des Verfahrens ist allerdings, dass pro ausgetauschter Modulzahl nur ein Schlüsselbit generiert wird, d.h. die Datenmengen recht groß werden.

Schauen wir uns ohne viel weitere Vorbereitung einen Umsetzungsansatz an: Alice und Bob einigen sich für eine Diffie-Hellman-ähnliche Schlüsselaushandlung auf ein Modul q und eine Anzahl n der zu verhandelnden Bits sowie ein Polynom

$$p(x) = \sum_{k=0}^{n-1} p_k * x^k \quad , \quad p_k \in \mathbb{Z}_q$$

Sodann wählen sie geheime Polynome und generieren ihre öffentlichen Schlüssel, die sie jeweils dem Partner zusenden

$$a(x) \equiv p(x) * s_a(x) + e_a(x) \ \left(mod \ \ q \ \ , \ \left(x^n + 1 \right) \right)$$
$$b(x) \equiv p(x) * s_b(x) + e_{b,1}(x) \ \left(mod \ \ q \ \ , \ \left(x^n + 1 \right) \right)$$

---

186 Ähnliches ist bei den heute kaum noch eingesetzten Bildschirmen mit Elektronenröhren möglich, deren Emissionsspektrum ein Mitlesen des Bildschirminhaltes selbst aus größerer Entfernung erlaubt.

Für die Wahl der geheimen Parameter gelten allerdings Einschränkungen:[187]

$$|s_{...,k}|, |e_{...,k}| \ll q \quad , \quad k=0,...n-1$$

Besonders die mit e bezeichneten Terme tragen zur Verschiebung des berechneten Ergebnisses gegenüber dem zu treffenden Gitterpunkt bei und müssen daher klein bleiben, um eine Korrektur zu ermöglichen. Je nach konkreter Implementation werden die Einschränkungen noch genauer spezifiziert, aber dies lassen wir der Übersichtlichkeit halber fort. Im Weiteren lassen wir auch (x) sowie den Modulterm in den Formeln fort, um die Lesbarkeit zu verbessern. Bob verarbeitet nun Alices öffentlichen Parameter zu

$$v \equiv a*s_b + e_{b,2} \equiv p*s_a*s_b + e_a*s_b + e_{b,2}$$

Alice verfügt zu diesem Zeitpunkt unter Nutzung von Bobs öffentlichem Parameter über

$$w \equiv b*s_a \equiv p*s_a*s_b + e_{b,1}*s_a$$

Bildet man die Differenz, so erhält man

$$v - w \equiv e_a*s_b - e_{b,1}*s_a + e_{b,2}$$

Zwar verfügen weder Alice noch Bob über diese Differenz, aber der Term $p*s_a*s_b$ ist beiden bekannt und definiert den Gitterpunkt. Aufgrund der Nebenbedingung ist der Differenzterm mit hoher Wahrscheinlichkeit sehr klein und kann formal als Rauschen oder Fehler interpretiert werden. Exakter definiert kann der Differenzterm, der aus n Komponenten eines Polynoms besteht, geometrische auch als Abweichungsvektor vom Gitterpunkt $p*s_a*s_b$ interpretiert werden, und das Problem von Alice und Bob besteht nun darin, den Fehler raus zuwerfen und sich auf den Gitterpunkt zu einigen.

Um das zu erreichen, generiert Bob unter Hinzuziehen der Mengen

$$E = \left\lfloor -\lfloor q/4 \rfloor,...,\lfloor q/4 \rceil \right\rfloor \subset \mathbb{Z}_q$$

(die erste Klammerung in der Menge ist die Rundung auf den kleineren ganzzahligen Wert, die zweite Klammer die normal ½-Rundung) eine Signatur seiner Größe v :

$$s = sig(v) \quad mit \quad s_k = v_k \notin E$$

E enthält die Hälfte der Elemente des Modulrings, entsprechend ist s jeweils zur Hälfte mit 0 und 1 gefüllt. Die Signatur enthält die Fehlergrößen allerdings noch im vollen Umfang und kann vom Angreifer Eve nicht genutzt werden, da ihm die entscheidenden Größen fehlen. Diese Signatur wird an Alice versandt, und beide generieren die Schlüsselbitstrings

$$K_b \equiv \left(v + s * \frac{q-1}{2} \ (mod \ q) \right) (mod \ 2)$$

$$K_a \equiv \left(w + s * \frac{q-1}{2} \ (mod \ q) \right) (mod \ 2)$$

Dabei müssen die Fehlerterme eliminiert werden, damit $K_a = K_b$ gilt. Das ist dann der Fall, wenn sie so klein sind, dass sie bei der Paritätsrundung nicht mehr in der Lage sind, die Parität zu verschieben. Um das zu erreichen, werden Elemente, bei denen das passieren könnte, und das sind sol-

---

187 Der Betrag bezieht sich auf die Darstellung $\mathbb{Z}_q = \left\lfloor -(q-1)/2,...(q-1)/2 \right\rfloor$ des Modulrings.

che, die in B fallen, so weit verschoben, dass ihr Einfluss mit hoher Wahrscheinlichkeit bei der Rundungsoperation eliminiert wird.

Diese einfache Form hat allerdings ein paar „Schönheitsfehler".

1. v und w sind sich zwar sehr ähnlich, aber nicht gleich, so dass mit einer gewissen kleinen Wahrscheinlichkeit $K_a \neq K_b$ gilt, allerdings auch dann nur für wenige Bits.

2. Es spielt eine Rolle, ob q eine gerade oder ungerade Zahl ist, und zwar sowohl für die Modulrechnung (da sollte q prim sein) als auch für die Signaturbildung (da führen ungerade q wieder zu Abweichungen und Verzerrungen in K_a, K_b).

3. Es muss gewährleistet sein, dass das Problem für einen Angreifer, aufgrund der öffentlichen Daten seinerseits die Schlüssel zu finden, eine vorgegebene Sicherheitsschranke nicht unterschreitet. In der Regel begegnet man diesem Problem damit, mehr Bits als formal erforderlich zu vereinbaren und $hash(K_a)$ anstelle von K_a zu verwenden.

Als vierte Einflussgröße gesellt sich die Anwendungsfreundlichkeit hinzu: die bei einer Schlüsselaushandlung auszutauschenden Datenmengen sollten nicht zu groß (vermutlich das kleinere Problem) und die Maschinen nicht zu stark durch die Rechnungen belastet werden. In diesem Umfeld brauchbare Lösungen zu finden hat zu einer ganzen Reihe von Varianten des vorgestellten Schemas geführt, bei deren mathematischer Untersuchung ziemlich komplexe mathematische Bereiche eine Rolle spielen, insbesondere wenn nachgewiesen werden soll, wie sicher die vereinbarten Schlüssel sind. Als praktisches Beispiel sei der New Hope-Algorithmus genannt, der mit $q=12.289$ und $n=1.024$ operiert und damit eine Sicherheit von 128 Bit gewährleisten soll.

SIGNATUREN

Die Erzeugung von Signaturen ist mit „learning from errors"-Verfahren ebenfalls möglich. Hierbei seien $p(x), a(x)$ wieder allgemeine und öffentliche Paramater von Alice sowie $s(x), e(x)$ die geheimen. Außerdem sei eine Hashfunktion $Hash_{n,k}(..)$ gegeben, die aus einer beliebigen Eingabe ein Polynom mit n Koeffizienten erzeugt, von denen genau k den Wert 1 oder -1 aufweisen, die restlichen Null sind. k ist ebenfalls ein gegebener Parameter. Zur Erzeugung einer Signatur generiert Alice zwei Polynome y_0, y_1 mit kleinen Koeffizienten $\in \lfloor -b, ..., b \rfloor$, $k < b$ und berechnet

$$w = p * y_0 + y_1$$
$$c = Hash_{n,k}(N \mid bitstring(w))$$
$$z_0 = s * c + y_0$$
$$z_1 = e * c + y_1$$

$\beta = b - k$ ist ebenfalls ein öffentlicher Parameter des Verfahrens. Die Signatur besteht aus den Polynomen c, z_0, z_1 . Um dies zu überprüfen, berechnet der Empfänger

$$w' = p * z_0 + z_1 - a * c$$
$$c' = Hash_{n,k}(N \mid bitstring(w'))$$

Aufgabe. Weisen Sie nach, dass $c' = c$ gilt.

Möglicherweise fragen Sie sich an dieser Stelle, was der Unfug eigentlich soll, denn es steckt ja abgesehen von der komplizierten Vorgehensweise von Alice nichts geheimes dahinter. Tatsächlich könnte so etwas jeder auch ohne den komplizierten Weg berechnen. Zu einer Signatur wird es erst durch eine weitere Nebenbedingung. Die Signaturpolynome müssen nämlich zusätzlich die Neben-bedingung

$$max\left|z_{0,k}\right|\leq\beta \quad \wedge \quad max\left|z_{1,k}\right|\leq\beta \quad , \quad k=0,...,n-1$$

erfüllen, d.h. die Koeffizienten dürfen einzeln nicht größer als eine fest definierte Größe sein. Alice muss ihre Signaturerzeugung so lange wiederholen, bis sie ein geeignetes Triple gefunden hat, der Signaturprüfer muss die Signatur zurückweisen, wenn z_0, z_1 diese Anforderung nicht erfüllen.

Es stellt sich heraus, dass es Alice in der angegeben Weise in einer moderaten Zeit gelingt, Polyno-me z_0, z_1 mit den geforderten Nebenbedingungen zu erzeugen, es bei Unkenntnis der geheimen Parameter aber hinreichend schwierig wird, einen Erfolg zu erzielen. Obendrein muss $Hash_{n,k}(..)$ auch so gestaltet sein, dass von 1.000 Bit nur 3-5 von Null verschieden sind, was auch wieder Pro-bleme der Kollisionsfreiheit usw. aufwirft.

FAZIT

Es ist vielleicht nicht ganz angemessen, eigene Interpretationen ins Spiel zu bringen. Immerhin sind solche Verfahren schon eine geraume Zeit auf dem Markt, was zu einer längeren Literaturliste ge-führt hat, wobei die Beiträge oft nicht ganz einfach zu Lesen sind. Bislang haben sie aber nicht in Implementationen Eingang gefunden, wenn man vom google-Versuch mit New Hope absieht. Grund dürfte vermutlich der trotz des mathematischen Bemühens nicht wegzudiskutierende Ein-druck fehlender grundsätzlicher Systematik sein, oder, um es etwas brutal zu formulieren, dass hier etwas „an den Haaren herbeigezogen wird, was halt auch funktioniert". Der französische Mathema-tiker Henri Poincaré, oft mit David Hilbert in einem Atemzug genannt, pflegte ihm vorgelegte mathematische oder physikalische Theorien abzulehnen, wenn sie nicht „schön" waren, und dieser mathematischen Claudia-Schiffer-Einstufung möchte ich mich in Bezug auf die Klasse 4 – Verfah-ren anschließen. Ich finde sie einfach nicht „schön". Das Signaturverfahren wirkt (vermutlich zu Recht) nicht sehr vertrauenswürdig im Vergleich mit den derzeitigen Klasse 1/2 – Verfahren. Ob-wohl das Klasse 3 – Verfahren einige Vorteile besitzt, sind Verfahren dieser Art zumindest zum der-zeitigen Zeitpunkt (2017) erste Wahl, wenn es um quantencomputersichere Verfahren geht.

9.5 Rekonstruktion der Geheimparameter

Fast ebenso peinlich wie der Verrat von Geheimnissen kann deren Vergessen werden. Ist der Geheimschlüssel verloren gegangen, können verschlüsselte Informationen nicht wiederhergestellt werden. Eine Möglichkeit der Absicherung ist die Verteilung der Geheiminformationen auf mehre-re Personen, die aber einzeln nichts mit den ihnen übergebenen Daten anfangen können.

Die simpelste Methode ist, seinen m Vertrauten jeweils $O(\lceil n/m\rceil)$ Bits der Geheiminformation zu übergeben und die Information im Notfall wieder einzusammeln. Dabei muss man natürlich darauf vertrauen, dass sich die Geheimnisinhaber nicht verbünden und das Geheimnis von sich aus rekon-struieren. Diese simple Methode hat allerdings einige schwere Nachteile:

a)   Die Teilnehmer erhalten echte Bruchstücke der Geheiminformation. Verbünden sich nur einige, kann dies bereits ausreichen, die noch fehlenden Informationen durch Simulation zu ermitteln.

b) Für die Wiederherstellung sind alle Teilnehmer zu kontaktieren und sämtliche Informationen einzusammeln. Fallen einzelne Teilnehmer aus irgendwelchen Gründen aus, steht man selbst von dem Simulationsproblem aus a)

Wünschenswert ist ein Verfahren, bei dem

➤ genau m Informationen zu sammeln sind, um das Geheimnis zu rekonstruieren,

➤ die Informationen keinerlei direkten Bezug zu den echten Geheiminformationen haben, so dass mit weniger als m Informationen keine (vereinfachte) Wiederherstellung möglich ist,

➤ $k>m$ Teilnehmer vorhanden sind und von einer beliebigen Teilmenge mit m Teilnehmern die Rekonstruktionsinformation eingesammelt werden kann, so dass Ausfälle kompensiert werden können.

Was sich ziemlich komplex anhört, ist relativ leicht zu realisieren. In der Analysis lernt man, dass ein Polynom n-ten Grades durch genau $(n+1)$ Punkte eindeutig definiert wird. Um sein Geheimnis x zu verstecken (wir bleiben einmal bei der ElGamal-Notation, für RSA funktioniert dies mit einer hinreichend großen Primzahl p aber genauso), bildet der Geheimnisinhaber mit m Zufallszahlen das Polynom

$$P_m(x) = x + \sum_{i=1}^{m} a_i * x^i \; (mod \; p)$$

und berechnet mit zufällig gewählten x-Werten k Punkte $P(x_i, y_i)$, die er an die k Teilnehmer verteilt. Für die Rekonstruktion sammelt er nun m beliebige Zahlenpaare wieder eine und rekonstruiert das Polynom, dessen Funktionswert $P(0)$ ihm sein verlorenes Geheimnis zurückgibt.

Die numerische Mathematik liefert in Form des Neville-Algorithmus eine direkte Lösung zur Berechnung einzelner Funktionswerte. Ich gebe hier allerdings die Lagrange-Methode an, die etwas einfacher zu durchschauen und leichter zu programmieren ist, zumal es bei diesem Problem sicher nicht um besondere Effizienz geht. Die Lagrange-Interpolation rekonstruiert ein interpolierendes Polynom durch

$$P_m(x) = \sum_{i=0}^{m} y_i L_{i,m}(x) \quad (mod \; p)$$

$$L_{i,m}(x) = \prod_{\substack{k=0 \\ k \neq i}}^{m} \frac{x - x_k}{x_i - x_k}$$

Wie man an der Produktformel erkennt, gilt

$$grad(L_{i,m}(x)) = m$$
$$L_{i,m}(x_j) = \delta_{ij}$$

Aufgabe. Implementieren Sie einen Verteilungs- und Rekonstruktionsalgorithmus.

Anmerkung. Das Verfahren nutzt die Modulrechnung nur, um die Parameter auf die richtige Größenordnung zu beschränken. Überzeugen Sie sich davon, dass ein erfolgreicher Einbruch in den diskreten Logarithmus beispielsweise durch einen Quantencomputer keine Auswirkungen auf die Sicherheit hat.

9.6 Konferenzschlüssel

Häufig sind an Kommunikationsvorgängen mehr als zwei Personen beteiligt, und solche Konferenzen betreffen meist die Telekommunikation oder andere zeitkritische Anwendungen, in denen individuelle Schlüssel nicht in Frage kommen.

SERVERBASIERTE KONFERENZEN

Relativ einfach zu organisieren sind Konferenzen mit zentraler Organisation. Das Interesse besteht darin, Informationen mit einem einheitlichen Schlüssel zu verschlüsseln und nur einmal versenden zu müssen. Die effiziente Verteilung der Daten an alle Teilnehmer ist die Aufgabe des Kommunikationssystems, um die sich die Verschlüsselung dann nicht mehr kümmern muss.[188]

Zur Teilnahme an einer solchen Konferenz meldet sich jeder Teilnehmer mit einem beliebigen Public-Key-Verfahren beim Server an. Die Verschlüsselung wird vom Server dazu verwendet, dem Teilnehmer den Konferenzschlüssel sowie die Konferenzorganisation (Teilnehmer, Verbindungsarten, usw.) mitzuteilen. Dieses Verfahren ist Standard bei der IP-Telefonie, bei der SIP-Server die Verbindungen zwischen den IP-Telefonen organisieren und auch die Schlüssel für verschlüsselte SRTP-Verbindungen verteilen.

Das Problem dieser Organisation ist die Vertrauenswürdigkeit der Server. Im Fall der IP-Telefonie sind sie die Verbindungsmakler, nehmen aber an der Konferenz selbst nicht teil. Gleichwohl können sie den Datenstrom im Klartext lesen. Auch lassen sich durchaus Szenarien entwickeln, in denen die Server die Teilnehmer asymmetrisch mit Schlüsseln versorgen, so dass sie die Kommunikation nicht nur mitlesen sondern auch beeinflussen können.

FREIE KONFERENZEN

Gerade die diversen Geheimdienstskandale lassen es wünschenswert erscheinen, die Server bei der Vereinbarung von Schlüsseln nicht mehr zu beteiligen, sonder die Aushandlung auf die unmittelbar Beteiligten zu beschränken. In einem Zero-Trust-Modell, das man zweckmäßigerweise zu Grunde legen sollte, ist das Verfahren so zu gestalten, dass entweder alle Beteiligten zum Schluss den gleichen Schlüssel besitzen oder im Falle des Betruges eben keiner.

Dazu eignen sich Verfahren der Klassen 1 und 3, mit denen man ein erweitertes Diffie-Hellman-Verfahren durchführen kann. Am Beispiel mit drei Teilnehmern – Alice, Bob und Chiara – beginnt die Vereinbarung mit der Festlegung eines gemeinsamen öffentlichen Parameters x (wir stellen das Verfahren am Beispiel der Klasse 3 dar), der Wahl von Geheimparametern a, b, c und dem Austausch von

$$B = T_b(x) \ , \ A = T_a(x) \ , \ C = T_c(x)$$

Im Besitz dieser Werte können die Teilnehmer nun die nächste Stufe berechnen und die Zwischenwerte untereinander austauschen

$$BA = T_a(B) = T_b(A) \ , \ BC = T_b(C) = T_c(B) \ , CA = T_c(A) = T_a(C)$$

In der dritten Stufe erfolgt die Vereinbarung des gemeinsamen Geheimnisses

---

188 Beispielsweise können die Nachrichten in einem Ringverbund fließen, in dem der Empfang und das Senden auf einen Vorgang pro Teilnehmer begrenzt ist. Denkbar sind auch baumförmige Organisationsarten, die ebenfalls nur wenige Aktionen pro Teilnehmer verlangen.

$$ABC = T_{a \cdot b \cdot c} = T_a(BC) = T_b(CA) = T_c(BA)$$

Die Vereinbarung ist so allerdings nicht sicher gegen Betrug. Betrachten wir dazu den Fall, dass Chiara versucht zu betrügen, d.h. C an Alice sendet, Bob aber ein modifiziertes C' erhält, weil Chiara die Kommunikation kontrollieren kann. Alice wäre dann nach dem ersten Schritt in Besitz von CA, Bob besitzt BC', alle sind im Besitz von BA. Im dritten Schritt wäre Alice in Besitz von ABC, Bob aber von ABC', d.h. sie hätten unterschiedliche Schlüssel und Chiara könnte kontrollieren, welche Informationen an Alice und Bob gelangen. Alice und Bob besitzen keine Möglichkeit, das zu erkennen, so lange Chiara die Kommunikation kontrolliert.

Ein Betrug ist allerdings nicht möglich, wenn ein Zwischenschritt eingefügt wird. Vor der Veröffentlichung von BA, BC und CA sind die jeweiligen Partner in der Lage, miteinander geheim zu kommunizieren. Sie können sich zyklisch die jeweiligen erhaltenen Daten des 3. Partners zusenden. Im betrachteten Fall tauschen Alice und Bob mittels des gemeinsamen Geheimnisses BA den erhaltenen Wert C aus. Hat Chiara betrogen, sind diese Werte nicht gleich und sie ist aufgefallen. Insiderbetrug ist somit verhinderbar.

Nicht verhinderbar ist ein Betrug durch Eve, die Man-in-the-middle zwischen einen Teilnehmer und den beiden anderen spielt, indem sie sich gegenüber Alice und Bob als Chiara ausgibt und gegenüber Chiara den Part von Alice und Bob spielt. Das ist nur verhinderbar, wenn Alice, Bob und Chiara jeweils die öffentlichen Paramater der anderen kennen.

Aufgaben. Erweitern Sie das Schema auf mehr als 3 Teilnehmer.

Wir haben das Beispiel des Klasse 3 – Verfahrens gewählt, weil hier auf zusätzliche Feinheiten geachtet werden muss: im Standardfall zweier Teilnehmer ist die Rechengenauigkeit bei $z = \log_{10}(a)$ Ziffern des Geheimnisses auf etwa $3{,}5 \ast z$ einzustellen; im Konferenzfall ist erhöht sich dieser Wert um z Ziffern pro Teilnehmer. Beim normalen Klasse 1 – Verfahren über Modulkörpern muss darauf natürlich keine Rücksicht genommen werden.

9.7 Lösung restlicher Kennwortprobleme

Bei der Untersuchung verschiedener Strategien zur Authentifizierung von Anwendern mit Hilfe ihres Kennwortes haben wir festgestellt, dass entweder dem Netzwerk vertraut werden muss oder dem Server. Vertraut man dem Server, kann das Kennwort im Netz verschlüsselt werden, muss aber unverschlüsselt auf dem Server liegen, vertraut man dem Netzwerk, kann das Kennwort auf dem Server verschlüsselt werden, wird aber im Klartext im Netzwerk übertragen. Kann man an dieser unbefriedigenden Situation mit Hilfe der asymmetrischen Verschlüsselung etwas ändern?

Man kann! Die Lösung heißt natürlich nicht, die Kennworte auf dem Server zu verschlüsseln und bei Bedarf wieder zu entschlüsseln, denn damit wäre bei Kompromittierung des geheimen Schlüssels nichts gewonnen. Es gilt, einen Weg zu finden, der das Kennwort auch auf dem Server nur in verschlüsselter Form aufbewahrt und im Netzwerk bei jeder Anmeldung ein unterschiedliches Bild generiert.

Ausgangspunkt für ein solches Verfahren ist das Diffie-Hellman-Verfahren, d.h. mit Hilfe des Kennwortes wird öffentlich ein geheimer Sitzungsschlüssel vereinbart. Die öffentlichen Parameter sind damit (g, p). Eine passende Verschlüsselung des Kennwortes ist

$$v \equiv g^{hash(PWD|s)}(mod\ p)$$

Der Server speichert *{Name,v,s}* auf seinem System, wobei *s* das Salt ist, das wir ja auch schon früher kennen gelernt haben und das dafür sorgt, dass gleiche Kennworte unterschiedlicher Nutzer in der Datenbank nicht auffallen. Nur der Anwender kennt sein Kennwort *PWD* im Klartext.

Beim Diffie-Hellman-Verfahren wählen nun beide Partner Zufallszahlen, die sie über die Exponentiation verschlüsseln und an den Partner senden. Der Austausch wird ein wenig modifiziert, indem nun der verschlüsselte Kennwortparameter *v* ebenfalls eingebaut wird. Um ihn herauszulösen, benötigt man allerdings einen weiteren Parameter. Für den Anwender ändert sich zunächst wenig. Er sendet

$$Name \quad , \quad X \equiv g^r (mod\ p)$$

an den Server und behält *r* als Geheimnis, erhält von diesem aber eine erweiterte Liste von Parametern, nämlich

$$s \quad , \quad Y \equiv v + g^t (mod\ p) \quad , \quad u$$

s ist das Salt, *t* eine geheime und *u* eine öffentliche Zufallszahl. Die weiteren Verfahrensschritte sind nun für den Server sehr einfach, denn er muss nur die normale Diffie-Hellman-Rechnung etwas erweitern:

$$S \equiv \left(X * v^u \right)^t (mod\ p)$$

Wenn Sie nun überlegen, welche Größen der Anwender kennt, so kommt man nach einiger Rechnerei auf die Formel

$$S \equiv \left(Y - g^{hash(PWD|s)} \right)^{r + u*hash(PWD|s)} (mod\ p)$$

Beide sind tatsächlich wieder im Besitz eines gemeinsamen Geheimnisses, und die Authentifizierung hat funktioniert.

| **Aufgabe.** Vollziehen Sie die Rechenschritte zwischen beiden Formeln nach.

Außer Acht gelassen haben wir in dieser Darstellung die Reihenfolge, in der die Nachrichten ausgetauscht werden. Die ist aber wichtig. Nehmen wir an, ein Angreifer habe Kenntnis von *v* erhalten, d.h. der Server ist kompromittiert worden. Nehmen wir weiter an, die Informationen seien nicht in der oben angegebenen Reihenfolge gesendet worden, sondern *u* werde vor *X* versandt. Der Angreifer kann nun *X* auf eine andere Art generieren:

$$X \equiv g^r * v^{-u} (mod\ p)$$

S berechnet er anschließend durch

$$S \equiv (Y - v)^r \equiv g^{r*t} (mod\ p)$$

| **Aufgabe.** Weisen Sie nach, dass der Server aufgrund dieser Konstruktion von *X* exakt den gleichen Wert für *S* erhält.

Der Angreifer kann sich damit einen lexikalischen Angriff auf *v* ersparen. Es ist daher wichtig, dass er *X* generieren und an den Server senden muss, bevor er von diesem *u* erhält.

Die relativ komplizierte Form ist ebenfalls notwendig, um lexikalische Angriffe aufgrund des Kommunikationsverlaufs zu verhindern. Nehmen wir an, *Y* werde nur in der normalen Diffie-Hellman-Form berechnet:

$$Y \equiv g^t (mod\ p)$$

Die Anwenderauswertung könnte dann auf den Term

$$S \equiv Y^{r + u * hash(PWD|s)} \left(mod\ p \right)$$

vereinfacht werden. Wird das Verfahren nur für eine gesicherte Anmeldung verwendet, so teilt der Anwender diesen Wert dem Server als Authentifizierungsinformation mit. Ein Angreifer, der sich als Server ausgibt, kann bis zum Erhalt dieses Wertes mithalten und dann einen Fehler vortäuschen und die Verbindung abbrechen. Da er außer v nun alles kennt, um selbst S zu berechnen, kann er einen lexikalischen Angriff auf das Kennwort starten.[189] Muss er aber v bereits vorab in Y einbauen, steht ihm auch theoretisch kein einfacher Weg für eine Simulation zur Verfügung.

Möglich wäre nun nur noch, dass ein Angreifer sich als Server ausgibt und einfach alles bestätigt, um vielleicht in der nachfolgenden Kommunikation den Anwender noch täuschen und zur Herausgabe des Kennwortes veranlassen könnte. Das kann durch beidseitige Authentifizierung verhindert werden. Als Authentifizierungsinformation sendet der Anwender zunächst

$$M = hash\left(X|Y|hash(S) \right)$$

an den Server, und dieser antwortet mit

$$N = hash\left(X|M|hash(S) \right)$$

was er nur bei Kenntnis von S kann.[190]

Dieses als *secure remote password protocol* bekannte Verfahren ist zwar recht elegant, aber nie „in der freien Wildbahn" in Erscheinung getreten. SSL/TLS hat im Bereich verschlüsselter Verbindungen den Sieg davon getragen, und bei reiner Authentifizierung verlässt man sich in der Regel darauf, dass die Server hinreichend gegen Kompromittierung abgesichert sind.

9.8 Signaturen und Nachweise

9.8.1 Vereinfachtes Signaturverfahren

Eine RSA-Signatur ist aufgrund der Symmetrie des Algorithmus sehr einfach. Wenn wir hier die Überschrift „vereinfachtes Signaturverfahren" verwenden, ist daher die auf dem diskreten Logarithmus basierenden Klasse 1 unserer Verfahren damit gemeint.

Da ohnehin in Signaturen eine Hashfunktion verwendet wird, kann man diese direkt in die Erzeugung der Signatur mit einbeziehen. Wie zuvor besteht auch eine vereinfachte Signatur aus zwei Parametern (s,t), die aber nun vom Empfänger zu folgender Prüfung eingesetzt werden:

$$s = hash\left(y^s\, g^t (mod\ p) \mid N \right)$$

---

189 Natürlich nur in der Theorie. Die zahlentheoretische Formel, in der v drinsteckt, lässt sich nicht vereinfachen, was einen solchen Angriff selbst bei schwachen Kennworten in der Praxis weitgehend unmöglich macht.

190 **Aufgabe.** Mit der diskutierten Vereinfachung hätte der Angreifer nach Erhalt von M ebenfalls die Möglichkeit, die Kommunikation zu beenden und einen lexikalischen Angriff zu starten. Untersuchen Sie diese Option. Was muss er machen, wie ist das Schwierigkeitsverhältnis im Vergleich zum direkten Austausch von S?

Der Parameter s taucht somit im Argument der Hashfunktion auf und ist gleichzeitig das Ergebnis des Hashens – nach der Theorie der Hashfunktionen eine absolute Unmöglichkeit. Tatsächlich kann der Signaturaussteller sich auch nur überraschen lassen, welcher Hashwert entsteht, und das macht er mit dem Term

$$s = hash\left(g^r (mod\ p)\ \mid\ N\right)$$

Setzt man die beiden Ausdrücke im Argument der Funktion gleich, erhält man

$$g^r \equiv y^s g^t (mod\ p) \quad \Leftrightarrow \quad r \equiv x * s + t\ (mod\ p - 1)$$

s besitzt der Signaturaussteller bereits, und bei Kenntnis von x kann er nun auch problemlos den zweiten Parameter t berechnen.

9.8.2 Kenntnis des diskreten Logarithmus

Insbesondere im Rahmen komplexerer Signaturverfahren kann es notwendig sein, sich als Empfänger davon zu überzeugen, dass der Signaturgeber im Besitz der Geheiminformationen ist, um nicht einem Betrug aufzusitzen. Dabei darf es natürlich nicht zur Offenlegung der Geheimnisse kommen. Der Empfänger – im weiteren Prüfer genannt – muss sich daher im Rahmen gezielt gestellter Fragen beim Signaturaussteller – im weiteren Kandidat genannt – von der Korrektheit der Angaben überzeugen.

Bei der einfachsten Fragestellung ist zu überprüfen, ob der Kandidat den diskreten Logarithmus x in der Äquivalenz

$$y \equiv g^x (mod\ p)$$

kennt, wenn der Prüfer im Besitz von (y,g,p) ist. Das ist leicht mit Hilfe des gerade diskutierten Signaturalgorithmus zu erledigen. Der Prüfer sendet eine Zufallszahl r an den Kandidaten, der ein Zahlenpaar (s,t) mit der Eigenschaft

$$s = Hash\left(y^s g^t (mod\ p)\ ,\ r\right)$$

zurückgibt, womit auch bereits alles bewiesen wäre. Sind mehrere diskrete Logarithmen zu prüfen, zwischen denen ansonsten keinerlei Relationen von Belang sind, kann jeder auf diese Weise überprüft werden.

9.8.3 Gleicher diskreter Logarithmus zu zwei Basen

Der Kandidat behauptet nun, im Besitz von x für

$$a \equiv g^x (mod\ p)$$
$$b \equiv h^x (mod\ p)$$

zu sein. Eine Einzelprüfung überzeugt nun nicht, da ja durchaus verschiedene Exponenten verwendet worden sein können. Der Nachweis lässt sich in nur einem Schritt führen und erfolgt wiederum durch eine Zufallszahl r und ein Signaturpaar (s,t), das in diesem Fall die Relation

$$s = Hash\left(a^s b^s g^t h^t (mod\ p)\ ,\ r\right)$$

erfüllt.

Aufgabe. Stellen Sie den Berechnungsalgorithmus für (s,t) auf (nehmen Sie den einfachen Signaturalgorithmus als Grundlage). Begründen Sie anhand Ihres Algorithmus, dass ein Betrug durch unterschiedliche Exponenten nicht möglich ist.

Das Verfahren kann ohne Probleme auf mehr als zwei Zahlenpaare erweitert werden.

9.8.4 Gleicher diskreter Logarithmus zu zwei verbundenen Basen

Der zuvor behandelte Fall wird nun durch eine weitere Bedingung erweitert:

$$a \equiv g^x \,(mod\ p)$$
$$b \equiv h^x \,(mod\ p)$$
$$h \equiv g^z \,(mod\ p)$$

Die beiden Basen sind nun ebenfalls durch einen diskreten Logarithmus verbunden. Bezüglich der Relation zwischen (g,h) kann man auf zwei verschiedene Randbedingungen treffen:

a) Der Prüfer kennt z, was zu einer sehr einfachen Prüfung ohne Beteiligung des Kandidaten führt. Es muss nämlich

$$a^z / b \equiv 1 \,(mod\ p)$$

gelten. Das Geheimnis x bleibt hiervon unberührt.

b) Der Prüfer kennt z nicht. Der Nachweis wird durch eine Einzelsignatur für z und eine Kombinationssignatur für x geführt.

Aufgabe. Weisen Sie nach, dass die beiden Prüfbehauptungen korrekt sind und keinen Raum für Betrug lassen.

Es existieren noch weitaus komplexere Fragestellungen, etwa ob die Zykluslänge einer Basis bekannt ist, ohne dabei die Zykluslänge selbst zu verraten, oder ob Primzahlen nach einem bestimmten Schema konstruiert wurden, ohne dass auf die Primzahlen selbst zurückgegriffen werden kann. Problematisch sind auch Fragestellungen, in denen der Kandidat nachweisen muss, dass bestimmte Relationen <u>nicht</u> bestehen. Für solche Szenarien entwickelt man i.d.R. Frageschemata, die der Kandidat nur mit einer begrenzten Wahrscheinlichkeit korrekt beantworten kann, wenn seine Behauptung richtig ist. Der Prüfer entscheidet anhand der Antwortstatistik, was zutrifft. Wir werden derartigen Fragestellungen bei den betreffenden Signaturschemata nachkommen.

9.8.5 Zertifikate und Signaturen bei Klasse 3 – Verfahren

Mittels Zertifikaten wird ein Satz öffentlicher Parameter direkt an einen Inhaber gebunden und der Datensatz zur Beglaubigung signiert und damit fälschungssicher gemacht. Zur Überprüfung genügt die Kontrolle der Signatur. Das Klasse 3 – Verschlüsselungsschema erlaubt es ebenfalls, ein Schlüsselpaar x , $y = T_r(x)$ an einen Inhaber zu binden und über längere Zeit zu verwenden. Eine statische Signatur ist mit dem Klasse 3 – Algorithmus allerdings nicht möglich. Die Authentifizierung von Zertifikaten ist daher nur durch eine Kommunikation mit einer CA möglich. Ist deren Zertifikat auf anderem Wege bestätigt, kann jederzeit eine einseitig authentifizierte Verbindung aufgenommen und das in Frage stehende Nutzer-Zertifikat bestätigt werden. Da dies im Vergleich zu heute einen erheblichen größeren Datenverkehr bei den CA verursacht, ist es sinnvoll, bestätigte Nutzer-Zertifikate bei den Kommunikationspartnern zu speichern.

Ein verkürzter, allerdings nicht vollständig sicherer Weg ist ein dem DNS-Dienst nachempfundener CA-Dienst. Die Anfrage besteht aus der Übermittlung des Hashwertes an den Dienst, die Antwort aus einem iterierten Hashwert:

$$H_{request} = hash(certificate) \quad , \quad H_{respond} = hash(certificate \mid H_{request})$$

Die beiden Hashwerte müssen nicht Bestandteil des Zertifikats sein, da jeder sie berechnen kann. Zur korrekten Berechnung ist die Kenntnis des vollständigen Zertifikats notwendig. Der CA-Dienst selbst kann auch beide Hashwerte in einer Datenbank führen und muss das Zertifikat nicht vollständig kennen. Die Sicherheit beschränkt sich darauf, dass der Angreifer Eve zwar ein gefälschtes Zertifikat vorlegen kann, aber nicht in der Lage ist, den CA-Dienst oder die Kommunikation mit ihm ebenfalls zu manipulieren. Für viele Anwendungen dürfte dies ausreichen, zumal man mit ergänzenden Maßnahmen weitere Kontrollen durchführen kann (siehe Kapitel 14, speziell 14.6).

PRIVATE AUTHENTIFIZIERUNG UND SIGNATUR

Sind die Alice und Bob die jeweiligen Partnerzertifikate bekannt, ist eine private Authentifizierung der Kommunikation und eine Signatur von Dokumenten möglich. Voraussetzung dazu ist, dass sich Alice und Bob einen gemeinsamen öffentlichen Parameter x verwenden. Grundsätzlich kann x wie g, p beim Diffie-Hellman-Verfahren von vielen Teilnehmern verwendet werden, ohne dass dies die Sicherheit gefährdet.

Ohne dass noch weitere Verhandlungen notwendig werden, besitzen Alice und Bob das gemeinsame Langzeitgeheimnis $g = T_{r*s}(x)$. Die Authentifizierung bei einer Kommunikation oder die Signatur eines Dokuments kann mittels eines HMAC-Verfahrens mittels einer öffentlich ausgetauschten Zufallszahl R erfolgen:

1. Der Sitzungskey für eine Kommunikation ist $k = hash(g \mid R)$.

2. Ein signiertes Dokument besteht aus dem Tripel $(N, R, hash(g \mid R \mid N))$

Sitzungskey und Signatur können nur vom Partner erzeugt werden, da nur dieser über g verfügt. Einem Dritten kann dies jedoch nicht bewiesen werden, da eine Signatur auch von einem Partner ohne Beteiligung des anderen erzeugt werden kann.

ÖFFENTLICHE SIGNATUR MIT NOTARSYSTEM

Wenn es im Interesse von Alice und Bob ist, dass zu einem späteren Zeitpunkt der Echtheitsnachweise eines Dokuments gegenüber einem Dritten geführt werden muss, ist dies ohne Beteiligung eines Buchhalters, der die Daten sichert, nicht möglich. Allerdings sollte dieser nicht in der Lage sein, den Inhalt eines Dokumentes zu lesen, bevor der Nachweisfall eintritt.

Als signiertes Dokument definieren wir den Datensatz

$$D = [Q_a, R_a, Q_b, R_b, AES(K, N)]$$

in der die Nachricht N mit einem Schlüssel K verschlüsselt wird, K selbst wiederum in den El Gamal-Schlüsselpaaren Q_x, R_x für Alice und Bob hinterlegt wird, wobei Bob Alices El Gamal-Paar erzeugt und umgekehrt. Alice und Bob können sich im Rahmen des Vereinbarungsprotokolls für D überzeugen, dass alle Parameter korrekt sind. Um sicher zu gehen, dass später einer der beiden die Echtheit eines Dokuments nachweisen kann, auch wenn der andere nicht kooperiert, muss

D von beiden bei einem Buchhalter hinterlegt werden (zu diesem Zeitpunkt liegt es noch in beiderseitigem Interesse, das auch zu tun).

Nun soll der Buchhalter mit den Daten ohne Alice und Bob natürlich nichts anfangen können. Vor allen Dingen soll er den Inhalt des Dokumentes nicht kennen. Statt D senden Alice und Bob dem Buchhalter die Werte

$$H_a = HMAC(S_a, D) \quad , \quad H_b = HMAC(S_b, D)$$

wobei S_a, S_b die geheimen Schlüssel der Zertifikate sind, die zur Entschlüsselung der ElGamal-Paare Q_x, R_x notwendig sind. Damit der Buchhalter weiß, dass die Werte von Alice und Bob kommen, müssen beide bei ihm registriert sein und können sich dann mit einer privaten Authentifizierung oder Signatur ausweisen. Um dem Buchhalter klar zumachen, dass sie sich auf das gleiche D beziehen, vereinbaren sie zusätzlich einen gemeinsamen Wert T und senden

$$H = HMAC(T, D)$$

ebenfalls an den Buchhalter. Dieser kann nun alle Werte einander zuordnen und das Tripel $\lfloor H, H_a, H_b \rfloor$ als Signatur speichern; Alice und Bob können kontrollieren, ob ihr Partner ebenfalls etwas an den Buchhalter gesendet haben, da dieser das Tripel nicht vorlegen kann, wenn einer der beiden die Teilnahme verweigert.

Zu beachten ist, dass der Buchhalter nichts über die Daten weiß, außer dass Alice und Bob sich geeinigt haben, ihm ein Tripel zur Aufbewahrung zu geben. Alice und Bob können beispielsweise zur Tarnung beliebige Tripel hinterlegen, die nichts mit irgendeinem Dokument zu tun haben. Weder Alice noch Bob können allerdings wissen, ob ihr Partner einen korrekten Wert hinterlegt hat. Aber das ist unerheblich, wie wir gleich sehen werden.

Nehmen wir an, Alice möchte nun nachweisen, dass sie eine bestimmte Nachricht N an Bob ausgeliefert hat. Dazu präsentiert sie das Tupel $\lfloor N, S_a, T, Q_a, R_a, Q_b, R_b \rfloor$ sowie das Zertifikat, auf das sich die für sie von Bob durchgeführte ElGamal-Verschlüsselung bezieht, einem Schiedsrichter. Dieser kann K mittels S_a aus Q_a, R_a entschlüsseln, damit N verschlüsseln, anschließend D erzeugen und letztlich H_a, H berechnen. Mit dem nun identifizierbaren Triple $\lfloor H, H_a, H_b \rfloor$ in der Datenbank des Buchhalters ist der Nachweis abgeschlossen. Zu beachten ist, dass der Schiedsrichter Q_b, R_b, H_b nicht überprüfen kann, wenn Bob nicht kooperiert. Allerdings ist das nicht notwendig, da Bob zuvor bereits kooperiert hat und nun seine Beteiligung nicht mehr erfolgreich leugnen kann.

Nehmen wir an, Bob betrügt und präsentiert ein Tuple $\lfloor N', S'_b, T', Q'_a, R'_a, Q'_b, R'_b \rfloor$ mit der Behauptung, Alice sei Urheber oder Empfänger von N', obwohl diese N mit Bob zusammen beim Buchhalter registriert hat. Um den Schiedsrichter zu überzeugen, muss Bob seine Daten so zusammenstellen, dass

$$H = HMAC(T, D) = HMAC(T', D')$$

gilt, was er bei einer nicht fälschbaren Hashfunktion durch

$$Bitstring(T + D) = Bitstring(T' + D')$$

erreichen könnte, beispielsweise durch Verschieben von Teilen von D auf T. Da aber D' die verschlüsselte Nachricht $AES(K', N')$ enthält und dem Schiedsrichter nur N' übergeben wird, gelingt im das nur, wenn er den AES gebrochen hat, ggf. zusätzlich die Hashfunktion. Der Betrug funktioniert somit nicht.

Bei einem Nachweis erhält der Schiedsrichter Kenntnis vom geheimen Schlüssel des verwendeten Zertifikats. Das Zertifikat ist dadurch „verbrannt" und kann nicht erneut verwendet werden. Alte Signaturen sind aber nicht davon betroffen, da niemand außer Alice und Bob den Geheimschlüssel S_a weiteren Tripeln $\lfloor H, H_a, H_b \rfloor$ in der Datenbank des Buchhalters zuordnen kann. Selbst wenn es einem Angreifer Eve gelingen sollte, genügend Informationen über einen anderen Eintrag in Erfahrung zu bringen, kann er nicht die Urheberschaft beanspruchen, da S_a durch das Öffnen einer Signatur bereits an Alice gebunden ist.

Darüber hinaus ist das Öffnen eines Zertifikats kein Nachteil für das System, da Alice und Bob spezielle Signaturzertifikate verwenden können, bis hin zu individuellen Zertifikaten für jede Signatur. Sie müssen sich nur mit einem bekannten Standardzertifikat beim Buchhalter authentifizieren, können aber mit ihrem Partner Zertifikate für die Signatur frei vereinbaren. Die Bindung des Tripels $\lfloor H, H_a, H_b \rfloor$ an ihre Identität genügt, unabhängig davon, wie diese Werte zustande gekommen sind.

9.9 Gruppensignaturen

Bei mehreren Zeichnungsberechtigten für ein Dokument sind folgende Fälle zu unterscheiden:

a) Es genügt, wenn einer der Zeichnungsberechtigten das Dokument signiert. Dies dürfte einer der häufigsten Einsatzfälle im allgemeinen Verwaltungsbetrieb sein.

b) Alle Zeichnungsberechtigten müssen unterschreiben. Dieser Fall tritt häufig bei Verträgen auf, wenn eine Partei aus mehreren Personen besteht.

c) Es muss eine Teilgruppe von zwei oder mehr Zeichnungsberechtigten signieren, aber nicht alle. Dieser Fall ist bei größeren Unternehmen häufig der Fall, wenn offizielle rechtsverbindliche Dokumente versandt werden.

Grundsätzlich kann man diese Fälle natürlich mit Standardsignaturen erledigen, was jedoch für den Prüfer bedeutet, dass er sich vor der Prüfung informieren muss, ob das betreffende Signaturschema gültig ist. Wesentlich sinnvoller sind Schemata mit folgenden Eigenschaften:

➢ Der Empfänger prüft eine (!) Signatur auf Gültigkeit. Die Fälle a) – c) sind im Signaturverfahren berücksichtigt.

➢ Das dem Empfänger präsentierte Zertifikat gilt für den Signaturvorgang als solchen. Die Gruppenteilnehmer können (sollen) für ihn anonym bleiben; er muss nicht feststellen können, wer ein bestimmtes Dokument signiert hat.

➢ Innerhalb der Gruppe muss jedoch (optional) die Möglichkeit bestehen, im Bedarfsfall die Identität der/des Unterzeichner/s offenzulegen.

9.9.1 Einzelsignatur für eine Gruppe

EIN EINFACHES SIGNATURSCHEMA FÜR DEN DISKRETEN LOGARITHMUS

Im diesem ersten Modell erweitern wir lediglich das einfache Signaturschema, wobei zunächst eine interne Kontrollmöglichkeit, wer der Unterschreiber war, noch nicht berücksichtigt wird. Dazu sammeln wir alle öffentlichen Signaturgrößen der einzelnen Beteiligten $(p, g, y_1, y_2, \dots y_n)$ in einem öffentlichen Gruppenzertifikat. Jeder kann mit seinem Parametersatz eine gültige Signatur erzeugen. Um die Anforderung zu erfüllen, dass der Empfänger lediglich eine Signatur prüfen muss, darf nun aber nicht nur (N, s_k, t_k) veröffentlicht werden – der Empfänger müsste dann mit allen y_i eine Signaturprüfung durchführen, von denen aber nur eine gültig ist und gleichzeitig den Aussteller identifiziert –, sondern die Signatur besteht aus Teilsignaturen $(N, s_1, t_1, s_2, t_2, \dots s_n, t_n)$ für sämtliche Beteiligte, von denen allerdings nur eine tatsächlich gültig sein muss. Die Prüfung der Signatur erfolgt durch

$$s = \bigoplus_{k=1}^{n} s_i = hash(\prod_{k=1}^{n} g^{t_k} y^{s_k} (mod\ p) \mid N)$$

Diese Signatur hängt nun tatsächlich nur noch von einem Gruppenmitglied ab, wie folgende Überlegung zeigt: Sei 1 das zeichnende Mitglied, so kann es zunächst $\lfloor s_2, t_2, \dots s_n, t_n \rfloor$ willkürlich festlegen. Anschließend wird wie im Einzelsignaturverfahren der Hashwert berechnet und die Signatur durch

$$s_1 = s \oplus \left(\bigoplus_{k=2}^{k} s_k \right) \quad , \quad t_1 \equiv a - s_1 * x\,(mod\ p-1)$$

abgeschlossen. Da die Signaturparameter außer in der Hashfunktion nirgendwo explizit auftreten, besteht keine Möglichkeit festzustellen, wer der Signaturaussteller war (*auch für die Gruppe nicht, wenn sich das signierende Gruppenmitglied nicht freiwillig offenbart*).

IDENTIFIZIERUNG DES UNTERSCHREIBENDEN

Wir lösen das Problem, im Bedarfsfall den Unterschreibenden zu ermitteln, durch einen Administrator, bei dem bestimmte Informationen hinterlegt werden, der aber im Normalfall weder an der Ausstellung der Signatur beteiligt ist noch sie öffnet. Die Geheiminformationen für die Signatur sollen weiterhin nur dem Unterschreibenden bekannt sein, nicht aber dem Administrator. Der Unterschreibende muss bestimmte Informationen des Administrators verwenden, ohne die eine gültige Signatur nicht erstellt werden kann, d.h. die Signatur vergrößert sich um einige Informationen, die für diesen Zweck hinzugefügt werden.

Der Administrator erhält ebenfalls einen Diffie-Hellman-Parametersatz

$$(w, z \equiv g^w (mod\ p))$$

Das öffentliche Zertifikat für die Signaturprüfung wird um den Parameter z ergänzt. Die Signatur wird vom Aussteller durch zwei Parameter *A,B* erweitert, die eine Verschlüsselung seines öffentlichen Schlüssels sind:

$$A \equiv z^a\ mod\ p, B \equiv y_k\, g^a\,(mod\ p)$$

Wenn Sie hier genau hinschauen, entspricht dies nicht einer ElGamal-Verschlüsselung. Die Parameter z und g sind gegenüber diesem Verschlüsselungsverfahren vertauscht, und die „Entschlüsselung", die allerdings nur der Administrator durchführen kann, liefert

$$B^w / A \equiv y_k^w \pmod{p}$$

Der Administrator sieht die öffentlichen Parameter nicht direkt, aber da alle ohnehin bekannt sind, kann er im Bedarfsfall durch eine einfache Rechnung leicht feststellen, was er vor sich hat. Ein anderer, insbesondere ein Signaturempfänger oder auch ein anderer Signierer, kann ohne die Hilfe des Administrators nicht feststellen, wer die Signatur gegeben hat, und insbesondere bleiben die geheimen Parameter der Signaturaussteller geheim.

Nun sollte die Angabe des Paares A,B keine freiwillige Tat sein, sondern zwangsweise immer erfolgen, und die beiden Werte sollen auch mit dem eigenen öffentlichen Schlüssel berechnet worden sein und nicht mit dem eines Kollegen oder – schlimmer noch – irgendwelche Zufallszahlen sein. Sehen wir uns die beiden Werte aus Sicht des Signaturausstellers genauer an:

$$A \equiv z^a \bmod p \ \wedge \ B/y_k \equiv g^a \bmod p$$

$$B \equiv g^x \, g^a \equiv g^{a+x} \bmod p$$

Beide Gleichungen sind aber Prüffälle für die Kenntnis diskreter Logarithmen, die wir bereits behandelt haben. Die Signatur muss nur um Größen erweitert werden, die das nachweisen, was auf zwei weitere Werte für die Gesamtsignatur führt:

$$\left(N, s_1, t_1, s_2, t_2, \ldots s_n, t_n, A, B, v, w \right)$$

Die Prüfung bauen wir allerdings unter Nutzung von A,B etwas anders zusammen:

$$s = \bigoplus_{k=1}^{n} s_i = hash\left(A * B * \prod_{k=1}^{n} A^{s_k} z^{t_k} \left(\frac{B}{y_k} \right)^{s_k} g^{t_k} \pmod{p} \mid N \right)$$

$$v = hash\left(B^v g^w \pmod{p} \mid N \right)$$

Die Signatur s enthält zusätzlich den öffentlichen Schlüssel des Administrators, v ist der Nachweis, dass der diskrete Logarithmus von B bekannt ist. Um diese Signatur zu erzeugen, berechnet er A und B und besetzt wieder alle Teilwerte außer seinen eigenen mit Zufallwerten. Mit einer Zufallszahl r berechnet er

$$s = hash\left(A * B * z^r * g^r * \prod_{k=2}^{n} A^{s_k} z^{t_k} \left(\frac{B}{y_k} \right)^{s_k} g^{t_k} \pmod{p} \mid N \right)$$

und erhält die fehlenden Werte wieder durch

$$r \equiv a * \left(s - \sum_{k=2}^{n} s_k \right) + t_1$$

Überzeugen wir uns, dass der Signierer nicht mogeln kann. Zunächst berechnet er A und B. Das könnte er natürlich irgendwie machen, muss aber mit (v,w) nachweisen, dass er den diskreten Logarithmus von B zur Basis g kennt. Dazu muss er aber sein öffentliches y noch nicht einsetzen. Mit (s,t) weist er nun nach, dass er den diskreten Logarithmus von A zur Basis z kennt sowie den von

(B/y) zur Basis g. Beide müssen gleich sein, was er nur bewerkstelligen kann, wenn er sein y in der Berechnung von B korrekt verwendet hat.

Würde er nun ein anderes y in die Berechnung von B einbauen, so könnte er (s,t) ebenfalls korrekt berechnen. Es gelingt ihm aber jetzt nicht mehr, (v,w) korrekt zu berechnen, da er den diskreten Logarithmus zu dem von ihm verwendeten y nicht kennt. Er kann also nicht betrügen. Die komplette Signatur kann vom Empfänger ohne Nebenkenntnisse ausgewertet werden, allerdings mit größerem Aufwand bei der Berechnung, und der Administrator kann die Identität des Signierers aufdecken.

Aufgabe. Die Signatur ist somit ein Nachweisverfahren, dass zwei diskrete Logarithmen aus einer größeren Menge von Kandidaten tatsächlich gleich sind. Lassen sich die Prüfungen auch so modifizieren, dass Nachweise der Art

$$P_{A,S}\left((x_{1,..}x_n):\left(\bigvee_{k=1}^{n}y_k\equiv g^{x_k} mod\ p\right)\wedge\left(\bigvee_{l=1}^{n}z_l\equiv h^{x_l} mod\ p\right)\right)$$

$$P_{A,S}((x_1,x_2):y\equiv g^{x_1} mod\ p\ \wedge\ z\equiv h^{x_2} mod\ p)$$

entstehen, also die bekannten Logarithmen nicht gleich sein müssen? Hinweis: die Prüfung sollte aus einem Schritt bestehen, nicht aus mehreren.

SCHLÜSSELVEREINBARUNG MITTELS DES T-POLYNOM-ALGORITHMUS

T-Polynome (Klasse 3) sind zwar nicht für die Erstellung permanenter Signaturen geeignet, eine Verschlüsselung oder Entschlüsselung durch einen beliebigen Vertreter einer Gruppe lässt sich aber problemlos realisieren. Dazu wird ein Geber benötigt, der jedem Teilnehmer den Parametersatz

$$x\ ,\ y\ ,\ s_i\ ,\ t_i=\prod_{\substack{k=0\\k\neq i}}^{n}s_k$$

zukommen lässt. Jeder kann nun mit einem externen Partner Alice, der das Wertepaar x, y als Ausweis der Gruppe kennt, eine Verschlüsselung aufbauen:

$$y_{alice}=T_{alice}(x)$$
$$SECRET=T(s_i,T(t_i,y_{alice}))=T_{alice}(y)$$

Weshalb dieser komplizierte Aufbau? Jeder Teilnehmer kennt den kompletten Schlüssel $s=s_i*t_i$. Er könnte ihn daher auch von vornherein komplett erhalten. Die Antwort besteht in einer bedarfsweisen Identifizierung des Gruppenmitglieds, die aufgrund der numerischen Eigenschaften der T-Polynome möglich ist. Jeder Teilnehmer kann zwar SECRET sicher erzeugen, so dass Alice nicht nicht weiß, mit welchem Gruppenmitglied sie kommuniziert, aber jenseits der SECRET-Ziffern im Bereich des Rundungsrauschen gilt

$$NOISE(T(s_i,T(t_i,y_{alice})))\neq NOISE(T(s_k,T(t_k,y_{alice})))$$

wie sich durch Tests leicht feststellen lässt. Um diese Prüfmöglichkeit in die Praxis umzusetzen, muss man jeden Teilnehmer dazu zwingen, seine Parameter in der vereinbarten Reihenfolge einzusetzen. Mathematisch ist das nicht möglich. Wir müssen daher auf eine Hardwarelösung zurückgreifen: jeder Teilnehmer erhält eine Chipkarte, auf der seine Parameter gespeichert sind und die

die Schlüsselaushandlung durchführt. Der Besitz der Chipkarte setzt ein Gruppenmitglied nicht in den Besitz der Schlüssel selbst, so dass er das Verhandlungsschema nicht umgehen kann; für Rekonstruktionsaufgaben ist

Als weitere Besonderheit muss der Zwischenwert y von Alice sowie der komplette Endwert bestehend aus SECRET | NOISE von Alice notiert werden. Im Streitfall kann die Schlüsselaushandlung wiederholt werden, indem

- der Geber, der sich die Aufteilung der Schlüssel gemerkt hat, sämtliche Kombinationen durchrechnet, oder

- sämtliche Chipkarten eingesammelt und mit jeder der Schlüssel generiert wird.

Die zweite Variante hat den Vorteil, dass nach der Verteilung der Chipkarten keine zentrale Instanz mehr existieren muss, die die Gesamtzusammenhänge kennt und dadurch ihrerseits betrügen oder Ziel eines Angriffs werden kann.

Aufgabe. In der Praxis teilt sich der Schlüssel in drei Bereiche auf: Teil a) enthält das zwischen der Gruppe und Alice vereinbarte Geheimnis; Teil b) weist möglicherweise bereits Differenzen zwischen Alice und der Gruppe auf und wird daher für die SECRET-Vereinbarung verworfen, wird aber innerhalb der Peer-Gruppe immer noch den gleichen Wert liefern und eine Unterscheidung nicht zulassen; Teil c) enthält individuelle Rauschanteile und erlaubt eine Identifizierung. Arbeiten Sie ein Identifizierungsverfahren aus.

Anmerkung. Die Sicherheit nach Außen wird durch das Gesamtgeheimnis definiert. Bei Einsatz der Chipkartentechnologie ist dies auch gleichzeitig die Sicherheit nach Innen. Die individuelle Schlüsselgröße hat aber auch Einfluss auf die Größe der Region c). Berücksichtigen Sie die individuelle Schlüsselgröße und die Gruppengröße bei der Lösung.

9.9.2 Gemeinsame Unterschrift/Entschlüsselung

RAHMENBEDINGUNGEN

Elektronische Unterschriften, die nur durch eine Gruppe von Geheimnisträgern gemeinsam zu erstellen sind, sind ein normales und häufig auftretendes Vorkommnis. Sie werden beispielsweise bei Zertifizierern, deren Signaturen im Rahmen einer gesetzlich geregelten Verbindlichkeit elektronischer Unterschriften hoch einzuschätzen sind, eingesetzt. Wird der Server eines Zertifizierers kompromittiert, hat der Angreifer die Möglichkeit, beliebige Identitäten vorzutäuschen. Werden die Daten auf mehrere Server verteilt, muss der Angreifer in jeden einzelnen eindringen, was einiges an zusätzlicher Sicherheit bedeutet.

Für den Signaturprüfer gilt auch hier wiederum, dass er eine einzige Signatur erhält, deren Gültigkeit er mittels eines Zertifikats überprüfen kann. Die Rahmenbedingungen, dass alle Gruppenmitglieder unterschrieben haben müssen, ist hierbei bereits berücksichtigt. Bei der Erstellung einer Signatur lassen sich zwei Modelle unterscheiden:

a) Jeder Teilnehmer erzeugt eine Teilsignatur, die öffentlich zu einer Gesamtsignatur zusammengefügt werden kann. Aus den Teilsignaturen kann kein Rückschluss auf die Geheimnisse getroffen werden.

b) Die Erstellung der Gesamtsignatur erfordert einen vertrauenswürdigen Makler, der die Teilsignaturen zusammenführt, dabei aber kurzzeitig die Möglichkeit erhält, selbst Signaturen zu erstellen.

Modell b) lässt sich mit den Methoden realisieren, die im Kapitel *Rekonstruktion der Geheimparameter* diskutiert wurden. Hierzu konstruiert man oft eine spezielle Hardware, in der Geheimparameter und Nachricht zusammengeführt und signiert werden. Die Hardwarekonstruktion erlaubt eine recht hohe Garantie der korrekten Funktion. Wir werden dieses Modell aber nach Möglichkeit nicht weiter verfolgen. Auch Protokollfragen, d.h. die exakte Definition der Kommunikationsabläufe, werden wir nicht behandeln.

Bei gemeinsamen Signaturen ist es notwendig, die geheimen Parameter gemeinsam zu erstellen. Für diese Initialisierungsphase wird ein vertrauenswürdiger Erzeuger oder Geber benötigt, der auch später wieder in Erscheinung treten kann, wenn die Geheimdaten beispielsweise bei Veränderung der Gruppe neu verteilt werden müssen. Dies sind jedoch Vorgänge, die abseits vom Tagesgeschehen unter hohen Sicherheitsmaßnahmen durchgeführt werden können, und wir unterstellen schlicht, dass eine entsprechende Konstruktion möglich ist.

RSA-GRUPPEN-SIGNATUR UND ENTSCHLÜSSELUNG

Eine gemeinsame RSA-Signatur ist recht einfach zu erzeugen. Der Geber erzeugt die RSA-Parameter (n, d, e) wie bei einer Einzelsignatur und stellt die beiden öffentlichen Parameter n, e für die Allgemeinheit bereit. Den geheimen Parameter d zerlegt er in eine Summe von N Summanden

$$d \equiv \left(\sum_{k=1}^{N} d_k \right) (mod\ \varphi(n))$$

wobei er nur darauf achten muss, dass sämtliche Summanden teilerfremd zu $\varphi(n)$ sind. Jedem Teilnehmer wird sein persönliches Geheimnis d_k auf einem sicheren Weg mitgeteilt. d selbst bleibt unbekannt. Nach Verteilung des Geheimnisses werden wie üblich die Konstruktionsparameter vom Geber gelöscht.

Im Tagesbetrieb kann jeder Teilnehmer für eine Nachricht M eine gültige Teilsignatur s_k erstellen, aus der öffentlich die Gesamtsignatur s erstellt, überprüft und veröffentlicht wird:

$$s_k \equiv M^{d_k} (mod\ n) \quad ; \quad s \equiv \left(\prod_{k=1}^{N} s_k \right) (mod\ n) \quad , \quad s^e \equiv M\ (mod\ n)$$

Mit der gleichen Methode lässt sich auch eine Gruppenentschlüsselung realisieren, d.h. eine öffentlich verschlüsselte Nachricht lässt sich nur durch eine Gruppe gemeinsam entschlüsseln. Man verifiziert leicht:

$$Verschlüsselung: \quad X \equiv M^e (mod\ n)$$
$$Entschlüsselung: \quad M \equiv \prod_{k=1}^{N} X^{d_k} (mod\ n)$$

Wechselt die Gruppenzusammensetzung, müssen die Geheimnisse neu verteilt werden, wenn das alte Zertifikat weiterhin verwendet werden soll. Der Geber sammelt dazu die alten Teilgeheimnisse ein und rekonstruiert d, womit er auch $\varphi(n) = e*d - 1$ erhält. Er kann somit problemlos eine neue Verteilung der Geheimdaten erzeugen, ohne dass einer der Gruppenmitglieder hierdurch schlauer würde. Die Neuberechnung aller Teilgeheimnisse muss durchgeführt werden, um einen Betrug durch ausgeschiedene Gruppenmitglieder zu verhindern. Ein bloßes Weiterreichen des Teilgeheimnisses an einen neuen Inhaber genügt nicht.

RSA-SIGNATURABSICHERUNG

Die Gruppensignatur erfordert zwar keinen Nachweis, wer unterschrieben hat, aber was passiert, wenn einer der Mitglieder eine falsche Teilsignatur erstellt.[191] Die Gruppe muss in diesem Fall feststellen können, wer gegen die Regeln verstoßen hat. Hierzu ist allerdings keine Erweiterung der ausgelieferten Signatur notwendig, denn eine ungültige wird nicht ausgeliefert und eine gültige bedarf keiner Betrugskontrolle.

Die Kontrolle wird mit einem weiteren Geheimparamter durchgeführt, der mit dem Signaturgeheimnis verknüpft ist:

$$y_{k,l} \equiv c_{l,k} + b_{l,k} * d_k \ (mod \ \varphi(n))$$

Der Teilnehmer k erhält die privaten Parameter $y_{k,l}, d_k$, die ihn mit jedem anderen Gruppenmitglied verbinden, deren Zusammenhang er aber nicht kennt. Die anderen Teilnehmer erhalten in Bezug auf k die Paare $c_{l,k}, b_{l,k}$, so dass auch diese nun keiner Rückschlüsse auf die Parameter ziehen, die k kennt.

Der zweite Geheimparameter wird nun für eine Prüfinformation verwendet, die zusammen mit der Teilsignatur bekannt gemacht wird:

$$s_k \equiv M^{d_k}(mod \ n) \ , \ v_{l,k} \equiv M^{y_{k,l}}(mod \ n)$$

Die Prüfinformation $v_{l,k}$ kann aber auch von dem betreffenden Gruppenmitglied selbst erzeugt werden. Wenn man die Exponenten auswertet, findet man

$$s_k^{b_{l,k}} * m^{c_{l,k}} \equiv m^{b_{l,k} * d_k + c_{l,k}} \equiv v_{l,k} \ (mod \ n)$$

Die Inhaber der Parameter b,c erfahren bei diesem Verfahren nichts über d,y , und der Inhaber von d,y hat keine Betrugsmöglichkeiten, da er keine Kenntnis von b,c besitzt oder erhält.

Alle korrekt agierenden Gruppenmitglieder können nun die nicht korrekt agierenden anhand der falschen Prüfinformation identifizieren. Andererseits können alle fälschenden Gruppenmitglieder auch falsch Prüfinformationen für andere ausstellen und damit von sich ablenken. Nun kann man den anderen seine korrekte Vorgehensweise nicht nachweisen, ohne die Geheimnisse zu verraten, d.h. aus einer Einzelaussage kann kein Gruppenmitglied entnehmen, ob ein anderes falsch spielt oder zu Recht auf einen falschen Prüfwert hinweist. Allerdings darf man wohl verfahrenslogisch unterstellen, dass die Mehrheit korrekt agiert, was zu einer einfachen Diskriminierung führt: wer mehr als die Hälfte der Prüfinformationen falsch erzeugt hat, ist einer der Betrüger (ehrliche Teilnehmer können höchstens durch die Minderheit des Falschagierens beschuldigt werden).

GRUPPENSIGNATUR MIT DISKRETEM LOGARITHMUS

Verwenden wird das Signaturschema mit Hashwerten, so erfolgt die Prüfung durch

$$s = hash(y^s g^t(mod \ p) \ | \ N)$$

Da jeder Signaturaussteller aber nur eine Teilsignatur

$$s = hash(y_k^s g^{t_k}(mod \ p) \ | \ N)$$

---

191 Denken Sie an einen Mehrheitsbeschluss, der von einem Mitglied boykottiert wird.

ausstellen kann, müssen beide Gleichungen in der Prüfung miteinander verbunden werden. Trotzdem soll das Zertifikat nicht umfangreicher als das normale sein und nur aus (g,p,y) bestehen. Da die Gruppenmitglieder aber nur ihre Teilzertifikate erzeugen können, wird die Signatur wesentlich umfangreicher:

$$Sig = (s, t_1, t_2, \dots t_n, y_1, y_2, \dots y_n)$$

Die Überprüfung erfolgt durch

$$s = hash(y^s g^{\sum t_k}(mod\ p)\ |\ N) = hash(\prod y_k^s g^{t_k}(mod\ p)\ |\ N)$$

Anders formuliert, müssen die Relationen

$$t \equiv \sum_{k=1}^{n} t_k(mod\ p-1) \quad , \quad y \equiv \prod_{k=1}^{n} y_k(mod\ p)$$

erfüllt sein. Die zweite Relation ist die Anleitung für den Geber zur Erstellung der individuellen Signaturbestandteile:

$$y \equiv g^x(mod\ p) \quad , \quad x \equiv \sum_{k=1}^{n} x_k(mod\ p-1) \quad , \quad y_k \equiv g^{x_k}(mod\ p)$$

Für die Erstellung einer Signatur wird in der einfachen Signatur eine Zufallszahl r zur Ermittlung des Hashwertes s eingesetzt und anschließend t mit Hilfe des geheimen Schlüssels x berechnet. Das geht nun nicht so einfach, da die Einigung der Beteiligten auf ein r die Geheimschlüssel unmittelbar offenlegen würde. Jeder Signaturgeber kann daher nur selbst eine Zufallszahl r_k wählen und diese verschlüsselt den anderen mitteilen, damit nun gemeinsam der Hashwert berechnet werden kann:

$$h_k \equiv g^{r_k}(mod\ p), \quad s = hash(\prod_{k=1}^{n} h_k(mod\ p)\ |\ N) \Rightarrow r \equiv \sum_{k=1}^{n} r_k\ mod\ (p-1)$$

r bleibt dabei unbekannt, und die mit Hilfe der r_k berechneten t_k erfüllen anschließend die erste Relation und führen zu einer gültigen Signatur.

Aufgabe. Die Teilgeheimnisse können ebenfalls wie im RSA-Modell für eine nur gemeinsam mögliche Entschlüsselung eingesetzt werden. Stellen Sie das Entschlüsselungsschema auf.

Ändert sich die Gruppenzusammensetzung, kann der Geber die Teilgeheimnisse wieder einsammeln und neu verteilen. Diese Möglichkeit ist der Grund, weshalb die Teilgeheimnisse y_k in die Signatur einfließen und nicht in das Zertifikat. Würden sie im Zertifikat stehen, wäre die Signatur zwar weniger umfangreich, aber das Zertifikat müsste bei jedem Wechsel der Gruppenzusammensetzung neu erstellt werden.

ABSICHERUNG DER GRUPPENSIGNATUR

Auch bei diesem Verfahren muss bei Nichtzustandekommen einer gültigen Signatur überprüfbar sein, wer falsch gespielt hat. Das ist hier wesentlich einfacher als beim RSA-Schema, denn es muss lediglich überprüft werden, ob

$$h_k \equiv g^{t_k} y_k^s(mod\ p)$$

gilt. Da t_k der letzte Wert ist, den ein Teilnehmer ausliefert, ist sofort alles klar, ohne dass ein Abstimmungsverfahren notwendig wäre.

WEITERE SICHERUNGSMASSNAHMEN

Die diskutierten Verfahren implizieren, dass im Großen und Ganzen alles korrekt verläuft und lediglich in Einzelfällen Kontrollmaßnahmen notwendig werden. Man kann aber auch wesentlich misstrauischer sein, angefangen beim Geber, den man bei diskretem Logarithmus durchaus loswerden kann, allerding zu Lasten eines dauerhaften Zertifikates.

Aufgabe. Überprüfen Sie diese Aussage!

Darüber hinaus kann eine Betrugsstrategie auch wesentlich raffinierter angelegt sein. So kann neben vollständig korrektem Verhalten und vollständiger Fälschung auch eine Teilsignatur korrekt sein, der Kontrollwert aber gefälscht, oder umgekehrt eine gefälschte Teilsignatur mit einem korrekten Kontrollwert versehen werden. Gefälschte Kontrollwerte können dabei nur bestimmten Gruppenteilnehmern übermittelt werden, während andere den korrekten Wert erhalten. Neben der Diskussion über das Nichtzustandekommen einer gültigen Signatur kann so auch eine Diskussion über gültige Signaturen darüber entstehen, ob Gruppenmitglieder kompromittiert sind.

Was möglich ist, hängt auch davon ab, welche Informationen in welcher Reihenfolge ausgetauscht werden, wem sie zur Verfügung stehen und was jeweils überprüft wird. Stellen Sie Angriffsstrategien zusammen und analysieren Sie, was möglich ist.

Andererseits gefährdet eine Kompromittierung selbst mehrerer Gruppenmitglieder nicht das Zertifikat als solches. Nach einer Beseitigung des Einbruchs und Neuverteilung der Teilgeheimnisse kann es weiter verwendet werden. Das Problem besteht möglicherweise aber darin, die Geheiminformationen wieder einzusammeln, um eine Neuverteilung vorzunehmen. Das kompromittierte Gruppenmitglied besitzt entweder seinen Geheimschlüssel gar nicht mehr oder übermittelt jeweils einen falschen Wert. Letzteres ist einfach kontrollierbar, indem der Geber die Teilgeheimnisse jeweils mit dem Generalschlüssel signiert, d.h. man kann davon ausgehen, dass man weiß, welche Daten nicht korrekt sind.

Wenn trotzdem nicht darauf verzichtet werden soll, das Zertifikat weiter zu nutzen (insbesondere, wenn es für gemeinsame Entschlüsselung verwendet wird, ist das sinnvoll, wenn alte Daten nochmals entschlüsselt werden sollen), kann man zu den im Kapitel *Rekonstruktion der Geheimparameter* diskutierten Methoden greifen und die Geheimnisse in Form signierter Polynompunkte verteilen. Bei einer Neuverteilung wird alles, also auch die signierten Polynompunkte, neu berechnet.

Aufgabe. Müssen die Teilgeheimnisse verteilt werden (n-1 Punkte) oder kann auch das Zentralgeheimnis verteilt werden? Untersuchen Sie dies unter der Annahme, dass ein Angreifer über einen längeren Zeitraum hinweg viele Gruppenmitglieder nacheinander kompromittieren kann und unter den Randbedingungen, dass das Verteilungspolynom bei jeder Neuverteilung neu festgelegt bzw. jeweils das gleiche Polynom erneut benutzt wird.

Einige Strategien sehen eine regelmäßige Neuverteilung der Teilgeheimnisse vor, was auch als *proaktive Sicherheit* bezeichnet wird. Damit soll verhindert werden, dass ein Angreifer längere Zeit inaktiv und dadurch unerkannt bleibt, bis er genügend Informationen gesammelt hat.[192] Dabei kann man sich auch über Verfahren Gedanken machen, die ohne Geber auskommen, der insbesondere bei einem regelmäßigen Wechsel zur Schwachstelle werden kann. Wir gehen dem jedoch hier nicht weiter nach.

---

192 Eine Kompromittierung besteht in diesem Fall im einmaligen Ausspähen einer Geheiminformation, nicht aber in einer dauerhaften Kompromittierung, denn die würde bei einem Wechsel auch sofort das neue Geheimnis offenbaren.

GEMEINSAME SCHLÜSSELAUSHANDLUNG

Bei Verfahren der Klasse 3 handelt Alice einen gemeinsamen Schlüssel mit der Gruppe aus (nicht-interaktive Signaturen sind bei dieser Klasse nicht möglich). Die öffentlichen Parameter der Gruppe sind $x, y = T_r(x)$, für die Generierung des Gesamtschlüssels $z = T_r(T_{alice}(x))$ muss r durch die gesamte Gruppe rekonstruiert werden. Hierzu wird r in Faktoren

$$r = \prod_{k=1}^{n} r_k$$

zerlegt und diese an die Gruppenmitglieder verteilt. Unter Ausnutzung der Eigenschaften der T-Polynome kann der Gesamtschlüssel durch

$$z = T(r_1, T(r_2, \dots T(r_n, T_{alice}(x))\dots))$$

sukzessive berechnet werden, wobei die Reihenfolge der Teilnehmer beliebig ist.

Die individuellen Geheimnisse r_k müssen hinreichend groß gewählt werden, um zu verhindern, dass einzelne Gruppenmitglieder aus den Zwischenwerten $y_{k+1} = T(r_k, y_k)$ die r_k anderer durch Brute-Force-Angriffe ermitteln und damit betrügen können. Große individuelle Geheimnisse führen auf der anderen Seite aber zu sehr großen Gesamtgeheimnissen und damit zu langen Rechenzeiten.

Eine Alternative besteht im Einsatz eines vertrauenswürdigen Managers. Die Geheimnisse werden ebenfalls als Faktoren aufgeteilt, allerdings modular:

$$r \equiv \prod_{k=1}^{n} r_k \,(\mathrm{mod}\, p)$$

Die individuellen Geheimnisse sind bei diesem Verfahren in der Größenordnung von r, allerdings müssen sie zur Rekonstruktion des Gesamtgeheimnisses wieder eingesammelt werden, um das modulare Produkt zu bilden. Dazu bieten sich wieder spezielle Hardwarelösungen an, die konstruktiv keinen Zugriff auf die Daten erlauben, aber auch nicht Träger der Geheimnisse sind, so dass keine besonderen Sicherheitsmaßnahmen für den Umgang mit ihnen notwendig sind.

9.9.3 Signatur durch eine (beliebige) Teilgruppe

SIGNATUR MIT ADMINISTRATOR

Im Geschäftsverkehr liegt häufig der Fall vor, dass eine größere Gruppe unterschriftsberechtigt ist, aber nur eine beliebige Teilmenge aus zwei oder mehr Gruppenmitgliedern für die Erzeugung notwendig ist.

Zur Lösung des Problems kommt man um eine Verteilung des Geheimnisses nicht herum. Ausgehend von einer Signatur auf Basis des diskreten Logarithmus wird zunächst der Geheimparameter a so aufgeteilt, dass jeweils T von N Gruppenmitgliedern zu seiner Rekonstruktion genügen:

$$f(x) \equiv a + \sum_{k=1}^{T-1} a_k x^k \,(\mathrm{mod}\, p)$$

Öffentlich: $y \equiv g^a (\mathrm{mod}\, p)$ *, geheim:* a
Teilnehmer: $(x_k, f_k = f(x_k))$ *,* $k = 1..N$

Zur Rekonstruktion des Geheimnisses kann beispielsweise eine Interpolation mit Lagrangepolynomen durchgeführt werden:[193]

$$f(x) \equiv \sum_{k=1}^{T} f_k L_k(x)(mod\ p)$$

$$\Rightarrow a = f(0) \equiv \sum_{k=1}^{T} f_{i_k} L_{i_k}(0)(mod\ p)$$

Mit einem vertrauenswürdigen Administrator wird auf diese Weise temporär das Geheimnis rekonstruiert und eine Signatur geleistet. Außer bei Verfahren der Klasse 1 (diskreter Logarithmus) kann auch bei Verfahren der Klasse 3 (Tschebyscheff-Polynome) in dieser Weise verfahren werden, um einen gemeinsamen Schlüssel der Teilgruppe mit einem weiteren Kommunikationspartner zu vereinbaren.

SIGNATUR OHNE ADMINISTRATOR

Der Einsatz eines Administrators ist in manchen Fällen vielleicht nicht wünschenswert. Die Signatur soll vielmehr ähnlich wie die Komplettsignatur erzeugt werden, d.h. nach Auswahl der Teilgruppe erzeugt jeder Teilnehmer eine Zufallszahl r_k und verschlüsselt diese zu

$$h_k \equiv g^{r_k}(mod\ p)$$

um anschließend mit dem gemeinsam generierten ersten Signaturparameter

$$s = hash\left(\prod_{k=1}^{T} h_k(mod\ p)\ |\ M\right)$$

etwas zu erzeugen, aus dem der zweite Parameter t erzeugt werden kann, ohne das zentrale a oder die Geheimnisse der Gruppenteilnehmer offen zu legen. Wir erkaufen uns die Geheimhaltung von a durch teilweise Offenlegung der Teilnehmerdaten, in dem zusätzlich die Koordinaten $(x_1, .. x_N)$ veröffentlich werden. Da die zweite Koordinate geheim bleibt, kann niemand das Geheimnis a rekonstruieren, und auch die abgeleitete Koordinate

$$c_k = f_k L_k(0)$$

kann nur vom Teilnehmer k berechnet werden. Genau T verschiedene c_k genügen aber zur Wiederherstellung von a. Diese Größen können aber nun auch für die Berechnung des zweiten Signaturparameters herangezogen werden, wobei sie durch die Zufallszahl verdeckt werden:

$$t_k \equiv r_k - c_k * s(mod\ p-1)$$

Die Summe der t_k ergibt den gesuchten Signaturwert, wie man leicht nachweist

$$\prod_{k=1}^{T} g^{t_k} g^{c_k * s} \equiv g^{\sum_{k=1}^{T} t_k} * \left(g^{\sum_{k=1}^{T} f_k L_k(0)}\right)^s \equiv g^t \left(g^{f(0)}\right)^s \equiv g^t y^s(mod\ p)$$

Für die Erzeugung der Signatur sind genau T Teilnehmer notwendig. Wünscht ein $(T+1)$. Teilnehmer ebenfalls zu unterschreiben, muss er entweder einen der anderen überreden, auszuscheiden,

---

193 Die Numerik stellt eine Reihe von Interpolationsformeln zur Verfügung, aus denen man sich die geeignetste aussuchen kann.

oder eine unabhängige Signatur erzeugen.[194] Eine Betrugskontrolle ist nicht notwendig, da nur die Gruppenzusammensetzung gewechselt werden muss.[195] Einen internen Nachweis, wer unterschrieben hat, kann einfach durch Aufnahme der Koordinaten der Teilnehmer in das Argument der Hashfunktion sowie die Signaturparameter erfolgen, d.h.

$$sig = \left[(t, s), (x_{k_1}, \ldots x_{k_T}) \right]$$

$$s = hash \left(g^t y^s \left(\prod_{k=1}^{T} x_{i_k} \right) (mod\ p) \mid N \right)$$

9.10 Verdeckte Signaturen

Die bisher diskutierten Signaturmodelle sahen einen Signaturaussteller, der ggf. aus mehreren Personen bestehen kann und Inhaber des zu signierenden Dokumentes ist, und eine Öffentlichkeit, die sich von der Korrektheit einer Signatur überzeugen kann, vor. Diese unmittelbare Überprüfbarkeit muss jedoch gar nicht im Sinne der Beteiligten sein. Außer dem Empfänger, der die Gültigkeit einer Signatur natürlich immer überprüfen können muss, kann die Beteiligung der Öffentlichkeit eingeschränkt sein:

a) Nur der Empfänger kann der Öffentlichkeit nachweisen, dass ein Dokument eine gültige Signatur von einem bestimmten Aussteller besitzt. Ohne seine Mitwirkung kann auch der Aussteller die Öffentlichkeit nicht überzeugen.

b) Nur der Aussteller kann nachweisen, dass eine Signatur von ihm stammt bzw. er definitiv nicht der Aussteller ist. Er kann jedoch eine von ihm ausgestellte Signatur nicht glaubhaft leugnen.

c) Die Öffentlichkeit kann sich von der Richtigkeit einer Signatur überzeugen, die Identität des Ausstellers kann aber nur der Empfänger offenlegen.

9.10.1 Signaturnachweis durch Empfänger

In diesem ersten Spezialfall will der Signaturgeber eine Signatur ausstellen, die an den Empfänger gebunden ist und von der Öffentlichkeit nicht unmittelbar geprüft werden kann. Eine Prüfung soll nur mit Hilfe des Empfängers möglich sein, der damit aber auch die Bindung der Signatur an sich bestätigt. Eine Gruppensignatur scheidet damit aus, denn sie wäre immer überprüfbar und würde auch nicht offenbaren, wer Signaturgeber und wer Empfänger ist. Genauso scheidet eine mit dem öffentlichen Schlüssel des Empfängers verschlüsselte Signatur aus, denn diese könnte auch vom Empfänger hergestellt werden und garantiert nicht die Bindung zwischen Signaturaussteller und Empfänger. Eine Signaturstrategie sieht folgendermaßen aus:

---

194 Oder man erzeugt Polynome unterschiedlichen Grades für verschiedene Teilnehmerzahlen.

195 Was aber bei einer dann gültigen Signatur nicht bedeuten muss, den Betrüger ausgeschlossen zu haben, denn einer der anderen Teilnehmern kann sich schlicht geweigert haben, zusammen mit dem ausgeschiedenen zu unterschreiben, jedoch in der neuen Konfiguration nun korrekt zeichnet.

> ➢ Der Signaturgeber verwendet bei der Erstellung der Signatur zusätzlich in geblendeter Form öffentliche Schlüsselteile des Empfängers. Die Signatur verliert hierdurch ihre direkte Überprüfbarkeit durch die Öffentlichkeit.

> ➢ Der Signaturempfänger kann mit seinen privaten Parametern die Gültigkeit der erhaltenen Signatur prüfen.

> ➢ Der Signaturempfänger kann mit seinen privaten Schlüsseln die Öffentlichkeit in die Lage versetzen, die Gültigkeit der Signatur zu verifizieren.

Die Signatur sei mit Hilfe der Signatur auf Basis des diskreten Logarithmus zu erstellen. An Parametern liege vor (S=Signaturersteller, E=Empfänger)

$$(g,p) \quad , \quad y_S \equiv g^{x_S}(mod\ p) \quad y_E \equiv g^{x_E}(mod\ p)$$

Der erste Signaturparameter wird in abgewandelter Form erzeugt, in dem der öffentliche Empfängerschlüssel in die Formel eingebaut wird:

$$s = hash(g^r(mod\ p)\ |\ N) \ \Rightarrow \ s = hash(g^{r_1 - r_2} y_E^{r_1}(mod\ p)\ |\ N)$$

Statt einer einzelnen Zufallszahl werden vom Signaturgeber zwei eingesetzt, was leicht verständlich ist: eine der Zahlen benötigt er für den Nachweis, dass er sein Geheimnis für die Konstruktion der Signatur eingesetzt hat, die zweite zwingt den Empfänger, ebenfalls sein Geheimnis einzusetzen, um die Signatur zu prüfen bzw. der Öffentlichkeit die Gültigkeit zu beweisen. Den zweiten Signaturparameter berechnet der Signaturgeber auf (mehr oder weniger) normale Art

$$t \equiv r_2 - x_S * s \,(mod\ p-1)$$

Allerdings ist damit keine gültige Signatur erstellt, weil der Signaturaussteller ja nur r_2 für die Berechnung der Parameter verwendet hat, nicht aber r_1 oder y_E. Er kann y_E auch gar nicht in die Signaturerzeugung einbeziehen, da er den diskreten Logarithmus nicht kennt. Der Empfänger wiederum kennt die Zufallszahlen nicht. Da die Signaturdaten des Ausstellers nur eine davon abdecken, ist ein weiterer Signaturparameter notwendig, der vom Aussteller in der Form

$$h \equiv g^{r_1 - r_2}(mod\ p)$$

hinzugefügt wird. Aber auch mit (s,t,h) ist für die Öffentlichkeit noch nichts zu prüfen. Die drei Signaturparameter ergeben zusammen nämlich (nur)

$$v \equiv g^t y_A^s h \equiv g^{r_2 - x_A * s} g^{x_A s} g^{r_1 - r_2} \equiv g^{r_1}(mod\ p)$$

Diesen Term kann zwar jeder berechnen, aber nur der Empfänger prüfen. Vergleicht man den Ausdruck mit dem, den der Aussteller zur Berechnung von s eingesetzt hat, findet man nämlich

$$s = hash(h v^{x_E}(mod\ p)\ |\ N)$$

Aufgrund dieser Prüfung kann der Empfänger sicher sein, eine gültige Signatur vor sich zu haben, denn ohne Kenntnis von x_A sind die Parameter (s,t) nicht zu ermitteln.

Um nun der Allgemeinheit ebenfalls die Gültigkeit nachzuweisen, legt der Empfänger

$$z \equiv v^{x_E}(mod\ p)$$

der Öffentlichkeit zusammen mit der Signatur

$$s' = hash(g^{t'} v^{t'} y_E^{s'} z^{s'} (mod\ p)\ |\ N)$$

vor. Da diese v aus den Signaturdaten des Ausstellers berechnen und mit z die Signaturprüfung des Ausstellers nachvollziehen kann und mit dem letzten Nachweis von der Übereinstimmung der diskreten Logarithmen überzeugt wird, ist das Ziel erreicht, denn hätte der Empfänger bei der Berechnung von v gemogelt, indem er die öffentlichen Parameter des Ausstellers ohne dessen Mitwirkung benutzt, könnte er (s',t') nicht erzeugen.

Die Offenlegung der Signatur liegt nun ausschließlich in den Händen des Empfängers. Die Öffentlichkeit sieht zwar die mögliche Urheberschaft des Ausstellers über die öffentlichen Parameter, jedoch könnte ohne Vorlage des letzten Nachweises der Empfänger gemogelt haben. Umgekehrt hat aber auch der Aussteller keine Möglichkeit, die Gültigkeit seiner Signatur nachzuweisen, so lange der Empfänger nicht kooperiert.

9.10.2 Signaturnachweis durch Aussteller

Konnte im ersten Fall der Empfänger die Gültigkeit der Signatur nachweisen, so kann dies nun nur der Aussteller selbst, wobei er jedoch

- nicht erfolgreich eine vom ihm ausgestellte Signatur leugnen können darf und

- nicht erfolgreich behaupten darf, Aussteller einer nicht von ihm stammenden Signatur zu sein.

Eine Signatur wird somit zunächst verschlüsselt erstellt, und nur der Aussteller kennt die Geheimnisse zur Aufdeckung. Aufgrund der Nebenbedingungen ist aber eine direkte Prüfung nicht möglich, sondern dem Aussteller werden Fragen vorgelegt, die er nur korrekt beantworten kann, wenn er nicht versucht, zu betrügen. Die Art der Fragen hängen von der Zielrichtung der Prüfung ab. Behauptet der Aussteller, eine Signatur erzeugt zu haben, muss man ihm u.U. andere Fragen stellen, als wenn er dies leugnet.[196]

SIGNATUR AUF BASIS DES RSA-VERFAHRENS

Um aus einer normalen RSA-Signatur eine verdeckte Signatur zu machen, kombinieren wir RSA und den diskreten Logarithmus zu einem Gesamtverfahren. Im Unterschied zum gewöhnlichen RSA-Verfahren bleiben beide Parameter geheim, indem der sonst öffentliche Parameter als diskreter Logarithmus verschlüsselt in einem Zertifikat veröffentlicht wird

$$Geheim:\quad (e,d):\ e*d \equiv 1\,(mod\,\varphi(n))$$
$$\textit{Öffentlich}\quad (n,w,T \equiv w^d\,(mod\,n))$$

Die Signatur wird in der üblichen Form

$$s \equiv hash(N)^e (mod\ n)$$

erstellt, kann aber nun von niemandem geprüft werden.

Bevor man sich als Empfänger auf eine solche Signatur einlässt, sollte man sich aber vergewissern, dass der Signaturaussteller nicht mogelt. Die Kenntnis des diskreten Logarithmus von T lässt sich

---

196 Verweigert er grundsätzlich die Kooperation bei der Befragung, ist an sich schon klar, dass die Aussage des Empfängers über die Urheberschaft einer Signatur korrekt sein muss. Der Beweis für die Öffentlichkeit besteht nicht in einem mathematischen Nachweis, sonder der Falllogik als solcher.

mit Standardmitteln überprüfen, auch dass n keine Primzahl ist, ist leicht feststellbar. Dass der Aussteller die Primzahlzerlegung von n kennt, darf man auch unterstellen, denn er muss dem Empfänger ja zunächst auch erst einmal beweisen, dass er eine gültige Signatur erstellt hat. Allerdings sollte n auch die Konstruktion $n=p^*q$ mit zwei Primzahlen p,q besitzen, denn sonst bestünde die Möglichkeit, dass der Aussteller doch an irgendeiner Stelle der Prüfung Antworten produziert, zu denen er bei korrektem Vorgehen nicht in der Lage ist.

Wir ziehen hierzu unsere Kenntnisse über die eulersche Funktion hinzu und schließen zunächst eine Konstruktion der Form

$$n = p^r * s$$

aus, d.h. n soll nur aus verschiedenen Primfaktoren zusammengesetzt sein. Wegen

$$\varphi(n) = p^{r-1}(p-1) * \varphi(s)$$

gilt nämlich nun

$$ggt(n, \varphi(n)) = p^{r-1} * ggt(n, \varphi(s)) \neq 1 \quad \Rightarrow \quad (\neg\exists)\left(m \equiv n^{-1}(mod\ \varphi(n))\right)$$

In der Kommunikationsfolge

$$E : a = random() \quad \rightarrow A$$
$$A : A \equiv a^m(mod\ n) \quad \rightarrow E$$
$$E : a \overset{?}{\equiv} A^n(mod\ n)$$

kann der Aussteller daher beim Mogeln nur in

$$\varphi(n) / p^{r-1}$$

aller Fälle ein A liefern, dass die Prüfung übersteht, und fällt daher schnell auf, wenn er p und r in einer Größenordnung wählt, die ihm einen Vorteil verschaffen könnte.

Um zu überprüfen, dass tatsächlich $n=p^*q$ gilt, also n aus genau zwei Primfaktoren besteht, wird folgende Kommunikationsfolge aufgebaut:

$$E : a = random() \quad \rightarrow A$$
$$A : A \equiv a^{1/2}(mod\ n) \quad \rightarrow E$$
$$E : a \overset{?}{\equiv} A^2(mod\ n)$$

Man lässt den Aussteller folglich Quadratwurzeln aus vorgelegten Zufallszahlen ziehen (wie das funktioniert, behandeln wir erst in einem späteren Kapitel). Für eine Quadratwurzel gilt bei einer zusammengesetzten Zahl

$$a \equiv A^2(mod\ n) \quad \Leftrightarrow \quad a \equiv A^2(mod\ p) \ \wedge \ a \equiv A^2(mod\ q)$$

und da nur die Hälfte aller Restklassen eine Quadratwurzel besitzt, kann der Aussteller für ein Viertel der vorgelegten Zufallszahlen eine Lösung vorlegen. Hat er gemogelt und n besitzt mehr als zwei Primfaktoren, gelingt ihm auch das nicht und er fällt auf. Nach diesen Prüfungen der Zertifikatparameter kann der Empfänger nun Signaturen akzeptieren.[197]

---

197 Man kann auch noch einen Schritt weiter gehen und $p=2^*p'+1$, $q=2^*q'+1$ fordern, um das Spektrum von n garantiert klein zu halten. Wir verzichten aber hier auf diese Zusatzprüfung.

ÜBERPRÜFUNG DER SIGNATUR

Bei der Echtheitsprüfung müssen wir berücksichtigen, dass

> ➤ der Aussteller den Nachweis führen will,

> ➤ der Aussteller die Signatur leugnen will,

> ➤ der Aussteller nur behauptet, die Signatur stamme von ihm, oder

> ➤ die Signatur tatsächlich nicht vom Aussteller stammt.

Für den Nachweis der Korrektheit eine Signatur wählt der Prüfer – das kann der Empfänger oder später die Öffentlichkeit sein – zwei Zufallszahlen (a, b) und berechnet

$$R \equiv T^a * s^b \ (mod \ n)$$

R wird an den Aussteller gesendet, der nun seinerseits

$$U \equiv R^e \equiv w^a \ hash(N)^b (mod \ n)$$

berechnen und zurücksenden soll. Die Übereinstimmung von U mit dem rechten Ausdruck kann aber nur der Prüfer testen. Wie man sich leicht überzeugt, kann der Aussteller seine Urheberschaft der Signatur auf diese Weise eindeutig nachweisen. Es gelingt ihm aber nicht, eine von ihm nicht ausgestellte Signatur als seine auszugeben, da ihm der Parameter e für die Erzeugung eines korrekten U fehlt.

Leugnet er die Signatur, obwohl sie von ihm stammt, legt der Prüfer mehrere Fragen vor, in denen er anstelle von R im zufälligen Wechsel den Ausdruck

$$R' \equiv T^a (mod \ n)$$

an den Aussteller sendet. Der steht nun vor einem nicht lösbaren Konflikt, denn er kann R und R' nicht voneinander unterscheiden, muss aber aufgrund seines Zertifikats auf R' eine korrekte Antwort geben, auf R aber eine falsche. Er fällt also bei hinreichend vielen Versuchen beim Leugnen auf.

Der gleiche Test weist auch nach, dass der Aussteller die Signatur tatsächlich nicht erzeugt hat. Er kann in diesem Fall sämtliche R' korrekt beantworten, sendet aber für kein R eine passende Antwort.

9.10.3 Chamäleon-Signaturen

Verbinden wir nun die beiden Extremfälle – nur der Empfänger oder nur der Aussteller kann die Gültigkeit einer Signatur nachweisen – zu einer Signatur, die unabhängig voneinander von beiden Teilnehmern vom Zustand „privat" auf „öffentlich prüfbar" umgeschaltet werden kann (daher der Name Chamäleon). Dies kann nur dadurch erfolgen, dass jeder der Beteiligten einen nur zu der betreffenden privaten Signatur passenden weiteren Parameter ausliefert, den er nur mit Hilfe seiner privaten Schlüssel erzeugt haben kann.

Die Signatur bauen wir dieses Mal auf dem diskreten Logarithmus auf. Beide Partner verfügen über zertifikatgesicherte Parameter

$$y_A \equiv g^{x_A}(mod \ p) \ , \ y_E \equiv g^{x_E}(mod \ p)$$

Sie einigen sich auf eine Zufallszahl r und der Aussteller erzeugt die Signatur[198]

$$h \equiv g^{Hash(N)} y_E^r (mod\ p)$$
$$s = hash(g^t y_A^s h(mod\ p))$$

Der Empfänger kann nun sicher sein, eine gültige Signatur des Ausstellers zu besitzen. Allerdings kann er die Öffentlichkeit nur davon überzeugen, dass er eine gültige Signatur vom Aussteller erhalten hat, aber niemand anderen, dass diese zu der Nachricht N gehört. Da er r kennt, kann er nämlich auch für jede andere Nachricht N' diese Signatur vorlegen, indem er

$$r' \equiv x_E^{-1} * (Hash(N) - Hash(N')) + r\ (mod\ p-1)$$

berechnet und damit das gleiche h erzeugt. Um das zu auszuschließen und später die Korrektheit der Signatur zu öffnen, wird r ebenfalls Bestandteil der Signatur, allerdings verschlüsselt mit einer zweiten Zufallszahl k, auf die sich die Partner ebenfalls einigen:

$$Q = hash(k\ |\ hash(N)\ |\ r)$$

Die Gesamtsignatur einschließlich Prüfung lautet schließlich

$$Signatur = (r, Q, t, s)$$
$$s = MAC(g^t y_A^s Q h(mod\ p))$$

Die Zahl k wird zunächst von beiden zurück gehalten, ist aber beiden bekannt. Die Signatur kann von der Öffentlichkeit überprüft werden, da auch h mit Hilfe von r berechnet werden kann. Allerdings kann der Empfänger gemogelt und eine andere Nachricht untergeschoben haben, d.h. die Signatur ist weiterhin verdeckt. Erst wenn einer der beiden den Parameter k veröffentlicht, ist die Signatur komplett öffentlich überprüfbar.

Der Aussteller kann insofern nicht mogeln, als er mit (s,t) zumindest in einem Fall eine gültige Signatur für den Empfänger ausgestellt hat. Der Empfänger sollte aber gar nicht erst versuchen, zu mogeln, denn wenn er eine gefälschte Signatur (r',Q,t,s) für eine Nachricht N' vorlegt, so kann der Aussteller durch

$$x_E^{-1} \equiv (Hash(N) - Hash(N')) * (r - r')\ (mod\ p-1)$$

das Geheimnis des Empfängers entschlüsseln und nun selbst gefälschte Nachrichten vorlegen. Mit der Veröffentlichung von k kann der Empfänger zwar die Korrektheit einer Signatur nachweisen, sich gleichzeitig aber nach einem neuen Zertifikat umschauen.

Aufgabe. Wie sich leicht überprüfen lässt, kann der Aussteller auch alle Verfahrensschritte ohne Beteiligung des Empfängers durchführen (machen Sie das!). Er ist daher nicht in der Lage, im Bedarfsfall nachzuweisen, dass eine von ihm stammende Signatur unter Beteiligung des Empfängers erstellt wurde (begründen Sie das!). Erweitern Sie das Verfahren um eine Gegensignatur des Empfängers, die aber ansonsten alle anderen Eigenschaften der Chamäleonsignatur unverändert lässt.

---

198 Die Zufallszahl wird beispielsweise mit Hilfe des Diffie-Hellman-Verfahrens ausgehandelt.

9.10.4 Auktionssignaturen

Teilweise schon ebay, aber zumindest professionelle Versteigerungen hochwertiger Güter erfordern die Einhaltung folgender Randbedingungen:

> ➢ Nur Teilnehmer, die auch in der Lage sind, später ein ersteigertes Objekt zu bezahlen, werden vom Auktionator zur Teilnahme zugelassen.

> ➢ Während der Auktion muss bei jedem Gebot für sämtliche Teilnehmer gesichert sein, dass es von einem der zugelassenen Bieter stammt und ein echtes Gebot ist.

> ➢ Gebote sind anonym, d.h. die anderen Bieter erfahren während der Auktion nicht, von wem ein Gebot stammt.

> ➢ Nach dem Zuschlag muss der Höchstbietende mindestens vom Auktionator einwandfrei identifizierbar sein.

Für Signaturschemata dieser Art, die einige der Eigenschaften der vorhergehenden in sich vereinen, existieren verschiedene Modelle, von denen wir hier eines vorstellen.[199] Die Auktion läuft in mehreren Phasen ab (Signaturen und Zertifikate für die gegenseitige Basisauthentifizierung lassen wird hier fort):

a) **SETUP.** Der Auktionator generiert für eine Auktion zunächst eine Reihe von öffentlichen und geheimen Parametern, deren Verwendung ihm die Aufdeckung der Identität eines Bieters erlauben.

b) **JOIN.** Die Bieter melden sich beim Auktionator an und erzeugen ebenfalls öffentliche und geheime Parameter für die Ausstellung ihrer Signaturen, die vom Auktionator kontrolliert und notiert werden.

c) **SIGN.** Zur Abgabe eines Gebotes signiert der Bieter sein Gebot mit Hilfe seiner individuellen Geheimparameter.

d) **VERIFY.** Mit Hilfe der öffentlichen Parameter des Auktionators kann jeder Bieter sich überzeugen, dass es sich um eine gültige Signatur eines zugelassenen Bieters handelt. Eine Kenntnis der Parameter der einzelnen Bieter ist nicht notwendig, so dass die Anonymität gewahrt bleibt.

e) **OPEN.** Der Auktionator kann mit Hilfe seiner Geheimparameter entschlüsseln, wer die Signatur abgegeben hat.

In den einzelnen Arbeitsschritten müssen natürlich Kontrollen eingebaut sein, die die korrekte Verwendung der Algorithmen nachweisen. Auch dürfen Bieter durch Zusammenschluss natürlich nicht in der Lage sein, die Signatur eines weiteren Bieters zu enttarnen oder eine Signatur für ihn abzugeben. Letzteres gilt natürlich auch für den Auktionator.

SETUP DES GRUPPENMANAGERS

Das Gesamtverfahren wird als Kombination aus RSA-Algorithmus und diskretem Logarithmus entwickelt. Der Auktionator erstellt folgenden Parametersatz, den wir aber erst später im Detail begründen:

---

199 Wir folgen hier sinngemäß einem Vorschlag von G.Ateniese, J.Camenish, M.Joye und G.Tsudik (a practical and provably secure coalition-resistant group signature scheme). Ein anderes Modell wird beispielsweise von Hu Xiong, Zhiguang Qin, and Fagen Li (An Anonymous Sealed-bid Electronic Auction Based on Ring Signature) angegeben.

Geheim: $(x, \varphi = p' * q', p, q)$

Öffentlich: $(n = p*q, g, h, a, b, y \equiv g^x (mod\ n))$,
$(g, h, a, b): (z^\varphi \equiv 1 (mod\ n))$

Die letzte Zusatzbedingung in den öffentlichen Parametern sagt aus, dass alle Parameter <u>genau</u> die Zykluslänge φ aufweisen. Als zusätzliche Parameter werden noch Zahlen

$$(N_1 = 2^{l_1}, .. N_k = 2^{l_k})$$

sowie eine Hashfunktion vereinbart. Die Zahlen dienen im weiteren als Sicherheitsparameter zur Begrenzung der Exponenten bei der Prüfung der Signaturen. Genaueres wird bei der Erzeugung der Signatur diskutiert.

Berücksichtigen wir den Verwendungsrahmen – der Auktionator besitzt gegenüber den Bietern keine besondere Vertrauensposition – so müssten an dieser Stelle Nachweisverfahren implementiert werden, die beweisen, dass der Manager n korrekt aus zwei Primzahlen der angegebenen Eigenschaften konstruiert hat und die Parameter $g...b$ auch genau die daraus resultierenden Zykluslängen besitzen. Im Kapitel über Primzahlen werden solche nicht ganz einfachen Prüfverfahren vorgestellt.

Konzeptionell ist vorgesehen, dass der diskrete Logarithmus Basis für die Signatur ist, während der RSA-Verfahrensbestandteil aufgrund seiner Symmetrie für die Parametervereinbarung und Prüfung eingesetzt wird.

ÖFFNEN DER SIGNATUREN

Das Öffnen der Signatur und die Identifizierung des erfolgreichen Bieters ist zwar der letzte Schritt, jedoch erleichtert das Vorziehen die Übersicht über die restlichen Schritte. Die Signaturöffnung ist eine konventionelle ElGamal-Entschlüsselung. Nehmen wir an, der Bieter i habe bei der Anmeldung (JOIN) beim Auktionator den Parameter A_i erhalten und mit Hilfe einer geheimen Zufallszahl w die beiden Terme

$$T_1 \equiv A_i y^w (mod\ n) \quad , \quad T_2 \equiv g^w (mod\ n)$$

erzeugt, die Bestandteile der Signatur sind. Das Öffnen der Signatur besteht für den Gruppenmanager in der Berechnung von

$$A_i \equiv T_1 / T_2^x (mod\ n)$$

und dem Vergleich mit seiner Liste der Parameter der einzelnen Bieter.

DIE INDIVIDUELLEN GEHEIMPARAMETER

Zur Erstellung einer gültigen Auktionssignatur wählt der Bieter einen Geheimschlüssel x_k, der im JOIN-Verfahren zur Erzeugung des dem Auktionator bekannten Parameters A_k verwendet wird. Dieser wird mit einem weiteren, vom Auktionator erzeugten Schlüssel verbunden, der später für die anonyme Signatur verwendet wird, dem Bieter aber auch keinen Betrug erlauben darf. Zum Erreichen dieser Ziele wird der Ansatz

$$a^{x_k} * b \equiv A_k^{e_k} (mod\ n)$$

gemacht. Der Bieter generiert dazu zunächst $C \equiv a^{x_k} (mod\ n)$ und sendet dies an den Auktionator. Dieser erzeugt ein RSA-Schlüsselpaar (d_k, e_k) und generiert (nach Kontrolle, dass der Bieter über den diskreten Logarithmus von C zur Basis a verfügt) den Identifikationsparameter

$$A_k \equiv (C*b)^{d_k} (mod\ n)$$

(e_k, A_k) werden als Zertifikat an den Bieter zurücksendet, der durch die erste Relation wiederum prüfen kann, dass der Auktionator korrekte Daten liefert.

ERSTELLEN UND PRÜFEN DER SIGNATUR

An eine Signatur sind folgende Anforderungen zu stellen:

- Die Signatur darf den Wert A_k nicht direkt enthalten. Die anderen Bieter kennen zwar die Parameter ihrer Konkurrenten nicht, könnten jedoch eine Gebotserhöhung einem bestimmten Konkurrenten zuordnen.

  In (T_1, T_2) ist der Parameter implizit vorhanden. Diese beiden Parameter können für jedes Gebot neu erzeugt werden und sind daher Bestandteile der Signatur.

- Um den anderen Bietern eine Kontrolle zu ermöglichen, muss der Bieter einen korrekt konstruierten Parameter T_1 verwenden. Zusätzlich zu den Parametern (T_1, y, a, b, c) muss der Signaturstring dazu drei weitere Signaturparameter (s_1, s_2, s_3) enthalten, die der Bieter nur dann korrekt berechnen kann, wenn er über (x_k, A_k, e_k) verfügt.[200]

- Der Bieter muss in der Signatur dem Auktionator gegenüber ebenfalls den Nachweis erbringen, dass die beiden Größen (T_1, T_2) über den Parameter w verbunden sind. Hierzu dient ein weiteres Wertepaar T_4, s_4.

Die beiden ElGamal-Größen T_1, T_2 werden für jedes Gebot mit einem neuen w erzeugt. Für die Erzeugung der (Diffie-Hellman-)Signatur verwendet der Bieter drei Zufallszahlen (r_1 - r_3)

$$c = Hash(..T_1^{r_1}/(a^{r_2}*y^{r_3})(mod\ n)...)$$

Die Überprüfung der Signatur erfolgt durch

$$c = Hash(...b^c*T_1^{s_1-c*N_p}/(a^{s_2-c*N_q}*y^{s_3})(mod\ n)...)$$

unter Verwendung von zwei der zusätzlichen Parameter (... in der Hashfunktion bedeutet, dass weitere Prüfgrößen nebst dem eigentlichen Gebot im String auftreten). Setzen wir alle Grundterme ein, so führt dies zu den drei Exponentengleichungen

$$a: \quad x_k*r_1/e_k - r_2 = -x_k*(-s_1 + c*N_p)/e_k - s_2 + c*N_q$$
$$b: \quad r_1/e_k = c - (-s_1 + c*N_p)/e_k$$
$$y: \quad w*r_1 - r_3 = -w*(-s_1 + c*N_p) - s_3$$

woraus der Bieter schließlich seine Signaturparameter ermitteln kann:

$$s_1 = r_1 - c(e_k - N_p)$$
$$s_2 = r_2 - c(x_k - N_q)$$
$$s_3 = r_3 - c*e_k*w$$

Wie Sie bemerkt haben, handelt es sich um reine Exponentengleichungen, also ohne die Erweirung $(mod\ \varphi(n))$. Das ist nun nicht weiter gravierend, denn die Potenzen funktionieren natürlich auch ohne die Moduloreduktion, und die Exponenten werden auch nicht übermäßig groß. Um je-

---

200 Die Anzahl von drei Signaturparametern (s_1, s_2, s_3) resultiert aus den drei Parametern (y, a, b), für die der Verwendungsnachweis zu erbringen ist. Da alle drei voneinander unabhängig sind, kann der Nachweis nur über eine entsprechende Anzahl von Signaturparametern erfolgen.

doch Betrügereien zu vermeiden, muss der Bieter aus der Liste der vom Auktionator definierten N_k zwei auswählen, die die Bedingungen

$$s_1 < N_p \quad \wedge \quad s_2 < N_q$$

erfüllen.

Aufgabe. Testen Sie dies an Beispielen mit realistischen Zahlengrößen aus.

Die zweite ElGamal-Größe T_2 wird unter Verwendung der gleichen Größen $s_1 - s_3$ wie zuvor durch

$$c = Hash\left(\ldots T_2^{\,s_1 - c\,N_{II}} / g^{s_3} (mod\ n) \ldots \right)$$

überprüft, was durch

$$T_2^{\,s_1 - c\,N_{II}} / g^{s_3} = g^{w*(s_1 - c\,N_{II}) - s_3} = g^{w*r_2 - r_3} = T_2^{\,r_2} / g^{r_3}$$

in der Startphase umgesetzt wird. Der Leser prüft nun auch leicht nach, dass eine unkorrekte Berechnung von $T'_2 \equiv g^{w'} (mod\ n)$ voraussetzen würde, dass der Teilnehmer den Hashwert c bereits kennt oder einen diskreten Logarithmus lösen kann.

Damit wäre zunächst nachgewiesen, dass der Bieter T_1, T_2 korrekt berechnet hat, aber nicht, dass er auch seinen Parameter A_k verwendet hat. Würde er nämlich

$$A'_k \equiv a^{x_k} * b (mod\ n)$$

verwenden, also den Parameter e_k des Auktionators ausschließen, entsteht eine gültige Signatur, aber der Auktionator könnte sie später nicht öffnen. Es ist daher noch ein Nachweis zu erbringen, dass einer der zugelassenen Bieter (nur diese besitzen ein e_k) ein gültiges Gebot abgegeben hat.

Die Methodik ist die gleiche wie beim ersten Signaturteil, d.h. wir benötigen zwei weitere Terme im Signaturstring:

$$Term\,3: \quad T_2^{\,c} * g^{s_4} (mod\ n)$$
$$Term\,4: \quad T_3^{\,c} * g^{s_1 - c\,N_{II}} * h^{s_3} (mod\ n)$$

mit

$$T_3 \equiv g^{\,e_k} h^w (mod\ n)$$

Die beiden neuen Terme (T_3, s_4) sind durch (T_2, s_1) mit den beiden bereits festgelegten verknüpft, also nicht unabhängig voneinander. Wie eine Rechnung zeigt, muss der Teilnehmer die Terme

$$d_3 \equiv g^{r_4} (mod\ n)$$
$$d_4 \equiv g^{r_1} * h^{r_4} (mod\ n)$$

mit einer weiteren Zufallszahl r_4 in die Berechnung des Hashwertes einsetzen und erhält den fehlenden letzten Signaturwert

$$s_4 = r_4 + c*w$$

Die Gesamtsignatur besteht damit aus

$$(c, s_1, s_2, s_3, s_4, T_1, T_2, T_3)$$

und erfordert die Prüfung

$$c = Hash(\ g|h|y|a|b|T_1|T_2|T_3|$$
$$b^c * T_1^{s_1 - c*N_{II}} / (a^{s_2 - c*N_{II}} * y^{s_3})(mod\ n)|$$
$$T_2^{s1 - c*N_{II}} / g^{s_3}(mod\ n)|$$
$$T_2^c * g^{s_4}(mod\ n)|$$
$$T_3^c * g^{s1 - c*N_{II}} * h^{s_4}(mod\ n)|NACHRICHT\ )$$

Dass dies tatsächlich ein Nachweis für ein gültiges Gebot ist, liefert das Einsetzen von $A' \equiv a^x * b(mod\ n)$ in den Signaturstring. Die Bestimmungsgleichungen für die Parameter $(s_1 - s_4)$ lauten in diesem Fall:

$$s_1 = r_1 + c*(N_p - 1)$$
$$s_2 = c*x*(N_q - 2) + c + r2$$
$$s_3 = -w*c + r_3$$
$$s_4 = -w*c + r_4$$

Damit die Signatur mit diesen Werten gültig wird, muss beim Generieren allerdings statt r_4 bereits $g^{r_1} * h^{-w*c+r_4}$ eingesetzt werden, was voraussetzungsgemäß nicht möglich ist. Die Signatur schließt also in der Tat einen Beweis für die korrekte Verwendung aller mit dem Auktionator vereinbarten Parameter ein.

Aufgabe. Prüfen Sie nach, dass der Auktionator die Gebote nur veröffentlichen muss und eine Prüfung auch durch die anderen Bieter erfolgen kann.

Damit ist zunächst sichergestellt, dass gültige Gebote durch zugelassene Bieter vorliegen. Eine weitere Betrugsmöglichkeit ist die Bildung einer Koalition von Bietern mit dem Ziel, das Ersteigern zu verhindern, indem sie jedes Gebot durch ein gültiges, aber nicht aufdeckbares zu überbieten. Dies wird durch zwei Maßnahmen verhindert:

a) Durch den individuellen Geheimschlüssel e_k für die Verdeckung der A_k. Bilden nämlich zwei Bieter (k, l) entgegen der Voraussetzung eine Koalition, um einen Erfolg eines Dritten zu verhindern, so wäre bei einem gemeinsamen RSA-Parameter e in den Berechnungstermen für die Signaturparameter lediglich x_k durch $(x_k + x_l)$ zu ersetzen. Sie könnten nun unbeschadet jedes Gebot überbieten, denn beim Öffnen der Signatur würde der Auktionator nun keine gültige Signatur finden.

b) Wie man durch Rechnung verifiziert, ist bei unterschiedlichen Parametern e_k bei einer Koalition mit dem gleichen Ziel unter anderem die Gleichung

$$s_1 = -\frac{c*(e_k*e_l - N_{II}(e_k + e_l)) - r_1*(e_k + e_l)}{e_k + e_l}$$

zu lösen. Da der Nenner nicht verschwindet, ist hierfür aber die Kenntnis von $\varphi(n)$ notwendig, die die Bieter nicht besitzen. Eine Koalition von Teilnehmern ist damit nicht zur Erzeugung einer falschen Signatur in der Lage.

9.11 Signaturen für unbekannte Inhalte

In einer Reihe von Anwendungsfällen darf der Signaturaussteller nicht wissen, was er signiert. Das ist weniger abwegig, als es im ersten Augenblick den Anschein hat. Zwei Beispiele:

- Demokratische Systeme zeichnen sich durch allgemeine, gleiche und geheime Wahlen aus, bei der weder das Votum des einzelnen Wählers noch Zwischenwahlergebnisse bekannt werden dürfen. Andererseits muss sichergestellt werden, dass jeder Wähler auch nur genau eine Stimme abgibt.

  Es ist einfach, mit Hilfe geeigneter Authentifizierungssysteme sicher zu stellen, dass sich ein Wähler nur einmal beteiligen kann. Damit er bei einer Beteiligung auch nur ein einzelnes Dokument einliefern kann, muss dieses von der Kontrollinstanz signiert werden – allerdings darf diese dabei keine Kenntnis vom Inhalt erhalten!

- Elektronische Geschäfte führen spätestens bei der Bezahlung dazu, dass die Identität des Käufers bekannt wird. Wie in der realen Welt kann aber auch ein Interesse daran bestehen, anonym zu bleiben und mit einem anonymen Zahlungsmittel zu zahlen.

  Ein elektronischer Geldschein muss folglich so beschaffen sein, dass der Empfänger den Betrag bei seiner Bank unmittelbar realisieren kann, aus der Transaktion aber die Identität des Gebers nicht hervorgeht. Auch das erfordert bestimmte Arten von Signaturen.

Wir gehen speziell auf den Fall elektronisch durchgeführter Wahlen im nächsten Kapitel noch einmal ein und beschränken uns hier auf die Ausstellung von Signaturen für unbekannte Inhalte sowie auf das Auszählen von Stimmen bei einfachen JA/NEIN-Abstimmungen.

9.11.1 Blinde Signaturen

Im allgemeinen Fall erstellt der Wähler sein Votum N und benötigt eine Signatur des Hashwertes $h=hash(N)$. Diese kann jedoch nicht direkt ausgestellt werden, denn die Kontrollorganisation könnte sich den Hashwert merken und später mit der Wähleridentität verknüpfen. Damit wäre das Wahlgeheimnis brechbar. h muss daher vor der Signatur verschlüsselt werden.

BLINDE RSA-SIGNATUR

Besonders einfach ist das Verdecken des zu signierenden Inhalts beim RSA-Verfahren. Dazu muss man nur die Symmetrie des Verfahrens ausnutzen: der Signaturschritt mit dem geheimen Schlüssel ist ja gleichzeitig ein Entschlüsselungsschritt für Nachrichten, die mit dem öffentlichen Schlüssel verschlüsselt wurden. Kombiniert man beides, ist das Signaturverfahren bereits fertig:

$$Verdecken: \qquad h' \equiv h * r^d \ (mod\ n)$$
$$Signieren: \qquad s' \equiv h'^{\ e}(mod\ n)$$
$$Signaturrekonstruktion: \quad s \equiv s' * r^{-1}(mod\ n)$$

Während der Signaturaussteller nun nicht weiß, was er signiert hat, also keine Verbindung zwischen s und s' herstellen kann, kann mit Hilfe seines öffentlichen Schlüssels jederzeit die Gültigkeit der Signatur s kontrolliert werden.

BLINDE SIGNATUR MIT DISKRETEM LOGARITHMUS

Die Signaturdaten werden beim diskreten Logarithmus mit Hilfe eines Zufallswerts $R \equiv g^r\ mod\ p$ berechnet. Diesen lässt sich der Empfänger vom Aussteller geben und ermittelt nun selbst den ersten Signaturwert s, allerdings mit zusätzlichen Blendwerten, denn s darf er nicht an den Aussteller übermitteln, wenn sein Wahlgeheimnis ein Geheimnis bleiben soll. Er generiert

$$s = hash(R\, g^a\, y^b\, mod\ p\ |\ N)$$

und sendet

$$s' \equiv s - b\,(mod\ p-1)$$

an den Aussteller, der damit den zweiten Signaturwert t' berechnet und an den Empfänger zurücksendet. Mit

$$t \equiv t' + a\,(mod\ p-1)$$

ist die Signatur komplett.

Aufgabe. Verifizieren Sie das Schema. Der Aussteller erhält auf diese Weise keine Kenntnis der Nachricht, der Empfänger kann aber auch keine Informationen über das Geheimnis des Ausstellers erlangen.

9.11.2 Ja-Nein-Votum

Im allgemeinen Fall ist das Votum komplex und die Auswertung entsprechend kompliziert. Etwas einfacher kann die Auswertung gestaltet werden, wenn es nur um Zustimmung oder Ablehnung geht. Dazu wird definiert

$$h^1 \overset{def}{=} JA \quad , \quad h^{-1} \overset{def}{=} NEIN$$

Die Größe h ist so gewählt, dass der diskrete Logarithmus zur Basis g nicht einfach zu lösen ist bzw. nicht existiert, und gleichzeitig die Zykluslänge die Anzahl der Wähler übersteigt.

Aufgabe. Konstruieren Sie zu gegebenem (g, p) mit $ord(g) \ll (p-1)$ jeweils ein h, dass diese Anforderungen erfüllt.

Geben nun n Wähler ihre Voten $v_i = h^{1/-1}$ ab, werden diese einfach multiplikativ akkumuliert, und man erhält

$$V \equiv \prod_{i=0}^{n} v_i \equiv h^k\,(mod\ p) \quad , \quad -n \le k \le n$$

Aus V kann k nun einfach durch Ausprobieren ermittelt werden, da n selbst bei einer Abstimmung der kompletten Bevölkerung eines Landes für einen Rechner nicht gerade eine große Zahl darstellt und das Ergebnis ohnehin selten an den Enden zu finden sein sollte.

Natürlich soll dabei kein Zwischenergebnis der Wahl bekannt werden und das Votum des Wählers geheim bleiben. Stellt die Wahlurne ein ElGamal-Verschlüsselungssystem (p, g, y) zur Verfügung, so besteht das verschlüsselte Votum und die Auswertung aus

$$(V_i, s_i): \quad V_i \equiv v_i * y^a\,(mod\ p) \quad , \quad s_i \equiv g^a\,(mod\ p) \quad , \quad v_i \in |h, 1/h|$$

$$V \equiv \frac{\prod_{i=0}^{n} V_i}{\prod_{i=0}^{n} s_i^{\,x}}\,(mod\ p)$$

Erfolgt die Stimmabgabe mit Hilfe einer blinden Signatur, kann wieder nicht kontrolliert werden, von welchem Wähler eine Stimme stammt, und die Freigabe von x nach Ende der Wahlperiode schließt die Kenntnis von Zwischenergebnissen aus.

Die Urne darf sich bei der Registrierung der Stimmen allerdings kein Vertrauen in die Integrität der Wähler erlauben, denn ein ungültiges Paar (V_i, s_i) macht die Produkte wertlos. Durch eine Kontrolle muss sichergestellt werden, dass

a) dass beide mit dem gleichen Exponenten a potenziert wurden, und

b) In V_i der Parameter y verwendet wurde, in s_i der Parameter g,

c) dass entweder h oder $1/h$ verwendet wurden, aber kein anderer Wert und auch keine andere Potenz.

Das Ganze natürlich wieder, ohne dass irgendwelche Informationen dadurch durchsickern können. Wenn der Parameter h hier nicht auftreten würde, liefe das Problem schlicht auf den Nachweis der Kenntnis zweier diskreter Logarithmen hinaus. Es kann sogar darauf zurückgeführt werden, denn bei korrektem Verhalten des Wählers gilt

$$V = h: \quad V * h \equiv g^a h^2 (mod\ p) \ , \ V * h^{-1} \equiv g^a (mod\ p)$$
$$V = 1/h: \quad V * h \equiv g^a (mod\ p) \ , \ V * h^{-1} \equiv g^a * h^{-2} (mod\ p)$$

Im Besitz des Votums kann die Urne also für eines der beiden Produkte einen korrekten Nachweis des Besitzes des diskreten Logarithmus erwarten. Das Problem dabei ist, dass sie in den Besitz von V gelangen würde, könnte sie das selbst ausführen. Die Produktbildung muss daher dem Wähler überlassen werden, aber so, dass er nicht mogeln kann. Das lässt sich erreichen, wenn der Wähler

➤ zwei Werte liefert, von denen einer das passende Produkt enthält, die Urne aber nicht weiß, welcher das ist, sowie

➤ jeweils zwei weitere Werte für den Nachweis gleicher diskreter Logarithmen zu den richtigen Basen, und

➤ abschließend nach Abliefern der Werte eine Aufgabe von der Urne erhält, die die Werte verbindet und die er nur bei korrektem Verhalten lösen kann.

Für die beiden ersten Punkte des Programms erzeugt der Wähler (unterstellt, sein Votum lautet $V = h$)

$$a_1 \equiv g^{r_1} s^{d_1} (mod\ p)$$
$$b_1 \equiv y^{r_1} (V/h)^{d_1} (mod\ p)$$
$$a_2 \equiv g^w\ mod\ p \ , \quad b_2 \equiv y^w (mod\ p)$$

und übermittelt $(V, s, a_1, b_1, a_2, b_2)$ an die Urne. Im weiteren Verlauf müssen (r_1, d_1, r_2, d_2) an die Urne übermittelt werden, wobei der zweite Parametersatz aber erst nach Maßgabe der Urne ermittelt werden darf. Dazu sendet die Urne eine Zufallszahl c an den Wähler, der nun den Parametersatz komplettiert

$$d_2 \equiv c - d_1 (mod\ p-1) \ , \quad r_2 \equiv w - a * d_2\ mod(p-1)$$

und die Parameter (r_1, d_1, r_2, d_2) an die Urne sendet.

Aufgabe. Verifizieren Sie, dass die Urne die Relationen

$$a_1 \equiv g^{r_1} s^{d_1} (mod\ p)$$

$$b_1 \equiv y^{r_1} (V/h)^{d_1} (mod\ p)$$

$$a_2 \equiv g^{r_2} s^{d_2} (mod\ p)$$

$$b_2 \equiv y^{r_2} (V*h)^{d_2} (mod\ p)$$

$$c \equiv d_1 + d_2 (mod\ p-1)$$

überprüfen muss, um sicher zu stellen, dass das Votum korrekt ist und akkumuliert werden kann. Sie erhält hierbei keine Kenntnis über V, und der Wähler besitzt keine Betrugsmöglichkeiten, weil er die wesentlichen Teile der Relationen erzeugen muss, bevor er c kennt. Untersuchen Sie, wie weit er bei anderen Konstruktionen von V oder s bei der Erzeugung von $a_1..b_2$ kommt, bevor er auffällt.

Ich habe diese Auswertung von JA/NEIN-Abstimmungen mit aufgenommen, weil die Überprüfung des korrekten Verhaltens eine recht knifflige und interessante Angelegenheit ist. Denkbar wäre natürlich eine Anwendung in Volksentscheiden, in denen es oft nur um JA/NEIN-Entscheidungen geht, aber das Modell ist schlecht auf mehrere Optionen skalierbar. Hat der Wähler nämlich k Optionen zur Auswahl, die mit den Parametern $h_1..h_k$ korrelieren (die einige weitere Nebenbedingungen zu erfüllen haben), so steigt allein der Auswertungsaufwand proportional zu n^k, wird also schnell unrealistisch groß.[201]

9.11.3 Anonyme Zahlungssysteme

Der Umgang mit elektronischen Zahlungsmitteln lässt sich leicht beschreiben: die Bank stellt signierte elektronische Verrechnungseinheiten aus, die eine Seriennummer besitzen. Der Bankkunde kauft diese Einheiten, womit die Seriennummern in der Datenbank aktiviert werden, und übergibt sie an den Geschäftspartner. Dieser prüft, ob die Seriennummern gültig sind, löst die Verrechnungseinheit ein, womit die Seriennummer als verbraucht gekennzeichnet wird, und schließt das Geschäft ab. Durch geeignete Transaktionsdetails lässt sich sicherstellen, dass der Bankkunde und sein Geschäftspartner eine Verrechnungseinheit nicht mehrfach verwenden können.

Die Schwachstelle des Modells ist die Seriennummer: merkt sich die Bank die Seriennummer, kann sie eine Beziehung zur Identität des Kunden herstellen. Die Seriennummer muss folglich vom Kunden produziert werden, ohne dass die Bank sie erfährt. Sie muss individuell sein, damit die Verrechnungseinheit einmalig gültig ist, und die Bank muss eine Kontrollinformation für ihre Datenbank besitzen, um sie zu aktivieren und deaktivieren.

An dieser Stelle kommt nun eine weitere Komplikation hinzu. Anonyme Zahlungssysteme dürfen kein Freibrief für kriminelle Geschäfte sein. Genauso wie bei Banknoten muss eine Kontrollinstanz (im weiteren „Richter" genannt) im Bedarfsfall in der Lage sein, den Empfänger einer Verrechnungseinheit (Erpressung, Korruption) bzw. die Geldquelle (Geldwäsche, Korruption) ausfindig zu machen.

---

201 Solche Kominationsprobleme lassen sich effektiv mit Hilfe des Knapsack-Problems lösen, was allerdings die Existenz der Relation < voraussetzt, die bekanntermaßen in Modulkörpern nicht existiert.

Die Konstruktion wird somit etwas umfangreicher. Als Basis wählen wir den diskreten Logarithmus und stellen drei Parametersätze mit den Geheimnissen x_b, x_r der Bank und des Richters bereit:

$$\textit{Allgemeine Parameter:} \quad p, g_h \quad (\textit{Hilfsbasis})$$

$$\textit{Banksignatur:} \quad g_b, y_b \equiv g_b^{x_b} (\textit{mod } p)$$

$$\textit{Richterverschlüsselung:} \quad g_r, y_r \equiv g_r^{x_r} (\textit{mod } p)$$

Die Basen dürfen keine Verbindung untereinander aufweisen, konkret, der diskrete Logarithmus einer Basis zur Basis einer anderen darf nicht bekannt sein.

DAS ZAHLUNGSMITTEL

Eine Verrechnungseinheit wird zweckmäßigerweise in Form eines ASN.1-Datensatzes erstellt, der Seriennummer, Wert, Währung und Zertifikatdaten enthält. Die Bank kann solche Datensätze ohne Seriennummer liefern; diese wird vom Kunden eingesetzt und enthält die Informationen zur Aufhebung der Anonymität durch den Richter. Die Bank muss die Korrektheit der Seriennummer überprüfen, ohne den Inhalt zu erfahren, und kann anschließend das komplettierte Zahlungsmittel anonym signieren, womit es gültig wird.

Die Bindung des Zahlungsmittels an einen bestimmten Betrag in einer bestimmten Währung realisieren wir durch eine Bindung an ein Zertifikat der Bank: für jede Betrags/Währungskombination wird von der Bank ein spezielles Zertifikat bereit gestellt. Ändert der Kunde Betrag oder Währung, erhält er zwar eine gültige Signatur, aber mit einem ungültigen Zertifikat, womit die Verrechnungseinheit insgesamt ungültig wird.

> **Aufgabe.** Konstruieren Sie hierfür ASN.1-Strukturen. In den Zertifikaten können Sie das Feld „Extensions" nutzen, um die Bindung zwischen Zertifikat und Wert des Zahlungsmittels herzustellen.

Mit der Signatur des Zahlungsmittels durch die Bank wird es gültig. Die Gültigkeit geht verloren, wenn die Seriennummer in der Datenbank der Bank abgebucht wird. Ein Empfänger kann somit über die Kontrolle des passenden Zertifikats, der Gültigkeit der Signatur und dem Fehlen der Seriennummer in der Datenbank prüfen, dass das Zahlungsmittel gültig ist.[202] Die Bank kann nicht behaupten, einen Betrag schon ausbezahlt zu haben, da sie die Seriennummer nicht kennt. Aus dem gleichen Grund kann ein Dritter auch keine Zahlungsmittel für sich „reservieren".[203]

DIE SERIENNUMMER

Der Kunde wählt eine Zufallszahl a für die blinde Signatur und sendet folgenden, mit den öffentlichen Parametern des Richters erzeugten Parametersatz an die Bank:

$$d \equiv y_r^a (\textit{mod } p) \quad , \quad g \equiv g_h^{a^{-1}} g_r (\textit{mod } p)$$

Die Seriennummer des Zahlungsmittels ist

---

202 Zusätzlich kann man wie bei den Zertifikaten einen Gültigkeitszeitraum einrichten, innerhalb dessen das Zahlungsmittel eingelöst werden muss. Bei Nichtgebrauch muss es der Kunde auf sein eigenes Konto einlösen.

203 In einer Transaktion ist ggf. eine Reservierung notwendig, um einen Einbruch zwischen Prüfung und Einlösung zu verhindern.

$$z \equiv g^a \pmod p$$

Die Bank notiert als ihre Kontrollgröße für die Ausstellung des Zahlungsmittels den Wert d zusammen mit der Identität des Kunden, womit dem Richter die Aufhebung der Anonymität möglich wird. Erhält er nämlich eine Zahlungseinheit, so kann er aus der Seriennummer

$$(z / g_h)^{x_r} \equiv d \pmod p$$

den Bankparameter ermitteln und kann nun nach dem Kunden suchen, für den die Zahlungseinheit ausgestellt wurde. Umgekehrt kann er über

$$g_h * d^{x_r^{-1}} \equiv z \pmod p$$

aus den Bankdaten die Seriennummer ermitteln und herausfinden, auf welches Konto die Einheit eingelöst wurde. Für beides ist das Geheimnis des Richters notwendig, d.h. die Bank oder ein anderer kann diese Verbindung nicht herstellen.

Aufgabe. Der Kunde muss der Bank natürlich die Korrektheit der Parameter g,d nachweisen. Weisen Sie nach, dass

$$s = hash(d^s \, y_r^c (g_r * g^{-1})^s \, g_h^c \pmod p))$$

der geforderte Nachweis ist.

SIGNATUR DER ZAHLUNGSEINHEIT

Die Bank muss nun noch sicherstellen, dass der Kunde auch die ihr unbekannte Seriennummer in die Zahlungseinheit einbaut. Dies macht sie, indem sie einen weiteren Parametersatz erzeugt, mit dem sie schließlich die Einheit signiert:

$$y \equiv g^{x_b} \bmod p$$
Signaturparametersatz: (g, y)

Mit Hilfe der diskutierten Kontrollen kann sich der Kunde überzeugen, dass (y_b, g_b) und (y, g) mit dem gleichen Geheimnis erzeugt worden sind und die Bank nicht mogelt. Der Kunde erzeugt nun den Parameter

$$y_c \equiv y^a \pmod p$$

und lässt sich eine blinde Signatur in der Form

$$s = hash(y_c^s \, g_c^c \, y_b^s \, g_b^c \bmod p \mid N)$$

ausstellen. Neben den zu Beginn aufgezählten Parametern sind auch (g_c, y_c) Bestandteil der Zahlungseinheit, aber nur dem Kunden und nicht der Bank bekannt. Diese kennt nur (d,g,y) sowie einen diskreten Logarithmus von y_c.

Aufgabe. Weisen Sie nach, dass diese Signatur nur von der Bank erzeugt werden kann, der Kunde aber auch dann eine gültige Signatur erhält, wenn er bei z und y_c gemogelt, d.h. ein anderes a als das urspüngliche verwendet hat.

Die Verwendung des korrekten a kann der Kunde nun gegenüber der Bank nicht mehr erbringen, ohne den einen oder anderen Parameter offenzulegen und damit die Anonymität zu brechen. Er muss folglich selbst noch eine Signatur hinzufügen, bei der er nicht mogeln kann. Beachten wir, dass

$$z / g_h \equiv g_r^a \, (mod \; p)$$

ist, so gelingt dies mit

$$s_p = hash(g_r^{c_p} (g_c / g_h)^s \, (mod \; p))$$

als zusätzlichem Signaturpaar s_p, c_p, wobei der der Banksignaturwert s ebenfalls verwendet wird.

Aufgabe. Weisen Sie nach, dass der Kunde bei Verwendung einer anderen Größe b bei der Erzeugung der Seriennummer diskrete Logarithmen für die Erzeugung einer gültigen Signatur benötigt, über die er nicht verfügt.

Der Empfänger muss lediglich diese beiden Signaturen überprüfen, um feststellen zu können, dass eine gültig signierte Verrechnungseinheit vorliegt, und kann dann in den Transaktionsablauf einsteigen.

KONFLIKTE

Aufgrund der Signaturen erfordert das Verfahren keine zeitnahe Abwicklung, d.h. der Kunde kann erhaltene Münzen längere Zeit speichern und auch der Empfänger muss eine erhaltene Münze nicht sofort einlösen. Weiterreichen kann er sie allerdings nicht, da er nicht nachweisen kann, gültig in ihren Besitz gelangt zu sein.

Konflikte können durch Verlust oder durch Mehrfachausgabe einer Münze entstehen. Wird eine Münze mehrfach eingereicht, erkennt die Bank dies an der bereits gespeicherten Seriennummer. Besteht der Verdacht auf eine Mehrfachausgabe, kann die Bank die Identität des Kunden durch den Richter aufdecken lassen. Allerdings erlaubt das Schema nicht, zwischen Mehrfachausgabe, Diebstahl beim Kunden, Diebstahl beim Empfänger oder Betrugsversuch des Empfängers zu unterscheiden. Wir kommen in Kapitel 10.7.2 nochmals auf das Problem zurück.

9.12 Cloud – Computing

9.12.1 Anforderungen an das Cloud-Computing

Was mit simplem Webhosting begann, hat sich inzwischen zu einer ausgewachsenen Outsourcing-Industrie entwickelt, die sich inzwischen auch um den privaten Kunden bemüht. Auch dieser soll seine Daten inzwischen in den Clouds diverser Anbieter speichern, um von jedem Ort der Welt darauf zugreifen zu können, und auch Anwendungsprogramme dort laufen lassen. Unterstellen wir einmal, die Anforderungen an Verlustsicherheit und Verfügbarkeit seien erfüllt, dann bleiben aus sicherheitstechnischer Sicht mindestens noch folgenden Anforderungen übrig:

ANONYMITÄT UND VERTRAULICHKEIT

Gespeicherte statische, also nicht beim Anbieter bearbeitete Daten dürfen keine Rückschlüsse auf Inhalte oder Eigentümer ermöglichen. Die Geheimhaltung der Daten kann durch Verschlüsselung auf dem Server oder, falls man dem ebenfalls nicht traut, direkt beim Kunden vor dem Absenden erfolgen.

Um Daten abzulegen oder auf sie zuzugreifen, wird ein zufälliger Zugriffsschlüssel verwendet. Vollständig anonym ist beispielsweise der Zugriff mit einem hochwertigen Kennwort und zwei verschiedenen Hashfunktionen:

- Hashwert 1 wird als Zugriffsschlüssel verwendet,

- Hashwert 2 als Verschlüsselungsschlüssel für ein symmetrisches Verfahren zum Ver- und Entschlüsseln.

Augabe. Implementieren Sie ein anonymes Speichersystem, das über ein Kennwort auf Datenbankeinträge eines Servers zugreift. Die Berechnung der Hashwerte und die Ver- und Entschlüsselung erfolgt im Browser mit JavaScript. Der erste Eintrag kann als Verzeichnis ausgelegt werden, in dem Unterschlüssel und Beschreibungen weiterer Einträge abgelegt sind. Die Zugriffsschlüssel ergeben sich aus der Zusammenfügung von Kennwort und Unterschlüssel.

Um vergessene Daten zu entfernen, können in der Datenbank Zeitmarken vorgesehen werden, die eine Zeile nach einer vorgegebenen Zeitspanne seit der letzte Nutzung entfernt. Eine Bezahlung des Dienstes kann beispielsweise durch anonyme Zahlungssysteme oder Pre-Paid-Karten vorgenommen werden. Bei mehr Vertrauen in die Rechnersysteme des Anbieters kann der Zugriff auch über einen zentralen Sicherheitsserver abgewickelt werden, der die Abrechnung einfacher macht.

Aufgabe. Erweitern Sie das anonyme Speichersystem durch ein (weitgehend anonymes) Bezahlsystem.

KORREKTHEIT

Verwaltet der Dienstanbieter eine Datenbank oder berechnet er Daten im Auftrag des Kunden, so kann eine Überprüfung der Antwort gewünscht sein, z.B.

- Datenbankanwendung:
  - ➢ Handelt es sich um aktuelle oder veraltete Sätze?
  - ➢ Gehört die Antwort zum Zugriffsschlüssel oder werden falsche Daten geliefert bzw. vorhandene Daten nicht geliefert?
- Rechenergebnisse:
  - ➢ Ist das Ergebnis korrekt oder wurde ein falsches Ergebnis abgeliefert.

In diesen Fragestellungen misstraut der Kunde der Integrität des Anbieters, der möglicherweise vorsätzlich betrügt. Das Problem bei solchen Fragestellungen liegt darin, dass der Kunde die Arbeiten ja gerade an den Anbieter delegiert, um Ressourcen zu sparen, zur Kontrolle aber naiverweise wiederum genau der Ressourceneinsatz notwendig ist, der eingespart wurde. Gesucht werden hier beispielsweise mitlaufende Signatursysteme, die leicht vom Kunden geprüft werden können und nur dann gültig sind, wenn korrekt gearbeitet wurde.

BLINDHEIT

Wir kommen hier wieder auf die ersten Forderungen zurück, allerdings in komplizierterer Form:

- Datenbanken. Für welche Typen von Abfragen lassen sich Modelle entwickeln, in denen die Schlüsselbegriffe selbst verschlüsselt sind, der Anbieter also keine Kenntnis über den

Inhalt besitzt. An einem konkreten Beispiel erklärt: kann in einem (verschlüsselten) String ein (ebenfalls verschlüsseltes) Muster gesucht werden (LIKE-Klausel in der SQL-Abfrage)?

- Rechnungen. Können die Rechenparameter verschlüsselt werden? Sämtliche Rechnungen sind vom Anbieter in verschlüsselter Form durchzuführen, das Ergebnis kann erst der Kunde entschlüsseln (die Algorithmen selbst sind natürlich zwangsweise öffentlich).

Die Liste der Anforderungen kann sicherlich noch verlängert werden, und Lösungen befinden sich vielfach noch in der Entwicklung.[204] Allerdings scheint vieles doch recht aufwändig zu sein, und man muss sich natürlich auch fragen, bis zu welchem Punkt es sich lohnt, selbst Ressourcen einzusparen, im Gegenzug aber möglicherweise mächtigere Ressourcen eines Anbieters, die man letzten Endes auch bezahlen muss, noch länger in Anspruch zu nehmen.

9.12.2 Homomorphe Verschlüsselung

Eine Möglichkeit, auf die die Anbieter der Dienstleistungen setzen, um Rechenleistung an ihre Kunden zu verkaufen, ist die homomorphe Verschlüsselung, was nichts anderes bedeutet als

$$enc(n_1 \circ n_2) = enc(n_1) \oplus enc(n_2)$$

d.h. das Ergebnis der Verschlüsselung einer Berechnung ist das gleiche wie eine Berechnung der zuvor einzeln verschlüsselten Daten. Der Kunde liefert verschlüsselte Daten ab, die der Dienstleister nach vorgegebenen Algorithmen verrechnet; das Ergebnis kann schließlich nur der Kunde entschlüsseln.

Bevor wir auf Realisierungsmöglichkeiten kommen, sei angemerkt, dass damit natürlich nur eingeschränkte Rechenmöglichkeiten realisierbar sind. Da jeweils nur verschlüsselte Daten vorliegen, sind alle Operationen, die irgendeine Entscheidung aufgrund des Verlaufs der Berechnung verlangen, nicht oder nur extrem schwer möglich. Trotzdem versprechen sich die Dienstanbieter offensichtlich hinreichenden Bedarf auch dieser eingeschränkten Nutzungsmöglichkeit.

MULTIPLIKATION

Ein Beispiel für eine multiplikativ homomorphe Verschlüsselung lässt sich aus dem ElGamal-Verschlüsselungsschema ableiten. Sind

$$Q_i \equiv y^r * m_i (mod\ p)\ ,\ \ S_i \equiv g^{r_i} (mod\ p)\ ,\ \ i = 1,2,...$$

die Verschlüsselungen von Zahlen m_i, so ist

$$Q \equiv \prod_{i=1}^{k} Q_i (mod\ p)\ ,\ \ S \equiv \prod_{i=1}^{k} S_i (mod\ p)$$

die Verschlüsselung des Produkts. Sofern die Multiplikation nicht ebenfalls $(mod\ p)$ ist, überlegt man sich allerdings leicht, dass eine Produktbildung nur dann Sinn macht, wenn es definitiv klar ist, dass das Ergebnis in einem Intervall

---

204 Auf den Internetseiten der IBM-Forschungsgruppen, die hier mal wieder in Sachen Grundlagenforschung vorangehen, lassen sich die einen oder anderen Modelle finden, sind allerdings nicht unbedingt einfach zu lesen.

$$K * p < \prod_{i=1}^{k} m_i < (K + 1) * p$$

mit bekanntem K liegt.

Aufgabe.[205] Die Modulrechnung wird in einem Körper durchgeführt, rationale Zahlen bilden ebenfalls einen Körper. Lassen sich Division und Multiplikation so koppeln, dass homomorph in beiden Körpern gerechnet werden kann?

Aufgabe. Fließkommazahlen sind in der Form (0.xxx e+yyy) kodiert; bei einer Multiplikation werden die Mantissen multipliziert und die Exponenten addiert, abschließend die Mantissen wieder auf eine Normlänge reduziert. Lässt sich die Mantissenmultiplikation eindeutig auf die Modulrechnung abbilden?

ADDITION

Auch eine Summe lässt sich mit dem ElGamal-Verschlüsselungsverfahren berechnen. Mit einer Basis h ist

$$\prod_{i=1}^{k} h^{m_i} y^{r_i} \equiv h^{\sum_{i=1}^{i} m_i} \prod_{i=1}^{k} y^{r_i} (mod \, p)$$

eine Verschlüsselung der Summe der Zahlen m_i, die jedoch nun im Exponenten steht. Da die Berechnung des diskreten Logarithmus zu den nicht lösbaren Aufgaben gehört, ist das Verfahren in dieser Form jedoch nur dann einsetzbar, wenn die Anzahl der möglichen Ergebnisse ein Durchprobieren erlaubt.

Ein Verfahren, mit dem eine Addition problemlos durchführbar ist, wurde von Pascal Paillier entwickelt. Wir stellen es hier etwas vereinfacht (und dadurch hoffentlich besser verständlich) dar. Es basiert auf einem modifizierten RSA-Ansatz, d.h. der Schlüsselinhaber generiert

$$n = p * q \quad , \quad \varphi(n) = (p - 1) * (q - 1) \quad , \quad ggt(n, \varphi(n)) = 1$$

Die öffentlichen Parameter sind n sowie eine Zahl g mit

$$1 \neq g^{\varphi(n)} (mod \, n^2)$$

der geheime Parameter ist $\varphi(n)$, d.h. der Wert der eulerschen Funktion darf dieses Mal nicht vergessen werden. Für $p/q \approx 1$ und $g = n + 1$ sind die Bedingungen in der Regel erfüllt, so dass meist diese Wahl getroffen wird. Es sind zwar auch andere Konstruktionen zulässig, wir werden der Einfachheit halber aber im Weiteren von dieser Wahl ausgehen.

Um eine Nachricht $m < n$ zu verschlüsseln, generiert der Sender mit einer frei gewählten Zufallszahl r

$$c \equiv g^m * r^n (mod \, n^2) \quad , \quad 1 \neq r^n (mod \, n^2)$$

und sendet das Chiffrat c an den Empfänger. Dieser generiert $c^{\varphi(n)} (mod \, n^2)$, was wegen $\varphi(n^2) = n * \varphi(n)$ zu

$$c^{\varphi(n)} \equiv g^{m * \varphi(n)} (mod \, n^2)$$

---

205 Falls die Antworten auf die beiden Aufgaben im allgemeinen Fall „nein" sein sollten: gibt es Spezialfälle, in denen es funktionieren könnte?

führt. Der Blendwert r^n ist damit bereits entfernt, und es bleibt noch zu zeigen, dass der Exponent m ohne Probieren zurückgewonnen werden kann. Setzen wir unsere spezielle Wahl für g ein, so folgt

$$(1+n)^{m*\varphi(n)} \equiv 1 + m*\varphi(n)*n \,(mod\ n^2)$$

Entwickeln wir nämlich das Binom, so enthalten alle weiteren Terme den Faktor n^2 und werden damit Null. Definieren wir nun die Funktion

$$L(u) = \left[\frac{u-1}{n}\right]$$

wobei [..] die so genannten Gaussche Klammer ist und nichts anderes bedeutet, als den Bruch auf die kleinste ganze Zahl k mit $k*n \leq u-1$ zu kürzen, so erhalten wir als Entschlüsselungsvorschrift

$$m \equiv L\left(c^{\varphi(n)}(mod\ n^2)\right) * \varphi(n)^{-1}(mod\ n)$$

Dieses Verfahren erlaubt nun sowohl Addition als auch Multiplikation, denn man sieht unmittelbar, dass die Multiplikation der Chiffrate zu einer Addition der Klartexte und eine Potenzierung des Chiffrats zu einer Multiplikation des Klartextes mit dem Exponenten führt:

$$c_1 * c_2 \ \rightarrow \ m_1 + m_2$$

$$c^k \ \rightarrow \ k * m$$

Leider ist auch dieses System nicht ideal: während die Addition problemlos maskiert durchführbar ist, kann die Multiplikation nur mit einem unverschlüsselten Faktor erfolgen. Soll der Faktor nicht bekannt werden, bleibt nur eine Entschlüsselung mit anschließender erneuter Verschlüsselung.

Fazit

Inzwischen sind vollhomomorphe Verfahren entwickelt worden, auf die wir hier aber nicht weiter eingehen. Bereits an den diskutierten Verfahren ist erkennbar:

> ➤ es gibt Einschränkungen gegenüber einer gewöhnlichen Rechnung,

> ➤ die Verfahren sind sehr aufwändig.

Selbst die Entwickler solcher Verfahren stellen derzeit meist den praktischen Sinn in Frage. Werbetechnisch kommt so etwas allerdings – wie anderes praktisch derzeit nicht Brauchbares – aber gut an.

9.13 Eine Bilanz

Die Fülle der verschiedenen Anwendungsfälle hat sicher den einen oder anderen Leser überrascht. Andererseits sollte vieles nun doch wieder nicht überraschend sein, wenn man die Vielzahl der komplexen Fälle aus der Vor-IT-Zeit betrachtet, die mit Hilfe von Papier gelöst wurden, und versucht, dies alles in eine papierlose IT-Zeit zu übertragen.

Wenn Sie die Konstruktionen Revue passieren lassen, fällt auf, dass mit Verfahren der Klassen 1 und 2 nahezu alles machbar ist. Man muss nur auf einen algebraischen Dreh kommen, der

> a) das gewünschte Ergebnis liefert sowie

b) jede Betrugsmöglichkeit ausschließt, wobei das Zero-Trust-Prinzip zum Einsatz kommt, d.h. ohne Ausnahme jedem Teilnehmer wird unterstellt, dass er unter irgendwelchen Umständen an einem Betrug interessiert sein könnte, den es in Vorhinein zu verhindern gilt.

Je komplexer die Gesamtkonstruktion ist, desto komplizierter wird die Berücksichtigung von b). Neben mathematischen Operationen kommen hier auch Hardwarelösungen in Betracht. Chipkartensysteme oder Einchiprechner lassen sich so konstruieren, dass sie eine genau definierte Menge an Informationen einsammeln und daraus ebenfalls eine genau definierte Menge an Informationen erzeugen und wieder ausgeben, ohne dass es möglich ist, auf die internen Vorgänge zuzugreifen.

Soll als Beispiel eine Gruppensignatur erzeugt werden, könnte eine Konstruktion vorsehen, dass

(1) Der zu signierende Wert eingegeben wird,

(2) genau n Teilgeheimnisse innerhalb einer bestimmten Zeit eingegeben werden,

(3) die generierte Signatur ausgegeben wird,

(4) das Gerät seine internen Speicher löscht.

Wird die Kette durch eine Zeitüberschreitung unterbrochen, setzt sich das Gerät in den Ausgangszustand zurück, werden falsche Werte geliefert, wird eine unsinnige Signatur erzeugt. Das Gerät rechnet nur relativ stumpf bestimmte Algorithmen durch, kennt aber selbst keinen der wesentlichen Werte, weshalb es sicherheitstechnisch relativ problemlos ist: geht es verloren, nimmt man ein neues Gerät, hat man den Verdacht, dass es manipuliert sein könnte, ebenfalls. Vieles, bei dem ein aufmerksamer Leser vielleicht auf den Gedanken „Ja, aber ..." kommen könnte, lässt sich abwenden, wenn man spezielle Hardwarelösungen einbezieht.

Weniger umfangreich fällt die Bilanz mit Verfahren der Klasse 3 aus, weil hier algebraische Konstruktionen nicht möglich sind. Der Vorteil dieser Verfahren besteht darin, dass sie (nach heutiger Kenntnis) unempfindlich gegenüber Angriffen mit Quantencomputern sind. Wir gehen auf diese Angriffsoption in Kapitel 13 genauer ein und beschränken uns hier auf einige allgemeine Bemerkungen.

Fallen alle diese Verfahren mit der Realisierung von Quantencomputern? Um diese Frage zu beantworten, greifen wir auf Überlegungen aus Kapitel 1.1 zurück, die bei all der Mathematik leicht in Vergessenheit geraten können. Quantencomputer, wenn sie denn überhaupt realisiert werden können, werden

- hardwaremäßig aufwändige Nischenprodukte und entsprechend kostspielig in der Anschaffung sein,

- ungewöhnliche Arbeitsbedingungen und Programmierarbeit erfordern und entsprechend kostspielig im Betrieb sein,

- nur für bestimmte Anwendungsgebiete interessant sein,

- die Probleme nicht beliebig schnell lösen können, sondern eine gewisse Zeit dazu benötigen.

Beginnen wir mit dem letzten Gesichtspunkt. Quantencomputer arbeiten im günstigsten Fall mit subexponentieller Zeitordnung, aber nicht linear. Die Komplexitätsordnung liegt theoretisch bei $O(n^4)$ für einen Angriff auf eine RSA-Verschlüsselung; Angriffe auf ECC-Verfahren der Klasse 1.b können ungünstiger ausfallen als Angriffe auf RSA. Wird heute RSA mit 2.048 Bit konfiguriert, so ist es technisch kein Problem (einige Anwender machen das auch), RSA mit 16.384 Bit, also der 8-

fachen Bitbreite, durchzuführen. Der Quantencomputer hätte damit den 4.096-fachen Aufwand wie bei der Standardversion.

Es ist somit kein Problem, auch mit den Standardverfahren einem Quantencomputerangriff in einem gewissen Umfang (möglicherweise sogar ganz) zu entkommen. Für ein bestimmtes Verfahren braucht man daher nur festzulegen, wie lange die privaten Schlüssel sicher sein müssen, und kann damit die notwendigen Verfahrensparameter festlegen.

Der zweite Punkt sind die Kosten: selbst wenn die Sicherheitsanforderungen größer sind als mit den gewählten Parametern garantiert werden kann, lohnt sich ein Angriff? Quantencomputer werden sicher nicht Werkzeuge von Hobby-Hackern sein, die zum Spaß eine Verschlüsselung brechen. Für die meisten Fälle wird man sich selbst bei der Existenz funktionierender Quantencomputer beruhigt zurücklegen können, weil es ganz einfach ökonomisch uninteressant ist, die Verschlüsselung zu brechen.

Auch einen letzten Aspekt haben wir schon angesprochen: je mehr verschlüsselt wird, desto mehr geraten Angreifer in die Defensive. Können sie zeitlich nur 1 von 1.000 Nachrichten knacken, stellt sich die Frage, ob man mit dem Verlust auch leben kann.

10 Praktische Einsatzfälle

Die drei Verschlüsselungsklassen – symmetrische Verfahren, asymmetrische Verfahren und Hash-funktionen – werden in der Regel gemeinsam eingesetzt, um ein definiertes Sicherheitsziel zu erreichen. Insbesondere in Netzwerkanwendungen sind die Zusammenhänge ziemlich komplex, aber auch sehr gut dokumentiert, da viele unterschiedliche Anwendungen problemlos zusammenarbeiten müssen.

Wir stellen hier einige der wichtigsten Anwendungstechniken vor, wobei sich die Darstellung auf die Grundzüge beschränkt. Ich formuliere aber daneben die eine oder andere Aufgabe, zu deren Lösung Sie ein wenig im Internet recherchieren müssen, aber mit einigem Aufwand auch zu durchaus praktisch einsetzbaren Ergebnissen kommen können.

10.1 Statische Datensicherung

Statische, d.h. gespeicherte Daten, können gegen unberechtigtes Auslesen oder gegen Fälschung gesichert werden (den Bereich „Verlustsicherung" klammern wir hier aus). Bereits diskutiert haben wir die Komplettverschlüsselung von Datenträgern, worauf hiermit verwiesen sei.

Die Sicherungsverfahren in diesem Bereich sind teilweise genormt, weil auch statische Daten zwischen verschiedenen Systemen ausgetauscht werden. Eine vollständige Diskussion verlangt allerdings ein sehr weites Ausholen in den Bereich „Protokolle", was wir hier nicht leisten wollen. Wir beschränken uns auf die Angabe der grundsätzlichen Strukturen, was den Leser in Verbindung mit dem Kapitel über Kodierungsmöglichkeiten in die Lage versetzen dürfte, praktische Beispiele zu interpretieren; sollten tiefer Detailkenntnisse notwendig werden, lassen sich diese leicht im Internet finden.

10.1.1 Dateiverschlüsselung

Zu verschlüsselnde Dateien werden i.d.R. mit einer Kennung, einer Längenangabe und einem Hashwert versehen und anschließend verschlüsselt. So lange die Daten nicht für einen Austausch mit anderen Systemen vorgesehen sind, ist die genaue Struktur eine individuelle Angelegenheit der Anwendungssoftware. Der verschlüsselten Datei kann man meist nicht ansehen, um was es sich handelt;[206] das Verschlüsselungsprogramm kontrolliert nach einem Entschlüsselungsversuch Kopf-, Längen- und Sicherungsdaten und entscheidet danach, ob eine Entschlüsselung erfolgreich war oder nicht. Die Strukturlosigkeit der Daten ist eines der Sicherheitsmerkmale, die es dem Angreifer erschweren sollen, Daten als verschlüsselte Daten zu erkennen und die zugehörende Verschlüsselungsanwendung zu identifizieren.

Aufgabe. Entwerfen und implementieren Sie eine Anwendung zur Ver- und Entschlüsselung von Dateien nach der angegebenen Strategie. Beachten Sie die im Kapitel über symmetrische Verschlüsselung diskutierten Rahmenbedingungen.

---

206 Meist wird eine bestimmte Dateierweiterung angefügt, um eine automatische Zuordnung zur Anwendung durch das Betriebssystem zu ermöglichen, aber auch das kann man auflösen.

Systematischer ist der Aufbau von verschlüsselten Daten oder Dateien, die per Email versendet werden. Dabei sind zwei Verschlüsselungsvorgänge zu unterscheiden:

a) Die Verschlüsselung der Kommunikation mit den Servern. Diese erfolgt heute mit SSL/TLS. Wir diskutieren diese Mechanismen später.

b) Die Verschlüsselung des Inhalts der Mail. Diese erfolgt in der Regel zertifikatgestützt mit öffentlichen Verschlüsselungssystemen, die nach dem PGP/GPG- oder X.509-Verfahren arbeiten.[207]

Die Ansicht, mit Einrichtung einer SSL-gesicherten Serververbindung seien die Informationen in Emails geschützt, ist leider immer noch weit verbreitet. Das schützt aber lediglich die Kommunikation; der Inhalt ist für die Server und alle, die darauf zugreifen können, immer noch im Klartext lesbar. Ein wirksamer Schutz gegen Lesen der Nachricht besteht nur, wenn diese selbst ebenfalls verschlüsselt ist.

Die Verschlüsselung mit X.509-Zertifikaten ist in die Mailprotokolle direkt integriert. Die Kodierung erfolgt über das Formatierungsprotokoll S/MIME. Der Nachteil dieser Verschlüsselungsart – zumindest aus Anwendersicht – ist die Beschaffung eines X.509-Zertifikats (*siehe unten*), die aufwändig und auch häufig mit Kosten verbunden ist. Dafür ist die Nutzung meist völlig problemlos, auch wenn unterschiedliche Mailprogramme verwendet werden.

PGP bzw. deren freie Form GPG ist hinsichtlich der Beschaffung von Zertifikaten einfacher: man kann sie selbst erzeugen. Die Daten werden aber separat vom Mailgeschehen verschlüsselt und formal in unverschlüsselten Mails übertragen (Formatierungsprotokoll MIME ohne S wie S̲ecure). Die Unterstützung hierfür ist nicht in allen Mailprogrammen vorhanden, was in der Nutzung mehr Aufwand verursachen kann.

Beide Mechanismen verwenden folgendes Verschlüsselungsprinzip:

- Die Nachricht (bei PGP meist die einzelnen Nachrichtenteile getrennt, bei S/MIME eine komplette Nachricht mit verschiedenen Nachrichtenteilen) wird mit Hilfe eines Zufallsschlüssels verschlüsselt und base64-kodiert, weil die Mailprotokolle aus historischen Gründen nur ASCII-Daten unterstützen.[208] Sie bilden den Datenteil der Übertragung, der mit bestimmten Schlüsselworten gekennzeichnet wird (siehe Kapitel über Kodierung).

- Der verwendete Verschlüsselungsalgorithmus wird mit ggf. notwendigen weiteren Parametern in einer Kopfzeile angegeben.

- Für jeden Empfänger werden drei Kopfzeilen mit folgenden Inhalten erzeugt:[209]

  ○ Name des Empfänger für eine eindeutige Zuordnung,

  ○ Fingerprint des verwendeten Empfängerzertifikats,

  ○ Verschlüsselter Zufallsschlüssel für die Daten.

---

207 Bezüglich der Details des Aufbaus von Zertifikaten sei auf das Kapitel über „Fälschungen mit unterschiedlichen Nachrichteninhalten" im Abschnitt „Hashfunktionen" verwiesen.

208 Sie stammen aus der Urzeit der Datenübertragung, in der vieles noch direkt vom Anwender am Terminal eingetippt wurde und deshalb direkt lesbar sein musste.

209 Die Bezeichnung „Kopfzeilen" ist für beide Kodierungsarten nicht wörtlich zu nehmen, wie Sie bei Untersuchung der Details feststellen werden.

Eine Nachricht wird auch bei verschiedenen Empfängern nur einmal mit einem symmetrischen Verschlüsselungsverfahren verschlüsselt, das asymmetrische für die Übermittlung des Schlüssels verwendet. Den Rest ermitteln Sie zweckmäßigerweise experimentell.

Aufgabe. Besorgen Sie sich 2 kostenlose X.509-Zertifikate und installieren Sie diese nach Anweisung.[210] Adressen von Ausstellern erhalten Sie im Internet. Besorgen Sie sich außerdem PGP-Software (PGP, OpenPGP, GPG) und erstellen Sie sich hierfür ebenfalls zwei Zertifikate. Außerdem benötigen Sie in einigen Fällen Plugins für die PGP-Verarbeitung in Ihrem Mailer.

Erstellen Sie verschlüsselte Emails und senden Sie sie sich selbst zu (zwei Mailkonten sind hilfreich, aber nicht notwendig). Besorgen Sie sich die Kodierungsprotokolle für S/MIME und PGP und analysieren Sie anschließend den Aufbau der Email-Rohdaten.

10.1.2 Authentifizierung und Zeitsignaturen

Signaturen können durch zusätzliche Kopfzeilen, die Absender, Fingerprint des Zertifikats und verschlüsselten Hashwert enthalten, in Emails untergebracht werden. Mit Bearbeiten der letzten Aufgabe haben Sie die Kodierungsvorschriften hierfür bereits in der Hand bzw. kennen gelernt.

Problematisch bei statischen Daten ist eine zeitsichere Signatur. Nichts ist einfacher, als ein Dokument mit einem beliebigen Datum zu signieren, und auch, wenn ein Dokument zweifelsfrei von einem bestimmten Aussteller signiert ist, muss man ihm nicht abnehmen, dass er mit dem Dokument verbundene Fristen tatsächlich eingehalten hat.

Sofern der Empfänger korrekt ist, kann dieser ein empfangenes Dokument mit einer Eingangssignatur, vergleichbar mit einem Eingangsstempel auf einem Papier, versehen. Im Gegensatz zum Eingangsstempel, der nicht mehr veränderbar ist und daher von vornherein gefälscht werden muss, ist eine Eingangssignatur aber jederzeit austauschbar.

Eine nicht fälschbare zeitsichere Signatur kann im Grunde nur mit Hilfe einer Agentur erzeugt werden. Eine Möglichkeit, bei der die Agentur nichts erfährt, wäre folgendes Protokoll:

a) Der Aussteller erzeugt eine normale Signatur mittels seines Zertifikats. Die Signatur enthält das Datum in lesbarer Form im Hashargument.

b) Die Agentur stellt einen Parametersatz (y,g,p) in einem Zertifikat zur Verfügung. Der Aussteller berechnet $y' \equiv y^{date} \pmod{p}$, die Agentur unabhängig von ihm ebenfalls.

c) Der Aussteller lässt sich von der Agentur eine blinde Signatur für seine eigenen Signaturdaten mit den Parametern (y',g,p) ausstellen und fügt diese an seine Signatur als Zeitstempel an.

Den modifizierten Geheimparameter y' kann nun jeder aus den Daten der Nachricht und den Zertifikatdaten der Agentur berechnen. Mogelt der Aussteller, bekommt er keinen gültigen Zeitstempel, da die Agentur y' ohne sein Zutun berechnet. Aufgrund der blinden Signatur ist aber auch die Agentur nicht schlauer, was sie signiert hat.

Aufgabe. Stellen Sie das komplette Signaturschema auf. Weisen Sie nach, dass der Aussteller die Zeitsignatur nicht fälschen kann, da er die von der Agentur verwendete Zufallszahl und deren Geheimnis nicht kennt.

---

210 Sie können auch selbst X.509-Zertifikate erstellen. Entsprechende Aufgaben finden Sie weiter hinten in diesem Kapitel.

Aufgabe. Entwerfen Sie ASN.1-Datenstrukturen für die unterschiedlichen Methoden und implementieren Sie sie.

Diese zeitsichere Signatur sichert allerdings nur das Signaturdatum, verhindert aber nicht das komplette Löschen eines Dokuments. Kommerzielle Lösungen gehen daher einen anderen (und wohl finanziell auch lukrativeren) Weg: der Hashwert der Nachricht wird, zusammen mit den Signaturdaten des Ausstellers für diesen Hashwert, vom Dienstleister gespeichert. Dies kann sowohl beim Ausstellen als auch beim Empfang der Nachricht erfolgen, so dass die Existenz eines Dokuments nicht verleugnet werden kann. Einen Schritt weiter ist man bei einem Notarsystem angelangt, bei dem die Nachricht selbst bei einer Agentur hinterlegt wird und im Aufbewahrungszeitraum unabhängig von Behauptungen der Ersteller und Empfänger komplett rekonstruiert werden kann.

Aufgabe. Die Rechtssysteme scheinen in Richtung der Speicherung von Daten bei Agenturen zu tendieren. Recherchieren Sie ein wenig im Internet und bewerten Sie die Vor- und Nachteile einer Zeitstempelagentur gegenüber einer Zeitsicherungsagentur technisch.

10.1.3 Reihenfolgesignaturen

Zeitsignaturen erfordern die Beteiligung einer unabhängigen Instanz. Zwar kann man den Inhalt vor der Agentur verbergen, aber möglicherweise möchte man weder den Aufwand treiben noch überhaupt der Agentur einen Hinweis darüber geben, wie viele Dokumente überhaupt erzeugt worden sind. Außerdem kann der Dokumenteninhaber zwar nachweisen, dass das Dokument zu einem bestimmten Zeitpunkt bereits existiert hat, der Empfänger kann aber nicht sicher sein, dass das Dokument nicht schon viel älter ist und nochmals signiert wurde.

DOKUMENTENKETTE

Eine Möglichkeit, den Erzeugungszeitpunkt eines Dokuments sicher einzugrenzen, ist eine Dokumentenkette. Zweckmäßigerweise wird dies von einem Signaturserver erledigt, der alle Dokumente sequentiell bearbeitet. Für die Nachweisführung wird zweckmäßigerweise mit einer Datenbank gearbeitet, die Informationen zum Auffinden von Dokumenten enthält. Die Signaturkette besteht aus folgenden Schritten:

1. Vom Dokument wird ein Hashwert berechnet und überprüft, ob dieser bereits in der Datenbank gespeichert ist. Falls ja, wird das Dokument abgelehnt, um Mehrfacheinträge zu unterbinden.[211]

2. Dem Dokument wird die Signatur des vorhergehenden Dokuments sowie das Datum angehängt. Die Signatur besteht aus dem Hashwert über den Dokumentenhashwert, die Vorgängersignatur und das Datum.

3. Hashwert, Datum und Signaturwert werden in die Datenbank eingetragen.

Da die Signatur eines Dokuments sich im Folgedokument wiederfindet, kann die Reihenfolge der Dokumente nur durch komplette Neuberechnung der Signaturfolge geändert werden. Nehmen wir an, der Dokumentenersteller ist daran interessiert, ein Dokument auf einen früheren oder späteren Zeitpunkt zu verlegen. Dadurch ändern sich alle Signaturen in seiner Datenbank ab der Position der Fälschung. Legt nun ein Dritter ein Dokument aus dem gefälschten Bereich vor und verlangt einen

---

211 Man beachte allerdings, dass bereits ein geändertes Zeichen genügt, um einen anderen Hashwert zu erhalten. Insbesondere bei Textdokumenten, bei denen das Datum angepasst wird, kann auf diese Weise nicht verhindert werden, dass das Dokument zu einem späteren Zeitpunkt nochmals signiert wird.

Beweis des Erzeugungszeitpunktes durch Inspektion der Datenbank, wird er zwar sein Dokument finden (der Hash ist ja weiterhin Bestandteil der Datenbank), aber nicht die Signatur, die das vorgelegte Dokument besitzt. Der Betrug ist aufgefallen.

> **Aufgabe.** Begründen Sie, dass bei dieser Vorgehensweise eine Inspektion der Datenbank genügt, kryptologisch sichere Hashfunktionen vorausgesetzt. Der Prüfer muss nicht die Dokumente selbst prüfen, der Signaturgeber hat keine Möglichkeit, erfolgreich eine Täuschung durchzuführen.

Bei diesem Verfahren erhält der Empfänger eines Dokuments auch die Signatur des vorausgegangenen Dokuments. Diese lässt zwar keine Rückschlüsse auf den Inhalt des Vorgängers zu, aber der Aussteller könnte trotzdem mit diesem Informationsleck unzufrieden sein. Anstelle der Signatur des Vorgängers kann auch ein Hash-MAC angehängt werden, was dem Empfänger keine Möglichkeit lässt, durch Vergleich von Dokumenten irgendwelche Rückschlüsse zu ziehen. Im Prüfungsfall muss der Schlüssel des Hash-MAC offen gelegt werden.

DOKUMENTENBAUM

Bei sehr vielen Dokumenten oder großen Dokumenten, die in Teilstücken ausgeliefert werden (beispielsweise Video-Streams), ist eine vollständige Kette, in der jedes Dokument oder Teilstück einzeln signiert wird, nicht die effektivste Lösung.[212] Vorteile bietet hier ein Hash-Baum (auch Merkle-Tree im Englischen).

Bei dieser Sicherungsweise sammelt der Zeitsignaturserver im Fall 1 (viele Dokumente) nur die Hashwerte der Dokumente ein und bestimmt selbst, in welchen Zeitintervallen er eine Zeitsignatur erstellt. Jeder Knoten des Baumes enthält zwei Hashwerte, die jeweils die Hashwert der Kindknoten sind. In den Blättern befinden sich die Hashwerte zweier Nachrichten:

$$H_{12} = Hash(N_1), Hash(N_2) \quad , \quad H_{34} = Hash(N_3), Hash(N_4) \quad ; \quad ...$$

$$H_{13} = Hash(H_{12}), Hash(H_{34}) \quad ; \quad H_{57} = Hash(H_{56}), Hash(H_{78}) \quad ; \quad .. \quad ,$$

Den Abschluss bildet ein Gesamthashwert H_{root}, der mit dem Datum und der vorhergehenden Signatur versehen und signiert wird, also nun erst eine Zeitkette generiert. Auch bei diesem Verfahren muss bei einer Fälschung der gesamte Baum hinter dem Fälschungspunkt neu erstellt werden.

Der Vorteil dieses Verfahren ist, dass es recht einfach wieder die Einbindung einer Agentur erlaubt. Der Dokumentenersteller liefert einfach einen Hashwert seines Dokuments bei der Agentur ab, die ihn in die Zeitliste aufnimmt. Der Empfänger kann durch erzeugen des Prüfwertes sich jederzeit bei der Agentur rückversichern, dass das Dokument in einem bestimmten Zeitfenster dort abgeliefert wurde. Statt des Hashwertes kann auch wieder ein anderer Wert, den der Empfänger ebenfalls aus seinem Dokument entnehmen kann, bei der Agentur abgeliefert werden, um den Zusammenhang zwischen Fingerprint und Dokument aufzulösen.

Das Verfahren besitzt auch Vorteile beim Download größerer gestückelter Dateien. Die Stücke werden durchnummeriert und der Root-Hash in der beschriebenen Weise gebildet. Je nach zur Verfügung gestellten Zwischenwerten kann bereits relativ früh während des Downloads kontrolliert werden, ob die Daten konsistent sind.

Das Verfahren wird uns in Kapitel 10.7.3 ab Seite 358 nochmals begegnen.

---

212 Mit Signatur ist hier die Reihenfolgesicherung gemeint. Jedes Einzeldokument oder Teilstück kann natürlich unabhängig von der Reihenfolgesicherung für sich einzeln signiert werden.

10.2 Radius-Server

Radius-Server sind im Prinzip zentrale Authentifizierungsserver, die auf der Grundlage eines sehr einfachen Protokolls (Radius-Protokoll) mit symmetrischer Datenverschlüsselung sicherstellen, dass ein Anwender die Berechtigung besitzt, die Dienste des Gerätes, das die Anfrage beim Radius-Server stellt, in Anspruch zu nehmen.

Als Arbeitsmodell, das auf andere Anwendungen problemlos übertragen werden kann, verwenden wir hier die Anmeldung eines Anwenders an einem WLAN. Ziel ist die Authentifizierung des Anwenders und der Aufbau eines individuell verschlüsselten Kommunikationskanals ins Netzwerk. Protokolldetails lassen wir wieder aus und beschränken uns auf die formale Abwicklung.

a) Der Anwender baut eine unverschlüsselte Verbindung zum Eingangsknoten auf und sendet diesem seinen Namen mittels einfacher Protokolle wie PAP oder CHAP.

In der Regel existieren in Unternehmen viele Eingangsknoten, die naturgemäß nicht über die Informationen zur Authentifizierung verfügen. Solange diese nicht erfolgt ist, fungieren die Eingangsknoten als Firewalls, die jeglichen Verkehr in das Netzwerk unterbinden.

b) Der Eingangsknoten sendet den Namen verschlüsselt mittels des Radius-Protokolls an den Radius-Server. Kennt dieser den Anwender nicht, sendet dieser eine Negativnachricht an den Eingangsknoten, der die Kommunikation abbricht. Andernfalls sendet er eine Zufallszahl an den Knoten, die dieser wiederum auf das andere Protokoll umsetzt und an den Anwender sendet.

c) Der Anwender bildet einen Hashwert aus Zufallszahl und Kennwort. Diese Information geht über beide Protokolle an den Radius-Server zurück.

d) Der Radius-Server kennt die Kennworte ebenfalls im Klartext und kann die Angaben des Anwenders überprüfen. Im Positivfall sendet er

(1) eine weitere Zufallszahl an den Anwender, die auf der Funkstrecke jeder mitlesen kann, da noch nichts verschlüsselt ist (im Netzwerk ist alles über das Radiusprotokoll verschlüsselt), sowie

(2) den Hashwert aus zweiter Zufallszahl und Kennwort verschlüsselt an den Eingangsknoten. Dies ist der Sitzungsschlüssel.

e) Der Anwender bildet wieder den Hashwert aus zweiter Zufallszahl und Kennwort und verfügt nun ebenfalls über den geheimen Sitzungsschlüssel. Nach Prüfen der Korrektheit wird die Kommunikation verschlüsselt weitergeführt und die Firewallfunktion deaktiviert, d.h. der Anwender hat nun Zugriff auf das Netzwerk.

Außer Radius-Server, Eingangsknoten und Anwender kennt niemand den Sitzungsschlüssel, d.h. auch im Funknetzwerk kann niemand die Kommunikation belauschen.

Aufgabe. Besorgen Sie sich die Protokollnormen im Internet und studieren Sie die Protokolldetails.

Alternativ zu diesem Ablauf kann der Eingangsknoten zu Beginn eine SSL/TLS-verschlüsselte Verbindung zwischen dem Anwender und einem HTTP-Server aufbauen. Der Anwender gelangt immer auf diesen Server, wenn er seinen Browser öffnet, unabhängig von der eingegebenen URL. Die Authentifizierung wird in diesem Fall nicht über ein kleines graues Fenster auf dem Bildschirm abgewickelt, sondern über ein gestyltes Browserfenster, das dem Anwender mehr Bequemlichkeit bietet. Der Rest kann wie oben abgewickelt werden, d.h. die Netzwerkgeräte einigen sich auf eine verschlüsselte Verbindung.

Bleibt die Kommunikation mit dem Netzwerk auf das HTTP-Protokoll beschränkt, wird manchmal auf eine Aushandlung von Netzwerkschlüsseln verzichtet. Formal bleibt der Netzwerkverkehr unverschlüsselt, ist aber aufgrund der SSL/TLS-Absicherung der Browserkommunikation trotzdem gegen Lauschen und Eindringen abgesichert. Die Freigabe des Radius-Servers bezieht sich in diesem Fall auf eine Änderung der Firewallregeln, die für jeden Nutzer des Eingangsknotens anders ausfallen kann. Diese Lösung ist aber äußerst problematisch für die Nutzung weiterer Dienste wie FTP, DNS usw., die teilweise obligatorisch sind. Zwar kann der Eingangsknoten auch hier eine Verschlüsselung erzwingen, jedoch ist diese dann nur über die IP-Adressen der Teilnehmer abgesichert. Betrugsmöglichkeiten sind dann in beide Richtungen gegeben. Sicherheit ist nur herzustellen, wenn SSL/TLS (alternativ SSH) zur Einrichtung eines VPN-Kanals (Virtual Private Network) über den WLAN-Kanal verwendet wird.

Aufgabe. Recherchieren Sie Standardlösungen und bewerten Sie die Sicherheit. Sie können beispielsweise nach offenen WLAN-Zugängen von Providern suchen und sich ggf. bei diesen nach den Sicherheitsmerkmalen erkundigen, wenn die allgemeinen Informationen zu wenig hergeben.[213]

Meist ist es heute auch notwendig, Gästen einen Netzwerkzugang zu bieten, den natürlich nicht jeder nutzen soll. Hier ein Projektvorschlag, der das administrativ sehr einfach regelt:

Aufgabe. Richten Sie einen Asterisk-Server[214] ein, der bei Anruf einer bestimmten Nummer

- kontrolliert, dass es sich beim Anrufer um keinen externen Anruf handelt,

- kontrolliert, ob in den Anrufdaten eine plausible Handynummer vorhanden ist,

- eine Anwenderkennung und ein Kennwort erzeugt und beides

  - in der Datenbank eines Radius-Servers speichert und

  - per SMS an die angegebene Handynummer sendet.

Nur Gäste können die interne Telefonnummer nutzen und sich anschließend für einen begrenzten Zeitraum (z.B. 24h) mit den SMS-Daten einloggen. Peinlicher Unfug bei der Netzwerknutzung ist über die Handynummer zuzuordnen, ggf. könnte über die Handynummer sogar eine Abrechnung der Kosten erfolgen.

---

213 Das kann recht lehrreich werden, weil viele Provider bei den technischen Details recht zurückhaltend sind und die meisten Techniker, wenn sie überhaupt antworten, oft eine Arroganz an den Tag legen, die kommunikativ nur noch mit der blanken Faust beantwortet werden kann.

214 Asterisk ist ein freier Telefonieserver, der Telekommunikationsverbindungen nach beliebig programmierten Regeln managen kann.

10.3 Zertifikate

10.3.1 Aufbau eines Zertifikats

Mit der Fälschung von Zertifikaten haben wir uns im Kapitel über Hashfunktionen bereits auseinander gesetzt und dabei auch den Aufbau vorgestellt. Hier ergänzend die ASN.1-Definition eines Zertifikats. Das signierte Zertifikat besitzt die Struktur

```
Certificate  ::=  SEQUENCE  {
     tbsCertificate        TBSCertificate,
     signatureAlgorithm    AlgorithmIdentifier,
     signatureValue        BIT STRING  }
```

Der Signaturalgorithmus wird durch einen OBJECT IDENTIFIER festgelegt. Da manche Algorithmen zusätzliche allgemeine Parameter benötigen, ist dieser in eine SEQUENCE verpackt, bei einer auf dem diskreten Logarithmus beruhenden Signatur beispielsweise

```
AlgorithmIdentifier  ::=  SEQUENCE  {
     algorithm         OBJECT IDENTIFIER,
     parameters        ANY DEFINED BY algorithm
                       OPTIONAL  }

algorithm ::= {iso(1) member-body(2)
               US(840) rsadsi(113549) pkcs(1)
               pkcs5(5) 1 }

parameters ::= SEQUENCE {
     p  INTEGER,
     g  INTEGER }
```

Der hierdurch signierte Ausweis ist ebenfalls eine Datenstruktur:

```
TBSCertificate  ::=  SEQUENCE  {
-- Daten des Zertifikataustellers
     version       [0] EXPLICIT Version DEFAULT v1,
     serialNumber      CertificateSerialNumber,
     signature         AlgorithmIdentifier,
     issuer            Name,
     validity          Validity,
-- Daten des Zertifikatinhabers
     subject           Name,
     subjectPublicKeyInfo SubjectPublicKeyInfo,
     issuerUniqueID [1] IMPLICIT UniqueIdentifier OPTIONAL,
     subjectUniqueID [2] IMPLICIT UniqueIdentifier OPTIONAL,
     extensions    [3] EXPLICIT Extensions OPTIONAL
     }

Version  ::=  INTEGER {  v1(0), v2(1), v3(2)  }

CertificateSerialNumber  ::=  INTEGER

Validity ::= SEQUENCE {
     notBefore     Time,
     notAfter      Time }

Time ::= CHOICE {
     utcTime       UTCTime,
     generalTime   GeneralizedTime }

UniqueIdentifier  ::=  BIT STRING

Extensions  ::=  SEQUENCE SIZE (1..MAX) OF Extension
```

```
Extension  ::=   SEQUENCE  {
      extnID       OBJECT IDENTIFIER,
      critical     BOOLEAN DEFAULT FALSE,
      extnValue    OCTET STRING  }
```

Das Feld **signature** enthält den Signaturalgorithmus des Zertifikatausstellers und muss mit den Angaben im äußeren Signaturfeld identisch sein. Die Gültigkeit eines Zertifikats ist als Zeitfenster *„von-bis"* angegeben. Bei einem Zertifikatwechsel kann ein neues Zertifikat dadurch hinreichend lange im Voraus bekannt gegeben werden, ohne dass Unklarheiten über die Verwendung verschiedener Zertifikate auftritt.

Die Datenstruktur für die Namen von Zertifizierer und Inhaber ist variabel konstruiert, um unterschiedliche Länderkonventionen für Adressangaben zu ermöglichen. Die unterschiedlichen Adressteile werden durch **Object Identifier** gekennzeichnet, die zugehörenden Strings werden typ- oder landesspezifisch angegeben:

```
Name ::= CHOICE {RDNSequence }

RDNSequence ::= SEQUENCE OF
                    RelativeDistinguishedName

RelativeDistinguishedName ::=
                    SET OF AttributeTypeAndValue

AttributeTypeAndValue ::= SEQUENCE {
      type     AttributeType,
      value    AttributeValue }

AttributeType ::= OBJECT IDENTIFIER

AttributeValue ::= ANY DEFINED BY AttributeType
```

Aufgabe. Die Struktur mit Leben zu erfüllen, sei Ihnen überlassen. Die Namenskonvention spiegelt den Aufbau eines hierarchischen Datenbanksystems wider, das idealerweise weltweit einmalige Namen für jedes Zertifikat enthält und mit dem Begriff LDAP[215] verknüpft ist. Dies hier darzustellen geht aber weit über das Thema hinaus.

Informieren Sie sich über die Begriffe im Internet und sehen Sie sich Zertifikate in erweiterten Einstellungen Ihres Browsers an. Beginnen Sie bei einem Server-Zertifikat (bspw. facebook, wenn Sie dort ein Konto besitzen), und überprüfen Sie, dass die Angaben dort auf genau einen DN im Bereich Zertifizierungsstellen verweist.

Der Einsatzbereich des Zertifikates ergibt sich aus der Kennung des Algorithmus, bestehend aus einer Objektkennung wie im Signaturteil und den öffentlichen Parametern im Attribut **subjectPublicKey**:

```
SubjectPublicKeyInfo  ::=  SEQUENCE  {
      algorithm          AlgorithmIdentifier,
      subjectPublicKey   BIT STRING  }
```

Der Inhalt des **BIT STRING**-Feldes ist meist ebenfalls eine ASN.1-Struktur, z.B.

```
RSAPublicKey ::= SEQUENCE {
   modulus            INTEGER, -- n
   publicExponent     INTEGER  -- e -- }
```

---

215 Lightweight Directory Access Protocol

Einige Angaben sind optional, und noch viel mehr kann in den Erweiterungen untergebracht werden, beispielsweise die Zwecke, für die ein Zertifikat eingesetzt werden darf, alternative Zugänge zum Zertifkat des Ausstellers oder Möglichkeiten, diese zu überprüfen:

```
id-ce-keyUsage OBJECT IDENTIFIER ::=  { id-ce 15 }
KeyUsage ::= BIT STRING {
            digitalSignature       (0),
            nonRepudiation         (1),
            keyEncipherment        (2),
            dataEncipherment       (3),
            keyAgreement           (4),
            keyCertSign            (5),
            cRLSign                (6),
            encipherOnly           (7),
            decipherOnly           (8) }


id-ce-authorityKeyIdentifier
            OBJECT IDENTIFIER ::=  { id-ce 35 }
AuthorityKeyIdentifier ::= SEQUENCE {
    keyIdentifier       [0] KeyIdentifier OPTIONAL,
    authorityCertIssuer [1] GeneralNames  OPTIONAL,
    authorityCertSerialNumber [2]
                CertificateSerialNumber OPTIONAL }
KeyIdentifier ::= OCTET STRING
...
```

Aufgabe. Untersuchen Sie verschiedene Zertifikate Ihres Browsers und stellen Sie eine Liste der verwendeten Erweiterungen zusammen.

Nicht nur der Verwendungszweck eines Zertifikats kann genauer definiert werden, sondern auch die Sicherheitsstufe (hier nur ein Ausschnitt)

```
certificatePolicies ::= SEQUENCE SIZE (1..MAX)
                    OF PolicyInformation

PolicyInformation ::= SEQUENCE {
    policyIdentifier   CertPolicyId,  -- object identifier
    policyQualifiers   SEQUENCE SIZE (1..MAX)
                OF PolicyQualifierInfo OPTIONAL }
...
```

Was sich nun hinter den Daten im Einzelnen verbirgt, muss aus den Dokumenten der Agentur entnommen werden. Außerdem enthalten zumindest die Zertifikate der Aussteller noch Adressen von Servern, bei denen die vorzeitige Ungültigkeit von verlorenen oder kompromittierten Zertifikaten abgefragt werden kann, für Anwenderzertifikate teilweise auch Server, die über den aktuellen Status Auskunft geben.

10.3.2 Ausstellung und Nutzung von Zertifikaten

PGP-ZERTIFIKATE

Beginnen wir mit dem einfachen Modell. In PGP stellt sich der Anwender selbst ein Zertifikat aus und signiert es auch selbst mit dem zum öffentlichen Schlüssel passenden privaten Schlüssel. Das Zertifikat wird gewissermaßen an sich selbst verifiziert. Will man es nutzen, muss man es sich vom Anwender geben lassen oder bei einer der Datenbanken nachfragen, die von verschiedenen Institutionen bereit gehalten werden. Der Anwender muss es allerdings selbst dort speichern, Geprüft wird nichts, gesucht wird anhand des Namens oder des Fingerprints.

Das Modell bringt natürlich Unsicherheiten mit sich, wenn man mit einem unbekannten Partner kommunizieren will. Zwar sind Verschlüsselung und Signatur korrekt, aber stimmt auch die angegebenen Identität im Zertifikat? PGP baut zur Lösung dieser Frage auf eine Vertrauenskette unter den Anwendern: ist man von der Identität eines Zertifikatinhabers überzeugt, kann man es als vertrauenswürdig signieren. Die Signatur wird ebenfalls in die Datenbanken aufgenommen, und ein Zertifikat kann viele solcher Vertrauenszertifikate besitzen. Stößt man nun auf ein solches Zertifikat, so kann man einer der folgenden Strategien folgen:

> Man kennt einen der Gegensignierer, dem man vertraut, und überträgt dessen Vertrauen auf das unbekannte Zertifikat.

> Einer der Gegensignierer ist seinerseits von einer vertrauenswürdigen Person signiert, und man überträgt das Vertrauen indirekt.

> Man macht das Vertrauen an der Anzahl der Gegensignaturen fest.

Zusätzlich werden von einigen Datenbanken auch Rückruflisten bereitgestellt, so dass man überprüfen kann, ob das Zertifikat bereits vorzeitig zurückgezogen worden ist (beispielsweise bei Verlust des Geheimschlüssels). Das ist allerdings etwas komplizierter: will sich der Anwender diese Möglichkeit offen halten, muss er vor Ausstellen des Zertifikats ein spezielle Rückrufzertifikat erstellen und auf dem Zertifikat vermerken. Der Rückruf erfolgt dann durch eine mit diesem speziellen Rückrufzertifikat signierte Nachricht an den Server.[216]

Maßnahmen zur Schlüsselrekonstruktion sind in PGP ebenfalls vorgesehen, aber die Liste macht schon deutlich, dass hier relativ hohe Anforderungen an den Anwender und seine Disziplin gestellt werden.

X.509 - ZERTIFIKATE

Das (erfolgreichere) Konkurrenzmodell setzt auf eine öffentliche Beglaubigung der Identität des Inhabers. Lediglich ein so genanntes Root-Zertifikat ist selbst signiert, alle weiteren Zertifikate sind entweder mit diesem Root-Zertifikat oder einem davon abgeleiteten signiert. Man erhält also einen Signaturbaum, der auf eine Wurzel zurückzuführen ist.

Ein Anwender kann folglich ein Zertifikat nur bei einem Aussteller erwerben, der in dieser Kette eingetragen ist und ein Zertifikat besitzt, dass zur Signatur von weiteren Zertifikaten berechtigt. Hiervon gibt es eine ganze Menge, wie ein Blick auf die Zertifizierungsstellen in Ihrer Browser-Liste zeigt. Hier fängt aber das Problem an, denn Zertifikat ist nicht gleich Zertifikat:

> Die einfachsten Zertifikate sind kostenlos, aber eben auch nicht überprüft, d.h. die Identitätsgarantie entspricht einem nicht gegensignierten PGP-Zertifikat.

> Der Aussteller kann sich über PostIdent o.ä. von Ihren Angaben überzeugen. Das kostet aber Geld, wie der eine oder andere Inhaber eines neuen Personalausweises vielleicht schon erfahren haben wird.

> Der Aussteller kann sich in einem aufwändigen Prüfungsverfahren von allem möglichen überzeugen und Ihnen Eigenschaften nach DIN/ISO 900x bestätigen. Das kostet sehr viel Geld.

---

216 Das ist notwendig, damit nicht jeder aus Böswilligkeit die Zertifikate anderer für ungültig erklären lassen kann.

Leider geht es erst aus den Policies der Aussteller hervor, was sich hinter einem Zertifikat verbirgt, d.h. die Sicherstellung der Sicherheit erfordert wieder Anwenderkenntnisse, die man mit gutem Gewissen als nicht gegeben voraussetzen kann.

Kommt nun ein Zertifikat zum Einsatz, läuft (theoretisch) folgende Prüfungskette ab:

a) Der Empfänger lädt das Ausstellerzertifikat und überprüft die Signatur des erhaltenen Zertifikats. Das Laden des Ausstellerzertifikats erfolgt von der eigenen Datenbank oder über die Serverangaben auf dem erhaltenen Zertifikat.

b) Bei nachgeladenen Ausstellerzertifikaten erfolgt rekursiv eine Prüfung der Signaturen bis zum Wurzelzertifikat oder einem bekannten Zertifikat.

c) Der Empfänger überprüft in der Rückrufliste des Ausstellers, dass das Anwenderzertifikat dort nicht gespeichert ist.

d) Der Empfänger überprüft, ob der Anwender im Besitz des Geheimschlüssels ist.

In der Praxis wird oft nur in der Datenbank überprüft, ob ein Ausstellerzertifikat vorliegt, und auf die rekursive Prüfung verzichtet. Aus diesem Grund ist die Liste der Ausstellerzertifikate in den Browsern auch recht lang – und eine mögliche Sicherheitslücke.

Kann ein Serverzertifikat nicht verifiziert werden, erhalten Sie das Ihnen sicher bekannte graue Fenster „Unbekanntes Zertifikat" nebst den Fragen, ob es akzeptiert werden soll, ob Sie da auch ganz sicher sind, ob Sie es sich vielleicht nicht doch noch mal überlegen wollen, usw. Erscheint das Fenster nicht, handelt es sich um ein verifizierbares Zertifikat, was aber bedeuten kann:

- Das Zertifikat ist ein geprüftes Sicherheitszertifikat,
- das Zertifikat ist ein ungeprüftes kostenloses Zertifikat (s.o.),
- das Zertifikat ist ein unsicheres Zertifikat, dass Ihnen jemand in die Datenbank „Serverzertifikate" kopiert hat (falls sie es nicht früher angenommen haben),
- die Prüfung erfolgte mit einem untergeschobenen falschen Zertifikat einer Zertifizierungsstelle.

Das grüne Licht im Browser sagt also noch nicht viel darüber, wie sicher die Authentifizierung tatsächlich ist, und das Know-How, eine komplexe Situation abschließend bewerten zu können, dürfte der normale Anwender nicht besitzen.

Da ein einmal ausgestelltes Zertifikat nicht gelöscht werden kann – man weiß ja nicht, wo es sich überall befindet – stellen die Aussteller Rückruflisten bereit

```
CertificateList  ::=  SEQUENCE  {
    tbsCertList           TBSCertList,
    signatureAlgorithm    AlgorithmIdentifier,
    signatureValue        BIT STRING  }

TBSCertList  ::=  SEQUENCE  {
    version               Version OPTIONAL,
    signature             AlgorithmIdentifier,
    issuer                Name,
    thisUpdate            Time,
    nextUpdate            Time OPTIONAL,
    revokedCertificates   SEQUENCE OF
        SEQUENCE {
            userCertificate  CertificateSerialNumber,
            revocationDate   Time,
            crlEntryExtensions   Extensions OPTIONAL
```

```
          }  OPTIONAL,
  crlExtensions             [0]  EXPLICIT
                            Extensions OPTIONAL }
```

mit den möglichen Rückrufgründen

```
  CRLReason ::= ENUMERATED {
      unspecified             (0),
      keyCompromise           (1),
      cACompromise            (2),
      affiliationChanged      (3),
      superseded              (4),
      cessationOfOperation    (5),
      certificateHold         (6),
      removeFromCRL           (8) }
```

Zertifikate, die hier eingetragen werden, können nicht wieder reaktiviert werden. Der Rückruf eines Zertifikats kann wieder durch spezielle Rückrufzertifikate erfolgen, bei kostenpflichtigen Zertifikaten natürlich auch auf anderem verifizierbarem Weg. Zusätzlich existiert noch ein weiterer Prüfmechanismus, der Statusprüfungen erlaubt: das Online Certificate Status Protocol (OCSP). Dürfen beispielsweise bestimmte Server nur von bestimmten Arbeitsplätzen aus in Anspruch genommen werden, kann der Server über dieses Protokoll bei einem Hauptserver anfragen, ob eine erlaubte Situation vorliegt.[217]

10.4 Verschlüsselte Verbindungen: SSL/TLS

SSL bzw. die (trotz des Namens SSL) heute eingesetzte Nachfolgeversion TLS ist heute das Arbeitstier in verschlüsselten Netzen, ob es sich nun um HTTP, Emailverbindungen oder Datenübertragungen handelt.[218] Das Protokoll ist in gewisser Hinsicht als Protokollzwischenschicht zwischen TCP und der Anwendung konstruiert, so dass die meisten Anwendungen softwaretechnisch recht einfach auf seine Nutzung umgerüstet werden können. Es kann drei Aufgaben übernehmen:

(1) Aufbau einer verschlüsselten Verbindung zwischen einander sonst nicht bekannten Teilnehmern.

(2) Zusätzliche Authentifizierung des Servers gegenüber dem Client/Anwender durch X.509-Zertifikate (dies ist der Standardeinsatzfall).

(3) Zusätzliche Authentifizierung des Anwenders gegenüber dem Server durch X.509-Zertifikate.

Wegen des breiten Einsatzes diskutieren wir dieses Protokoll relativ ausführlich. Die exakte Detailbeschreibung entnehme der Leser RFC 2246 bzw. neueren Versionen dieser Norm.

---

217 Beispielsweise könnte ein Radiusserver Auskunft geben, ob ein Anwender im inneren Netz ist oder über einen Einwahlknoten Zugang erlangt hat.

218 Wie es in der RFC 2246 so schön heißt, sind die beiden Versionen „bis auf marginale Unterschiede identisch, die aber doch so gravierend sind, dass keine Kompatibilität besteht". Diese Sprachschöpfung ist durchaus bemerkenswert.

10.4.1 Verbindungsaufbau

Das „Secure Socket Layer Protocol SSL" ist eine Entwicklung von Netscape, das inzwischen in der Version 3.0 vorliegt und die Grundlage für das offizielle Internetprotokoll „Transport Layer Security Protocol TLS" (RFC 2246) bildet. Die Kodierung liegt nicht in ASN.1, sondern in einer eher C-ähnlichen Version auf 32-Bit-Wortebene vor. Ein Datagramm (`TLSPlaintext`) besitzt folgenden, mit ASN.1- oder C-Kenntnissen sicher auch ohne sehr ausführliche Erläuterung verständlichen Aufbau:

```
struct {
    uint8 major, minor;
} ProtocolVersion;

enum {
    change_cipher_spec(20),
    alert(21),
    handshake(22),
    application_data(23), (255)
} ContentType;

struct {
    ContentType type;
    ProtocolVersion version;
    uint16 length;
    opaque fragment[TLSPlaintext.length];
} TLSPlaintext;
```

Die Kommunikation beginnt mit einer Handshake-Phase, die dem Aushandeln eines Masterschlüssels und der Authentifizierung dient. Die Daten werden unverschlüsselt ausgetauscht und besitzen folgende Inhalte, deren Reihenfolge der Reihenfolge der Datagramme entspricht:

```
enum {
    hello_request(0),
    client_hello(1),
    server_hello(2),
    certificate(11),
    server_key_exchange (12),
    certificate_request(13),
    server_hello_done(14),
    certificate_verify(15),
    client_key_exchange(16),
    finished(20), (255)
} HandshakeType;

struct {
    HandshakeType msg_type;
    uint24 length;
    select (HandshakeType) {
        case hello_request:       HelloRequest;
        case client_hello:        ClientHello;
        case server_hello:        ServerHello;
        case certificate:         Certificate;
        case server_key_exchange: ServerKeyExchange;
        case certificate_request:
                                  CertificateRequest;
        case server_hello_done:   ServerHelloDone;
        case certificate_verify:  CertificateVerify;
        case client_key_exchange: ClientKeyExchange;
        case finished:            Finished;
    } body;
} Handshake;
```

Die ersten beiden Datagramme mit Nutzdaten sind `ClientHello` und `ServerHello`.[219] Der Client beginnt die Kommunikation mit

```
struct {
    ProtocolVersion client_version;
    Random random;
    SessionID session_id;
    CipherSuite cipher_suites<2..2^16-1>;
    CompressionMethod compression_methods<1..2^8-1>;
} ClientHello;
```

Die Zufallszahl dient zur Berechnung der Sitzungsschlüssel und sorgt wie üblich dafür, dass Replay-Attacken nicht durchführbar sind. Bei neuen Sitzungen hat die Sitzungs-ID den Wert Null. Bei vielen Protokollen ist allerdings auch eine Mitwirkung des Anwenders selbst notwendig, und aus Effizienzgründen ist es nicht opportun, TCP-Serververbindungen so lange bestehen zu lassen, bis dieser seine nächste Eingabe getätigt hat. Auf TCP-Ebene werden daher auf Anwenderebene unterbrechungsfrei geführte Sitzungen immer wieder unterbrochen. Damit nicht bei jedem Aufbau der TCP-Verbindung aufs Neue alles ausgehandelt werden muss, erhalten die Sitzungen eine Sitzungs-ID, die es erlaubt, mit den ausgehandelten Größen fortzufahren. Sendet das Clientsystem eine dem Server bekannte Sitzungs-ID, wird nach Neuberechnung der Sitzungsschlüssel (s.u.) direkt mit der Phase `finished` fortgefahren.

Bei neuen Sitzungen teilt der Client dem Server in Listenform mit, welche Verschlüsselungs- und Datenkompressionverfahren er beherrscht, was folgendermaßen aussehen kann

```
CipherSuite TLS_RSA_WITH_NULL_MD5    ={ 0x00,0x01 };
CipherSuite TLS_RSA_WITH_NULL_SHA    ={ 0x00,0x02 };
CipherSuite TLS_RSA_EXPORT_WITH_RC4_40_MD5
                                     ={ 0x00,0x03 };
CipherSuite TLS_RSA_WITH_RC4_128_MD5={ 0x00,0x04 };
CipherSuite TLS_RSA_WITH_RC4_128_SHA={ 0x00,0x05 };
...
/* dto Diffie-Hellman und andere Protokolle */
```

Die Algorithmen entsprechen den PKCS-ASN.1-Angaben, der dort verwendete universelle OBJECT IDENTIFIER wird hier aber durch einen Kurzcode ersetzt.

Der Server antwortet auf dieses Datagramm mit einem aufbaumäßig identischem, in dem er eine eigene Zufallszahl beisteuert und Sitzungs-ID, Verschlüsselungs- und Datenkompressionsmethode festlegt. Normalerweise ist dies der erste Algorithmus in der Liste des Clients, der auch vom Server unterstützt wird. Allerdings sind in frühen SSL-Versionen aus politischen Gründen Verschlüsselungsmodi vorgesehen gewesen, deren Bruch fast schon im Bereich besserer Taschenrechner liegt.[220] Aus „Kompatibilitätsgründen" werden diese immer noch unterstützt; als Anwender bzw. Serveradministrator sollte man aber besser darauf achten, dass diese deaktiviert sind.

Sofern die ausgehandelte Verschlüsselungsmethode den Austausch von Zertifikaten vorsieht, übersendet der Server als Nächstes sein(e) Zertifikat(e) im X.509-Format an den Client. Diese können auf die oben beschriebene Weise vom Clientsystem bzw. vom Anwender überprüft werden, d.h. Prüfung der Signatur, der Rückrufliste und ggf. auch der Statusliste. Ist das Zertifikat gültig, wählt der Client eine Zufallszahl als gemeinsames Geheimnis und übersendet diesen verschlüsselt an den Server in seiner Antwort. Ist keine Zertifikatsicherung vorgesehen, erfolgt eine Geheimnisaushand-

---

219 HelloRequest ist eine Präambel, die nur sicherstellt, dass Client und Server im gleichen Protokollmodus arbeiten.

220 Die NSA wollte das so. Diverse Patentdiebstähle durch US-Firmen, die auf unvorsichtigen Datenverkehr der eigentlichen Entwickler folgten, lassen kaum Zweifel über die Beweggründe.

lung nach dem Diffie-Hellman-Prinzip (PKCS#1), wobei der Server im ersten Datagramm seine Parameter bereits gesendet hat.

Optional kann der Server nun auch noch ein Zertifikat vom Client anfordern. Die Initiative muss vom Server ausgehen, d.h. er muss eine Anfrage mit einer darin enthaltenen Zufallszahl an den Client senden. Dieser antwortet mit seinem Zertifikat (soweit vorhanden) sowie der mit dem Geheimschlüssel verschlüsselten Zufallszahl in zwei Datagrammen. Der Server kann nun das Zertifikat sowie den Besitz des Geheimschlüssels verifizieren.

Als letzte Information werden `finished`-Nachrichten generiert, mit denen überprüft wird, ob beide Seiten nach Austausch der Schlüsseldaten über den gleichen Schlüsselsatz verfügen:

```
struct {
        opaque verify_data[12];
} Finished;

verify_data  PRF(master_secret, finished_label,
              MD5(handshake_messages) +
              SHA-1(handshake_messages)) [0..11];
```

Das Feld `finished_label` enthält je nach Richtung den Wert `client finished` oder `server finished`, d.h. beide Seiten senden unterschiedliche Informationen. Wie der Leser leicht verifiziert,

➢ kann die `finished`-Information nicht von einem Angreifer durch Wiederholen gefälscht werden, d.h. ein Einstieg in die nächste Phase ist nicht möglich,

➢ kann der Angreifer keine Informationen in der unverschlüsselten Phase verändern, um beispielsweise eine schwache Verschlüsselung zu erzwingen.

Der Schlüssel master_secret ist nicht der ausgetauschte Schlüssel, sondern wird nach einem recht komplexen Verfahren berechnet:

```
master_secret =
  PRF(pre_master_secret, "master secret",
      ClientHello.random | ServerHello.random)
          [0..47];

PRF(secret, label, seed) =
      P_MD5(S1, label | seed) XOR
      P_SHA-1(S2, label | seed);

P_hash(secret, seed) =
          HMAC_hash(secret, A(1) | seed) +
          HMAC_hash(secret, A(2) | seed) +
          HMAC_hash(secret, A(3) | seed) + ...

A(0) = seed, A(i) = HMAC_hash(secret, A(i-1))
```

Dieses **master_secret** bleibt für diese und weitere Sitzungen mit der gleichen Sitzungskennung **SessionID** gültig.

Aufgabe. Verifizieren Sie, dass eine Sitzung durch Austausch der finished-Datagramme nach den hello-Datagrammen kontrolliert fortgesetzt werden und kein Angreifer einbrechen kann.

Tritt an einer Position des Handshake-Dialogs ein Fehler auf, so wird ein `alert`-Datagramm versandt und die Kommunikation abgebrochen. Die Fehlermeldung enthält eine Angabe über die Art des aufgetretenen Fehlers:

```
struct {
    AlertLevel level;
```

```
        AlertDescription description;
    } Alert;

    enum { warning(1), fatal(2), (255) } AlertLevel;

    enum {
        close_notify(0),
        unexpected_message(10),
        bad_record_mac(20),
        decryption_failed(21),
        handshake_failure(40),
        bad_certificate(42),
        unsupported_certificate(43),
        certificate_revoked(44),
        ....
    } AlertDescription;
```

Bei fehlerfreiem Ablauf der Handshake-Phase können die Nutzdaten übertragen werden. Hierzu wird zunächst mit den aktuellen Zufallsdaten aus den `Hello`-Datagrammen von Client und Server ein Schlüsselgeneratorblock erzeugt, der in sechs Felder aufgeteilt wird:

```
key_block = PRF(SecurityParameters.master_secret,
                "key expansion",
                SecurityParameters.server_random |
                SecurityParameters.client_random);

key_block = { client_write_MAC_secret,
              server_write_MAC_secret,
              client_write_key, server_write_key,
              client_write_IV, server_write_IV }
```

Mit Hilfe dieser Felder werden sechs Sitzungsschlüssel nach folgendem Muster erzeugt

```
final_client_write_key =
    PRF(SecurityParameters.client_write_key,
        "client write key",
        SecurityParameters.client_random |
        SecurityParameters.server_random);
```

Für jede Überrtagungsrichtung ist ein eigenen Schlüsselsatz vereinbart. Das Übertragungsdatagramm besitzt die Struktur

```
stream-ciphered struct {
    opaque content[TLSCompressed.length];
    opaque MAC[CipherSpec.hash_size];
} GenericStreamCipher;

HMAC_hash(MAC_write_secret, seq_num |
          TLSCompressed.type |
          TLSCompressed.version |
          TLSCompressed.length |
          TLSCompressed.fragment));
```

Der Datenaustausch beginnt mit dem IV vor den ersten Daten. Der erste Datensatz kann daher eindeutig festgestellt werden. Jedes Datagramm wird durch einen mit einem eigenen Schlüssel operierenden MAC-Wert, der auch die laufende Datagrammnummer enthält, gesichert. Ein Austausch der Reihenfolge der Datagramme ist nicht möglich. Gerät das System aus dem Takt, werden neue Schlüssel mit Hilfe neuer Zufallszahlen berechnet, d.h. auch ein Replay ist nicht möglich.

Wie der Leser bemerkt, ist bei der Verschlüsselung nach dem Motto „viel hilft viel" vorgegangen worden. Ob diese Vorgehensweise nun tatsächlich zu höherer Sicherheit gegenüber einfacheren Versionen führt, mag man bezweifeln, zumal die Hauptunsicherheit eher in der mangelnden Interpretation von Zertifikaten liegt.

10.4.2 Zertifikatausgabe und Verwaltung

Unternehmen benötigen oft eine größere Menge an Zertifikaten für ihre Mitarbeiter und ihre Server. Diese alle bei einem gewerblichen Aussteller anzukaufen ist eine (zu) teure Angelegenheit, weshalb man sich besser selbst damit versorgt. Dieses Kapitel ist mehr oder weniger als eine einzige Übungsaufgabe zu verstehen, so etwas zu realisieren. Da im Internet sehr ausführlich Beschreibungen der einzelnen Schritte existieren, beschränke ich mich auf die grundsätzliche Vorgehensweise.

Aufgabe. Die Zertifikatausgabe und Verwaltung kann mit unterschiedlichen Mitteln erfolgen. Relativ einfach ist eine händische Abwicklung mit OpenSSL in einer Terminalumgebung. Die Verteilung der Zertifikate muss in diesem Fall allerdings ebenfalls händisch erfolgen.[221]

Eine Alternative ist eine Serveranwendung, die mit der Skriptsprache PHP (oder einer anderen) in einer MVC-Umgebung (z.B. CodeIgniter) und einer SQL-Datenbank realisiert wird. Der Aufwand ist zwar Anfangs höher, jedoch ist die Bedienung später deutlich einfacher; außerdem können Sie auch leichter spezielle Anwendungsfälle berücksichtigen.

Entscheiden Sie, wieviel Arbeit Sie investieren möchten und wählen Sie eine Umgebung aus (siehe dazu auch die Anmerkung am Schluss des Kapitels). Ich werde im Weiteren die Möglichkeiten der Serverlösung berücksichtigen. Wenn Sie mit OpenSSL arbeiten, können Sie daher über Einiges hinweg lesen.

Zunächst sind einige verwaltungstechnische Planungsarbeiten notwendig, damit später alles rund läuft. An Zertifikaten sind zu erstellen/können erstellt werden:

> ➤ Ein Root-Zertifikat, das die Signaturbasis für alle weiteren Zertifikate darstellt. Dieses ist auf jeden Fall zu erstellen.

> ➤ Zwischenzertifikate für die Ausstellung von Anwender- oder Serverzertifikaten oder zur Signatur von Rückruflisten. In größeren Umgebungen kann man damit die Arbeiten auf mehrere Personen verteilen, die Zertifikate der nächsten Gruppe erstellen dürfen.

> ➤ Anwender-, Server- und (optional) Rückrufzertifikate.

In bestimmten Anwendungsfällen kann man Gruppenarbeit vorsehen, z.B. dass

- Zertifikate nicht von einem Bearbeiter alleine ausgestellt werden können,

- zu einer Rekonstruktion eines Geheimschlüssels (sofern man diese vorsieht) ebenfalls die Mitarbeit mehrere Bearbeiter notwendig ist.

Sinnvoll sind auch Strategien, wie man einen Bearbeiter sicher austauscht. Sollen die Zertifikate, an denen er beteiligt war, ihre Gültigkeit verlieren, oder existiert ein Weg, ihn als Geheimnisträger zu ersetzen und im dabei die Möglichkeiten für einen späteren Betrug zu verbauen?

Gedanken machen sollten Sie sich auch über den Aufbau der Namen und anderer Datenfelder im Zertifikat.

Aufgabe. Planen Sie sorgfältig, wie Ihre Zertifikatnutzung später aussehen soll! Machen Sie das aber nicht am grünen Tisch, sondern interaktiv mit Ihrer Anwendungsumgebung! Die Theorie der vorhergehenden Kapitel wird nämlich nicht unbedingt durch vorhandene Funktionen unterstützt. Standardmäßig werden i.d.R. nur einfache Signaturschemata unterstützt, nicht aber Gruppensignaturen oder Geheimnisverteilungen. Prüfen Sie daher jeweils sorgfältig, ob und wie die

---

221 Man kann zwar einiges mit Skriptprogrammen in Python oder einer anderen Skriptsprache automatisieren, aber dann sind wir bereits wieder bei spezieller Programmierung.

von Ihnen vorgesehene Funktion mit einem vertretbaren Aufwand realisierbar ist. Möglicherweise können auch Umwege bei der Programmierung der Serveranwendung gegangen werden, die holprig und weniger sicher, dafür aber realisierbar und noch akzeptabel sind (z.B. mehrfache Einzelverschlüsselung statt Gruppenverschlüsselung für Rekonstruktionen von Geheimnissen).

Aufgabe. Bei einer Serveranwendung wäre es jetzt, da der Plan feststeht, auch an der Zeit, über die Anwenderschnittstellen und ihre Gestaltung sowie über die Datenbank nachzudenken. Bei Gruppenarbeit ist beispielsweise eine Synchronisation notwendig, die offline oder via Javascript auch online gestaltet werden kann.

Mit Abschluss der Vorarbeiten kann es nun an die Erzeugung von Zertifikaten gehen. Zunächst ist ein Root-Zertifikat zu erstellen. Im industriellen Anwendungsfall wird man sich dieses meist von einer Agentur ausstellen lassen, d.h. es ist mit einem offiziellen Zertifikat signiert und mit ihm ausgestellte weitere Zertifikate können weltweit rekursiv auf Gültigkeit geprüft werden und geben nicht zu Irritationen durch Browserrückmeldungen Anlass. Ist eine weltweite Gültigkeit nicht notwendig, kann man sich aber auch ein eigenes Root-Zertifikat erstellen, das mit dem eigenen Geheimschlüssel signiert ist. Hierzu sind drei OpenSSL-Befehle notwendig, die in allen Umgebungen ähnlich aussehen:

```
openssl genrsa -des3 -out ca.key 1024
openssl req -new -x509 -days 365 -key ca.key -out ca.cer
openssl x509 -in ca.cer -outform DER -out ca.der
```

Der erste Befehl sorgt für die Erzeugung der Schlüssel, der zweite für ein eigensigniertes Zertifikat, und der dritte für eine Trennung von privatem und öffentlichen Teil sowie eine Überführung in eine Kodierungsform, die direkt in die Liste der Zertifizierungsstellen im Browser importiert werden kann. Bei der Ausführung müssen Sie verschiedene Fragen beantworten, deren Sinn aber unmittelbar klar ist.

Aufgabe. Erstellen Sie ein Root-Zertifikat und importieren Sie dies in Ihren Browser oder Ihren Email-Agenten als Root-Zertifikat. Da ein solches Zertifikat einmalig erzeugt wird, kann dies auch bei einer Serveranwendung durch ein OpenSSL-Terminal-Fenster erfolgen. Die Daten können von Hand in die Datenbankumgebung importiert werden.

Anwenderzertifikate werden ebenfalls durch wenige Befehle erzeugt:

```
openssl req -new -keyout certkey.pem -out certreq.pem
openssl x509 -req -in certreq.pem -CA ca.cer -CAkey ca.key
   -CAcreateserial -out
copy /b certkey.pem + cert.pem keycert.pem
openssl pkcs12 -export -in keycert.pem -out mailcert.p12
   -name " openssl@gmx.net"
```

Der erste Befehl erzeugt das Zertifikat mit beiden Schlüsseln, der zweite signiert es mit dem Root-Zertifikat. Anwenderzertifikate sind nur sinnvoll, wenn geheimer und öffentlicher Schlüssel zusammen verpackt werden. Der dritte Befehl sorgt dafür, das beides in einer Datei steht, der letzte erzeugt eine Kodierungsform, die wieder in die Browserdatenbank importiert werden kann, und zwar in den Bereich „eigene Zertifikate".

Aufgabe. In einer Serveranwendung können Sie vieles automatisieren und vorkonfigurieren, so dass die Arbeit für die Verwalter recht einfach wird. Sie können nun zunächst Zwischenzertifikate und Serverzertifikate erzeugen, die ähnlich wie das Root-Zertifikat erzeugt und signiert werden (aber jeweils mit den passenden geheimen Schlüsseln!). Dazu müssen die Aufrufparameter jeweils etwas abgeändert werden; die Details seien Ihnen überlassen.

Anschließend erzeugen Sie Anwenderzertifikate. Ermitteln Sie, wie Sie die Anwenderzertifikate bereitstellen müssen, damit ein möglichst einfacher Import erfolgen kann (z.B. Click auf einen Link zum Download und anschließenden Import des geladenen Zertifikats).

Die Server-Zertifikate sind händisch zu installieren. Verwenden Sie beispielsweise den Apache-HTTP-Server, so müssen Sie in dessen Konfigurationsdateien das SSL-Modul aktivieren und konfigurieren, d.h. abgeben, wo das Serverzertifikat und der Geheimschlüssel zu finden sind, ob der Server rekursiv nach Zertifikaten suchen oder ob der Client ebenfalls per Zertifikat authentifiziert werden soll.

Aufgabe. Die Konfiguration ist selbsterklärend, aber manchmal nicht leicht zu finden. Gehen Sie schrittweise vor. Prüfen Sie, ob rekursive Zertifikatprüfung funktioniert und wie Sie die Zertifikate dazu bereitstellen müssen (alternativ müssen alle Zwischenzertifikate ebenfalls in der Browserliste von Hand installiert werden; auch das können Sie testen). Anschließend aktivieren Sie die Clientauthentifizierung. Prüfen Sie auch, was Sie in der PHP-Anwendung Ihres Browsers abfragen können, um die Anwenderdaten dort für die Authentifizierung zu übernehmen.

Aufgabe. Weitere Arbeiten, die sich anschließen können, betreffen die Bereitstellung von Rückruflisten oder Statusinformation zu einzelnen Zertifikaten.

Damit sind wir auch schon fertig, wobei „schon" je nach Vorgehensweise die Untertreibung des Monats sein kann. Zur Erleichterung Ihrer Entscheidung, wie Sie vorgehen, noch einige Anmerkungen:

- Wenn der Umgang mit Zertifikaten „nur mal ausprobiert" werden soll, kann die Planungsphase entfallen und alles mit OpenSSL erledigt werden. Wie erwähnt finden Sie dazu gute Anleitungen im Internet. Mit Installation von OpenSSL und Serversoftware, Umschiffen diverser kleiner Probleme, die mal wieder nicht beschrieben sind, Installation der Zertifikate nebst Probeläufen und anschließendem Aufräumen auf Ihrem System können Sie alles in 2-3 Tagen problemlos hinter sich bringen.[222]

- Wollen Sie produktiv werden, aber in einer OpenSSL-Umgebung bleiben, fangen Sie am Besten ebenso an und investieren Sie anschließend 1-2 Tage für ein Organisationsschema. Danach können Sie in die produktive Phase einsteigen, d.h. nach einer Woche sollten Sie alles im Griff haben.

- Den grundsätzlichen Umgang mit MVC-Framework kann man meist schnell erlernen.[223] Um grundsätzlich einmal mit Zertifikaten zu spielen, brauchen Sie vermutlich die OpenSSL-Zeit nur um höchsten 1-2 Tage zu verlängern (die OpenSSL-Funktionen sind etwas an die Umgebung angepasst und müssen leicht modifiziert bedient werden).

- Die anschließende Organisationsphase ist natürlich länger, da das eine oder andere ausprobiert werden muss, man bei den Funktionalitäten aber auch großzügiger sein kann. Rechnen Sie ruhig eine Woche hierfür ein.

  Anschließend ist die Verteilung der Zertifikate sowie rekursive Prüfung u.a., worauf man in einer OpenSSL-Umgebung vermutlich verzichtet, zu testen. Auch das kann 2-4 Tage in Anspruch nehmen.

---

222 Wenn man nur mal ausprobieren will, wie Emails verschlüsselt und signiert werden, geht es auch schneller, weil kein Server benötigt wird.

223 MVC steht für Model-View-Controller. CodeIgniter macht Reklame damit, dass man in einem Videotutorial in 20 Minuten einen funktionieren Minimalblog programmieren kann – und das stimmt.

Damit steht das Grundgerüst, mit dem gearbeitet werden kann. Das weitere Schönen und Erweitern kann dann allerdings leicht in wochen- oder monatelange Arbeit ausarten, weil man sich erfahrungsgemäß hier leicht „festfrisst".

Das sind so genannte π*Daumen-Schätzungen, die Sie je nach Vorkenntnissen und Interessen leicht unter- oder überbieten können. Also schimpfen Sie nicht zu sehr über mich, falls der Zeitplan nicht aufgeht.

10.4.3 Ergänzungen

Den hier beschriebenen Mechanismen begegnet man in weiteren Anwendungen. Sehr ähnlich ist SSH, das für sichere Terminalverbindungen zu entfernten Rechnern oder alternativ zu SSL für VPN (Virtual Private Network) – Verbindungen verwendet wird

Bei VPN-Verbindungen wird ein verschlüsselter Kanal zu einem anderen Rechner oder einem Gateway aufgebaut, über den das Clientsystem in das Zielnetzwerk eingebunden wird. Der eingerichtete VPN-Anschluss emuliert auf dem Clientsystem eine virtuelle Netzwerkkarte, die mit DHCP aus dem Zielnetzwerk so konfiguriert wird, als handele es sich um einen internen Netzwerkanschluss. VPN-Verbindungen können von beliebigen Standorten aus temporär eingerichtet werden.

Für statische Verbindungen nutzt man häufiger IPsec, das weniger Aufwand verursacht, aber ebenfalls nach diesen Prinzipien arbeitet oder arbeiten kann.

Die kurzen Beschreibungen machen aber schon deutlich, dass es sich hier vorzugsweise um Netzwerktechniken handelt, die über das Ziel dieses Buches hinausschießen (und Gegenstand eigener umfangreicher Monografien sind).

10.5 Authentifzierung für ein komplettes Netzwerk

Um die Arbeit in Netzwerken mit unterschiedlichen Servern sicher und anwendergerecht zu machen, sind zwei Maßnahmen wünschenswert:

a) Um das Ausspähen von Informationen durch Mitlesen des Netzwerkverkehrs zu verhindern, sollten sämtliche Verbindungen individuell verschlüsselt werden.[224]

b) Die Anmeldung des Anwenders an seinem Arbeitsplatz sollte hinreichen, ihn auch an sämtlichen Servern, die er im Laufe seiner Arbeitssitzung benötigt, automatisch anzumelden.

10.5.1 Kerberos

Die Maßnahmen standen bereits auf der Wunschliste der Netzwerkadministratoren, bevor die Public-Key-Systeme verfügbar waren. Folgerichtig wurde ein Verfahren entwickelt, das nur mit symmetrischen Verschlüsselungsalgorithmen operiert. Ich stelle hier die Grundzüge zusammen und

---

224 Aus Überwachungssicht ist das allerdings mit Einschränkungen auf anderen Gebieten verbunden. Netzwerküberwachungseinheiten, die ein unbefugtes Eindringen in das Netzwerk oder ein unbefugtes Versenden von Informationen mit hoher Sicherheitsstufe erkennen sollen, haben bei einer Verschlüsselung natürlich kaum noch eine Chance, ihrer Arbeit nachzukommen.

überlasse die Suche nach Details unter dem Sichwort „Kerberos" Ihnen, sofern Sie in eine Realisierung einsteigen wollen.

Die Anmeldung beim System erfolgt durch Senden des Anwendernamens im Klartext (noch ist nichts verschlüsselt, SSL steht per Voraussetzung nicht zur Verfügung) an den Authentifizierungsserver, der zum Anwendernamen auch das Kennwort des Anwenders im Klartext besitzt und entsprechend vor Angriffen zu schützen ist. Ist der Anwender bekannt, erstellt der Server ein so genanntes Ticket, das inhaltlich weitgehend mit einem Zertifikat identisch ist:

```
Name des Anwenders
Gültigkeitsdauer
Authentifizierungsschlüssel (Zufallszahl)
...
```

Eine Kopie dieses Tickets wird mit dem Anwenderkennwort verschlüsselt, eine weitere Kopie mit dem Geheimschlüssel des Verteilungsservers, der später für die Herstellung der Verbindung mit einem Dienstserver zuständig ist. Beide Kopien werden an den Anwender zurück geschickt, der mit seinem Kennwort (und nur damit) das Ticket entschlüsseln kann und damit in den Besitz des Authentifizierungsschlüssels gelangt.

Um mit einem bestimmten Dienstserver verbunden zu werden, ergänzt der Anwender das entschlüsselte Ticket mit der URL des Servers und verschlüsselt es mit dem Authentifizierungsschlüssel. Zusammen mit dem zweiten Ticket wird es an den Verteilungsserver gesandt, der seinerseits im Besitz der Geheimschlüssel sämtlicher Server des Netzes ist, also auch eines hohen Schutzes vor Angriffen bedarf.

Der Verteilungsserver kann nun das zweite Ticket, das vom Authentifizierungsserver mit seinem Geheimschlüssel verschlüsselt ist, entschlüsseln und gelangt so an den Authentifizierungsschlüssel. Diesen verwendet er, um das erste Ticket zu entschlüsseln, zu kontrollieren, ob beide Tickets identisch und gültig sind, und den Zielserver zu ermitteln.

Ist alles in Ordnung, erstellt er zwei Kopien eines neuen Tickets, das anstelle des Authentifizierungsschlüssels den Sitzungsschlüssel (ebenfalls eine Zufallszahl) für die Verbindung zwischen Anwender und Dienstserver enthält. Verschlüsselt werden die Kopien mit dem Authentifizierungsschlüssel bzw. mit dem Geheimschlüssel des Dienstservers. Beides wird an den Anwender zurückgesandt, der nun wieder eine der Kopien entschlüsseln kann.

Die entschlüsselte Kopie verschlüsselt er mit dem Sitzungsschlüssel, den er dem Ticket entnommen hat, und sendet wieder beide Kopien an den Dienstserver. Hier wiederholt sich der letzte Vorgang: der Dienstserver entschlüsselt sein Ticket und gelangt damit ebenfalls an den Sitzungsschlüssel, entschlüsselt damit das zweite Ticket und kann nun mit dem Anwendersystem die weitere Kommunikation mit dem Sitzungsschlüssel verschlüsseln. Da jeweils Zufallszahlen für die temporären Schlüssel verwendet wurden, ist jede Verbindung individuell verschlüsselt.

Für die Authentifizierung auf dem Server braucht nur der Anwendername im Ticket an die Serveranwendung weitergeleitet werden. Diese kann nun ohne weitere Überprüfung die Rechte des Anwenders ermitteln und die für ihn freigegebenen Dienste zugänglich machen.

Aufgabe. Stellen Sie den Ablauf in einem Diagramm zusammen. Verifizieren Sie, dass Replay-Angriffe mit erlauschten verschlüsselten Tickets nicht möglich sind.

Softwaretechnisch ist das Kerberos-System relativ einfach realisierbar und benötigt keine Erweiterungen von Standardanwendungen. Die Systemanmeldung besitzt die gleiche Form wie eine normale Anmeldung an einer Arbeitsstation, die Kerberos-Protokollschicht wird zwischen TCP- und

Anwendungsschicht eingeschoben und arbeitet dann transparent, d.h. die Anwendung kommuniziert formal mit der TCP-Schicht.

10.5.2 Public Key Infrastructure

Mit den asymmetrischen Verschlüsselungsverfahren wird alles noch einfacher, weil alle Sicherheitsbestandteile bereits in den Standardanwendungen berücksichtigt sind. Der Trick: sämtliche Server werden so konfiguriert, dass sie eine SSL-Verbindung erzwingen und ein Anwenderzertifikat anfordern. Da der Anwender den Besitz des Geheimschlüssels durch die Eingabe eines Kennwortes nachweisen muss, erfolgt die Authentifizierung auf SSL-Protokollebene. Der Serveranwendung muss ähnlich wie beim Kerberos-System von der SSL-Schicht lediglich die Zertifikatnummer mitgeteilt werden, um die Rechte des Nutzers auf Anwendungsebene zu ermitteln.[225]

Die Standardlösung erweist sich insofern als etwas holprig, weil die Freigabe des privaten Schlüssels mit Schließen der Anwendung aufgehoben wird. Bei jedem Öffnen des Browsers muss der Anwender von Neuem sein Kennwort eingeben, was gegen die Zielsetzung verstößt. Das lässt sich durch Verwenden eines Kontrollagenten, der im Hintergrund läuft, beseitigen:

> Die Systemanmeldung wird auf den Agenten umgeleitet. Der Anwender hat Name und Kennwort anzugeben, der Agent prüft, ob er ein passendes Zertifikat besitzt und mit dem Kennwort der private Schlüssel freigegeben wird. Im Positivfall erhält der Anwender Zugriff auf den Rechner wie bei einer normalen Systemanmeldung.

> Die Anwendungen werden so konfiguriert, dass sämtliche Kommunikation auf die Adresse des Agenten umgeleitet wird (Proxy-Agent mit rechnerinterner Adresse). Die Verbindungen werden immer unverschlüsselt initiiert, was unproblematisch ist, da zunächst nichts die Maschine verlässt und irgendwo beobachtet werden könnte.

> Die Internetadressauflösung (DNS-System) übernimmt der Agent. Er besitzt in seiner Konfiguration Tabellen mit den Servern, die eine SSL-Verbindung erfordern. Mit diesen baut er zertifikatauthentifizierte Verbindungen auf. Da der private Schlüssel bei der Anmeldung freigeschaltet wurde, muss der Anwender sich nicht weiter gegenüber dem Server durch eine Kennworteingabe ausweisen.

> Bei Ablauf einer Zeitüberwachung wird der Netz- und Rechnerzugang wieder gesperrt, ebenso beim Abmelden des Anwenders.

Aufgabe. Entwickeln Sie einen solchen Softwareagenten zunächst für HTTP-Verbindungen. Das ist zugegebenermaßen eine anspruchsvolle Aufgabe, da Sie viele Details über die Protokolle in Erfahrung bringen müssen, die hier nicht gelistet sind.

Als kleine Zusatzaufgabe können Sie eine PIN-Sicherung für kurze Unterbrechungen einbauen: bei der Anmeldung vergibt das System eine zufällig gewählte Tages-PIN. Ist der Anwender einige Zeit nicht am System, wird der Zugriff deaktiviert, der Geheimschlüssel aber noch nicht gelöscht. Der Anwender kann sich nach Rückkehr mit der kurzen PIN wieder anmelden.[226]

---

225 Die Zertifikatprüfung auf Serverebene muss auf bestimmte Root-Zertifikate beschränkt werden, um Betrug zu verhindern. Dies erfordert ein wenig Sorgfalt bei der Konfiguration.

226 Die Absicherung erfolgt wie üblich durch eine Beschränkung der Versuchsanzahl. Hat der Anwender die Tages-PIN vergessen, muss er sein langes Kennwort eingeben.

10.6 Anonymisierung im Netz

10.6.1 TOR-Service

Das weltweite Internet öffnet den Zugang zu allen Informationen und Ansichten – nicht nur offiziellen. Jeder Nutzer kann seine Sicht der Dinge veröffentlichen, was zu zwei Problemen führt:

a) Die veröffentlichten Meinungen und Informationen sind nicht unbedingt im Sinne der Machthaber eines Staates. Dies führt einerseits zu Versuchen, den Zugang zu Informationen zu beschränken, andererseits zu einer Zensur bis hin zur strafrechtlichen Verfolgung Andersdenkender.

b) Die Fülle an häufig nicht korrekten oder in einem bestimmten Sinn gefärbten Informationen verlangt eine gesteigerte Kritikfähigkeit des Aufnehmenden.[227]

Bereits in den Zeiten des kalten Krieges hat man staatlicherseits (!) versucht, die staatlichen Beschränkungen in einem Land durch verschiedene Mittel zu unterlaufen. Serverzugänge für die Verbreitung von Informationen in anderen Ländern, auf denen keine Zensur, aber dafür eine Anonymisierung der Autoren möglich war, sowie Relaisrouter, über die der Datenverkehr zu gesperrten Quellen umgeleitet werden konnte, wurden von amtlichen Stellen anderer Länder oder Interessenvereinen bereit gestellt.

Inzwischen hat die Problematik aber selbst die so genannten „freiheitlichen" Staaten erreicht, gibt es doch auch hier zunehmend verbotene Inhalte.[228] Gleichzeitig sind die Möglichkeiten der Überwachung einfacher geworden, so dass auch für Bürger dieser Staaten ein anonymisierter Datenverkehr zumindest für bestimmte Zwecke interessant wird. Wir stellen hier den Anonymisierungsdienst TOR vor.

FUNKTION DES TOR-SERVICE

Den TOR-Dienst kann nicht nur jeder nutzen, es kann sich auch jeder beteiligen. Das Konzept ist relativ einfach:

- Installation und Konfiguration der TOR-Software.
  - ◆ Das TOR-Netzwerk enthält eine Reihe von Verzeichnisservern, die von den Entwicklern administriert und deren Adressen und öffentliche Schlüssel (Zertifikat) mit der Software ausgeliefert werden.

---

227 Dieses Problem wird vermutlich um Einiges unterschätzt. In weniger entwickelten Ländern kommen die Leute an Informationen, die sie nicht einzuordnen wissen, was politisch nicht selten für eine Extremisierung genutzt wird (man denke beispielsweise an die gewaltsamen Demonstrationen in arabischen Ländern aufgrund irgendeiner Veröffentlichung in einer dänischen Zeitung, die schon in Deutschland kaum einer kennt, geschweige denn liest). Und in den entwickelten Ländern macht sich eine Bildungsverflachung breit, die selbst vor der Kenntnis der eigenen Sprache nicht aufhört und ebenfalls zur nahezu kritiklosen Akzeptanz dessen, was dezibelmäßig am lautesten herausgeschrien wird, führt.

228 Wer sich traut, einige der im freiheitlichsten Deutschland aller Zeiten™ weniger opportunen Meinungen und Fakten zu recherchieren, wird feststellen, dass selbst die deutsche Version von google einiges nicht anzeigt, was in der US-Version auf Seite 1 steht – von gesperrten Dokumenten ganz abgesehen. So viel zum Grundgesetzbegriff „Informationsfreiheit".

- ◆ Der Teilnehmer erzeugt ein selbst signiertes Zertifikat und definiert seine Teilnahmeoptionen (Standard: Tor-Client, weiteres siehe folgenden Text). Beides wird an einen Verzeichnisserver gesandt, womit das System betriebsbereit ist.

- Betriebsbereitschaft.

  - ◆ Die Betriebsbereitschaft eines Systems wird zusammen mit einigen Zustandsinformationen als signierte Nachricht an einen Verzeichnisserver gesendet. Diese synchronisieren sich untereinander.

  - ◆ Der Betriebsstatus des Netzwerks wird im Gegenzug vom Verzeichnisserver geladen. Um die Verzeichnisserver nicht zu überlasten, werden Informationen aber auch von anderen Teilnehmern abgerufen.[229]

- Clientbetrieb. Im Clientbetrieb baut ein Nutzer eine Verbindung zu einem beliebigen Webserver auf. Die Verbindung wird über andere TOR-Teilnehmer hergestellt, die als Relaisserver teilnehmen (dies muss entsprechend konfiguriert sein, d.h. man kann sich auf die Client-Rolle beschränken).

  - ◆ Der Nutzer wählt einen Relaisserver (A) aus, zu dem er eine authentifizierte und verschlüsselte Verbindung herstellt.[230]

  - ◆ Der Nutzer wählt einen weiteren Relaisserver (B) aus und überträgt dessen IP-Adresse an (A). (A) leitet nun sämtlichen weiteren Verkehr an (B) weiter und ist offizieller Kommunikationspartner von (B), d.h. (B) lernt die IP-Adresse des Nutzers nicht kennen.

  - ◆ Der Nutzer stellt eine verschlüsselte Verbindung zu (B) über (A) her. Da bereits die Verbindung von (A) verschlüsselt ist, kann ein Lauscher auf dieser Leitung das Ziel (B) nicht erkennen. Aus dem Lauschen auf der Strecke (A)-(B) kann der Nutzer nicht ermittelt werden. Da die zweite Verschlüsselung die Strecke (Nutzer)-(B) betrifft, kann auch (A) nicht erkennen, was der Nutzer mit (B) aushandelt.

  - ◆ Der Vorgang wird mit einem Exitserver (C) wiederholt. Von diesem aus verbindet sich der Nutzer mit dem Zielserver über (C). Der Zielserver sieht nur die IP-Adresse von (C).

Die Verschlüsselungen werden zwiebelschalenartig ineinander verschachtelt, woraus die Bezeichnung Onion-Service resultiert. Die Gesamtroute wird vom Nutzer definiert, der sie auch während einer Sitzung ändern kann, sofern die Kommunikationsprotokolle mit dem Zielserver dies zulassen.

- Relais- und Exitserver. Jeder Teilnehmer kann sein eigenes System als Relais- oder Exitserver konfigurieren, d.h. er übernimmt dann die Funktionen der Einheiten (A), (B) oder (C).

- Serverbetrieb. TOR enthält auch einen anonymen Webservice, bei dem sowohl der Serverbetreiber als auch der Nutzer anonym bleiben:

---

229 Das kann dazu führen, dass die Datenbilanz eines teilnehmenden Systems stark asymmetrisch ist. Liegt der Umfang des Statusinformationen des Netzwerks bei ca. 1 MB und kommen 50 andere Teilnehmer auf die Idee, sich die Informationen ausgerechnet beim gleichen System zu besorgen, ergibt das eine Asymmetrie von 50 MB.

230 Verwendet wird SSL mit reiner Serverauthentifizierung, allerdings über spezielle Portnummern.

◆ Der Serviceanbieter erzeugt eine Kennung für seinen Dienst sowie Verschlüsselungsinformationen für ein Public Key Verfahren und sendet diese zusammen mit einer Liste von Entryservern (beliebiger entsprechend konfigurierter Teilnehmer) an einen Verzeichnisserver. Der Nutzer kann vom Verzeichnisserver die Dienstkennung und die Liste der Entryserver herunterladen.

Die Daten werden nach dem beim Clientbetrieb beschriebenen Verfahren an den Verzeichnisserver gesandt, d.h. der Verzeichnisserver kann keine Verbindung zwischen Dienst und Anbieter herstellen.

◆ Der Serviceanbieter baut stumme Verbindungen nach dem oben angegebenen Muster zu den Entryservern auf. Diese kennen die Identität des Serviceanbieters folglich nicht.

◆ Der Nutzer wählt einen Rendezvousserver und baut eine Verbindung zu diesem auf. Die Adresse des Rendezvousservers wird an einen der Entryserver, verschlüsselt mit dem öffentlichen Schlüssel des Serviceanbieters, geschickt und gelangt so zum Serviceanbieter, der sich ebenfalls mit dem Rendezvousserver verbindet.

Weder Servicebetreiber noch Nutzer kennen die Identität des anderen.

Aus der Verfahrensbeschreibung lässt sich ablesen, dass die Nutzung des TOR-Dienstes mit starken Einschränkungen der Geschwindigkeit verbunden ist. Da viele Teilnehmer nur über temporäre IP-Adressen verfügen, ist das Aufkommen an Verwaltungsdaten relativ hoch. Ein Großteil der Weiterentwicklung wird in eine Minimierung des Verwaltungsaufwands gesteckt, ohne gleichzeitig die Sicherheit zu gefährden.

TEILNAHME

Jeder Teilnehmer kann selbst entscheiden, ob und in welchem Umfang er den Dienst unterstützt (Abbildung 10.1). Formal-rechtlich fungiert ein Relaisbetreiber als Dienstprovider und ist damit für die übertragenen Inhalte rechtlich nicht verantwortlich. Als Exitserver ist er mit seiner IP-Adresse allerdings im Zweifelsfall für die Polizei mit einem kriminellen Server verbunden und damit erster Tatverdächtiger, was im frühmorgendlichen Abholen des Rechners durch ein Rollkommando der BFE enden kann. Auch wenn das im ermittlungstechnischen Sinn zu nichts führt, ist der Rechner samt Daten und Backups zunächst einmal für unbestimmte Zeit weg und muss bei Rückgabe auch nicht mehr unbedingt noch alles enthalten. Exitserver sollten daher nur auf Maschinen, die nichts anderes machen und räumlich deutlich vom häuslichen Arbeitsplatzrechner getrennt sind, betrieben werden.

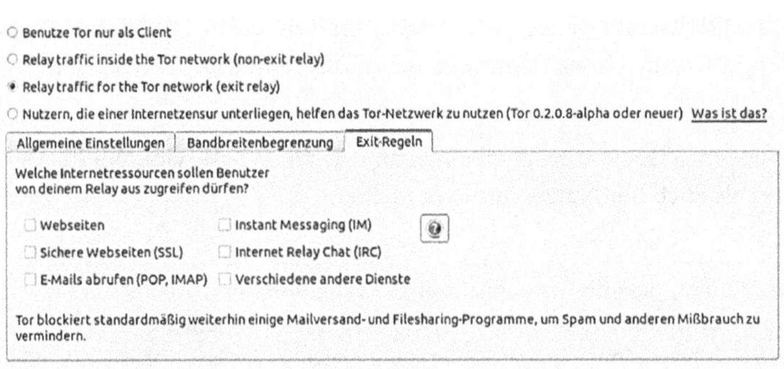

Abbildung 10.1: Bedienpanel des Torservice (Vidalia)

Normale netzinterne Relaisserver können i.d.R. problemlos betrieben werden, da der Netzwerkverkehr komplett verschlüsselt ist und man nur in der Hälfte aller Fälle mit dem Nutzer direkt verbunden ist, dies aber noch nicht einmal feststellen kann. Ggf. muss allerdings darauf geachtet werden, dass gesetzlichen Vorschriften zur Vorratsdatenspeicherung nachgekommen wird, um nicht in eine andere juristische Fallgrube zu plumpsen.

ANONYMITÄT

Die TOR-Software ist OpenSource, jeder kann daran teilnehmen, und Verbindungen werden in der Regel so geschaltet, dass mehrere Ländergrenzen überschritten werden, was auch kontrollierbar ist (Abbildung 10.2) und den Dienst einigermaßen sicher machen sollte – in der Theorie. In der Praxis gibt es aber auch Befürchtungen, dass doch nicht alles so sicher ist:

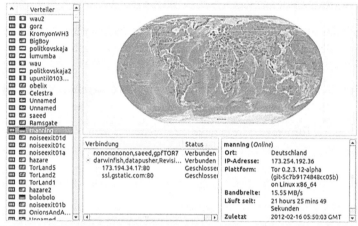

Abbildung 10.2: TOR-Netzwerkkarte

- **Softwaremanipulation.** Grundsätzlich ist es zwar möglich, die Torsoftware zu manipulieren, aufgrund des Verschlüsselungsschemas kann damit aber kaum Information gewonnen werden.

- **Exitserver.** Die Kontrolle von Exitservern erlaubt das Mitlesen des Datenverkehrs mit den Zielservern. Das Torsystem verschlüsselt zwar den Datenverkehr und verschleiert die Teilnehmerdaten bis zum TCP-Protokoll, jedoch nicht in den höheren Protokollen wie HTTP usw., und diese Protokolle sind oft äußerst geschwätzig in Bezug auf Anwenderdaten. Das Torsystem sollte deshalb nicht ohne spezielle Proxyagenten benutzt werden, die genau diese verräterischen Informationen, die doch die Identität offenlegen können, aus dem Datenstrom herausfischen.

  Genauso dumm und von den Proxyagenten nicht verhinderbar ist das Anmelden auf unverschlüsselten Servern mit Name und Kennwort. Soweit möglich, sollten auch der Datenverkehr zum Zielserver SSL-gesichert sein.

- **Relaisserver und Netzverkehr.** Zwar beteiligen sich viele private Nutzer am TOR-Netzwerk, jedoch handelt es sich letztendlich nur um einige 1.000 Teilnehmer – zu wenig, um finanziell kaum limitierte Geheimdienste davon abzuhalten, selbst einen größeren Teil der Server zu stellen und die Verbindungsdaten mitzuschneiden.

Aufgabe. Rechnen Sie für unterschiedliche Anzahlen an Relais- und Exitservern, von denen jeweils ein bestimmter Anteil kontrolliert wird, sowie der Nutzungsdichte als weiterer Variable die Wahrscheinlichkeiten durch, dass eine mögliche Verbindung zwischen einem Nutzer und einem Server hergestellt werden kann (die Beobachtungszeit geht natürlich ebenfalls in diese Rechnung ein).

Möglicherweise ist das für einige Geheimdienste sogar noch einfacher, da ihnen über Gesetze und Ländergrenzen hinweg Zugriff auf die Verbindungsdaten unterstellt werden kann.

Eine weitere Option bei der Kontrolle ist die Manipulation von Verzeichnisdaten, die ja ebenfalls zwischen den Relaisservern ausgetauscht werden. Unter Umständen kann so die Benutzung bestimmter Routen erzwungen werden, die es den Schlapphüten leichter machen, die Anonymität zu brechen.

Die Strafverfolgung hinkt derzeit deutlich hinter den Geheimdiensten her, aber in Summe muss sich jeder Teilnehmer selbst fragen, wo seine Anonymität bei einer gegebenen Menge von Relais- und Exitservern besser geschützt ist:

➢ Im steganografischen Durcheinander der allgemeinen Netzwerknutzung, in dem die meisten Nutzer keinen Gedanken auf Anonymität verschwenden, oder

➢ im verschlüsselten Tornetzwerk, von dessen Teilnehmern man weiß, dass sie (aus geheimdienstlicher Sicht) etwas verbergen wollen?

ZENSUR

Einige 1.000 Relais- und Exitserver sind computertechnisch eine kleine Menge, außerdem sind sämtliche Adressen bekannt, d.h. es ist einfach, festzustellen, ob ein Clientzugriff von einem Exitserver stammt oder eine Verbindung mit einem Relaisserver hergestellt werden soll.

Viele Server sperren Funktionen, sobald sie bemerken, mit einem Exitserver verbunden zu sein. Hierzu zählen beispielsweise wikipedia, die ihre Kommentarfunktion sperrt, sowie viele Provider, die kostenlose Emaildienste und Anderes anbieten. Das verhindert natürlich unerwünschtes und kriminelles Verhalten in gewissem Umfang, macht aber auch Leuten das Leben schwer, die außerhalb des politischen Mainstreams ihres Landes etwas verkünden wollen.

Ländern mit starker Internetzensur bereitet es ebenfalls wenig Schwierigkeiten, schon die Zugänge zu Relaisservern und damit die Teilnahme am TOR-Netz zu versperren. Die Gegenstrategie ist die Einrichtung einer TOR-Brücke (Abbildung 10.3).

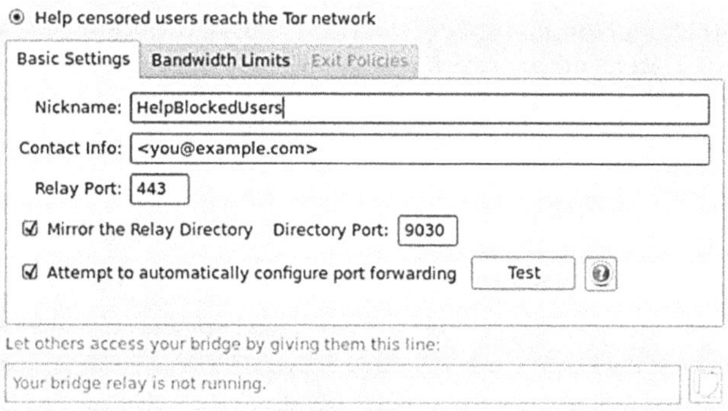

Abbildung 10.3: Bridge-Konfiguration

Die Brücke wird unter einer variablen Portnummer bereitgestellt und ist kein Relaisserver, d.h. sie steht nicht in der öffentlich bekannten Liste der TOR-Server. Die spezielle Kennung, die zur Benutzung der Brücke notwendig ist, kann nun den Zensurbetroffenen auf irgendeinem Weg mitgeteilt werden (die Verzeichnisserver stellen ebenfalls gewissen Dienste hierzu zur Verfügung). Ohne diese Kennung kann der Serverport auch bei einem Portscan nicht erkannt werden. Die Zensurbehörde kann nur reagieren, wenn der Rechner enttarnt wird, was bei wechselnden IP-Adressen aber auch nur für eine bestimmte Zeit möglich ist.

10.6.2 Internetsafe

In diesem Kapitel kommt wieder eine kleine Übungsaufgabe für den Leser. Die Anforderungen:

> ➢ Auf bestimmte Daten (beispielsweise Zugangsdaten zu Serverkonten) möchte man von jedem Ort aus zugreifen können, ohne dass die Notwendigkeit besteht, Datenträger durch die Welt zu schleppen.

> ➢ Einige Daten möchte man an einem versteckten Ort sichern, so dass niemand Zugriff auf sie erhalten kann.

Benötigt wird ein Serverdienst, der nicht weiß, welche Daten bei ihm gespeichert sind und wer die Daten gespeichert hat, also gewissermaßen ein anonymes Nummernschließfach, wie sie Schweizer Banken bis vor kurzer Zeit noch angeboten haben.

Da Sie ja bereits in anderen Aufgaben eine Serverprogrammierung durchgeführt haben, fällt Ihnen diese Aufgabe sicher nicht schwer. Richten Sie zunächst einen HTTP-Server mit SSL-Verschlüsselung ein. Die Datenbank besteht nur aus einer Tabelle mit den Spalten

```
user varchar[40] primary key
data text
access date
```

Der Zugriff des Anwenders erfolgt nur über ein Kennwort, der Dateneintrag besitzt im Klartext zweckmäßigerweise eine JSON-Struktur, weil dies auf Ihrem Browser direkt in sichtbare Objekte umgewandelt werden kann.[231] Der erste Anwendereintrag erhält die Form

```
Bezeichnung:    „Inhaltsverzeichnis"
Daten:          Tabelle: Nummer, Agent, Bezeichnung
```

---

231 Die meiste Programmierarbeit wird sich in Javascript abspielen. Dort sind die Details auch ausführlich erläutert. Alternativ können Sie auch Java-Applets schreiben.

Er wird zunächst von der Datenbank geladen, und man kann dann auf entsprechende Links auf weitere eigene Zeilen in der Datenbank zugreifen und gleichzeitig über den Inhalt von „Agent" den dazugehörenden Auswertungsbildschirm laden.

Der Zugriffsschlüssel auf eine beliebige Zeile in der Datenbank berechnet sich aus (das Inhaltsverzeichnis besitzt die Zeilennummer 0):

```
user = md5(kennwort,zeilennummer)
```

Der Zugriffsschlüssel wird (mit Javascript oder Java) im Browser erzeugt und über die verschlüsselte Verbindung an den Server gesandt, der den Datenteil zurücksendet. Der Server erfährt somit nie das Kennwort selbst und kann auch nur während einer Sitzung eine Verbindung zwischen den völlig verschiedenen Zugriffsschlüsseln eines Nutzers herstellen. Bei einer Kompromittierung der Datenbank kann nicht in Erfahrung gebracht werden, wer welche Datensätze gespeichert hat, und selbst der zufällige Zugriff auf das System bleibt erfolglos, da in der Praxis ein vorhandener Zugriffsschlüssel nicht erraten werden kann.

Die Daten werden ebenfalls auf dem Clientsystem durch

```
klartext = AES_decrypt(SHA1(kennwort),data)
```

entschlüsselt und beim Zurücksenden ebenfalls dort verschlüsselt. Ein Kennwort, das allerdings sorgfältig gewählt werden muss, versteckt also alles.

Aufgabe. Eigentlich klar nach dem Beschriebenen, oder? Die Ver- und Entschlüsselungsschritte sind in Javascript zu realisieren. Die Menüsteuerung muss das Lesen, Schreiben und Löschen von Daten, auch neuer Daten ermöglichen. Um Missbrauch zu verhindern, ist bei neuen Nutzern ein Captcha oder ähnliches vorzusehen, damit die Tabelle nicht kurzerhand durch Bots zugemüllt wird. Im Feld **access** wird der letzte Zugriff hinterlegt, um lange unbenutzte Daten (Kennwort vergessen o.ä.) aus der Datenbank zu entfernen (z.B. 12 Monate). Da der Server keine Verbindung zwischen den verschiedenen Datenbankzeilen herstellen kann, muss das Javascript-Programm entsprechende Zeitmarken erzwingen, auch wenn der Anwender nicht auf die Zeilen zugreift.

Fangen Sie mit der Grundfunktion an. Nachgeschaltet können Sie verschiedene Anwendungsagenten programmieren, beispielsweise für eine Kennwortverwaltung mit Übertragung auf das Zielserverfenster, Texte oder Bilder oder auch Dateien.

Wenn Sie auch daran denken wollen, mit so etwas Geld zu verdienen, biete sich folgende Lösung an:

> Über irgendein Zahlungsportal kann der Nutzer ein MD5-verschlüsseltes Kennwort seiner Wahl in eine Tabelle hochladen, die nichts weiter als diese Kennworte nebst jeweils einem Gültigkeitsvermerk enthält.

> Bei einem Zugriff auf die Daten oder beim Anlegen von Daten gibt der Nutzer nun das Kennwort an den Server, der nach Bilden des MD5 die Gültigkeit in der Tabelle prüfen und die Datennutzung entsprechend lange zulassen kann.

Sofern nicht anonymes Geld oder irgendeine andere nicht mit dem Nutzernamen verbundene Bezahlungsart (Pre Paid Handy, Bargeschäft) verwendet wird, kann dabei natürlich die Identität des

Nutzers herausgefunden werden, wenn der Zahlungsservice mit dem Safebetreiber zusammenarbei-tet.[232]

10.7 Electronic Cash

Die meisten Geschäfte werden heute im elektronischen Zahlungsverkehr abgewickelt. Dazu gehö-ren Geld- und Kreditkarten in Einzelhandelsgeschäften und teilweise auch bei Interneteinkäufen sowie mehr an das Internetbanking angelehnte bequeme Methoden wie PayPal, Direktüberweisung oder Amazon-Payments. Größere Barzahlungen gibt es noch beim privaten Handel mit hochwerti-gen Wirtschaftsgütern wie Automobilen, bei denen die Verlustrisiken im Betrugsfall zu hoch sind, um sich auf Verzögerungen wie bei Überweisungen oder Widerrufsmöglichkeiten des Geschäfts einzulassen.

Staatlicherseits wird die Verwendung von Bargeld zunehmend ungerne gesehen, weil die Behörden Bargeschäfte kaum kontrollieren können. Um „Steuerhinterziehung" und „Terrorismus" zu be-kämpfen, wurde in den letzten Jahren nahezu weltweit das Bankgeheimnis abgeschafft, und mit Hil-fe der modernen Technik können die Finanzbehörden heute weltweit jede Transaktion ganz legal ohne jegliche rechtliche Beschränkung kontrollieren (und tun es auch zunehmend). Das Ein- und Auszahlen größerer Bargeldbeträge ist meldepflichtig, und um die Kontrolle vollständig zu machen, wird neuerdings auch diskutiert, größere Geldscheine abzuschaffen und jegliche Bargeldgeschäfte oberhalb einer bestimmten Grenze zu verbieten.[233]

Abgesehen von der totalen Kontrolle bei einem kompletten Übergang zum bargeldlosen Zahlungs-verkehr – der Staat sieht nicht nur direkt, für was der Bürger sein Geld ausgibt, sondern kann ihm bei Bedarf auch jeglichen Zugriff auf sein Vermögen entziehen – ist Datenschützern insbesondere die komplett fehlende Anonymität ein Dorn im Auge. Sie stehen auf dem Standpunkt, dass es nie-manden etwas angeht, für was man sein Geld ausgibt. Teilnehmer an Internetspielen möchten aus irgendwelchen persönlichen Gründen anonym bleiben, andere sehen bei Zahlungen mit Kreditkar-ten – im weltweiten Verkehr ist oft nichts anderes möglich – zu viele Risiken, wenn die Server kom-promittiert und die die Kartendaten gestohlen werden. Das hat zur Entwicklung verschiedener Techniken geführt, auch elektronische Geschäfte anonym ausführen zu können. Auch wenn solche Techniken vermutlich keine große Zukunft haben werden, sind sie zumindest technisch interessant genug, sich hier damit zu beschäftigen.

---

232 Rein formal entspricht dieses Modell den Schließfächern auf Bahnhöfen oder Flughäfen, nur das im Even-tualfall die Polizei das verschlüsselte Fach nicht öffnen und den Inhalt untersuchen kann. Als Normalden-kender würde man so ein Geschäft daher zunächst einmal als legal einstufen; falls Sie das aber tatsächlich vorhaben, informieren Sie sich besser vorher über die Rechtsauffassung Ihrer Justiz, denn die hat häufig wenig mit gesundem Menschenverstand zu tun. Ich habe Sie jedenfalls gewarnt!

233 Barabhebungen oder Einzahlungen ab 5.000 € werden gemeldet, und Finanzämter haken fallweise nach, wo das Geld herkommt oder hingeht. Der größte Geldschein ist derzeit der 500 €-Schein; zum Vergleich: vor dem 1. Weltkrieg kursierten 1.000 RM-Scheine, was im Verhältnis zur heutigen Kaufkraft in etwa ei-nem 15.000 €-Schein entsprechen würde. Bargeschäfte sollen über 5.000 € (in Italien sind sogar 1.000 € bereits realisiert) sollen zudem verboten werden. So weit der Stand Anfang 2016 beim Abfassen dieses Skripts.

10.7.1 Bankkarten

Kredit- und Geldkartengeschäfte gibt es nun schon längere Zeit, und die Methoden der Absicherung haben sich mit den zur Verfügung stehenden Verschlüsselungsmethoden im Laufe der Zeit gewandelt:

→ Die ersten Karten (Kreditkarten) besaßen keine elektronische Schutzfunktion. Die Karten wurden als Prägestempel benutzt, die Belege wurden vom Kunden gegengezeichnet. Im Zweifelsfall musste der Akzeptierende sich durch Vorlage des Ausweises des Kunden und/oder telefonische Rückfrage bei der Kartengesellschaft von der Deckung der Karte überzeugen.

→ Die nächste Generation besaß Magnetstreifen, die das Einlesen vereinfachten, und einen Schutz durch eine PIN. PIN und Kontodaten wurden in einem Hash-MAC gesichert, zu dessen Kontrolle jedes Lesegerät entweder den geheimen Schlüssel oder eine online-Verbindung zum Bankserver besitzen muss. Die Sicherheitsrisiken waren entsprechend hoch.

→ Mit Einführung des Chips wurde in der nächsten Stufe DES oder DES3 im CFB- oder einem ähnlichen Modus verwendet. Informationen, die zuvor auf Lesegeräten oder Servern gesichert wurden, können auch auf der Karte gesichert werden. Durch Challenge-Response-Verfahren muss die Karte die „richtigen Antworten" auf Nachrichten der Lesegeräte oder Server geben, was eine Fälschung erschwert. Nach wie vor müssen aber in den Lesegeräten geheime Informationen vorliegen, was die Sicherheit beeinträchtigt.

→ Inzwischen sind die Chips leistungsfähig genug, Public-Key-Systeme zu unterstützen. Gleichzeitig sind die Netzwerke so leistungsfähig geworden, dass nahezu jedes Lesegerät online mit den Bankservern verbunden ist. Geheiminformationen sind auf den Lesegeräte nicht mehr notwendig, was eine hohe kryptologische Sicherheit garantiert.

Chipkarten besitzen teilweise auch Geldkartenfunktionen: auf der Karte werden kleine Beträge im Rahmen eines Ladevorgangs gespeichert und können in beliebiger Stückelung wieder abgerufen werden. Für den Zahlvorgang genügt eine Signatur vom Chip; die akzeptierende Einheit muss nur über ein öffentliches Zertifikat des Bank verfügen, um die Zahlung verifizieren zu können. Vorgesehen ist diese Funktion für kleine Beträge oder nicht online verbundene Geräte wie Parkautomaten. Da die Beträge beim Laden der Karte vom Konto des Kunden abgebucht werden, kann der Bezahlvorgang anonym erfolgen. Das System hat sich aus verschiedenen Gründen kaum durchgesetzt.

Werden die Chips auf den Karten zur Authentifizierung verwendet, ist zumindest eine Kartenfälschung nicht mehr möglich: ein Betrüger muss in Besitz der Karte sein und zusätzlich die PIN-Nummer kennen. Die sichere Chip-Authentifizierung ist jedoch häufig national begrenzt. Im Ausland kann es passieren, dass weiterhin der Magnetstreifen herangezogen wird. Durch Manipulation von Bankautomaten und sonstigen Lesegeräten kann der Magnetstreifen kopiert und Karte gefälscht werden. Die Tricks der Betrüger umfassen in etwa das folgende Spektrum:

● Manipulation der Geldausgabe. Die Scheine bleiben teilweise im Automaten und werden von den Betrügern entnommen, während sich der Kunde in der Bank beschwert.

● Manipulation der Kartenrückgabe. Die Karte bleibt vermeintlich im Automaten und wird von den Betrügern entnommen, wenn der Kunde sich entfernt hat.

● Manipulation des Tastenfeldes durch eine Folientastatur zum Mitlesen der PIN oder mittels einer Kamera über dem Tastenfeld.

- Kopieren des Magnetstreifens durch ein weiteres Lesegerät am Eingabeschlitz. Ist die Karte kopiert und die PIN mitgelesen, wird die geklonte Karte in Ländern eingesetzt, in denen nur der Magnetstreifen herangezogen wird. Der Kunde bemerkt den Betrug erst Wochen später auf seinem Kontoauszug.

Kritisch ist auch die Verwendung von Kreditkartendaten im Internet, da die Kunden in den wenigsten Fällen über Lesegeräte verfügen, die eine sichere Abwicklung ermöglichen würden. Meist genügt die Kartennummer sowie eine weitere Sicherheitsnummer, die ebenfalls auf die Karte gedruckt ist. Die Sicherheit ist mithin bescheiden. Die Kartenunternehmen tun bislang recht wenig. Mit Kreditkarten lässt sich viel Geld verdienen, und so lange die Verluste im Rahmen bleiben (ca. 20-30% der Einnahmen müssen aufgrund von Reklamationen wegen Betrugs wieder abgeschrieben werden), akzeptiert man das, da eine weltweite einheitliche Absicherung wohl noch zu aufwändig ist.

10.7.2 Anonyme elektronische Zahlung

Wir haben in Kapitel 9.11.3 (S. 313 ff) bereits ein mathematisches Schema für elektronische Münzen entwickelt, das allerdings bei Konflikten das Problem aufweist, nicht aufdecken zu können, ob einer der Teilnehmer betrügt oder ein Dritter eine Münze entwendet hat. Wir nehmen uns dieses Problems hier noch einmal an.

Allgemeines

Um noch einmal das grundsätzliche Prozedere zu erläutern: bei bankbetriebenen anonymen elektronischen Zahlungsmitteln erhält der Kunde elektronische Münzen gegen Verrechnung mit seinem Konto. Mit diesen kann er Geschäfte abwickeln, und der neue Inhaber kann die erhaltenen Münzen wiederum auf sein Konto einzahlen. Die Kunden sind den Banken jeweils bekannt; anonym ist nur, wer an wen eine Münzen ausgeliefert hat. Im vorhergehenden Schema haben wir eine Möglichkeit eingebaut, die Identitäten aufdecken zu können. Wir lassen diesen Teil hier fort, bedarfsweise kann er aber auch wieder hinzugenommen werden.

Das Grundprinzip behalten wir bei: Bank und Kunde verfügen über Zertifikate mit öffentlichen Parametern. Jede Münze ist ein Unikat, was durch bestimmte Regeln bei der Erstellung der Seriennummer immer gewährleistet werden kann. Der Kunde erstellt die Seriennummer selbst, d.h. die Bank kennt sie bei Ausgabe nicht und kann daher auch ihren Weg nicht verfolgen.

Die Münze wird von der Bank mit einer blinden Signatur versehen und damit gültig. Mit der Signatur wird der Nennwert der Münze vom Konto des Kunden abgebucht. Die blinde Signatur wird mit einer Gegensignatur durch den Kunden verbunden, die als Eigentumsnachweis gegenüber dem Empfänger gilt. Ab hier weichen wir jedoch vom zuerst entwickelten Schema ab:

Die Gegensignatur ist nicht statisch, sondern dynamisch, d.h. der Kunde muss gegenüber dem Empfänger in einem Challenge-Response-Verfahren nachweisen, dass die Münze ihm gehört. Die Challenge-Response-Parameter werden Bestandteil der Münze beim Einreichen. Die Bank notiert diese Parameter zusammen mit der Seriennummer als Nachweis für die Einlösung.

Wird die Münze ein weiteres Mal eingereicht, besteht das Problem, zu entscheiden, wer betrügt. Sind die Challenge-Response-Parameter die gleichen wie bei der ersten Einreichung, hat der Empfänger Pech gehabt, sofern ein Dritter die Münze gestohlen und bereits eingereicht hat. Ihm bleibt dann nur noch, auf dem Rechtsweg den Diebstahl in irgendeiner Form nachzuweisen. Anders sieht die Situation aus, wenn die Münze mit einem neuen Challenge-Response-Satz eingereicht wird. Hier bestehen zwei Möglichkeiten:

1. Der Kunde hat die Münze mehrfach ausgegeben. Das Challenge-Response-Schema ist in diesem Fall so aufgebaut, dass der private Schlüssel des Kunden aufgedeckt wird. Die Bank muss nun nur prüfen, für welchen Kunden das der Fall ist, und hat den Übeltäter erwischt.

2. Der Empfänger versucht, mit irgendwelchen Zufallswerten die Münze nochmals einzureichen. Die Suche der Bank endet in diesem Fall ergebnislos, und der Betrug des Empfängers wird offensichtlich.

ALGORITHMEN

Wir zäumen das Pferd einmal von hinten auf. Der Kunde verfüge über zwei diskrete Logarithmen zur gleichen Basis:

$$y \equiv g^a (mod \ p) \ , \ z \equiv g^b (mod \ p)$$

g, y, z seien Bestandteil der Münze. Um den Kunden als korrekten Eigentümer einer Münze zu identifizieren, sendet der Empfänger eine Zufallszahl c an den Kunden und erwartet ein t mit der Eigenschaft

$$y^c * z \equiv g^t (mod \ p)$$

Läuft alles korrekt, kann der Kunde $t \equiv c*a+b (mod \ p-1)$ korrekt abliefern. Das Paar (c,t) wird Bestandteil der Münze und bei Einreichung bei der Bank mit angegeben. Liefert der Kunde die Münze ein weiteres Mal an einen anderen Empfänger aus, so kommt ein weiteres Paar (c',t') bei der Bank an, das der gleichen Münze zugeordnet wird, und die Bank kann nun die Geheimnisse

$$a \equiv (t-t')*(c-c')^{-1}(mod \ p-1)$$
$$b \equiv t-c*a (mod \ p-1)$$

berechnen. Genau hingeschaut ist der Nachweis nichts anderes als ein normaler Beweis für den Besitz des diskreten Logarithmus, bei dem der Beweisführer allerdings gezwungen wird, einen weiteren konstanten Exponenten zu verwenden. Jeder Nachweis ist eine Gleichung mit zwei Unbekannten, und mit zweier solcher Gleichungen hat man das Problem geknackt. Man verifiziert auch leicht, dass dem Kunden ein Mogeln bei der Angabe von y und z nichts nützt, da er dann t nicht korrekt berechnen kann.

Die Bank kann zwar nun nachweisen, dass eine Münze mehrfach ausgegeben wurde, allerdings nützt ihr das wenig, wenn sie nicht nachweisen kann, welcher Kunde das gewesen ist. Sie muss daher dafür sorgen, dass der Kunde a (oder b) bei jeder Münze verwendet und ein Paar $h, u \equiv h^a (mod \ p)$ zusammen mit der Identität des Kunden in ihrer Datenbank liegt. Sie kann damit den Kunden identifizieren und darüber hinaus auch sämtliche Münzen, die der Kunde jemals verwendet hat, verfolgen.

Das Problem ist, dass a verwendet werden muss, ohne dass y oder z der Bank bekannt sein darf. Erlangt sie Kenntnis von einer dieser Größen bei der Erzeugung der Münzen, ist die Identität des Kunden von vornherein gebrochen. An dieser Stelle entwickeln sich bei den verschiedenen Modellen in der Literatur ziemlich komplizierte Schemata, die nur noch schwer zu durchschauen sind und bei genauer Analyse doch oft an irgendeiner Stelle auf ein ehrliches Verhalten der Beteiligten setzen oder die Anonymität brechen. Setzen wir daher auf ein einfacheres Verfahren:

Gehen wir davon aus, dass zwischen Kunde und Bank ein Vertrauensverhältnis herrscht. Der Kunde vertraut darauf, dass die Bank sich nicht mit seinem Geld davon macht, die Bank, dass der Kunde in der Regel ehrlich ist und nur geringer Kontrollen bedarf, um ihn in der Ehrlichkeit zu behalten. Dann genügt das folgende einfache Schema:

➤ Der Kunde erzeugt eine Münze nach Vorgabe der Bank mit einer der Bank unbekannten Seriennummer, die zur Kontrolle auf einmalige Verwendung dient, sowie der Bank unbekannten Parametern (g, y, z). Er versichert lediglich, dass der Zusammenhang $y \equiv g^a \pmod{p}$ besteht.

➤ Die Bank signiert diese Münze anonym nach einem der in Kapitel 9.11.1 S. 310 ff beschriebenen Verfahren. Der Kunde kann diese Münze nun nicht mehr verändern, insbesondere nicht seine Signaturdaten (g, y, z).

➤ Die Bank ruft einen Anteil w der Münzen einschließlich der Blendparameter bei der blinden Signatur sofort wieder zurück. Aufgrund der Auslieferung der Blendparameter kann die Bank kontrollieren, dass der Kunde wirklich die gerade erzeugte Münze zurück gibt und nicht eine andere. Sie lässt sich im Challenge-Response-Verfahren bestätigen, dass y und h den gleichen diskreten Logarithmus besitzen (Kapitel 9.8 ab Seite 283). Der kritische Parameter a wird bei diesem Verfahren nicht bekannt.

Aufgabe. Stellen Sie einen kompletten Datensatz für eine Münze zusammen und schätzen Sie die notwendigen Datenkapazitäten der Beteiligten ab (Hinweis: auch die geheimen Daten erfordern Speicherplatz).

Aufgabe. Kann eine einmal von der Bank ausgegebene Münze bewusst mehrfach verwendet werden, wenn der Parametersatz auf $(y, z_1, z_2, \ldots z_n)$ erweitert wird? Stellen Sie ein Schema auf, wie mit einer multiplen Münze umzugehen ist.

MÜNZEN IN DER REALITÄT

Anders als Bankkarten oder Bitcoins gibt es in den realen Bankanwendungen keine elektronischen anonymen Münzen. Das hat mehrere Gründe:

➤ Es existieren sehr viele unterschiedliche Schemata, von denen wir hier zwei vorstellt haben. Andere Schemata berücksichtigen

◆ die Aufspaltung einer Münze auf beliebige Teilbeträge,

◆ die Erstellung eines Satzes von N Münzen bei einer Vereinbarung, um den Verwaltungsaufwand der Bank zu reduzieren,

◆ eine Absicherung gegen Verlust/Diebstahl ähnlich dem Verlust von Kreditkarten,

◆ ...

Welches Schema kommt den Bedürfnissen der Kunden und der Bank am nächsten?

➤ Um sinnvoll genutzt werden zu können, müssten sehr viele Banken, Kunden und Empfänger mitmachen, was zu Normierungs- (einheitliches Schema für Münzen) und Sicherheitsproblemen (Speicherung der Münzen bei Kunden und Empfängern) führt.

➤ Anonyme Zahlungsmittel sind nur im Interesse bestimmter Kunden, nicht aber im Interesse der Banken, die den Zahlungsverkehr mit den vorhandenen nicht anonymen Mitteln problemlos abwickeln können.

> Anonyme Zahlungsmittel sind nicht im Interesse der Staaten, die aus verschiedenen Gründen eine Kontrolle über Zahlungsvorgänge behalten wollen.

Elektronische anonyme Münzen sind (und bleiben) damit wohl eine intellektuelle Spielwiese ohne nennenswerte Chancen, sich auf dem Markt zu etablieren.

10.7.3 Bitcoin

Anonyme Zahlungsmöglichkeiten sind aus verschiedenen Gründen – Ideologie, Kriminalität, Terrorismus – im Interesse verschiedener Nutzer, die sich aufgrund des Nichtmitspielens der offiziellen Zahlungskanäle nach etwas anderem umsehen mussten, was abseits im rein privaten Bereich abläuft und mehr den Charakter von Tauschgeschäften besitzt. Einer dieser Kanäle ist Bitcoin.

ALLGEMEINES

Bitcoin hat es geschafft, sich auf dem Markt zumindest nischenweise zu etablieren, und inzwischen scheinen sich auch einige Banken dafür zu interessieren. Der Unterschied zwischen Bitcoin und den zuvor diskutierten E-Cash-Systemen: Bitcoin ist eine eigene Währung ohne eine feste Bindung an bestehende Währungen. Keine Bank garantiert, dass eine Bitcoin einen bestimmten Gegenwert in US-\$ oder € besitzt, und keine Zentralbank garantiert, dass die im Umlauf befindliche Geldmenge in irgendeiner Form mit dinglichen Werten im Zusammenhang steht.[234] Wenn jemand heute für 110 US-\$ eine Bitcoin kauft, kann es passieren, dass er an einer Euro-Börse nur 90 € für sie wieder eintauschen kann, obwohl er für 110 US-\$ bei der Bank 100 € bekommen würden, und wenn er morgen die Bitcoin wieder veräußert, bekommt er vielleicht nur 80 US-\$, vielleicht aber auch 130 US-\$ (Abbildung 10.4). Eine weitere Eigenschaft, die Bitcoin mit realen Währungen gemein hat: die Geldmenge ist nicht konstant, sondern vergrößert sich ständig, weil das Modell wie bei Staatsbanken Institutionen vorsieht, die von sich aus neues Geld erzeugen können.

Auch der Verlust von Bitcoins ist möglich: fällt jemandem ein Geldschein aus der Tasche, ist er verloren (nun ja, es könnte ihn ja noch jemand finden und verwenden) – im elektronischen Pendant: vergisst oder verliert jemand seine geheimen Daten, die er zur Verwendung einer Bitcoin benötigt, hat er keine Möglichkeit mehr, die vorhandenen Bitcoins zu verwenden.

Bitcoin ist der derzeitige Endpunkt einer Reihe von Entwicklungen, die bereits in den 1980er Jahren begonnen haben. Statt eine entsprechend fundierte theoretische Basis zu finden, stellt man allerdings fest: ein derart schlecht dokumentiertes und theoretisch abgesichertes System begegnet einem selten. Über längere Zeit hinweg existierte nur ein einziges technisches Dokument, das sich auf die Darstellung sehr allgemeiner Prinzipien beschränkt und Wichtiges in Nebensätzen erledigt. Der anonyme Verfasser hat sich angeblich statt dessen um 2008 an die Programmierung des Systems begeben, und wenn man Anhänger des Systems fragt, verweisen sie gerne darauf, dass man sich doch den Code anschauen kann, denn er sei öffentlich. Code ist aber keine theoretisch fundierte Basis. Erst seit Anfang 2016 ist ein immerhin 310 Seiten starkes Dokument veröffentlicht, das je-

---

234 Das ist bei „staatlich garantierten" Währungssystemen im Prinzip seit der Abkehr vom Goldstandard ebenfalls nicht mehr der Fall. Da es bislang gelungen ist, den Output der aufgrund der staatlichen Verschwendungssucht ständig laufenden Notenpresse in virtuelle Börsengeschäfte umzuleiten und die Inflation vom Warenumlauf fern zu halten, fällt das bislang nur nicht so richtig auf. Der Trick heißt „Verteilung von unten nach oben". Immer größere Teile der Gesellschaft fallen in den Armutsbereich, und die Preise müssen einigermaßen stabil bleiben, um noch etwas verkaufen zu können und Aufstände zu vermeiden. Aber das ist eine andere Baustelle.

doch auch eher populärwissenschaftlich als ingenierwissenschaftlich orientiert ist und selbst die Funktionsweise von Hashfunktionen auf allgemeinem Niveau erklärt.[235] Zum Thema selbst liest man aber auch Sätze wie diese:

> *Ironically, with the current state of research, consensus in Bitcoin works better in practice than in theory. That is, we observe consensus working, but have not developed the theory to fully explain why it works. But developing such a theory is important as it can help us predict unforeseen attacks and problems, and only when we have a strong theoretical understanding of how Bitcoin consensus works will we have strong guarantees Bitcoin's security and stability.*

Es funktioniert, aber man weiß nicht so genau warum, und vor allen Dingen weiß man dadurch auch nicht so genau, mit welcher Wucht man auf die Nase fallen kann. Sieht so ein seriöser Anreiz aus, sein Geld in größerem Ausmaß hinein zu stecken?

Der Handel mit Bitcoins ist ebenfalls undurchsichtig. Inzwischen existieren mehrere voneinander unabhängige Bitcoin-Systeme, da tatsächlich jeder in der Lage ist, Initiator eines Systems zu werden und Bitcoins zu erzeugen. Wie bei einer Religion muss man anschließend nur genügend Jünger finden, die einem die Bitcoins gegen richtiges Geld abkaufen. Neben der Abwicklung des Zahlungsverkehrs bei Geschäften existieren in den Systemen Händler, Börsen und Kontenverwalter, was dem Prinzip „keine Bank" nicht wirklich entspricht. Verschiedene Bitcoinsysteme haben auch bereits den einen oder anderen Crash hingelegt, bei dem einiger Schaden entstanden ist. Durch die permamente Gelderzeugung hat es vom Prinzip her den Ruf eines Schneeballsystem, d.h. die Ersten profitieren überdurchschnittlich, die Letzten beißen die Hunde. Aber gerade bei Geldanlagegeschäften scheinen überproportional viele Leute das Gehirn auszuschalten und blind ins offene Messer zu rennen.

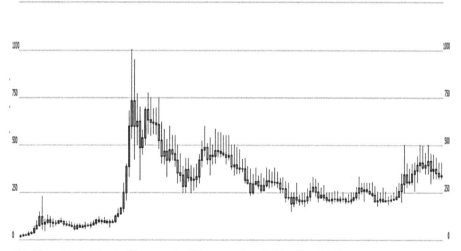

Abbildung 10.4: Bitcoin-Chart an der Börse von Jan. 2013 - Dez. 2015

DAS PRINZIP

Eine Bitcoin ist kein Datensatz, der eine virtuelle Münze darstellt, sondern eher vergleichbar mit einem Orderscheck: ein Orderscheck ist auf eine bestimmte Person ausgestellt, die ihn unterschrei-

---

235 Arvind Narayanan, Joseph Bonneau, Edward Felten, Andrew Miller, Steven Goldfeder: Bitcoin and Cryptocurrency Technologies, Princeton University Press

ben muss, damit er gültig wird, danach aber auch eine andere Person als Inhaber eintragen und den Scheck weiterreichen kann. Eine Bitcoin ist somit eine Transaktion mit dem Inhalt

> Wert in virtuellen Einheiten

> Hashwert der vorhergehenden Transaktion

> Public Key des aktuellen Inhabers

> Signatur des Inhabers der vorhergehenden Transaktion

Verbinden wir dies mit einer Reihenfolgesignatur (Kapitel 10.1.3 ab Seite 326), so haben wir schon einmal das Grundprinzip von Bitcoin: jeder Transaktionssatz hat einen eindeutigen Hashwert, und alle Transaktionen werden in einer Reihenfolgeliste notiert. Man ist im Besitz einer Bitcoin, wenn

a) man den privaten Schlüssel zum Public Key im Datensatz besitzt und

b) der Hashwert der vorhergehenden Transaktion in der Liste verzeichnet und noch nicht verwendet ist,

c) die Bitcoin mit dem privaten Schlüssel der letzten Transaktion signiert ist,

d) die Transaktion in der Reihenfolgeliste verzeichnet ist.

Zum Bezahlen mit dieser Bitcoin genügt es, den Public Key des nächsten Inhabers einzutragen, die Transaktion zu signieren und den Hashwert der Transaktion in die Reihenfolgeliste einzutragen. Der nächste Inhaber muss bei dieser Aktion nicht beteiligt werden.

Der Leser erkennt sicher schnell die technischen Probleme:

✗ Um eine Transaktion in die Reihenfolgeliste aufzunehmen, muss zunächst sichergestellt werden, dass die Vorgängertransaktion ebenfalls in der Liste notiert ist. Damit wird ausgeschlossen, dass jemand versucht, mit einer gar nicht existierenden Bitcoin zu zahlen.

✗ Ist das der Fall, müssen sämtliche Transaktionen zwischen diesen beiden Ereignissen dahingehend überprüft werden, ob die Vorgängertransaktion nicht bereits verwendet wurde. Der alte Inhaber könnte ja versuchen, die Bitcoin mehrfach zu verwenden.

✗ Abschließend ist die Signatur zu prüfen. Es könnte ja auch jemand versuchen, eine Bitcoin zu stehlen.

✗ Erst jetzt kann sie in der Reihenfolgeliste notiert werden. So lange sie nicht notiert ist, kann der neue Inhaber nicht sicher sein, ob ein Betrugsversuch stattfindet.

Bei lebhaftem Transaktionsverkehr kommen schnell eine Menge Daten zusammen. Bei der bekanntesten Plattform ist von 50 GB die Rede, die effektiv und konsistent zu verwalten sind. Wenn man sicher gehen will, dass alles seine Richtigkeit hat, muss man die komplette Datenbank herunterladen und auf Konsistenz prüfen. Wir kommen auf das Thema noch zurück.

ANONYMITÄT

Die Bitcoin-Vertreter schieben zwei Hauptgründe für das System nach vorne:

1. Bitcoin ist eine unabhängige Währung, und wenn die reale Währung zusammenbricht, habe ich immer noch meine Bitcoins.

2. Ich kann Geschäfte anonym abwickeln.

Ob 1. nun wirklich ein griffiges Argument ist, mag jeder selbst beurteilen. Wenn alles zusammenbricht, betrifft das möglicherweise auch den Strom und das Internet, und mir wäre in diesem Fall ein Handel auf der Basis „silberne Löffel gegen Kartoffeln" deutlich sympathischer als ein zweifelhafter elektronischer Datensatz. Bleiben wir daher bei Argument 2.

Ein Bitcoin-Nutzer wird durch seinen Public Key ausgewiesen. Der Public Key muss weder mit einer echten Identität verbunden werden noch muss ein Teilnehmer nur einen Public Key verwenden. Es ist durchaus möglich, jedem Zahler einen neuen individuellen Public Key für eine Transaktion zu übergeben. So lange man die Übersicht über die dazu gehörenden Private Keys behält, funktioniert das System. Aus der Transaktions-Datenbank lässt sich jedenfalls nicht entnehmen, wer wem etwas gezahlt hat, so weit ist das System tatsächlich anonym.

Aber für wen möchte man eigentlich anonym bleiben? Und funktioniert das? Da sind zunächst die Tore zur realen Welt: wenn man bei dem System mitmachen möchte, muss man Bitcoins gegen reale Währung kaufen und/oder später auch wieder verkaufen. Zumindest beim Wechselvorgang werden den Beteiligten die jeweiligen Identitäten bekannt sein. Wenn ein Geschäft abgeschlossen wird, besteht auch ein Interesse, zumindest teilweise zu wissen, mit wem man da handelt. Bestellt man eine Ware, muss zumindest die Postanschrift bekannt sein, wenn es sich nicht um ein elektronisches Gut handelt, und als Zahler wird mit vermutlich auch die Identität des Händlers wissen wollen, denn der hat die Zahlung ja erst erhalten, wenn sie in der Transaktionsliste bestätigt ist, und könnte sich ja weigern, anschließend die Ware herauszurücken.

Es ist kein Problem, den Weg einer Zahlungseinheit in der Datenbank zu verfolgen. Ein Interesse, die Anonymität aufzuheben, dürfte vorzugsweise bei staatlichen Behörden bestehen. Die dürften in vielen Fällen aber auch genug Druckmittel haben, eine Bitcoin-Identität mit einer realen Identität zu verknüpfen und bestimmte Geldwege ganz gut nachvollziehen zu können. International operierende Schurken dürften dem Zugriff weitgehend entschlüpfen, aber für den Privatmann ist die Anonymität wohl nur bedingt erreichbar.[236]

ZAHLUNG UND KOSTEN

Das Grundprinzip kennen wir bereits: Alice signiert ihre Bitcoin nach Anfügen von Bobs Public Key und lässt die Transaktion eintragen. Das einfache Schema verkompliziert sich, wenn man beachtet, dass Alice eine Transaktionsgebühr für die Eintragung zu entrichten hat und eine Bitcoin in den seltensten Fällen dem an Bob zu zahlenden Betrag entspricht. Die Zahlung spaltet sich daher in der Regel in drei Einzelzahlungen auf:

➔ den Betrag, den Alice an Bob zahlen will,

➔ die Transaktionsgebühr, die auf einigen Plattformen von Alice beliebig festlegen kann, auf anderen Plattformen jedoch vorgegeben ist,

➔ die Differenz zwischen beiden, die bei Alice verbleibt und als Zahlung von Alice an Alice abgewickelt wird.

Aus einer Bitcoin werden auf diese Weise mindestens zwei, unter Umständen aber auch drei oder mehr. Die Differenz zwischen ursprünglichem Betrag und Gebühr+Zahlung wird nämlich ebenfalls eine Transaktion, die Alice an sich selbst überweist. Alle Transaktionen müssen gleichzeitig in die

---

236 Was an sich schon wieder zur der Frage nach der Hybris der Nutzer führt: welcher Nutzer ist so wichtig, dass seine Anonymität ein entscheidendes Kriterium ist? Und verhält er sich auch sonst so oder nutzt er im Baumarkt die Vorteile einer Kundenkarte?

Reihenfolgeliste eingetragen werden, um das System konsistent zu halten, und zusätzlich zu den anderen Prüfungen ist auch zu prüfen, ob die Bilanz stimmt.

Auch ein weiterer Fall ist zu beachten: reichen die Guthaben einer Bitcoin nicht aus, stellt Alice mehrere Zahlungen mit verschiedenen Bitcoins aus. Für das Bitcoin-System unerheblich, aber für die saubere Geschäftsabwicklung wünschenswert: auch diese Transaktionen sollen möglichst zeitgleich in die Reihenfolgelist eingetragen werden.

Technisch wird dies in Bitcoin durch Verwendung eines Hashbaums realisiert (Kapitel 10.1.3, S. 326). Vor dem Eintrag der Transaktionen in die Liste wird erst ein ganzer Block von Transaktionen gesammelt, in einem Hashbaum verdichtet und der Root-Wert in die Zeitliste übernommen.

Das Aufspalten der Bitcoins in kleinere Einheiten bringt natürlich auch das Problem mit sich, dass sich im Laufe der Zeit Mikrozahlungen anhäufen, etwa so, als würde man den neuen Fernseher für 800 € in Cent-Stücken bezahlen wollen. Konsequenterweise muss auch ein Zusammenführen kleiner Einheiten zu größeren vorgesehen werden, was die Konsistenzprüfungen weiter verkomplizieren.

Aufgabe. Entwerfen Sie ein Datenbankschema und einen Programmablaufplan für die Prüfung von Transaktionen.

In der Dokumentation schweigt man sich tapfer über solche Details aus. Auch die Frage, wie ein Teilnehmer, der für jede erhaltenen Bitcoin andere Public Keys verwendet, die Zusammenführung bewerkstelligen soll, bleibt offen. Zusammen signieren kann er die Transaktion dann ja nicht.

Selbst wenn man diese technischen Fragen geklärt hat, bleibt in der Praxis noch der Punkt „Kosten" zu bewerten. Bei jeder Transaktion werden Gebühren fällig. Wer diese übernimmt, müssen die Teilnehmer untereinander aushandeln: Alice kann sie übernehmen oder Bob kann einwilligen, dass sie ganz oder teilweise vom eigentlichen Rechnungsbetrag abgezogen werden können. Die elektronische Anonymität ist somit nicht umsonst zu haben und möglicherweise sogar ungünstiger als normale Banküberweisungen. Ob sich das lohnt, muss nun jeder selbst entscheiden.

TEILNEHMER

Eine zentrale Instanz zur Erstellung der Liste kann mit so vielen Bedenken verbunden werden, dass sie gar nicht erst vorgesehen wird. Jeder kann bei Bitcoin mitmachen, und formal sind alle gleichberechtigt. Alle Transaktionen werden in einem Peer-2-peer-Netzwerke an alle Rechner verteilt und für ein bestimmtes Zeitintervall, in der Regel ca. 10 Minuten, in einem Hashbaum gesammelt, bevor ein neuer signierten Hashwert in der Reihenfolgeliste generiert wird. Faktisch sind allerdings einige wieder gleicher als andere:

- Nicht alle Teilnehmer verfügen über permanent erreichbare Hardware. Ihnen bleibt keine andere Möglichkeit, als sich Teilnehmern anzuschließen, die über diese Fähigkeit verfügen, womit wir schon wieder bei einer Art Kontoführung durch bestimmte Teilnehmer angelangt wären.

  Die Beschränkung ist darüber hinaus notwendig, um die Größe des P2P-Netzwerkes im Rahmen zu halten. Im Gegensatz zu vielen anderen P2P-Netzwerken ist es im Bitcoin-Netzwerk wünschenswert, dass alle Teilnehmer zum Abschluss einer Sammelperiode auch über alle Transaktionen verfügen. Über diese Problematik wollen wir uns – wie die Bitcoin-Experten im Übrigen auch – nicht weiter auslassen, aber es ist durchaus möglich, dass man nicht als neuer Teilnehmer im P2P-Netzwerk akzeptiert wird.

- Die Erzeugung des neuen Bestätigungswertes wird in einem Konkurrenzverfahren durchgeführt. Sie verlangt einen gewissen Rechenaufwand, und man geht davon aus, dass einer der Knoten den Wert mit einem so deutlichen Vorsprung vor den anderen generiert, dass er nach Verteilung im P2P-Netzwerk allgemein akzeptiert wird.

  Da die Erzeugung eines neuen Bestätigungswertes mit einer Belohnung verbunden ist – der erfolgreiche Erzeuger (Miner genannt) bekommt die Transaktionsgebühren gutgeschrieben und darf außerdem neue Bitcoins erzeugen – besteht ein Anreiz, zu dieser Gruppe zu gehören. Aber: mehr Geld = leistungsfähigere Hardware. Auch wieder nur ein Teil der Knoten im P2P-Netzwerk wird sich diese Investition sich leisten können.

Wir haben somit eine Mehrklassengesellschaft, in der Kontenverwalter und Signaturerzeuger profitieren, die arme Unterschicht aber alles bezahlt. Die Oberschicht ist damit auch gut motiviert, den Zugang zu den Geldquellen so gut wie möglich zu kontrollieren und zu beschränken – ob zum allgemeinen Nutzen des Systems ist eine andere Frage.

SIGNATURERZEUGUNG

Das Prinzip der Signaturerzeugung ist ebenso einfach wie genial: die eingesammelten Transaktionen werden geprüft (was bereits bei Eingang erfolgen kann, d.h. die Knoten müssen nicht das komplette Sammelintervall abwarten) und als letzter Block eine definierte Menge neuer Bitcoins angehangen. Abschließend wird der Root-Wert des Hashbaumes auf eine spezielle Weise erzeugt: den letzten Datenfeldern wird ein Datenblock mit frei definierbarem Inhalt vorangestellt und dieser so variiert, dass

$$H_{root} = Hash(B_{free} \oplus H_0) = 0\,x\,000...\,zzzzzz..zz$$

ist, d.h. der Root-Wert mit einer definierten Anzahl von Nullen (oder einem beliebigen anderen, aber fest definierten Bitmuster) beginnt. Ein solches Muster lässt sich nicht systematisch erzeugen; man muss nach einem geeigneten Inhalt von B_{free} suchen, indem man verschiedene Werte durchprobiert. Das Ganze ist so austariert, dass unter Voraussetzung einer bestimmten Leistungsfähigkeit der Hardware und einer bestimmten Anzahl von Teilnehmern bis zum Ende des nächsten Sammelintervalls einer der so genannten Miner (von Data Mining) eine Lösung findet. Diese signiert er und schickt sie im P2P-Netzwerk an die anderen Teilnehmer. Sofern diese sie nach Prüfung akzeptieren, ist er Besitzer der Transaktionsgebühren und der neuen Bitcoins, während alle zweiten Sieger leer ausgehen.

Damit sind wir an der Stelle angekommen, an der das eingangs erwähnte Zitat greift: die Entwickler stellen (erstaunt?) fest, dass es funktioniert, obwohl sie nicht genau wissen, wieso das eigentlich der Fall ist, und es auch hinreichend viele Gründe gibt, die gegen ein Funktionieren sprechen.

Konkurrenz der Miner. Jeder Miner muss in Hardware investieren und hat auch Folgekosten für Energie und Betrieb aufzubringen. Belohnt wird er aber nur, wenn er erfolgreich eine Signatur erzeugt. Das kann dazu führen, dass ein Wettlauf bezüglich der Hardware entsteht oder der eine oder andere Miner einen kleinen Betrug durchführt, um Vorteile zu erlangen, indem er beispielsweise schon vor dem Ende des Zeitintervalls seine Listen schließt. Das kann er zumindest versuchen, da

- er Transaktionen, deren Gebühren im zu wenig erscheinen, nachrangig bearbeitet und sie erst in der nächsten Periode in die Liste aufnimmt (oder das zumindest vorgibt);

- das P2P-Netzwerk nicht in der Lage war, alle Transaktionen so zeitnah zu verteilen, dass sie noch in der Sammelperiode überall eintreffen (auch das kann er einfach behaupten).

Da die Gesamtmenge an Bitcoin begrenzt ist und um zu große inflationäre Erscheinungen zu vermeiden, wird die Belohnung der erfolgreichen Miner zudem im Laufe der Zeit kleiner. Haben die ersten noch 20 Bitcoins auf ihrem Konto verbuchen können, sind es später nur noch 15 oder noch weniger. Alles zusammen kann dahin führen, dass Miner, die sich einen größeren Hardwareaufwand leisten können oder geschickt kleiner Manipulationen durchführen, einen so großen Anteil an den Gebühren und neuen Bitcoins einheimsen, dass die ewig leer ausgehenden frustriert aufgeben. Im ungünstigsten Fall bleibt ein Miner übrig, der das System missbrauchen kann, indem er etwa nur noch die Transaktionen zeitnah berücksichtigt, die hinreichend hohe Gebühren ausweisen.

Konkurrenz der Signaturen. Aus verschiedenen Gründen – Probleme im P2P-Netz, Unehrlichkeit des einen oder anderen Mitspielers oder ganz einfach durch Zufall – kann es dazu kommen, dass verschiedene Transaktionsblöcke während der Sammelphase oder gar verschiedene Abschlusssignaturen erstellt und verteilt werden. Die Signaturkette erfährt dadurch eine Aufspaltung, die aber nicht erlaubt ist.

```
--+--+--+--+--N1
      |--N2
```

Da alle Knoten gleichberechtigt sind, kann nun jeder entscheiden, welchen der neuen Werte N_1 oder N_2 er benutzt. Weitere Transaktionen führen dann beispielsweise zu dem Bild

```
--+--+--+--+--N1--x--x--x--x
      |--N2--y--y
```

und an dieser Stelle würde das System auf die längere Kette umschwenken, weil sie offenbar mehr Akzeptanz findet. Alle Transaktionen in der kürzeren Kette werden ungültig, die gesamte Teilkette gelöscht. Doch wie kann es dazu kommen? Eigentlich müssten die Ketten doch beide weiterwachsen.

Eine Möglichkeit besteht darin, dass die Miner bei einer Kette so deutlich schneller zu einem Ergebnis kommen, dass der konkurrierende Wert von den Knoten nicht mehr akzeptiert wird. Problematisch daran ist, dass das nicht im Interesse der verlierenden Miner ist, denn sie verlieren eine sicher geglaubte Belohnung. Funktionieren kann das nur, wenn genügend „neutrale" Knoten im Spiel sind, die solche Abstimmungen durchsetzen, indem sie einfach weitere Fortsetzungen der zweiten Kette nicht mehr akzeptieren. Notwendig ist aber auch, dass diese Verzweigungen in der Datenbank mitgeführt werden, bis die Mehrheitsentscheidung getroffen ist. Schließlich ist ja nicht klar, welche Kette nun weiter geführt wird.

Ganz schlüssig ist dieses in vielen Beschreibungen vermittelte Bild so noch nicht, wenn man genau hinschaut, denn wie wird im P2P-Netzwerk die Mehrheit festgestellt? Die aktuelle Dokumentation beschreibt denn auch ein etwas modifiziertes Modell:

> *There are multiple rounds in our protocol, each corresponding to a different block in the block chain. In each round, a random node is somehow selected, and this node gets to propose the next block in the chain. There is no consensus algorithm for selecting the block, and no voting of any kind. The chosen node unilaterally proposes what the next block in the block chain will be ...*

Das ist insofern klarer, als im Fall einer Aufspaltung oder eines möglichen Konfliktes (so genau geht es aus der Beschreibung nicht hervor, an welcher Stelle das Protokoll greifen soll) gewissermaßen ein Richter bestimmt wird, der sagt, wo es langgehen soll, wobei *a random node is somehow selected* nun ebenfalls nicht gerade eine wünschenswert genaue Aussage ist. Zu ergänzen ist natürlich noch, dass jeweils in allen Knoten geprüft werden muss, ob die neue Kette auch konsistent ist oder jemand mogelt.

Ich will die technische Diskussion nicht weiter fortsetzen, denn hier greift wieder *it works, though we don't know why*. So etwas hat aber gravierende Auswirkungen auf die Geschäfte selbst. Eine Zahlung ist erst dann sicher, wenn sie in der Signaturkette auftaucht, aber wann ist das der Fall? Vorsichtige Verkäufer werden vielleicht 2-3 weitere bestätigte Blöcke abwarten, bevor sie liefern, aber *„wir schicken ihnen eine E-Mail, wenn alles ok ist"* ist nun auch nicht gerade im Sinne der Anonymität. Auch eine Reihe von möglichen Betrugsversuchen sind nicht ausführlicher in die Diskussion aufgenommen worden, weil ihre Verhinderung – einmal unterstellt, die Entwickler haben daran gedacht – bei diesem Stand der Dokumentation nur spekulativ erfassbar wäre.[237]

FAZIT

Wie bereits zu Beginn erwähnt, muss man lange suchen, um ein System zu finden, dass derart schlecht dokumentiert ist wie Bitcoin, und daran ändert auch das letzte 308 Seiten starke Papier wenig. Viel mehr, als wir hier diskutiert haben, steht nicht drin, zu einigen Sachen auch weniger. Oberflächlich gelesen wirkt das Dokument vermutlich sogar eindrucksvoll, für einen Techniker basiert das Komplettgebäude allerdings mehr auf dem Prinzip „Glaube, Liebe, Hoffnung" als auf prüfbaren Fakten und Protokollen. Wenn man sich im Internet umschaut, scheint Bitcoin derzeit (2016) aber im Trend zu liegen, wobei die Aussagen der Händler sich in der Regel auf *„als neuer Nutzer können Sie mit Bitcoin loslegen ohne die technischen Details zu verstehen"* beschränken. Genau das will ich aber, wenn ich dort echtes Geld einsetze, aber letzten Endes muss jeder selbst entscheiden, ob er darauf eingeht.

10.7.4 Weitere Entwicklung ?

Von Seiten der Regierungen ist ein Übergang zu mehr oder weniger reinem elektronischen Geldverkehr erwünscht, und damit ist nichts gemeint, was Anonymität beinhaltet. Neben einer vollständigen Transparenz liegt die Gefahr in einem Verfügungsentzug über das eigene Vermögen, entweder durch den Staat schon beim Verdacht krimineller Handlungen, bei einer drohenden Staatspleite oder durch Angriffe auf die Infrastruktur durch andere Staaten oder Terroristen. Dabei werden selbst zweifelhafte Methoden propagiert: beispielsweise haben trotz der bekannten Unsicherheiten Minister der Bundesregierung Werbung für Zahlung per Fingerabdruck gemacht und erst den Rückzug angetreten, nachdem man ihnen den eigenen Fingerabdruck am Finger eines anderen präsentiert hat.

Eine Chance für einen besseren Schutz der Privatsphäre hätten die elektronisch lesbaren Ausweise geboten. Statt dessen ist auch hier der Schuss in die andere Richtung losgegangen:

- ◆ Die Ausweise benutzen berührungslose RFID-Technologie und nicht die bei Bankkarten eingeführten Chipkarten. Neben einer einfachen unbemerkbaren Auslesbarkeit durch Handys oder kleine Scanner ist damit auch ein Sicherheitsverlust verbunden, da RFID-Geräte nur mit der durch Antennenempfang zur Verfügung stehenden Energie arbeiten müssen und daher weniger leistungsfähig sind.

---

237 Bei einigen Problemen muss noch nicht einmal Absicht dahinter stecken. Denken Sie an einen Bitcoin-Inhaber, der Probleme mit seinen Maschinen hat und ohne bösen Willen versucht, eine bereits ausgegebene Bitcoin ein weiteres Mal zu verwenden. Wird er dafür bestraft? Und wenn ja, wie will man das machen? Oder wird die Transaktion stillschweigend unterdrückt und keiner sagt mehr etwas dazu?

- Für die Nutzung beider Kartensysteme am Rechner benötigt man zwei Lesesysteme, was eine deutliche Hürde für den privaten Einsatz darstellt.

- Zertifikate, die den verschlüsselten Datenverkehr fördern würden, werden nicht kostenlos zur Verfügung gestellt, sondern sind mit jährlichen Kosten verbunden, was ebenfalls das Aus für die breite Nutzung darstellt.

Inzwischen wird sogar über die stufenweise Abschaffung des Bargelds diskutiert, angefangen mit Verboten, Geschäfte jenseits einer relativ geringen Grenze (die Rede ist derzeit von 5.000 €) in bar abzuwickeln. Sollten Bargeldgeschäfte tatsächlich beschränkt werden, lässt sich ein Handel mit Kraftfahrzeugen und anderen hochwertigen Gütern nur durch ein nicht widerrufbares Echtzeit-transaktionssystem aufrecht erhalten. Handys würden dafür grundsätzlich in Frage kommen, indem

- der Käufer den Betrag in Gegenwart des Verkäufers überweist und dieser in Echtzeit eine Bestätigung seiner Bank über den Eingang des Betrages erhält, oder

- ein Datensatz mit ähnlichen Verfahren wie in Kapitel 10.7.2 beschrieben, unter Einschluss der Identitäten ausgetauscht wird.

Das Problem sind in solchen Fällen die Handys selbst, bei denen die Sicherheit derzeit noch stark zu wünschen übrig lässt und ein Einsatz in Geschäften, bei denen es um größere Beträge geht, sicher wieder die Fantasie der Betrüger beflügelt.

Der Trend geht mithin in mehr staatliche Überwachung, wobei Terrorismus und Geldwäsche als Argumente herhalten müssen. Die Maßnahmen sind allerdings eher als kleinbürgerlich zu klassifi-zieren: die Vorschriften umfassen den Katalog, den man vom Kenntnisstand von Nichtfachleuten erwarten kann, treffen jedoch die vermeintlichen Zielgruppen in keiner Weise.

10.8 Short Authentication

Diffie-Hellman-ähnliche Verfahren haben das Problem, dass Man-in-the-Middle-Angriffe nicht er-kannt werden können, wenn Alice und Bob die jeweiligen Parametersätze des anderen unbekannt sind. Ist der Parametersatz eines der Beteiligten in Form eines Quasi-Zertifikates bekannt, kann zu-mindest der andere von einer ungestörten Verbindung ausgegangen werden; allerdings ist auch das Zertifikatsystem in seinen Details so unübersichtlich, dass eine genaue Prüfung notwendig ist, ob man nicht doch einer Fälschung aufgesessen ist, und der Laie ist hier nicht selten überfordert.

In privaten Kommunikation nimmt die Wichtigkeit einer Verschlüsselung zu, wie die Abhörskanda-le durch Nachrichtendienste zeigen. Allerdings nimmt gerade die Möglichkeit, über Zertifikate eine authentifizierte Verbindung zu erzeugen, in diesem Bereich ab, da man häufig mit unbekannten Teilnehmern spricht, für die keine überprüfbare Zertifikate vorliegen.[238] Anstatt teilweise schlecht durchschaubaren formalen Mechanismen zu vertrauen scheint es angebracht, eine bestehende Ver-bindung direkt zu prüfen.

Eine Invariante in einer korrekten Verbindung ist der Sitzungsschlüssel: sind Alice und Bob direkt miteinander verbunden, besitzen beide den gleichen Schlüssel, ist Alice mit Eve und Eve mit Bob

---

238 Die Wichtigkeit einer Verschlüsselung dringt bislang kaum in das Bewusstsein der Leute, während die Politik zusätzlich keine Möglichkeit auslässt, Verschlüsselungsmöglichkeiten zu erschweren. So ist bei-spielsweise die Programmierung und Verteilung freier Verschlüsselungstools mit Bezug auf mögliche mili-tärische Nutzung (!) in der EU verboten. Man muss sich solche Tools schon aus dem außereuropäischen Ausland besorgen, sie selbst programmieren oder kommerziell kaufen/verkaufen.

verbunden, haben sie verschiedene Schlüssel. Es genügt daher, einen kurzen Hashwert der verwendeten Sitzungsschlüssel, den Short Authentication String SAS, miteinander zu vergleichen, um den Status der Verbindung zu kontrollieren.

Bei dieser Kontrolle besteht das Problem im Hacker Eve:

✗ Eve wird sich als Man-in-the-Middle weitgehend auf passives Lauschen beschränken, ist jedoch auch in der Lage, Teile der ausgetauschten Informationen zu verändern.

✗ Eve startet ihren Angriff, um gezielt Alice (oder Bob) abzuhören, d.h. sie führt ihren Angriff nicht zufällig aus. Eve dürfte daher auch über plausible Vorstellungen verfügen, welche Informationen ausgetauscht werden oder zumindest in welcher Form die Kommunikation stattfindet. Alice und Bob müssen daher davon ausgehen, dass Eve sich in einem gewissen Umfang auf den Austausch der Kontrollinformationen vorbereiten und Manipulationen durchführen kann.

SEITENKANALNUTZUNG IM MOBILFUNK

Um ihren Angriff in einem Mobilfunknetz in Szene zu setzen kann Eve zwei Vorgehensweisen wählen:

1. Sie kann das Gerät von Alice mit einem IMSY-Catcher kontrollieren.[239]

2. Sie kann mit dem Provider kooperieren, der alle Verbindungen über sie rangiert.

Bei Mobilfunkverbindungen bestehen außer der Datenverbindung zwischen Alice und Bob weitere Übertragungskanäle zu den anderen Mobilfunkmasten und den Providerservern. Wenn die Provider kooperieren, können Alice und Bob den SAS über diese Kanäle austauschen. Wenn Eve mit einem IMSY-Catcher operiert, kann sie zwar die Informationen auf den Seitenkanälen ihres Geräte manipulieren, nicht jedoch die der anderen Sendegeräte. Eve fällt daher auf. Kooperiert Eve mit dem Provider, hängt es davon ab,

◆ ob der Provider technisch die Seitenkanäle in die Kooperation einbinden und manipulieren kann, und

◆ ob Alice im Netz des Providers angemeldet ist oder per Roaming in einem anderen Netz, was für eine erfolgreiche Manipulation voraussetzen würde, dass dieser Provider ebenfalls mit Eve kooperiert.

Verbindung und Technik sind funktionell getrennte Bereiche, so dass eine umfassende Manipulation kompliziert zu realisieren ist. Eve dürfte daher mit einiger Wahrscheinlichkeit auch hier auffallen. Aus dem gleichen Grund ist aber auch die Seitenkanalnutzung nicht so einfach in Szene zu setzen und eine Realisierung wohl eher unwahrscheinlich.

Als virtuelle Seitenkanäle könnten auch Messenger-Verbindungen wie SMS genutzt werden. Da diese Informationen über den Verbindungsweg laufen, können sie von Eve manipuliert werden und scheiden als Möglichkeit aus.

---

239 IMSY-Catcher sind mobile Access-Points in der Nähe des Zielgerätes, über eine höhere Sendestärke als alle normalen Access-Points aufweisen und daher als Relaisknoten genutzt werden.

SEITENKANAL IM INTERNET

Sehr viel bessere Chancen bestehen bei einer Seitenkanalnutzung über das Internet, sofern ein Alice und Bob bekannter Server mit sicher authentifizierbarer Verbindung zur Verfügung steht. Das könnte beispielsweise Facebook oder Twitter sein:

a) Eve kann zwar auch Informationen mitlesen, die von Alice und Bob auf diesem Server gepostet werden, ist jedoch nicht in der Lage, diese Informationen zu manipulieren.

b) Mindestens einem der Teilnehmer Alice und Bob ist Identität des anderen auf dem Server vor Einrichten der kritischen Verbindung bekannt. Eve kann nicht beiden durch Manipulation der Nachrichten auf der kritischen Verbindung eine falsche Identität des anderen vorspielen.

Da Alice und Bob bewusst Verbindung miteinander aufnehmen, ist b) mit einiger Sorgfalt immer zu bewerkstelligen.

Alice und Bob posten den SAS in ihrem Serverbereich und lesen die vom Partner gepostete Information aus. Da Eve höchstens eine Identität fälschen kann, fällt sie auf.

DER MENSCH IN DER KOMMUNIKATION

Die wenigsten Probleme bestehen, wenn Menschen direkt miteinander kommunizieren. Der SAS kann jedem Teilnehmer auf seinem Gerät angezeigt werden, man muss ihn nur an den anderen Teilnehmer weitergeben. Wenn Alice und Bob einander unbekannt sind und sich daher auch an der Stimme nicht identifizieren können (schlechte Verbindungen können dies verhindern), besteht für Eve zwar theoretisch die Möglichkeit, durch eine Stimmsimulation eine Fälschung zu versuchen, allerdings muss sie mehrere Probleme dabei bewältigen:

a) Das Verhalten von Alice und Bob ist menschlich und daher schlecht voraussagbar. Eve kann daher nicht prognostizieren, wann und in welcher Weise sich Alice und Bob auf den Austausch verständigen.

b) Die Informationen können in unterschiedlicher Form artikuliert werden, z.B. „A .. B .. C .. " oder „Alpha .. Beta .. Cäsar .. ".

c) Die Manipulation muss auch kontextbezogen in Echtzeit erfolgen. Schon leichte zeitliche Verschiebungen fallen einem aufmerksamen Zuhörer auf.

Für Alice und Bob gilt daher die Regel, solche Kontrollen zu variieren und ggf. zu wiederholen, um Eves Chancen für eine erfolgreiche Manipulation klein zu halten. Verfügen sie zusätzlich über eine Videoverbindung, können sie den SAS auch auf ein Stück Papier kritzeln und vor die Kamera halten, was Eves Chancen weiter minimiert.

KONTROLLE OHNE HILFSMITTEL

Eine Softwarestrategie von Alice und Bob besteht darin, einander Aufgaben zu stellen, deren Lösung mit dem SAS verbunden sind. Eve als Man-in-the-Middle kann wiederum versuchen, diese Aufgaben so zu manipulieren, dass die Lösungen von Alice und Bob jeweils auf die individuellen SAS' zu Eve passen. Alice und Bob können daher zusätzlich kontextgebundene Informationen einbinden, deren Fälschung für Eve so problematisch ist, so dass sie trotzdem mit einer gewissen Wahrscheinlichkeit auffällt.[240]

---

240 Beispielsweise wäre die Antwort „Rot." auf die Frage „Wie spät ist es?" wenig plausibel.

Die Kontrollen können mehrfach wiederholt werden, und mit jeder korrekt gelösten Aufgabe sinkt die Wahrscheinlichkeit, dass die Verbindung manipuliert ist. Alice und Bob können auf die Unterschreitung einer Sicherheitsschranke warten, bevor sie kritische Informationen austauschen.

Historische oder andere Kenntnisse. Wenn Alice und Bob sich bereits kennen und über alte Daten verfügen bzw. sich auf einem anderen Weg gemeinsame Informationen beschafft haben, die Eve nicht kennt, können diese für eine Überprüfung verwendet werden. Alice und Bob benennen dem anderen Partner jeweils einen Datensatz aus dieser Prüfdatenbank, dessen Inhalt aber nicht verraten wird, und

- geben die Indexnummern von Zeichen an, die den SAS ergeben, oder

- benutzen die Information und den aktuellen Schlüssel zur Erzeugung eines neuen Schlüssels.

Wenn Eve keine älteren Kommunikationsinhalte kennt, kann sie die Informationen nicht so verändern, dass sie zu ihren Schlüsseln passen, und der Lauschangriff fällt auf, da die SAS nicht passen bzw. eine verschlüsselte Kommunikation nicht möglich ist.

Jede aufgrund dieses Verfahrens als sicher eingestufte Verbindung kann dazu verwendet werden, neue Kontrollinformationen für spätere Verbindungen auszutauschen. Alice und Bob müssen einander allerdings kennen und mindestens einmal sicher miteinander kommuniziert haben, um Kontrolldaten zu erzeugen.

Inhalt und Kontext. Häufig werden Alice und Bob einander nicht kennen, da sie ansonsten auf gesicherte Zertifikate zurückgreifen können, statt auf aufwändige unsichere Kontrollen zu setzen. Unter bestimmten Voraussetzungen sind Kontrollen trotzdem möglich, indem Alice und Bob wie im vorhergehenden Fall Indexnummern von Zeichen in folgenden Nachrichten angeben, die zusammen den SAS ergeben, und anschließend die dazu gehörenden Kontrollnachrichten senden. Das Funktionieren einer solchen Kontrolle setzt voraus, dass

- Alice/Bob einen Teil der Kommunikationsinhalte kennen, bevor sie von anderen Partner angefordert werden,

- zwischen Indizierung der Kontrollinformation und Absenden der Inhalte Alice/Bob eine Anforderung von Bob/Alice erhalten muss, die Eve nicht simulieren kann,

- Alive/Bob eine Veränderung der Kontrollinformation mit hoher Wahrscheinlichkeit aus dem Kontext erkennen können.

Das sei an einem Beispiel erläutert: Bob fordert mit Indexnummern versehene Nachrichten von Alice an, wobei die Nachrichten in der Reihenfolge steigenden Indexes abgerufen werden. Alice teilt Bob in Nachricht 23 die Zeichenindizes mit, mit denen sie in der Nachricht 46.387 den SAS versteckt hat. Bob ruft die Nummern 487, 591, 2.327 und dann 46.387 ab. Eve kennt die Nachrichteninhalte nicht. Sie hat folgende Strategie:

- ✗ Sie kann Nachricht 46.387 abrufen und die Mitteilung an Bob manupulieren. Bobs Abruf von Nachricht 487 ist dann nicht in der korrekten Reihenfolge und Eves Angriff fällt Alice auf.

- ✗ Sie kann die Nachrichten 24 – 46.387 abrufen, um zu manipulieren. Bob fällt der Zeitverzug mit einiger Sicherheit auf und Eves Angriff ist erkannt.

- ✗ Sie kann Eves Mitteilung in Nachricht 23 auf eine Nachricht mit der Nummer 11.221, die sie manipuliert hat, umleiten. Bob ruft 11.221 bei Eve ab, später ruft Eve 46.387 bei Alice ab, falls Bob die Nummer übergeht. Da Eve diese Umleitung sehr früh machen muss, kann Alice versuchen, die Inhalte so abzufassen, dass der Inhalt der gefälschten Nachricht 11.221 mit hoher Wahrscheinlichkeit nicht in den Kontext der anderen Nachrichten passt, und Eve ist aufgefallen.

✗ Eve manipuliert 46.387 direkt, was auf einen Ersatz der Nachricht durch eine andere, die den falschen SAS liefert, hinausläuft. Durch die Fälschung besteht aber wiederum eine hohe Wahrscheinlichkeit, dass 46.387 nicht in den Kontext passt, und Eve ist aufgefallen.

Die Nachrichten, die Alice und Bob austauschen, müssen von einer Art sein, die kontextbezogene Kontrollen zulassen. Eine solche Vorgehensweise ist daher nicht ganz einfach zu realisieren. Andererseits muss auch berücksichtigt werden, dass derartige Abhöraktionen in der Regel nicht einmalig erfolgen, sondern sich für Eve nur bei Wiederholungen lohnen. Jede Manipulation einer Nachricht erhöht die Gefahr für Eve, durch Kontextunstimmigkeiten entdeckt zu werden. Eve muss auch erst einmal wissen, wie sie auf Absicherungsversuche reagieren soll. Sie muss daher wissen, welche Absicherungsstrategie Alice und Bob verwenden, was mit einiger Wahrscheinlichkeit schon einen erfolgreichen Angriff erforderlich macht. Und sie muss wissen, wie sie Kontexttäuschungen durchführen kann, und auch dazu sind recht intime Kenntnisse notwendig. Es spricht daher einiges dafür, dass Eve selbst bei relativ simplen Kontrollmaßnahmen in einer ganzen Reihe von Fällen auffällt.

11 Eigenschaften von Primzahlen

In diesem Kapitel wenden wir uns nun wieder der Theorie zu, und zwar den unerledigten Grundlagen der Sicherheitsanwendungen: für die auf zahlentheoretischen Methoden basierenden Verfahren werden Primzahlen, besser sogar bestimmte Typen von Primzahlen benötigt. Wie wir bereits nachgewiesen haben, ist die Anzahl der Primzahlen nicht begrenzt, so dass grundsätzlich keine Sorge hinsichtlich der Existenz ausreichend großer Primzahlen bestehen muss. Zu beantworten sind aber mindestens noch die Fragen:

1. *Wie häufig sind Primzahlen ?* Für die Implementierung von Verschlüsselungsverfahren ist es notwendig, innerhalb akzeptabler Zeiten die benötigten Primzahlen bereitstellen zu können.

2. *Sind die Primzahlen zufällig oder systematisch in der Menge der natürlichen Zahlen verteilt ?* Eine systematische Verteilung bedeutet auch eine einfache Ermittelbarkeit von Primzahlen, was wiederum Angriffe auf Verschlüsselungsverfahren erleichtern würde und bei der Abschätzung der Verfahrenssicherheit berücksichtigt werden muss.

3. *Welche Rückschlüsse lassen sich auf spezielle Sorten von Primzahlen ziehen ?* Wie kann man bestimmte Anforderungen an das Spektrum einer Zahl erfüllen, welche Nebeneffekte sind zu erwarten, wie kann die Einhaltung von Nebenbedingungen nachgewiesen werden?

4. *Ist eine Zahl eine Primzahl ?* Welcher Aufwand muss betrieben werden, um eine Primzahl von einer zusammengesetzten Zahl zu unterscheiden?

Die Bearbeitung dieser Fragen führt wieder tatsächlich etwas von der Praxis fort und hin zur mathematischen Theorie, da wir uns grundlegend und systematisch mit der Materie befassen wollen. Das praktische Ergebnis dieses Kapitels werden effiziente Algorithmen für die noch nicht gelösten Aufgaben sein.

11.1 Primzahlhäufigkeit

Die Frage nach der Häufigkeit von Primzahlen kann auf unterschiedliche, einander äquivalente Arten mit Einschluss eines Arbeitsziels formuliert werden, zum Beispiel:

➢ Wie viele Primzahlen enthält die Teilmenge der natürlichen Zahlen, die kleiner sind als eine vorgegebene Zahl n ?

➢ Wie viele Primzahlen enthält ein Intervall $[a, b]$ der natürlichen Zahlen ?

➢ Wie groß ist die Wahrscheinlichkeit, dass eine beliebig gewählte Zahl n eine Primzahl ist?

➢ Wie groß ist der mittlere Abstand zwischen zwei Primzahlen ?

➢ Wie stark schwankt der Abstand zwischen aufeinander folgenden Primzahlen ?

Wenn die Antwort auf eine Fragestellung bekannt ist, lassen viele andere mit geringem Zusatzaufwand meist auch beantworten, so dass zum systematischen Umgang eine geeignete zahlentheoretische Funktion genügt:

Definition. Die Zahlenfunktion $\pi(n)$ gibt die Anzahl aller Primzahlen kleiner oder gleich der Zahl n an

$$\pi(n) = \#\{ p \mid p < n \ \wedge \ p \in \boldsymbol{P}\}$$

Ein erster Eindruck von der analytischen Form dieser Funktion lässt sich durch Auszählen „kleiner" Primzahlen gewinnen. „Klein" sind in diesem Zusammenhang Zahlenbereiche, die sich mit der üblichen Rechnertechnik bewältigen lassen, also etwa der Zahlenbereich 10^7 - 10^9.

11.1.1 Probedivision

Zur Feststellung, ob eine Zahl eine Primzahl ist, kann im Prinzip die Probedivision eingesetzt werden, d.h eine Zahl ist prim, wenn

$$(\forall \ k < \sqrt{n}) \ (ggT(n,k) = 1)$$

Die Grenze $\sqrt{n}$ ergibt sich aus der Überlegung, dass eine zusammengesetzte Zahl mindestens zwei Faktoren aufweist. Ist einer davon größer als $\sqrt{n}$, so muss der andere zwangsweise kleiner sein. Schlimmstenfalls sind beide gleich groß, womit wir die Grenze begründet hätten.

Die Probedivision erweist sich bei näherem Hinsehen schnell als in der Praxis nicht durchführbar. Im ersten Theoriekapitel haben wir Methoden zur Darstellung großer Zahlen entwickelt, die auf Polynomdarstellungen beruhen. Die Multiplikation von Polynomen ist quadratisch in der Anzahl der Koeffizienten, die Division als Umkehrung der Multiplikation folglich ebenfalls. Die Koeffizientenanzahl entspricht bei einer Zahlendarstellung der Anzahl der Ziffern, die die Zahl besitzt, und diese ist wieder proportional zum Logarithmus der Zahl. Die meisten Zahlen, die überprüft werden müssen, sind sehr groß, und auch wenn wir formal nur die Primzahlen zur Division verwenden müssen, ergibt sich bei hinreichend großen Zahlen daraus ebenfalls nur eine marginale Einsparung. Fassen wir zusammen, so erhalten wir für den Zeitaufwand für die Probedivision

$$t(n) \sim \sqrt{n} * \log(n)^2$$

oder, wenn wir anschaulicher die Anzahl $z \sim \log(n)$ der Ziffern als variable Größe verwenden

$$t(z) \sim z^2 * \exp(z)$$

Der exponentielle Anstieg der Rechenzeit mit der Bitanzahl macht die Probedivision schnell zu einem hoffnungslosen Unterfangen.

11.1.2 Sieb des Erathostenes

Seit dem Altertum sind allerdings bereits einfachere Verfahren bekannt, die ohne die Durchführung von Divisionen auskommen. Mit dem folgenden Verfahren werden aus einer Liste aller Zahlen alle Nichtprimzahlen gestrichen (=*ausgesiebt*). Aufgrund der Arbeitsweise werden solche Verfahren als „*Siebverfahren*" bezeichnet.

Der Siebalgorithmus beruht auf der Überlegung, dass eine Primzahl p jede p-te Zahl in der Folge der natürlichen Zahlen teilt. Anstatt nun eine Zahl durch eine aufwändige Probedivision mit kleinen Zahlen zu testen, kann man auch in der Folge der natürlichen Zahlen alle Vielfachen einer Primzahl löschen und dies mit den weiteren Primzahlen entsprechend fortsetzen. Was schließlich noch in der Liste stehen bleibt, sind die Primzahlen.

Für einen effizienten Siebalgorithmus benötigen wir zunächst mit $(p_1 \cdots p_n)$ ein Bitfeld, in dem die Position k die ganzzahlige ungerade natürliche Zahl $2k + 1$ vertritt. Im Feld werden alle Bits gesetzt und anschließend bestimmte Positionen mit dem folgenden Siebalgorithmus gelöscht:

```
forall p[]: p:=1
for (i:=3 , while i*i<n , step i:=i+2) do begin
  if p[i/2]≠0 then begin
    for (j:=i*i , while j<n , step j:=j+2*i) do begin
      p[j/2]:=0
    endfor
  endif
endfor
```

Die Indizes der Felder $\neq 0$ kennzeichnen die Primzahlen. Ein Beispiel mit einer Rechnung in einem ganzzahligen Feld und Kennzeichnung, welche Felder aufgrund welcher Primzahl gestrichen wurden, ist in Tabelle 11.2-1 dargestellt.

3	5	7	9 (3)	11	13	15 (3)	17	19	21 (3)
23	25 (5)	27 (3)	29	31	33 (3)	35 (5)	37	39 (3)	41
43	45 (3,5)	47	49 (7)	51 (3)	53	55 (5)	57 (3)	59	61
			. . . . .						

Tabelle 11.1-1: Anfang des Siebes des Erathostenes: in Klammern: Primzahlen, die die Zahlen markieren. Alle markierten Zahlen werden zum Schluss gestrichen

Im Algorithmus ist folgende Optimierungsüberlegung berücksichtigt: Ist die Zahl p zu prüfen, so sind bereits alle Zahlen $q < p$ überprüft und deren Vielfache, also auch die mit p gemeinsamen Vielfachen, in der Tabelle gestrichen worden. Unterhalb von p^2 ist deshalb keine Prüfung mehr notwendig, da hier bereits alles gestrichen ist. Oberhalb p^2 werden nun alle Vielfachen $p*r$ mit $r > p$ gestrichen. Ist $p^2 > N$, also die vorgegebene Siebobergrenze erreicht, so kann abgebrochen werden.

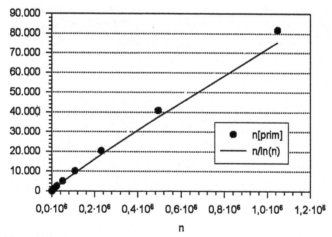

Abbildung 11.1: Primzahldichte, Anzahl der Primzahlen unterhalb "n"

Da jede Primzahl nicht als Wert, sondern nur über den Index gespeichert wird und nur ein Bit belegt und überdies alle graden Zahlen von vornherein fortgelassen werden, lassen sich in kurzer Zeit recht große Primzahltabellen bis in den Bereich 10^9 - 10^{12} erzeugen – für die Verschlüsselungspraxis unzureichend, aber einige Versuche lassen sich damit schon anstellen.

Aufgabe. Implementieren Sie den Algorithmus. Neben der Erzeugungsfunktion für die Tabelle ist auch eine Funktion zu erstellen, die prüft, ob eine gegebene Zahl eine Primzahl ist, sowie eine Funktion, die die nächste Primzahl einer Folge ausgibt. Stellen Sie durch Messungen fest, ab welcher Größe es sinnvoll ist, Tabellen zu speichern und bei Bedarf wieder zu laden anstatt sie neu zu berechnen oder vorhandene zu kleine Tabellen zu erweitern anstatt die größere Tabelle vollständig neu zu berechnen

Mit einer solchen Siebtabelle lässt sich die Primzahldichte für kleinere Zahlen direkt auszählen. Das Ergebnis ist in Abbildung 11.1 dargestellt. Die Lage der Datenpunkte in Abbildung 11.1 lässt sich näherungsweise durch

$$\pi\left(n\right) \approx \frac{n}{\ln\left(n\right)}$$

beschreiben, wie bereits Gauß herausfand. Grund zu den Fragen: Wie gut approximiert diese Funktionsvorschrift die Primzahlanzahl? Ist sie auch in größeren Zahlenbereichen noch gültig? Lässt sich die Form begründen? Und noch zur Übung: ist die von uns im Algorithmus gewählte Speicherung einer Primzahl als Position in einem Bitfeld sinnvoll oder gibt es eine Schranke, ab der eine Speicherung als Zahl sinnvoller wird? Lässt sich der Algorithmus noch optimieren, speziell bei nachträglicher Erweiterung des Feldes (*was wird zu viel berechnet*)?

11.1.3 Eine analytische Ableitung des Primzahlsatzes

Zur Beantwortung dieser Fragen beginnen wir mit einigen wahrscheinlichkeitstheoretischen Überlegungen[241]. Mit welcher Wahrscheinlichkeit ist ein beliebiges n eine Primzahl? Die Wahrscheinlichkeit, dass ein $p < n$, $p \in P$ die Zahl n teilt, ist $w\left(p|n\right) = 1/p$. Die Gesamtwahrscheinlichkeit für $n \in P$ ist das Produkt aller Einzelwahrscheinlichkeiten, von einer kleineren Primzahl nicht geteilt zu werden:

$$w\left(n \in P\right) = \prod_{p \in P,\, p < n}\left(1 - w\left(p|n\right)\right) = \prod_{p \in P,\, p < n}\left(1 - \frac{1}{p}\right)$$

Diesen Ausdruck können wir so nicht direkt auswerten, da er die Kenntnis der Primzahlen und damit indirekt der gesuchten Aussage voraussetzt. Es gilt, den Ausdruck durch Abschätzungen so umzuwandeln, dass er nur noch von n selbst, aber nicht mehr von einer unbekannten Menge kleiner Primzahlen abhängt. Zunächst überführen wir das Produkt in eine mit den gängigen mathematischen Methoden besser zu bearbeitende Summe, indem wir den Ausdruck zunächst logarithmieren (*dann sind wir bei einer Summe*) und anschließend die Taylor-Reihenentwicklung

$$\ln\left(1 - x\right) = -x - 1/2 * x^2 - 1/3 * x^3 + O\left(x^4\right)$$

---

241 Im streng mathematischen Sinne sind die folgenden Ausführungen daher nur Vermutungen und Plausibilitätsmodelle und keine Beweise für mathematische Zusammenhänge. Wir sind hier jedoch mehr an brauchbaren praktischen Ergebnissen interessiert.

des Logarithmus einsetzen (*dann ist der störende Logarithmus wieder beseitigt*) und jeweils nach dem ersten Glied abbrechen. Wir erhalten so die Näherung

$$\ln\left(w\left(n\in\boldsymbol{P}\right)\right)=\sum_{p\in\boldsymbol{P},\,p<n}\ln\left(1-\frac{1}{p}\right)\approx-\sum_{p\in\boldsymbol{P},\,p<n}\frac{1}{p}$$

Da die Reihe $\sum k^{-2}$ bereits recht schnell konvergiert und die Primzahlen schnell größer werden, ist der Abbruch der Tailorreihe nach dem ersten Glied sicher gerechtfertigt. Ersetzen wir in diesem Ausdruck die (*unbekannten Primzahlen*) p durch ganze Zahlen $x<n$, multipliziert mit der Wahrscheinlichkeit $w\left(x\in\boldsymbol{P}\right)$, dass eine Zahl eine Primzahl ist, erhalten wir einen Summenausdruck, den wir für große n durch ein Integral abschätzen können.

$$\ln\left(w\left(n\in\boldsymbol{P}\right)\right)\approx-\sum_{x<n}\frac{w\left(x\in\boldsymbol{P}\right)}{x}\approx-\int_{2}^{n}\frac{w\left(x\in\boldsymbol{P}\right)}{x}\,dx$$

Dies ist eine Integralgleichung zur Bestimmung der analytischen Form von $w\left(n\in\boldsymbol{P}\right)$. Eine Lösung lässt sich durch die Substitution $w\left(x\right)=1/A\left(x\right)$ [242] und Differenzieren finden (*wir ersetzen $\approx$ nun wieder durch =, da wir uns exakt mit der Abschätzung auseinandersetzen*):

$$\frac{d}{dn}\ln\left(1/A\right)=-\frac{1}{A}\frac{dA}{dn}=-\frac{1}{A*n}\quad\Rightarrow\quad A\left(n\right)=\ln\left(n\right)\quad\Rightarrow$$

$$w\left(n\right)=\frac{1}{\ln\left(n\right)}\quad\Rightarrow\quad\pi\left(n\right)=\int_{2}^{n}\frac{dx}{\ln\left(x\right)}=Li\left(n\right)$$

Um den Wert dieser Näherung abschätzen zu können, integrieren wir partiell und finden damit

$$Li\left(n\right)=\frac{n}{\ln\left(n\right)}-\frac{2}{\ln\left(2\right)}+\int_{2}^{n}\frac{dt}{\ln\left(t\right)^{2}}$$

Unsere analytische Untersuchung liefert somit ähnliche, aber systematisch etwas höhere Werte als unsere grafische Abschätzung. Auch der Einfluss der Vereinfachungen lässt sich abschätzen: die Berücksichtigung weiterer Glieder in der Taylorreihenentwicklung führt zur Substitution $\ln\left(x\right)\rightarrow\ln\left(x\right)+O\left(1/x\right)$ und damit nur zu unwesentlichen Änderungen der Integrale. Tabelle 11.3-4 zeigt einen Vergleich der berechneten Primzahlanzahlen nach den verschiedenen Methoden mit ausgezählten Werten.

Die Näherung für $\pi\left(n\right)$ lässt sich weiter verbessern, wenn man berücksichtigt, dass $\left(p|n\right)$ ausreicht, um n nicht zu den Primzahlen gehören zu lassen, in der Entwicklung aber auch Potenzen $\left(p^{k}|n\right)$ (*und Teiler* $\geq\sqrt{n}$) mitberechnet wurden. Riemann konnte folgenden Zusammenhang nachweisen:

---

242 Der Kehrwert der Wahrscheinlichkeit ist ein Maß für den mittleren Abstand zwischen zwei Primzahlen.

n	pi(n)	n/ln(n)	Li(n)	Li(n) [2]	Li(n) [5]
1.000.000	78.498	72.382	78.626	78.538	78.523
2.000.000	148.933	137.849	149.054	148.936	148.920
3.000.000	216.816	201.152	216.969	216.830	216.812

Tabelle 11.1-2: Primzahlanzahlen

$$\pi(n) = Li(n) - \sum_{k=2}^{\cdots} \frac{1}{k} Li\left(n^{1/k}\right)$$

Auf die tiefer gehendere Begründung verzichten wir an dieser Stelle.

Bei Übergang zu großen n liefert uns unsere recht einfache Abschätzung den als Primzahlsatz der Zahlentheorie bekannten asymptotischen Grenzwert

$$\lim_{n \to \infty} \left| \frac{\pi(n)}{\frac{n}{\ln(n)}} \right| = 1$$

Wir können für unsere weiteren Abschätzungen daher mit gutem Erfolg unsere durch Auszählen kleiner Primzahlen gewonnene Beziehung verwenden.[243]

11.1.4 Primzahldichte

Wie viele Primzahlen können wir in einem Intervall erwarten, das klein gegenüber der Zahlengröße ist? Mit Hilfe der Ableitung der Primzahlfunktion

$$\frac{d\,\pi(x)}{dx} = \frac{\ln(x) - 1}{\ln(x)^2} \approx \frac{1}{\ln(x)}$$

kann die Anzahl durch

$$\Delta\,\pi(\Delta\,n) = \frac{d\,\pi(x)}{dx} * \Delta\,n$$

abgeschätzt werden. Für ein Rechenbeispiel wurde in Tabelle 11.1-3 eine Folge von 1.000 aufeinander folgenden Primzahlen ausgewertet.[244] Auch in den größeren, für die Verschlüsselungspraxis interessanten Zahlenbereichen können wir unsere Beziehungen zur Aufwandsabschätzung einsetzen. Bei der Bewertung solcher Zahlenbeispiele ist zu berücksichtigen, dass die Abstände der Primzahlen untereinander stark schwanken und 1.000 Primzahlen in Anbetracht der Gesamtanzahl der Primzahlen in diesem Bereich statistisch möglicherweise nicht sonderlich signifikante Werte erge-

---

243 Mathematisch bleiben unsere Betrachtungen eine Abschätzung und sind kein Beweis. Den zu erbringen sprengt aber den Umfang deutlich. Gleich mehrere Versionen zahlentheoretischer Beweise, die sich von exakten Einschränkungen bis zum Grenzwertnachweis erstrecken, liefert beispielsweise Harald Scheid, Zahlentheorie.

244 d.h. nicht Δn wurde vorgegeben, sondern $\Delta\pi$. Für die Durchführung der Aufgabe ist natürlich eine Methode der Erkennung großer Primzahlen Voraussetzung. Wir kommen später darauf zurück..

ben. Das Schwanken der Primzahlabstände ist eine Erkenntnis, die sich auch bereits bei der Auszählung in Abbildung 11.1 einstellt und ebenfalls systematisch betrachtet werden sollte: ein systematischer Abstand zwischen den Primzahlen erübrigt Siebalgorithmen wie das Sieb des Erathostenes und ermöglicht ein systematisches Durchsuchen größerer Zahlenbereiche; die Breite einer statistischen Streuung wiederum kann Einfluss auf allgemeine Suchalgorithmen nach Primzahlen haben.

Mittlere Primzahlgröße	$\pi'(n)$	Gemessen
$1.44 \cdot 10^{15}$	0,0278	0,0292
$1.92 \cdot 10^{30}$	0,0141	0,0148
$2.32 \cdot 10^{60}$	0,00714	0,00737

Tabelle 11.1-3: gemessene und berechnete Primzahldichte bei größeren Zahlen

Aufgabe. Führen Sie selbst solche Berechnungen durch und erweitern Sie die Zahlengröße. Ermitteln Sie experimentell, wie der Zeitbedarf mit größer werdendem n steigt, wie stark die Abstände der Primzahlen schwanken und wie groß das Intervall sein sollte, um repräsentantative
Messwerte zu ermitteln.[245]

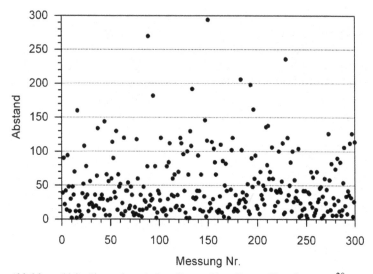

Abbildung 11.2: Abstände zwischen Primzahlen, Primzahlgröße ca. 10^{20}

Sehen wir uns das qualitativ noch etwas genauer an. In Abbildung 11.2 sind die Abstände aufeinander folgender Primzahlen dargestellt. Dazu wurde zufällig eine Primzahl ausgewählt und der Abstand zur nächsten gemessen. Kleine Abstände unter 50 machen das Gros aus, jedoch sind auch
Lücken bis zum 6-fachen möglich. Die Betrachtung der Absolutzahlen diese Beispiels

---

245 Um diese Aufgabe durchführen zu können, benötigen Sie natürlich einen Primzahltest für größere Zahlen.
Dazu können Sie den weiter unten beschriebenen Algorithmus vorab implementieren und die Theorie
später nachholen.

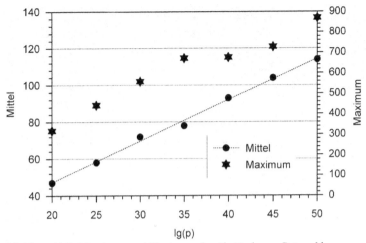

Abbildung 11.3: Mittelwert und Maximum der Abstände von Primzahlen

$$100.000.000.000.000.000.039 \; -- \; 100.000.000.000.000.000.129$$

zeigt aber auch, dass die Abstände im Verhältnis zur Größe der Zahl sehr moderat sind. In Abbildung 11.3 ist der mittleren und den maximalen Abstand zwischen Primzahlen im Bereich $10^{20} \le p \le 10^{50}$ bei jeweils 2.500 Messungen dargestellt. Der mittlere Abstand nimmt erwartungsgemäß linear mit dem Logarithmus der Primzahlgröße zu, für den Maximalabstand scheint eine ähnliche Beziehung zu gelten.

Wenn man der Fragestellung, wie groß muss eine Primzahl sein muss, damit man Lücken einer bestimmten Größe findet, nachgeht, verhilft wieder der Primzahlsatz zu einer Antwort. Wird $\pi'(x)$ kann als die mittlere Wahrscheinlichkeit, dass eine zufällig gewählte Zahl x eine Primzahl ist, interpretiert, so wird durch $1/\pi'(x)$ der mittlere Abstand zweier Primzahlen der Größenordnung x beschrieben. Dann existieren aufgrund der Schiefe oberhalb von x aber mindestens zwei aufeinander folgende Primzahlen, die den mittleren Abstand überschreiten. Sei M eine beliebige Zahl. Dann lässt sich für

$$\frac{\ln(x)^2}{\ln(x)-1} > \ln(x) > M \qquad \Rightarrow \qquad x > e^M$$

ein Paar aufeinander folgender Primzahlen finden, deren Abstand größer als M ist. Soll beispielsweise eine Lücke ($M > 1000$) ermittelt werden, so können Primzahlen der Größenordnung

$$e^{1000} \approx 10^{434} \approx 2^{1446}$$

mit garantiertem Erfolg untersucht werden. Eine Beispielrechnung zeigt, dass man experimentell tatsächlich schnell zu einem Erfolg gelangt:

Startzahl 4,78 * 10⁴³⁵	Suchlauf	Abstand
	1	860
	2	255
	3	420
	4	1030

Wie wir festgestellt haben, sind Primzahlen mit dem geforderten Abstand aber schon wesentlich früher zu finden, allerdings dann mit einem erheblich größeren Aufwand: beispielsweise haben wir bei $p \approx 2^{160}$ bereits einen Abstand von 930 gefunden. Was bei solchen Suchen aber auch immer wieder festzustellen ist: man stößt auf Primzahlen, die nur durch eine gerade Zahl getrennt sind, so genannte Primzahlzwillinge. Tabelle 11.1-4 enthält Ergebnisse der Suche maximaler Abstände zwischen Primzahlen sowie der dabei gefundenen Zwillinge. Vergleichen wir unsere Abschätzung über die Zahlengröße für eine garantiert auftretende Lücke vorgegebener Größe mit diesen experimentellen Daten, stoßen wir auf eine Abweichung von

$$\frac{n\left(Garantie\ einer\ L\ddot{u}cke\right)}{n\left(experimentelle\ L\ddot{u}cke\right)}\left(L\ddot{u}cke = 1000\right) \approx 10^{380}$$

Dies zeigt noch einmal deutlich, dass von einer systematischen Verteilung von Primzahlen (*zumindest in dem anwendungstechnisch interessierenden Bereich*) nicht gesprochen werden kann.

Primzahl	Anzahl Zwillinge/1000 PZ	Max. Abstand
$2.1 \cdot 10^{15}$	42	196
$1.9 \cdot 10^{30}$	22	500
$1.8 \cdot 10^{60}$	12	1060

Tabelle 11.1-4: Abstände von Primzahlzwillingen und maximaler Abstand zwischen Primzahlen

Betrachten wir als Gegenpol zur Lückengröße das Phänomen der Primzahlzwillinge (*entsprechend lassen sich Drillinge usw. definieren, wobei zu beachten ist, dass bei drei aufeinander folgenden ungeraden Zahlen immer eine durch Drei teilbar ist, also immer ein Zahl auszulassen ist. (11,13,17) ist beispielsweise ein Drilling*). Lassen sich Zwillinge auch für beliebig große Zahlen finden oder existiert eine Obergrenze? Oder schärfer formuliert: wie groß ist die Anzahl der Primzahlzwillinge bei einer bestimmten Größe von p? Folgende Überlegung führt zu einer Abschätzung der Daten in Tabelle 11.1-4: sei p eine Primzahl. In der dekadischen Darstellung kann sie nur die Entziffern (1 , 3 , 7 , 9) aufweisen, wovon wegen der fehlenden Endziffer 5 nur Zahlen mit den Endziffern (1 , 7 , 9) für die erste Zahl eines Zwillings in Frage kommen, also ¾ der möglichen Primzahlen. Die Wahrscheinlichkeit, dass $(p+2)$ ebenfalls eine Primzahl ist, ist $2 * \pi'(p)$, da gerade Zahlen nicht geprüft werden. Die Gesamtwahrscheinlichkeit, mit Auswahl einer Zahl x einen Primzahlzwilling erwischt zu haben, liegt damit bei

$$w\left[x \in P \wedge (x+2) \in P\right] = 3/2 * \pi'(x)^2$$

was für Tabelle 11.1-4 zu den Voraussagen (41 , 21 , 11) führt, die erstaunlich gut mit den experimentellen Werten übereinstimmen, sowie zur Behauptung, dass keine Obergrenze für die Existenz von Primzahlzwillingen existiert und deren Dichte $\pi_{(2)}(n)$ durch

$$\lim_{n \to \infty}\left(\pi_{(2)}(n) - c * \frac{n}{\ln(n)^2}\right) = 0 \quad , \quad c \in R$$

beschrieben wird, wobei ich hier gleich die zahlentheoretische Formulierung dieses „Primzahlzwillingsatzes" verwendet habe.[246]

PRAKTISCHE SCHLUSSFOLGERUNGEN

Für Verschlüsselungszwecke benötigen wir zufällige Primzahlen. Welche Suchstrategie ist empfehlenswert? Kleine Abstände zwischen Primzahlen treten relativ häufig auf, wie wir ermittelt haben. Vergleicht man den mittleren Aufwand zum Finden einer Primzahl durch Testen beliebiger Zufallszahlen mit einer systematischen Suche, bei der ausgehend von einer Zufallszahl die folgenden Zahlen bis zum Erfolg getestet werden, so ist mit einer 65% Wahrscheinlichkeit durch eine systematische Suche schneller ein Ergebnis zu erreichen.

Zusätzlich kann eine systematische Suche mit einer Siebung verbunden werden, was zu einer Effizienzsteigerung führt. Hierzu wird beim Test zu Beginn eine Probedivision durch kleine Primzahlen (typisch < 100) durchgeführt. Da die meisten zusammengesetzten Zahlen kleine Teiler besitzen, wird man hierbei relativ schnell fündig und kann im Weiteren auf die Probedivision verzichten. Ist nämlich die Teilbarkeit einer untersuchten Zahl n durch eine kleine Primzahl p festgestellt worden, so können im folgenden die Zahlen $(n+k*p)$ ausgeschlossen werden. Man braucht also nur mit zuzählen, um während einer systematischen Untersuchung 65%-75% der Zahlen auf diese Weise auszuschließen, ohne dass eine komplexe Prüfung durchgeführt werden muss.

Eine systematische Suche „lohnt" sich aufgrund der Existenz großer Löscher aber auch nur bis zum dreifachen Aufwand einer Zufallssuche. Ist dann noch keine Primzahl gefunden, so ist der Startpunkt der Suche möglicherweise in eines der „großen Löcher" gefallen. Die Wahl eines neuen Startpunktes und Wiederaufnahme der systematischen Suche ist in diesem Fall günstiger als eine Gewaltsuche nach dem Ende des Intervalls.

Aufgabe. Implementieren Sie einen Teilalgorithmus zur Primzahlsuche, der die Probedivision und Siebung bereits berücksichtigt. Die Testfunktion ist zu ergänzen, sobald wir festgestellt haben, wie ein effektiver Test durchgeführt werden kann.

---

246 Alles, was wir hier etwas spielerisch mit dem Computer herausgefunden haben, und noch einiges mehr lässt sich zahlentheoretisch exakt beweisen. Für Details sei der Leser beispielsweise auf H.Scheid, Zahlentheorie, verwiesen.

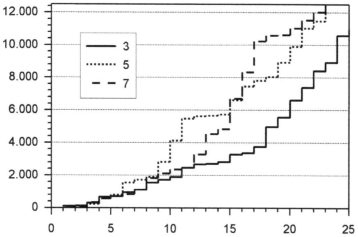

*Abbildung 11.4: Pseudoprimzahlen zu den Basen (3,5,7), Ordinate: An-
zahl der Pseudoprimzahlen zur angegebenen Basis, Abszisse: Intervallgröße [1,n)*

11.2 Identifizierung von Primzahlen

In den verschiedenen Verschlüsselungsanwendungen werden Primzahlen mit bis zu 650 Dezimalstellen benötigt. Das bislang vorgestellte Siebverfahren nach Erathostenes eignet sich aber nur für
Primzahlen 9-12 Dezimalstellen. Nehmen wir es als Grundlage für eine Untersuchung mittels Probedivision, kommen wir bis etwa 24 Dezimalstellen – deutlich zu wenig für Verschlüsselungszwecke, aber bereits bezüglich des Zeitaufwands ziemlich schmerzhaft.

Allerdings liefert die Probedivision Antworten, die in diesem Zusammenhang wenig interessieren.
Wenn wir die Frage stellen, ob eine gegebene Zahl eine Primzahl ist, so genügt uns die Beantwortung der Frage mit *ja* oder *nein*; die Zerlegung einer Nichtprimzahl in ihre Primfaktoren ist (*noch
nicht*) Gegenstand der Frage. Wir können uns daher auf die Suche nach Verfahren begeben, die lediglich die JA/NEIN-Frage klären, ohne weitere Informationen zu liefern.

Um die Möglichkeit noch etwas weiter zu streuen, weichen wir auch die JA/NEIN-Antwort noch
einmal auf:

> ➢ Die NEIN-Antwort ist definit, d.h. eine als Nichtprimzahl identifizierte Zahl ist definitiv
> eine zusammengesetzte Zahl.

> ➢ Die JA-Antwort ist probabilistisch und skalierbar, d.h. eine als Primzahl identifizierte Zah-
> le ist mit einer gewissen Wahrscheinlichkeit doch keine Primzahl, die Unsicherheits-
> schranke kann aber beliebig klein vorgegeben und vom Testverfahren unterschritten wer-
> den.

11.2.1 Der kleine Fermat-Test

Einen ersten einfachen Test erhalten wir durch den fermatschen Satz:

$$(n \in P, a < p) \Rightarrow a^{n-1} \equiv 1 \, (mod \, n)$$

Dies gilt für jede Primzahl, aber nicht notwendig für jede zusammengesetzte Zahl. Für zusammengesetzte n ist für die Gültigkeit der Äquivalenz nämlich notwendig, dass

$$ggT(n-1, \varphi(n)) = d > 1$$

und gleichzeitig das verwendete $[a]$ eine Restklasse der Ordnung d oder oder eines Teilers von d ist. Aus dem Bestehen des Tests lässt sich also nicht eindeutig auf eine Primzahl schließen, der umgekehrte Fall ist aber in unserem Sinne erfüllt, d.h. die Aussage

$$a^{n-1} \neq 1 \, mod \, n \Rightarrow n \notin P$$

ist immer richtig. Der schnell durchführbare Test, kombiniert mit der Probe $ggT(a, n) = 1$, versetzt uns in die Lage, bereits eine Reihe von Kandidaten auszusondern. Führen wir den Test mit einem anderen a durch und besteht n diesen Test ebenfalls, so steigt die Wahrscheinlichkeit, dass n eine Primzahl ist. Aber ist dieser Test wirklich skalierbar, d.h. können wir bei Vorgabe einer Irrtumsschranke ε eine Zahl N von zu testenden Basen a ermitteln, so dass die Wahrscheinlichkeit, doch keine Primzahl vor sich zu haben, die Schranke unterschreitet?

Untersuchen wir die Frage zunächst wieder experimentell. Eine zusammengesetzte Zahl, die den kleinen Fermattest mit einer Basis a besteht, heißt »*Pseudoprimzahl zur Basis a*«. Davon existieren relativ viele, wie man mit Hilfe eines kleinen Testprogramms feststellen kann: Abbildung 11.4 zeigt für die Basen (3,5,7) auf der Ordinate den laufenden Index einer Peusoprimzahl, auf der Abszisse deren Größe. Eine Stufe entspricht dem Auftreten einer Pseudoprimzahl, wobei echte Primzahlen nicht berücksichtigt sind. Wie aus den unterschiedlichen Kurvenverläufen abzulesen ist, gilt mit zwei Basen (a,b) auch häufiger

$$a^{n-1} \equiv 1 \, mod \, n \quad \wedge \quad b^{n-1} \neq 1 \, mod \, n$$

d.h. eine Pseudoprimzahl zu einer bestimmten Basis muss nicht Pseudoprimzahl zu einer anderen Basen sein. Abbildung 11.5 zeigt diesen Zusammenhang, d.h. eine Zahl ist gleichzeitig Pseudoprimzahl zu mehreren Zahlen, genauer. Die Anzahl der „Treffer" wächst hier noch langsamer.

Die Zahlentheorie liefert für die Anzahl der Pseudoprimzahlen unterhalb einer Schrank x die Abschätzung

$$\exp\left(\ln(x)^{5/14}\right) \leq N_a(x) \leq x * \sqrt{\exp\left(-\frac{\ln x \ln \ln \ln x}{\ln \ln x}\right)}$$

was aber angesichts des Zahlenbeispiels

$$\left(x = 10^{13} \Rightarrow 20 \leq P(x, a) \leq 4{,}6 * 10^{10}\right) ,$$

$$P_{gem.}(x, 2) = 264.239 \quad , \quad \pi(x) = 3{,}7 * 10^{11}$$

im technischen Sinn eher eine „*auf-Nummer-sicher-Abschätzung*" als etwas Brauchbares ausdrückt. Trotzdem könnte man natürlich nun versuchen, auf rein statistischer Basis aus diesen Ergebnissen eine Formel zu entwickeln, die für eine Unsicherheitsschranke die Anzahl der zu testenden Basen berechnet. Bleibt der Aufwand unterhalb dem der Probedivision, wäre das Testverfahren geeignet.

Leider zeigen allerdings schon die einfachen Tests, die uns bis hier geführt haben, dass die Annahme, wir könnten hier mit statistischen Argumenten punkten, nicht stimmt.

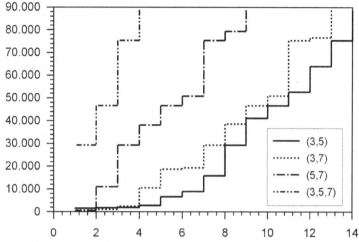

Abbildung 11.5: Pseudoprimzahlen zu mehreren Basen gleichzeitig

11.2.2 Carmichaelzahlen

Beispielsweise besteht die Zahl 561=3*11*17 den Test für alle Basen mit $ggT(a,n)=1$, so dass wir ihr nur mit einem Aufwand auf die Spur kommen, der etwa dem der Probedivision entspricht (*bzw. in absoluten Zeiteinheiten überschreitet, da wir ja technisch Potenzen berechnen*). Auch weitere Zahlen mit dieser Eigenschaft, die wir mit unserem Testprogramm aufspüren, besitzen mindestens drei Primfaktoren. Sollten in jedem beliebigen, ausreichend großen Zahlenintervall solche Zahlen existieren, hat dies die Konsequenz, dass der kleine Fermattest unsere Anforderungen nicht erfüllt, da die Restfehlerwahrscheinlichkeit außer in der deterministischen Variante nicht beliebig erniedrigt werden kann. Wir sehen uns dieses Phänomen daher genauer an:

Definition. Zusammengesetzte Zahlen mit

$$\forall\, a< n \ , \ \ ggT(a,n)=1 \ : \ a^{n-1}\equiv 1\,(mod\,n)$$

heißen Carmichaelzahlen (*nach dem Entdecker dieser Eigenschaft*):

Satz. Carmichaelzahlen besitzen als kanonische Primzahlzerlegung mindestens drei verschiedenen Primfaktoren

$$\left(n= p_1 * p_2 *\ldots p_k \ , \ \ k\geq 3 \ , \ \ p_i\neq p_j\right)$$

Beweis. Für alle Primfaktoren einer Carmichaelzahl muss $(p-1)|(n-1)$ gelten, denn genau dann ist jede Periode des Spektrums ein Teiler von *n*-1. Wir müssen somit nachweisen, dass zur Erfüllung dieser Eigenschaft alle Primfaktoren verschieden sein müssen und mindestens drei notwendig sind. Zulässig sind auch mehr als drei Faktoren, nicht zulässig aber wären höhere Potenzen eines Primfaktors.

Weisen wir zunächst nach, dass Primzahlpotenzen in der Zerlegung nicht auftauchen dürfen und untersuchen dazu zunächst den Fall eine Primzahlpotenz. Der Fall ist einfach:

$$n= p^b \ , \ \ b> 1 \ \Rightarrow \ p^{b-1}(p-1)\nmid n-1$$

Für n mit weiteren Faktoren außer der Primzahlpotenz finden wir:

$$n = p^b * r \quad , \quad (n-1) = p^{b-1} * (p-1) * s$$
$$\Rightarrow \quad p^b * (r-s) + p^{b-1} * s - 1 = 0$$

Diese Gleichung besitzt in Abhängigkeit von b die Lösungen

$$b = 1 \quad : \quad p = \frac{1-s}{r-s} \quad ; \quad b > 1 \quad : \quad p = e^{\left(\frac{ln(1/r)}{b}\right)}$$

Für $b = 1$ können wegen $r < s$ ganzzahlige Lösungen existieren, für $b > 1$ existieren jedoch nicht. Primzahlpotenzen sind in der Zerlegung einer Carmichaelzahl somit ausgeschlossen.

Die Mindestzahl von drei Primfaktoren lässt sich indirekt beweisen. Dazu nehmen wir an, dass eine Lösung mit zwei Primfaktoren existiert:

$$n = p * q \quad , \quad (p-1)|(n-1) \quad \wedge \quad (q-1)|(n-1) \quad \wedge \quad (n-1) = p * q - 1$$

Durch Umformung des letzten Terms folgt:

$$p * q - 1 = p * (q-1) + (p-1) \quad \Rightarrow \quad (q-1)|(p-1) \quad \Rightarrow \quad p = q$$

Das widerspricht aber der Voraussetzung, dass die Primfaktoren verschieden sind. Die Existenz einiger Carmicheal-Zahlen haben wir bereits experimentell nachgewiesen, womit der Beweis abgeschlossen ist. ❑

Genau betrachtet haben wir mit dem Beweis noch nicht viel gewonnen, denn er liefert ja nur die Bedingungen für eine Existenz, aber keine Aussage, ob außer den von uns gefundenen Zahlen noch mehr existieren. Zählen wir zunächst einmal wieder experimentell: Im Zahlenbereich $2 \ldots 10^{12}$ liegen $\approx 3{,}6 * 10^{10}$ Primzahlen und 343 *Carmichaelzahlen*:

$$3 * 11 * 17 = 561 \ldots. 5.653 * 7.537 * 9.421 = 401.397.353.211$$

mit 3 Faktoren. Andere Leute waren noch fleißiger und haben unter Nutzung spezieller, für diese Zahlen entworfener Siebkriterien 246.683 Carmichaelzahlen unterhalb 10^{16} aufgelistet, darunter auch solche mit mehr als drei Faktoren. Im verschlüsselungstechnisch interessanten Bereich sind also Carmichaelzahlen voraussichtlich in nicht unerheblicher Menge vorhanden.

> **Aufgabe.** Implementieren Sie einen Algorithmus zur Bestimmung von Carmichaelzahlen und führen Sie selbst einige Berechnungen durch. Mit einer Primzahltabelle nach Erathostenes können Sie Primzahlen bis etwa in den Bereich 10^{10} auflisten, so dass Sie auch im Bereich 10^{20}-10^{30} nach Carmichaelzahlen suchen können.

Theoretische Abschätzungen der Anzahl von Carmichaelzahlen führen auf

$$n^{2/7} < C(n) < n * \exp\left(-\frac{\ln(n) \ln(\ln(\ln(n)))}{\ln(\ln(n))}\right)$$

liegt, also beispielsweise $37.276 \leq C(10^{16}) \leq 2{,}04 * 10^{10}$. Auch wenn die Intervallgröße technisch wieder einmal kaum nutzbar ist, ist die Aussage doch deutlich: die Anzahl der Carmichaelzahlen ist so groß, dass der kleine Fermat-Test bereits bei relativ geringen Ansprüchen an die Restfehlerwahrscheinlichkeit in einer deterministischen Form durchgeführt werden muss. Genauer gilt:

- Ist eine Zahl weder eine Primzahl noch eine Carmichaelzahl, so findet sich voraussichtlich nach einigen Versuchen eine Basis, die den kleinen Fermat nicht erfüllt, und der Algorithmus bricht ab.

- Ist eine Zahl keine Primzahl, aber eine Carmichaelzahl, so ist der kleine Fermat immer erfüllt, aber wir finden Zahlen, die ein Teiler von n sind, und der Algorithmus bricht ebenfalls ab. Da eine Carmichaelzahl mindestens drei Faktoren besitzt, bricht der Test spätestens bei $\sqrt[3]{n}$ ab, ist aber aufgrund der Potenzierung in der Praxis voraussichtlich nicht schneller als eine reine Probedivision.

- Ist n eine Primzahl, so läuft der Algorithmus genau bis zur Grenze $\sqrt[3]{n}$, Die Zahl ist dann sicher eine Primzahl

Aufgabe. Vergleichen Sie detailliert den Zeitaufwand für Probedivision und erschöpfende Probe nach dem kleinen Fermat.

Für diejenigen, die sich noch ein wenig intensiver mit den Carmichaelzahlen beschäftigen will, sei an dieser Stelle noch ein experimentelles Ergebnis eingefügt. Wie wir im folgenden Kapitel noch genauer untersuchen werden, gilt für alle Primzahlen

$$p \in P \setminus \{2,3\} \;\Rightarrow\; p \equiv \pm 1 \,(mod\ 6)$$

Zählt man die Anteile der Klassenaufspaltungen in Carmichaelzahlen mit drei Faktoren aus, so erhält man

$(p,q,r)\,mod\ 6$	n/n_{gesamt}
$(1,1,1)$	$\approx 0,60$
$(1,1,-1)$	$= 0$
$(1,-1,-1)$	$\approx 0,35$
$(-1,-1,-1)$	$\approx 0,05$

Tabelle 11.2-1: Anteil unterschiedlicher Primzahlklassen an Carmichael.Zahlen

Aufgabe. Die Null für die Klassenaufspaltung (1,1,-1) lässt sich algebraisch exakt begründen, den anderen Verhältnissen nachzugehen, dürfte ebenfalls eine durchaus interessante Aufgabe sein.

11.2.3 Der Rabin-Miller-Test

Der fermatsche Test lässt sich durch folgende Beobachtung zum *Miller-Rabin-Test* erweitern: ist $p \in P$, dann folgt $2|(p-1)$, und aus a^{p-1} lässt sich mindestens eine Quadratwurzel ziehen, wobei wie üblich für die Quadratwurzel aus 1 gilt

$$a \equiv 1\,(mod\ p) \;\Rightarrow\; \sqrt{a} \equiv 1\,(mod\ p) \;\vee\; \sqrt{a} \equiv -1\,(mod\ p)$$

Liegt der erste Fall vor und $(p-1)/2$ ist immer noch eine gerade Zahl, so lässt sich eine weitere Wurzel ziehen. Ist p aber keine Primzahl, also $(p-1)=r*d$ und a von der Ordnung d, dann kann die Wurzel auch eine andere Zahl sein. Etwas ausführlicher formuliert: ist p prim und $\varphi(p) = p - 1 = 2^s * r$ mit $s \geq 1$ und $r \equiv 1 \bmod 2$., dann gilt

$$\left(a^r \equiv 1 \, (mod \; p) \right) \; \vee \; \left(\exists t : 0 < t < s \; : \; a^{2^t * r} \equiv -1 \, (mod \; p) \right)$$

d.h. entweder sind alle Quadratwurzeln gleich Eins oder die Folge bricht mit einer Kongruenz - 1 ab.

Aufgabe. Überzeugt Sie sich experimentell davon, dass zusammengesetzte Zahlen und insbesondere die kritischen Carmichaelzahlen eine algorithmische Zerlegung dieser Art nicht oder allenfalls für eine geringe Anzahl von Basen überstehen.

Gibt uns dieser Algorithmus die gewünschte Skalierbarkeit eines Tests? Eine systematische Untersuchung bestätigt dies. Eine zusammengesetzte Zahl n, die mit einer Basis a, $ggT(a, n) = 1$ den Test wie eine Primzahl übersteht, nennen wir eine *starke Pseudoprimzahl* zur Basis a, und für deren Anzahl gilt

Satz. Für eine zusammengesetzte Zahl n ist die Anzahl der Zahlen a, für die n starke Pseudoprimzahl zu a ist, nach oben durch

$$|\{a\}| \leq \frac{1}{4}(n-1)$$

beschränkt, d.h. höchstens ein Viertel der Restklassen besteht den Test, obwohl n zusammengesetzt ist.

Die Aussage des Satzes können wir folgendermaßen interpretieren: besteht eine Zahl die Prüfung nicht, d.h. findet sich an irgendeiner Stelle eine Kongruenz $r \neq \pm 1 \, (mod \; n)$, so ist n definitiv zusammengesetzt. Besteht sie die Prüfung, so ist die Wahrscheinlichkeit, dass nicht n prim ist, $w = 1/4$. Die Prüfung kann mit einer anderen Basis wiederholt werden kann, die – korrekt gewählt – wieder $w = 1/4$ fälschlicherweise die Primzahleigenschaft signalisiert.

Hinsichtlich der „korrekten Wahl" kann man aber auch leicht überlegen, unter welchen Umständen eine Base b das gleiche Ergebnis wie a liefern muss: ist nämlich $b \in \langle a \rangle$, also Element der durch a induzierten zyklischen Untergruppe, und ist $ord(b) > 2^t * r$, so besteht auch b den Test. Da die Werte der Potenzfolge $\langle a \rangle$ allerdings zufälligen Charakter besitzen, genügt es, Basen für den Test zufällig auszuwählen und so statistisch tatsächlich unabhängige Messungen zu produzieren. Nach k Prüfungen ist die kummulierte Restirrtumswahrscheinlichkeit

$$w(p \notin \boldsymbol{P}) = \left(\frac{1}{4} \right)^k$$

Bei Prüfung von 50 bzw. 100 verschiedenen Basen liegt die Irrtumswahrscheinlichkeit bei

$$w(50) = 7.9 * 10^{-31} \; , \; w(100) = 6.1 * 10^{-61} \; \text{usw.}$$

d.h. der Test ist tatsächlich skalierbar.[247] Das Prüfverfahren ist als *Miller-Rabin-Test* bekannt.

---

247 Allerdings bleibt es eine Wahrscheinlichkeitsaussage, worauf ausdrücklich hingewiesen werden muss ! Auch ein sehr kleiner Wert ist keine Gewähr dafür, dass ein Irrtum nicht doch eintritt. Wer sich selbst etwas verwirren will, kann auch einmal darüber Nachdenken, was es bedeutet mit dem Test eine Primzahl in der Größenordnung 10^{30} zu bestimmten, die mit einer Wahrscheinlichkeit von 10^{-60} doch keine ist.

Wir beweisen nun die Wahrscheinlichkeitsaussage $w=1/4$ und untersuchen dazu unterschiedliche Konstruktionen der Zahl n:

- „Unkritische" n, die bereits im kleinen Fermattest als zusammengesetzt auffallen. Dies sind

  - $n = p * q$

  - $n = \prod_{k=1}^{s} p_k^{a_k}$, $\left(\exists \, a_k \geq 2 \right)$

- „Kritische" n, d.h. Zahlen mit den Konstruktionsmerkmalen der Carmichaelzahlen, diese eingeschlossen: $\left(n = \prod_{k=1}^{s} p_k \quad , \quad s \geq 3 \right)$.

BEWEISTEIL 1: „UNKRITISCHE" n

Wir notieren zunächst vereinfachend für den Aufbau von n

$$n = \prod_{i=1}^{k} m_i \quad , \quad ggT\left(m_i , m_j \right) = 1$$

wobei die Faktoren m_i Primzahlpotenzen darstellen. Da keine Carmichaelzahlen bei dieser Konstruktion existieren, gilt für mindestens einen der Faktoren

$$\left(\exists \, \varphi\left(m_i \right) \right) \quad \left(\varphi\left(m_i \right) \nmid (n-1) \right)$$

Sei n nun eine Pseudoprimzahl zur Basis b und a_i primitive Restklassen zu den Faktoren m_i, die ja immer existieren, wenn m_i eine Primzahlpotenz ist. Nach dem chinesischen Restsatz existiert dann genau ein Zahlentupel $\langle r \rangle = \left(r_1 , r_2 , \dots r_k \right)$ mit

$$b \equiv a_i^{\,r_i} \left(mod \; m_i \right)$$

sowie aufgrund der Pseudoprimzahlvoraussetzung

$$a_i^{\,r_i * (n-1)} \equiv a_i^{\,h_i * \varphi\left(m_i \right)} \equiv 1 \left(mod \; m_i \right)$$

Für diejenigen m_i, deren Wert der Eulerfunktion kein Teiler von n-1 ist, können wir das Umschreiben zu

$$r_i * (n-1) = h_i * t_i * ggT\left(\varphi\left(m_i \right), n-1 \right) \quad \Rightarrow \quad t_i \mid r_i \quad , \quad t_1 \neq 1$$

Lassen wir nun die Basis b alle Restklassenelemente $(mod \; n)$ durchlaufen, so durchlaufen die r_i alle Restklassenelemente $(mod \; m_i)$. Die Teilerbeziehung in der letzten Gleichung kann allerdings nur auf höchstens $\varphi(m)/t$ Elemente zutreffen, und wegen der Eindeutigkeit der Tupel $\langle r \rangle$ insgesamt nur auf

$$\left\| \left\{ b \in \boldsymbol{R_n} \mid b^{n-1} \equiv 1 \left(mod \; n \right) \right\} \right\| \leq \prod_{i=1}^{k} \frac{\varphi\left(m_i \right)}{t_i} \leq n * \prod_{i=1}^{k} \frac{1}{t_i}$$

Elemente zutreffen. Die Grenze $w=1/4$ können wir damit sicher unterschreiten. Wobei wir noch nicht einmal von dem vollständigen Test Gebrauch gemacht, sondern die Wahrscheinlichkeit für das Misslingen des kleinen Fermat untersucht haben.

BEWEISTEIL 2: „KRITISCHE" n

Für die Carmichaelzahlen gilt

$$n=\prod_{i=1}^{s} p_i \quad , \quad (n-1)=v*\prod_{i=1}^{s}(p_i-1) \quad , \quad k \geq 3$$

Wir betrachten nun den vollständigen Test (der kleine Fermat versagt ja voraussetzungsgemäß). Aus der Menge der Testexponenten lässt sich nun immer einer finden, für den

$$d(i)=\frac{n-1}{2^i} \quad : \quad (\exists k): \ (p_k-1) \nmid d(i) \ \wedge \ \frac{p_k-1}{2} \mid d(i)$$

gilt (dies folgt schlicht aus der Gesetzmäßigkeit zu Berechnung von $\varphi(n)$, bei der jeder Primfaktor mindestens einmal den Faktor 2 beisteuert), d.h. der Test entlarvt n als zusammengesetzte Zahl für geeignet Basen. Um deren Zahl abzuschätzen, gehen wir wie im Beweisteil 1 unter Einsatz des chinesischen Restsatzes vor. b sei in diesem Fall eine Basis, die mit dem Exponenten $d(i)$ die Kongruenz ± 1 liefert, n also noch als mögliche Primzahl identifiziert. Setzen wir nun unsere $d(i)$ passend in die Formeln ein, so treten in Abhängigkeit von r_k und unter Beachtung der Primitivität der Restklassen a_k folgende Fälle auf:

$$r_k \equiv 0 \,(mod\ 2) \quad \Rightarrow \quad b^{d(i)} \equiv a_k^{\frac{r_k}{2}*d(i-1)} \equiv 1 \,(mod\ p_k)$$

$$r_k \equiv 1 \,(mod\ 2) \quad \Rightarrow \quad b^{d(i)} \equiv a^{r_k*d(i)} \equiv a^{h_k*\frac{p_k-1}{2}} \equiv -1 \,(mod\ p_k)$$

Um den Test als mögliche Primzahl zu bestehen, muss aber gelten

$$\left(\left(\forall r_i\right) \ \left(r_i \equiv 0 \,(mod\ 2)\right)\right) \quad \vee \quad \left(\left(\forall r_i\right) \ \left(r_i \equiv 1 \,(mod\ 2)\right)\right)$$

Im ersten Fall wäre das Ergebnis +1, und es besteht die Möglichkeit, dass die Basis auch für den Rest der möglichen Exponenten den Test übersteht, im zweiten Fall -1 und die Prüfung wäre mit dieser Basis zu Ende, ansonsten würde irgendein anderes Ergebnis herauskommen und die Zahl wäre als zusammengesetzt entlarvt. Lassen wir b wieder alle Restklassenelemente zu n durchlaufen, so sind die Tupel $<r>$ statistisch mit geraden und ungeraden Zahlen besetzt, und die ungünstigen Fälle treten für eine Carmichaelzahl mit s Primfaktoren statistisch mit der Wahrscheinlichkeit

$$w(s)=2^{s-1}$$

auf, wenn alle $(p-1)$ durch die gleiche Potenz von 2 teilbar sind. Für Carmichaelzahlen mit drei Primfaktoren ist dies gerade die Wahrscheinlichkeitsaussage $w=1/4$. Sind nicht alle $(p-1)$ durch die gleiche Potenz der Zahl Zwei teilbar, so kann sich die Anzahl der Fälle, die den Test bestehen, bei dessen Fortsetzung nicht vergrößern, was man leicht sieht, wenn man die Überlegungen rekursiv fortsetzt.[248]   ❏

Wie viele Basen sollten verwendet werden, um mit ausreichender Sicherheit eine Primzahlen gefunden zu haben? Gehen wir das experimentell an. Kritisch sind nur zusammengesetzte Zahlen des Carmichael-Typs. Eine Prüfung von 500 Carmichaelzahlen mit drei Faktoren im Intervall $[9 * 10^9, 1 * 10^{15}]$ zeigt:

1 Base	2 Basen	3 Basen	4 Basen	5 Basen
420	61	15	3	1

Tabelle 11.2-2: benötigte Basen im Primzahltest zur Erkennung einer Carmichaelzahl

Hierbei wurden die Primzahlen $(2,3,5,7,11,...)$ in aufsteigender Reihe verwendet. Variiert man die Auswahl der Basen, so zeigt sich in den Tests der Trend, dass vorzugsweise Prüfungen mit kleinen Primzahlbasen einen falschen Schluss liefern. Ausgesprochen „hart" zeigt sich z.B. die Zahl

```
6.85286.63395.04691.22442.23605.90273.83567.19751.08278.43866.81071 =
867.41645.01232.98079 * 4337.08225.06164.90391 *
18215.74545.25892.59639
```

die mit den ersten 25 Primzahlen als Basis eine Primzahl vortäuscht, was schon einen Vorstoß bis zur Restfehlerwahrscheinlichkeit $8,88 * 10^{-16}$ bedeutet.

Theoretische Untersuchungen belegen diesen Trend, vorzugsweise mit kleinen Basen falsche Ergebnisse vorzutäuschen, allerdings liegt die Abschätzung einer Untergrenze, unterhalb der alle kleinen Basen versagen sollen, bei $a \leq \ln(n)^{1/(4 * \ln(\ln(\ln(n))))}$, also bei Zahlen, die kaum je praktische Verwendung finden werden. Testbasen sollten deshalb tatsächlich zufällig ausgewählte Zahlen sein.

Aufgabe. Implementieren Sie den Rabin-Miller-Test nun vollständig. Greifen Sie frühere Aufgaben, in denen große Primzahlen benötigt wurden, wieder auf und vervollständigen Sie den dort implementierten Code, um die Aufgaben zu Ende zu führen. Sie sollten nun auch in der Lage sein, sämtliche Algorithmen mit asymmetrischen Verschlüsselungsmethoden vollständig, d.h. mit Initialisierung zu implementieren.

In der Praxis führt man den Rabin-Miller-Test nur mit wenigen Basen durch, da sich die meisten Zahlen recht schnell als zusammengesetzt offenbaren und kritische Zahlen relativ selten auftreten. Um sich abzusichern, wird der Rabin-Miller-Test oft durch eine ebenfalls vereinfachte Variante des im nächsten Absatz diskutierten Lucastests ergänzt.

---

248 Der Fall gerader Exponenten r_k besitzt nur eine beschränkte Wahrscheinlichkeit, den nächsten Schritt ebenfalls zu überstehen, so dass die Abschätzung recht großzügig ist. Bezüglich der rekursiven Fortsetzung empfiehlt es sich aber nicht, das sichere Terrain zu verlassen und die Eingrenzung schärfer zu machen, zumal das Ziel, die Skalierbarkeit des Algorithmus nachzuweisen, ja bereits erreicht ist.

11.2.4 Deterministische Tests

LUCASTEST – DIE IDEE

Wir kehren zunächst unsere bisherigen Rahmenbedingungen um:

a) Für $n \in P$ soll der Test mit einem positiven Ergebnis ein definitiver Beweis der Primzahleigenschaft sein.

b) Für $n \notin P$ muss der Test nicht zu einem Ergebnis kommen bzw. der notwendige Aufwand liegt wieder in der Größenordnung $\sqrt[3]{n}$ oder darüber.

Aus der Formulierung erkennt man leicht: der Lukas-Test ist ein Ergänzungstest, d.h. es sollten nur Zahlen getestet werden, die nach einem Rabin-Miller-Test bereits mit hoher Wahrscheinlichkeit Primzahlen sind. Eine alleinige Anwendung verbietet sich, da wir in den Rahmenbedingungen eine unserer Grundvorgaben – die schnelle deterministische Erkennung zusammengesetzter Zahlen – nicht mehr aufgenommen haben. Ein Erfolg ist allerdings auch nicht garantiert, da über den Aufwand, zu einem definitiven Ergebnis zu kommen, keine Aussagen getroffen werden.

Die Idee des Lucastests ist relativ simpel: man suche eine Basis, die primitiv mit der Periode $n-1$ ist, da daraus folgt

$$b^{n-1} \equiv 1 \bmod n \quad \wedge \quad (\forall\, k < (n-1): b^k \neq 1 \bmod n) \quad \Rightarrow \quad n \in P$$

Nur Primzahlen weisen Restklassen mit der Periode $n-1$ auf, bei zusammengesetzten Zahlen besitzt jede Basis eine kleinere Periode. Die Testidee weist auch gleich auf die Probleme hin. Ist n eine Primzahl, dann besitzt sie $\varphi(\varphi(n))$ primitive Restklassen. Die Primitivität eines Elementes b ist nur dann nachgewiesen, wenn alle Teiler von $(n-1)$ als Exponenten nicht die Kongruenz Eins erzeugen (es genügt aber, nur eine Basis zu finden).

Um auf möglichst viele Fälle anwendbar zu sein, spaltet der Lucastest in zwei Varianten auf, von denen (*hoffentlich*) mindestens eine erfolgreich durchführbar ist:

LUKAS-TEST: FAKTORISIERUNG VON $n-1$

In der ersten Variante wird eine Faktorzerlegung von $n-1$ als Ausgangspunkt verwendet: durch geschickte Ausnutzung unserer Kenntnisse über das Spektrum von Primzahlen gelingt uns möglicherweise die Konstruktion eines effektiven probabilistischen Suchalgorithmus nach einer primitiven Restklasse – mit der Einschränkung, dass wir bei Misserfolgen bei der Suche eben nicht sicher sein können, eine Primzahl vor uns zu haben oder eine „harte" zusammengesetzte Zahl. Für das Verständnis des Folgenden rufen Sie sich noch einmal die Ergebnisse über das Spektrum von Primzahlen in Erinnerung.

> **Aufgabe.** Ermitteln Sie zur Übung das Spektrum der ersten Carmichaelzahl 3*11*17=561, und zwar zunächst unter der Annahme, dass 561 eine Primzahl ist (d.h. $\varphi(561)=560$), anschließend für den korrekten Wert $\varphi(561)=320$. Vergleichen Sie beide Spektren miteinander.

Sofern $n \in P$ richtig ist, kennen wird auch $\varphi(n)$ und sind grundsätzlich in der Lage, das Potenzspektrum der Restklassen zu berechnen. Dies können wir uns zu nutze machen, um eine primitive Restklasse zu finden. Notwendige Voraussetzung dafür ist allerdings die Faktorisierung von $(n-1)$

$$n-1 = 2^a * \prod_{k=1}^{r} p_k^{a_k}$$

Die Primfaktoren in dieser Zerlegung definieren zulässige, bzw. mögliche Ordnungen von Restklassen im Spektrum. Ist n eine Primzahl, so existieren Restklassen, die zu keiner der durch die Primzahlzerlegung definierten Ordnungen gehören, d.h. primitiv sind. Ist n keine Primzahl, so ist $\varphi(n)$ ein Teiler von $(n-1)$ und in der Faktorisierung enthalten. Wir haben damit zwei mögliche Ergebnisse des Tests bei der Durchführung mit einem zufällig gewählten b:

$$\left(\forall\, p_k\right)\left(b^{(n-1)/p_k} \neq 1\; mod\; n\right)\;\Rightarrow\; n \in P$$

$$\left(\exists\, p_k\right)\left(b^{(n-1)/p_k} \equiv 1\; mod\; n\right)\;\Rightarrow\; \left(b\; nicht\; primitiv\;\vee\; n \notin P\right)$$

Bei Vorliegen der ersten Beziehung ist der Test beendet, bei Vorliegen der zweiten haben wir Pech gehabt und müssen ein anderes b ausprobieren.[249]

Aufgabe. Begründen Sie, weshalb die Potenzen der Primzahlzerlegung nicht berücksichtigt wird bzw. zu einem falschen Ergebnis führt, würde man die Potenzen in die Exponenten mit einsetzen.

Aufgrund der 2. Möglichkeit sind Überlegungen sinnvoll, ob b bestimmten Anforderungen genügen soll, um dadurch „sinnlose" Tests, die auf jeden Fall mit dieser Aussage enden, von vornherein zu vermeiden. Im Vorgriff auf das Kapitel über das quadratische Sieb kann die Auswahl der Testzahlen b auf den Fall, dass das Legendresymbol den Wert $(b/n) = -1$ aufweist, beschränkt werden, was die Anzahl der Kandidaten halbiert (*bei großen n ist das natürlich nur ein schwacher Gewinn*). Der Wert des Legendresymbols gibt an, ob eine Zahl ein „quadratischer Rest" einer Primzahl ist, und ist folgendermaßen definiert:

$$b \equiv a^2\; mod\; n\;\Leftrightarrow\;\left(\frac{b}{n}\right) = 1$$

$$b \neq a^2\; mod\; n\;\Leftrightarrow\;\left(\frac{b}{n}\right) = -1$$

$$b\,|\,n\;\Leftrightarrow\;\left(\frac{b}{n}\right) = 0$$

Nur wenn b kein quadratischer Rest ist, kommt es als primitive Restklasse in Frage. Ist n keine Primzahl, so lässt sich ein Zahlenwert $\left(\frac{b}{n}\right)$ auch in diesem Fall berechnen, besitzt aber nicht die gleiche Bedeutung (*Jacobisymbol*). Für den Test entsteht daraus allerdings keine Fehlerquelle. Wie schon in der laufenden Untersuchung, in der wir uns ja mit der Aussage „*eine Primfaktorzerlegung existiert*" zufrieden geben, ohne diese explizit anzugeben, existiert ein einfacher Algorithmus mit der definitiven Aussage „*b ist kongruent zum Quadrat einer Zahl a modulo n*" (*oder dem gegenteiligen Schluss*), ohne dass zu a eine nähere Aussage getroffen wird. Für die Entwicklung dieses Algorithmus müssen wir aber noch einige Voraussetzungen schaffen. Es sei daher empfohlen, in einer Implementation des Lucastests zunächst der Einfachheit halber alle Restklassen einzusetzen, aber bereits eine Weiche für eine spätere Ergänzung zu berücksichtigen.

Wenn wir uns die Ergebnisse über Ordnungen und Spektren vergegenwärtigen, kann der Rechenaufwand dadurch vermindert werden, zu jedem Primfaktor in der Zerlegung von $n-1$ eine relativ prime Restklasse zu finden, d.h. bei Vorliegen der zweiten Bedingung genügt die Untersuchung weiterer Zahlen b ausschließlich für die Primfaktoren, die hier aufgefallen sind. Lässt sich nämlich

---

249 Wenn Sie dies auf die letzte Aufgabe anwenden, können Sie feststellen, dass für jedes b der Fall 2 eintritt und der Test nicht zu einem Ende kommt.

zu jedem Primfaktor eine relativ prime Restklasse finden, so bedeutet dies, dass auch $\varphi(n)$ durch sämtliche Faktoren geteilt wird und mithin $\varphi(n) = n-1$ gilt, n also eine Primzahl ist. Das entbindet uns von der Notwendigkeit, tatsächlich eine primitive Restklasse finden zu müssen, und wir kommen wir dem „Determinismus" schon ein erhebliches Stück näher, da sich bei positiven Teilprüfungen die Zahl der verbleibenden Prüfungen drastisch verringert.

Allerdings tritt in der Praxis an dieser Stelle häufig ein weiteres Problem auf: speziell bei der Überprüfung größerer Zahlen tritt meist das Problem recht großer Faktoren in der Faktorisierung auf, die durch eine Probedivision nicht weiter zerlegt werden können (*schließlich ist dies die bislang einzige und bekannte Methode, eine zusammengesetzte Zahl in ihre Faktoren zu zerlegen*). Hier sind drei Fälle möglich:

a) der bereits zerlegte Anteil ist größer als $\sqrt{n}$: in diesem Fall genügt die Überprüfung mit den gefundenen Primfaktoren, und wir brauchen uns um den verbleibenden Restfaktor nicht zu kümmern. Zur Begründung gehen wir von der Faktorisierung

$$(n-1) = F * R \quad , \quad F = \prod_{k=1}^{r} p_k^{a_k} \ \land \ F > \sqrt{n}$$

aus und nehmen an, dass n zusammengesetzt und q einer der unbekannten Primfaktoren von n ist, der Lucastest aber für F erfolgreich durchgeführt werden kann. Aus

$$b^{n-1} \equiv 1 \ mod \ q \quad , \quad b^{(n-1)/p_k} \neq 1 \ mod \ q$$

folgt aber, dass p_k die Ordnung von b zum Modul q teilt, also letztlich auch $(q-1)$ als höchste Ordnung $mod \ q$. Da dies für alle p_k gilt, folgt daraus $F|(q-1)$, so dass wegen der Größe von F nur der Schluss

$$\sqrt{n} < F < q \ \Rightarrow \ n = q$$

bleibt. n kann also keine zusammengesetzte Zahl sein!

b) Der nicht faktorisierbare Anteil ist eine große Primzahl. In diesem Fall lässt sich der Test für n ebenfalls erfolgreich beenden, allerdings muss natürlich zuvor überprüft werden, ob es sich tatsächlich um eine große Primzahl handelt.

Konkret führt dies auf eine rekursive Anwendung der Testverfahren, d.h. der Faktor wird seinerseits zunächst dem Miller-Rabin-Test und danach dem Lucastest unterworfen. Dabei kann natürlich der Fall auftreten, dass weitere Rekursionen notwendig werden.

c) Der nicht faktorisierbare Anteil ist nachweislich keine Primzahl (*Nachweis z.B. mit dem Fermattest oder dem Miller-Rabin-Test*), lässt sich aber nicht weiter zerlegen. In diesem Fall kann der Lucastest auf diesem Weg nicht durchgeführt werden, d.h. wir kommen zu keiner positiven Bestätigung der Primeigenschaft von n.

Den gleichen Schluss müssen wir auch ziehen, wenn der verbleibende Anteil zwar nicht eindeutig als zusammengesetzt nachgewiesen werden kann, der positive Nachweis der Primeigenschaft durch eine Rekursion nach (b) aber auch nicht gelingt.

Aufgabe. Natürlich eine Implementation des Ganzen! Suchen Sie bei dieser Gelegenheit nach Primzahlkandidaten, die eine der Bedingungen a) – c) erfüllen. Wie groß ist die Wahrscheinlichkeit, auf solche Kandidaten zu stoßen? Können für diese Zahlen trotzdem Restklassen gefunden werden, die vermutlich prim sind?

Führen Sie zum Vergleich auch Tests mit Nichtprimzahlen (zufällige und Carmichaelzahlen) durch. Lässt sich eine vereinfachte Variante des Tests konstruieren, die zwar nicht sicher ist, aber doch zum Ausschluss von Carmichaelzahlen, die den Rabin-Miller-Test überstanden haben könnten, beiträgt?

Bei Misserfolg mit der Testvariante 1 können wir es mit Variante 2 versuchen:

LUKAS-TEST: FAKTORISIERUNG VON $n+1$

Auch bei der zweiten Variante ist eine vollständige Faktorisierung Voraussetzung für die Durchführung, nur dass wir an Stelle der Faktorisierung von n-1 nun nach der Faktorisierung

$$n+1 = 2^a * \prod_{k=1}^{m} p_k^{a_k}$$

suchen. Immerhin besteht einige Aussicht, zumindest eine der Möglichkeiten $(n \pm 1)$ hinreichend weit bearbeiten zu können. Die theoretischen Grundlagen für den weiteren Testablauf werden wir aber erst zu einem späteren Zeitpunkt – beim quadratischen Sieb – genauer untersuchen. Wir beschränken uns hier auf die Benutzung der Ergebnisse. Das Kapitel über die theoretischen Grundlagen ist aber ausreichend unabhängig verfasst, so dass sich der interessierte Leser auch vorab dort informieren kann.

Für den Test benötigen wir eine oder mehrere Lucasfolgen. Eine Lucasfolge ist eine Verallgemeinerung der allgemein bekannten Fibonaccifolge und wird durch das Bildungsgesetz

$$L_n = v_n + u_n * \sqrt{D} = 2^{1-n} (P + \sqrt{D})^n$$

oder die Rekursion

$$L_{n+1} = P * L_n - Q * L_{n-1} \quad , \quad D = P^2 - 4 * Q$$

definiert. Für die Fibonaccifolge als einfachste Form einer Lucasfolge gilt $P = -Q = 1$.

Aufgabe. Konstruieren zur Übung/Anschaulichkeit Sie einige Glieder der Fibonaccifolge sowie einer allgemeinen Lucasfolge nach beiden Bildungsgesetzen.

Die Glieder einer Lucasfolge besitzen einige bemerkenswerte Teilereigenschaften, die wir für den Primzahltest nutzen. Eine geeignete Lucasfolge wird durch ein Paar $(P \, ; Q)$ mit

$$\left(\frac{Q}{n}\right) = \left(\frac{D}{n}\right) = -1$$

definiert, wobei mit $\left(\frac{a}{b}\right)$ wieder das Legendresymbol bzw. Jacobisymbol gemeint ist, das wir schon in Variante 1 verwendet haben. Die erzeugenden Parameter der Lucasfolge dürfen mit anderen Worten nicht kongruent zum Quadrat einer weiteren Zahl *mod n* sein. Ist ein solches Paar gefunden, werden L_{n+1} sowie $L_{(n+1)/p}$ für alle Faktoren der Primzahlzerlegung berechnet. Dies scheint zwar bei Betrachtung der Bildungsgesetze sehr mühsam zu sein, es existieren jedoch einfach Multiplikationsregeln, die dies ohne Probleme erlauben. Wir werden sie in einem späteren Kapitel kennen lernen und beschränken uns hier auf ein Rechenbeispiel, dass Sie selbst lösen können:

Aufgabe: Versuchen Sie, für die Fibonaccifolge den Zusammenhang

$$F_0 = F_1 = 1 \quad , \quad F_{k+1} = F_k + F_{k-1}$$
$$\Rightarrow \quad F_{2k} = F_k^2 + 2\,F_k * F_{k-1}$$

rekursiv nachzuweisen.

Zurück zum Lucastest: als Ergebnis der Berechnung der Glieder der Lucasfolge kann einer der folgenden Fälle eintreten:

$$(a) \quad n \mid L_{n+1} \;\wedge\; \forall\, p : n \nmid L_{(n+1)/p} \quad \Rightarrow \quad n \in P$$
$$(b) \quad n \nmid L_{n+1} \quad\qquad\qquad\qquad\qquad \Rightarrow \quad n \notin P$$
$$(c) \quad n \mid L_{n+1} \;\wedge\; \exists\, p : n \mid L_{(n+1)/p} \quad \Rightarrow \quad n \in P \;\vee\; n \notin P$$

Mit der Teilereigenschaft ist gemeint, dass n beide Koeffizienten des Folgenelementes ganzzahlig teil. In zwei der möglichen Fälle erhalten wir eine eindeutige Aussage, im dritten Fall müssen wir, ähnlich wie in Variante Eins, eine andere Folge $(P \,;\, Q)$ untersuchen.

Aufgabe. Nehmen Sie eine beliebige Lucasfolge oder die Fibonaccifolge und berechnen Sie die Folgenglieder für einige Zahlenbeispiele, um ein Gefühl für die Größe der auftretenden Zahlen zu bekommen.[250]

Bezüglich der Faktorisierung von $(n+1)$ gilt das gleiche wie für $(n-1)$: wenn wir keine ausreichende Anzahl von Primfaktoren finden, müssen wir aufgeben und können den Lucastest nicht ausführen. Da wir zwei Möglichkeiten besitzen und für jeden größeren Faktor in der Zerlegung wiederum rekursiv zwei Methoden anwenden können, sollten wir in einer akzeptablen Zahl von Fällen zum Erfolg kommen.

Sehen Sie es mir nach, dass die 2. Variante des Lucastests abweichend von der sonstigen Vorgehensweise in diesem Buch als „Kochvorschrift" ohne größere Begründung, warum die eine oder andere Beziehung gilt, hier eingeführt wurde, noch dazu mit vielen Fragezeichen, wie denn die eine oder andere Berechnung praktisch überhaupt durchgeführt werden kann. Thematisch lässt sich die Theorie aber an einer anderen Stelle geschlossener präsentieren, so dass ich hier nur die Anwendung präsentiere.

Aufgabe. Merken Sie sich das Kapitel zur Nachbearbeitung vor. Überprüfen Sie die Aussagen nach Durcharbeiten der Theorie der Lucasfolgen im hinteren Buchteil und implementieren Sie die Tests.

ZERTIFIZIERTE PRIMZAHLEN: PRIMZAHLTEST MIT ELLIPTISCHEN KURVEN

Primzahlnachweise mittels elliptischer Kurven basieren auf einem dem Lucastest ähnlichen Verfahren: der Primzahlnachweis wird unter der Voraussetzung geführt, dass wesentliche kleinere Teilgrößen des Verfahrens ebenfalls Primzahlen sind. Für diese wird rekursiv der für die Gültigkeit des Haupttests notwendige Primzahlnachweis so lange wiederholt, bis definitive Primzahlen, beispielsweise durch ein Primzahlsieb nachgewiesen, erreicht sind.

Im Unterschied zum Lucastest, der nur für bestimmte Primzahlen funktioniert, funktioniert die Prüfung mit elliptischen Kurven für alle Zahlen. Allerdings ist dieser Test nicht für die praktische Suche nach Primzahlen geeignet, da er mit sehr viel Aufwand verbunden ist. Das eigentliche Ergebnis des Tests ist ein Satz Parameter, die beweisen, dass es sich bei einer Zahl um eine Primzahl han-

---

250 Für kleinere Zahlen können Sie auch passenden Parameter für eine Lucasfolge berechnen; wahlweise können Sie natürlich auch das Kapitel über die Berechnung der Jacobisymbole vorziehen.

delt und der Vorleger der Zahl nicht geschickt gemogelt hat, also gewissermaßen ein Zertifikat für die Primzahleigenschaft. Wir können den Algorithmus hier allerdings nur skizzieren.

Sei n die zu überprüfende Zahl, deren Primzahleigenschaft über einen einfachen Test, beispielsweise den Rabin-Miller-Test, bereits abgesichert ist. Für eine elliptische Kurve

$$C_n := y^3 = x^3 + ax + b$$

wähle man Konstanten $(a, b): 4a^4 + 27b^2 \neq 0 \, (mod \, n)$. Mittels eines Punktzählalgorithmus bestimme man

$$(\forall P \in C_n): \; l * P = O \; , \; n + 1 + 2\sqrt{n} \leq l \leq n + 1 + 2\sqrt{n}$$

l liegt im Intervall, das vom Hasse-Theorem vorgegeben wird. Zusätzlich soll l von der Form

$$l = 2 * q \; , \; q \in \boldsymbol{P}$$

mit einer Primzahl q sein. Letzteres wird zunächst durch einen Test mit mit hoher Wahrscheinlichkeit (*Rabin-Miller-Test*) abgesichert. Ist l nicht von der geforderten Form, versuche man es mit einem anderen Paar (a, b).

Ist ein passendes Paar (a, b) gefunden worden, suche man einen Punkt Q mit $q * Q = O$. Gelingt es einen derartigen Punkt zu finden, ist n eine Primzahl (*da der Algorithmus ja nur mit aussichtsreichen Kandidaten durchgeführt wird und die Dichte solcher Punkte gemäß den Spektraluntersuchungen recht hoch ist, ist die Suche recht aussichtsreich*).

Anschließend wird der Test für q wiederholt, denn es gilt ja sicherzustellen, dass q tatsächlich und nicht nur mit hoher Wahrscheinlichkeit eine Primzahl ist. Die Primzahleigenschaft selbst von n unter diesen Bedingungen folgt aus dem

Satz. Sei P ein Punkt einer nichtsingulären elliptischen Kurve $C_n : y^2 \equiv x^3 + ax + b \, (mod \, n)$ mit der Zykluslänge $q * P = O \, (mod \, n)$, $q \in \boldsymbol{P}$ und gilt für q außerdem

$$q > \sqrt{n} + 2\sqrt[4]{n} + 1$$

so ist $n \in \boldsymbol{P}$.

Beweis. Sei n zusammengesetzt und p ein Primfaktor mit $p < \sqrt{n}$ und $q * P \equiv O \, (mod \, n)$, $q \in \boldsymbol{P}$ wie oben. Dann gilt auch $q * P \equiv O \, (mod \, p)$, d.h. die Ordnung von P in C_p ist ein Teiler von q. Nun müsste aber auch

$$\# C_p \leq p + 2\sqrt{p} + 1 < q$$

gelten, was aufgrund $q \in \boldsymbol{P}$ nicht erfüllt werden kann. $\qquad \square$

Der Algorithmus funktioniert, weil die Gruppengröße nicht nur innerhalb des Hasseintervalls liegt, sondern für jeden Wert des Hasseintervalls auch eine elliptische Kurve (*ein Paar* (a, b)) existiert. Man muss also nur lange genug Paare (a, b) testen, bis $2 * q = l < n$ gilt. Da in jedem Schritt die zu prüfende Zahl aber im Mittel nur halbiert wird, benötigt der Algorithmus allerdings eine verhältnismäßig große Menge an Schritten, bis man zu einem q gelangt, für das kein weiterer Nachweis erforderlich ist.

Aufgabe. Schätzen Sie mit Hilfe des Primzahlsatzes den mittleren Aufwand ab, ein geeignetes Paar (a, b) bei gegebenem n zu bestimmen.

Die gesammelten Ergebnisse können nun als „Zertifikat" für die Primzahleigenschaft von n bereitgestellt werden:

$$Cert(n) = \left[(a_i, b_i, q_i, Q_i)\right]$$

Damit lässt sich nun durch jeden sehr schnell überprüfen, ob n eine Primzahl ist.

Aufgabe. Geben Sie einen Algorithmus an, der mittels des Zertifikats die Primzahlprüfung für n durchführt.

Der Aufwand zur Bestimmung geeigneter Paare (a, b) ist sehr hoch, da zunächst mittels eines Punktzählalgorithmus l bestimmt werden muss und auch da wiederum sehr viele Kandidaten ausscheiden, da sie nicht die geeignete Zusammensetzung aufweisen. Zu einer Verbesserung der Situation sind zwei Strategien geeignet:

a) Einschränkung des Sucherintervalls eines Punktzählalgorithmus auf einen kleineren Bereich als den des Hasseintervalls.

b) Anstelle der Paare (a, b) wählt man ein geeignetes l aus und versucht, dazu ein Paar (a, b) zu finden. Gelingt dies nicht, wird die Suche mit einem anderen l fortgesetzt.

Strategie a) würde insbesondere dann zu einer Beschleunigung führen, wenn die Verteilung der l bei zufällig gewähltem (a, b) nicht gleichmäßig im Hasseintervall ist. Im Extremfall könnte die Suche sogar auf einen Punktzählalgorithmus verzichten, wenn eine hinreichende Menge an Kandidaten für q bereitgestellt und ein zufällig gewähltes (a, b) mit dieser Menge gerastert wird. Die ersten Optimierungen des Algorithmus wurden in dieser Richtung geführt.

Wie wir schon im Theoriekapitel festgestellt haben, existieren sowohl von der Funktionentheorie als auch von der Algebra aus sehr reichhaltige Zugänge zur Theorie der elliptischen Kurven, die auch zu Methoden zur Verfolgung von Strategie b) führen. Wir können hierauf jedoch nicht näher eingehen.

SCHLUSSBEMERKUNG

Für die Praxis muss man eine Entscheidung treffen, wie hoch der Aufwand für einen Primzahltest tatsächlich sein soll. Werden nur relativ selten neue Primzahlen benötigt, so spielt der Aufwand formal eine Nebenrolle. Andererseits ist für technische Anwendungen ein „Primzahlbeweis" im Allgemeinen auch nicht notwendig; es genügt, dass die Fehlerwahrscheinlichkeit deutlich geringer ist als die Gesamtanzahl aller jemals durchgeführter Tests. Es sei in diesem Zusammenhang auch an eine Bemerkung in einem früheren Kapitel erinnert: ein reiner Nutzer von Programmen ohne Verständnis für die Theorie oder Interesse daran hat möglicherweise auch wenig Verständnis für eine längere Denkpause seines Rechners. Entsprechend sind viele kommerzielle Programme auf Geschwindigkeit getrimmt. Beispielsweise benötigt Maple V 5.1 auf einem 700 MHz Pentium ca. 4,5 Sekunden, um von der 148-stelligen Zahl

```
472.32102.93803.94852.57384.75743.57397.39874.57309.40590.37273.
57475.87397.23740.51902.49182.84017.49124.07107.40718.28417.
30984.10820.47203.59820.75027.35481.29382.39085.29898.89600
```

auf die nächste Primzahl mit den Schlussziffern .....8.90587 zu gelangen, wobei immerhin 493 Zahlen zu überprüfen sind. Das funktioniert natürlich nur noch mit ausgefeilten Strategien, z.B. mit der Überprüfung nur weniger Basen im Rabin-Miller-Test und Begrenzung des Aufwands für einen Lucastest. Das Handbuch bemerkt dazu lakonisch für die Funktion „isprime"

„It returns false if n is shown to be composite within one strong pseudo-primality test and one Lucas test and returns true otherwise. If isprime returns true, n is ``very probably" prime - see Knuth ``The art of computer programming", Vol 2, 2nd edition, Section 4.5.4, Algorithm P for a reference and H. Riesel, ``Prime numbers and computer methods for factorization". No counter example is known and it has been conjectured that such a counter example must be hundreds of digits long."

11.2.5 Primpolynome

Die Nutzung von Polynomen in Verschlüsselungsalgorithmen hat zwar eher einen bescheiden Umfang und die Grade der verwendeten Polynome sind weitaus geringer als die Ziffernanzahl der verwendeten ganzen Zahlen, trotzdem besteht natürlich die Notwendigkeit, ein Primpolynom eines bestimmten Grades über einem Körper oder Ring zu ermitteln.

Wir beginnen mit der Untersuchung von Polynomen über endlichen Körpern. Ist $f(x)$ ein Polynom über einem endlichen Körper, beispielsweise $\mathbb{Z}_p$ mit einer Primzahl p, und Ist $f(x)$ ein Primpolynom, so gilt

$$d(x)^{\varphi(f(x),\,p)} \equiv 1 \left(mod\left(p, f(x)\right)\right)$$

$$\varphi(f(x),\, p) = p^{grad(f)} - 1$$

mit einem beliebigen Polynom $d(x)$, $grad(d) < grad(f)$. Dies entspricht dem kleinen fermatschen Test für Primzahlen, und wir können wie dort fragen, ob diese Beziehung nur für irreduzible Polynome gilt oder auch andere Polynome für beliebige $d(x)$. Sei nun $f(x) = g(x) * h(x)$ ein zusammengesetztes Polynom und $g(x)$ ein Primpolynom. Die Grade von g und h seien r und s. Damit die Kongruenz für $g(x)$ erfüllt ist, muss gelten

$$d(x)^{p^{r+s}-1} \equiv 1 \left(mod\, p, g(x)\right)$$
$$\Rightarrow \quad p^{r+s} - 1 \equiv 0 \left(mod\, p^r - 1\right)$$

Dividiert man $(p^{r+s} - 1)$ durch $(p^r - 1)$, so zeigt sich, dass für $s = n * r$ die Äquivalenz erfüllt wird. Besitzt $f(x)$ die Zerlegung

$$f(x) = \prod g_i(x) \ , \quad \forall g_i(x)\text{: } grad(g)|grad(f)$$

so wird die Äquivalenz erfüllt, ohne dass wir ein irreduzibles Polynom vor uns haben. Ohne dass wir uns nun wieder in die Details begeben, können wir aber zur Behebung dieses Problems die gleiche Methode anwenden, die wir schon zur Ermittlung von Primzahlen angewandt haben: Ist $p \neq 2$, so ist $p^s - 1$ eine gerade, meist mehrfach durch Zwei teilbare Zahl. Wir untersuchen also wie oben

$$d(x)^{(p^{grad(f)}-1)/2^k} \overset{?}{\equiv} \pm 1 (mod\, p\, , f(x)) \ , \quad k = 0, 1, 2,..$$

Erhalten wir eine von (-1) verschiedene Kongruenz, so ist $f(x)$ zusammengesetzt; übersteht $f(x)$ diesen Test mit einer hinreichenden Anzahl von Testpolynomen $d(x)$, können wir das Polynom als irreduzibel ansehen.

Aufgabe. Implementieren Sie den Algorithmus und führen Sie Tests zum Algorithmus durch. Welche Polynomgrade sind kritisch, welche nicht?

Haben wir als Grundmenge nun einen unbegrenzten euklidischen Ring oder Körper, also beispielsweise $\mathbb{Z}$ oder $\mathbb{Q}$, so ist diese Art der Irreduzibilitätsprüfung nicht möglich (*warum?*). Eine nähere Untersuchung zeigt, dass ein Primpolynom im Ring $\mathbb{Z}[x]$ auch ein Primpolynom in zugehörenden Quotientenkörper $\mathbb{Q}[x]$ ist (*siehe Aufgabe*). Wir betrachten voll gekürzte (*primitive*) Polynome in $\mathbb{Z}[x]$:

$$f(x) = \sum_{k=0}^{n} a_k x^k \quad , \quad ggT(a_0, \dots a_n) = 1$$

Satz (*Eisensteinkriterium*): Existiert eine Primzahl p mit

$$p \nmid a_n \ \wedge \ p | a_0 .. a_{n-1} \ \wedge \ p^2 \nmid a_0$$

so ist $f(x)$ irreduzibel.

Beweis: Wir nehmen an, die Koeffizienten erfüllen die Bedingung, jedoch sei f nicht irreduzibel, sondern besitze die Zerlegung $f = g * h$. Bilden wir den Koeffizientenring $\mathbb{Z}$ auf den Ring $\mathbb{Z}_p$ ab, so gilt für die entsprechenden Polynomabbildungen

$$f \ \rightarrow \ \bar{f} = \bar{g} \, \bar{h} \quad , \quad grad(g) = grad(\bar{g}), grad(h) = grad(\bar{h})$$

und wir erhalten das Bildpolynom $\bar{f} = \bar{a}_n x^n$. Da $\mathbb{Z}_p$ ein Integritätsring ist, also keine Nullteiler besitzt, folgt damit aber auch $\bar{g} = \alpha x^r$, $\bar{h} = \beta x^s$. Wegen $\bar{g}(0) = \bar{h}(0) = 0$ ist p aber auch ein Teiler in beiden Urbildern $g(0)$ und $h(0)$ an der Stelle Null, was aber $p^2 | f(0) = 0$ im Widerspruch zur dritten Bedingung bedeutet. ❑

Der Beweis gibt einen kleinen Einblick in eine der effektivsten Arbeitsweisen in der Algebra: Um zu Schlussfolgerungen in einer bestimmten Umgebung zu gelangen, werden häufig andere Umgebungen untersucht, die mit der Zielumgebung durch Morphismen verbunden sind. Recht allgemeine aber durch ihre Bedeutung sehr mächtige Sätze über Homomorphismen oder Isomorphismen erlauben dann die Übertragung von teilweise recht einfach gewonnenen Ergebnissen auf Umgebungen, in denen man sonst recht große Schwierigkeiten auf direktem Wege hätte. Wir haben dies ja auch schon bei den Untersuchungen zu elliptischen Kurven verwendet. Üben Sie dies noch einmal an folgenden

Aufgaben.: (1) Betrachten Sie einen Homomorphismus $\phi : \mathbb{Q}[x] \rightarrow \mathbb{Z}[x]$. Ist nun $\bar{f}(x)$ ein irreduzibles Polynom in $\mathbb{Z}[x]$, so sind die homomorphen Polynome $f(x)$ irreduzibel in $\mathbb{Q}$. Führen Sie den Beweis in der gleichen Art wie zum eisensteinschen Satz.

(2) Begründen Sie, dass $x^n - a$ mit quadratfreiem a in $\mathbb{Z}$ irreduzibel in $\mathbb{Z}[x]$ ist.

(3) Mit $p \in P$ ist $f(x) = \sum_{k=0}^{p-1} x^k$ irreduzibel in $\mathbb{Q}[x]$. Weisen Sie dies nach. Untersuchen Sie dazu das isomorphe Polynom $F(x) = f(x+1)$ und zeigen Sie, dass für die Koeffizienten der Entwicklung von $F(x)$ die Eisenstein-Kriterien erfüllt sind.

Diese kurzen Betrachtungen ermöglichen uns es zwar nicht, ein beliebiges Polynom einfach auf Irreduzibilität zu untersuchen, jedoch können wir recht einfach ein irreduzibles Polynom beliebigen Grades erzeugen. Für praktische Einsatzzwecke in der Verschlüsselungstechnik genügt dies.

Aufgabe. Implementieren Sie einen Algorithmus zur Generierung eines irreduziblen Polynoms gegebenen Grades über einem Modulkörper.

11.3 Kontrolle von Verfahrensparametern

Hat der Inhaber von Geheiminformationen diese auch korrekt erzeugt? Oder hat er an irgendeiner Stelle unerlaubte Parameter verwendet, die ihm einen Betrug erlauben könnten, aber äußerst schwer nachzuweisen sind? Wir gehen in diesem Kapitel Prüfmöglichkeiten für einige spezielle Fälle nach. Diese verlangen meist eine bestimmte Konstruktion der verwendeten Primzahlen, die wir zuerst untersuchen.

11.3.1 Sophie-Germain-Primzahlen

Der Begriff »sicheren Primzahl« oder „Sophie-Germain-Primzahl" bedeutet im Zusammenhang mit Verschlüsselungsanwendungen, dass das Spektrum minimal ist, was für die analytische Form der eulerschen Funktion bedeutet

$$\varphi(p) = p - 1 = 2 * q \quad , \quad q \in \boldsymbol{P}$$

Der Wert der eulerschen Funktion hat nur zwei Teiler, macht also das Spektrum sehr übersichtlich und erlaubt definite Aussagen über Sicherheitskriterien. Speziell überprüfbare Verfahrensparameter erfordern oft diese Konstruktion von Primzahlen. Andererseits stehen solche Parameter auch in dem Ruf, die Gesamtsicherheit einer Verschlüsselung zu erniedrigen, und sie sind, wie wir sehen werden, nicht unbedingt einfach zu ermitteln. Ohne die Auflage einer Parameterprüfung verzichtet man daher auf solche Konstruktionen und generiert Primzahlen nach einfacheren Kriterien.

Aufgabe. Bei Diffie-Hellman-Verfahren sorgt man konstruktiv meist dafür, dass der Wert der eulerschen Funktion einer 1.024-Bit-Primzahl einen Primfaktor in der Größenordnung 160-320 Bit aufweist. Entwerfen Sie einen Algorithmus, der dies sicherstellt.

Die Anfangsgründe der Mathematik sicherer Primzahlen sind recht einfach und auch experimentell zu untersuchen, weshalb wir dem hier einen etwas größeren Raum einräumen. Der Sicherheitsbegriff kann rekursiv erweitert werden, wenn die analytische Form der iterierten eulerschen Funktion jeweils wieder der gleichen Forderung unterworfen wird:

$$\varphi(\varphi(p)) = \varphi(2 * q) = q - 1 = 2 * r \quad , \quad r \in \boldsymbol{P}$$

Ein Algorithmus zum Finden einer sicheren Primzahl kann eine Primzahl folgender Prüfung unterziehen:

$$(p \in \boldsymbol{P}) \quad \Rightarrow \quad ((p-1)/2 \in \boldsymbol{P}) \vee (2 * p + 1 \in \boldsymbol{P})$$

Trifft eine der Bedingungen auf der rechten Seite zu, so ist eine sichere Primzahl gefunden[251], treffen beide Bedingungen zu, so liegt mit $(q = 2 * p + 1)$ sogar eine doppelt sichere Primzahl vor. Werden höhere Sicherheitsstufen gesucht, so kann der Algorithmus sinngemäß erweitert werden. Die Prüfung ist allerdings nicht bei jeder beliebigen Ausgangsprimzahl p sinnvoll, da nur bestimmte Primzahltypen als sichere Primzahlen in Frage kommen. Um dies zu erkennen, betrachten wir diejenigen Restklassen kleiner Module, die ihrerseits Primzahlen enthalten können. Eine einfache Prü-

---

251 Man beachte, dass im zweiten Fall natürlich q=2*p+1 die sichere Primzahl ist.

fung zeigt beispielsweise, dass für die Module (4, 5, 6, 8) folgende Restklassen als Primzahlträger auftreten

$$p \equiv \pm 1 \, mod \, 4$$
$$p \equiv \langle 1,3 \rangle \, mod \, 5$$
$$p \equiv \pm 1 \, mod \, 6$$
$$p \equiv \langle \pm 1, \pm 3 \rangle \, mod \, 8$$

Schauen wir uns die Aufteilung für das Modul sechs an, so erhalten wir

Satz. n-fach sichere Primzahlen sind von der Form

$$p_n = 2^{n-1} * 12 * a - 1 \quad , \quad a \in N$$

Beweis. Den Beweis führen wir induktiv. Den Induktionsanfang erhalten wir durch Untersuchung der Restklassen $(mod \, 6)$, die Primzahlen nur in zwei der Restklassen aufweist:

0	1	2	3	4	5
6	7	8	9	10	11
Teiler 2	Prim ?	Teiler 2	Teiler 3	Teiler 2	Prim ?

Außer in den Spalten zwei und sechs besitzen die Zahlen in den anderen Spalten auf jeden Fall einfache Primteiler. Primzahlen sind daher grundsätzlich von der Form

$$p \in P \quad \Rightarrow \quad p = 6 * a - 1 \ \lor \ p = 6 * a + 1$$

Mit der Definition einer einfach sicheren Primzahl erhalten wir daraus die beiden Möglichkeiten:

$$\varphi(q) = q - 1 = 2 * r = 2 * (6 * a - 1) = 12 * a - 2$$
$$\Rightarrow \quad q = 12 * a - 1 \ \Rightarrow \ q \in P \ \lor \ q \notin P$$

$$\varphi(q) = 12 * a + 2 \quad \Rightarrow \quad q = 12 * a + 3 = 3 * (4 * a + 1)$$
$$\Rightarrow \quad (\forall q)(q \notin P)$$

Eine einfach sichere Primzahl kann damit nur die Form $(12 * a - 1)$ haben, da die zweite Prüfzahl im zweiten Fall immer den Faktor Drei enthält, also nicht prim sein kann.

Für den Induktionsschluss gelte nun $(p_n = 2^{n-1} * 12 * a - 1)$ für eine n-fach sichere Primzahl und beliebiges n. Die Induktion auf p_{n+1} zeigt:

$$p_{n+1} = 2 * p_n + 1 = 2 * (2^{n-1} * 12 * a - 1) + 1 = 2^n * 12 * a - 1$$

Mit der Gültigkeit für $(n=1)$ ist der Beweis abgeschlossen. ❑

Das Ergebnis erlaubt eine Rastersuche, die ausschließlich Kandidaten für sichere Primzahlen untersucht und die Hälfte aller Primzahlen von vornherein ausschließt. Das Raster kann mit dem Sieb des Erathostenes kombiniert werden, um den Suchvorgang zu beschleunigen. Mittels des Siebes werden Zahlen mit kleinen Primteilern aussortiert, ohne dass die aufwendige Primzahlprüfung durchgeführt werden muss. Die Siebung muss sich nun natürlich auf alle Zahlen der Prüffolge beziehen: es macht wenig Sinn, die Primzahleigenschaft der zentralen Zahl festzustellen, um dann anschließend zu bemerken, dass die Zahlen ober- und unterhalb die Teiler drei und fünf besitzen.

Aufgabe. Implementieren Sie den nachfolgenden Algorithmus.

Zu Realisierung eines Siebes vereinbaren wir zunächst eine Menge Q kleiner Primzahlen mit der Fünf als kleinster Zahl[252] und der Mächtigkeit s sowie eine $(2n+1, s)$ -dimensionale Matrix A für den Siebvorgang bei der Suche nach einer mindestens n-fach sicheren Primzahl. Die „vertikale" Suche kann sich, ausgehend von einer Zahl $p_n(a)$, nicht nur in Richtung kleinerer, sondern auch größerer Zahlen mit formal höheren Sicherheitsstufen erstrecken, was wir durch die Dimensionierung der Matrix A berücksichtigt haben: die Zeilen $0..(n\text{-}1)$ dienen zur Siebung der Zahlen $q_0(a) .. q_{n-1}(a)$ als Kandidaten für die Parameter der iterierten eulerschen Funktionen, in Zeile n befindet sich das Sieb für die Basiszahl $p_n(a)$, die weiteren Zeilen enthalten die Siebe für die Zahlen $p_{n+1}(a) .. p_{2n}(a)$ als Kandidaten für „höhere" sichere Zahlen, die jeweils die unteren als Terme als Parameter der iterierten eulerschen Funktionen enthalten. Wie weit dies im Einzelfall ausgenutzt wird, ist aufgrund der Anwendung zu entscheiden: ein größeres Hilfssieb mit der Ausdehnung x in Richtung größerer Zahlen liefert mehr Kandidaten für den Primzahltest, aber auch sichere Primzahlen, die um einen der Faktoren $\left(1, 2, ... 2^x\right)$ größer sind als die entsprechende Basiszahl $p_n(a)$. Wie weit dies für die betreffende Anwendung zulässig ist, muss im Einzelfall entschieden werden.

In „horizontaler" Richtung werden die Zahlen durch die Iteration $(a \Rightarrow a + 1)$ (*Voraussetzung für die Siebnutzung*) erzeugt. Die Initialisierung der Matrixelemente $a_{k, l}$ von A erfolgt durch Auswertung der Kongruenzen $(q_l \in Q)$:

$$q_l \mid p_k(a_0 \bmod q_l + a_{k, l}) \quad , \quad 1 \le l \le s, 0 \le k \le 2\mathrm{n}, 0 \le m < q_l$$

In jedem Iterationsschritt wird $a_{k, l} \Rightarrow a_{k, l} + 1$ gesetzt. Eine Berechnung und Auswertung der Zahlen $p_k(a)$ muss nur erfolgen, wenn

$$A * B \,(mod\ q_l) = \begin{vmatrix} a_{1,1} \bmod q_1 & ... & & ... \\ ... & & a_{j, k} \bmod q_k & ... \\ ... & & ... & a_{2\mathrm{n}+1, s} \bmod q_s \end{vmatrix}$$

einen $(n \times s)$ -Block ohne Nullen aufweist. Im Prinzip also nur wenig Neues gegenüber dem Siebalgorithmus für kleine Primzahlen, abgesehen vom gesteigertem Aufwand.

Wie aufwendig gestaltet sich die Suche nach sicheren Primzahlen einer bestimmten Stufe? Wie bei der heuristischen Ableitung einer Näherungsformel für den Primzahlsatz untersuchen wir die Wahrscheinlichkeit, dass eine beliebige Zahl a eine Folge

$$\left(p_0(a), p_1(a), ... p_n(a)\right)$$

von Primzahlen indiziert. Die von der Basiszahl a indizierten Zahlen entstammen sämtlich einer der beiden primzahlhaltigen Restklassen $(mod\ 6)$ der natürlichen Zahlen. Unsere Überlegungen zur Wahrscheinlichkeit, dass eine beliebige Zahl m einen Teiler besitzt, bezogen sich auf alle Zahlen, schlossen also die immer faktorisierbaren Zahlenklassen $(mod\ 6)$ ein. Wir erhalten somit:

---

252 Die Primzahl 3 scheidet aufgrund des Siebs modulo 6 als Teiler aus.

$$w_n(a) = w(p_n(a) \in \boldsymbol{P}) = 3 * w(m \in \boldsymbol{P}) = \frac{3}{\ln(2^{n-1} * 12 * a - 1)}$$

Eine n-fach sichere Primzahl erfordert eine Folge

$$\left(p_s(a), \ p_{s+1}(a), \ \dots \ p_{s+n}(a) \right)$$

von Primzahlen (*dies ist der allgemeine Fall der Algorithmus, der größere Zahlen in die Suche einschließt*). Unterstellen wir eine rein statistische Verteilung der Primzahlen, so erhalten wir die Wahrscheinlichkeit für eine Primzahlfolge als Produkt der Einzelwahrscheinlichkeiten und die Wahrscheinlichkeit für einen Treffer mit unserem Algorithmus als Summe über die Wahrscheinlichkeiten der zulässigen Folgen:

$$w_{n,\,f,\,s=0}(a) = \prod_{k=s}^{n+s} w_k(a)$$

$$W_{n,\,A}(a) = \sum_{k=0}^{n} w_{n,\,f,\,k}(a)$$

Eine Auswertung ist in Abbildung 11.6 dargestellt. Wir können danach erwarten, dass sichere und doppelt sichere Primzahlen im derzeit für Verschlüsselungszwecke benötigten Zahlenbereich bis $a = 10^{150}$ technisch vertretbar zu ermitteln sind.

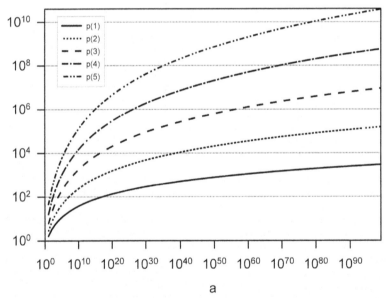

Abbildung 11.6: mittlerer Abstand sicherer Primzahlen verschiedener Stufen als Funktion der Basiszahl a

Die Berechnungsgrenzen, unterstellen wir etwa 10^6 Suchschritte als technisch noch sinnvoll, liegen bei

$$p_1(10^{1300}), \ p_2(10^{129}), \ p_3(10^{39}), \ p_4(10^{19}), \ p_5(10^{11}), \ \dots$$

Sichere Primzahlen höherer Stufen fallen recht schnell aus diesem Berechnungsrahmen. In Abbildung 11.10 ist die Größenordnung dargestellt, bei der der mittlere Abstand (*bei vorgegebe-*

ner Stufe) der Basiszahl entspricht. Bei einer Suche nach einer sicheren Primzahl einer bestimmten Stufe sollte das untersuchte Intervall größer sein als der jeweilige Äquivalenzwert, um Aussicht auf Erfolg zu haben. Praktisch bedeutet dies, dass oberhalb von Stufe neun oder zehn nach dieser Abschätzung kaum mit einem experimentellen Erfolg bei der Suche nach einer Folge zu rechnen ist (*es sei denn, man findet neue bessere Siebalgorithmen*).

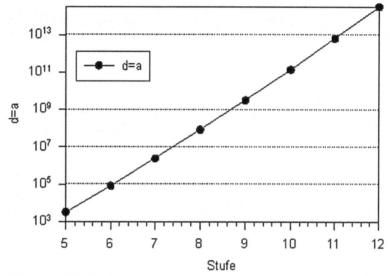

Abbildung 11.7: Mittlerer Abstand = Basiszahl als Funktion der Stufe. Der Zahlenwert liefert ein Maß dafür, wann mit der Existenz einer sicheren Primzahl der angegebenen Stufe gerechnet werden kann.

Wie gut ist die Abschätzung für den algorithmischen Aufwand zum Finden einer sicheren Primzahl? In Tabelle 11.3-1 sind einige gemessene und berechnete Werte dargestellt. Die mittleren Abstände zwischen sicheren Primzahlen liegen zwar in der berechneten Größenordnung und ändern sich im vorausgesagten Maß, jedoch fallen die Vorhersagen systematisch zu niedrig aus, d.h. es werden mehr sichere Primzahlen in einem Intervall erwartet, als tatsächlich gefunden werden. Abbildung 11.8 weist das Verhältnis der berechneten Abstände zu den gemessenen aus.

Stufe	a	M(p/a)	D(gem)	D(ber)
0	$1.4*10^{15}$	6	12,4	12,2
1	$1.6*10^{15}$	17,26	89	78
1	$1.7*10^{30}$	17,36	319	289
1	$2.3*10^{45}$	18,0	732	635
2	$1.2*10^{15}$	53,9	1.034	670
2	$2.0*10^{30}$	56,5	7.626	4.790
3	$1.7*10^{15}$	165	17.541	7.063
4	$2.1*10^{15}$	524	183.902	81.788

Tabelle 11.3-1: gemessene und berechnete Abstände sicherer Primzahlen. M(p/a) gibt das mittlere Verhältnis der Basis und der gefundenen sicheren Primzahl an.

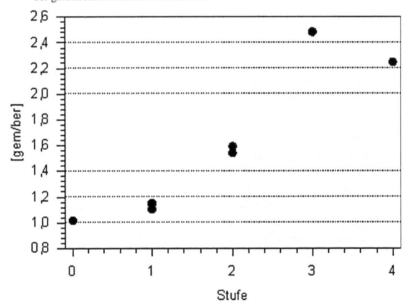

Abbildung 11.8: Verhältnis der gemessenen und berechneten Abstände sicherer Primzahlen bis zur Stufe 4

In der Stufe Null $\left(p_0(a) = 6*a - 1 \right)$ stimmt der berechnete mittlere Abstand zwischen den Primzahlen mit dem gemessenen überein. Bei höheren Stufen wird das Messergebnis nur dann reproduziert, wenn anstelle des Faktors 3 die in Tabelle 11.3-2 dargestellten Faktoren verwendet werden.

Stufe 0	Stufe 1	Stufe 2	Stufe 3	Stufe 4
3,0	2,6	2,2	2,1	3,0

Tabelle 11.3-2: Faktoren in den Prim-Wahrscheinlichkeiten

Zur Berechnung der Faktoren der Stufe n wurden rekursiv die gefundenen Faktoren der Stufe $(n\text{-}1)$ als konstant angesehen und nur der hinzukommende Faktor so angepasst, dass die Messergebnisse reproduziert werden. Die gleichen Faktorenverhältnisse finden wir beim Vergleich der berechneten und gemessenen Anzahlen sicherer Primzahlen im Zahlenbereich $\left(1 \leq a \leq 10^9\right)$ wieder (*Tabelle 11.1-1*). Bei Benutzung der Faktoren der Tabelle 11.3-2 lassen sich die gefundenen Anzahlen durch die theoretische Berechnung reproduzieren.

Das Ergebnis ist in mehrfacher Hinsicht interessant: die Abweichungen der berechneten Werte von den gemessenen deuten an, dass bestimmte Primzahlsukzessionen nicht rein statistisch-zufällig in N verteilt sind. Bei sicheren Primzahlen der Stufe vier findet möglicherweise eine Trendumkehr statt. Allerdings ist Vorsicht bei solchen Aussagen geboten: der hier untersuchte Zahlenbereich erstreckt sich gerade einmal bis etwa 10^{10}, ist also relativ klein und enthält insbesondere von den Vertretern höherer Sicherheitsstufen nur wenige Exemplare. Es könnte sich also durchaus nur um einen Effekt handeln, der gerade hier zu beobachten ist und in größeren Zahlenbereichen schnell verschwindet. Sowohl theoretische Untersuchungen als auch die Suche nach Algorithmen, die in höhere Zahlenbereiche vorstoßen können, sind notwendig, um den Boden der bloßen Spielerei hin zu gesicherten Erkenntnisse zu verlassen. Die mehrfach sicheren Primzahlen, obwohl praktisch derzeit nicht sonderlich interessant, bieten sich somit als Spielwiese für eigene Untersuchungen an.

A	Stufe 1		Stufe 2		Stufe 3		Stufe 4	
	ber.	gem.	ber	gem.	ber	gem.	ber	gem.
10	6	6	3	3	1	1	0	0
100	25	26	7	9	5	3	2	1
1000	130	131	31	34	9	8	2	3
10000	775	770	147	155	26	29	4	7
100000	5007	5063	803	833	114	129	22	27
1000000	--	35919	--	5010	--	657	--	117
201142897	3917935	4439373	--	--	--	--	--	--
237455855	--	--	--	--	--	--	6593	6048
253636670	--	--	--	--	43157	47846	--	--
278557392	--	--	530996	534462	--	--	--	--

Tabelle 11.3-3: gefundene und berechnete Anzahlen von sicheren Primzahlen mit den Faktoren aus Tabelle 11.3-2

Schließen wir das Kapitel mit zwei weiteren Auswertungen unseres Suchalgorithmus ab: in

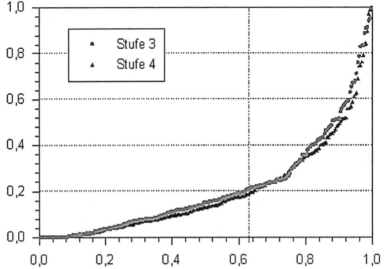

Abbildung 11.9: relative Abstände zur nächsten sicheren Primzahl als Funktion der kummulierten Anzahl der Gesamtmessungen (relativ), Zahlenbereich 2,6*10^16

Abbildung 11.9 sind die relativen Abstände aufeinander folgender sicherer Primzahlen[253] als Funktion der relativen Anzahl ermittelter Zahlen dargestellt. Der relative Abstand ist das Verhältnis eines gemessenen Abstands zum maximalen gemessenen Abstand der jeweiligen Messreihe. Der mittlere Abstand aus Tabelle 11.3-1 entspricht einheitlich etwa 0,2 Einheiten auf der Y-Achse, d.h. bei den Messungen wurden jeweils Maximalabstände ermittelt, die dem fünffachen des mittleren Abstands entsprechen (*vergleichen Sie die Verteilung der Primzahlabstände; eine genügend große Zahl an Messungen muss natürlich jeweils vorausgesetzt werden*). Bei ca. 63% aller Messungen findet man bereits bei einem kleineren als dem mittleren Abstand eine weitere sichere Primzahl, wobei aufgrund der Suche in beiden Richtungen auch der Abstand Null mehrfach auftritt[254]. Relativ selten treten die großen Abstände vom bis zu fünffachen des mittleren Abstands auf.

Aufgabe. Entwickeln Sie hieraus in ähnlicher Weise wie bei der Primzahlsuche Optimierungsstrategien für den Suchalgorithmus.

In Abbildung 12.7 ist die Größenverteilung der gefundenen sicheren Primzahlen bei zulässiger Aufwärtssuche dargestellt. Auf der Ordinate ist wieder der Bruchteil an der Gesamtanzahl der Messungen aufgetragen, die Abszisse enthält die relative Größe der Primzahl. Ca. 27% der gefundenen sicheren Zahlen sind Basiszahlen, etwa 53% entfallen auf Basiszahlen und die nächsthöhere Stufe usw. Der Anteil der höheren Stufen nimmt aufgrund der wachsenden Zahlengröße leicht ab, die senkrechten Hilfslinien entsprechen den erwarteten Anteilen.

---

253 Abbildung 11.9 beschränkt sich auf Darstellungen von Messungen der Stufen 3 und 4. Die Messdaten anderer Stufen decken sich damit, sind aber aus Gründen der Übersichtlichkeit nicht dargestellt.

254 Zur Verdeutlichung: eine 4-fach sichere Primzahl enthält zwei 3-fach sichere, eine 5-fach sichere drei, usw. Findet der Suchalgorithmus in einer Folge gleich mehrere sichere Zahlen, ist der Suchabstand natürlich Null.

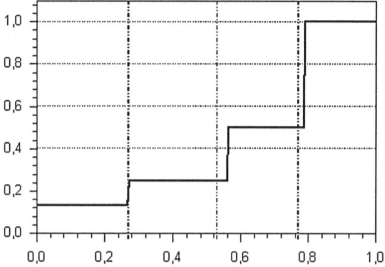

Abbildung 11.10: 3-fach sichere Primzahlen, Kandidat = beliebiges Glied der Primzahlfolge, Verteilung der Größe der gefundenen sicheren Primzahl

11.3.2 Parameterprüfung in Sicherheitsprotokollen

Im Rahmen abstreitbarer oder geheimer Signaturen mag es für den Aussteller interessant sein, sich durch besondere Konstruktion der Zahlen Spektralbereiche zu schaffen, die ihm eine Betrug ermöglichen. Welche Möglichkeiten das sein könnten, soll hier nicht weiter interessieren. Wir untersuchen hier Möglichkeiten, die Konstruktion von RSA-Parametern aus sicheren Primzahlen sowie die Verwendung von Restklassen hoher Ordnung nachzuweisen, um Überlegungen für Betrugsmöglichkeiten erst gar keinen Raum zu lassen.

Auf den ersten Blick scheint das Vorhaben, die Nachweise

$$n = p_a * p_b \quad , \quad p_j = 2 * q_j + 1 \quad , \quad p_j, q_j \in P$$

$$a^r \equiv 1 \, (mod \ n) \quad , \quad r \approx kgV \left(p_a - 1, p_b - 1 \right)$$

führen zu wollen, ohne etwas über die Primzahlen zu erfahren, recht verwegen zu sein, aber bei genauerem Hinsehen besitzen wir bereits eine recht große Menge an Kenntnissen, die es nur zu koordinieren gilt. Wir beginnen mit einer Darstellung von vier Tests, die zwar die Aufgabe nicht vollständig lösen, aber doch schon recht wertvolle Vorarbeit leisten können.

DIE ORDNUNG EINER BASIS IM RSA-VERFAHREN

Der Verfahrensinhaber lege eine Basis *a* mit der Behauptung vor, diese habe die maximal mögliche Ordnung. Setzen wir voraus, dass *n* aus zwei sicheren Primzahlen besteht, dann kann *a* nur eine der Ordnungen

$$Ord \, (a) \in \left\{ 2, q_a, q_b, 2q_a, 2q_b, q_a * q_b \right\}$$

besitzen. Ist $Ord(a) < q_a * q_b$, also o.B.d.A. q_a, so folgt

$$a^{q_a} \equiv 1 \, (mod \; n) \quad \Rightarrow \quad a^{q_a} \equiv 1 \, (mod \; p_a) \quad \wedge \quad a^{q_a} \equiv 1 \, (mod \; p_b)$$

q_a gehört aber nicht zum Spektrum von p_b, so dass $a \equiv 1 \, (mod \; p_b)$ folgt, und daraus nun wieder $(a-1) \vert n$. Der Prüfer muss somit nur folgende Tests durchführen, um das vom Kandidaten angegebene a zu zertifizieren:

$$a \neq \pm 1 \, mod \; n$$
$$a^2 \neq 1 \, mod \; n$$
$$ggT \, (a-1, n) = 1$$

Aufgrund der Voraussetzungen – n ist aus sicheren Primzahlen konstruiert – ist dies der letzte durchzuführende Test. Zuvor ist die korrekte Konstruktion von n nachzuweisen. Aufgrund seiner Einfachheit steht er hier am Anfang.

DAS RSA-MODUL BESTEHT AUS VERSCHIEDENEN PRIMFAKTOREN

Mit diesem Test schließen wir aus, dass Primzahlpotenzen in der Faktorisierung n vorhanden sind, d.h.

$$n \neq p^r * s \quad , \quad r \geq 1$$

Wird n doch mit einer Primzahlpotenz konstruiert, so folgt für die eulersche Funktion

$$\varphi \, (n) = p^{r-1} * (p-1) * \varphi \, (s)$$
$$ggT \, (n, \varphi \, (n)) \geq p^{r-1} > 1$$

und die Kongruenz

$$m \equiv n^{-1} \, (mod \; \varphi \, (n))$$

existiert wegen des $ggT \neq 1$ nicht. Wir nutzen dies aus und führen mit dem Kandidaten folgende Dialog:

$$P \rightarrow K : x \Rightarrow random \, ()$$
$$K \rightarrow P : y \equiv x^m \, (mod \; n)$$
$$P : ? \left(y^n \equiv x \, (mod \; n) \right) ?$$

Hätte der Kandidat ein n verwendet, das eine Primzahlpotenz in der Faktorisierung aufweist, so kann er den Test allenfalls für eine begrenzte Anzahl von x richtig beantworten (*deshalb ist der Test mehrfach auszuführen*). Wie leicht nachzuprüfen ist, gelingt ihm dies höchstens für

$$\varphi \, (n) / p^{r-1} \quad \Rightarrow \quad w \, (Betrug) = 1 / p^{r-1}$$

verschiedene Restklassen, so dass wir die verbleibende Restfehlerwahrscheinlichkeit gut steuern können. Ist n andererseits korrekt konstruiert, so existiert der inverse Exponent, und der Kandidat kann aufgrund seiner Kenntnis von $\varphi \, (n)$ immer ein richtiges Ergebnis abliefern.

DAS *RSA*-MODUL BESITZT GENAU ZWEI PRIMFAKTOREN

Hat man sich von der Nichtverwendung einer Primzahlpotenz in der Zerlegung überzeugt, zielt der nächste Test folgerichtig auf den Nachweis ab, dass nur zwei Faktoren verwendet wurden. Auch dies ist ein statistischer Test, wobei wir die Zielrichtung verändern: der Kandidat soll nun bei korrektem Verhalten nicht immer eine richtige Antwort geben können, sondern auch nur für bestimmte der Fragen. Das Verhältnis korrekter/falscher Antworten verändert sich, wenn er sich unkorrekt verhält. Für eine Entscheidung sammeln wir so viele Ereignisse, dass wir eine statistisch signifikante Aussage über den Anteil richtiger Antworten besitzen, d.h. dieser Test wird eine längere Kommunikation in Anspruch nehmen.

Die Testidee besteht darin, vom Kandidaten die Wurzel aus einer vom Prüfer vorgegebenen Zahl $(mod\, n)$ ziehen zu lassen. Ist nämlich r eine primitive Restklasse zu einer Primzahl p, so durchläuft $r^k \, (mod\, n)$ alle Restklassen zu p, aber nur die Restklassen, für die $k \equiv 0 \, (mod\, 2)$ ist, lassen sich durch

$$x \equiv y^2 \equiv (r^{k/2})^2 \, (mod\, p)$$

als Quadrat einer anderen Restklasse darstellen. Für zusammengesetztes n folgt

$$x \equiv r^2 \, (mod\, n) \quad \Rightarrow \quad x \equiv r'^2 \, (mod\, p_a) \; \wedge \; x \equiv r''^2 \, (mod\, p_b)$$

Kennzeichnen wir einen quadratischen Rest zu einem der Primfaktoren von n durch $(+1)$, einen nicht-quadratischen Rest mit (-1), so tritt jeder der folgenden Fälle im Mittel bei einem Viertel aller zufällig gewählten x ein:

$x \equiv r^2 \, (mod\, p_a)$	$x \equiv r^2 \, (mod\, p_b)$
+1	+1
+1	-1
-1	+1
-1	-1

Tabelle 11.3-4: Existenz quadratischer Reste bei n=p(a)*p(b)

Nur in einem Viertel aller vom Prüfer ausgegebenen Zahlen ist der Kandidat statistisch in der Lage, eine Quadratwurzel zu liefern. Hätte er mehr Primfaktoren zur Konstruktion von n verwendet, führen gleichartige Überlegungen dazu, dass bei k Faktoren nur noch in 2^{-k} Fällen eine Wurzel existiert.

In dieser Form müssen wir nun eine Reihe von Prüfungen durchführen, um sicher zwischen den korrekten Antwortwahrscheinlichkeiten $w \approx 1/4$ und der erste Betrugsmöglichkeit – das Modul besteht aus drei Faktoren, d.h. $w < \approx 1/8$ – unterscheiden zu können.

Alternativ kann man zusätzliche Randbedingungen einführen, die die Auswahl von p_a, p_b etwas einschränken, aber dafür schärfere Testbedingungen ergeben. Bei der weiteren Untersuchung quadratischer Reste im Zusammenhang mit Faktorisierungsmethoden werden wir nämlich auf folgenden Zusammenhang von $p \equiv v \ mod \ 8$ und speziellen Restklassen stoßen :

v	$w^2 \equiv 2 \ mod \ p$	$w^2 \equiv -2 \ mod \ p$	$w^2 \equiv -1 \ mod \ p$
1	+1	+1	+1
3	-1	+1	-1
5	-1	-1	+1
7	+1	-1	-1

Tabelle 11.3-5: Existenz der quadratischen Reste (+2), (-2) und (-1) für Primzahlen mod 8 . Ist das Tabellenfeld +1 , so ist der Wert quadratischer Rest, bei -1 existiert keine Zahl, die quadriert (x mod p) ergibt.

Mit Hilfe dieser Beziehungen können wir den rein statistischen Test in einen eindeutiger auswertbaren einseitigen statistischen Test umwandeln:

$$P \rightarrow K : x \Rightarrow random \,()$$
$$K \rightarrow P : r \equiv \left(\left(\pm 1 \, , \pm 2\right) x\right)^{1/2} (mod \ n)$$
$$P : ? \ (\ r^2 \equiv x \,(mod \ n) \ \vee$$
$$r^2 \equiv -x \,(mod \ n) \ \vee \ r^2 \equiv 2x \,(mod \ n) \ \vee \ r^2 \equiv -2x \,(mod \ n) \,) \ ?$$

Der Kandidat muss bei der Auswahl der Primzahlen die zusätzlichen Nebenbedingungen

$$p_a \neq p_b \neq 1 \ mod \ 8 \quad \wedge \quad p_a \neq p_b \ mod \ 8$$

beachten. Wie wir später beweisen werden, kann man z.B. *2x* auf die Eigenschaft „quadratischer Rest" prüfen, in dem man die Zahlenwerte von Tabelle 11.2-2 und Tabelle 11.3-3, die den bereits an anderer Stelle eingeführten Legendresymbolen entsprechen, miteinander multipliziert. Ist das Ergebnis positiv, so existiert eine Wurzel. Liegt z.B. $(x/p) = -1$ vor und ist $p \equiv 3 \ mod \ 8$, so existiert ein *w* mit $w^2 \equiv 2x \ mod \ p$ .Wie durch Auswertung der beiden Tabellen leicht festzustellen ist, ist nun immer eine der Kongruenzen quadratischer Rest, so dass der Kandidat immer eine Lösung liefern kann. Dies funktioniert nicht mehr, wenn *n* mehr als zwei Primfaktoren aufweist oder die Nebenbedingungen nicht beachtet werden, wie durch entsprechende Tabellen ebenfalls nachgewiesen werden kann.

Aufgabe. Mit welcher Wahrscheinlichkeit fällt ein Betrug bei Nichteinhalten von der Konstruktion der Primfaktoren oder einem *n* mit mehr als drei Faktoren auf?

Zur Berechnung einer Wurzel wertet der Kandidat zunächst die Legendresymbole der vom Prüfer gelieferten Zahl *x* mit seinen Primfaktoren aus. Wie im Kapitel über das quadratische Sieb gezeigt wird, ist dies durch einige Divisionen ausführbar. Sobald feststeht, welcher Prüfwert zu verwenden ist, wird die Wurzel mit Algorithmen berechnet, die ebenfalls im Kapitel „Das quadratische Sieb" vorgestellt werden.

Betrachten wir den schärferen Test noch hinsichtlich des Prüfziels „sichere Primzahlen". Die Einschränkung darf natürlich nicht dazu führen, dass nun keine sicheren Primzahlen mehr gefunden werden können. Der Kandidat kann nur Zahlen verwenden, in denen

$$a = \frac{k*8+r}{12} \quad , \quad r \in \{4,6,8\}$$

ganzzahlig ist. Das beschränkt die Auswahl der Primzahlen auf

$$p \equiv 3 \; mod \; 8 \quad \wedge \quad q \equiv 7 \; mod \; 8$$

und nur für jedes dritte k erhält man ein ganzzahliges a. Im Suchalgorithmus ist das als zusätzliches Siebkriterium zu implementieren. Wir halsen durch Verbessern des Tests dem Kandidaten damit einigen Aufwand bei der Bereitstellung der Parameter auf, und Sie sind wieder einmal aufgefordert, dies in Ihren Programmen nachzuvollziehen.

Primteilerverschiedenheit des Moduls und des Wertes der eulerschen Funktion

Sofern n korrekt als Produkt zweier sicherer Primzahlen konstruiert ist, muss $ggT(n-1, \varphi(n)) = 2$ gelten. Das ist zwar hinreichend, aber nicht notwendig, denn der Kandidat kann das auch durch andere Konstruktionen erreichen. Der Test ist deshalb nur ein Hinweis auf die korrekte Konstruktion, aber kein Beweis.

Für einen Test, der genau dies nachweist, einigen sich Prüfer und Kandidat zunächst mit Hilfe der Funktion

$$Odd(s) \quad \{:= while(s \equiv 0 \; mod \; 2) \quad s \Rightarrow s/2\}$$

auf einen Prüfexponent. Der Kandidat berechnet dazu den inversen Exponent $mod \; \varphi(n)$

$$P \; und \; K: \quad m \Rightarrow Odd(n-1)$$
$$nur \; K: \quad m' \equiv (1/m)(mod \; \varphi(n))$$

Im Prüfungsteil wird eine Variante des bekannten Dialogs geführt. Der Kandidat erhält mehrere Zufallszahlen, die er mit dem inversen Exponenten verschlüsselt und zurücksendet. Hat er korrekt gehandelt, kann der Prüfer die ursprüngliche Zufallszahl rekonstruieren

$$P \to K: x \Rightarrow random()$$
$$K \to P: y \equiv x^{m'} \; mod \; n$$
$$P: ?(x \equiv y^m \; mod \; n)?$$

Wie bereits zuvor begründet, liegt die Wahrscheinlichkeit, dass der Test erfolgreich verläuft, bei

$$Odd\left(ggT(n-1, \varphi(n))\right)^{-1}.$$

Sofern der Test erfolgreich bestanden wird, bedeutet dies allerdings nicht, dass der Kandidat tatsächlich sichere Primzahlen verwendet hat. Die mittlere Anzahl von Primfaktoren einer zusammengesetzten Zahl ist relativ beschränkt, so dass auch Zahlen (q_a, q_b) konstruierbar sind, die aus mehreren Primfaktoren bestehen und trotzdem keinen davon mit $n-1$ gemeinsam besitzen. Der Bereitstellung entsprechender Zahlen verursacht allenfalls etwas Aufwand für den Kandidaten im Falle eines Betrugsversuchs, ohne ihn allerdings daran hindern zu können.

NACHWEIS DES KORREKTEN AUFBAUS DER PRIMFAKTOREN

Damit haben wir die Palette an einfachen Vortests erschöpft. Für die endgültige Prüfung bleibt nun nur noch ein direkter Frontalangriff, d.h. wir müssen prüfen, ob die Primfaktoren p_a, p_b tatsächlich in der vorgegebenen Art aus zwei Primzahlen q_a, q_b zusammengesetzt sind. Das beinhaltet (*mindestens*) zwei Prüfungen, nämlich $(p-1)=2*q$ und $q \in P$.

Einen vollständigen Nachweis im mathematischen Sinn werden wir nicht führen Wir beschränken uns auf einen verkürzten Rabin-Miller-Test, d.h. wir suchen verschiedene Restklassen, die beide Lösungen von $a^{(q-1)/2} \equiv \pm 1 \,(mod\ q)$ mindestens einmal im Test generieren. Wenn der Kandidat korrekt gearbeitet hat, ist das ohne größere Schwierigkeiten möglich, wenn nicht, hat er ein Problem oder im Vorfeld mehr Arbeit in die Vorbereitung gesteckt, als er voraussichtlich durch den Betrug gewinnen kann.[255]

Das Problem besteht darin, dass keine der vier Zahlen p_a, p_b, q_a, q_b im Laufe des Test bekannt werden darf. Glücklicherweise haben wir Probleme dieser Art bereits im letzten Kapitel im Rahmen der Erzeugung von Signaturen gelöst: der Kandidat verwendet seine Geheimnisse als Exponenten in einem Diffie-Hellman-Verfahren, und der Prüfer kann die Verwendung durch geeignete Tests sicherstellen, ohne etwas zu erfahren. Wir können die Prüfschemata daher übernehmen und gehen nur insofern näher darauf ein, als neue Anforderungen auftreten. Die Diffie-Hellman-Parameter seien wie üblich mit (g,p) bezeichnet, wobei $p>n$ gilt.

Zunächst stellt der Kandidat die Größen

$$P_a \equiv g^{p_a}(mod\ p) \quad , \quad P_b \equiv g^{p_b}(mod\ p) \quad , \quad N \equiv g^n(mod\ p)$$

öffentlich. Die letzte Größe kann der Prüfer selbst berechnen und wegen

$$P_a^{p_b} \equiv P_b^{p_a} \equiv N \,(mod\ p)$$

vom Kandidaten verlangen, die Gleichheit der Logarithmen von

$$p_a \equiv \log_g(P_a) \equiv \log_{P_b}(N)(mod\ p)$$

zu den beiden verschiedenen Basen g und P_b nachzuweisen (gleiches gilt für die dritte Basis P_a).

Aufgabe. Arbeiten Sie das Nachweisschema aus.

Für q_a, q_b stellt der Kandidat in gleicher Weise die Repräsentatoren Q_a, Q_b öffentlich, die der Prüfer in gleicher Weise aufgrund

$$Q_k^2 * g \equiv P_k \,(mod\ p)$$

überprüfen kann.

Aufgabe. Auch Repräsentatoren für den Exponenten

$$Q_{a^-} \equiv g^{q_a-1}(mod\ p) \quad , \quad B_a \equiv g^{(q_a-1)/2}(mod\ p)$$

lassen sich so vereinbaren. Die Details seien Ihnen überlassen.

---

255 Wir untersuchen auch diese Optionen nicht näher.

Übrig bleibt nun nur noch der Test, ob sich hinter Q_a, Q_b tatsächlich Primzahlen verbergen. Das ist nicht ganz so einfach, denn der Kandidat muss die Kongruenz $a^{(q-1)/2} \equiv \pm 1 \,(mod\ q)$ belegen, die gemeinsame Nachweisbasis mit dem Prüfer erlaubt aber nur die Berechnung von Kongruenzen $(mod\ p)$.

Beginnen wir mit der Auswahl der Restklasse a, die weder dem Prüfer noch dem Kandidaten alleine überlassen werden. Wählt der Kandidat a alleine aus, so könnte er bei geschicktem Vorgehen eine Betrugsmöglichkeit finden. Wählt der Prüfer a aus, so könnte er mit dieser Kenntnis im weiteren Verlauf des Verfahrens möglicherweise auf die Geheimnisse schließen. Wir benötigen daher ein Protokoll, das zu einer für den Kandidaten zufällig ausgewählte Restklasse führt, deren Verwendung der Prüfer kontrollieren kann, deren Wert er aber nicht kennt.

Der Kandidat wählt zunächst eine Zufallszahl innerhalb eines vereinbarten Intervalls aus und sichert den dazugehörenden Platzhalter mit dem Prüfer ab:

$$-2^l \leq a_K \leq 2^l \quad , \quad A_K \equiv g^{a_K}\,(mod\ p)$$

Die Absicherung, dass a_K dem vereinbarten Intervall entstammt, kann relativ einfach mit Hilfe weiterer Zufallszahlen aus dem Intervall kontrolliert werden

$$-2^l \leq r \leq 2^l \quad , \quad R \equiv g^r\,(mod\ p)$$

aus dem Intervall kontrolliert werden. Nach Empfang von R (die Zahl A_K hat er bereits erhalten und deren Logarithmus kontrolliert) sendet der Prüfer eine Zufallszahl $z \in \lfloor 0,1 \rfloor$ und erwartet als Antwort

$$g^s R^z \equiv A_K\,(mod\ p) \quad , \quad -2^l \leq s \leq 2^l$$

Aufgabe. Betrügt der Kandidat bei der Auswahl von a_K oder r, kann er das geforderte s nicht immer liefern. Weisen Sie das nach!

Nach dieser Klärung sendet der Prüfer dem Kandidaten daraufhin seine Zufallszahl a_P, die der Kandidat zur Prüfzahl a verarbeitet und ebenfalls absichert:

$$a \equiv a_K + a_P\,mod\ q \quad , \quad t = a - a_P - a_K$$
$$A \equiv g^a\,(mod\ p)$$
$$T \equiv g^t\,(mod\ p)$$

Der Aufbau von T kann durch

$$T \equiv \frac{A}{A_P * A_K}\,(mod\ p)$$

abgesichert werden. Der Kandidat nun im Besitz einer Zufallszahl $a < q$, an deren Auswahl der Prüfer beteiligt war (*d.h. er kann keine für seine Zwecke günstige Zahl auswählen*). Der Prüfer wiederum kennt zwar die Zahl selbst nicht, kann aber jederzeit überprüfen, ob sie benutzt wird.

Mit auf diese Weise vereinbarten Zufallszahlen sind nun die Kongruenzen $a^{(q-1)/2}\,(mod\ q)$ zu bilden und zu überprüfen. Der Prüfer muss dabei jeden einzelnen Schritt des Potenzierungsalgorithmus überprüfen. Dieser führt auf der Grundlage des Bitmusters des Exponenten die Operationen

$$(q-1)/2 = \sum_{k=0}^{s} b_k * 2^k$$

$$a^{(q-1)/2} \equiv \prod_{k=0}^{s} a^{b_k * 2^k} \equiv \prod_{k=0}^{s} a_k^{b_k} \;(mod\; q) \quad , \quad a_k \equiv a^{2^k} \;(mod\; q)$$

aus. Die Prüfaufgabe lässt sich damit in drei Einzelprüfungen zerlegen:

(1) Die Kontrolle einer Potenzfolge

$$a_{k+1} \equiv a_k^2 \;(mod\; q)$$

(2) Die Vereinbarung des Bitmusters $(b_0, b_1, .. b_s)$ von $(q-1)/2$.

(3) Die Synthese von (1) und (2) durch Bilden des Produktterms.

Wird a korrekt quadriert, so gilt

$$a_k^2 \equiv a_{k+1} \;(mod\; q) \;\Rightarrow\; \left(a_k^2 - a_{k+1} \equiv r * q \;(mod\; p) \;\wedge\; r < q\right)$$

Aufgabe. Der Prüfer lässt sich die Repräsentatoren

$$A_{k+1} \equiv g^{a_{k+1}} \;(mod\; p) \quad , \quad R \equiv g^r \;(mod\; p)$$

geben. Den Repräsentator L_k von a_k^2 kann er selbst berechnen. Nach Prüfung, dass a_k und r wieder im vereinbarten Intervall liegen, kann er auf der Grundlage der letzten Äquivalenz die korrekt Berechnung des Quadrats absichern. Stellen Sie alles komplett zusammen.

Wenn sich der Kandidat nicht an die Vereinbarung hält und eine höhere Potenz als das Quadrat oder ein nicht hierher gehörendes a_{k+1} einsetzt, ist die Bedingung $r<q$ nicht mehr ohne weiteres erfüllbar. Prüfen Sie durch Einsetzen der verschiedenen Fälle nach, dass bei $2^l \approx \sqrt{p}$ die Betrugswahrscheinlichkeit in der Größenordnung $w \approx p^{-\ln(p)/2}$ liegt.

Im nächsten Schritt sind die Repräsentanten B_k der Bit b_k zu auszutauschen. Wegen $b_k \in [0,1]$ ist das nur über einen Umweg möglich. Kandidat und Prüfer einigen sich auf eine weitere Basis h, deren diskreter Logarithmus bezüglich g unbekannt ist. Der Kandidat kann nun mit einer Zufallszahl r_k für jedes Bit die Größe

$$B_k \equiv g^{b_k} h^{r_k} \;(mod\; p)$$

senden, aber wegen $g^{b_k} \in [1, g]$ entweder die Kenntnis des diskreten Logarithmus von B_k oder von B_k/g nachweisen. Diesen Testfall – die Kenntnis nur eines mehrerer diskreter Logarithmen – war aber auch schon ein Signaturfall, ist uns also bekannt. Mit dem Repräsentaten des Gesamtexponenten kann der Prüfer abschließend

$$\left(\prod_{k=1}^{l} B_k^{2^k}\right) / B \equiv h^r \;(mod\; p)$$

berechnen und sich die Kenntnis von r als Summe aller Zufallszahlen vom Kandidaten bestätigen lassen.

Aufgabe. Stellen Sie die Details ausführlich zusammen. Stellen Sie außerdem eine ausführliche kommentierte Liste der Größen zusammen, die der Prüfer bzw. der Kandidat kennen.

Die abschließende Berechnung der Potenz erfolgt iterativ durch

$$d_{k+1} \equiv d_k * a^{b_{k+1} * 2^{k+1}} \equiv a^{\sum_{l=0}^{k+1} b_l 2^l} \ (mod \ q)$$

Das Problem hierbei ist, dass der Faktor den Wert 1 haben kann, d.h. auch diese Multiplikation muss verdeckt werden. Wie im vorhergehenden Fall erzeugt der Kandidat einen verschlüsselten Repräsentanten für D_{k+1} und sendet diesen an den Prüfer, dem er für einen der folgenden Werte die Kenntnis des diskreten Logarithmus nachweisen kann:

$$T \equiv \frac{B_{k+1} * D_{k+1}}{D_k} \ (mod \ p) \quad \lor \quad Q \equiv \frac{T}{g * A_{k+1}} \ (mod \ p)$$

Aufgabe. Auch dies sollten Sie detailliert zusammenstellen und nachweisen. Für die verdeckten Repräsentanten seien Zufallszahlen s_k mit $s = \sum s_k$ verwendet worden, die im letzten Schritt nochmals benötigt werden.

Am Ende steht das Produkt

$$D_l \sim d_l \equiv \pm 1 \ (mod \ q)$$

Unter Verwendung der Zufallszahlensumme s aus der letzten Aufgabe und der Basis h muss nun nur noch geprüft werden, ob der Logarithmus D_l / g oder er Logarithmus D_l / Q bekannt ist, wobei die Prüfungen nun als Einzelprüfungen durchgeführt werden müssen, da der Prüfer ja durch mehrere Versuche beide Fälle mindestens einmal gesehen haben soll und folglich wissen muss, was er konkret ermittelt hat.

Aufgabe. Verifizieren Sie die letzte Prüfung unter Verwendung der Ergebnisse der vorhergehenden Aufgabe. Entwerfen Sie anschließend eine Bibliothek der notwendigen Algorithmen und ein Programm zur kompletten Durchführung der Prüfungen.

Das Gesamtverfahren ist zunächst nur für die Prüfung von RSA-Parametern angelegt, wobei aber im Vorfeld schon die Generierung sicherer Primzahlen als problematisch festgestellt wurde. Das gesamte Verfahren mag daher etwas zu akademisch in einem Buch wirken, das vorzugsweise praktische nutzbare Verfahren vorstellt, zeigt aber andererseits, wie man sich die Erkenntnisse über Spektren und Logarithmusbeweise zu Nutze machen kann.

Besteht darüber hinaus weiterer Bedarf an derartigen Prüfverfahren? Im Grunde nur eingeschränkt, denn wir müssen nur Fälle untersuchen, in denen der Inhaber der Geheiminformationen Betrugsabsichten haben könnte. In den meisten Anwendungsfällen ist die Problematik aber genau anders herum: der Inhaber der Geheiminformationen möchte verhindern, dass er betrogen wird. Ob er sich dabei geschickt anstellt, muss uns als Dritte natürlich nicht interessieren.

12 Faktorisierungsverfahren

Zu diskutieren ist nun, wie das RSA-Verfahren oder diskrete Logarithmen[256] angreifbar sind. Eine der Möglichkeiten, die gerade als „Tod dieser Verfahren" gehandelt wird – den Quantencomputer – behandeln wir separat in Kapitel 13. Wir halten uns hier an klassische mathematische Verfahren.

Wie Sie im letzten Kapitel bereits bemerkt haben, hat das mathematische Niveau ziemlich angezogen, und wir werden hier noch einiges drauflegen. Da die Ergebnisse allerdings eher einen theoretischen Nutzen haben, können Sie sich mit diesem Kapitel auch mehr Zeit lassen (oder es aussparen, wenn Sie mehr an den praktischen Gesichtspunkten interessiert sind).

Bereits diskutiert und verworfen haben wir die Probedivision. Wir schauen uns dazu noch ein Beisiel an: im Intervall $10^{25} < n < \left(10^{25} + 2 * 10^5\right)$ liegen 327 Primzahlen. Durch eine Probedivision mit unterschiedlichen Basengrößen liefert folgende Anzahlen von Primzahlkandidaten, wobei die größte Primzahl in dieser Sukzession den Wert 1.229.743 aufweist.

Basengröße	100	1.000	10.000	100.000
N.F	1.433	904	613	448

Tabelle 12-1: Ergebnisse einer Probedivision

Aufgabe. Schätzen Sie mit Hilfe der Primzahldichte aus dem letzten Kapitel

a) die größte Primzahl bei gegebener Basisgröße N,

b) die Wahrscheinlichkeit, dass eine Zahl n damit nicht faktorisierbar ist.

12.1 Der fermatsche Algorithmus

Der *Fermat-Algorithmus* ist eine Implementierung des folgenden

Lemmas. Sei n zusammengesetzt und ungerade. Dann gilt

$$\left(\exists\, a,\, b \in N\right) \left(1 < a < b < n\right) \left(b^2 - a^2 = n\right) \quad \Leftrightarrow \quad \left(b-a\right)|n \ \land \ \left(b+a\right)|n$$

Nach dem binomischen Satz gilt nämlich

$$\left(b+a\right) * \left(b-a\right) = b^2 - a^2$$

und wenn die Differenz der Quadrate gleich n ist, dann ist $\left(b-a\right)$ ein Teiler von n. Ist $n = x^* y$ (*also zusammengesetzt*), dann sind x und y ungerade Zahlen wegen n. Wir setzen $a = \left(x-y\right)/2$, $b = \left(x+y\right)/2$ und erhalten

---

256 Diese können mit ähnlichen Methoden angegangen werden. Wir werden uns diese an den entsprechenden Stellen ansehen, auch wenn der Titel des Kapitels das nicht hergibt.

$$a^2 - b^2 = \tfrac14 * (x^2 + 2xy + y^2 - x^2 + 2xy - x^2) = a * b = n$$

Es existiert somit immer ein Zahlenpaar, dessen Differenz der Quadrate n ergibt.

Dieses Lemma ist die Grundlage für fast alle Faktorisierungsalgorithmen, die sich mehr oder weniger nur durch die Ansätze, wie geeignete Zahlenpaare (a, b) ausgewählt werden können, unterscheiden. Wir beginnen mit der trivialen Methode, die bei $y = \lceil \sqrt{n} \rceil + 1$ (*falls* $\lceil \sqrt{n} \rceil \neq n$) beginnt und prüft, ob die Differenz von y^2 zu n dem Quadrat einer kleinen Zahl x entspricht. Im Negativfall wird y schrittweise erhöht. In dieser Form ist der Algorithmus, wie die Probedivision, deterministisch und endet (*falls n doch prim ist*) bei

$$a = \tfrac12 (n + 1) \; ; \; b = \tfrac12 (n - 1)$$

Der zu treibende Aufwand ist damit der gleiche wie der der Probedivision, was auch diese Methode für praktische Faktorisierungsversuche unbrauchbar macht. Die Suche beginnt jedoch genau am anderen Ende des Intervalls als die Probedivision. Werden M Versuche unternommen, so lassen sich

> ➤ mit der Probedivision Faktoren im Intervall $1 < f \leq M$,
> ➤ mit dem fermatschen Algorithmus Faktoren im Intervall $\sqrt{n} \geq f \geq \sqrt{n} - M$ finden.

Die beiden Verfahren ergänzen sich somit in gewisser Weise, wenn auch das Loch in der Mitte in der Praxis immer riesig ausfällt.

Dass wir trotz der Unbrauchbarkeit diesen Algorithmus untersuchen, liegt an einer Reihe von Optimierungsmöglichkeiten, die später in modifizierter Form auch in den anderen Algorithmen auftauchen.

BESEITIGUNG DER MULTIPLIKATION

Wir betrachten wir die Größe

$$r = y^2 - x^2 - n$$

Diese wird Null, wenn ein passendes Paar (x, y) gefunden ist. Durch wechselseitiges Erhöhen von y oder x in zwei verschachtelten Schleifen wird r jeweils positiv oder negativ. Das Wurzelziehen ist nicht notwendig, und auch die aufwendige Division tritt nicht mehr auf.

Auch das Quadrieren und damit die Multiplikation lässt sich vermeiden. Wird x um v Einheiten erhöht, so erhöht sich das Quadrat um:

$$x \to (x + v) \; : \; x^2 \to (x + v)^2 = x^2 + 2 * v * x + v^2$$

Bei Übergang von x nach $(x + v)$ ändert sich der Wert des Quadrates um $(2 * v * x + v^2)$. Die Änderung ist also eine lineare Funktion der Basis. Bei einem weiteren Schritt finden wir

$$2 * v * x + v^2 \to 2 * v * (x + v) + v^2 = 2 * v * x + 3 * v^2$$

Die iterierte Zunahme steigt konstant jeweils um $2v^2$. Der Algorithmus kann daher ausschließlich mit Addition und Subtraktion implementiert werden, wobei als Vorschub jeweils eine Einheit gewählt wird. Durch den Fortfall der aufwendigen Operationen Division und Multiplikation lässt sich der Algorithmus effizienter gestalten als eine Probedivision (*bei der man, wie der Name sagt, um die Division nicht herum kommt*). Die Untersuchung hat sich somit gelohnt!

Bei einer Implementation wird man bemerken, dass bei Erhöhung von y jeweils eine ganze Reihe von Additionen für x notwendig sind, um das Vorzeichen erneut umzukehren. Durch teilweise Wiedereinführung der eingesparten Operationen lässt sich die Anzahl wirkungsvoll reduzieren und der Algorithmus weiter verbessern.

VORSCHUBSTEUERUNG

Bei größeren Zahlen liegen x und y weit auseinander. Die Annäherung an den Vorzeichenwechsel bei Erhöhung von x erfolgt in diesem Fall besser durch einen großen (*aber möglicherweise nicht exakten*) Schritt unter Verwendung einer Multiplikation. Die Feinprüfung erfolgt anschließend auf der Basis »Addition/ Subtraktion« in wenigen Schritten.

Werden v Additionen hintereinander durchgeführt, so folgt für die Änderung von r :

$$\Delta r = v * x + 2 * \sum_{k=1}^{v-1} k = v * (x + v - 1)$$
$$\Delta x = 2 * v$$

Zu berechnen ist für jeden Schritt die Zahl v bis zum Vorzeichenwechsel. Setzen wir $r_{max} = y - x$, so folgt für v_{max} :

$$v_{max} = -\frac{x-1}{2} + \sqrt{\frac{(x-1)^2}{4} + r_{max}}$$

Diese Gleichung ist natürlich nicht geeignet, in der Hauptschleife des Algorithmus die Anzahl der Additionen abzubauen; man kann sie aber in der Initialisierungsphase für eine Prognose des ersten Wertes von v zu benutzten, da gerade bei den ersten Schritten die größten Inkrementintervalle auftreten. Um zu Abschätzungen von v_m während der Hauptprogrammschleife zu gelangen, betrachten wir das weitere Verhalten genauer. Da mit „besseren" Formeln kaum zu rechnen ist, benutzen wir eine semiempirische Vorgehensweise anstelle einer exakten mathematischen Behandlung und suchen eine einfache, nur annähernd genaue Beziehung, die nicht mehr als eine Multiplikation oder Division benutzen soll. Wie eine simple tabellarische Auswertung zeigt, fallen die Werte von Δv in aufeinander folgenden Programmschleifen unabhängig von den Absolutwerten stark ab. Die erste Änderung von v ist abhängig von n und y, da die ganzzahlige Wurzel nahe an n oder auch relativ weit entfernt liegen kann. Ab der 2. Änderung hängt der Wert im wesentlichen nur noch von y und x ab und ist (*fast*) unabhängig vom Startwert. Die relative Änderung ist näherungsweise proportional zur reziproken Schleifenzahl.

Der Absolutwert ist proportional zur Wurzel aus y und lässt sich in der Initialisierungsphase einmalig berechnen. Die Anzahl der Additionen lässt sich damit reduzieren durch Einführung einiger Multiplikationen und einer Division:

$$r = r - v * (x + v - 1) \quad \{\textit{ v-facher Vorschub im Quadrat }\}$$
$$x = x + 2 * v \quad \{\textit{ Anpassung der Quadratbasis }\}$$
$$v = v * k_1 / (k_2 * loop) \quad \{\textit{ Anpassung von v }\}$$

Da eine Reihe von Vereinfachungen vorgenommen wurden, muss um die Zielwerte herum mit Additionen/Subtraktionen feiner positioniert werden. Daraus lassen sich ggf. weitere Korrekturwerte für die Anpassung von v gewinnen.

Zur Kosten/Nutzenbetrachtung der zweiten Optimierung: die Multiplikation in der Hauptschleife des Algorithmus ist gegenüber der reinen Addition günstiger, so lange

$$k_1 * b^2 - (v + k_3) * k_2 * b < 0$$

gilt. Dabei sind k_1 und k_2 von n unabhängige Konstanten, b ist die Bitbreite von y. In den Elementaralgorithmen ist der Multiplikationsaufwand quadratisch in der Zahlenlänge, die Addition linear. Dies erlaubt, innerhalb des Algorithmus die Optimierung in zwei Stufen auszublenden: Ausblenden der Division bei zu kleinen v - Korrekturen (*der Fall tritt relativ früh ein*), Ausblenden der Multiplikation (*der Fall tritt außer bei relativ kleinen Zahlen, die komplett berechnet werden können, nicht ein*).

Aufgabe. Gewissermaßen als „Fingerübung" sollten Sie den Algorithmus implementieren und einen Tests damit durchführen.

Wie effektiv ist der einfache fermatsche-Algorithmus im Vergleich zur Probedivision? Da er vorzugsweise auf große Faktoren reagiert (*Primfaktoren und zusammengesetzte Faktoren*), die jedoch relativ dünn in der Testmenge vorhanden sind, ist im Mittel nicht mit einem besseren Erfolg als bei der Probedivision zu rechnen. Tatsächlich gelingt es nicht, mit dem gleichen Aufwand (*10.000 Zyklen*) eine der in Tabelle 12-1 bei der Probedivision übriggebliebenen Zahlen zu faktorisieren. Die ausführliche Diskussion ist, wie schon eingangs bemerkt, nur als Übung zu betrachten. Die Vorgehensweise bei der Optimierung – Ersatz aufwändiger Operationen durch weniger aufwändige oder geschickte Abkürzung des Rechenweges – finden wir später bei den Hauptangriffsalgorithmen wieder.

12.2 Pollards ρ- und (p-1) - Algorithmus

Nachdem die deterministischen Algorithmen „Probedivision" und „Fermatalgorithmus" die Ränder des Faktorisierungsintervalls bearbeitet haben, bleiben für die Prüfung des weiten Mittelbereiches nur noch probabilistische Verfahren übrig, also Verfahren, die nicht mehr jede Zahl prüfen, sondern eine statistische Auswahl treffen. Die Auswahlregeln sind so konstruiert, dass mit einiger Wahrscheinlichkeit relativ rasch mit einem Ergebnis zu rechnen ist; aber auch vollständiges Versagen ist, wie bei allen statistisch arbeitenden Verfahren, nicht ausgeschlossen.

Die ersten beiden Algorithmen schließen sich an die diskutierten deterministischen Verfahren an und decken einen mittleren Zahlenbereich bis $\approx 10^{20} - 10^{25}$ ab. Der erste Algorithmus prüft verschiedene Zahlenpaare nach einem Zufallsprinzip.

12.2.1 ρ-Algorithmus

Die grundsätzliche Vorgehensweise ist schnell beschrieben: sei $n=p*q$ zusammengesetzt und

$$X = \left[x_{1,} ... \right] \subseteq \left[0, 1, 2, ... n-1 \right]$$

eine Folge untereinander verschiedener Zufallszahlen. Dann existieren in einer ausreichend großen Folge Zahlenpaare, für die gilt

$$\left(x_i \neq x_j\right) \ \left(x_i \equiv x_j \bmod p\right) \ \Rightarrow \ \left(ggT\left(x_i - x_j, \, n\right) \notin \{0,1\}\right)$$

Durch Untersuchen des größten gemeinsamen Teilers von Differenzen zweier Folgeglieder mit n besteht die Möglichkeit, einen Teiler von n zu finden. Der Algorithmus beruht somit, wie Sie schon bemerkt haben, nicht auf der fermatschen Beziehung und ist eine der wenigen Ausnahmen.

Vorausgesetzt, wir haben eine echte Zufallszahlenfolge vor uns, die alle n Zahlen durchläuft, ist die Aussage recht trivial. Schauen wir uns die Trefferwahrscheinlichkeit für diesen Fall an: sei p o.B.d.A. der kleinere der beiden Teiler, also $p \leq \lceil \sqrt{n} \rceil$. Greifen wir zwei beliebige Folgeglieder heraus, so ist die Trefferwahrscheinlichkeit, dass die Differenz durch p teilbar ist, bzw. dass wir keinen Teiler gefunden haben

$$w\left(\Delta x | n\right) = \frac{1}{p} \quad \Leftrightarrow \quad w\left(p \nmid \Delta x\right) = \frac{p-1}{p}$$

Nach d „Ziehungen" verschiedener Differenzen ist die Wahrscheinlichkeit, dass der Algorithmus noch nicht zu einem Ende gekommen ist, also kein Teiler gefunden wurde

$$w\left(p \nmid \left(\prod \Delta x\right)\right) = \frac{\displaystyle\prod_{k=1}^{d}(p-k)}{p^k}$$

Analytisch liegt an der Stelle $d = \sqrt{p}$ die Wahrscheinlichkeit bei 0,5, darunter fällt sie relativ schnell auf Null. Im Mittel ist der zu erwartende Aufwand somit

$$O \sim \sqrt{p} \sim \sqrt[4]{n}$$

Das ist schon eine deutliche Verbesserung gegenüber der Probedivision, aber leider keine grundsätzliche. Da ja auch dieser Algorithmus bei der Prüfung von der Division Gebrauch macht, ist er letztendlich immer noch exponentiell in der Anzahl der Ziffern, d.h. RSA & Co. laufen uns mit relativ kleinen Zahlen immer noch problemlos davon.

IMPLEMENTATION

Als Generatoren für die Zufallszahlen kommen sicher nicht die kryptologisch sicheren in Frage. Die Ergebnisse von Operationen auf Restklassenmengen besitzen allerdings ebenfalls Zufallscharakter und sind effektiv zu berechnen, wobei wir lediglich darauf achten müssen, nichtlineare Operationen zu verwenden, damit Beziehungen zwischen aufeinander folgenden Zahlen sich nicht wiederholen. Wir wählen daher ein irreduzibles Polynom der Form

$$f(x) = x^2 + c \quad \vee \quad f(x) = x^2 + x + c$$

und konstruieren damit einen nichtlinearen Generator für Pseudo-Zufallszahlen in der Form

$$x_{i+1} \equiv f\left(x_i\right)(\bmod n)$$

Bei günstiger Wahl des Generatorpolynoms wird eine große Zahl von Restklassen ($\bmod n$) durchlaufen (*möglicherweise nicht alle, was dem Algorithmus eine prinzipielle Wahrscheinlichkeit des Versagens aufzwingt*). Prüfen wir die Glieder der Folge paarweise der Reihe nach und finden ein erstes Paar, für das

$$x_i \equiv x_j \ (mod \ p) \quad , \quad i < j$$

gilt, so bleibt diese Äquivalenz zwischen den Nachfolgern dieser Glieder bestehen:

$$\left(x_{i+1} \equiv f\left(x_i \right)(mod \ n) \ \wedge \ x_j \equiv x_i \left(mod \ p \right) \right) \ \Rightarrow \ \left(x_{j+1} \equiv x_{i+1} \left(mod \ p \right) \right)$$

Um das zu sehen, setzen wir $x = k * p + r$ in den Generatoren ein und berechnen das nächste Folgeglied in der Form $x' = f(x) - l * n$, was unmittelbar zu $x' \equiv r^2 + r + c (mod \ p)$ führt. Daraus können wir weiterhin entnehmen, dass der Umkehrschluss, also

$$\left(x_i \equiv x_j \ (mod \ p) \ \Rightarrow \ x_{i-t} \equiv x_{j-t} \left(mod \ p \right) \right)$$

nicht gilt! Mit anderen Worten: Um ein Indexpaar zu finden, müssen wir beide Indizes verändern. Der Abstand der Indizes kann im Laufe der Untersuchung vergrößert werden, da es nicht darauf ankommt, dass das erste günstige Äquivalenzpaar gefunden wird, sondern nur darauf, dass der notwendige Abstand erreicht wird.

Unbekannt ist jedoch für ein gewähltes Generatorpolynom, ab welchem Indexpaar (i, j) ein Zyklus erreicht wird, wie groß der Abstand $d = |i - j|$ ist und ob überhaupt ein Zyklus existiert. Festzulegen und im Laufe einer Berechnung ggf. anzupassen sind deshalb:

1. Anzahl MAX der Iterationen

2. Auswahl des Generatorpolynoms

3. Auswahl der Konstanten c des Generatorpolynoms

Ausgehend von einem beliebig gewählten Startelement $x_0 \in M$ implementieren wir folgenden Algorithmus, der systematisch bei jedem Schritt den Abstand der Indizes verdoppelt und vor der aufwendigen ggT–Prüfung erst einige Werte kumuliert:

$$k = 1 \quad , \quad y = random$$
$$while \ (k < MAX)$$
$$\quad x = y$$
$$\quad s = 1 \quad , \quad j = 1$$
$$\quad while \left(j < 2^k \right)$$
$$\quad\quad y = y^2 + y + c \ (mod \ n)$$
$$\quad\quad s = s * (x - y)(mod \ n)$$
$$\quad\quad j = j + 1$$
$$\quad if \ (ggT \left(s , n \right) > 1) \quad Ausgabe \left(ggT \left(s , n \right) \right) \quad , \quad Ende$$
$$\quad k = k + 1$$

Die Möglichkeit der Kumulation einiger Werte $(mod \ n)$ auf der Variablen s machen wir uns auf die gleiche Art wie zuvor klar: Ist $s = p * r$, so folgt nach Multiplikation mit einem beliebigen Faktor wegen $n = p * q$

$$p * r * t = p * q * u + v \ \Rightarrow \ p | v$$

Taucht ein passendes Indexpaar während der Berechnung auf, so wird der Teiler in s gespeichert. Ein möglicher „Betriebsunfall" ist allerdings, dass nicht nur $x \equiv y (mod \ n)$ gilt, sondern sogar $x = y$, so dass $s = 0$ resultiert. In dem Fall haben wir in Bezug auf den gesuchten Faktor Pech gehabt, können es aber mit einem anderen Generatorpolynom erneut versuchen.

Der Algorithmus findet auch relativ schlechte Indexkombinationen, allerdings mit einigem Aufwand. Ist beispielsweise das erste gute Indexpaar (1,1000), so finden wir den Faktor erst im zehnten Durchlauf bei (1024,2023), liegt es beispielsweise bei (2050,2052), so wird es im 11. Durchlauf sehr schnell gefunden, wobei allerdings zuvor Indexabstände bis $d=1024$ ausgewertet wurden.

Die Methodik des Basiselementvorschubs und der Verdopplung der Differenzenanzahl in jedem Prüfzyklus hat dem Algorithmus zu seinem Namen verholfen: die anfänglichen Durchläufe liegen vermutlich noch nicht im zyklischen Bereich und entsprechen symbolisch dem Anstrich im Zeichen ρ , nach einiger Zeit wird aber (*wahrscheinlich*) der zyklische Bereich erreicht, was durch den Kreis des Zeichens symbolisiert wird.

Führen wir mit diesem Algorithmus einen Faktorisierungsversuch auf dem Zahlenintervall durch, das in Tabelle 12-1 untersucht wurde, so bleiben bei 100.000 geprüften Differenzen noch 115 der nach der Probedivision verbliebenen 448 zusammengesetzten, aber nicht faktorisierbaren Zahlen übrig. Bei Erhöhung auf 10^6 Differenzen verringert sich die Anzahl auf 19. Statt 4,1% widersetzen sich jetzt nur noch 0,2% der Zahlen einem Faktorisierungsversuch. Außerdem befinden wir uns noch unterhalb von $\sqrt[4]{n}$ und können mit einem weiteren Erfolgsschub rechnen, wenn wir die Zahl der Prüfungen weiter erhöhen, während eine Ausweitung der Probedivision kaum weitere Faktorisierungen ermöglicht (*bei der Verringerung der widersetzlichen Zahlen von 115 auf 19 können wir bei der Probedivision mit dem gleichen Absolutaufwand, wenn wir Tabelle 12-1 extrapolieren, allenfalls einen Erfolg von 448 auf ca. 400 erwarten*).

12.2.2 (P-1) - Algorithmus

Neben dem $\because$-Algorithmus stammt ein weiterer vergleichbarer Algorithmus ebenfalls von dem Mathematiker Pollard, der **(p-1)-Algorithmus:** er basiert auf der Ausnutzung von Spektralbeziehungen und ist damit auch ein „Abweichler": es gelte $n=p^*q$ und $ggT(a,p)=1$. Wenn $(p-1)$ überwiegend kleine Teiler besitzt, dann lässt sich mit vertretbarem Aufwand ein m finden, so dass

$$a^m \equiv 1 \,(mod\ p) \quad \Leftrightarrow \quad \big[(p-1)|m \ \lor \ m|(p-1)\big]$$

gilt. Liegt ein geeignetes Paar (m,a) vor, so folgt daraus

$$r \equiv a^{\ m}\,(mod\ n) \equiv 1\,(mod\ p) \quad \Rightarrow \quad ggT(r-1,n) \neq 1$$

Durch Prüfung ausreichend großer, nicht primer Exponenten m und verschiedener Basen a besteht so die Möglichkeit, einen Teiler von n zu finden. Ein einfacher Algorithmus ist

$j=1$
while $(j < j_{max})$
    $a = rand\,(1..n-1)$; $\ j=j+1$; $\ k=1$
    while $k < k_{max}$
        $a = a^k\ mod\ n$; $\ k=k+1$
        if $(ggT(a-1,n) > 1)$ *then Ausgabe* (*Faktor gefunden*)

    Ausgabe (*kein Faktor gefunden*)

Man überzeugt sich schnell davon, dass dieser Algorithmus im k-ten Schritt den Exponenten

$$a\,(k)\equiv a^{\,k!}\,mod\;n$$

berechnet. Feinsinnig betrachtet hängt dieser Algorithmus mehr vom Glück als vom Zufall ab als der vorhergehende, da mindestens einer der Faktoren <u>nur</u> kleine Teiler aufweisen darf <u>und</u> eine Restklasse a mit kleiner Ordnung bezüglich des Teilers gefunden werden muss. Gerade die Bedingung *kleine Faktoren* wird aber bei der Konstruktion von RSA peinlichst bis hin zu den bezüglich dieses Algorithmus immunen sicheren Primzahlen vermieden, und neben dem Zufall, einen Faktor zu finden, muss man auch noch das Glück besitzen, einen RSA-Konstrukteur zu finden, der die Regeln nicht befolgt.

Wenden wir diesen Algorithmus wieder auf unser Beispielintervall an, so bleiben nun 206 der 448 Zahlen bei einem $m = 10^5!$ unfaktorisiert. Diese Algorithmus steht damit leistungsmäßig deutlich hinter dem zuvor diskutierten zurück, was nicht weiter verwundert, da er von seinem systematischen Charakter her eher einer Provedivision entspricht.

12.3 Quadratisches Sieb

Wir kommen nun den mächtigeren Verfahren, die etwa bis 10^{200} in das Geschehen eingreifen können. Da handelsübliche Zahlengrößen heute bei etwa 10^{600} liegen und auch diese Verfahren die Grenze exponentiellen Wachstums des Aufwands mit der Ziffernanzahl nicht unterbieten, bestehen wenig echte Chancen,[257] und auch die werden mit einem ziemlich heftigen mathematischen und apparativen Aufwand bezahlt.

12.3.1 Der methodische Ansatz

Methodisch setzt das Quadratische Sieb beim fermatschen Faktorisierungsalgorithmus an und sucht systematisch nach Kongruenzen der Art $x^2 \equiv y^2 \,(mod\;n)$, allerdings sehr viel effektiver und in einem wesentlich größeren Intervall. Methodisch werden Zahlen x »in der Nähe« von $\sqrt{n}$ quadriert, wodurch bei der Restklassenbildung Zahlenpaare $x^2 \equiv f\,(mod\;n)$ generiert werden, von denen eine bereits ein Quadrat ist. Als „Nähe" definieren wir eine Schranke M, um die die zu quadrierende Zahl von $\sqrt{n}$ abweichen darf und die so gewählt wird, dass die Kongruenzen f durch einfache Subtraktion zu ermitteln sind. Wir erhalten so eine geordnete Menge $B\,(M\,,n)$ von zu „nahen Quadratzahlen" kongruenten Zahlen f_k:

$$B\,(M\,,n)=\{(k\,,f_k):f_k=([\sqrt{n}]+k)^2-n\;\wedge\;-M\le k\le +M\}$$
$$\Rightarrow\quad sup\left(|f_k|\approx M*[\sqrt{n}]\right)$$

Zu prüfen ist nun, ob diese f_k ebenfalls Quadrate sind. Dies könnte natürlich durch Probeziehen der Wurzel erfolgen.

Aufgabe. Wurzeln lassen sich mit Hilfe des newtonschen Iterationsverfahrens ziehen, das die Folge $x_{k+1}=(x_k+n/x_k)/2$ berechnet und aufgrund der quadratischen Konvergenz recht

---

257 Sollte man Wirschaftswissenschaftlern Pflichtvorlesungen in Verschlüsselungstechniken verpassen? Immerhin sind die ja vom exponentiellen Wirtschaftswachstum nach wie vor überzeugt.

schnell zu einem Ergebnis kommt. Für ganze Zahlen muss die Iterationsformel aber etwas angepasst werden, was Sie nun implementieren sollten, da die Wurzeln ohnehin benötigt wird.

Da das wieder auf die bekannten Zeitprobleme führt, werden wir eine andere Strategie zum Einsatz bringen: um festzustellen, ob eine Zahl f_k eine Quadratzahl ist, zerlegen wir sie in ihre Primfaktoren, d.h. statt einer großen Zahl faktorisieren wir viele kleine:

$$P_{n,m}=\{p : p \in P\} \quad \wedge \quad |P_{n,m}|=m \quad , \quad f_k=\prod_{i=1}^{m} p_i^{a_{k,i}} * f_{k,rest}$$

Die f_k sind allerdings ebenfalls recht große Zahlen, so dass eine vollständige Faktorisierung aller Zahlen durch eine der vorhergehend diskutierten Methoden ebenfalls im rechentechnischen Nirvana enden würde. Wir schränken deshalb zunächst die Faktorisierungsversuche in zwei Schritten ein:

a) Die Menge $P_{n,m}$ der (kleinen) Primzahlen, die für die Faktorisierung verwendet werden, wird auf die Größe m beschränkt. Zahlen, die sich dem widersetzen und einen nicht faktorisierten größeren Rest aufweisen, ignorieren wir einstweilen, werden sie aber später noch einer „Sonderbehandlung" unterwerfen. Das Ergebnis der Faktorisierung ist die Menge

$$F=\left\{(f_k, r_k) \mid f_k=([\sqrt{n}]-r_k)^2 - n = \prod_{p \in P_{n,m}} p^{\alpha}\right\}$$

der Mächtigkeit $\# F \ll \# B$, die klein gegenüber der untersuchen Relationenmenge sein wird, da nur in wenigen Fällen ein hinreichend guter Faktorisierungserfolg zu erwarten ist (vergleiche Aufgabe am Anfang des Kapitels).

b) Aus Untersuchungen in früheren Kapiteln wissen wir, dass etwa nur die Hälfte der Restklassen eines Moduls eine Quadratwurzel besitzen, und nur bei diesen lohnt eine Faktorisierung. Bei der Auswahl der Primzahlen müssen wir folgerichtig davon ausgehen, dass die Zusammenstellung der Menge $P_{n,m}$ von der zu faktorisierenden Zahl n abhängt und es sich nicht um die ersten m Primzahlen handeln muss.

Das Wurzelziehen nach der Faktorisierung ist einfach: sind alle Exponenten a_{ki} gerade Zahlen, so ist f_k bereits das Quadrat einer Zahl, und wir können prüfen, ob wir damit einen Faktor von n gefunden haben. Die Wahrscheinlichkeit für das Auftreten eines „spontanen Quadrates" ist allerdings fast Null. Wir können die faktorisierten Zahlen jedoch zur Konstruktion eines Quadrates benutzen: bilden wir ein Produkt mehrerer f_k, so ist bei Auswahl einer geeigneten Teilmenge zu erwarten, dass im Produkt nur noch gerade Exponenten auftreten. Setzen wir die Faktorzerlegung der f_k ein, so suchen wir:

$$Y^2 \equiv \prod_{k=i}^{K} f_k^{c_k} \equiv X^2 \equiv \prod_{i=1}^{m} p_i^{\sum_{k=1}^{K} c_k * a_{k,i}} \quad (mod\ n)$$

$$\Rightarrow \quad c_k \in \{0,1\} \quad , \quad \sum_{k=1}^{K} c_k * a_{k,i} \equiv 0\ (mod\ 2)$$

Eine geeignete Kombination von f_k lässt sich somit durch Lösen eines linearen Gleichungssystems (*mod 2*) finden. Liegt eine ausreichende Anzahl von Faktorisierungen vor (*typischerweise*

$K \approx m$), so ist das Gleichungssystem lösbar, da alle f_k voneinander verschiedene Faktorisierungen aufweisen und die Gleichungen damit linear unabhängig sind. Ein so gefundenes F ist kongruent $(mod\ n)$ zu

$$X^2 = \prod_{k=1}^{K} \left([\sqrt{(n)}] + k \right)^{c_k * 2}$$

Werden $K>m$ Faktorisierungen ermittelt, so erhalten wir mehrere unabhängige Lösungen, womit die Wahrscheinlichkeit, einen nichttrivialen Faktor

$$1 < ggT\left|(X \pm Y), n\right| < n$$

$$Y \equiv \prod_{i=1}^{m} p_i^{\left(\sum_{k=1}^{K} c_k * a_k \right)/2} \ (mod\ n)$$

$$X \equiv \prod_{k=1}^{K} \left(\sqrt{n} + r_k \right)^{c_k} (mod\ n)$$

zu finden, steigt.

Damit haben wir das Prinzip des quadratischen Siebes bis auf den Begriff „Sieb" bereits beschrieben. Es ist abzusehen, dass der weitaus größte Teil der Arbeit auf die Faktorisierung der Relationen entfällt. Andererseits wissen wir seit dem Sieb des Erathostenes, dass eine Probedivision gar nicht notwendig ist, um die Teilbarkeit einer Zahl durch eine andere festzustellen: ist einmal ein Startpunkt gefunden, genügt simples Abzählen. Zentraler Punkt der Entwicklung wird daher die Entwicklung eines effektiven Abzählschemas sein.

Letzter Gesichtspunkt, den es bei der Umsetzung zu berücksichtigen gilt: haben wir bislang eher im Labormaßstab gearbeitet, wird dies hier mit Sicherheit eine großtechnische Umsetzung. Um bei großen Zahlen überhaupt mit nennenswerten Faktorisierungserfolgen rechnen zu können, dürften Primzahlbasen bis in die Größenordnung ~10^5 notwendig werden, d.h. die linearen Gleichungssysteme liegen in der gleichen Größenordnung und für die Faktorisierung sind einige 10^6-10^7 Relationen auszuwerten. Also nichts für Feiglinge!

Aufgabe. Fassen Sie alles in Form eines Fahrplans zusammen, damit Sie in den folgenden Kapiteln die Übersicht behalten und jeweils wissen, warum wir uns mit bestimmten Sachen auseinander setzen.

12.3.2 Primzahlbasis

ELEMENTE IN DER BASIS

Die oben geäußerte Vermutung, nicht alle Primzahlen seien sinnvolle Elemente der Faktorisierungsbasis, lässt sich leicht belegen. Ist p ein Primteiler von f_k, so folgt

$$n \equiv \left[[\sqrt{n}] + k \right]^2 (mod\ p)$$

d.h. n ist als Quadrat einer Zahl $(mod\ p)$ darstellbar. Die Primzahlbasis kann auf solche Primzahlen beschränkt werden, für die n ein solcher „quadratischer Rest" ist.

Zu suchen ist damit nun zunächst ein Algorithmus, der die Feststellung erlaubt, ob n quadratischer Rest zu einem vorgegebenen p ist. Der Algorithmus muss außerdem hinreichend schnell sein, da die Primzahlbasis (*vermutlich*) recht umfangreich werden wird. Die folgenden Überlegungen demonstrieren, mit wie erstaunlich einfachen Mitteln das Ziel zu erreichen ist. Wir starten mit der einfachen Definition einer Symbolik für die Eigenschaft „quadratischer Rest", dem Legendresymbol, dass uns bereits früher mehrfach begegnet ist (Sie können folglich die dort gestellten Aufgaben auch endlich komplettieren).

Definition. für $p \in P$ ist das Legendresymbol (r/p) definiert durch

$$(r/p) = +1 \quad \Leftrightarrow \quad (\exists t)(r \equiv t^2 \bmod p)$$
$$(r/p) = 0 \quad \Leftrightarrow \quad p|r$$
$$(r/p) = -1 \quad \Leftrightarrow \quad (\forall t)(r \neq t^2 \bmod p)$$

Im weiteren setzen wir $p \nmid r$ voraus, da wir ansonsten einen Teiler gefunden hätten und fertig wären. Aus der Definition folgt unmittelbar

(a) $a \equiv b \bmod p \Rightarrow (a/p) = (b/p)$

(b) $(a^2/p) = 1$

(c) g *ist primitive Restklasse* $\bmod p \Rightarrow (g/p) = -1$

(d) $(a/p) \equiv a^{(p-1)/2} \bmod p$

Aufgabe. Begründen Sie (a) – (d).

Kriterium (d) stellt bereits eine Möglichkeit dar, den Wert des Legendresymbols zu berechnen, allerdings aufgrund der Potenzierung nicht gerade einen sehr effektiven. Außerdem haben wir in früheren Kapiteln auch bereits einen Verwandten, das Jacobisymbol, kennen gelernt, so dass wir hier nicht aufhören sollten.

Praktisch zunächst auch nicht weiter führt die Erkenntnis

$$(a/p) = (-1)^\mu \quad mit$$

$$\mu = \# \left\{ r(aj) \;:\; r(aj) \equiv aj \bmod p \;\wedge\; r(aj) < 0 \;\wedge\; 1 \leq j \leq \frac{p-1}{2} \right\}$$

μ ist die Anzahl der negativen multiplikativen Restklassen (*die Anzahl der Reste mit negativem Vorzeichen, wenn r(aj) die Folge a, 2a, 3a, ... durchläuft*).[258] Die Beziehung lässt sich auf (d) zurückführen. Die $r(aj)$ sind betragsmäßig eindeutig und bilden die Menge

$$\left\{ |r(aj)| \;:\; 1 \leq j \leq \frac{p-1}{2} \right\} = \left\{ 1, 2, 3, \dots \frac{p-1}{2} \right\}$$

Betragsgleiche Reste $r(ai), r(aj)$ mit verschiedenem Vorzeichen wären nämlich äquivalent zur Aussage $a(i-j) \equiv 0 \,(mod\ p)$, was wegen $0 < i+j < p$ nicht möglich ist. Bilden wir das Produkt aller $r(aj)$, so erhalten wir

$$\left(\prod_{i=1}^{(p-1)/2} r(aj) = (-1)^\mu \left(\frac{p-1}{2} \right)! \equiv \left(\prod_{j=1}^{(p-1)/2} aj \equiv a^{(p-1)/2} \left(\frac{p-1}{2} \right)! \right) \,(mod\ p)$$

---

258 Achten Sie auf die Begrenzung der Laufvariablen auf das halbe Restklassenintervall! Das macht es notwendig, für jedes a die Auswertung individuell vorzunehmen.

was sich durch Kürzen und unter Verwendung von (d) zu

$$(-1)^{\mu} \equiv a^{(p-1)/2} \, (mod \; p) = \; (a/p)$$

vereinfacht. Wir können aus all dem einige einfache Regel ableiten, die später die Berechnung des Legendresymbols außerordentlich einfach machen.

Regel 1. Mit $a = -1$ erhalten wir die Rechenregel

$$(-1/p) = (-1)^{(p-1)/2} \quad \Leftrightarrow \quad (-1/p) \equiv p \, (mod \; 4)$$

da $(p-1)/2$ gerade für $p \equiv 1 \, (mod \; 4)$ und ungerade für $p \equiv 3 \, (mod \; 4)$ ist.

Regel 2. Für $a = 2$ gilt

$$(2/p) = (-1)^{(p^2-1)/8} \quad \Leftrightarrow \quad (2/p) = \begin{vmatrix} 1 & \text{für} & p \equiv \pm 1 \, (mod \; 8) \\ -1 & \text{für} & p \equiv \pm 3 \, (mod \; 8) \end{vmatrix}$$

denn für $a = 2$ erhalten wir die negativen Reste

$$r(2j) < 0 \quad \Leftrightarrow \quad \frac{p-1}{4} < j \leq \frac{p-1}{2}$$

Für $p \equiv 1 \, (mod \; 4)$ sind dies $\mu = (p-1)/4$ Werte, und für $p \equiv 3 \, (mod \; 4)$ ist $\mu = (p+1)/4$ Für μ folgt daraus

$$\mu \equiv 0 \, (mod \; 2) \quad \Leftrightarrow \quad [p \equiv 1 \, (mod \; 8) \; \vee \; p \equiv -1 \, (mod \; 8)]$$

Regel 3 (*Reziprozitätsregel*). Wir betrachten nun den Sonderfall $a = q \in P$. Diese Nebenbedingung erlaubt es uns, die Rolle von „Zähler" und „Nenner" im Legendresymbol zu tauschen. Machen wir das, so finden wir

$$(q/p) = (p/q) \quad \Leftrightarrow \quad [p \equiv 1 \, (mod \; 4) \; \vee \; q \equiv 1 \, (mod \; 4)]$$
$$(p/q) = -(q/p) \quad \Leftrightarrow \quad [p \equiv q \equiv 3 \, (mod \; 4)]$$

Dazu multiplizieren wir beide Symbole miteinander

$$(q/p) * (p/q) = (-1)^{s+t}$$

und zählen wieder die negativen Reste aus. Wir betrachten $-r = i * q - j * p$ und wählen (i, j) so, dass

$$0 < r < \frac{p-1}{2}$$

ist. Wegen $q * i \equiv p * j - r \equiv -r \, (mod \; p)$ ist $-r$ einer der Reste, die zu zählen sind. Insgesamt sind dies s Stück. Mit der gleichen Überlegung für q erhalten wir mit

$$-r = i * q - j * p \quad , \quad -\frac{q-1}{2} < r < 0 \quad \Rightarrow \quad p * j \equiv q * i + r \equiv r \, (mod \; q)$$

t weitere Reste. Die Menge

$$S = \left[-\frac{q-1}{2} < q * i - p * j < \frac{p-1}{2} \right] \quad , \quad 1 \leq i \leq \frac{p-1}{2} \quad , \quad 1 \leq j \leq \frac{q-1}{2}$$

enthält $(s+t)$ Elemente, womit wir die Produktformel begründet haben. Vertauschen wir die Indizes (i,j) symmetrisch zu ihrem Definitionsintervall, so folgt

$$(i,j) \quad \rightarrow \quad \left(\frac{p+1}{2} - I \ , \ \frac{q+1}{2} - J \right)$$

$$1 \le i, I \le \frac{p-1}{2}, 1 \le j, J \le \frac{q-1}{2}$$

$$q*i - p*j = q*\left(\frac{p+1}{2} - I \right) - p*\left(\frac{q+1}{2} - J \right)$$

$$= \frac{q+1}{2} - \frac{p+1}{2} - q*I + p*J$$

Mit dem Indexpaar (i,j) ist damit auch das Indexpaar (I,J) in $\mathbf{S}$ enthalten. Die Anzahl der Elemente von $\mathbf{S}$ ist genau dann ungerade, wenn ein Indexpaar existiert, so dass

$$(i,j) \quad = \quad \left(\frac{p+1}{2} - i \ , \ \frac{q+1}{2} - j \right)$$

Das ist nur dann der Fall, wenn $p \equiv q \equiv 3 \ (mod\ 4)$ ist, wie durch Umformen zu sehen ist.

Damit haben wir das Legendresymbol erst einmal ausgereizt, sind aber noch nicht beim allgemeinen Fall angekommen, in dem die Größen im Symbol keine Primzahlen sind. Trivial ist folgende

Definition. Das Jacobisymbol für ungerade Zahlen (m,n) ist definiert durch

$$(m = \prod p_k^{\alpha_k}) \quad (p_k \ne 2) \quad ((n/m) = \prod (n/p_k)^{\alpha_k})$$

Im Klartext: das Jacobisymbol das Produkt der Legendresymbole der Primfaktorzerlegung des Nenners.

Das Jacobisymbol ist eine reine Rechengröße, denn aus $(n/m) = 1$ folgt nicht, dass n automatisch auch ein quadratischer Rest zu der zusammengesetzten Zahl m ist. Es sei in diesem Zusammenhang an Version zwei des Lucas-Tests zur Feststellung der Primzahleigenschaft erinnert, anhand dessen leicht festgestellt werden kann, dass das nur dann der Fall ist, wenn $(n/p) = 1$ für jeden Primfaktor p von m gilt. Aus der Definition erhalten wir wieder unmittelbar einige Rechenregeln

$$n' \equiv n \bmod m \quad \Rightarrow \quad (n/m) = (n'/m)$$
$$(n/m)*(n'/m) = ((n*n')/m)$$
$$(n/m)*(n/m') = (n/(m*m'))$$

Wenig Aufwand erfordert auch der Nachweis der erweiterten

Regel 1' und Regel 2'

$$(-1/m) = (-1)^{(m-1)/2}$$
$$(2/m) = (-1)^{(m^2-1)/2}$$

Setzen wir für $m=p*q$ hier unsere Legendre-Regeln ein, so erhalten wir

$$(p * q - 1) \equiv (p - 1) + (q - 1) (mod\ 4)$$
$$(p^2 * q^2 - 1) \equiv (p^2 - 1) + (q^2 - 1) (mod\ 16)$$

Die Gültigkeit beider Äquivalenzen lässt sich leicht direkt nachrechnen und induktiv auf den allgemeinen Fall mehrerer Faktoren erweitern. Mit dem Reziprozitätssatz erhalten wir abschließend

Regel 3'

$$(n / m) (m / n) = (-1)^{(n - 1) / 2 * (m - 1) / 2}$$

Die Rechenregeln des Legendre- und des Jacobisymbols ermöglichen uns nun einen schnellen Algorithmus zur Berechnung einer Primzahlbasis: eine Primzahl ist genau dann Element der Basis, wenn das Legendresymbol $(n / p) = 1$ ist, und dessen Auswertung erfolgt iterativ durch

$$(n / p) = (a / p) = \pm 1 * (p / a) = \pm 1 * (b / a) = ... = \pm 1$$
$$mit \quad a \equiv n\ mod\ p \quad , \quad b \equiv p\ mod\ a \quad , ...$$

bis wir bei einem der Ausdrücke in Regel 1 oder Regel 2 angelangt sind.

Beispiel: $(383/443) = - (443/383) = - (60/383) = - (2^2/383)\ (15/383)$

$$= - (15/383) = (383/15) = (8/15) = (2^2/15)\ (2/15) = (2/15) = 1$$

| **Aufgabe:** Implementieren Sie einen Algorithmus zur Auswertung des Legendresymbols.

UNTERSUCHUNGEN ZUR BASISGRÖSSE

Welche Erfolgsaussichten haben wir, mit einer vorgegebenen Primzahlbasis eine Zahl n vollständig zu faktorisieren? Falls es uns im ersten Anlauf nicht gelingt, eine ausreichende Anzahl der f_k in ihre Primfaktoren zu zerlegen, können wir die Primzahlbasis oder die Anzahl der untersuchten f_k vergrößern (*oder aufgeben*). Auf jeden Fall ist aber davon auszugehen, dass eine erhebliche Rechenzeit investiert werden muss, und zwar auch bereits für den ersten Versuch. Aus reinen Kostengründen sollten wir daher vorab abschätzen können, welche Erfolgsaussichten wir haben und ob sich gegebenenfalls weiterer Aufwand lohnt oder wir bereits die Obergrenze für dieses Verfahren erreicht haben.

Wir werden nun zunächst eine Näherungsformel zur Berechnung des Faktorisierungserfolges herleiten. Dieses Problem ist nicht neu im Bereich der Zahlentheorie, und grundlegende Überlegungen wurden bereits in den 30er Jahren des 20. Jahrhunderts angestellt, brauchbare Näherungen sind aber offenbar nur mit beträchtlichem Aufwand zu erhalten. Getreu unserem bisherigem Anspruch werden wir daher nur mit begrenztem theoretischen Aufwand in das Thema eindringen und ergänzend rechnerische Abschätzungen hinzuziehen. Es ist zwar nicht schwer einzusehen, dass rechnerische Lösungen nur begrenzt zu erhalten sind, da Zahlenbereiche in der Größenordnung $10^{30} \leq k * \sqrt{n} \leq 10^{70}$ außerhalb dessen liegen, was Simulations- oder Abzählalgorithmen bewältigen können, aber Theorie und begrenzte Praxis zusammen erlauben schon recht brauchbare Aussagen.

Die Zahlen f_k, deren Faktorisierungen wir suchen, spannen das Intervall

$$\left[-M * [\sqrt{n}] , +M * [\sqrt{n}] \right]$$

auf. Wir können die f_k in guter Näherung als Zufallszahlen in diesem Intervall betrachten und den wahrscheinlichen Faktorisierungserfolg für eine Zufallszahl untersuchen. Dazu definieren wir die zahlentheoretische Funktion $\psi(x, P_{n,m})$ als die Anzahl aller Zahlen kleiner x, die durch eine Primzahlmenge $P_{n,m}$ vollständig faktorisiert werden. Mit ihr ist

$$K = 2*M*\frac{\psi(M*\sqrt{n}, P_{n,m})}{\sqrt{n}}$$

ein Schätzwert für die Anzahl der zu erwartenden Faktorisierungen K in einem Siebvorgang mit $2M$ Testzahlen.

Die Funktion $\psi(x, y)$ können wir als Zählfunktion formulieren, wobei wir vereinfachend zunächst annehmen werden, dass $P_{n,m}$ die ersten m Primzahlen enthält, also noch nicht durch den Jacobi-Filter reduziert ist. $y = p_m$ ist dann die größte Primzahl in $P_{n,m}$. Wir erhalten die rekursive Form

$$\psi(x, p_m) = \sum_{P < x} 1$$

$$P \in \left\{ R(\alpha_1, \ldots \alpha_m) \mid R = \prod_{k=1}^{m} P_k^{\alpha_k} \;,\;\; 0 \le \alpha_k \le [\ln(x)/\ln(p_k)] \right\}$$

Auch wenn es auf den ersten Blick etwas verwegen aussieht: Diese Menge lässt sich tatsächlich bis zu einer Größenordnung auszählen, die einen Vergleich mit analytischen Ausdrücken für die Funktion $\psi(x, y)$ erlaubt. Bevor wir uns einem Auszählungsalgorithmus zuwenden, wollen wir zunächst einen analytischen Ausdruck für den Vergleich ermitteln. Der Wert der Funktion $\psi(x, y)/x$ wird um so kleiner ausfallen, je größer das Verhältnis x/y ist. Es liegt also nahe, eine Einteilung des Verhältnisses x/y in verschiedene Klassen durchzuführen mit dem Ziel, über eine oder einige Klassen Aussagen zu erhalten und daraus auf die Eigenschaften anderer Klassen zu schließen. Als Klassenmerkmal verwenden wir das logarithmische Verhältnis der beiden Zahlen. Dazu führen wir anstelle von y den Parameter u ein:

$$y = x^{1/u} \quad \Leftrightarrow \quad u = \frac{\ln(x)}{\ln(y)}$$

Nehmen wir als Klassengrenzen jeweils die ganzzahligen Werte von u an, dann sind die u-ten Wurzeln aus x Klassengrenzen im Intervall $[1, x]$. Trivialerweise gilt für das nullte Intervall

$$0 < u \le 1 \quad \Rightarrow \quad \psi(x, x^{1/u}) = [x]$$

Für $1 < u \le 2$ müssen wir die durch Primzahlen $p > x^{1/u}$ teilbaren Zahlen abziehen. Wegen

$$p_a, p_b > y \quad \Rightarrow \quad p_a * p_b > x$$

müssen Produkte von Primzahlen nicht berücksichtigt werden, und wir erhalten

$$\psi(x, y) = [x] - \sum_{y < p \le x} \left[\frac{x}{p}\right]$$

Diesen Ausdruck arbeiten wir mit den bekannten Methoden analytisch auf. Zunächst ersetzen wir $[x/p]$ durch x/p, um von ganzzahligen zu reellen Werten zu gelangen, auf die wir Methoden der

Analysis anwenden können. Pro Summand führen wir dadurch einen Fehler $0 \leq r(x, p) < 1$ ein, den wir aber mit Hilfe des Primzahlsatzes abschätzen können:

$$\psi(x, y) = x * \left(1 - \sum_{y < p \leq x} \frac{1}{p} \right) + \sum_{y < p \leq x} r(x, p)$$

$$\leq x * \left(1 - \sum_{y < p \leq x} 1/p \right) + \pi(x) - \pi(y)$$

Für Summen von Funktionen mit Primzahlargumenten können wir für genügend große Zahlen die bereits bei der heuristischen Ableitung des Primzahlsatzes verwendete Näherung

$$\sum_p f(p) \approx \sum_n f(n) * w(n \in \boldsymbol{P}) \approx \sum_n \frac{f(n)}{\ln(n)} \approx \int_{(N)} \frac{f(x)}{\ln(x)} dx$$

benutzen und erhalten

$$\psi(x, y) \leq x * \left(1 - \int_y^x \frac{1}{n * \ln(n)} dn \right) + \pi(x)$$

$$= x * \left(1 - \ln \ln(x) + \ln \ln(y) \right) + \pi(x) \qquad {}^{259}$$

$$\Rightarrow \quad 1 < u \leq 2 \quad \Rightarrow \quad \psi(x, y) = x * (1 - \ln(u)) + O\left(\frac{x}{\ln(x)} \right)$$

Für $u > 2$ nehmen wir an, dass $\psi(x, y)$ eine ähnliche analytische Form besitzt und verwenden den Ansatz

$$\psi(x, y) = x * \rho(u)$$

Zur Ermittlung der Funktion $\rho(u)$ verwenden wir induktive Strategie: anstelle eines direkten Versuchs der Ermittlung der Funktion betrachten wir ihre Änderung. Wenn dies gelingt, erhalten wir eine Differentialgleichung, die mit den Anfangsbedingungen zu lösen ist. Sei also $\psi(x, Y)$ bekannt, und wir untersuchen die Änderung

$$\psi(x, Y) \rightarrow \psi(x, y) \quad , \quad y < Y$$

durch Auszählen. Bei Aufstellen einer Auszählformel müssen nun Mehrfachzählungen aus Termen der Art

$$p_k > y \quad , \quad p_1 * p_2 * \ldots p_{[u]} < x$$

berücksichtigt werden. Abzählen nach dem aus der diskreten Mathematik oder der Mengenlehre bekannten Inklusions-Exklusionsprinzip liefert dann

$$\psi(x, y) = \psi(x, Y) - \sum_{y < p \leq Y} \left[\frac{x}{p} \right] + \sum_{y < p \leq Y, \, p < q \leq x} \left[\frac{x}{p * q} \right] - \ldots$$

---

259 Zur Erinnerung: eine Funktion f(x) ist von der asymptotischen Ordnung g(x) (f(x)=O(g(x))), wenn für x>X gilt f(x)≤c*g(x). Die Funktion f(x) ist von der Grenzordnung g(x) (f(x)=o(g(x))), wenn lim (x→∞) f(x)/g(x) = 1

wobei der letzte Summenterm das Produkt aus $[u]$ Faktoren enthält. Alle Terme in den Summen enthalten $[x/p]$. Mit der Summenformel

$$\psi\left(\frac{x}{p},\ p\right)=\left[\frac{x}{p}\right]-\sum_{p<q\leq x/p}\left[\frac{x}{p*q}\right]+\sum_{p<q,\ r\leq x/p}\left[\frac{x}{p*q*r}\right]-\ldots$$

erhalten wir schließlich

$$\psi\left(x,\ y\right)=\psi\left(x,\ Y\right)-\sum_{y<p\leq Y}\psi\left(\frac{x}{p},\ p\right)$$

Wenden wir auf diesen Ausdruck nun unseren Ansatz an und betrachten wie in den beiden ersten Klassen die Änderung

$$(Y\to y)\quad\to\quad(u-1)\to u\ ,$$

so folgt

$$\psi\left(x,\ x^{1/u}\right)=x*\left(\rho\left(u-1\right)-\sum_{x^{1/(u-1)}<p\leq x^{1/u}}\frac{1}{p}*\rho\left(\frac{\ln\left(x\right)}{\ln\left(p\right)}-1\right)\right)$$

Die Summe können wir durch ein Integral ersetzen. Unter Verwendung der Primzahlfunktion $\pi\left(x\right)$ und der Substitution $p=x^{1/t}$ erhalten wir schließlich eine Integralgleichung für $\rho\left(u\right)$

$$\sum_{x^{1/(u-1)}<p\leq x^{1/u}}\frac{1}{p}*\rho\left(\frac{\ln\left(x\right)}{\ln\left(p\right)}-1\right)$$

$$=\int_{u}^{(u-1)}\frac{\rho\left(t-1\right)}{x^{1/t}}\,d\,\pi\left(x^{1/t}\right)\approx\int_{(u-1)}^{u}\frac{\rho\left(t-1\right)}{t}\,dt$$

$$\Rightarrow\rho\left(u\right)=\rho\left(u-1\right)-\int_{u-1}^{u}\frac{\rho\left(t-1\right)}{t}\,dt$$

Dies ist, wie man sich durch Einsetzen leicht überzeugen kann, äquivalent zu der Differentialgleichung

$$u*\rho\,'\left(u\right)+\rho\left(u-1\right)=0$$

Für $1<u\leq2$ besitzt die Differentialgleichung genau die Lösung, die wir oben bereits unabhängig ermittelt haben. Für größere Werte von u integrieren wir $\rho\left(u\right)$ numerisch durch

$$\rho\left(u\right)=1\ \textit{für}\ 0<u\leq1\quad\textit{oder}\quad\frac{1}{u}\int_{u-1}^{u}\rho\left(t\right)dt\ \textit{für}\ u>1$$

Nachdem wir nun eine Aussage der Theorie über den Faktorisierungserfolg haben, können wir nun zum zweiten Teil, dem Vergleich mit einer Auszählung kommen. Die maximal in einer Zerlegung auftretende Potenz

$$a_k=\left[\ln\left(M*\sqrt{n}\right)/\ln\left(p_k\right)\right]$$

der Primzahlen kennen wir. Um zu einem praktikablen Zählalgorithmus zu gelangen, ordnen wir die Zahlen der Basis und ihre Potenzen in einem rechteckigen Schema sortiert an:

$$A = \begin{vmatrix} p_1^0 & p_1^1 & \cdots & \cdots & p_1^{a_1} \\ p_2^0 & p_2^1 & \cdots & p_2^{a_2} & \cdots \\ \cdots & \cdots & \cdots & \cdots & \cdots \\ p_m^0 & p_m^1 & p_m^{a_m} & \cdots & \cdots \end{vmatrix}$$

Wir nehmen aus jeder Zeile einen Faktor und berechnen das Produkt. Die Anzahl möglicher Produkte ist

$$n_P = \prod_{k=1}^{m} a_k$$

Arbeiten wir **A** von oben nach unten und von links nach rechts ab, so kann die Produktbildung abgebrochen werden, sobald ein Teilprodukt der ersten Faktoren die Obergrenze überschreitet. Alle weiteren Produkte mit höheren Gliedern der letzten erfassten Zeile oder höheren Zeilen sind größer als das (*bereits zu große*) Teilprodukt. Hierdurch wird die Anzahl der auszuwertenden Produkte wirkungsvoll nach oben begrenzt, wie folgendes Beispiel zeigt

Beispiel. Wir betrachten das Intervall $[1000,1500]$ und die Teilermenge $P_{20} = \lfloor 2,3,5,7,11,13,17,19 \rfloor$. Das auszuwertende Schema ist

$$A = \begin{vmatrix} 1 & 2 & 4 & 8 & 16 & 32 & 64 & 128 & 256 & 512 & 1024 \\ 1 & 3 & 9 & 27 & 81 & 243 & 729 \\ 1 & 5 & 25 & 125 & 625 \\ 1 & 7 & 49 & 343 \\ 1 & 11 & 121 & 1331 \\ 1 & 13 & 169 \\ 1 & 17 & 289 \\ 1 & 19 & 361 \end{vmatrix}$$

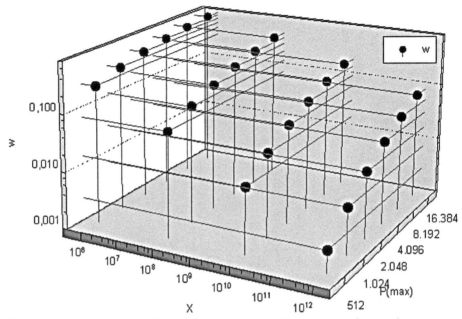

Abbildung 12.1: Wahrscheinlichkeiten der vollständigen Faktorisierung für verschiedene Grenzen x und Primzahlgrössen p(max)

Insgesamt ergeben sich hierbei 166.320 verschiedene mögliche Produkte, von denen durch die Begrenzung aber nur 1.174 ausgewertet werden müssen.

Aufgabe. Implementieren Sie das Abzählschema. Die Multiplikation kann durch eine Addition von Logarithmen substituiert werden

$$M * \sqrt{n} \geq \prod_{k=1}^{m} p_k^{a_k} \quad \rightarrow \quad \ln(M * \sqrt{n}) > \sum_{k=1}^{m} \ln(p_k^{a_k})$$

Die Logarithmen werden einmalig zu Beginn des Algorithmus in einer ganzzahlig normierten Form berechnet (*z.B.* $\ln(p_k)/\ln(M * \sqrt{n}) * 2^{31}$, *problemabhängig einstellen*), so dass während der Berechnung ausschließlich schnelle ganzzahlige Operationen benötigt werden. Das führt zwar je nach Reduktion der Stellenanzahl zu kleinen Fehlern, die aber durch Geschwindigkeits- und Speicherplatzgewinn gerechtfertigt werden können.

Welcher Zahlenbereich erschließt sich uns in der Auszählung? Die Anzahl der Zählungen nimmt annähernd linear mit x zu, so dass die Grenze für sinnvolles Rechnen etwa bei $x \sim 10^{12}$ liegt. Die Anzahl der theoretisch möglichen Produkte liegt hier in der Größenordnung $\gg 10^{250}$ (*bei* $\geq$ *2.000 Primzahlen in der Basis*). Durch die Auszählung lässt sich daher der Bereich $1 \leq u \leq 5$ experimentell erschließen.

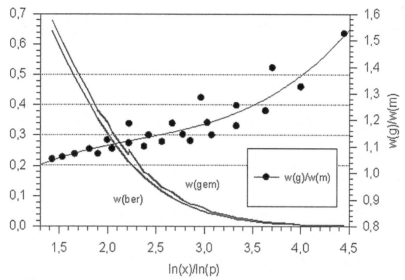

Abbildung 12.2: berechnete und ausgezählte Werte der Funktion $\psi(x,y)/x$, Verhältnis der beiden Werte als Funktion von u

Abbildung 12.1 zeigt im Intervall $(10^6 \leq x \leq 10^{12}, 500 \leq y \leq 16.000)$ ausgezählte Daten in dreifach logarithmischer Darstellung. Sie bestätigt unsere bereits geäußerte Vermutung, dass eine Erhöhung der Anzahl der Primzahlen in der Basis nur beschränkt von Nutzen ist. Bei großen Basen steigt die Anzahl der Faktorisierungserfolge nur noch langsam an, während sich der Aufwand für die zusätzlichen Rechnungen stark steigert.

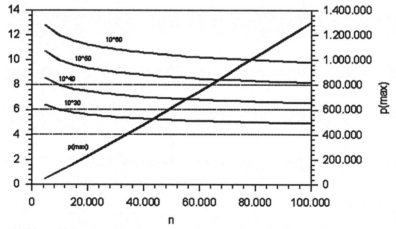

Abbildung 12.3: p(max) bei bestimmten Basengrößen n (rechts) und dazu korrespondierende Werte von u für verschiedene Zahlengrößen (links)

Der Vergleich zwischen ausgezählten und theoretisch berechneten Werten zeigt erwartungsgemäß eine zufriedenstellende Übereinstimmung, da die Zahl der Vereinfachungen in der Theorie nicht sehr groß war. Wir können die Theorie in die Zahlenräume extrapolieren, die wir mit unserem Faktorisierungsalgorithmus bearbeiten müssen, ohne größere Fehler befürchten zu müssen (*Abbildung 12.2*).Vergleichen wir gemessene und berechnete Daten für verschiedene Zahlenbereiche, so können wir auf eine asymptotische Gültigkeit der Theorie für x, $y \rightarrow \infty$ schließen (*Abbildung 12.6*), da sich für gleiche Basen, aber verschiedene Obergrenzen jeweils ein leicht anderes Verhalten einstellt. In den für den Faktorisierungsalgorithmus interessanten Bereichen $10^{30} < f_k < 10^{60}$ und $6 \leq u \leq 10$ dürften Theorie und Praxis kaum weiter als um einen Faktor Zwei auseinander liegen (*falls Sie dies genauer nachweisen möchten: ich erinnere an die Auszählung von großen Primzahlen, die ab einer bestimmten Zahlengröße auch nicht mehr vollständig sein konnten. Ähnliche Strategien bieten sich an dieser Stelle auch an*).

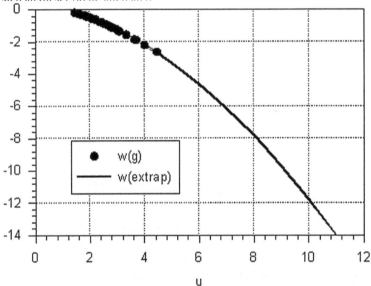

Abbildung 12.4: logarithmische Faktorisierungswahrscheinlichkeit (log10) als Funktion von u

Abbildung 12.3 zeigt eine Projektion der Parameter in die praktisch interessanten Zahlenbereiche. Für Basengrößen bis zu 100.000 Primzahlen ist rechts zur Information die höchste Primzahl angegeben. Bei Erhöhen von f_k um jeweils fünf Zehnerpotenzen erhöht sich u um etwa eine Einheit, wobei das Ergebnis nur geringfügig durch eine Vergrößerung der Basis beeinflusst werden kann. Abbildung 12.12 zeigt den Zusammenhang zwischen Faktorisierungswahrscheinlichkeit und u auf. Für den uns interessierenden Zahlenbereich erhalten wir $10^5 \leq w\,(fakt) < 10^{-11}$. Für unseren Algorithmus bedeutet dies, dass bei Siebgrößen von $M > 10^7$ bereits eine Anwendungsobergrenze im Bereich $n \approx 10^{60}$ erreicht wird. Für größere Zahlen werden wir uns, wie bereits angedeutet, effektive Zusatzstrategien einfallen lassen müssen (*und dass dies funktioniert, zeigen die veröffentlichten Ergebnisse*).

Noch nicht berücksichtigt haben wir die Filterwirkung des Jacobisymbols bei der Zusammenstellung der Primzahlbasis, durch die im Schnitt jede zweite Primzahl aus einer vollständigen Basis entfernt wird. Die Theorie hilft uns hier im Moment nicht weiter, aber es bereitet sicher keine Schwierigkeiten, den Zählalgorithmus mit der Primzahlauswahl zu verknüpfen und einige Beispiele zu ermitteln. Tabelle 12.6-1 zeigt einen Ausschnitt einer gefilterten Basis für verschiedene Zufallszahlen sowie in der ersten Spalte den ermittelten Bruchteil an Faktorisierungen. Ausgezählt wurden Faktorisierungen für $f < 10^8$ mit Basen von jeweils 50 Elementen. In der letzten Zeile ist die Auszählung einer vollständigen Basis für Vergleichszwecke angefügt. Wie nicht anders zu erwarten, sinkt die Faktorisierungswahrscheinlichkeit nochmals stark ab, und zwar offenbar um so stärker, je weniger kleine Primzahlen in der Menge vorhanden sind.

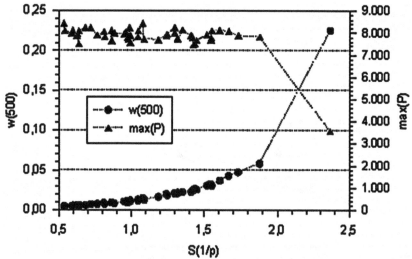

Abbildung 12.5: Faktorisierungsgrade und maximale Primzahl für eine Basis von 500 Zahlen, als Funktion der Summe der Primzahlinversen, Zahlengröße $\approx 2*10^{10}$

Ein „Bewertungsfaktor", der den Einfluss kleiner Zahlen besonders betont, ist die Summe der Primzahlinversen:

$$B\left(P_m\right) = \sum_{k=1}^{m} \frac{1}{p_k}$$

Eine solche Konstruktion lässt sich mit den gleichen Argumenten begründen, die wir zur Ableitung der Primzahlfunktion $\pi\left(n\right)$ verwendet haben: die Wahrscheinlichkeit, dass eine Zahl p die Zahl n teilt, ist proportional $1/p$, und je größer die Wahrscheinlichkeit für n ist, durch viele Zahlen geteilt zu werden, desto größer ist auch die Wahrscheinlichkeit für eine vollständige Teilbarkeit. Gleichwohl ist der Bewertungsfaktor zunächst nur ein empirischer Ansatz, der jedoch die gesuchte Beziehung erfolgreich zu beschreiben vermag (*Abbildung 12.5*). Auf der linken Seite der Abbildung ist die Faktorisierungswahrscheinlichkeit einer Zahl $n \approx 2*10^{10}$ durch eine Basis vorgegebener Größe (500 *Zahlen*) dargestellt (*unterer Graph*), auf der rechten Seite die maximale Primzahl in der Basis. Bei einer Verdopplung der Größe der höchsten Zahl in der Basis infolge der Filterung (*die Anzahl der Zahlen in der Menge bleibt ja konstant*) finden wir selbst unter günstigsten Umständen eine Abnahme der Faktorisierungen um den Faktor Vier. Ungünstige Basiszusammensetzungen können dies nochmals um einen Faktor 10 beeinflussen.

Wie der Leser sich sicher denken kann, ist die Fragestellung der Bewertung bestimmter Primzahlbasen nicht neu und von Zahlentheoretikern intensiv untersucht worden. Allerdings gehen die dort
verwendeten mathematischen Methoden weit über das hinaus, was wir in diesem Buch vermitteln
wollen, und trotz des Aufwandes tragen die Ergebnisse kaum zu einer besseren praktischen Ver-
wertbarkeit bei. Wie schon bei anderen Gelegenheiten bei unseren Untersuchungen beobachtet,
handelt es sich um Ergebnisse mit asymptotischer Geltung oder große Intervalle, die recht weit von

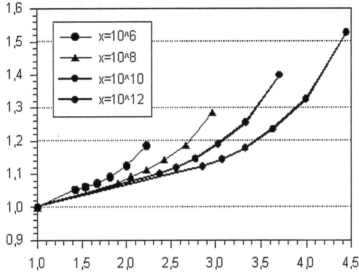

*Abbildung 12.6: w(g)/w(b) für verschiedene x, Basengrößen in Intervall
[500,16.000] jeweils um den Faktor 2 steigend (Detaildarstellung aus
Abbildung 12.2)*

der Praxis entfernt sind. Eine pragmatische Vorgehensweise, wie wir sie hier gewählt haben, ist
sicher nützlicher als eine exakte Theorie. Der mehr theoretisch veranlagte Leser findet hier aber ein
weites Betätigungsfeld für weitere Studien.

Als Ergebnis unserer Untersuchungen können wir erwarten, einige uns zur Faktorisierung vorgelegte Zahlen n vermutlich ohne größere Probleme zerlegen zu können, während andere „hart" sind.
Müssen wir uns mit einer schlechten Primzahlbasis abfinden, die bis zu einem Faktor 10 weniger
Faktorisierungen ermöglicht als eine gute, oder, anders ausgedrückt, ergeben sich daraus neue Konstruktionsmerkmale für Primzahlen im RSA-Algorithmus, die ein Brechen der Geheimnisse erschweren? Die Antwort ist Nein: durch Multiplikation von n mit einem Faktor c verändert sich
nämlich die Basis und damit die Faktorisierungsaussichten. Statt einer Zahl n mit einer ungünstigen
Basis untersuchen wir eine Zahl $n' = n * c$ mit einer günstigen Basis. Bei der Ermittlung eines Faktors c ist zu berücksichtigen, dass dieser später auch als Ergebnis in der Hauptfaktorisierung auftreten kann und dadurch unsere Trefferwahrscheinlichkeit erniedrigt. Jeder ermittelte Faktor von n
besitzt die gleiche Trefferwahrscheinlichkeit. In der Praxis wird man daher kleine Primzahlen als
Faktoren ausprobieren, was die Wahrscheinlichkeit für ein brauchbares Ergebnis von $w = 1/2$ auf
$w = 2/5$ erniedrigt.

Wir können unseren empirischen Bewertungsfaktors ohne Bedenken auch für eine Basisoptimie-
rung in Zahlenbereichen heranziehen können, die einer Auszählung nicht mehr zugänglich sind. In
der Praxis kann man so vorgehen, dass man für bestimmte Basisgrößen mittels des empirischen Ergebnisses in Abbildung 12.5 das dessen Optimum abschätzt, was erreichbar ist, und mit kleinen

Primzahlfaktoren > 1000 versucht, in die Nähe des Optimums zu gelangen. Der Leser kann an dieser Stelle wieder eine praktische Pause in der Lektüre einlegen und einen Algorithmus dafür konstruieren.

W(50)	Primzahlen der Basis																
0,000557	13	17	41	61	67	71	73	79	83	89	101	103	107	109	113	127	131
0,000679	5	13	37	41	47	59	61	67	71	79	103	131	139	149	157	163	167
0,000765	7	13	17	29	31	41	43	53	61	67	103	109	131	149	151	173	191
0,000768	3	11	31	37	41	61	67	89	103	127	131	137	157	163	179	181	193
0,001620	3	5	17	23	47	53	59	67	73	79	83	89	101	109	137	139	151
0,001640	2	11	13	19	29	37	43	47	59	67	89	107	139	151	173	193	197
0,001760	2	11	29	41	43	47	59	61	67	73	83	103	107	109	131	139	149
0,001894	3	7	11	13	17	37	41	43	53	59	73	79	107	109	113	127	131
0,001995	3	7	11	19	23	41	47	59	61	67	71	73	79	89	97	107	113
0,002859	3	5	7	11	29	31	43	53	59	67	71	73	97	101	103	107	109
0,003022	2	3	23	29	31	41	47	59	61	83	97	101	109	113	137	149	151
0,003056	2	11	13	17	19	29	31	43	59	61	71	73	83	103	109	113	131
0,003227	2	5	11	23	29	31	41	47	53	59	61	67	71	83	103	107	139
0,003445	2	5	7	17	19	31	41	43	47	53	67	83	97	139	163	173	179
0,003893	2	3	11	13	17	31	37	43	53	67	71	73	103	107	131	157	173
0,004879	2	3	5	11	23	37	41	59	61	67	83	89	103	131	139	151	163
0,005661	2	3	11	19	23	29	31	41	43	53	59	61	71	89	101	103	107
0,006984	2	3	5	7	11	17	31	41	59	79	97	103	107	109	127	139	149
0,009859	2	3	5	11	13	19	29	31	37	41	47	59	61	67	71	73	83
0,010104	2	3	5	11	13	19	23	29	37	53	59	61	67	79	89	101	103
0,010165	2	3	5	7	11	17	29	41	43	47	53	59	61	71	79	83	101
0,030517	2	3	5	7	11	13	17	19	23	29	31	37	41	43	47	53	59

Tabelle 12.3-1: Primzahlbasen und Faktorisierungswahrscheinlichkeiten für Zufallszahlen $r \approx 10^8$ nach Anwendung des Jacobi-Filters mit eine Basisgröße von 50 Zahlen

Schätzen wir abschließend nochmals den voraussichtlichen Erfolg des Faktorisierungsverfahrens anhand der gewonnenen Erkenntnisse grob ab: bei einer Basisgröße von 10.000 Primzahlen und einer Siebgröße von fünf Millionen Zahlen schließen wir auf eine Obergrenze von n :

$$\left| P_m \right| = 10.000 \quad \wedge \quad M = 5 * 10^6$$

$$\Rightarrow \quad w \approx 0,002 \quad \Rightarrow \quad u \approx 4,5 \quad \Rightarrow \quad n \le 5 * 10^{47}$$

Das entspricht einer Zahl von ca. 150 Bit. Eine Vergrößerung der Primzahlbasis hat ab einer bestimmten Größe nur noch geringen Einfluss auf das Ergebnis, eine Vergrößerung des Siebes führt bei größer werdenden Zahlen zu einer geringer werdenden Effektivität, und außerdem spielen in solchen Größenordnungen auch die Ressourcen auf den Rechnersystemen eine nicht unwesentliche Rolle.

Aufgabe. Implementieren Sie einen Algorithmus, der zu einem gegebenen n eine möglichst effektive Faktorbasis ermittelt.

12.3.3 Quadratische Reste und Lucasfolgen

Mit der ermittelten Primzahlbasis ist im weiteren die Faktorisierbarkeit der Zahlen f_k zu untersuchen. Haben wir einmal eine Teilbarkeitsbeziehung $p \mid f_k$ gefunden, so folgt wie beim Sieb des Erathostenes auch $p \mid f_{k+i*p}$. Sobald wir einen Anfang für jede Primzahl gefunden haben, kommen wir schneller voran, da wir dann nur noch die Zahlen abzählen müssen. Prinzipiell könnte man natürlich mit Probedivisionen einen Anfang suchen; da die Primzahlen der Basis aber auch recht groß werden können, wäre dies ein nicht zu vertretender Aufwand: immerhin enthält die Basis etliche tausend Primzahlen in der Größe 10^6, wobei für jede im Durchschnitt 500.000 Probedivisionen notwendig werden, bis die Startzahlen für das Abzählen erreicht sind. Da eine Quadratwurzel bekanntlich zwei Lösungen besitzt, benötigen wir auch zwei Startzahlen, d.h. wir können eine Probedivision auch nicht nach Auffinden der ersten Teilbarkeit abbrechen, was den notwendigen Aufwand weiter vergrößert. Und damit hätten wir noch nicht einmal die Faktorisierbarkeit einer der Zahlen f_k überprüft, sondern wären immer noch bei der Vorbereitung der Siebphase.

Eine einfachere Möglichkeit eröffnet die folgende Äquivalenz

$$p \mid f_k = \left([\sqrt{n}] + M - k\right)^2 - n \quad \Leftrightarrow \quad \left([\sqrt{n}] + M - k\right)^2 \equiv n \equiv x^2 \,(mod\ p)$$

Lösen wir diese Äquivalenz nach k auf, wobei wir wieder beachten müssen, dass bei Ziehen einer Wurzel zwei Lösungen existieren, so erhalten wir die Startindizes

$$x - \left([\sqrt{n}] - M\right) \equiv k_1 \,(mod\ p)$$
$$-x - \left([\sqrt{n}] - M\right) \equiv k_2 \,(mod\ p)$$

Wir benötigen somit eine schnelle Methode zur Berechnung der quadratischen Kongruenzen x $(mod\ p)$, um die aufwendige Probedivision einsparen zu können. Dafür benötigen wir unter anderem die Hilfe bestimmter Lucasfolgen, weshalb wir zunächst ein eigenes Kapitel der Betrachtung dieser Folgen widmen.

FIBONACCI-FOLGE

Lucasfolgen sind eine Verallgemeinerung der Fibonacci-Folge, die sich aufgrund ihrer Einfachheit als Einstiegspunkt anbietet. Sie besitzt die einfache rekursive Definition

$$F_{n+1} = F_n + F_{n-1} \quad , \quad F_0 = F_1 = 1$$

Aus dieser Definition resultiert eine solche Fülle von Beziehungen, dass sogar eine eigene wissenschaftliche Zeitschrift diesem Thema gewidmet ist. Wir werden uns bei dem Umfang dieses Gebietes daher nur auf das nötigste konzentrieren.

Aufgabe. Die meisten Beziehungen lassen sich durch elementare algebraische Umformungen problemlos aus den Definitionen gewinnen. Ich halte mich daher an vielen Stellen recht kurz; Sie sind aber ausdrücklich aufgefordert, die hinter den üblichen mathematischen Floskeln[260] verborgenen Umformungen explizit auszuführen!

Mit Hilfe einer Matrixdarstellung lässt sich eine geschlossene Darstellung der Glieder der Fibonacci-Folge angeben:

---

260 „wie man leicht nachweist...", „wie man unmittelnar sieht ...", „nach einigen Umformungen..." und was Sie sonst schon immer an den Mathematikbüchern geärgert hat.

$$\begin{pmatrix} F_{n+1} & F_n \\ F_n & F_{n-1} \end{pmatrix} = \begin{pmatrix} 1 & 1 \\ 1 & 0 \end{pmatrix} * \begin{pmatrix} F_n & F_{n-1} \\ F_{n-1} & F_{n-2} \end{pmatrix} \quad \Rightarrow$$

$$\begin{pmatrix} F_{n+1} & F_n \\ F_n & F_{n-1} \end{pmatrix} = \begin{pmatrix} 1 & 1 \\ 1 & 0 \end{pmatrix}^n$$

Durch Vergleich mit dem *ggT*-Algorithmus lässt sich auch leicht nachweisen[261], dass der Quotient (F_{n+1}/F_n) durch den Kettenbruch

$$\frac{F_{n+1}}{F_n} = \cfrac{1}{1 + \cfrac{1}{1 + \cfrac{1}{... + \cfrac{1}{2}}}}$$

dargestellt wird. Daraus lässt sich auch ein weiterer geschlossener Ausdruck für die Fibonacci-Folge, der eine irrationale Wurzel enthält, gewinnen:

$$\lim_{n \to \infty} \frac{F_{n+1}}{F_n} = \frac{1+\sqrt{5}}{2} \quad , \quad F_n = \frac{1}{\sqrt{5}}\left(\left(\frac{1+\sqrt{5}}{2}\right)^n - \left(\frac{1-\sqrt{5}}{2}\right)^n\right)$$

Zahlen dieses Typs dürften Ihnen von den komplexen Zahlen her vertraut sein, die ja in der Form $z = a + i*b$ mit zwei reellen Komponenten formuliert werden. Aber schon reelle Komponenten sind Verallgemeinerungen von Zahlen wie $r = a + b*\sqrt{c}$ mit rationalen Komponenten, die ebenfalls Körpereigenschaften aufweisen.[262] Ein wenig deutet sich hier auch schon an, was im Kapitel „Zahlkörpersieb" auf uns zukommt.

LUCASFOLGEN

Eine Lucasfolge ist nun eine Verallgemeinerung der Fibonacci-Folge der Form

$$L_{n+1} = P * L_n - Q * L_{n-1} \qquad oder$$

$$\begin{pmatrix} L_{n+1} & L_n \\ L_n & L_{n-1} \end{pmatrix} = \begin{pmatrix} P & -Q \\ 1 & 0 \end{pmatrix} * \begin{pmatrix} L_n & L_{n-1} \\ L_{n-1} & L_{n-2} \end{pmatrix}$$

mit irgendwelchen Anfangsgliedern (L_0, L_1) und Parametern (P,Q). Durch diese Verallgemeinerung gehen natürlich einige Eigenschaften der Fibonacci-Folge verloren, andere werden weiter benutzbar sein[263]. Um auch wieder zu geschlossenen Darstellungen zu gelangen, müssen alle Parame-

---

261 Ärgern!

262 Details muss ich allerdings Lehrbüchern der Algebra überlassen. Kleiner Trost für Sie: die bringen das in den ersten Einführungskapiteln, bevor es ans Eingemachte geht. Sie haben daher eine gute Chance, sich zu informieren, ohne eine andere Baustelle aufmachen zu müssen.

263 Diese Argumentation ist natürlich genau falsch herum geführt und dient nur der Vereinfachung des Einstiegs. Korrekt betrachtet, „erbt" die Fibonacci-Folge natürlich zunächst die Eigenschaften ihrer Verallgemeinerung, der Lucas-Folgen, und entwickelt darüber hinaus weitere, spezielle Eigenschaften.

ter gewisse Nebenbedingungen erfüllen. Wir suchen nun Lucasfolgen mit der geschlossenen Darstellung

$$L_n = 2^{1-n} \left(a + \sqrt{D} \right)^n$$

Eine elementare Rechnung liefert damit die Rekursionsformel

$$
\begin{aligned}
L_{n+1} &= 2^{2-(n+1)} \left(a + \sqrt{D} \right)^{n+1} \\
&= 2^{1-n} \left(a + \sqrt{D} \right)^{n-1} * \frac{1}{2} \left(a^2 + 2 a \sqrt{D} + D \right) \\
&= 2^{1-n} \left(a + \sqrt{D} \right)^{n-1} * \left(a^2 + a \sqrt{D} - (D - a^2)/2 \right) \\
&= 2^{1-n} \left(a + \sqrt{D} \right)^{n-1} * \left(a^2 + a \sqrt{D} - 2 c \right) \\
&= 2^{1-n} \left(a + \sqrt{D} \right)^n * a - 2^{1-(n-1)} \left(a + \sqrt{D} \right)^{n-1} * c \\
&= a * L_n - c * L_{n-1}
\end{aligned}
$$

und durch Vergleich mit den Anfangsformeln erhalten wir unmittelbar für die Parameter

$$a = P \quad , \quad D = P^2 - 4 * Q \quad , \quad (v_0, u_0) = (2,0) \quad , \quad (v_1, u_1) = (P, 1)$$

Dabei muss D quadratfrei sein, da wir ja sonst eine Wurzel abspalten können. Durch Ausmultiplizieren nach dem binomischen Satz lässt sich die Folge auch darstellen durch (*Leserübung*)

$$L_n = v_n + u_n * \sqrt{D}$$

Eine Rechnung liefert die iterative Fortschreibung (*Leserübung*)

$$
\begin{aligned}
L_{n+1} &= P * 2^{1-n} (P + \sqrt{D})^n - Q * 2^{2-n} (P + \sqrt{D})^{n-1} \\
&= P * 2^{1-n} (P + \sqrt{D})^n - (P^2 - D) * 2^n (P + \sqrt{D})^{n-1} \\
&= 2^{-n} (P + \sqrt{D})^n * (P + \sqrt{D})
\end{aligned}
$$

und durch Vergleich mit mit der vorhergehenden Formel erhalten wir die Rekursionformel

$$v_{k+1} = \frac{1}{2} \left(P * v_k + D * u_k \right) \quad , \quad u_{k+1} = \frac{1}{2} \left(v_k + P * u_k \right)$$

Auf ähnliche Art findet man Rekursionformeln für weiter auseinander liegende Folgeglieder, wobei insbesondere solche Ausdrücke interessant sind, die eine Verdopplung der Indizes in wenigen Schritten erlauben. Den Beweis der folgenden Ausdrücke überlassen ich Ihnen:[264]

$$
\begin{aligned}
2 u_{i+k} &= u_i * v_k + u_k * v_i \\
2 v_{i+k} &= v_i * u_k + D * u_i * v_k \\[6pt]
2 Q^k * v_{i-k} &= v_i * v_k - D * u_i * u_k \\
2 Q^k * u_{i-k} &= u_i * v_k - u_k * v_i
\end{aligned}
$$

---

264 Das ist jetzt in Summe eine ganze Menge an Ärgern, oder?

$$v_{2\,i} = v_i^2 - 2 * Q^i$$

$$v_{2*i+1} = v_i * v_{i+1} - P * Q^i$$

Speziell die beiden letzten Ausdrücke eröffnen die Möglichkeit, recht schnell Folgeglieder v_k für große k zu berechnen. Sie kennen die Bedeutung solcher schnellen Algorithmen ja bereits aus der Potenzierung und der Punktberechnung elliptischer Kurven. Die Erweiterung auf eine schnelle Rekursion für große u_k wird weiter unten angegeben. Mit beiden Rekursionen zusammen erhält man mit $(u_k, u_{k+1}, v_k, v_{k+1})$ auch jeweils ein drittes Paar (u_{k+2}, v_{k+2}), und wir werden einen Algorithmus entwickeln, der durch geschickte Kombinationen letztendlich jeden beliebigen Index berechnet.

Interessant für uns sind nun Teilbarkeitsbeziehungen zwischen verschiedenen Folgegliedern, die wir aus den Beziehungen unmittelbar entnehmen können (*Leserübung*)

$$m \mid u_k \;\Rightarrow\; m \mid u_{i*k}$$

$$m \mid v_k \;\Rightarrow\; m \mid v_{(2*i+1)*k}$$

$$\left(m \mid u_k \;\wedge\; m \mid v_k\right) \;\Rightarrow\; \left(m \mid 4*Q^k\right)$$

Die erste Beziehung lässt sich noch verschärfen. Dazu definieren wir den Rang einer Zahl durch

$$Rang\,(m) = e = \inf_k \left(m \mid u_k\right)$$

Der Rang ist also der Index des kleinsten Folgeglieds u, das ein Vielfaches von m ist. Unter der Nebenbedingung $ggT\,(m, 2*Q) = 1$ folgt dann

$$m \mid u_k \;\Leftrightarrow\; e \mid k$$

Setzen wir nämlich $k = q * e + r$, so folgt dies aus $2Q^{qe}\, u_r = u_k\, v_{qe} - u_{qe}\, v_k$ und der Minimalität von e unter Beachtung der Nebenbedingung $r=0$.

LUCASFOLGEN ÜBER RINGEN / PRIMZAHLBEWEISE

Etwas komplexer sind folgende Eigenschaften, die uns den Schlüssel zum Verständnis der Variante Zwei des Lucas-Primzahltests liefern, was wir hiermit, wie versprochen, nachholen. Wir spezialisieren die Untersuchung auf ein $p \in \mathbf{P}$ und schränken die Folgeglieder einer Lucasfolge auf die Elemente von Restklassenkörpern ein, d.h. wir untersuchen nun spezielle Erweiterungskörper von Restklassenkörpern. Wir beginnen mit der Kongruenz

$$v_p + \sqrt{D}\, u_p \equiv 2^{1-p} (P + \sqrt{D})^p$$

$$\equiv P^p + \sqrt{D}\, D^{(p-1)/2} \equiv P + (D/p)\sqrt{D}\,(mod\ p)$$

Die Entwicklung ist leicht nachzuvollziehen, da aus dem gaußschen Satz $2^{1-p} \equiv 1\,(mod\ p)$ folgt und aus der Entwicklung der Klammer nach dem binomischen Satz alle Summanden, die p als Faktor enthalten, zu streichen sind. Mit Hilfe der Indexbeziehungen der Folgenglieder erhalten wir unter Beachtung des Rangs zusammengefasst ((D/p) *ist das Legendresymbol, Leserübung*)

$$u^{p-(D/p)} \equiv 0 \, (mod \ p) \quad \Leftrightarrow \quad Rang \, (p) \mid p-(D/p)$$

$$v_{p-(D/p)} \equiv 2 * Q^{(1-(D/p))/2} \, (mod \ p)$$

Bei der Variante Zwei des Primzahltest nach Lucas haben wir den Fall $(D/p)=-1$ betrachtet.[265] In diesem Fall erhalten wir wieder aus den Indexbeziehungen unter Berücksichtigung der letzten Ergebnisse (*Leserübung*)

$$u_{p-(D/p)} = u_{(p-(D/p))/2} * v_{(p-(D/p))/2}$$

$$v_{(p-(D/p))/2} \equiv v_{p-(D/p)} + 2 \, Q^{(p-(D/p))/2}$$

$$\equiv 2 \, Q^{(1-(D/p))/2} * (1 + Q^{(p-1)/2})$$

$$\equiv 2 \, Q^{(1-(D/p))/2} * (1 + (Q/P)) \, (mod \ p)$$

Dies können wir zusammenfassen zu der Teilbarkeitsaussage

$$(Q/p)=1 \ \Rightarrow \ p \mid u_{(p-(D/p))/2}$$
$$(Q/p)=-1 \ \Rightarrow \ p \mid v_{(p-(D/p))/2}$$

Nur für $(Q/p)=(D/p)=-1$ können wir $Rang \, (p) = p+1$ erwarten, und genau diesen Fall haben wir im Lucas-Test untersucht, indem wir eine Lucasfolge gesucht haben, die mit keinem Teiler von $(p+1)$ eine Teilbarkeit durch p ergeben hat.

Wir müssen nun noch ausschließen, dass eine zusammengesetzte Zahl n ebenfalls den Rang $(n+1)$ aufweisen kann. Dazu nehmen wir zunächst $n=p^k$ an (*d.h. wir haben nun keinen Restklassenkörper mehr vor uns*). Mit der Definition der Lucasfolge erhalten wir

$$v_{p*m} + u_{p*m} * \sqrt{D} = 2^{1-p} \left(v_m + u_m * \sqrt{D} \right)^p$$

erhalten wir nach Auflösen der Klammer und Sortieren der Terme nach $\sqrt{D}$ den Ausdruck

$$2^{p-1} u_{p*m} = p*v_m^{p-1}*u_m + ... + u_m^p * D^{(p-1)/2}$$

Dies erlaubt die Schlussfolgerung

$$p^k \mid u_m \ \Rightarrow \ p^{k+1} \mid u_{p*m}$$

und wegen der ersten Kongruenz dieses Teilabschnitts, die uns einen gültigen Induktionsanfang liefert,

$$e \mid g \, (n) = 2^{1-r} * \prod_{k=1}^{r} \left(p_k - (D/p_k) \right) * p_k^{q_k-1}$$

---

265 Der Fall (D/p)=1 wurde durch einen anderen Algorithmus abgedeckt.

Ist $n = p^k$, dann folgt daraus unmittelbar, dass $Rang(n) = n + 1$ nur für $r = 1$ möglich ist (also $n = p$), für $r > 1$ aber stets kleiner sein muss. Auch für zusammengesetzte n mit mehreren Primfaktoren folgt durch die Abschätzung

$$g(n) = 2 * n * \prod_{k=1}^{r} \left| \frac{1}{2} - \frac{(D / p_k)}{2 p_k} \right|$$

$$\leq 2 * n * \prod_{k=1}^{r} \frac{p_k + 1}{2 p_k} \leq \frac{24}{35} n < n - (D / p)$$

dass $Rang(n) < n + 1$ ist. Damit haben wir den Nachweis für die Eindeutigkeit des Lucas-Tests nachgewiesen. Vollziehen Sie noch einmal das Vorliegen zweier definit verschiedener und zweier übereinstimmender und daher nicht eindeutig entscheidbarer Ergebnisse nach.

KONSTRUKTION DER GLIEDER EINER LUCASFOLGE

Befassen wir uns abschließend mit einem Algorithmus zur Berechnung von Gliedern einer Lucasfolge. Die notwendigen Initialisierungen bezüglich (D, Q) setzen wir im weiteren als erfolgt voraus, alle Rechnungen werden modulo des jeweiligen Teilerarguments durchgeführt. Die zu berechnenden Folgeglieder besitzen zum Teil sehr große Indizes, so dass ein sinnvoller Algorithmus eine potentielle Progression aufweisen muss. Ausgehend von

$$(v_1, u_1) = (P, 1) \quad , \quad (v_2, u_2) = (P^2 - 2Q, P)$$

können wir die Indizes mit den oben gefundenen Indexbeziehungen in jedem Schritt verdoppeln. Liegen zu Beginn eines Schrittes des Algorithmus die Folgeglieder $(u_k, v_k, u_{k+1}, v_{k+1})$ vor, so lassen sich daraus, nun auch unter Einbeziehung der u_k, die folgenden sechs Ergebnisse gewinnen:

$$v_{2k} \equiv \left(v_k^2 - 2 Q^k \right) (mod \ p)$$

$$v_{2k+1} \equiv \left(v_k * v_{k+1} - P * Q^k \right) (mod \ p)$$

$$v_{2k+2} \equiv \left(v_{k+1}^2 - 2 * Q^{k+1} \right) (mod \ p)$$

$$u_{2k} \equiv \left(u_k * v_k \right) (mod \ p)$$

$$u_{2k+1} \equiv 2^{-1} \left(v_k * u_{k+1} + D * v_{k+1} * u_k \right) (mod \ p)$$

$$u_{2k+2} \equiv \left(v_{k+1} * u_{k+1} \right) (mod \ p)$$

Es ist leicht einzusehen, dass durch geschickte Auswahl des Folgeindexpaares $(k, k+1) \rightarrow (2k, 2k+1)$ oder $(k, k+1) \rightarrow (2k+1, 2k+2)$ jeder beliebige Indexwert erreichbar ist. Liegt in einem Zwischenschritt des Algorithmus der Zielindexwert j vor, so ist bei geradem j das erste, bei ungeradem j das zweite Folgepaar zu generieren, um für den Schritt $(j+1)$ wieder die gleichen Ausgangsbedingungen zu schaffen. Dieses Schema ist invers zum Progressionsschema der Potenzierung. Wir erhalten so den

Algorithmus: sei B das Bitmuster des Indexes des zu berechnenden Endgliedes der Folge und

$$e = max_k \left(2^k \ | \ B \right)$$

die Position des höchsten Bit. Seien $(u[k], v[k], k=1,2)$ wie angegeben initialisiert und $Q0 = Q$. Der Algorithmus endet mit den gesuchten Gliedern der Lucasfolge in $(v[1], u[1])$, wobei $F(..)$ stellvertretend für die Verdopplungsformeln steht[266].

$$i \leftarrow (e-1)$$
$$while\ i \geq 0$$
$$\quad (v_1 .. u_3) \leftarrow F\ (v[1], v[2], u[1], u[2])\ \ ;\ \ i \leftarrow i-1$$
$$\quad if\ (B \wedge 2^i) = 1$$
$$\quad\quad then\ \ v[1] \leftarrow v_2, v[2] \leftarrow v_3, u[1] \leftarrow u_2, u[2] \leftarrow u_3, Q \leftarrow Q*Q*Q_0$$
$$\quad\quad else\ \ v[1] \leftarrow v_1, v[2] \leftarrow v_2, u[1] \leftarrow u_2, u[2] \leftarrow u_2, Q \leftarrow Q*Q$$

Damit haben wir sämtliche Untersuchungen für die Durchführung von Primzahltests mit Hilfe von Lucasfolgen nachgeholt.

Aufgabe. Implementieren Sie einen Algorithmus zur Berechnung beliebiger Glieder einer Lukasfolge modulo einer Zahl p einschließlich der notwendigen Initialisierungen.

12.3.4 Berechnung quadratischer Reste

Um Startwerte durch p teilbarer Zahlen f_k zu erhalten, sind die quadratischen Kongruenzen $x_{1,2}$ von $n \equiv x^2\ mod\ p$ zu bestimmen. Bei negativen f_k spalten wir bei der Faktorisierung zunächst (-1) als zusätzlichen Primfaktor ab. Die Berechnung der Wurzeln $x_{1,2}$ führen wir in Abhängigkeit von inneren Eigenschaften der Primzahlen unterschiedlich durch.

Wir erinnern uns an bereits verwendete Klassifizierungen: Primzahlen gehören jeweils einer der folgenden Klassen an:

$$p \equiv \pm 1\ (mod\ 4)$$
$$p \equiv \pm 1\ (mod\ 8)\ \vee\ p \equiv \pm 3\ (mod\ 8)$$

und da n quadratischer Rest ist, gilt

$$n^{(p-1)/2} \equiv 1\ mod\ p$$

Beides nutzen wir für die Berechnung der Wurzeln. Wir betrachten zunächst den Fall $p \equiv -1\ (mod\ 4)$, also $p = 4*k+3, k \in N$, was $p \equiv 3(mod\ 8)$ und $p \equiv -1(mod\ 8)$ einschließt. Mit

$$n^{4k+2} \equiv n^{2k+1} \equiv 1\ (mod\ p)\ \Rightarrow\ n^{2k+2} \equiv n \equiv x^2(mod\ p)$$

erhalten wir für die erste Wurzel

$$(p = 4*k+3)\ \Rightarrow\ (x \equiv n^{k+1}(mod\ p))$$

Die Klasse $p \equiv -3(mod\ 8)$ können wir über die vierten Wurzeln der fermatschen Beziehung unterscheiden und untersuchen

---

266 In einer Implementation wird man die überflüssigen Glieder natürlich nicht berechnen. Werden nur die Glieder v[k] benötigt, so können darüber hinaus die Terme 3-6 gestrichen werden.

$$n^{(p-1)/4} \equiv \pm 1 \, (mod \; p)$$

Aus der analytischen Form der Primzahlen erhalten wir für die positive 4. Wurzel

$$(p = 8*k+5) \; \wedge \; (n^{2*k+1} \equiv 1 \, (mod \; p))$$
$$\Rightarrow \; (x \equiv n^{k+1} (mod \; p))$$

Ist die vierte Wurzel negativ, so erhalten wir durch Multiplikation mit dem nicht-quadratischen Rest Zwei den Ausdruck

$$\frac{(4*n)^{2*k+2}}{4} \equiv 2^{4*k+2} * n^{2*k+2} \equiv (-1)*(-1)*n \equiv n\,(mod \; p)$$

$$\Rightarrow \; (p = 8*k+5) \; \wedge \; (n^{2*k+1} \equiv -1 \, (mod \; p))$$
$$\Rightarrow \; (x \equiv (4*n)^{k+1}/2 \; (mod \; p))$$

In diesem Ausdruck haben wir Gebrauch von der Eigenschaften der Legendresymbole, einen zusammengesetzten „Zähler" in ein Produkt der Legendresymbole der Faktoren aufspalten zu können, Gebrauch gemacht. Mit $x \, (mod \; p)$ ist natürlich in allen Fällen auch jeweils $-x \, (mod \; p)$ eine Lösung, d.h. wir haben beide Wurzeln bestimmt.

Zur Ermittlung der quadratischen Kongruenze von Primzahlen des Typs $p \equiv 1 \, (mod \; 8)$ bemühen wir nun die Lucasfolgen. Aus dem letzten Kapitel wissen wir, dass $p \mid v_{(p+1)/2}$ ist, sofern $(D/p) = -1$ gilt, unabhängig vom Wert von (Q/p). Setzen wir hier $Q = n$, also $(Q/p) = 1$ ein, so folgt (*Leserübung*)

$$v_{p+1} = v_{(p+1)/2}^2 - 2\,n^{(p+1)/2}$$

$$v_{(p+1)/2}^2 = 2\,n + 2\,n^{(p+1)/2}$$

$$\equiv 2\,n + 2\,n\,(n/p)\,(mod \; p) \; \equiv 4\,n\,(mod \; p)$$

Durch direkte Rechnung weisen Sie damit leicht nach:

$$\frac{p+1}{2} * v_{(p+1)/2} \equiv \pm x\,(mod \; p)$$

Dies gilt für Primzahlen aller Klassen, ist also im Prinzip generell einsetzbar. Die zuvor gefundenen Ausdrücke sind jedoch wesentlich schneller zu berechnen und decken den größeren Teil der Primzahlen ab, so dass Fallunterscheidungen in einer Implementation der Wurzelberechnung Sinn machen. Im Vergleich zum Lucas-Test zum Nachweis der Primzahleigenschaft einer Zahl genügt hierbei die Berechnung der Folgeglieder v_k, was die Berechnungszeit, insbesondere da viele Kongruenzen zu berechnen sind, verkürzt.

Außer der Teilbarkeit durch eine Primzahl p können wir auch die Teilbarkeit durch eine Primzahlpotenz p^a betrachten. Die zu faktorisierenden Zahlen f_k sind groß genug, um von allen Primzahlen der Basis höhere Potenzen als Teiler enthalten zu können. Gemäß den Eigenschaften der Legendresymbole gilt

$$(n/p^a) = (n/p^{a-1}) * (n/p)$$

Ist n quadratische Kongruenz zu p, so gilt dies auch für jede Potenz von p. In den Untersuchungen zur Existenz primitiver Restklassen im ersten Theoriekapitel hatten wir eine Methode gefunden, von einer primitiven Restklasse zu p^a auf eine solche zu p^{a+1} zu schließen. Wir verwenden diese Methode hier zum Beweis des folgenden

Lemma. Sei $n \equiv r_k \left(mod \ p^k \right)$ und $\left(n / p^a \right) = 1$. Dann folgt

$$x^2 \equiv r_a \left(mod \ p^a \right) \quad \Rightarrow \quad \left(x + k * p^a \right)^2 \equiv r_{a+1} \left(mod \ p^{a+1} \right)$$

für die Lösung von p^{a+1}, und k ist Lösung der Kongruenz

$$k \equiv \left(2 * x \right)^{-1} * \left(\frac{r_{a+1} - x^2}{p^a} \right) \left(mod \ p \right)$$

Der **Beweis** erfolgt direkt und führt auf den Ausdruck

$$\left(2 * x \right) * k * p^a \equiv \left(r_{a+1} - x^2 \right) \left(mod \ p^{a+1} \right)$$

p^a ist Teiler des linken Ausdrucks, des Moduls p^{a+1} und Aufgrund der Voraussetzung auch von $r_{a+1} - x^2$. Er ist auch gleichzeitig größter gemeinsamer Teiler mit dem Modul, so dass nach Division durch p^a die Behauptung mit einer eindeutigen Lösung für k folgt.

Damit haben wir unser Ziel erreicht: wir können die Teilbarkeit eines jeden f_k durch eine Primzahl der Basis feststellen, ohne eine Division durchführen zu müssen. Ein einfacher Algorithmus erlaubt die Berechnung von teilbaren Zahlenpaaren im Siebintervall, aus denen sich die weiteren teilbaren Zahlen durch Abzählen ermitteln lassen Wir kombinieren nun diese Erkenntnisse, um Kandidaten für vollständig faktorisierbare f_k zu ermitteln.

12.3.5 Siebung und vollständige Faktorisierung

KANDIDATEN FÜR FAKTORISIERUNGEN

Im nächsten Schritt müssen wir von der Teilbarkeit einer Zahl f_k durch eine Primzahl p auf eine möglichst vollständige Faktorisierung durch die Primfaktoren in $\boldsymbol{P}_{n.m}$ schließen. An Divisionen kommen wir dabei nicht vorbei, jedoch sollte dieser Schritt auf Zahlen begrenzt werden, bei denen eine große Aussicht auf Erfolg besteht. Um eine Vorauswahl treffen zu können, formulieren wir unser Problem erst noch einmal um:

$$f_k = \prod_{i=1}^{s} p_i^{a_i} \quad \Leftrightarrow \quad \ln \left(f_k \right) = \sum_{i=1}^{s} a_i * \ln \left(p_i \right)$$

Dies hilft insofern weiter, als wir die Indizes k, bei denen eine Primzahl f_k teilt, kennen und wir in einem Feld der Größe $2M$ nun nur an den entsprechenden Indizes k die Logarithmen der Primzahlen aufaddieren müssen. Erreichen die Summen eine bestimmte Größe, d.h. sind die Zahlen durch einen hinreichenden Anzahl an Primzahlen teilbar, dürfen wir von einer guten vollständigen Faktorisierungschance ausgehen und können eine Probedivision versuchen. Wir erhalten so den Auswahlalgorithmus

Algorithmus:

$$i \leftarrow 1 \quad , \quad \forall k : s_k \Rightarrow 0$$

$$while \left(i < \left\| P_n \right\| \right) do$$

$$\quad j \leftarrow +x(p_i) - \left(\left[\sqrt{n} \right] - M \right) \bmod p_i$$

$$\quad while \left(j < 2 * M \right) do$$

$$\quad\quad s_j \leftarrow s_j + \ln(p_i)$$

$$\quad\quad j \leftarrow j + p_i$$

$$\quad j \leftarrow -x(p_i) - \left(\left[\sqrt{n} \right] - M \right) \bmod p_i$$

$$\quad while \left(j < 2 * M \right) do$$

$$\quad\quad s_j \leftarrow s_j + \ln(p_i)$$

$$\quad\quad j \leftarrow j + p_i$$

Sie werden bemerkt haben, dass im Algorithmus die Exponenten a_k der Primzahlzerlegung nicht explizit auftreten. Ignorieren sollten wir sie nicht, da uns so Zahlen, die durch eine Primzahlpotenz teilbar sind, verloren gehen können. Sie lassen sich in einer erweiterten Teilermenge $P_{n,m(S)}$ berücksichtigen, die je nach gewünschtem Aufwand zwischen den Extremen

$$P_{n,m} = \left(p_1, p_2, \dots p_k \right) \subseteq P_{n,m}(S)$$
$$\subseteq P_{n,max} = \left\{ p_1, p_1^2, \dots, p_1^{\left[\ln(n/p_1) \right]}, p_2, \dots p_k^{\left[\ln(n/p_k) \right]} \right\}$$

variiert und an der Einfachheit des Algorithmus nichts verändert. Bei der Faktorisierung ist natürlich wieder $P_{n,m}$ zu verwenden.

Experimentell zeigt sich, dass man sich trotzdem meist auf $P_{n,m}$ beschränken kann, was sich auch leicht begründen lässt: Primzahlen und deren Potenzen tragen nur dann etwas zu einer wesentlichen Menge an Summentermen bei, wenn

$$M \gg p^a$$

gilt, sie also auch wesentlich kleiner als die Länge des Siebbereiches sind. Das sind aber nur wenige Potenzen der kleineren Primzahlen, während größere Primzahlen etwa ab dem Index 150 bereits im Quadrat größer als die Länge des Siebes werden. Die Berücksichtigung von Quadraten ist daher nur bei etwa 50-60 Primzahlen der Basis sinnvoll, die Berücksichtigung höherer Potenzen bei einer noch kleineren Anzahl. Der Hauptanteil an den Summenwerten wird vorzugsweise von kleineren Primzahlen beigesteuert, und man kann die Extremwerte guten Gewissens vernachlässigen, zumal immer noch entschieden werden muss, welche Summenwerte „groß" genug sind, um eine Probedivision auszulösen.

Welche Werte sollte eine Summe erreichen? Für $\ln(f_k)$ erhalten wir aus

$$f_k = \left(\left[\sqrt{n} \right] - M - i \right)^2 - n$$

durch Ausmultiplizieren und streichen der kleinen Terme die Obergrenze

$$\ln(f_M) \approx \ln(n)/2 + \ln(M)$$

wobei M die halbe Siebgröße ist. Mit p als größter Primzahl der Basis können wir als Auswahlkriterium für Faktorisierungsversuche

$$s_k \geq \ln(n)/2 + \ln(M) - c * \ln(p)$$

mit irgendeiner passend zu wählenden Konstanten c festlegen.

Bevor wir zu Ergebnissen mit diesem Verfahren kommen, werfen wir noch einen Blick auf weitere Tuning-Möglichkeiten für den Algorithmus. Nach den Erkenntnissen über die Teilbarkeit von Zahlen mit den Primzahlen der Basis können wir von rund 100.000 Primzahlen und einem Siebbereich von $M \geq 3 * 10^6$ ausgehen. Das zur Speicherung der Summenwerte verwendete Feld sollte daher so kompakt wie möglich sein. Berechnen wir den Logarithmus zu einer Basis a, so dass

$$a: \quad 255 > \log_a(f_M) > 200$$

und weisen allen Logarithmen der Primzahlen gerundete ganze Zahlen zu, so dass die Summe zu

$$s_k \; \leftarrow \; s_k + \left\lceil \log_a(p_k) \right\rceil$$

wird, so genügt ein Byte für ein Summenfeld. Bei größtmöglicher Ausnutzung dieses Bereiches, d.h. $a = 2 \;\Leftrightarrow\; \log(a) = 1$ und $\ln(n)/2 + \ln(M) \approx 250 * \ln(2)$, liegt die Obergrenze bei $n \approx 3{,}3 * 10^{136}$. Aufgrund der vielen Rundungen bei der Maximalnutzung – die größte Primzahl besitzt einen ganzzahligen Wert von $\ln(p) \approx 21$, und um einen Überlauf auszuschließen, sind Aufrundungen unzulässig – muss ggf. die Konstante c etwas größer gewählt werden. Deren Wert ermittelt man experimentell in Kalibrierungsläufen. Wenn bei einer Vergrößerung die neu hinzugekommenen Zahlen (fast) nicht mehr zu neuen Faktorisierungen führen, haben wir eine sinnvolle obere Grenze erreicht.

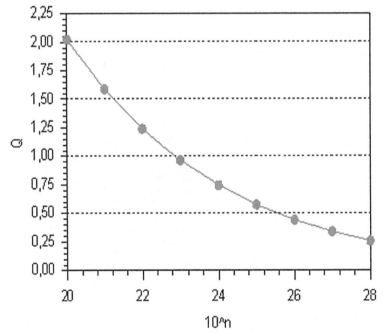

Abbildung 12.7: Verhältnis [gefundene]/[notwendige] Faktorisierungen, Basisgröße 5.000 Primzahlen, Siebgröße 10^6

Aufgabe. Führen Sie eine entsprechend Abschätzung durch, wenn anstelle eines 8-Bit-Summenfeldes ein 16/32-Bit-Summenfeld verwendet wird. Implementieren Sie die Algorithmen und führen Sie einige Probeläufe durch.[267]

FAKTORISIERUNG

Nur für Summenfelder mit $s_k > S$ ist nun die Division durchzuführen und dazu auch erstmalig (!) die f_k selbst zu berechnen. Die (Probe)Division wird beginnend mit den kleinen Primzahlen der Basis durchgeführt und abgebrochen, sobald der verbleibende Quotient kleiner als die Wurzel der nächsten Primzahl ist. Die gefundenen Exponenten können im Prinzip als Elemente einer Matrix notiert werden, in der der Zeilenindex k angibt, der Spaltenindex die Nummer der Primzahl in der Basis.

Aufgabe. Prüfen Sie, ob stur mit allen Zahlen eine Probedivision durchgeführt wird oder es günstiger ist, vorab festzustellen, ob eine Zahl durch eine Primzahl teilbar ist. Dies wäre durch eine Wiederholung der Indexberechnung des Siebvorgangs oder eine Notierung des Primzahlindex während des Siebvorgangs, auf die nun zurückgegriffen wird, möglich (Ressourcenabschätzung).

Selbst bei sehr großen Zahlen ist allerdings kaum zu erwarten, dass die Anzahl der verschiedenen Primfaktoren 0,5% der Primzahlen in der Basis erreicht oder überschreitet. Teilt eine Primzahl p_k eine Zahl, so ist die Wahrscheinlichkeit, dass die nächsten 10 Primzahlen dies nicht machen

$$w\left(p_{k+1} \nmid f \wedge \dots p_{k+10} \nmid f\right) = \prod_{i=1}^{10}\left(1 - 1/p_{k+i}\right)$$

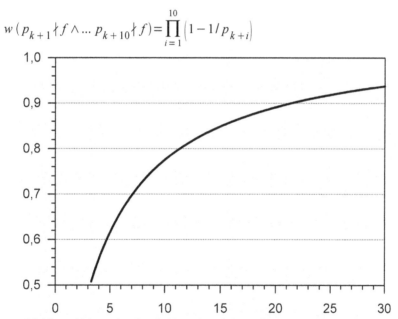

Abbildung 12.8: Wahrscheinlichkeit der Nicht-Teilbarkeit einer Zahl durch 10 aufeinander folgende Primzahlen in Abhängigkeit vom Absolutindex der Startprimzahl

---

267 Die Abschätzungen stammen noch aus der Zeit um das Jahr 2000, in der Rechenleistung und Rechnerressourcen gegenüber heute relativ beschränkt waren. Gerade an solchen an die Grenzen vorstoßenden Anwendungen sollte sich der Fortschritt der Rechnertechnik gut beobachten lassen.

und Abbildung 12.8 zeigt, dass schon bei recht kleinen Primzahlen die Teilerwahrscheinlichkeit schnell schrumpft. Zur Speicherung des Divisionsergebnisses wählt man daher zweckmäßigerweise eine schwach besetzte Matrix[268] sowie ein weiteres Feld

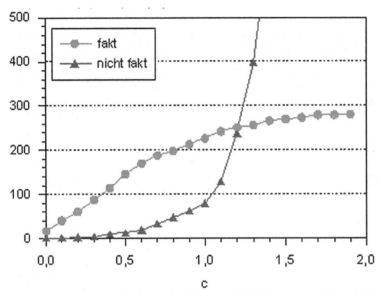

*Abbildung 12.9 Einfluss des Korrekturfaktors c, 1000 Basisprimzahlen, Siebbereich 10^6, n=4*10^28*

```
map<int,pair<char,INTEGER> >  oder  vector<pair<char,INTEGER> >
```

das übrig gebliebene Divisionsreste aufnimmt sowie ein Markierungsfeld enthält, das wir später noch benötigen werden. „Aussichtsreicher Kandidat" bedeutet bei all den Vereinfachungen zwischendurch nämlich nicht, dass die Faktorisierung tatsächlich gelingt, und bei nicht wenigen Zahlen werden Reste übrigbleiben, die durch Primzahlen teilbar sind, die sich nicht in der Basis befinden. Diese Zahlen sind nach unseren bisherigen Überlegungen „verloren", aber wie wir noch genauer untersuchen werden, können auch sie zum Faktorisierungserfolg von n beitragen. Vorläufig halten wir sie erst einmal fest.

EINFLUSS DER ARBEITSPARAMETER AUF DAS ERGEBNIS

Zunächst ist zu einer zu faktorisierenden Zahl n eine Primzahlbasis festzulegen, die durch kleine zusätzliche Faktoren $k*n$ optimiert werden kann. Summieren man über die Inversen der kleinsten 250 Primzahlen in der Basis, so bewegt man sich mit verschiedenen k in einem Intervallbereich von $1{,}20 < B(P_{n,m}) < 1{,}96$, so dass man von einer vernünftigen Basis bei $B(P_{n,m}) > 1{,}90$ ausgehen kann.

---

268 Siehe Gilbert Brands, Das C++ Kompendium, Springer-Verlag

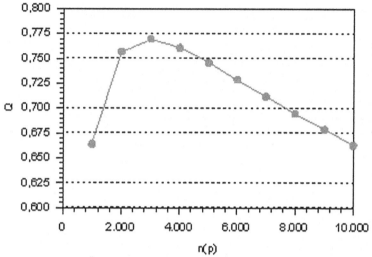

Abbildung 12.10: Änderung der Basisgröße, n=10^24, Siebgröße 10^6, Q wie vor

Mit einer optimierten Basis erreicht man im Schnitt die Hälfte der Faktorisierungen wie mit einer vollständigen Basis gleicher Größe. In Abbildung 12.9 ist mit diesen Werten das Verhältnis Q voraussichtlich erreichbarer zu den notwendigen Faktorisierungen als Funktion von n dargestellt. Bei 5.000 Primzahlen in der Basis und 10^6 Zahlen im Sieb ist die Obergrenze für faktorisierbare n etwa $n \le 10^{23}$.

Um zu größeren Bereichen von n vorzudringen, kann die Basis oder der Siebbereich vergrößert werden. Bei der Vergrößerung der Basis ist zu berücksichtigen, dass zwar mehr Zahlen faktorisiert werden, aber auch die Anzahl der notwendigen Faktorisierungen steigt (*die Anzahl der benötigten Faktorisierungen entspricht der Anzahl der benutzten Primzahlen*). Die Vergrößerung der Basis ist somit nur bedingt von Nutzen und oberhalb einer Grenze sogar kontraproduktiv (*Fehler: Referenz nicht gefunden*). Anders verhält es sich mit einer Vergrößerung des Siebbereiches (*Fehler: Referenz nicht gefunden*) : bei einer Vergrößerung flacht die Kurve nur langsam ab. Die Grenze wird hier durch die Leistungsfähigkeit der Maschine vorgegeben, die in der Lage sein muss, das Feld noch im schnellen Speicher zu verwalten.

Zu Prüfen ist noch der Einfluss des Faktors c aus der Logarithmensummierung. Durch Verkleinern der Schranke für die Probedivision der f_k lassen sich weitere Faktorisierungen gewinnen (*aufgrund der verschiedenen Vereinfachungen werden einige Summen zu klein*), jedoch geht der Gewinn erwartungsgemäß relativ gegen Null, während der Anteil der Fehlversuche stark zunimmt (*Abbildung 12.10*).

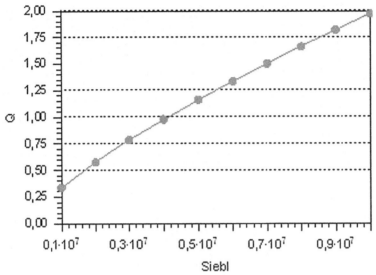

Abbildung 12.11: Q als Funktion der Siebgröße, Basisgröße 5000, n=10^27

12.3.6 Lösung des linearen Gleichungssystems

Mit Hilfe der gefundenen vollständigen Faktorisierungen (die Teilfaktorisierungen mit notierten Resten betrachten wir zunächst nicht weiter) können wir ein lineares Gleichungssystem (*mod 2*) aufstellen und Lösungen suchen. Formal benötigen wir *m* Gleichungen zum Finden einer Lösung; aufgrund der Rechnung (*mod 2*) kann jedoch auch schon mit weniger Gleichungen eine Lösung existieren. Ein Lösungsversuch des Gleichungssystems sollte deshalb auch dann durchgeführt werden, wenn im Sieb keine ausreichende Anzahl von Faktorisierungen ermittelt wurde. Dem entgegen wirkt allerdings, dass im Mittel nur mit jeder zweiten Lösung tatsächlich ein Faktor von *n* gefunden wird.

Für schwach besetzte große lineare Gleichungssysteme existieren spezielle Lösungsverfahren, die iterativ arbeiten (z.B. das Verfahren nach Lanczos, das zur Eigenwertberechnung und zum Lösen linearer Gleichungen eingesetzt wird). Aufgrund der Komplexität dieser Verfahren beschränke ich mich hier auf den einfachen und für unsere Versuche genügenden Gaussalgorithmus. Wenn Sie der Ehrgeiz über die Grenze dessen triebt, was hiermit zu realisieren ist, muss ich Sie leider auf das Studium anderer Quellen verweisen.

LÖSUNG MIT DEM GAUSS-ALGORITHMUS

Für die Lösung des modularen Gleichungssystems (*A ist die Exponentenmatrix*)

$$A * \vec{c} \equiv \vec{0} \ (mod \ 2)$$

mit dem gaußschen Algorithmus, dessen Normalversion wir als aus der linearen Algebra bekannt voraussetzen, definieren wir die Matrizen

$$B = \left(b_{k,i} \equiv a_{k,i} \ (mod \ 2) \right) \quad , \quad Z = 1 \ (mod \ 2)$$

Sämtliche Rechnungen werden ($mod\ 2$) durchgeführt, so dass B und Z Binärmatrizen sind, d.h. zur Speicherung eines Matrixelementes genügt ein Bit. Trotz hoher Grade und schwacher Besetzung ist deshalb in den meisten Fällen eine vollständige Speicherung möglich: mit 20.000 Zahlen in der Basis ist eine vollständige Matrix beispielsweise 50 Megabyte groß, und das komplette Matrizensystem für den Gauß-Algorithmus benötigt somit 100 Megabyte, was angesichts der heute verfügbaren Speichergrößen auf Arbeitsstationen kaum Probleme bereiten sollte. Aufgrund der Größe der Matrizen ist eine strukturierte Aufarbeitung sinnvoll, die bei den Spalten mit den Exponenten der größten Primzahlen beginnt und in folgenden Schritten abläuft:

a) Zeilen, die als einzige in einer Spalte einen Eintrag aufweisen, werden gestrichen

$$b_{i,k} = 1 \ \wedge \ \forall j : b_{j,k} = 0$$

Wie an der Idee für das Quadratische Sieb leicht nachvollziehbar ist, besteht keine Möglichkeit, für die betreffenden Primfaktoren durch Kombination mit anderen Zahlen ein Quadrat zu erzeugen. Das vorzeitige Streichen führt zu einer Verminderung des Grades des Gleichungssystems und zu einer Verringerung der Rechenzeit.

Bei Bedarf kann der Algorithmus nach einigen „normalen" Eliminationsrunden wiederholt werden.

b) Die Gauß-Elimination wird am Ende mit den großen Primfaktoren begonnen, wie sich folgendermaßen begründen lässt: am Ende der kleinen Faktoren sind relativ viele Einträge in der Matrix zu erwarten, deren Anzahl sich im Mittel nicht merklich verändert, während im Bereich hoher Faktoren die Einträge schnell verschwinden (*es sind in jedem Schritt nur relativ wenige Zeilen gegeneinander zu verrechnen*). Bei einem Beginn im Bereich kleiner Faktoren nimmt die Anzahl der Einträge hier nur langsam ab, während die mittlere Zahl im hohen Bereich zunimmt.

Werden Zeilen gefunden, die in einer Prüfspalte eine Eins aufweisen, werden beide Zeilen ($mod\ 2$) addiert. In gleicher Weise werden die Zeilen der Merkermatrix Z addiert. In Z bedeutet ein Eintrag $z_{k,l} = 1$, dass die Zeile l zur Zeile k zu addieren ist, um das Exponentenmuster ($mod\ 2$) der entsprechenden Zeile in B zu erhalten.

$$
\begin{aligned}
&\textit{for } i \leftarrow 1, i \leq m-1, i \Rightarrow i+1 \textit{ do} \\
&\quad \textit{if } \exists k : b_{i,k} \neq 0 \\
&\qquad \textit{for } j \leftarrow i+1, j \leq m, j \Rightarrow j+1 \\
&\qquad\quad \textit{if } b_{j,k} = b_{i,k} \\
&\qquad\qquad \textit{for } l \leftarrow 1, l \leq m, l \Rightarrow l+1 \\
&\qquad\qquad\quad b_{j,l} \leftarrow b_{j,l} \oplus b_{i,l} \\
&\qquad\qquad\quad z_{j,l} \leftarrow z_{j,l} \oplus z_{i,l}
\end{aligned}
$$

Bei dieser Art der Durchführung ist zu erwarten, dass die Zeilen nicht nacheinander abgearbeitet werden und auch eine Vorsortierung nach Einselementen im hohen Bereich nicht zu einer fortlaufenden Zeilenbearbeitung führt.

c) Nach jedem Eliminationslauf sind die übrig bleibenden Zeilen zu prüfen auf

$$\exists k, \forall i : b_{k,i} = 0$$

Zusätzlich kann auch Prüfung (a) durchgeführt werden, um Zeilen, die als einzige in einer Spalte eine Eins aufweisen, zu eliminieren. Ist eine Zeile i in der Matrix B gefunden, die komplett Null ist, so werden die Kongruenzen[269] (*die Indizes der Zahlen sind im Vektor $\vec{R}$ gespeichert, s.o.*)

$$x \equiv \prod_{k=1}^{m} \left([\sqrt{n}] - M + r_k \right)^{z_{i,k}} \ (mod \ n)$$

$$y \equiv \prod_{k=1}^{m} \left(\prod_{l=1}^{m} p_l^{a_{i,l}} \right)^{z_{i,k}/2} \ (mod \ n)$$

berechnet und $ggT\,(x \pm y\,,\,n)$ überprüft.

Aufgabe. Implementieren Sie den Algorithmus in dieser Form. Wenn die Siebbereiche und Basen sehr groß werden, kann es zu aufgrund der quadratischen Zunahme des Speicherplatzes zu Problemen kommen, denen man durch blockweise Bearbeitung der immer noch kompletten Matrix (nicht benötigte Blöcke werden auf die Festplatte ausgelagert) oder schwach besetzten Matrizen begegnen kann. Erarbeiten Sie passende Ressourcenstrategien und führen Sie Messungen zum Zeitbedarf der jeweiligen Formen durch. Schätzen Sie ab, bis zu welchen Dimensionen Sie vordringen können, wenn der Ressourceneinsatz noch einigermaßen realistisch bleiben soll.

12.4 Quadratisches Sieb für große Zahlen

Ich habe es nicht ausdrücklich erwähnt, aber Sie werden es beim aufmerksamen Lesen oder eigenen Versuchen festgestellt haben: wir sind noch nicht sehr weit vorgedrungen, denn ab $n \approx 10^{30} - 10^{40}$ ist nur noch wenig Aussicht auf Erfolg vorhanden. Um zu größeren Zahlen vorzustoßen, bleiben zwei Möglichkeiten:

a) Wir nutzen in irgendeiner Art die bei größeren Siebbereichen auftretenden nicht vollständig faktorisierten Zahlen, um mehr Relationen für unser Gleichungssystem zu erhalten.

b) Wir produzieren in irgendeiner Art mehr kleine f_k, die sich vollständig Faktorisieren lassen und damit ebenfalls mehr Relationen liefern.

Wenn für beide Probleme Lösungen gefunden werden, können wir diese natürlich kombinieren. Wir beginnen mit der Lösung von Problem a).

12.4.1 Relationenklassen: große Restfaktoren

Je größer die Zahlen des Siebs werden, desto größer wird auch die Wahrscheinlichkeit, einen mit der Basis nicht faktorisierbaren Rest zu erhalten. Wie oben beschrieben sammeln unsere unvollständigen Faktorisierungen in einem separaten Feld. Das Verhältnis unvollständiger zu vollständigen Faktorisierungen können wir über die Siebgröße (und ggf. den Schwellwert c) in unserer Siebauswertung steuern.

Aufgrund der Konstruktion der f_k

---

269 Bei einer Implementierung natürlich nicht direkt in dieser Form. Sie werden das zweifellos so umsetzen, dass unnötige Rechenschritte unterbleiben.

$$f_k = q_k * \prod_{k=1}^{r} p_k^{a_k} \equiv X_k^2 (mod\ n)$$

können wir erwarten, dass die q_k ebenfalls quadratische Reste sind. Es kann sich bei ihnen daher nur um

> ➤ große Primzahlen oberhalb der Basis oder

> ➤ oder aus mehreren großen Primfaktoren oberhalb der Basis zusammengesetzte Zahlen

handeln, jedoch nicht um aus kleineren Faktoren zusammengesetzte Zahlen.

RELATIONEN AUS EINZELNEN PRIMFAKTOREN

Durch einen Primzahltest lässt sich leicht feststellen, ob es sich bei den Resten um Primzahlen handelt. Für unsere erste Strategie zur Gewinnung zusätzlicher Relationen ist das unerheblich, macht aber die Abschätzungen einfacher, so dass wir von der Primzahleigenschaft ausgehen. Gewinnen wir viele Relationen mit zusätzlichen Faktoren, so steigt die Wahrscheinlichkeit, dass ein Faktor mehrfach auftritt. Haben wir ein solches Paar gefunden, so lässt es sich durch

$$f_k' \equiv \frac{f_k}{f_l} \equiv \left(\frac{X_k}{X_l}\right)^2 \equiv \left(\frac{\sqrt{n}-M+k}{\sqrt{n}-M+l}\right)^2 \equiv \prod_{r=1}^{m} p_r^{a_{k,r}-a_{l,r}} (mod\ n)$$

$$f_l' \equiv f_k * f_l \equiv (X_k * X_l) \equiv q^2 \prod_{r=1}^{m} p_r^{a_{k,r}+a_{l,r}} (mod\ n)$$

in zwei Relationen konvertieren, die in unsere Matrix eingefügt werden können. Negative Exponenten können durch $p^{-a} \equiv (1/p)^a (mod\ n)$ problemlos berücksichtigt werden.

Welche Erwartungen könne wir an diese Variante stellen? Um die Abschätzung übersichtlich zu halten, gehen wir von

$$p_{max} < q < p_{max}^2 \quad , \quad q \in P$$

aus. Faktoren jenseits dieser Grenze sind zu groß, um noch brauchbare Wahrscheinlichkeiten auf zusätzliche Relationen zu ermöglichen. In diesem Intervall finden sich ungefähr

$$K = \pi(p_{max}^2) - \pi(p_{max}) \approx \frac{p_{max} * (p_{max} - 2)}{2 * \ln(p_{max})}$$

Primzahlen. Etwa die Hälfte kommt aufgrund der Konstruktion der f_k als quadratische Reste als zusätzlicher Faktor in Frage.

Das Wahrscheinlichkeit, in mehreren Faktorisierungen den gleichen Faktor zu finden, ist als „Geburtstagsparadoxon" gut bekannt. Zieht man zwei Zahlen aus einer Menge von K Zahlen (*jeweils mit Zurücklegen, so dass im zweiten Versuch die Zahl erneut gezogen werden kann*), so ist die Wahrscheinlichkeit, keine Übereinstimmung gefunden zu haben, $w = (K-1)/K$. Für eine dritte Zahl existieren $(K-2)$ von K Möglichkeiten, für eine vierte $(K-3)$ usw., so dass nach k Ziehungen die Wahrscheinlichkeit, keinen gemeinsamen Faktor gefunden zu haben, durch

$$w\ (\forall\ q_i, q_j : q_i \neq q_j) = \prod_{s=1}^{k-1} \frac{K-s}{K}$$

Fasst man diese Relation im positiven Sinne auf, so benötigt man näherungsweise

$$s \approx 1{,}18 * \sqrt{K}$$

Relationen, um mit der Wahrscheinlichkeit $w=1/2$ ein Paar zu finden. Je nach Einstellung der Arbeitsparameter kann das relativ schnell erfolgen.

Beispiel: für das quadratische Sieb nehmen wir folgende Parameter an ($u = \ln(f)/\ln(p)$)

$$p_{max} \approx 10^6 \ \wedge \ w\,(f\ faktorisierbar) \approx 5 * 10^{-7}$$

$$\Rightarrow u \approx 7 \ , \quad f \approx 8 * 10^{39} \ , \quad n \approx 10^{80}$$

Eine Rückrechnung auf q_{max} ergibt

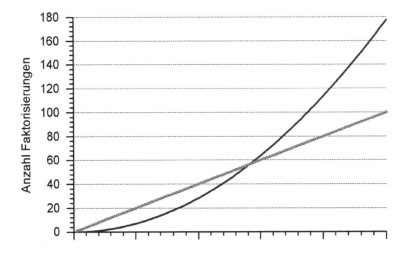

Anzahl Auswertungen

Abbildung 12.12: Anzahlen der Voll- (Gerade) und Teilfaktorisierungen (Parabel) im Verlauf längerer Rechnungen (willkürliche Einheiten)

$$q_{max} \approx 10^8 \ \Rightarrow \ K \approx 2{,}7 * 10^6 \ , \quad u \approx 4{,}9 \ , \quad w \approx 5 * 10^{-4}$$
$$\Rightarrow \ s \approx 1950$$

Daraus folgt, dass die Wahrscheinlichkeit, mit dem Finden der ersten vollständigen Faktorisierung auch eine weitere durch zusammenfallende Relationen ermitteln lässt, bei 25-50% liegt.

Diese Abschätzung ist natürlich vereinfacht. Berücksichtigt man, dass mit zunehmender Anzahl an Auswertungen auch die Wahrscheinlichkeit für gleiche Faktoren steigt, so findet man etwa das in Abbildung 12.12 dargestellte Verhalten. Bei relativ kleinen n macht sich die Variante kaum bemerkbar, da auch bei kleinen Siebgrößen hinreichend viele f_k faktorisiert werden können. Wird n größer, wird auch das Siebintervall größer bei gleichzeitig geringer werdendem Faktorisierungserfolg. Die relative Anzahl der Zahlen mit Zusatzfaktoren im geeigneten Bereich nimmt weniger stark ab als der Anteil der Faktorisierungen bezogen auf das gesamte Siebintervall. Mit zunehmender Siebgröße ermitteln wir mehr solche Zahlen, und aufgrund des Geburtstagsparadoxons überflügelt die

Zahl der Erfolge schließlich die nur linear wachsende Zahl an direkten Faktorisierungen. Diese Methode wird in der Literatur als „single large prime"-Variante beschrieben.

Aufgabe. In Hinsicht auf die weiteren Entwicklungen passen Sie Ihre Algorithmen in folgender Weise an: Markieren Sie die Restfaktoren als Primzahlen oder Nichtprimzahlen (hierzu können Sie das oben vorgesehene Markierungsfeld einsetzen). Sofern Primzahlen mindestens zweimal in der Liste auftreten, fügen Sie diese Ihrer Basis und die Relationen Ihrem Gleichungssystem hinzu. Die hinzugefügten Primzahlen werden entsprechend markiert. Die oben im Rahmen der Theorie angegebenen Transformationen sollten Sie nicht durchführen.

ZWEI ZUSÄTZLICHE PRIMFAKTOREN

Bei Berücksichtigung zusammengesetzter Reste gelangen wir zu

$$f_k = q_a * q_b * \prod_{k=1}^{r} p_k^{a_k} \equiv X_k^2 \, mod \, n$$

die uns das Auswertungsintervall

$$p_{max}^2 < q_a * q_b < p_{max}^{3\sim4}$$

erschließt. Das Verhältnis von Vollfaktorisierungen, Faktorisierungen mit Primzahlrest und Faktorisierung mit zusammengesetztem Restfaktor lässt sich wieder durch Variation der Siebgröße (und der Schranke c) bestimmen. Durch einen Primzahltest lässt sich wieder leicht feststellen, ob es sich um zusammengesetzte Faktoren handelt.

Die Restfaktoren lassen sich auf zwei Arten untersuchen:

a) Mindestens eine der Primzahlen der Single Large Prime Variante (auch der Primzahlen, die nicht in einem Paar aufgetreten sind) ist Teiler des Restes, womit auch der zweite Primfaktor des Restes (nach einem Primzahltest) feststeht.

b) Zwei der Reste besitzen einen von Eins verschiedenen GGT, womit ebenfalls wieder eine Zerlegung des Restes in zwei große Primfaktoren gelungen ist.

Abgesehen davon, dass zwei gleiche, aber nun zusammengesetzte Reste auftreten, können nun auch Kombinationen von drei Faktoren – zwei Primzahlen + 1 zusammengesetzer Restfaktor oder 3 zusammengesetzte Faktoren – zu einer Lösbarkeit des Relationensystems führen,

Aufgabe. Berechnen Sie die Wahrscheinlichkeit, dass von einem großen Faktor

- kein Primfaktor ein weiteres Mal auftritt,

- nur ein Primfaktor ein weiteres Mal auftritt,

- beide Primfaktoren auftreten,

- Zyklen entstehen.

Zyklen sind Paarungen, die zusammen eine gerade Anzahl an Exponenten ergeben, z.B. zwei große Primzahlen mit einem oder zwei großen Faktoren, drei große Faktoren usw. Die Abschätzungen können Sie mit den Ausdrücken aus der Single Large Prime Variante fortführen.

Wenn bei anfänglicher Betrachtung diese Double Large Prime Variante auch vielleicht etwas abenteuerlich anmutet, die weitere Vergrößerung des Siebbereiches beziehungsweise der Siebzahlen führt dazu, dass diese Auswertung schließlich die meisten Relationen liefert (Abbildung 12.4).

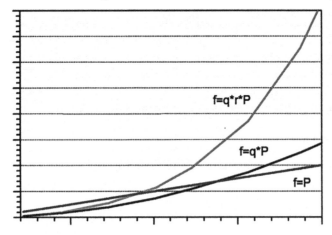

Abbildung 12.13: Anzahlen der Vollfaktorisierungen (relativ)

Mit diesen beiden Erweiterungen kann man etwa in den Bereich $n \approx 10^{100}$ vorstoßen. Will man noch mehr, muss man die zweite Option – eine größere Menge kleinerer vollständig faktorisierbarer Relationen – ins Auge fassen.

Aufgabe. Berücksichtigen Sie nun auch diese Variante in Ihren Algorithmen. Prüfen Sie zunächst, ob zusammengesetzte Faktoren gemeinsame Teiler besitzen. Sofern Sie hierdurch weitere Primfaktoren erhalten, fügen Sie diese Ihrer Liste hinzu, und markieren Sie die Faktoren.[270] Nicht zerlegte Restfaktoren können Sie auf Teilbarkeit durch die Primfaktorreste (auch die noch nicht in die Relationenbasis übernommenen) prüfen. Zerlegte und brauchbare Relationen und Primfaktoren können Sie nun in Ihre Basis und Ihre Matrix übernehmen. Die Feststellung, was brauchbar ist, umfasst mehrere Schritte, die Ihnen überlassen bleiben. Die noch nicht verwendbaren Faktorisierungen werden allerdings weiter aufbewahrt, da sie im nächsten Schritt verwendet werden.

12.4.2 Multi-Polynomiales Sieb

Im ersten Verbesserungsansatz des quadratischen Siebes haben wir uns auf den Zufall verlassen, weitere Primfaktoren jenseits unserer Faktorisierungsbasis zu finden, die weitere Relationen für das Gleichungssystem liefern. Im zweiten Verbesserungsansatz drehen wir die Strategie um und fügen unserer Basis systematisch weitere große Primzahlen hinzu. „Groß" bedeutet in diesem Fall $p \gg p_{max}^{3}$, da wir Primfaktoren unterhalb dieser Schwelle bereits nutzen und das erste Verbesse-

---

270 Erweitern Sie hierzu das Markierungsschema (ggf. auch die Datenstrukturen) in sinnvoller Weise. Ich wollte nicht bereits an einer Stelle, an der man den Sinn noch nicht erkennen kann, einen komplexen Aufbau vorschlagen, der unnötig verwirrt.

rungsverfahren dann auch auf das neue Verfahren anwenden können. „Hinzufügen" bedeutet, dass die Siebzahlen die neuen Faktor enthalten (müssen, nicht können) und nur der verbleibende Rest mit der Basis faktorisiert werden muss. Jede so hinzugefügte Primzahl erschließt ein neues Sieb, dessen Relationen zu den zuvor untersuchten hinzukommen und die Wahrscheinlichkeit, einen Faktor von n zu finden, erhöhen.

Unsere Siebzahlen besitzen nun die Form $f_k = a * F_k$. Führen wir die Faktoren a auch auf der anderen Seite unserer Gleichung ein, so tritt an die Stelle des linearen Schnitts durch den Siebbereich nun ein quadratischer Schnitt:

$$(a \in \boldsymbol{P}) \quad , \quad (a > p_{max}) \quad , \quad ((n/a) = 1), \ R_k = [\sqrt{n}] - M + k$$

$$a * F_k = (a * R_k + b)^2 - n \quad \Leftrightarrow \quad F_k = a * R_k^2 + 2 * b * R_k + c$$

Für die Faktorisierung der Größen F_k verwenden wir die gleiche Basis wie zuvor für f_k. Die Größen (a, b, c) sind so zu wählen, dass der Faktorisierungserfolg für F_k nicht ungünstiger als für f_k wird, d.h. die Absolutwerte der Zahlen durch die Einführung des großen Primfaktors a nicht steigen. Für c erhalten wir unmittelbar

$$c = (b^2 - n)/a$$

Die Koeffizienten (a,b) müssen wir nun so wählen, dass die F_k ein minimales Intervall aufspannen. Das ist eine Angelegenheit für Standardmethoden der Analysis:

Optimierung von a :

$F_k = F(k)$ ist eine quadratische Funktion in k. Das Minimum finden wir mit Hilfe der Ableitung, in dem wir vorübergehend das ganzzahlige k durch ein reelles r ersetzen:

$$\frac{dF(r)}{dr} = 2ar + 2b = 0 \quad \Rightarrow \quad r = -\frac{b}{a}$$

Das Siebintervall bauen wir symmetrisch um dieses Minimum auf:

$$-M - \frac{b}{a} \leqslant F(r) \leqslant M - \frac{b}{a}$$

Die Parabel legen wir so, dass $F(r)$ (*wie auch schon* $f(r)$) symmetrisch um den Wert Null verteilte Werte annimmt. Minima und Maxima im Gesamtintervall gehorchen der Beziehung

$$F(-M - b/a) = -F(-b/a) = F(M - b/a)$$

Lösen wir diese Gleichung nach a auf, so erhalten wir

$$a = \frac{\sqrt{2*n}}{M} \quad , \quad F(M - b/a) = \sqrt{\frac{n}{2}} * M$$

Dies stellt natürlich noch nicht ein a dar, das wir benutzen können; aber in seiner Nähe können wir nach geeigneten Primzahlen suchen. Da der mittlere Abstand brauchbarer Zahlen bei $2 * \ln(a)$ liegt, gibt es auch für die Ermittlung sehr vieler Polynome keine Probleme. Die Nullstellen der Parabel liegen in einem Abstand von $M/\sqrt{2}$ vom Zentrum. Die absoluten Werte von F_k bleiben im Mittel kleiner als die von f_k. Wir können daher sogar etwas günstigere Ergebnisse bei unseren Faktorisierungen erwarten.

BERECHNUNG VON b UND DER SIEBPARAMETER :

Für b erhalten wird aus der Formel für c

$$n \equiv (b^2 - a * c) \equiv b^2 \ (mod \ a)$$

d.h. b ist quadratischer Rest zu $n \ (mod \ a)$. Dessen Berechnung macht uns keine Probleme, und wir erhalten so den gleichen Siebbereich wie bei f_k

$$[-b/a] = 0 \quad \Rightarrow \quad -M \le k \le +M$$

In Anlehnung an das Standardverfahren erhalten wir für die Indizes, für die eine Zahl des Siebes durch eine Primzahl der Basis teilbar ist

$$(-x - b) * a^{-1} \equiv i_1 \ (mod \ p)$$
$$(+x - b) * a^{-1} \equiv i_2 \ (mod \ p)$$

Die weiteren Algorithmen des quadratischen Siebes können unverändert übernommen werden, so dass sich eine weitere Diskussion erübrigt.

Ein praktisches Beispiel: wir betrachten Parameter für f_k und F_k anhand eines Beispiels[271]:

$$1.00000.00000.00037 * 1.00000.00010.00053$$
$$= 1.00000.00010.00090.00000.00370.01961$$

Die ganzzahlige Quadratwurzel aus n ist $[\sqrt{n}] = 1.00000.00005.00044$, der Siebbereich wird auf $M = 500.000$ festgelegt. f_k bewegt sich mit diesen Parametern im Bereich

$$|f_k| = 2.50008e+11 \ , \ 1.99975e+15 \ .... \ 2.00002e+20$$

Für F_k ermitteln wir die Parameter:

$$a \ = \ 1.41421.35653$$
$$b \ = \ 1.36979.66996$$
$$c \ = \ -70710.67802.97587.98565$$

F_k nimmt Zahlenwerte zwischen $-c \le F_k \le c$ an. Die Mittelwerte liegen bei

$$\overline{f_k} = 10^{20} \quad ; \quad \overline{F_k} = 4.31 * 10^{19}$$

In der Nähe der Nulldurchgänge sind allerdings meist keine oder allenfalls nur wenige »kleine« Zahlen zu finden. Der Abstand der diskreten Werte liegt bei ca. $2 * 10^{15}$.

---

271 Die Zahlen sind so „klein", dass man diese Algorithmen in der Praxis besser nicht darauf loslässt, es sei denn, man ist an einer Beleidigungsklage durch das MPQS (*multi polynomial quadratic sieve*) interessiert. Der Anschaulichkeit halber verwenden wir hier aber einmal etwas übersichtlichere Werte als in früheren Kapiteln.

G<small>ESAMTSTRATEGIE UND</small> E<small>RFOLGSAUSSICHTEN</small>

Jedes multipolynomiale Sieb kann einschließlich der single und der double large prime Variante für sich alleine bearbeitet werden, d.h. die Faktorisierung für ein großes n ist bezüglich der Siebauswertung parallelesierbar. Für jedes Sieb kann einzeln auch eine Auswertung der Relationen erfolgen. Je größer das zu faktorisierende n ist, desto weniger Relationen werden pro Sieb erzeugt, d.h. die Chance, Faktoren von n durch Einzelbearbeitung der Siebe zu finden, steigt nur linear mit der Anzahl der Siebe. Da dieser Schritt mit weniger werdenden Relationen aber auch zunehmend weniger Zeit in Anspruch nimmt, kann man ihn unbeschadet durchführen, wenn jedes Teilsieb von einer selbständigen Maschine in Anspruch genommen wird.

Siebergebnisse mit 3 oder mehr vollständigen Relationen werden nach Abschluss der Parallelarbeit zusammengeführt und gemeinsam ausgewertet, wobei an den Auswertungsregeln des Gleichungssystems nichts geändert werden muss. Single large prime und double large prime Ergebnisse der Einzelsiebe dürfen natürlich erst hier auf Brauchbarkeit untersucht werden, da in einem Sieb unbrauchbare Relationen ihre Pendants auch in anderen Sieben finden können.

Aufgabe. Die Zusammenführung der noch nicht in die Relationenmatrix integrierten Restfaktoren der Siebe kann wie im letzten Teilkapitel beschrieben erfolgen. Da nun aber sehr viel zusammenkommt – Primzahlbasis, zusätzlich Primzahlen einzelner Faktoren, zusätzliche Primzahlen der zusammengesetzten Faktoren, Primzahlen der quadratischen Polynome – kann das komplette Gleichungssystem aus dem Ruder laufen. Neben schwach besetzten Matrixvarianten kann man beispielsweise auch zunächst ohne Berücksichtigung der Faktoren der quadratischen Polynome arbeiten und in einem zweiten Schritt prüfen, ob und welche der Lösungen jeweils gerade Anzahlen an Relationen zu diesen Faktoren enthalten.

Was mit dem quadratischen Sieb erreichbar ist, ist theoretisch nicht ganz einfach auszuloten, wenn man alles Revue passieren lässt. Optimal erscheint einigen Autoren heute eine Basis und eine Siebgröße von

$$\# P_{n,m} \approx \exp\left(1/2\sqrt{\ln(n)*\ln(\ln(n))}\right)$$
$$M \approx \exp\left(\sqrt{\ln(n)*\ln(\ln(n))}\right)$$

die mit einem Aufwand von

$$O\left(\exp(\ln(n)^\alpha*\ln(\ln(n))^{1-\alpha})\right) \ , \quad \alpha \approx 1/2$$

für Zahlen bis etwa 10^{110} einsetzbar ist, wobei aber durchaus auch andere Abschätzungen kursieren.[272] Insgesamt betrachtet ist der Aufwand zwar subexponentiell in der Anzahl der Ziffern (bei der Probedivision gilt $\alpha=1$), aber immer noch superpolynomial, d.h. RSA&Co. können einem Angriff immer noch leicht durch entsprechend große Zahlen entkommen.

---

272 Beim Blick hinter die Kulissen fällt nicht selten auf, dass nicht gerade mit optimierten Algorithmen gearbeitet wird. Ich habe hier mit Blick auf die einfache Verständlichkeit bei der Lösung des linearen Gleichungssystems auch darauf verzichtet, aber einige Angaben bezüglich der Verarbeitungsgeschwindigkeiten erstaunen dann doch.

12.5 Diskreter Logarithmus

12.5.1 Siebmethoden

Unser Problem lautet nun

$$y \equiv g^x \, (mod \; p) \quad \rightarrow \quad x \equiv \log_g (y) \, (mod \; p-1)$$

wobei bei beliebig gegebenem (g,y,p) nicht garantiert ist, dass überhaupt eine Lösung existiert. Da es jedoch wieder um den Bruch von Verschlüsselungssystemen geht, können wir davon ausgehen, dass der Logarithmus existiert, und uns ggf. zuvor durch Nachweise davon überzeugen.

Die Lösungsstrategie ist einfach: wir legen zunächst eine Menge von Zahlen q mit bekanntem Logarithmus fest

$$Q = \left[(q,b) \mid q \equiv g^b \, (mod \; p) \right]$$

Mit diesen versuchen wir Relationen der Art

$$y * g^e \equiv \prod_{k=1}^{s} q_k^{h_k} \, (mod \; p) \quad , \quad 1 \le e \le E$$

mit irgendeinem beliebigen, aber bekannten e zu finden. Durch Bilden des Logarithmus dieser Beziehung erhalten wir die Lösung

$$x \equiv -e + \sum_{k=1}^{s} h_k * b_k \, (mod \; p-1)$$

Damit sind wir schon wieder bei einem Siebalgorithmus angelangt. Wir können nämlich versuchen, mit beliebig festgelegtem e eine der Zahlen

$$y * g^e + k * p \quad , \quad -M \le k \le M$$

durch die Zahlen q zu faktorisieren und sind bei Erfolg fertig. Erfolgsaussichten hat das allerdings nur unter der Nebenbedingung

$$(\forall q)(q \in P) \; \wedge \; \#Q \approx \pi(q_{max})$$

d.h. die Zahlen q sind vorzugsweise sämtliche kleinen Primzahlen, mit denen auch halbwegs Aussicht auf einen Faktorisierungserfolg besteht.

Allerdings führt das auf ein weiteres Problem: eine rein zufallsgesteuerte Vorgehensweise zur Ermittlung der Logarithmen kleiner Primzahlen zur Basis g hat kaum größere Aussichten auf Erfolg als das eigentliche Problem. Wir organisieren die Suche daher auf eine ähnliche Weise wie beim quadratischen Sieb: wir berechnen Zahlen mit bekanntem Logarithmus und faktorisieren sie mit einem vorgegebenen Satz von Primzahlen:

$$u_i \equiv g^{a_i} \equiv \prod_{k=1}^{m} q_k^{h_{i,k}} \, (mod \; p)$$

Die Exponenten der Kongruenz formen ein lineares Gleichungssystem, dessen Lösung die gesuchten Logarithmen der kleinen Primzahlen sind.

$$a_i \equiv \sum_{k=1}^{m} h_{i,k} * \log_g(q_k) \, (mod \; p-1)$$

Da die Exponenten aus der Faktorisierung bekannt sind, benötigen wir $m=|Q|$ Relationen zur Ermittlung der Logarithmen. Das Problem dabei ist offensichtlich: wenn wir beliebige Zahlen a_i einsetzen, werden die meisten u_i nicht faktorisierbar sein. Wie bei der Faktorisierung gilt es, Auswahlverfahren zu finden, die einigermaßen schnell zum Erfolg führen. Wir reißen hier nur eine Möglichkeit an, die nicht zu den effektivsten gehört, aber dafür mit den behandelten mathematischen Methoden nachvollzogen werden kann. Wir untersuchen „kleine" Kongruenzen in der Nähe von $\sqrt{p}$. Mit den Abkürzungen

$$H = [\sqrt{p}] + 1 \quad , \quad J = h^2 - p$$

und einer Menge kleiner Zahlen $C = \begin{vmatrix} c_1 .. \end{vmatrix}$ suchen wir Faktorisierungen des Typs

$$(H + c_i) * (H + c_j) \equiv J + (c_i + c_j) * H + c_i * c_j \equiv \prod_{k=1}^{n} q_k^{h_{ij,k}} \, (mod \; p)$$

Logarithmieren führt auf das Gleichungssystem

$$\log_g(H + c_i) + \log_g(H + c_j) \equiv \sum_{k=1}^{n} h_{ij,k} \log_g(q_k) \, (mod \; p-1)$$

Um es Lösen zu können, müssen wir $N \approx |Q| + |C|$ Faktorisierungen ermitteln, wozu uns etwa $N^2/2$ Versuche zur Verfügung stehen. Bei diesem Algorithmus besteht also keine Notwendigkeit, bekannte Logarithmen zu ermitteln und einzusetzen (*obwohl das natürlich die Sache erleichtert*). Im Gegenzug wird der Grad des Gleichungssystems allerdings stark erhöht (*wir erhalten dafür auch zusätzliche, möglicherweise brauchbare Logarithmen großer Zahlen*). Geeignete Zahlenpaare (c_i, c_j) lassen sich wieder durch einen Siebalgorithmus finden. Für jede Primzahl(potenz) der Basis können wir bei fixem $c = c_i$ durch

$$(H + c)(H + d) \equiv 0 \, (mod \; q^h)$$
$$\Rightarrow d \equiv (J + c * H) * (H + c)^{-1} \, (mod \; q^h)$$

feststellen, bei welchen Indizes d eine Teilbarkeit gegeben ist. Die weitere Vorgehensweise entspricht der des quadratischen Siebes. Ist ein Bereich ausgewertet worden, wird der Vorgang mit dem nächsten c wiederholt. Die Buchführung umfasst den Ausschluss von Doppeleinträgen und einen Vergleich zwischen gefundenen Gleichungen und benötigten Unbekannten.

Aufgabe. Führen Sie einige Probeuntersuchungen nach den vorgestellten Vorgehensweisen aus. Lassen sich Ihre Ergebnisse durch einfache Wahrscheinlichkeitsbetrachtungen deuten? Zu welchen Schlüssen gelangen Sie bei einer Extrapolation dieser Betrachtungen?

12.5.2 Spektralzerlegung

Sei q nun irgendein Teiler von p-1. Man sucht nun Zahlenpaare, die

$$y^s g^t \equiv w^q \, (mod \; p)$$

mit irgendeinem *w* erfüllen. *w* muss ebenfalls eine Potenz von *g* sein, was auf die Lösung

$$w \equiv g^l \pmod{p} \ \Rightarrow \ s*x-t \equiv l*q \pmod{p-1} \ \Rightarrow \ x \equiv -t/s \pmod{q}$$

führt. Um diese Suche zu systematisieren, ist zunächst *p*-1 in seine Primfaktoren zu zerlegen. Anschließend transformieren wir *y,g* in die Größen

$$g' \equiv g^{(p-1)/q} \pmod{p} \ , \ y' \equiv y^{(p-1)/q} \pmod{p}$$

die aufgrund der Spektralgesetze maximal die Ordnung *q* besitzen. Für diese Größen können wir die diskreten Logarithmen mittels des bei der Gruppengrößenermittlung elliptischer Kurven verwendeten Baby-Step-Giant-Step-Algorithmus ermitteln, d.h. wir setzen

$$x' = i*m + j \ , \ m \approx \sqrt{q}$$

und berechnen g'^j, um anschließend zu Prüfen, ob wir in der Tabelle dieser Größen einen der Werte $y' g^{-m*i}$ wiederzufinden.

Aufgabe. Implementieren Sie den Algorithmus und schätzen Sie ab, bis zu welchen Ordnungen das sinnvoll ist.

Sind auf diese (oder eine andere) Weise alle diskreten Logarithmen zu den Teilern von *p*-1 ermittelt, ergibt sich das gesuchte *x* durch Anwendung des chinesischen Restsatzes.

In gewisser Weise dreht sich das Problem im Kreis: zunächst ist *p*-1 zu faktorisieren, was wieder einen Rückgriff auf Faktorisierungsalgorithmen verlangt. Primzahlen für Diffie-Hellman-Algorithmen besitzen in der Regel doppelt so viele Bits wie das Modul für den RSA-Algorithmus und enthalten konstruktiv mindestens eine sehr große Primzahl, was zunächst die Faktorisierung erschwert und anschließend auch Ansätze wie den gerade diskutierten aushebelt.

Auch andere Methoden, auf die wir hier nicht weiter eingehen, kommen zu keinen wesentlich besseren Ergebnissen als diesen:

a) Die Lösung des diskreten Logarithmus besitzt im besten (bisher bekannten) Fall keine bessere Komplexität als das Faktorisierungsproblem.

b) Mit Lösen von $y \equiv g^x \pmod{p}$ wird die Sicherheit von $y' \equiv g^{x'} \pmod{p}$ nicht beeinflusst, d.h. jede Lösung erfordert auch bei gleicher Primzahl und gleicher Basis den gleichen Aufwand.

Beide Aussagen beziehen sich auf praktische Angriffe, wobei einmalig anfallende Arbeiten wie diskrete Logarithmen kleiner Primzahlen oder die Faktorisierung der Gruppengröße bereits herausgerechnet sind.

12.6 Das Zahlkörpersieb

Ebenso wie beim quadratischen Sieg wird auch beim Zahlkörpersieb versucht, Kongruenzen der Form $y^2 \equiv x^2 \bmod n$ zu finden, wobei allerdings nun beide Quadrate über Faktorzerlegungen berechnet werden. Ursprünglich wurde das Zahlkörpersieb für die Faktorisierung von Fermatzahlen $F_k = 2^{2^k} + 1$ konstruiert. Da es trotz des durch die doppelte Faktorisierung verursachten höheren Aufwands nach Abschätzung der asymptotischen Komplexität der Laufzeit schneller zum Ziel kommt als das quadratische Sieb, setzen schon bald Erweiterungsversuche mit dem Ziel, beliebige Zahlen faktorisieren zu können, ein. In der Praxis gilt es derzeit als das mächtigste Faktorisierungswerkzeug.

Beim quadratischen Sieb spielten sich alle Rechnungen in dem einfach zu beherrschenden Ring $\mathbb{Z}/n\mathbb{Z}$ ab, im Zahlkörpersieb werden allgemeinere Ringe benötigt. Mathematisch ist das Zahlkörpersieb gegenüber dem quadratischen Sieb deutlich komplexer. Aus der angesprochenen Entwicklungsgeschichte des Zahlkörpersiebs geht zudem hervor, dass EIN Zahlkörpersieb nicht existiert, sondern mehrere Varianten nebeneinander bestehen. Aufgrund der praktischen Probleme setzt sich die Variantenaufspaltung auch in den einzelnen Teilalgorithmen weiter fort. Wir werden uns hier auf eine Variante beschränken, die mit in unserem Zusammenhang noch vertretbaren mathematischen Mitteln auskommt, allerdings dann (*naturgemäß*) nicht mehr die modernste Variante darstellt. Verständnis geht hier vor einer Aktualität, die sich mit Älterwerden des Buches vermutlich ohnehin wieder überholt.

Als roten Faden für die Entwicklung der Theorie halten wir fest, dass exakte Rechnungen problemlos in Modulkörpern oder Polynomringen über solchen Körpern durchgeführt werden können, die Konkretisierung abstrakter Größen aber mit erheblichen Problemen verbunden ist. Adaptionen der Theorie an die Praxis führen dazu, dass die abstrakten mathematischen Aussagen nicht mehr streng gelten, sondern nur noch in einem gewissen statistischen Rahmen. Das erlaubt uns im Gegenzug, auch die Theorie etwas laxer zu handhaben als bisher. Wir werden uns daher im Weiteren bei der einen oder anderen Schlussfolgerung mit einem „wird schon stimmen" begnügen, statt in tiefe, in diesem Zusammenhang aber eher akademisch interessante mathematische Teilgebiete abzutauchen.

12.6.1 Grundidee des Zahlkörpersiebs

Das Faktorisierungsschema

Betrachten wir nochmals den Ansatz des quadratischen Siebes, mittels der Polynome $f(r_i) = r_i^2 - n$ durch Multiplikation bestimmter $f(r_i)$ ein perfektes Quadrat in $\mathbb{Z}$ zu generieren und dies anschließend so auf $\mathbb{Z}/n\mathbb{Z}$ abzubilden, dass dort zwei perfekte Quadrate entstehen:

$$\phi : \mathbb{Z} \rightarrow \mathbb{Z}/n\mathbb{Z}$$

$$x^2 \equiv \prod_i f(r_i) \equiv \prod_i (r_i^2 - n) \equiv y^2 \bmod n$$

Die Grundidee des Zahlkörpersiebs besteht nun darin, anstelle des Rings $\mathbb{Z}$ zwei verschiedene Ringe R_1, R_2 mit Homomorphismen ϕ_1, ϕ_2 in $\mathbb{Z}/n\mathbb{Z}$ zu verwenden, die Relationensuche in diesen Ringen durchzuführen und simultan perfekte Quadrate in beiden Ringen zu produzieren. Die (notwendige) Vereinfachung im quadratischen Sieb, mit den r_i^2 gleich auf einer Seite der Äquivalenz ein Quadrat vorliegen zu haben, ohne dass hierbei ein zusätzlicher Rechenaufwand entsteht, kann dabei fallengelassen werden. Der hierdurch entstehende Mehraufwand – es müssen ja nun zwei Quadrate durch zusätzlich Rechnung erzeugt werden – soll durch eine dichtere Lage günstiger Kandidaten ausgeglichen werden.

Wie realistisch ist diese Idee? Der geschwindigkeitsbestimmende Schritt im quadratischen Sieb ist die Suche nach Zahlen, die über der Primzahlbasis komplett in Faktoren zerfallen. Im quadratischen Sieb konnte für die Basis nur die Hälfte aller Primzahlen verwendet werden, was zu gewissen Optimierungsstrategien Anlass gab. Im Zahlkörpersieb werden wir, wie noch zu zeigen ist, alle Primelemente verwenden können und damit mehr faktorisierbare Zahlen finden, im Gegenzug aber Faktorisierungen in zwei Ringen simultan durchführen müssen, also (*mindestens*) den doppelten Aufwand haben. Insgesamt sollten sich beide Verfahren nach diesen Überlegungen qualitativ zunächst nicht unterscheiden.

Die Größe der zu faktorisierenden Zahlen liegt im quadratischen Sieb bei $O(\sqrt{n})$, da eine Parabel als erzeugendes Polynom verwendet wird. Im Zahlkörpersieb werden lineare Polynome für die Generierung der Kandidaten zur Faktorisierung verwendet, was im Endeffekt zu einer Reduktion der Zahlengrößen auf

$$(QS:O(\sqrt{n})) \rightarrow (ZKS:O(\sqrt[d]{n}))$$

führt, wobei d in aktuellen Versionen des Siebs etwa den Wert 5 hat. Da nun im Zahlkörpersieb kleinere Zahlen zu faktorisieren sind, sollte es bei genügend großen n tatsächlich effektiver werden als das quadratische Sieb. Der asymptotische Aufwand errechnet sich nämlich nach diesen Betrachtungen zu

$$\left(QS:O\left(e^{\sqrt{\ln(n)\ln(\ln(n))}}\right)\right) \rightarrow \left(ZKS:O\left(e^{\ln(n)^{1/3}\ln(\ln(n))^{2/3}}\right)\right)$$

Vereinfacht ausgedrückt, der Aufwand des quadratischen Siebs steigt exponentiell mit der Quadratwurzel der Ziffernanzahl, während das Zahlkörpersieb sich mit der dritten Wurzel benügt.

Nun zurück zur Grundidee. Für die Relationensuche legt man jeweils wieder Faktorbasen P_1, P_2 in den beiden Ringen fest, die durch die Einheitenmengen E_1, E_2 ergänzt werden. Die Einheitenmenge umfasst in $\mathbb{Z}$ beispielswiese die Elemente $\lfloor 1, -1 \rfloor$, kann aber in allgemeinen Ringen auch umfangreicher ausfallen. Sodann bestimmt man in den Ringen Elemente $r_i \in R_i$, die bei einer Abbildung in $\mathbb{Z}/n\mathbb{Z}$ die Kongruenz

$$\phi_1(r_1) \equiv \phi_2(r_2)(mod\,n)$$

erfüllen. Mit jedem Polynom $g(x) \in \mathbb{Z}[x]$ gilt dann auch $\phi_1(g(r_1)) \equiv \phi_2(g(r_2))(mod\,n)$. Mit diesen Requisiten ausgestattet werden nun Polynome gesucht, deren Werte in beiden Ringen faktorisiert werden können:

$$g_j(r_i) = \prod_{\epsilon \in E_i} \epsilon^{e_{ij}} * \prod_{\pi \in P_i} \pi^{f_{ij}}$$

Solche Polynome findet man durch systematische Variation der Koeffizienten nach vorgegebenen Regeln mit anschließender Aussiebung der mit hoher Wahrscheinlichkeit faktorisierbaren Kandidaten und abschließendem Test durch Division. Hier stößt man also wieder auf die vom quadratischen Sieb bekannten Vorgehensweisen.

Hat man nun genügend solche Faktorisierungen gefunden, wird wie beim quadratischen Sieb versucht, eine Kombination zu finden, die in beiden Ringen ein Quadrat ist

$$X^2 \equiv \phi_1(\prod g_i(r_1)) \equiv \prod \phi_1(\epsilon)^{\sum e_j} * \prod \phi_1(\pi)^{\sum f_j}$$
$$\equiv \phi_2(\prod g_i(r_2)) = Y^2(mod\,n)$$

Durch Ziehen der Wurzel (=*Halbieren der Exponenten*) lässt sich prüfen, ob ein nichttrivialer Faktor von *N* gefunden worden ist.

Erste Versionen des Zahlkörpersiebs sind tatsächlich in dieser Form realisiert worden, jedoch hat sich auch gezeigt, dass abstrakte Ringe die unangenehme Eigenschaft haben, eben abstrakt zu sein, was konkreten Darstellungen und Rechnungen nicht förderlich ist. Neben grundsätzlichen, im allgemeinen Fall meist auch nicht lösbaren Problemen bei der Festlegung der Faktorbasen trifft man auch mehrfach auf das Phänomen, dass bei trivialer Vorgehensweise der Siebvorgang gar nicht mehr der geschwindigkeitsbestimmende Schritt ist und unsere Effizienzüberlegungen damit hinfällig sind. In der Praxis muss man daher den Abbildungsschritt in $\mathbb{Z}/n\mathbb{Z}$ früher machen, als die Theorie vorsieht, was den Variantenreichtum und eine gewissen Unübersichtlichkeit zur Folge hat.

ALGEBRAISCHE RINGE

Was sind nun geeignete Ringe für dieses Vorgehensschema? Der Einfachheit halber können wir wie beim quadratischen Sieb $R_1 = \mathbb{Z}$ setzen.[273] Nach bekannten Sätzen der Algebra gilt:[274] ist

$$f(x) = x^d + q_{d-1} x^{d-1} + ... + q_0 = (x - \theta_1)(x - \theta_2)...(x - \theta_d)$$

ein normiertes irreduzibles Polynom mit rationalen Koeffizienten und Nullstellenzerlegung $\left[\theta_1, ... \theta_d\right] \in \mathbb{C}$, dann ist[275]

a) der Restklassenring $\mathbb{Q}[x]/f(x)$ ist ein Körper,

b) $\mathbb{Q}(\theta) \simeq \mathbb{Q}[x]/f(x)$ eine Isomorphie von Körpern,

c) $(1, \theta, \theta^2 ... \theta^{d-1})$ eine Basis von $\mathbb{Q}(\theta)$,

d) $\mathbb{Q}(\theta_1) \simeq \mathbb{Q}(\theta_2) \simeq ... \simeq \mathbb{Q}(\theta_d)$ eine Isomorphie von Körpern,

e) $\mathbb{Q}(\theta_1, \theta_2, ... \theta_d)$ der Zerfällungskörper von $f(x)$.

Die θ_i heißen algebraische Zahlen, $\mathbb{Q}(\theta)$ heißt algebraischer Zahlkörper der Stufe d.

Aufgabe. Einfache Rechenbeispiele können solche Aussagen beleben. Prüfen Sie alles für das Polynom $f(x) = x^2 - 5$ nach.

Jetzt wird es etwas komplizierter. Der Körper $\mathbb{Q}$ ist der vom Ring $\mathbb{Z}$ erzeugte Quotientenkörper, aber ein Körper greift für die Faktorisierung zu weit, denn wir benötigen ja ein Ringäquivalent R_2 zu $R_1 = \mathbb{Z}$ bzw. auch dem Nicht-Körper $\mathbb{Z}/n\mathbb{Z}$. Wir müssen daher auf den erzeugenden Ring eines Quotientenkörpers zurückgreifen. Die Methode, aus einem Ring einen Quotientenkörper zu erzeugen, ist universell, d.h. auch der Quotientenkörper $\mathbb{Q}(\theta)$ wird durch einen ganzzahligen Ring erzeugt. Bei gegebenem Polynom $f(x)$ ist $\mathbb{Q}(\theta)$ recht leicht zu konstruieren, und als Kandidaten für den erzeugenden Ring wird man im ersten Ansatz $\mathbb{Z}[\theta]$ vermuten, aber genau diese Schlußfolgerung ist in der Regel falsch. Das sei an einem konkreten Fall bewiesen:

Wir betrachten wieder den Körper $\mathbb{Q}(\sqrt{5})$ aus der Aufgabe, der Zerfällungskörper für das Polynom $f(x) = x^2 - 5$ ist. Da $f(x) \in \mathbb{Z}[x]$, erzeugt das Polynom auch den ganzzahligen Ring

---

273 Es existieren Varianten des Zahlkörpersiebs, die mit zwei abstrakten Basisringen arbeiten. Abgesehen von dem mit der höheren Komplexität verbundenen größeren wissenschaftlichen Renomees scheint das aber keine Vorteile zu bringen.

274 Vermutlich lässt es sich nicht vermeiden, dass Sie den einen oder anderen Zusammenhang in einem Algebra-Buch (z.B. Falko Lorenz, Algebra I) nachlesen. Zur Beruhigung: es handelt sich im Stoff der Einführungskapitel. Wenn Sie sich da allerdings festlesen sollten, ist das Ihr Problem.

275 Im Folgenden bezeichnet θ einen beliebige Nullstelle $\theta \in \left[\theta_1, ... \theta_d\right]$

$\mathbb{Z}[\sqrt{5}]$, dessen Quotientenkörper $\mathbb{Q}(\sqrt{5})$ ist. Zusätzlich betrachten wir das ebenfalls ganzzahlige Polynom $g(x)=x^2-x-1$ mit den Nullstellen $\alpha_{1,2}=(1\pm\sqrt{5})/2$. Es erzeugt die Ringerweiterung

$$R_\alpha=\big[(i+j*\alpha)\ ,\ i,j\in\mathbb{Z}\big]$$

deren Elemente nach Ausmultiplizieren zwar ebenfalls in $\mathbb{Q}(\sqrt{5})$, aber nicht im Ring $\mathbb{Z}[\sqrt{5}]$ liegen!

Aus beiden Ringen lässt sich der Quotientenkörper konstruieren. Andererseits ist $\mathbb{Z}[\sqrt{5}]\subset R_\alpha$, denn $(-1+2*\alpha)\in R_\alpha$ ist Nullstelle von $f(x)$. $\mathbb{Z}[\sqrt{5}]$ Ist also nur ein Teilring des $\mathbb{Q}(\sqrt{5})$ erzeugenden Ganzheitsrings (der auch <u>nicht</u> durch R_α gegeben ist!).

Allgemein formuliert oder besser definiert: alle $\alpha\in\mathbb{Q}(\theta)$, die Nullstellen ganzzahliger normierter irreduzibler Polynome sind, sind Elemente des Ganzheitsrings O_θ , der Erzeuger des Quotientenkörpers $\mathbb{Q}(\theta)$ ist. Der Ganzheitsring ist in der Regel nicht durch den Einsetzungshomomorphismus $\mathbb{Z}[x]\to\mathbb{Z}[\theta]$ zu erhalten, sondern es gilt

$$\mathbb{Z}[\theta]\subseteq O_\theta\subset\mathbb{Q}(\theta)$$

Wie die Definition andeutet: der Ganzheitsring zu einem gegebenen normierten irreduziblen Polynom $f(x)\in\mathbb{Z}[x]$ ist oft gar nicht konstruierbar, ist aber DER Kandidat für den zweiten abstrakten Ring eines Zahlkörpersiebs. Allerdings führt das zu folgender Problemkette:

a) Der Körper $\mathbb{Q}(\theta)$ ist für ein gegebenes ganzzahliges normiertes irreduzibles Polynom leicht zu konstruieren. In ihm können wir ein Quadrat bestimmen, die notwendigen Faktorisierungen sind jedoch im erzeugenden Ring durchzuführen.

b) Mit $\mathbb{Q}(\theta)$ steht auch der Ring $\mathbb{Z}[\theta]$ zur Verfügung, in dem die praktischen Berechnungen wie Faktorisierung und Bildung des Quadrates vorgenommen werden können.

c) Nur für wenige Fälle trifft allerdings die Annahme $\mathbb{Z}[\theta]=O_\theta$ tatsächlich zu. Die korrekte Konstruktion perfekter Quadrate funktioniert allerdings exakt nur in $\mathbb{Q}(\theta)$ und in der Folge auch in O_θ . Im Fall $\mathbb{Z}[\theta]\subset O_\theta$ rechnen wir daher mit einiger Wahrscheinlichkeit an der Realität vorbei und erhalten keine Quadrate.

d) Der Versuch, O_θ zu konkretisieren und die Rechnung in diesem Ring durchzuführen, scheitert in der Praxis daran, dass man dazu sämtliche ganzzahligen normierten irreduziblen Polynome untersuchen und deren Nullstellen bestimmen müsste, um daraus eine Basis $\big[1,\alpha,\alpha^2...\alpha^{d-1}\big]$, $\alpha\in\mathbb{Q}(\theta)$ für den Ring zu konstruieren. Sofern überhaupt erfolgreich durchführbar, wäre dieser Schritt bei weitem aufwändiger als die Siebung.

Es bleibt also keine andere Möglichkeit, als die praktische Berechnung unter Bezugnahme auf $\mathbb{Z}[\theta]$ durchzuführen, und die Theorie muss die dadurch entstehenden Lücken irgendwie stopfen.

QUADRATISCHE KONGRUENZEN

Wir wenden uns nun der Frage zu, wie der Homomorphismus zwischen dem abstrakten Ring und dem Ring $\mathbb{Z}/n\mathbb{Z}$ beschaffen ist. Seine Kenntnis ist notwendig, um ein perfektes Quadrat in $\mathbb{Z}/n\mathbb{Z}$ simultan zu demjenigen im abstrakten Ring zu generieren. Die Projektion des Quadrates im abstrakten Ring in $\mathbb{Z}$ behandeln wie später.

Da wir nach den vorangegangenen Betrachtungen nur den Körper $\mathbb{Q}(\theta)$ konstruieren können, nicht aber dessen erzeugenden Ring O_θ , beschränken wir unsere Untersuchungen auf den Ring

$\mathbb{Z}[\theta]$, wohl wissend, dass dies mit hoher Wahrscheinlichkeit der falsche Ring ist. Wenn er allerdings passende Elemente aufweist, ist er trotzdem brauchbar. Um das zu zeigen, beginnen wir mit dem

Satz. Ist $f(x)$ ein normiertes irreduzibles Polynom aus $\mathbb{Z}[x]$ mit Nullstelle θ sowie Nullstelle $m \in \mathbb{Z}/n\mathbb{Z}$, *d.h.* $f(m) \equiv 0 (mod\, n)$, so ist erzeugt die Abbildung

$$\phi(1) \to 1\,(mod\, n) \ , \ \phi(\theta) \to m$$

einen surjektiven Ringhomomorphismus $\phi: \mathbb{Z}[\theta] \to \mathbb{Z}/n\mathbb{Z}$.

Beweis: die Homomorphieeigenschaften $\phi(a \circ b) = \phi(a) \circ \phi(b)$ mit

$$\phi(a) = \phi\left(\sum_{i=0}^{d-1} a_i \theta^i\right) \equiv \left(\sum_{i=0}^{d-1} a_i m^i\right) mod\, n$$

rechnet man leicht direkt nach. Außerdem werden die Nullstellen des Polynoms korrekt abgebildet:

$$a * f(\theta) = 0 \ \Rightarrow \ \phi(a * f(\theta)) \equiv \phi(a) * f(m) \equiv 0\, mod\, n$$

In beiden Ringen gelten damit auch die gleichen Modulo-Reduktionsvorschriften, womit der Beweis abgeschlossen wäre. ❑

Um zu sehen, wie man damit zu einem Paar von Quadraten gelangt, nehmen wir an, wir verfügen über einen Satz an Zahlenpaaren (a,b) mit den Eigenschaften

$$\prod_{(a,b)} (a+b\theta) = \beta^2 \ , \ \beta \in \mathbb{Z}[\theta] \ , \ \prod_{(a,b)} (a+bm) = y^2 \in \mathbb{Z}$$

Die Wahl von Zahlenpaaren (*entsprechend Polynomen vom Grad Eins über* $\mathbb{Z}$) an dieser Stelle ist rein willkürlich. Alternativ könnten beliebige Tupel von bis zu d-1 Zahlen (*entsprechend Polynomen der jeweiligen Grade*) verwendet werden; in der Praxis wird allerdings von anderen Ansätzen Abstand genommen, wie weiter unten erläutert wird. Die im Satz definierte Abbildung liefert dann in der Tat ein Paar von Quadraten, die wir auswerten können. Mit $\phi(\beta) = x$ folgt

$$x^2 \equiv \phi(\beta)^2 \equiv \phi(\beta^2) \equiv \phi\left(\prod_{(a,b)} (a+b\theta)\right)$$
$$\equiv \prod_{(a,b)} \phi(a+b\theta) \equiv \prod_{(a,b)} (a+bm) \equiv y^2\, mod\, n$$

Der vorletzte Term $\prod(a+b*m)$ ist im Gesamtalgorithmus das Ergebnis von Siebung der Größen $(a+b*m)$ bezüglich der Faktorisierbarkeit durch die vorgegebene Primfaktorbasis in $\mathbb{Z}$, Ermittlung der Primfaktoren mit ihren Exponenten und Lösung des linearen Exponentengleichungssystems $(mod\, 2)$. Wie im quadratischen Sieb ist y aus der Primfaktorzerlegung direkt berechenbar, so dass eine der gesuchten Äquivalenzen vorliegt. Wir werden diesen Teil des Algorithmus im Weiteren nicht mehr untersuchen, da er bereits in allen Einzelheiten bekannt ist.

Beispiel. Sei $n = 341$ und $f(x) = x^3 - 2$. Die Nullstellen sind $\theta = \sqrt[3]{2}$ und $m = 7$. Wählen wir $\beta = \theta^2 - 4\theta - 11$, so ist $\phi(\beta) = 10$. Andererseits gilt

$$\phi(\beta^2) = \phi(\theta^4 - 8\theta^3 - 6\theta^2 + 88\theta + 121)$$
$$= \phi(f(\theta) * (\theta - 8) + 6\theta^2 + 90\theta + 105) = 441 = 21^2$$

Damit folgt $10^2 \equiv 21^2\, mod\, 341 \ \Rightarrow \ (21-10) * (21+10) \equiv 0\, mod\, 341$, und wir haben die Faktorisierung von 341 gefunden.

Wie die Ermittlung von β in $\mathbb{Z}[\theta]$ und damit die von x zu bewerkstelligen ist, ist noch ausgiebig zu untersuchen. Auch hier ist eine Faktorisierung, nun allerdings der Terme $(a+b*\theta)$ durch eine Primfaktorbasis in $\mathbb{Z}[\theta]$, und die Lösung eines Exponentengleichungssystems Grundlage des Algorithmus, wobei sich der letzte Schritt, die Ermittlung der Wurzel aus dem so konstruierten Quadrat, aber doch erheblich vom ersten Fall abweicht, wie wir noch sehen werden.

Zu beachten ist das simultane Arbeiten in beiden Ringen. Nur Zahlenpaare (a,b) , die <u>gleichzeitig</u> in beiden Ringen vollständig faktorisierbar sind, sind für das lineare Gleichungssystem brauchbar, und nur Zahlenpaare, die <u>gleichzeitig</u> eine Lösung in beiden Exponentengleichungssystemen ergeben, sind in den Quadraten enthalten.

Bei zunehmender Größe der zu faktorisierenden Zahl wird es wie beim quadratischen Sieb schwieriger, hinreichend viele Faktorisierungen zu finden; häufiger werden größere prime Restfaktoren bei der Division übrig bleiben. Verschiedene „Large-Prime"-Varianten, wie wir sie auch schon beim quadratischen Sieb kennen gelernt haben, können in gleicher Weise für das Zahlkörpersieb hinzugezogen werden. Wir werden diese Varianten jedoch nicht ausführlicher diskutieren, da die Ergebnisse aus dem quadratischen Sieb übernommen werden können.

Kommen wir an dieser Stelle nochmals auf die Effektivität des Zahlkörpersiebs zurück. Es sind Faktorisierungen in zwei Ringen durchzuführen, von denen die im algebraischen Ring sich zusätzlich noch als aufwändiger erweisen wird als die im ganzzahligen Ring. Alles, was vom quadratischen Sieb in einfacher Ausführung bekannt ist, muss im Zahlkörpersieb simultan für zwei Fälle erfüllt sein. Wie wir bereits ausgeführt haben, ist das Zahlkörpersieb zwar bei wachsendem n asymptotisch dem quadratischen Sieb überlegen, wann dieser Fall eintritt, ist aber aufgrund der komplexeren Rechnungen kaum vorherzusagen. Nach dem Durcharbeiten dieses Kapitels mag es dem einen oder anderen Leser möglicherweise sogar seltsam vorkommen, dass dieser Fall schon bei etwa 120 Dezimalstellen eintritt.

Halten wir die noch zu klärenden Fragen abschließend fest. Bezüglich der Faktorisierung in $\mathbb{Z}$ ist zunächst festzustellen, dass die Beschränkungen des quadratischen Siebs hinsichtlich der Primfaktorbasis bei Beibehaltung der Struktur der zu faktorisierenden Zahlen in der Form $(a+b*m)$ wegfallen. Es können alle Primzahlen unterhalb einer gewählten Obergrenze verwendet werden. Völlig ungeklärt ist noch, wie die Primfaktorbasis im algebraischen Ring aussieht und wie die Faktorisierungen in ihm durchzuführen sind. Eine weitere Problematik liegt in der Größe β . Wie wir aus dem letzten Kapitel wissen, gilt nach der vorgesehenen Konstruktion der Quadrate zwar $\beta^2 \in \mathbb{Z}[\theta]$, damit verbunden ist aber lediglich $\beta \in O_\theta, \mathbb{Q}(\theta)$ und nicht notwendigerweise auch $\beta \in \mathbb{Z}[\theta]$. Wir müssen also irgendwie „sicherstellen", dass die Wurzeln in unserem „falschen" Ring liegen. Die Formulierung deutet schon an, dass das Ziehen der Wurzel ebenfalls ein noch zu lösendes Problem ist.

12.6.2 Ermittlung von Polynomen

Wir verlassen hier ein wenig den Mainstream der Zahlkörpesiebbeschreibungen, der sich an dieser Stelle in der Regel zunächst ausführlich mit dem Problem $O_\theta \Leftrightarrow \mathbb{Z}[\theta]$ sowie der Faktorisierung in diesen Ringen auseinandersetzt, und ziehen die Festlegung des Basispolynoms für den algebraischen Körper $\mathbb{Q}(\theta)$ vor. Welchen Grad sollen diese aufweisen? Die Theorie liefert hier keine konkreten Hinweise, die praktische Erfahrung hat jedoch folgende Polynomgrade in Abhängigkeit von der Größe von n als sinnvoll ausgewiesen:

$\log_{10} n$	**d**
50-80	3
80-110	4
>110	5

Tabelle 12.6-1Polynomgrad d ./. Anzahl der Dezimalstellen

Unterhalb 50 Dezimalstellen ist der Einsatz des Siebes allenfalls zur Erzeugung von lesbaren Zahlenbeispielen geeignet, weil der durch die Verwendung verschiedener Ringe verursachte Aufwand deutlich höher ist als in Konkurrenzverfahren. Oberhalb von ca. 120 Stellen setzt sich das Zahlenkörpersieb allmählich gegenüber den Wettbewerbern durch. Die Obergrenze der Faktorisierung lag 2008 im Bereich ~200 Dezimalstellen. Ob bei der Faktorisierung noch größerer Zahlen, die durch Steigerung der Rechnerleistungsfähigkeit in den Machbarkeitsbereich gelangen, auch höhere Polynomgrade sinnvoll werden, bleibt abzuwarten.

Die Koeffizienten werden nun nicht einfach beliebig festgesetzt, da dies zu erheblichen Problemen bei der Berechnung des Homomorphismus $\phi(\theta)=m$ führen würde. Für die gezielte Konstruktion nutzen wir die geforderte Eigenschaft $f(m)\equiv 0\,mod\,n$ aus, indem wir die Polynomkoeffizienten um ein mehr oder weniger beliebig gewähltes m herum konstruieren. Der folgende Algorithmus generiert ein Polynom mit betragsmäßig möglichst kleinen Koeffizienten:

$$m=\left[\sqrt[d]{n}\right] \;,\; s_d=n$$
$$c_k=\left[s_k/m^k\right] \;,\; s_{k-1}=s_k-c_k*m^k \;,\; k=d,d-1,...\,0$$

Per Konstruktion gilt $c_d=1, c_k<m$ und $f(m)=n$.

Nun ist das erste Polynom, dass man so festlegt, möglicherweise nicht prim oder stellt sich im weiteren Verlauf der Rechnungen als ungeeignet heraus. Aus dem so konstruierten Grundpolynom lassen sich jedoch leicht weitere gewinnen. Für Polynome der Form

$$g(x)=\sum_{k=1}^{d} c_k\left(x^k-m*x^{k-1}\right)$$

gilt nämlich ebenfalls $g(m)=0$, so dass mit unterschiedlichen Koeffizientensätzen die Polynome

$$f_k(x)=f(x)+g_k(x) \;,\; f_k(m)\equiv 0\,mod\,n$$

ebenfalls als Kandidaten in Frage kommen. Eine weitere Möglichkeit besteht in der Variation vom m.

Beispiel:

$n=1133475197121174307238954401549543868866782378530000099$
$m=483953914561219999$
$f_0(x)=x^3+2*x^2+198263940252380013*x+331014388170740111$
$f_1(x)=x^3+3*x^2-285689974308839987*x+814968302731960110$

Das zweite Polynom entsteht durch Additon von

$$g(x)=(x^2-m*x)-(x-m)$$

Mit $m'=m-107=483953914561219892$ entsteht als weiteres Polynom

$$f_2=x^3+323*x^2+198263940252414832*x+251283754482974195$$

Die Polynome können aufgrund des geringen Grades mit fast beliebigen Mitteln darauf getestet werden, ob sie irreduzibel sind. In einem ersten Testschritt kann das eisensteinsche Irreduzibilitäts-kriterium eingesetzt werden: mit einer beschränkten Menge kleiner Primzahlen wird geprüft, ob

$$\exists p:\ p|a_1...a_{d-1}\ \wedge\ p^2 \nmid a_0$$

erfüllt ist. Da mit größer werdenden Primzahlen die Teilerwahrscheinlichkeit fällt, kann der Test auf wenige Primzahlen, maximal die Faktorisierungsbasis beschränkt werden.

Allerdings ist das Irreduzibilitätskriterium zwar hinreichend, aber nicht notwendig, so dass ein Scheitern des Tests noch nicht bedeutet, kein irreduzibles Polynom generiert zu haben. Die Unter-suchung kann daher beispielsweise mit Mitteln der Analysis fortgesetzt werden. Reelle Nullstellen können mit Hilfe des Verfahrens der sturmschen Kette, komplexe mit Hilfe von Umlaufzahlen posi-tionsmäßig eingegrenzt und anschließend mit Gradientenverfahren näherungsweise berechnet wer-den. Ein reduzibles Testpolynom outet sich hierbei durch „konjugierte" Nullstellen

$$\mathbb{R}:\ f(x)=g(x)*(x-c)*(x+c)$$
$$\mathbb{C}:\ f(x)=g(x)*(x-q)*(x-\overline{q})$$

Die ist auch bei Rechnungen mit beschränkter Genauigkeit leicht überprüfbar. Aus mehreren so er-mittelten Polynomen können in Testläufen mit den im Weiteren zu entwickelnden Methoden dieje-nigen heraus gefiltert werden, die am schnellsten faktorisierbare Relationen liefern. In der Praxis zeigt sich nämlich, dass der Erfolg des Zahlkörpersiebs stark vom verwendeten Polynom abhängt. Es fehlt denn auch nicht an theoretischen Untersuchungen, Polynome nach bestimmten, Erfolg versprechenden Kriterien zu klassifizieren. Wir werden dies hier aber nicht untersuchen, sondern uns mit einem Verweis auf kleine Testläufe begnügen. Erst nach Auswahl des besten Polynoms wird die Hauptsuche nach den Faktoren gestartet.

An dieser Stelle sollte man sich für das Verständnis der weiteren Untersuchungen noch einmal klar-machen:

a) Gesucht werden Relationen der Form $(a+b\theta)$, die in Primfaktoren des algebraischen Rings $\mathbb{Z}[\theta]$ zerlegt werden können.

b) Aussagen über das Verhältnis von $\mathbb{Z}[\theta]$ zu O_θ sind nicht möglich. $\mathbb{Z}[\theta]$ als abstrakter Ring und der Homomorphismus nach $\mathbb{Z}/n\mathbb{Z}$ sind das einzige konkrete Arbeitswerk-zeug.

c) Zerlegungen der Zahlenpaare werden gesucht, um ein Quadrat zu konstruieren. Allerdings ist die Basis des Rings $(1,\theta,...\theta^{d-1})$, d.h. je nach Polynomgrad $(1,\theta,\theta^2)$ bis $(1,\theta,\theta^2,\theta^3,\theta^4)$. Die Faktoren und das Quadrat können irgendwo in diesem Raum lie-gen.

12.6.3 Faktorisierung von Relationen

NORMEN UND IDEALE

Nach Festlegung eines algebraischen Grundkörpers stehen wir nun vor zwei Problemen bei der Faktorisierung von algebraischen Zahlen des Typs $(a+b*\theta)$:

1. Wie finden wir Primfaktoren im algebraischen Ring $\mathbb{Z}[\theta]$?

2. Wie lassen sich effektive Faktorisierungen im algebraischen Ring vornehmen?

Klammern wir das erste Problem zunächst aus und nehmen an, wir verfügten über einen Satz von Primfaktoren $(\pi_1, ... \pi_r)$. Über Möglichkeiten der effektiven Faktorisierung von ganzen Zahlen des Typs $(a+b*m)$ im korrespondierenden ganzzahligen Ring durch Siebmethoden verfügen wir, nicht aber für algebraische Zahlen $(a+b*\theta)$. Hier stünde zunächst nur eine mühsame Probedivision zur Verfügung, und ohne effektivere Möglichkeiten wäre die Angelegenheit damit erledigt.

Wir können nun versuchen,

a) effektive Siebmethoden auch im algebraischen Ring zu entwickeln, oder

b) das Problem zunächst in den ganzzahligen Raum zu überführen, in dem diese Methoden bereits zur Verfügung stehen.

In Verbindung mit der Problem, dass die Primfaktormenge ja auch nur auf dem Papier existiert, scheint b) die geeignetere Strategie zu sein. Als Ausgangspunkt bedienen wir uns de Norm, die eine Abbildung der algebraischen Größen auf die rationalen Zahlen ist. Bezeichnen wir mit σ_i die Isomorphien zwischen den verschiedenen Nullstellen θ_i des Polynoms, also $\sigma_i(\theta)=\theta_i$, dann ist die Norm eines Elementes des algebraischen Rings definiert durch[276]

$$N(\alpha)=\prod_{i=1}^{d} \sigma_i(\alpha)$$

Die Norm einer algebraischen Zahl α ist somit das Produkt aller (*verallgemeinerten*) Konjugierten der Zahl. Ist α Nullstelle des Polynoms $g(x)=x^d+...+a_0 \in \mathbb{Z}[x]$, so folgt durch Ausmultiplizieren der rechten Seite und Vergleich

$$N(\alpha)=(-1)^d a_0$$

Die Norm bildet ganzalgebraische Zahlen somit auf ganze Zahlen ab, und für alle algebraischen Zahlen, deren normiertes Polynom wir kennen, steht uns der Wert unmittelbar zur Verfügung, beispielsweise für θ .

Überzeugen wir uns zunächst, dass die Norm ein Kandidat für die Überführung des Faktorisierungsproblems aus dem algebraischen in den ganzzahligen Raum ist. Aus der Definition der Norm entnimmt man sofort deren (notwendige) Multiplikativität

$$N(\alpha*\beta)=\prod \sigma_i(\alpha*\beta)=\prod \sigma_i(\alpha)*\sigma_i(\beta)=N(\alpha)*N(\beta)$$

Wir können also erwarten, die Basisschritte zur Faktorisierung einer algebraischen Zahl auch im ganzzahligen Raum mit den hier zur Verfügung stehenden Methode vornehmen, indem wir die Norm einer Zahl in Faktoren zerlegen. Hierzu benötigen wir die Normen der Primfaktoren

---

276 Diese etwas komplizierte Umschreibung des Produkts der Nullstellen resultiert aus der Konstruktion von $\mathbb{Q}(\theta)$ aus nur einer der Nullstellen.

$N(\pi_1), N(\pi_2), \dots$ sowie $N(a+b*\theta)$. Allerdings liefert uns der Normbegriff in dieser Form noch keine konkreten Rezepte zum weiteren Vorgehen, denn nach wie vor sind die Primfaktoren und deren Normen unbekannt und es fehlt auch noch eine effektive Methode zur Auswertung der Norm $N(a+b*\theta)=\prod (a+b*\theta_i)$.[277]

Greifen wir deshalb noch etwas weiter aus. Ebenfalls im Theoriekapitel haben wir bei der Untersuchung des Teilbarkeitsbegriffs einen Zusammenhang zwischen Idealen eines Rings und Teilern einer Zahl hergestellt. $p|a$, wenn $\mathfrak{I}_a \subseteq \mathfrak{I}_p$, wobei die Ideale durch $\mathfrak{I}_a = a*R$, also Hauptideale, definiert sind. Dass es sich bei dem algebraischen Ring O_θ um einen Hauptidealring handelt und diese Begriffe hier verwendet werden dürfen, ist aus der Definition des Rings unmittelbar klar. Für den Ring $\mathbb{Z}[\theta]$ ist das damit zwar nicht geklärt, aber wir gehen zunächst einmal davon aus, hieraus gegebenenfalls resultierende Probleme an anderer Stelle beheben zu können.

Auch für Ideale kann der Begriff der Norm definiert werden. Die Norm ist die Anzahl der Restklassen des Rings über dem Ideal:

$$N(\mathfrak{I})=\left[R:\mathfrak{I} \right] \; \in \mathbb{Z}$$

Dieser Normbegriff bildet Ideale auf ganze Zahlen ab, und aus Gradgründen folgt aufgrund der Hauptidealeigenschaft aus der Inklusion $\mathfrak{I}_a \subseteq \mathfrak{I}_p$ die Teilbarkeitsbeziehung

$$p|a \;\Rightarrow\; N(\mathfrak{I}_p)|N(\mathfrak{I}_a)$$

Diese Definition einer Norm führt somit auf die gleichen Beziehungen: statt zu untersuchen, welche Ideale ein Ideal enthält, kann die Norm in Faktoren zerlegt werden, die ihrerseits den Normen der enthaltenen Ideale entsprechen. Wir haben somit in beiden Fällen das gleiche Phänomen untersucht, d.h. die beiden Normbegriffe, so unterschiedlich sie auch aussehen mögen, sind aufeinander abbildbar. Da in den Idealnormen das Vorzeichen fehlt, folgt aus dem oben definierten Normbegriff, den Teilereigenschaften und der Norm der Eins $N(\mathbf{1})=1$

$$N(\mathfrak{I}_\alpha)=\left| N(\alpha) \right|$$

Der Idealnormbegriff liefert uns aber noch mehr Erkenntnisse. Aus dem ersten Normbegriff können wir zunächst nur entnehmen, dass die Norm eines Primelementes im algebraischen Ring irgendeine ganze Zahl ist. Aus der Idealnorm $N(\mathfrak{I}_\alpha)=q$ folgt aber auch die Isomorphie $R/\mathfrak{I}_\alpha \simeq \mathbb{Z}/q\mathbb{Z}$. Ist die Norm eines Elementes des algebraischen Rings eine Primzahl oder die Potenz einer Primzahl, die ist der zugehörige Restklassenring des Ringes über dem Ideal des Elements ein Körper und das Element selbst damit ein Primelement. Als Normen von Primelementen im algebraischen Ring kommen daher nur Primzahlen in $\mathbb{Z}$ in Frage. Wenn die Berechnung von $N(a+b*\theta)$ gelingt, haben wir das Problem, Primelemente im algebraischen Ring suchen zu müssen, unter Umständen komplett umschifft.

Halten wir abschließend fest: Die Normen von Primelementen im algebraischen Ring sind Primzahlen oder Primzahlpotenzen. Die Faktorisierung im algebraischen Ring kann auf eine Faktorisierung der Normen im Raum der ganzen Zahlen abgebildet werden. Siebung und Faktorisierung lassen sich damit mit den bekannten Methoden durchführen. Bevor wir diese Erkenntnisse praktisch nutzen können, ist aber noch zu klären:

---

277 Man könnte natürlich numerische Näherungswerte der Nullstellen berechnen und damit auch das Produkt numerisch berechnen. Abgesehen von der Rundungskotrolle – bei Zahlen mit 100 Dezimalstellen und mehr muss das Ergebnis immer sehr deutlich in der Nähe der richtigen Lösung liegen, bevor auf die nächste ganze Zahl gerundet wird – ist das vom Aufwand her aber nicht vertretbar.

a) Welche Primzahlen sind Normen von Primelementen des algebraischen Rings? Können alle Primzahlen bis zu einer vorgegebenen Schranke verwendet werden oder müssen – ähnlich wie beim quadratischen Sieb – bestimmte Primzahlen ausgeschlossen werden?

b) Nach der Struktur des algebraischen Körpers sind Primzahlpotenzen bis p^d Kandidaten für die Normen von Primelementen. Welche Potenzen müssen berücksichtigt werden?

c) Ist die Norm eindeutig oder gilt $N(\pi_a)=N(\pi_b)$ für einige Primelemente? Wie kann zwischen verschiedenen Primelementen gleicher Norm bei der Faktorisierung der Norm unterschieden werden?

d) Wie kann die Norm des Ideals von $(a+b*\theta)$ auf einfache Weise berechnet werden?

REPRÄSENTATOREN VON PRIMIDEALEN

Wir beantworten die Fragestellung b) des letzten Abschnitts durch eine pragmatische Entscheidung, indem wir die Untersuchung auf Primideale 1. Ordnung beschränken. Primideale 1. Ordnung sind per Definition Ideale, deren Norm eine Primzahl ist, d.h. für diese gilt der Homomorphismus

$$O_\theta/\Im_\pi \simeq \mathbb{Z}/p\mathbb{Z} \quad , \quad p\in P$$

Man kann zeigen, dass algebraische Zahlen des Typs $(a+b*\theta)$ nur solche Teiler besitzen; wir ersparen uns aber diesen theoretischen Umweg, zumal wir allenfalls einige Faktorisierungen verlieren würden, wenn dies nicht der Fall wäre.

Wenn π ein Teiler von $(a+b*\theta)$ ist, dann ist die Abbildung von $(a+b*\theta)$ auf $\mathbb{Z}/p\mathbb{Z}$ im Kern des Homomorphismus zu suchen. Wir müssen daher die Homomorphismen eindeutig beschreiben, was aber recht einfach ist: jedes Element $\alpha\in O_\theta/\Im_\pi$ wird auf eine Zahl $\phi_\pi(\alpha)\equiv a\,(mod\ p)$ abgebildet. Zusätzlich zur Abbildung der Einsen folgt aber auch wegen $f(\theta)=0$

$$\phi_\pi(\theta)=r \iff f(r)\equiv 0\,(mod\ p)$$

Primideale im Ring O_θ werden in $\mathbb{Z}$ somit eindeutig durch Zahlenpaare (r,p) repräsentiert. Zu einem gegebenen p können zwischen 0 und d verschiedene Primideale gleicher Norm existieren gemäß den Nullstellen des Polynoms in $\mathbb{Z}/p\mathbb{Z}$.

Wie lassen sich die Repräsentatoren nun praktisch finden? Die Primitivmethode, einfach alle Werte $f(a)\,(mod\ p)$, $a=1,...\,p-1$ durch zurechnen, ist zwar für kleine Primzahlen akzeptierbar, bei großen Primzahlbasen, von denen bei der Faktorisierung großer Zahlen auszugehen ist, jedoch in der Praxis wieder einmal nicht durchzuhalten. Um einen einfacheren Weg zu finden, greifen wir auf den fermatschen Satz zurück

$$x^{p-1}\equiv 1\,(mod\ p) \implies x^p-x\equiv 0\equiv\prod_{k=0}^{p-1}(x-k)\,(mod\ p)$$

Die Nulläquivalenz im linken Teil der rechten Formel folgt direkt aus dem Fermat'schen Satz durch Multiplikation mit x und Umstellung der Relation. Nun ist die linke Seite ein Polynom vom Grad p, besitzt also maximal p Nullstellen. Da dieses Polynom für jeden Wert von x Null wird, ist die rechte Seite in der Tat die komplette Nullstellenzerlegung des linken Ausdrucks.

Dieses Polynom lässt sich zunächst nutzen, das zu untersuchende Polynom $f(x)$ auf eines, das vollständig in Linearfaktoren zerfällt, zu beschränken, denn

$$g(x) \equiv ggt(f(x), x^p - x)(mod\ p)$$

enthält nämlich nur noch den Nullstellenanteil von $f(x)$ in $\mathbb{Z}/p\mathbb{Z}$. Besteht $g(x)$ beispielsweise aus einem Linearfaktor, so existiert nur ein Primideal, dessen Repräsentator damit bereits gefunden ist. Gilt $g(x) = f(x)$, so zerfällt $f(x)$ vollständig in Linearfaktoren, und entsprechend viele verschiedene Primideale existieren.

Ist $g(x)$ von quadratischem oder höherem Grad, so haben wir das Problem zwar reduziert, aber auch damit wäre ein Berechnen der Nullstellen durch Probieren für die Praxis nicht sinnvoll. Das Polynom $x^p - x$ kann jedoch in Polynome geringeren Grades zerlegt werden. Ausklammern und anwenden des 3. binomischen Satzes liefert

$$x^p - x = x(x^{(p-1)/2} + 1)(x^{(p-1)/2} - 1)$$

Da $g(x)$ Faktor von $x^p - x$ ist, kann es mit Hilfe dieser Beziehung in weitere Faktoren zerlegt werden:

$$g_1(x) \equiv ggt(g(x), x^{(p-1)/2} + 1)(mod\ p)$$
$$g_2(x) \equiv ggt(g(x), x^{(p-1)/2} - 1)(mod\ p)$$

Mit ein wenig Glück besitzt $g(x)$ nur noch eine gemeinsame Nullstellen mit einem dieser beiden Teilpolynome von $x^p - x$, und so die Ermittlung einer weiteren Nullstelle geglückt.

Sind auch nach diesem Schritt noch quadratische oder höhere Polynome vorhanden, so wird mit einem zufälligen $a \in \mathbb{Z}/p\mathbb{Z}$ das Polynom $g_k(x-a)$ oben eingesetzt. Dieses Polynom hat die gleiche Anzahl von Nullstellen wir das ursprüngliche, aber die Linearfaktoren sind um die Größe a verschoben und teilen sich mit etwas Glück anders auf die beiden Faktoren von $x^p - x$ auf. Mit einigen Versuchen sollten sich so alle Linearfaktoren finden lassen.

Beispiel: gegeben sei $f(x) = x^3 + 15x^2 + 29x + 8$, zu finden seien die Repräsentatoren der Primideale des zugehörenden algebraischen Ringes für die Primzahl 67. Die erste Zerlegung führt auf $f(x) \equiv ggt(f(x), x^{67} - x) mod\ 67$, d.h. wir haben 3 Nullstellen zu berechnen.

Die zweiten Rechnungen führen auf

$$ggt(f(x), x^{33} + 1) \equiv x^2 + 21 * x + 21\ (mod\ 67)$$
$$ggt(f(x), x^{33} - 1) \equiv x + 61\ (mod\ 67)$$

Wir haben also mit $6 \equiv -61\ mod\ 67$ die erste Nullstelle gefunden. Für das verbleibende quadratische Polynom finden wir durch Probieren

$$ggt((x-2)^2 + 21 * (x-2) + 21, x^{33} + 1) \equiv x + 21\ (mod\ 67)$$
$$ggt((x-2)^2 + 21 * (x-2) + 21, x^{33} - 1) \equiv x + 63\ (mod\ 67)$$

Wir haben somit mit $(2,67), (6,67), (44,67)$ alle Repräsentatoren gefunden.

TEILBARKEITSRELATIONEN

Mit Hilfe der Repräsentatoren lässt sich nun sehr leicht überprüfen, ob ein Primideal $\mathfrak{I}_p$ Teiler des von einem Kandidaten $(a + b*\theta)$ erzeugten Ideals ist, denn wie wir bereits bemerkt haben, ist $(a + b*\theta)$ in diesem Fall im Kern der Abbildung vorhanden, die zur Erzeugung des Repräsentators (r, p) verwendet wurde, d.h.

$$\phi(a + b*\theta) \equiv 0\ (mod\ p)$$

Eine Umformung ergibt als Teilbarkeitsbedingung

$$(a+b\theta)\mathbb{Z}[\theta]\in\mathfrak{I}_p \;\Rightarrow\; a\equiv -r\,b\,(mod\;p)$$

Damit sind wir bei einer effektiven Möglichkeit der Siebung von Kandidaten angelangt, wie wir sie auch beim quadratischen Sieb verwendet. b gegeben, können wir für jeden Repräsentator der Basis das zugehörige a berechnen. Alle weiteren treten im Abstand p auf, so dass mit den gleichen Methoden wie beim quadratischen Sieb die einer Probedivision zuzuführenden Kandidaten zu ermitteln sind.

Die anschließende Ermittlung der Faktoren durch Division führen wir mit Hilfe der Norm in $\mathbb{Z}$ durch. Aus der Definition der Norm finden wir mit einigen Umformungen

$$N(a+b\theta)=\prod_{k=1}^{d}\sigma_k(a+b\theta)=\prod_{k=1}^{d}(a+b*\theta_k)$$
$$=(-b)^d\left[\prod_{k=1}^{d}\left(-\frac{a}{b}-\theta_k\right)\right]=(-b)^d f\left(-\frac{a}{b}\right)$$

Da nach der vorletzten Schlußfolgerung wegen der unterschiedlichen Repräsentatoren r jeweils nur ein Primideal vom Grad p als Teiler der algebraischen Zahl existiert, ist auch die Vielfachheit eines Faktors eindeutig, d.h. es gilt

$$p^e|N(a+b*\theta) \;\Rightarrow\; \pi^e|(a+b*\theta)$$

Außerdem erlaubt die Produktbeziehung die Berechnung der Norm, ohne dass man sich explizit mit den algebraischen Primfaktoren oder deren Idealen auseinandersetzen müsste.

Genauso finden wir die Teilbarkeitsrelationen im ganzzahligen Ring. Zu Faktorisieren sind Größen der Form $(a+b*m)$, und eine gegebene Primzahl ist nur dann Faktor einer solchen Zahl, wenn $a\equiv -b*m(mod\;p)$ gilt.

12.6.4 Erzeugung von Quadraten

ZWISCHENSTAND FÜR DIE ALGORITHMUSKONSTRUKTION

Anders als im quadratischen Sieb muss im Zahlkörpersieb keine Vorauswahl der Primfaktoren, in denen das zu faktorisierende n ein quadratischer Rest ist, erfolgen, da kein Quadrat direkt erzeugt wird. Fassen wir das Faktorisierungsverfahren, soweit es bisher überschaubar ist zusammen, wobei wir implizit auch die Ergebnisse aus dem quadratischen Sieb für einzelne Verfahrensteile übernehmen, ohne dass wir sie hier nochmals detailliert darstellen:

a) Für ein gegebenes, zu faktorisierendes n wird ein normiertes irreduzibles Polynom $f(x)$ mit Grad d und Nullstelle $f(m)\equiv 0(mod\;n)$ festgelegt.

b) Als ganzzahlige Faktorbasis wird die Menge der ersten M_Z Primzahlen verwendet. Für die Teilbarkeitsprüfung wird die Faktorbasis in Form von Zahlenpaaren $(m'\equiv m(mod\;p),p)$ notiert.

c) Für die algebraische Faktorbasis werden die ersten M_A Primzahlen verwendet und die Repräsentatoren der zugehörenden Primideale als Zahlenpaare $(r:f(r)\equiv 0(mod\;p),p)$ notiert. Pro Primzahl können zwischen 1 und d Einträge in der Basis resultieren. Insgesamt sind $M_B\geq M_A$ Faktoren in der algebraischen Basis.

d) Es werden Zahlenpaare (a, b) gesucht, die sowohl im ganzzahligen Ring als auch im algebraischen Ring vollständig durch die jeweiligen Faktorbasen faktorisierbar sind. Hierzu wird b festgelegt und $-N < a < N$ systematisch variiert. Für jedes Paar (a, b) wird zunächst ein Siebverfahren durchgeführt:

1. Wenn $a \equiv -b*m'(mod\, p)$, addiere $\log(p)$ zum Siebwert des Paares für die Faktorisierung in $\mathbb{Z}$. Führe dies für die M_Z Primzahlen der Basis durch.

2. Wenn $a \equiv -r*b(mod\, p)$, addiere $\log(p)$ zum Siebwert des Paares für die Faktorisierung in $\mathbb{Z}[\theta]$. Führe dies für die M_A Primzahlrepräsentatoren der algebraischen Basis durch.

e) Wähle die Zahlenpaare aus, für die **beide** Siebwerte eine vorgegebene Grenze überschreiten. Zerlege $(a+b*m)$ und $N(a+b\theta)$ in Primfaktoren. Bei der Zerlegung von $(a+b*m)$ genügt die Primfaktorzerlegung wie im quadratischen Sieb, bei der Zerlegung von $N(a+b\theta)$ muss zusätzlich notiert werden, welches Primideal als Teiler verwendet wurde. Die Zerlegungstabellen enthalten somit M_Z bzw. M_B Spalten.

Werden in einem Suchlauf nicht genügend Zahlenpaare gefunden, kann die Suche mit einem anderen b wiederholt werden.

f) Sind genügend Zahlenpaare gefunden worden, d.h. $\#|(a, b)| > M_Z + M_B$, ist eine Lösung des Gleichungssystems $\sum_k^{M_Z} e_{ik} + \sum_k^{M_A} f_{ik} \equiv 0(mod\, 2)$ der Exponenten zu suchen. Auch dies entspricht dem Lösungsweg im quadratischen Sieb und muss hier nicht wiederholt werden. Als Ergebnis können wir nun zwei Produkte bilden, die Quadrate im ganzzahligen und algebraischen Ring sein sollten.

Da wie im quadratischen Sieb aufgrund dieser Vorauswahl einige faktorisierbare Zahlen übersehen werden, als Kandidaten ausgewiesene aber doch nicht vollständig zerlegbar sind, kann auch hier mit „large-prime"-Varianten operiert werden, d.h. Zahlen mit bleibenden großen primen Restfaktoren werden nicht verworfen, sondern die großen Faktoren werden zusätzlich in den Faktorbasen notiert und später nach Zyklen gesucht. Hierbei ist allerdings zu beachten:

- Werden in beiden Ringen simultan „large-prime"-Faktoren notiert, so müssen auch die Zyklen später beide Ringe simultan umfassen. Zusätzliche Faktoren sind daher auf einen Ring zu beschränken.

- Bei zusätzlichen Faktoren im algebraischen Ring ist außerdem zu untersuchen, zu welchen Primidealen diese gehören. Die Aufspaltung in unterschiedliche Primideale erschwert das Auffinden von Zyklen.

Solche Varianten sind somit vorzugsweise im ganzzahligen Ring sinnvoll, um das Problem der simultanen Faktorisierung in beiden Ringen abzuschwächen.

Obwohl das Zahlkörpersieb nun schon recht vollständig aussieht, sind noch einige wesentliche Punkte zu klären:

a) Haben wir mit Lösung des linearen Gleichungssystems im algebraischen Ring tatsächlich ein echtes Quadrat vorliegen?

b) Wie lässt sich die Wurzel aus einem Quadrat berechnen?

QUADRAT IN WELCHEM RING?

Nach Lösen des linearen Gleichungssystems ist es nun möglich, neben dem Quadrat in $\mathbb{Z}$ auch ein ein Quadrat

$$\prod_{(a,b)} (a+b*\theta)=\beta^2 \ \in \mathbb{Z}[\theta]$$

zu erzeugen. Allerdings stecken im Verfahren eine Reihe von vereinfachenden Annahmen, so dass nicht unbedingt der Schluss $\beta^2 \in \mathbb{Z}(\theta) \ \Rightarrow \ \beta \in \mathbb{Z}(\theta)$ zu ziehen ist. Die Konstruktion des Algorithmus stellt lediglich sicher, dass die Norm des Produkts ein Quadrat in den ganzen Zahlen ist.

Wir machen uns die Problematik zunächst noch einmal an dem einfacheren Modell der ganzen Zahlen und der Restklassenkörper von Primzahlen klar. Die Teilbarkeit einer algebraischen Zahl durch ein Primelement – oder besser die Zugehörigkeit des von der algebraischen Zahl erzeugten Hauptideals zu einem Primideal – haben wir mit Hilfe der Homomorphismen in die Körper $\mathbb{Z}/p\mathbb{Z}$ festgestellt. Für jedes echte Quadrat $y=x^2, x \in \mathbb{Z}$ gilt in jedem Primkörper für das Legendresymbol aufgrund der Homomorphiebedingungen

$$\left(\frac{y}{p}\right) \equiv y^{\frac{p-1}{2}} \equiv x^{p-1} \equiv 1 \,(mod\ p)$$

Jedes Quadrat in $\mathbb{Z}$ ist also auch ein Quadrat in jedem Restklassenkörper.

Gehen wir nun umgekehrt davon aus, für eine begrenzte Menge von Primzahlen gezeigt zu haben, dass ein y ein Quadrat in den von Ihnen erzeugten Restklassenkörpern ist, beispielsweise durch

$$79 \equiv 1^2 (mod\ 2), 79 \equiv 1^2 (mod\ 3), 79 \equiv 2^2 (mod\ 5), 79 \equiv 4^2 (mod\ 7)$$

Es ist aber leicht nachprüfbar, dass $\sqrt{79} \notin \mathbb{Z}$. Aus der quadratischen Eigenschaft für eine begrenzte Menge von Restklassenkörpern ist also nicht der Schluss auf den Oberring zu ziehen, und wir finden bei Hinzunahme einer weiteren Primzahl mit $79^5 \equiv -1 \,(mod\ 11)$ auch schon ein Beispiel eines Restklassenkörpers, der dies ohne Rechnung im Ring der ganzen Zahlen nachweist.

Genau dieser zweite Fall liegt nun sinngemäß im Zahlkörperalgorithmus vor. Die Faktorisierung und die Produktbildung beruhen letztendlich auf der Quadratbildung in bestimmten Modulkörpern. Absolute Sicherheit, hierüber ein Quadrat im Oberring $\mathbb{Q}(\theta)$ produziert zu haben, lässt sich über die Homomorphismen nicht gewinnen. Wir können nur den Primzahlnachweisen vergleichbare Schlüsse ziehen:

a) Ist ein Produkt nicht quadratischer Rest eines homomorphen Restklassenkörpers, ist es auch kein Quadrat im Oberring.

b) Die Wahrscheinlichkeit, kein Quadrat im Restklassenkörper ermittelt zu haben, sinkt mit steigender Anzahl positiv getesteter Restklassenkörper.

Wenden wir dies nun auf den Zahlkörperring an. Die Faktorisierung basiert technisch auf den Homomorphismen $\phi_p \colon \mathbb{Z}[\theta] \to \mathbb{Z}/p\mathbb{Z}$ der Faktorbasis. Da die gefundenen Zahlenpaare (a,b) im Kern der Abbildungen liegen, gilt für die Legendresymbole jeweils

$$\left(\frac{\prod_{(a,b)} (a+b*r)}{p}\right)=0$$

Die Elemente der Faktorbasis liefern uns damit keinen Hinweis, ob das Produkt tatsächlich ein Quadrat in $\mathbb{Z}[\theta]$ ist. Zusätzlich zu den Elementen der Faktorbasis müssen daher weitere Primideale bereitgestellt werden, deren Homomorphismen getestet werden können. Als dritte Primzahlmenge werden deshalb M_Q Primzahlen oberhalb der M_A Primzahlen der algebraischen Basis verwendet, wobei die Festlegung der Zahlenpaare (r, q) derjenigen der algebraischen Faktorbasis entspricht. Aufgrund der Faktorisierungsbedingungen sind diese Primfaktoren teilerfremd zu den durch (a,b) repräsentierten Zahlen, so dass eindeutige Aussagen des Legendresymbols resultieren. Wie groß diese Menge wird, überlassen wir der Praxis: überschreitet Fehlerquote bei der Ermittlung der Wurzel bei positiv identifizierten Produkten sollte eine bestimmte Grenze, so ist M_Q zu erhöhen.

Die Auswertung des Legendresymbols muss nicht erst am Produkt erfolgen, denn das Symbol ist ja multiplikativ:

$$\left(\frac{\prod\limits_{(a,b)} (a+b*r)}{q} \right) = \prod\limits_{(a,b)} \left(\frac{a+b*r}{q} \right) = \pm 1$$

Die einzelnen Paare (a,b) müssen nicht Quadrate repräsentieren, lediglich ihr Produkt muss diese Eigenschaft haben, d.h. nichtquadratische einzelne Reste können sich im Produkt gegenseitig kompensieren. Das ist aber eine der Exponentenberechnung der Primfaktoren äquivalente Bedingung und gibt uns die Möglichkeit, die Auswertung des Legendresymbols im linearen Gleichungssystem unterzubringen. Dieses bekommt dann das folgende Aussehen:

Gesammelt werden mindestens $M_R + M_A + M_Q$ vollständig faktorisierbare Zahlenpaare (a,b), wobei die M_Q Primzahlen der Testmenge für das Quadrat aber auch in Large-Prime-Varianten nicht als Teiler auftreten dürfen. Die Exponentenmatrix wird um M_Q Spalten erweitert, in die die Auswertungen des Legendresymbols der Zahlenpaare (a,b) eingetragen werden:

$$\chi : \left(\frac{a+b*r}{q} \right) \in \{ 1, -1 \} \rightarrow \{ 0, 1 \}$$

Die Spalten enthalten also dann eine Eins, wenn die Auswertung keinen quadratischen Charakter des Zahlenpaars ergibt. Wie man sich nun leicht überzeugt, liefert die Lösung des Gleichungssystems $(mod\, 2)$ Quadrate, die auch bezüglich sämtlicher Testideale perfekte Quadrate sind. Mit einiger Wahrscheinlichkeit lässt sich dann aus dem Produkt tatsächlich eine Wurzel ziehen..

12.6.5 Berechnung der Wurzel

DAS QUADRAT: REDUKTION DES RECHENAUFWANDS

Haben wir nun ein Quadrat β^2 in Produktform vorliegen, stellt sich die Frage,wie die Abbildung $\phi(\beta)$ seiner Wurzel zu berechnen ist. Die Überlegungen, die zu dem Quadrat geführt haben, basieren auf nirgendwo konkretisierten Primidealen, so dass die im ganzzahligen Ring anwendbare Vorgehensweise, die Wurzel einfach aus den Primfaktoren mit halbierten Exponenten durch Multiplikation $(mod\, n)$ zu berechnen, ausfällt.

Ein theoretisch möglicher Weg ist, β^2 durch Ausmultiplikation auszurechnen, was zu

$$\beta^2 = \prod\limits_{(a,b)} (a+b*\theta) = \sum\limits_{k=0}^{d-1} a_k * \theta^k$$

führt. Aus der rechts stehenden Zahl kann dann mit Standardmethoden der Analysis die Wurzel berechnet werden. Allerdings entstehen hierbei derart gigantische Koeffizienten a_k , dass dieser Rechenschritt den vorherigen Aufwand schließlich bei weitem in den Schatten stellen würde und das Zahlkörpersieb als Faktorisierungsmethode disqualifiziert. An die Stelle der kompletten Ausmultiplikation muss daher wiederum eine modulo-Multiplikation treten, die die Größe der auftretenden Zahlen im Zaum hält. Wir verbinden dieses Ziel mit dem weiteren, nicht mehr das Quadrat zu berechnen, sondern direkt die Wurzel, denn analytische Mittel nützen bei der Wurzelberechnung in Modulkörpern leider wenig.

Der chinesische Restsatz bietet einen Lösungsansatz in dieser Richtung. Der (*nicht praktikable*) Lösungsansatz liefert uns theoretisch

$$x = \phi(\beta) = \sum_{k=0}^{d-1} b_k * m^k$$

und $x(mod\,n)$ liefert uns zusammen mit der zweiten Kongruenz möglicherweise einen Faktor von n. Ist eine Menge von Primzahlen gegeben, so gilt nach dem chinesischen Restsatz

$$P = \prod_{k=1}^{m} p_k \ , \ P_k = P/p_k \ , \ a_k \equiv P_k^{-1}(mod\,p_k):$$

$$z = \sum_{k=1}^{m} a_k * x_k * P_k \ \Rightarrow \ z \equiv x_k(mod\,p_k) \ , \ k=1,...m$$

oder, nochmals in Worten ausgedrückt, zu einer Menge von Zahlen x_k existiert eine eindeutige Zahl z, so dass simultan alle Kongruenzen $z \equiv x_k(mod\,p_k)$ erfüllt sind, wobei die Konstruktionsvorschrift für z gleich mitgeliefert wird.

Als ersten Schritt der Reduktion des Problem berechnen wir anstelle von x zunächst eine Reihe von Kongruenzen $x_k \equiv x(mod\,p_k)$, d.h. wir berechnen die Wurzeln in einer Menge von Modulkörpern. Da wir die Größe von x abschätzen können, wählen die Primzahlen so, dass $P > x$ gilt. Aufgrund der Eindeutigkeit von z gilt dann auch

$$x \equiv z(mod\,P)$$

und wir hätten x ermittelt.

Formal löst das aber zunächst nur einen Teil des Problems: die Berechnung der Wurzeln findet zwar in endlichen Körper statt, die Auswertung operiert aber weiterhin mit riesigen, eine effektive Rechnung verhindernden Zahlen.

Nun benötigen wir ja nicht x, sondern nur $x(mod\,n)$. z und x unterscheiden sich um ein ganzzahliges Vielfaches von P, und unter Verwendung der letzten Beziehungen finden wir

$$x(mod\,n) \equiv \sum_{k=1}^{m} a_k * x_k * P_k(mod\,n) - r * P(mod\,n)$$

mit $r = [1/2 + z/P]$, d.h. r ist die nächste ganze Zahl bei der Rundung der Quotienten z/P ist. Hierfür gilt wiederum

$$\frac{z}{P} = \frac{\sum_{k=1}^{m} a_k x_k P_k}{P} = \sum_{k=1}^{m} \frac{a_k x_k}{p_k}$$

und eine weitere Zerlegung liefert

$$r = \left[\frac{1}{2} + \sum_{k=1}^{m} \frac{a_k x_k}{p_k} \right] = \left[\frac{1}{2} + \sum_{k=1}^{m} frac\left(\frac{a_k x_k}{p_k} \right) + \sum_{k=1}^{m} \left[\frac{a_k x_k}{p_k} \right] \right]$$

$$= \sum_{k=1}^{m} \left[\frac{a_k x_k}{p_k} \right] + \left[\frac{1}{2} + \sum_{k=1}^{m} frac\left(\frac{a_k x_k}{p_k} \right) \right]$$

wobei $frac(..)$ den nichtganzzahligen Anteil des Arguments bezeichnet. Die gesamten Berechnungen lassen sich so auf den ganzzahligen Raum $(mod\ n)$ und eine Fließkommarechnung als Nebenrechnung reduzieren. Das Problem zu großer Zahlen ist damit behoben, was bleibt, ist die Berechnung der Wurzeln in Modulkörpern.

AUSWAHL DER MODUL-KÖRPER

Für die Berechnung der Wurzeln in den Modulkörpern müssen homomorphe Körper ausgewählt werden. Die Berechnungen erfolgen stellvertretend für den Körper $\mathbb{Q}(\theta)$, der über einem irreduziblen Polynom $f(x)$ konstruiert ist. Homomorphe Abbildungen verlangen, dass $f(x)$ auch irreduzibel über den Bildringen ist, speziell $(mod\ n)$. Da unsere Algorithmen zur Verringerung des Rechenaufwands weitere Homomorphismen in Restklassenkörper erfordern, kommen nur Primzahlen in Frage, in denen $f_p(x) \equiv f(x)(mod\ p)$, also das Polynom mit auf den Körper $F_p = \mathbb{Z}/p\mathbb{Z}$ abgebildeten Koeffizienten, ebenfalls irreduzibel ist.

Zusätzlich zu den bereits vorhandenen Primzahlmengen müssen wir daher eine weitere für die Wurzelberechnungen konstruieren, die den Nebenbedingungen des letzten Abschnitts genügen. Das Produkt der Primzahlen muss zunächst $x \equiv z(mod\ P)$ erfüllen, was durch

$$\log(P) = \sum_{k=1}^{m} \log(p_k) > \sum_{(a,b)} \log(a + b * m)$$

abschätzbar ist. Auf das Feintuning der Rahmenbedingungen, etwa ob die Primzahlmenge hierfür einmalig abgeschätzt oder in Abhängigkeit der Zahlenpaar (a,b) individuell berechnet wird und welches Verhältnis zwischen Primzahlgröße und Anzahl der Primzahlen günstig ist, gehen wir einstweilen nicht ein. Die Kandidaten werden jedenfalls oberhalb einer bestimmten Größe liegen und müssen nacheinander auf Eignung überprüft werden.

Für den Test der Irreduzibilität der Polynome für eine beliebige Primzahl genügt es,

$$ggt(f_p(x), x^p - x)(mod\ p) = 1$$

nachzuweisen, wie wir oben bereits nachgewiesen haben. Die Nullstellen des Polynoms unterliegen im Positivfall einer Abbildung $\tau : \theta \to \theta_p$, die auch $\theta^d \in \mathbb{Q}$ in $\theta_p^d \in F_p$ überführt. In Analogie zum Zahlkörper $\mathbb{Q}(\theta)$ werden die Rechnungen nun im Körper

$$F_q = F_p(\theta_p) \simeq F_p[x]/f_p(x)$$

durchgeführt, der $q = p^d$ Elemente besitzt. Allerdings brauchen wir uns um diese Details nicht zu kümmern, denn wir haben ja auch zuvor nicht in $\mathbb{Q}(\theta)$ operiert, sondern stets eine Abbildung auf F_p verwendet. Mit $\theta_p \simeq m_p$, $m_p \equiv m(mod\ p)$ können wir in gleicher Weise F_q auf F_p abbilden, womit nun der Anschluss an das Ergebnis des vorhergehenden Abschnitts erreicht ist. Wir können nun die Bilder in den einzelnen Modulkörpern berechnen.

AUSWAHL DER RICHTIGEN WURZEL

Bevor wir nun konkret untersuchen, wie die Wurzel zu berechnen ist, wenden wir uns noch dem Problem zu, dass eine Quadratwurzel $\sqrt{\beta^2}$ zwei Lösungen $+\beta, -\beta$ besitzt, und entsprechend existieren auch in den F_q jeweils zwei Lösungen, die diesen beiden Wurzeln entsprechen. Haben wir in unseren Modulkörpern für eine Primzahl die Lösung $x_k \equiv x(mod\ p_k)$ ermittelt, für eine andere aber $x_l \equiv -x(mod\ p_l)$, so folgt daraus letztendlich $x \neq z(mod\ P)$ und wir finden keine Faktorisierung.

Nun lässt sich die richtige Lösung nicht einfach aus dem Vorzeichen einer Kongruenz x_k entnehmen, da die Abbildung $\pi_p : (+\beta) \rightarrow x_p (mod\ p)$ das (*virtuelle*) Vorzeichen im Modulkörper nicht enthält. Ein Durchprobieren aller Möglichkeiten ist ebenfalls nicht möglich, da bei K Zahlen insgesamt $O(K!)$ Fälle zu testen wären.

Wir greifen zur Lösung des Problems nochmals auf den Normbegriff im algebraischen Zahlkörper zurück. Für diesen gilt aufgrund der Multiplikativität bei einem erzeugenden Polynom mit ungeradem Grad

$$N(-\alpha) = \prod_{k=1}^{d} \sigma_k(-\alpha) = (-1)^d \prod_{k=1}^{d} \sigma_k(\alpha) = -N(\alpha)$$

Die Normabbildung eines Elementes α in $F_q \simeq F_p(\theta_p)$ ist entsprechend definiert durch

$$N_p(\alpha) = \sigma_1(\alpha) * ... * \sigma_d(\alpha)$$

Die Norm $N(\alpha)$ wird durch den Homomorphimus eindeutig auf $N_p(\alpha)$ abgebildet. Es genügt somit, die Norm in diesem Körper zu berechnen und das Vorzeichen zu untersuchen.

Eine einfache Möglichkeit für die Berechnung der Norm $N_q(\alpha)$ bzw. deren Vorzeichens folgt aus der Abbildung $\sigma_p(\alpha) = \alpha^p$ (*der sogenannten Frobeniusabbildung*). Durch direkte Rechnung finden wir

$$\sigma_p(\alpha * \beta) = (\alpha * \beta)^p = \alpha^p * \beta^p = \sigma_p(\alpha) * \sigma_p(\beta)$$

$$\sigma_p(\alpha + \beta) = \sum_{k=0}^{p} \binom{p}{k} \alpha^k * \beta^{p-k} = \alpha^p + \beta^p = \sigma(\alpha) + \sigma(\beta)$$

Der Wegfall aller Summenglieder außer derjenigen für *k*=0 und *k*=*p* resultiert daraus, dass die Binomialkoeffizienten jeweils *p* als Faktor enthalten und $(mod\ p)$ Null werden. Die Abbildung behält somit die additiven und multiplikativen Eigenschaften von F_q bei und ist ein Automorphismus. Außerdem folgt aus $\varphi(F_q) = p^d - 1$

$$\sigma_p^2(\alpha) = (\alpha^p)^p = \alpha^{p^2}, ..., \sigma_p^d(\alpha) = \alpha^{p^d}$$

Die Frobeniusautomorphismen formen somit eine zyklische Gruppe der Ordnung *d* von Automorphismen auf F_q. Das gleiche gilt aber auch für die Automorphismengruppe der Nullstellen, d.h. es handelt sich hierbei um zwei verschiedene Darstellungen der gleichen Sache. Das macht die Bestimmung der Norm nun zu einer einfachen Sache, denn wir finden – wieder durch direkte Rechnung

$$N_p(\alpha) = \prod_{k=1}^{d} \sigma_k(\alpha) = \prod_{k=1}^{d} \sigma_p^k(\alpha) = \prod_{k=1}^{d} \alpha^{p^k} = \alpha^{\sum_{k=1}^{d-1} k} = \alpha^{\frac{p^d-1}{p-1}}$$

Hieraus können wir nun das Vorzeichen der Norm entnehmen (*siehe Kapitel 2*) und die korrekten $x_p(mod\ p)$ bestimmen.

DIE BERECHNUNG DER WURZEL

Bliebe nun abschließend die Wurzelberechnung im Körper F_q auszuführen. Die üblichen, aus der Analysis bekannten Methoden sind nicht anwendbar. Das Durchprobieren aller Möglichkeiten benötigt im Mittel $q/2 = p^d/2$ Versuche und wäre damit wesentlich zu aufwändig. Es bleibt eigentlich nur die Möglichkeit, durch Beschränken der Suche auf Elemente mit bestimmten Eigenschaften die Maximalanzahl $q/2$ der Versuche so weit zu begrenzen, dass der Aufwand vertretbar bleibt.

Wir wissen, dass $\delta = \beta^2$ quadratischer Rest in F_q ist. Aus der Zerlegung $q-1 = 2^r * s$ können wir mit $\omega = \delta^{s+1}/2$ folgern, dass δ^s ebenfalls quadratischer Rest in F_q ist, denn quadrieren von ω ergibt $\omega^2 = \delta^s * \delta$. Mit $\varrho^2 = \delta^s$ erhalten wir eine Wurzel in der Form

$$\beta^2 = \omega^2 * \varrho^{-2} = \delta^s * \delta * \delta^{-s} = \delta$$

Wozu dieser Aufwand? Über die Zykluslänge von δ können wir nicht viel aussagen, weshalb bei einem direkten Versuch der Ermittlung der Wurzel alle Restklassen durchprobiert werden müssen. Bei Potenzen von δ sind die Zykluslängen nach den Untersuchungen in Kapitel 2 jedoch eingeschränkt. Speziell muss die Zykluslänge von δ^s wegen

$$\left(\delta^s\right)^{2^{r-1}} = \delta^{(q-1)/2} = 1$$

ein Teiler von 2^{r-1} sein. Die einzige unbekannte Größe oben ist ϱ, und deren Zykluslänge muss folglich ein Teiler von 2^r sein. Wenn es folglich gelingt, gezielt die Elemente in F_q zu finden, die diese Zykluslänge aufweisen, wird der Aufwand der Berechnung einer Wurzel im Mittel auf 2^{r-1} oder weniger Versuche beschränkt.

Die Elemente mit dieser Zykluslänge lassen sich leicht generieren. Dazu wird nur ein nichtquadratischer Rest benötigt, wie folgende Beobachtung zeigt:

$$-1 = \eta^{(q-1)/2} = \eta^{2^{r-1}*s} = \left(\eta^s\right)^{2^{r-1}}$$

Ist also η ein beliebiger nicht quadratischer Rest, dann hat η^s genau die Ordnung 2^r, und wir können nacheinander die Elemente $\eta^s, \eta^{2s}, \eta^{3s}, ...\eta^{(2^r-1)s}$ quadrieren, um ϱ zu finden.

Es existiert aber eine noch effizientere, auf eine Beobachtung von Shanks und Tonelli zurückgehende Methode, bei der nochmals bei der Konstruktion $\omega^2 = \delta^s * \delta$, nun aber in Form einer Iteration

$$\omega_0 = \delta^{(s+1)/2}\ ,\ \lambda_0 = \delta^s$$
$$\omega_k^2 = \lambda_k * \delta\ ,\ \lambda_k^{2^m} = 1$$
$$\omega_{k+1} = \omega_k * \left(\eta^s\right)^{2^{r-m-1}}\ ,\ \lambda_{k+1} = \lambda_k * \left(\eta^s\right)^{2^{r-m}}$$

Die Idee dieser Methode ist, im nächsten Iterationsschritt jeweils ein λ_k zu erzeugen, das eine kürzere Zykluslänge als sein Vorgänger aufweist. Zwangsweise wird bei dieser Kette irgendwann $\lambda_k = 1$ erreicht, womit ω_k dann automatisch die gesuchte Wurzel ist.

Der Startwert $\lambda_0 = \delta^s$ besitzt gemäß Konstruktion die Zykluslänge 2^r. In die Iteration geht der Startwert mit ein, d.h. für den nächsten Wert kommt nur einer der Teiler der Startwertzykluslänge in Frage. Die Iterationsformel liefert

$$\lambda_1^{2^{r-1}} = \lambda_0^{2^{m-1}} \left(\eta^s \right)^{2^{(r-m)+(m-1)}} = (-1)*(-1) = 1$$

Die Zykluslänge des Nachfolgers ist somit ein Teiler von 2^{r-1} und lässt sich in $(r-1)$ Schritten explizit bestimmen. Die Überlegung gilt sinngemäß für alle folgenden Schritte ebenfalls.

Mit Hilfe der berechneten Zykluslänge verifizieren wir nun den zweiten Iterationsschritt

$$\omega_1^2 = \omega_0^2 * \left(\left(\eta^s \right)^{2^{r-m-q}} \right)^2 = \lambda_0 * \delta * \left(\eta^s \right)^{2^{r-m}} = \lambda_1 * \delta$$

Auch hier gelten die Überlegungen in der gleichen Weise für die Folgeschritte. Nach höchstens r Schritten ist die Quadratwurzel gefunden. Damit wären alle Puzzleteile des Zahlkörpersiebs bereitgestellt.

12.6.6 Zusammenfassung

Wie schon eingangs bemerkt, existiert „ein Zahlkörpersieb" nicht. Obwohl es an komplizierten Formeln in diesem Kapitel schlimmer wimmelt als in anderen Kapiteln des Buches, ist vieles alles andere als exakte Mathematik, sondern mehr der Versuch, das praktisch realisierbare irgendwie auf die Theorie abzubilden. Dabei verirrt man sich auf eine ganze Menge wiederum recht komplexer Nebenkriegsschauplätze, die wiederum von Weichenstellungen im Gesamtkonzept abhängen. Ich habe hier versucht, auf beschränktem Raum eine Vorgehensweise zu beschreiben, die noch einigermaßen Chancen besitzt, im Rahmen der in diesem Buch betriebenen Mathematik verstanden zu werden. Auf Aufgaben habe ich in diesem Kapitel bewusst verzichtet; wenn Sie sich praktisch auch auf diesem Terrain bewegen wollen, muss ich Sie auf Spezialliteratur verweisen.

Hier kann man sich aufgrund der unterschiedlichen Varianten durchaus längere Zeit festlesen. Sehr viel Raum nimmt in den Untersuchungen zur Optimierung des Algorithmus die Auswahl eines geeigneten Polynoms ein. In der Praxis zeigt sich eine starke Abhängigkeit des Erfolges vom ausgewählten Polynom, was natürlich zu ausgedehnten theoretischen Betrachtungen Anlass gegeben hat, die Qualität einen Polynoms ohne langwierige Tests einschätzen zu können.

Andere Ansätze beschäftigen sich mit der Optimierung der Siebphase durch spezielle Hardware. Ein interessantes, bislang aber nur theoretische existierendes Modell geht von einem mit hoher Taktrate betriebenen Laserdiodenarray aus. Die Laserdioden werden zyklisch durch den Siebalgorithmus angesteuert. Statt nun die Logarithmen addieren und deren Summen auswerten zu müssen, misst eine Photodiode die Lichtstärke und registriert die Zustände oberhalb eines vorgegebenen Schwellwertes. Da hier viele Laserdioden gleichzeitig angesprochen haben, sind die diesen Zuständen entsprechenden Zahlen mit hoher Wahrscheinlichkeit faktorisierbar.

Ein anderes Problem wird zunehmend die Größe der Matrix, die zur Berechnung der Quadrate eingesetzt wird. Zwar ist der Siebschritt formal der geschwindigkeitslimitierende Schritt, jedoch kann der Auswand in der Praxis durch Parallelisierung wirkungsvoll begrenzt werden.

Bei größer werdenden Zahlen stößt die Lösung des linearen Gleichungssystems zunehmend an ihre Grenzen und droht, der zeitbestimmende Schritt zu werden. Eine Parallelisierung auch dieses Problems wird untersucht, ist bislang jedoch nur teilweise gelungen.

Alles in allem ist aber auch festzuhalten, dass die bisherigen klassischen Bemühungen, eine RSA-Verschlüsselung anzugreifen, aufgrund der geschätzten Komplexität nur akademisches Interesse besitzen. Die Verschlüsselung kann bislang alldem problemlos entkommen.

12.7 Elliptische Kurven

Die Faktorisierungsmethode mit Hilfe elliptischer Kurven nimmt die Überlegungen zu Pollards Algorithmus auf einer anderen mathematischen Struktur wieder auf und schließt somit den Kreis zum Beginn dieses Kapitels. Wir können die Ausführungen daher knapp halten.

Wir erinnern uns: ist $n = p * q$, dann ist nach dem Fermatschen Satz

$$a^{p-1} \equiv 1 \, (mod \, p)$$

und

$$ggt \, (a^{p-1} - 1, n) | n$$

Falls wir nicht gerade den trivialen Teiler 1 finden, ist n faktorisiert. Es kommt in der Praxis nur darauf an, möglichst effektiv den Potenzraum zu durchsuchen. Genau das versucht ja der Pollard-Algorithmus.

Die Einschränkung liegt allerdings darin, dass $(p-1)$ oder ein Vielfaches davon beim „Zielschießen" genau getroffen werden muss. Da die Potenzgeneratoren den gesamten Suchraum relativ grob rastern, eignet sich der Pollard-Algorithmus letztlich nur für relativ kleine Faktoren. Auf elliptische Kurven trifft diese Einschränkung nicht zu, oder genauer formuliert, für die einzelne elliptische Kurve schon, aber nicht für die Menge der elliptischen Kurven insgesamt. Nach dem Satz von Hasse gilt (Kapitel 8.6.5, Seite 257)

$$p + 1 - 2 \sqrt{p} \leq \# F(K) \leq p + 1 + 2 \sqrt{p}$$

Die Gruppengrößen streuen für verschiedene elliptische Kurven recht gleichmäßig im Hasseintervall, was bedeutet, dass man einen erfolglosen Versuch nach dem Pollard-Modell mit einer anderen Kurve wiederholen kann.

Die Vorgehensweise ist ähnlich wie beim Pollard-Algorithmus und geht auf Lenstra zurück. Man wählt eine beliebige nicht singuläre elliptische Kurve $y^2 \equiv x^3 + bx + c \, (mod \, n)$ und bestimmt einen Punkt $P(mod \, n)$ auf ihr. Außerdem wählt man eine Obergrenze K und berechnet sukzessive $Q_k \equiv k! \, P(mod \, n)$ für $2 \leq k \leq K$ sowie die Summe $P + Q_k(mod \, n)$. Hierbei sind folgende Fälle möglich:

a) Die Summe ist nicht erzeugbar. Das kann passieren, da eine elliptische Kurve $(mod \, n)$ keine Gruppe ist; die Gruppeneigenschaft gilt nur für Primzahlmoduln. Wenn Sie die Additionsformeln für Punkte prüfen (Kapitel 8.6.3 ab Seite 248), finden Sie dort eine Division, die nur bei Primzahlmoduln funktioniert und die Eigenschaft erklärt. In diesem Fall kommt man mit dieser Kurve nicht weiter und wählt eine andere.

b) $P + Q \equiv O(mod \, n)$, d.h. man findet den neutralen Punkt der Kurve. Auch dieses Ergebnis führt zu keiner brauchbaren Lösung und man versucht es mit einer anderen Kurve.

c) Man stößt auf ein Vielfaches der Gruppengröße von einem der Primfaktoren, d.h. es gilt

$$Q + P \equiv O(mod \, p) \quad \Leftrightarrow \quad x_P \equiv x_Q(mod \, p) \ \wedge \ y_P \equiv - y_Q(mod \, p)$$

$$Q + P \neq O(mod \, q) \quad \Leftrightarrow \quad x_P \neq x_Q(mod \, q) \ \vee \ y_P \neq - y_Q(mod \, q)$$

Tritt einer dieser Fälle ein, so ist

$$x_P \neq x_Q \ : \ ggt \, (x_P - x_Q, n) = p \notin \{1, n\}$$

$$x_P = x_Q \;\wedge\; y_P \neq y_Q \;:\;\; ggt\left(y_P + y_Q, n\right) = q$$

Die erste Prüfung ist für jeden errechneten Punkt durchzuführen, die zweite Prüfung nur bei gleichen x-Werten.

Wie beim Pollard-Algorithmus gelangt man bei den meisten elliptischen Kurven ans Ende der Rechnung, ohne einen Faktor gefunden zu haben. Da jede elliptische Kurve eine andere multiplikative Ordnung besitzt, hat man bei der Wiederholung mit einer anderen Kurve wieder die gleiche Chance, einen Faktor zu ermitteln. Ausgehend von der Hasse-Beziehung und der Obergrenze K für die Iteration liegt die Laufzeitordnung dieses Algorithmus bei

$$O\left(\exp\left(\log n \, \log\log n\right)\right)$$

und liegt daher in der gleichen Größenordnung wie das quadratische Sieb oder das Zahlkörpersieb. Gegenüber diesen Verfahren sind zwei Vorteile zu vermerken:

1. Die Theorie ist wesentlich einfacher als bei den beiden anderen Methoden, und in der Folge

2. ist das Verfahren außerdem überaus einfach parallelisierbar: man weist verschiedenen Maschinen einfach unterschiedliche elliptische Kurven zur Bearbeitung zu.

Die experimentelle Kunst liegt darin, „geschickt" passende elliptische Kurven und Punkte auf ihnen sowie die Obergrenzen K für die Auswertung zu definieren.

> **Aufgabe.** Verifizieren Sie mit Hilfe der Theorie der elliptischen Kurven die angegebenen Beziehungen. Implementieren Sie einen Algorithmus und führen Sie Versuche durch. Vergleichen Sie die Ergebnisse mit den Ergebnissen der anderen beiden Methoden.

In Praktikerkreisen wird gerne darüber diskutiert, welches Verfahren denn nun das effizienteste sei. Elliptischen Kurven gibt man häufig den Vorzug, weil der Skalierbarkeit auf viele Maschinen praktisch keine Grenzen gesetzt sind, während bei den anderen Verfahren an der einen oder anderen Stelle Flaschenhälse bei der Rechnung auftreten. Die Diskussion ist allerdings etwas esoterisch: für bestimmte speziell konstruierte Module hat man die Faktorisierung zwar bis in den 700-Bit-Bereich vorangetrieben, ist aber immer noch weit von der 1.024-Bit-Grenze der schwächsten RSA-Parameter entfernt.[278] Alle klassischen Verfahren sind weiterhin von exponentieller Ordnung in der Anzahl der Bits, d.h. Leute, die ihre Daten für so wichtig halten, dass andere sie unbedingt entschlüsseln möchten, können problemlos größere Module verwenden.

---

278 Wobei man der NSA oder den chinesischen Supercomputern auch gerne mehr unterstellt, ohne dafür aber wirklich belastbare Anhaltspunkte zu haben.

13 Quantencomputer

13.1 Allgemeines zu Quantencomputern

Seit Anfang der 1990er Jahre ist bekannt, das Quantencomputer über Fähigkeiten verfügen, die es erlauben, ***bestimmte*** Probleme wesentlich effektiver zu lösen als mit klassischen Computern. Das im letzten Satz besonders heraus gehobene Wort hat seinen Sinn: die Funktionsweise von Quantencomputern ist so völlig verschieden von der klassischer Computer, dass man mit Fug und Recht behaupten darf, die meisten Computerspezialisten haben keinerlei Ahnung von einem Quantencomputer.

Der Wortteil „Computer" wird deshalb in der Regel dahingehend missverstanden, dass man mit einem Quantencomputer alles machen könne wie mit einem klassischen Computer, nur schneller. Das ist zum Teil korrekt: man kann bestimmte Typen von Quantencomputern so betreiben, dass sie wie ein klassischer Computer arbeiten. Allerdings gehen dadurch sämtliche quantencomputerspezifischen Vorteile verloren: man wäre auch nicht viel schneller als mit einem Abacus und könnte sich gleichzeitig für die Dauer der Berechnungen in die Fürstensuite des teuersten Hotels der Welt einmieten, um vergleichbare Nebenkosten zu haben. Will man die Eigenschaften der Quantenwelt wirklich nutzen, muss man den Gedanken der Äquivalenz zu klassischen Computern erst einmal gründlich vergessen.

Ich kann in diesem Buch nur auf wenige Aspekte der Quanteninformatik eingehen. Wer es detailliert wissen möchte kann zu meinem in der Fußnote[279] genannten Buch greifen.

FUNKTIONSWEISE

Die Rolle eines Bit übernimmt auf Quantencomputern oder QC das Quantenbit oder Qbit. Wie ein Bit kann ein Qbit bei einer Messung den Wert 0 oder 1 annehmen. Was es vor der Messung – und auf diesen Begriff kommt es hier besonders an – macht, ist etwas völlig anderes. Ein Qbit kann nämlich so initialisiert werden, dass es die Werte 0 und 1 gleichzeitig beinhaltet und sich erst bei der Messung „entscheidet", welchen Wert es anzeigen soll. Wenn man ein Analogiebild verwenden will, stelle man sich ein Bit vor, das gerade mit so viel Spannung versorgt wird, dass es mit gleicher Wahrscheinlichkeit eine 0 oder 1 beinhaltet. Man kann nun damit Operationen durchführen und irgendwann durch eine Print-Operation prüfen, ob Anfangs eine Null oder eine Eins hinein geschrieben wurde. Bis zu dieser Print-Operation weiß man es als Nutzer nicht. Klingt ganz einfach, aber es gibt einen wesentlichen Unterschied zwischen einem Bit und einem Qbit, das in dieser Weise initialisiert wird. Wenn man geeignete Operationsfolgen auswertet, stellt man fest:

> ➤ Beim klassischen Computer erhält man eines der Ergebnisse, die man erhält, wenn man von vornherein das Bit mit einer 0 oder einer 1 initialisiert. Obwohl man nicht weiß, welcher Wert nun bei der Initialisierung eingestellt wird, liegt dieser nach der Initialisierung bereits fest.

> ➤ Beim Quantencomputer erhält man auch Ergebnisse, die sich nur erklären lassen, wenn das Qbit über den gesamten Zeitraum bis zur Messung den unklaren Zustand beibehalten hat. Erst zum Zeitpunkt der Messung und nicht bereits bei der Initialisierung entscheidet sich, welchen Wert das Qbit besitzt.

---

279 Gilbert Brands, Einführung in die Quanteninformatik, Springer Verlag

Diese Eigenschaft der Quantenmechanik wird landläufig so interpretiert, dass ein Quantencomputer „viele Rechnungen gleichzeitig ausführen" kann. Korrekter berechnet der QC eine Überlagerung oder Superposition vieler Möglichkeiten und liefert zum Schluss mit einer berechenbaren Wahrscheinlichkeit eines der möglichen Ergebnisse.

Ein Beispiel: 2 Qbits können wie normale Bits die Zustände 00 , 01 , 10 und 11 aufweisen. Sie seien so manipuliert, dass die Superposition

$$\phi = \frac{1}{\sqrt{5}}|00> + \frac{1}{\sqrt{5}}|01> + \sqrt{\frac{3}{5}}|10>$$

entstanden ist.[280] Misst man den aktuellen Zustand und wiederholt das komplette Experiment 100x, so findet man in 20 Messungen den Zustand 00, in weiteren 20 den Zustand 01 und bei den restlichen 60 den Zustand 10, während 11 nicht auftritt.

Die Unbestimmtheit in einem Qbit genügt aber nicht für die Berechnungen. Notwendig ist die Verschränkung der Qbits im Verlauf der Operationen. Betrachten wir als Beispiel zwei Qbits, die jeweils eine Superposition von 0 und 1 aufgeprägt haben. Beide werden bei einer Messung einen dieser Zustände mit der Wahrscheinlichkeit von ½ unabhängig voneinander aufweisen. Eine Verschränkung hebt die Unabhängigkeit der Qbits auf. Durch bestimmte Operationen kann man bewirken, dass zwar immer noch völlig unbekannt ist, in welchem Zustand sich die Qbits befinden, bei einer Messung aber korreliert sind: misst man bei einem Qbit eine 0, so hat das andere bei einer Messung immer eine 1 (oder 0), misst man eine 1, so verhält sich das andere entsprechend. Auch wenn man die Operationsfolge analysiert, stellt man fest, dass zwar immer noch bis zum Zeitpunkt der Messung der unklare Zustand weiter besteht, aber Ergebnisse, bei denen sich die Teilchen unabhängig voneinander verhalten haben, nun fehlen.

Ein Beispiel: betrachten Sie das vorhergehende Beispiel, das zur Erläuterung der Superposition dient. Es enthält bereits eine Verschränkung, d.h. ich habe ein wenig gemogelt, wenn ich nur von Superposition sprechen. Das linke Qbit tritt nämlich nur mit der Kombination 10, nicht aber mit 11 in Erscheinung.

Superposition und Verschränkung zusammen erlauben nun die Konstruktion von Algorithmen, die gewisse Probleme effektiver lösen können als klassische Computer (aber eben nicht alle). Die Verschränkung hat allerdings Konsequenzen: auf einem klassischen Computer kann man Bits, die nicht mehr benötigt werden, für andere Zwecke wiederverwenden; die Wiederverwendung eines Qbits entspricht aber einer Messung, d.h. die Unbestimmtheit des Zustands des anderen Teilchens wird dadurch aufgehoben und man erhält kein brauchbares Ergebnis mehr. Eine Wiederverwendung ist nur möglich, wenn man definitiv weiß, dass das Qbit den Wert 0 oder 1 besitzt und keine Superposition der Zustände. Für die Praxis resultiert daraus:

> Ein klassischer Computer kann mit einer 32 Bit- oder 64-Bit-CPU problemlos RSA-Verschlüsselungen mit 2.048 oder mehr Bits berechnen.

> Ein QC muss mindestens eine 2.048 Qbit-CPU besitzen, um das Gleiche zu machen, da er keine Qbits wiederverwenden kann.

Einfacher ausgedrückt: der klassische Computer kann zeitweise nicht benötigte Daten in den RAM oder auf die Festplatte auslagern, der QC muss sämtlich Daten vom Beginn der Rechnung bis zu deren Ende im CPU-Register speichern. Daraus resultieren naturgemäß einige technische Probleme.

---

280 Die Wurzeln folgen aus der Theorie und sollen nicht weiter interessieren.

ARTEN VON QUANTENCOMPUTERN

Es gibt drei Konstruktionsprinzipien von Quantencomputern:

1. den schaltkreisorientierten oder algorithmischen QC,

2. den Einweg-QC und

3. den adiabatischen QC.

(1) Der algorithmische QC operiert ähnlich wie ein klassischer Computer: das Register wird in einen dem Problem angepassten Superpositionszustand versetzt und dann schrittweise Verschränkungs- und normale Operationen durchgeführt, bis eine Messung mit einiger Wahrscheinlichkeit das gewünschte Ergebnis liefert. Das Schaltkreismodell erlaubt eine sehr genaue Steuerung der Operationen und ist derzeit das einzige, das Angriffe auf Verschlüsselungssysteme erlaubt.

(2) Beim Einweg-QC werden ausgehend von einem Initialzustand komplett verschränkter Qbits Messungen einzelner Qbits durchgeführt. Aufgrund der Verschränkung scheiden einige mögliche Endzustände aus, und wenn man aufgrund des Messergebnisses die weiteren Messungen sorgfältig auswählt, kann man ebenfalls schließlich ein Messergebnis bei den verbleibenden Qbits erwarten, das das Problem löst. Die Komplexität wird bei diesem Modell im Prinzip wieder auf den klassischen Computer zurück übertragen: anstatt Operationen auf den Qbits auszuführen, bekommt der klassische Computer ordentlich zu tun, um die weiteren Schritte zu planen.

Theoretisch besitzt ein Einweg-QC ein ähnliches Leistungsspektrum wie der Schaltkreis-QC, ist also ebenfalls prinzipiell geeignet, Verschlüsselungssysteme anzugreifen. Allerdings sind die praktischen Probleme (Bereitstellung des total verschränkten Zustands, Berechnung der Folgemessungen) deutlich größer als beim Schaltkreis-QC. Er ist daher derzeit nur ein theoretisches Modell, für das noch keine konkreten Algorithmen entwickelt wurden.

(3) Beim adiabatischen QC gestaltet man die Umgebung der Qbits so, dass die gesuchte Problemlösung den energetisch günstigsten Zustand darstellt. Füllt man das System mit Qbits und wartet hinreichend lange, ohne irgendetwas zu tun, werden die Qbits durch Energieaustausch mit der Umgebung genau diesen Zustand annehmen, so dass die Messung die Problemlösung liefert.

Es gilt inzwischen als theoretisch abgesichert, dass weder die Umgebung in geeigneter Weise gestaltbar noch eine hinreichend lange Wartezeit erreichbar ist, um diesen QC-Typ für Angriffe auf Verschlüsselungssysteme einzusetzen.

ANFORDERUNGEN AN EINEN GEEIGNETEN QUANTENCOMPUTER

Am weitesten entwickelt sind adiabatischen QC, die anscheinend die 1.000 Qbit-Grenze erreicht haben (Stand 2016). Ihr Einsatzbereich ist vorzugsweise die Berechnung von Oberflächeneigenschaften, was für die Konstruktion noch leistungsfähigerer klassischer Computer und Festplatten sowie einige andere HighTech-Bereiche wichtig ist. Das erklärt das große Interesse von Konzernen wie Google und MicroSoft für diese Technik.

Leider wird die 1.000 Qbit-Grenze der adiabatischen QC in den öffentlichen Medien oft als K.O.-Kriterium für die Verschlüsselung missbraucht. Die Anzahl der Qbits mit entsprechendem Finanz- und Forschungseinsatz bei dieser recht gut beherrschbaren Technik in Bereiche voran zu treiben, die formal den Verschlüsselungsalgorithmen gefährlich werden können, könnte in den nächsten 10-15 Jahren durchaus möglich sein. Die Trommel wird in dieser Richtung in der Öffentlichkeit recht kräftig geschlagen, aber die Fachleute hüten sich – aus welchen Gründen auch immer – darauf hinzuweisen, dass dieser QC-Typ ungeeignet ist.

Bei algorithmischen QC liegt ein völlig anderes Bild vor: um das Jahr 2000 wurde ein praktischen Funktionsnachweis an einem 7-Qbit-System erbracht[281], und 15 Jahre später ist man bei 14 verschränkten Qbits angelangt, allerdings noch ohne Funktionsnachweis. Für einen Angriff auf eine 2.048 Bit-RSA-Verschlüsselung wäre aber ein Quantencomputer mit mindestens 4.000 Qbit notwendig, und da jedem Fachmann klar ist, dass man in der Größenordnung ohne Quantenkorrektur nicht mehr weiterkommt, steigert sich die Anforderung auf deutlich mehr Qbits, je nachdem welche Fehler man wie häufig korrigieren muss.

QUANTENKORREKTUR

Quantensysteme sind sehr kurzlebig. Man kann sie nur schwer von der Umgebung isolieren, so dass es immer wieder zu Wechselwirkungen kommt, die den Quantenzustand zerstören, und selbst gut isolierte Quantenbits, die sich in einem höheren Energiezustand befinden, zerfallen nach einiger Zeit spontan. Im Grunde ist das eine andere Version des bekannten radioaktiven Zerfalls, d.h. die Integrität eines genügend großen Quantensystems nimmt exponentiell mit der Zeit ab, und selbst gute Algorithmen führen zu nichts, wenn sie so viel Ausführungszeit benötigen, dass bis zur finalen Messung längst der exponentielle Zerfall des Systems die Führung übernommen hat.

Die Lösung heißt Quantenkorrektur und wird als Aufhebung der Probleme gefeiert, weshalb einige Anmerkungen dazu angebracht sind. Eine Quantenkorrektur ist gewissermaßen eine demokratische Abstimmung mehrerer Qbits darüber, welcher Zustand der korrekte ist. Es existieren eine ganze Reihe verschiedener Korrekturverfahren. Im klassischen Verfahren wird das Rechen-Qbit mit zwei Kontroll-Qbits verschränkt, wobei die Verschränkung nicht bereits zu Beginn erfolgt, sondern erst zu Beginn des Zeitintervalls, für das man die Korrektur durchführen will. Das erlaubt es, die benötigte Gesamtzeit in mehrere Intervalle zu unterteilen, die jeweils mit eigenen frischen Kontroll-Qbits ausgestattet werden, so dass rein formal die Rechenzeit beliebig gedehnt werden kann. In anderen Verfahren kontrolliert ein Kontroll-Qbit 2 Rechenqbits, die ihrerseits die Hilfe von 2 Kontroll-Qbits in Anspruch nehmen.

Die Rechnung lässt man zeitlich nun nur so lange laufen, dass mit hoher Wahrscheinlichkeit mindestens zwei der Qbits noch im korrekten Zustand sind, ohne dass man allerdings weiß, welche das nun sind. Die Qbits werden nun erneut verschränkt, wobei zwei Methoden genutzt werden können:

1. Das Rechen-Qbit ist aufgrund der zweiten Verschränkung auf jeden Fall im richtigen Zustand; falls ein Fehler eingetreten ist, ist der nun auf einem der Kontroll-Qbits. Messen darf man diese aufgrund der Verschränkung nicht. Sie sind verbraucht und laufen bis zum Ende der Gesamtrechnung mit. Für mehrere Korrekturen benötigt man daher entsprechend viele Qbits zusätzlich.

2. Nach der zweiten Verschränkung werden die Kontroll-Qbits gemessen, wobei das Messergebnis nun bekannt ist, ob das Rechen-Qbit in Ordnung oder ein Fehler eingetreten ist. Mit dieser Methode kann man auch erkennen, ob der Fehler im Kontroll-Qbit und gar nicht im Rechenqbit vorliegt. Ist der Fehler bekannt, kann man entsprechende Korrekturoperation ausführen. Der Zustand des Qbits wird dabei nicht bekannt, so dass diese Ope-

---

281 Faktorisiert wurde die Zahl 15, allerdings nicht direkt. Man verwendete ein Molekül als Quantencomputer, wobei allerdings das Problem auftritt, dass man die Verschränkung hier nicht abschalten kann (sonst ist eher deren Realisierung das Problem). Das muss man aber, wenn der Algorithmus korrekt ablaufen muss. Der Trick bestand darin, unter Kenntnis des gesuchten Ergebnisses auszurechnen, wie das Messergebnis aussieht, wenn man mit der Unzulänglichkeit leben muss. Genau dieses Messergebnis fand man auch, was aber auch bedeutet, dass man ohne vorherige Kenntnis dessen, was man eigentlich erste berechnen will, auf diesem Weg nirgendwo hin kommt.

ration zulässig ist. Aufgrund der Messung wird die Verschränkung aufgehoben, und die Kontroll-Qbits können nach erneuter Initialisierung wiederverwendet werden.

Diese Korrektur gilt für eine Fehlerart. In Quantensystemen treten allerdings zwei Fehlerarten auf, was bedeutet, dass jedes der Qbits wiederum durch zwei weitere Kontroll-Qbits gegen einen Fehler der anderen Art abgesichert werden muss, was für ein vollständige Korrektur im klassischen Modell zu 8 Kontroll-Qbits pro Rechen-Qbit führt, im anderen Modell bleibt es bei dem 1:1-Verhältnis.

Ein weiterer Schritt ist die Abkehr vom einzelnen Rechenqbit hin zum logischen Qbit, das aus einem ganzen Ensemble von Qbits besteht. Rein formal ist damit die Zeitgrenze, die durch den Zerfall des Quantensystems ohne Korrektur besteht, aufgehoben, allerdings zu Lasten einer Inflation der notwendigen Qbits und der Rechenzeit.

STAND DER TECHNIK

IBM hat 2015 die Entwicklung eines Chips bekannt gegeben, der in einer Einheit 5 Qbits umfasst und damit Quantenkorrekturen erlaubt (Abbildung 13.1, formal dem klassischen Korrekturmodell ähnlich). Zwar kann man viele dieser Einheiten auf einem Wafer unterbringen, jedoch erlaubt das veröffentlichte Design möglicherweise noch keine Wechselwirkung solcher 5-Qbit-Einheiten untereinander, was aber für verschränkende Operationen zwingend notwendig ist.

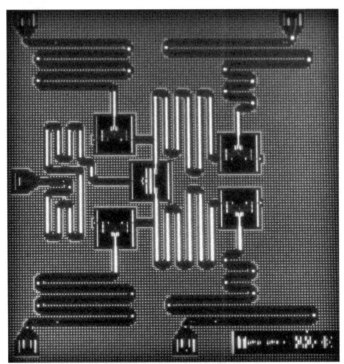

Abbildung 13.1: IBM-Quanten-Chip, © IBM 2016

Die Technik ist daher noch weit von irgendeiner Nutzbarkeit entfernt. Spinnen wir die Idee trotzdem einmal optimistisch weiter und betrachten eine 5-Qbit-Einheit als korrigiertes Daten-Qbit, das über eine Quantenkorrektur beliebig lange in einem korrekten Zustand gehalten werden kann.[282] Nehmen wir weiter an, dass es gelingt, Verschränkungen zwischen benachbarten korrigier-

---

282 Das Modell ist meine eigene Vorstellung; möglicherweise verfolgen die Ingenieure von IBM auch ganz andere Strategien.

ten Qbits zu realisieren. Eine denkbare Architektur besteht dann aus einem Gitter von solchen kor-
rigierten Qbits, wobei jedes Datenqbit mehrere Qbits im Zustand 0 als Nachbar aufweist. Um eine
Verschränkung weit entfernter Qbits zu realisieren, wäre folgende Kette notwendig (siehe auch Kapitel 13.2):

1. Kopie des Qbits auf das freie Nachbar-Qbit

2. Löschen des Qbits mit Hilfe der Kopie. Das Qbit ist nun um eine Zelle verschoben.

3. ... wiederholen dieses Prozesses, bis das Ziel-Qbit erreicht ist ...

4. Verschränken der beiden Qbits.

5. ... ggf. verschieben des Qbits an eine Stelle, die andere Transporte nicht verhindert.

Daten-Qbits werden in diesem Modell wie Container in einem Hafen hin- und hergeschoben, wobei das Modell noch relativ überschaubar bleibt. Im anderen erwähnten Model hat ein logisches
Datenqbit bereits die Form (offene Kreise sind Datenqbits, gefüllte Kontroll-Qbits, die Kreuze definieren zwei verschiedene Arten von Korrekturen)

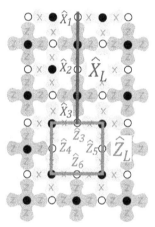

Abbildung 13.2: logisches Qbit

und eine Verschränkung zweier Daten-Qbits erfordert ein zweistufiges Wandern der zentralen quadratischen Qbit-Einheit um die andere in der Form

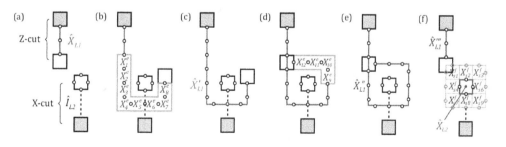

Abbildung 13.3: CNOT - Operation

Die Diagramme sollen nur die Komplexität der Operationen verdeutlichen und werden im Detail
nicht näher erläutert (siehe beispielsweise https://arxiv.org/abs/1208.0928).

Abgesehen vom IBM-Chip existiert alles mehr oder weniger nur auf dem Papier (zumindest ist öffentlich außer dem IBM-Chip nichts bekannt). Trotzdem schlägt die Euphorie hohe Wellen, und man darf sich in Medienberichten Unfug wie

> *Ein Quantencomputer mit lediglich 50 logischen Qbits würde laut IBM jede Kombination aus Superrechnern der gegenwärtigen TOP-500-Liste übertreffen.*

anhören. Eine solche Aussage ist völliger Schwachsinn, so lange niemand sagt, auf welches Problem sie sich bezieht. Trotzdem tut in Kryptologiekreisen jeder so, als sei RSA spätestens 2018 Verschlüsselungstechnik von gestern, und ab 2020 könne man einen QC für den privaten Gebrauch beim Elektronik-Discounter erstehen. Erst wenn man die Leute in die Ecke drängt, bekommt man zu hören: „Der Erwartungshorizont für funktionierende QC dürfte 2100 oder 2200 sein" (Anton Zeilinger).

Halten wir fest: ein Schaltkreis-QC muss zwei Probleme meistern, um für Verschlüsselungsalgorithmen zum Problem zu werden:

1. Er muss hinreichend viele Qbits bereit stellen. Derzeit ist man von brauchbaren Anzahlen in der Praxis noch um einen Faktor > 10.000 entfernt.

2. Er muss hinreichend viele Operationen überleben. Theoretisch liegt die Obergrenze der Lebensdauer der als aussichtsreich eingeschätzten Quantensysteme ohne Korrektur bei ca. 1 Sekunde, was ca. 10^{14} Operationen ermöglichen und theoretisch sogar für Angriffe auf RSA mit kleineren Moduln genügen sollte. Bleibt das so, wenn man Korrektur, Logistik und die Möglichkeit der klassischen Verschlüsselung, die Schlüsselgröße massiv zu erhöhen, berücksichtigt.

Wir lassen diese Zahlen jetzt erst einmal so stehen und kommen in Kapitel 13.4 auf eine Abschätzung zurück. Zuvor runden wir die Kenntnisse erst einmal damit ab, wie ein Quantencomputer arbeitet, denn auch da vagabundieren viele falsche Vorstellungen durch die Landschaft.

13.2 Algorithmen

Um einen Quantencomputer effektiv einzusetzen, darf man ihn nicht so betreiben wie einen klassischen Computer. Grundsätzlich sind viele Algorithmen zwar 1:1 übertragbar, aber damit wäre keine Geschwindigkeitssteigerung verbunden.

Machen wir uns zunächst mit der Arbeitsweise eines QC vertraut. Zunächst ist eine vollständige Reversibilität der Rechnung notwendig. Liegt beispielsweise eine Variable $|x\rangle$ und ein leeres Register $|0\rangle$ vor und der Quantencomputer berechnet

$$|x\rangle|y=f(x)\rangle$$

so hängt das weitere Vorgehen davon ab, wie die Funktion $f(x)$ beschaffen ist. Existiert eine eindeutige Umkehrfunktion $x=f^{-1}(y)$, so kann diese genutzt werden, um das erste Register zu löschen

$$|0 = x - f^{-1}(y)\rangle\,|y\rangle$$

Dieses kann im weiteren Verlauf für neue Berechnungen genutzt werden, weil es nun einen definierten Zustand besitzt und keine Verschränkung mehr mit dem anderen Register vorliegt.[283] Existiert keine eindeutige Umkehrfunktion, muss $|x\rangle\,|y\rangle$ festgehalten und für weitere Rechnungen ein neues Register verwendet werden, d.h. im nächsten Schritt wird mit

$$|x\rangle\,|y\rangle\,|0\rangle$$

weitergearbeitet. Die Reversibilität ist in solchen Fällen dadurch gegeben, dass man das zweite Register durch

$$|x\rangle\,|0 = y - f(x)\rangle$$

wieder löscht. Beispiele für umkehrbare Operationen sind Addition oder Multiplikation, nicht umkehrbar sind beispielsweise AND- oder OR-Verknüpfungen.

Die Notwendigkeit der Reversibilität geht aus dem Verschränkungsprinzip hervor: könnte man die Operationsfolge nicht wieder rückgängig machen, wäre irgendwo eine Messung versteckt. Beispielsweise ist für eine **if**-Verzweigung eines Auswertung eines Ausdrucks notwendig. Ein QC kann daher solche Verzweigungen nicht in dem Sinn ausführen, dass zwischen unterschiedlichen Operationsfolgen ausgewählt wird, er kann aber beide Operationsfolgen ausführen und beide Zweige miteinander verschränken. Liegt die Bedingung beispielsweise auf dem Qbit Q_1 vor und sollen zwei andere Qbits entweder addiert oder subtrahiert werden, werden die Operationen

$$Q_2 = CADD(Q_1, Q_2 + Q_3)$$
$$Q_2 = CADD(\neg Q_1, Q_2 - Q_3)$$

ausgeführt, und das Ergebnis enthält eine Überlagerung beider Ergebnisse entsprechend des Zustands von Q_1.[284]

Nur unter Berücksichtigung dieser besonderen Funktionsweise eines QC kann man sich an die Konstruktion von Algorithmen machen, die effektiver sind als Algorithmen auf klassischen Computern. Derzeit existieren zwei verschiedene Quantenalgorithmen, die geeignet sind, Angriffe auf Verschlüsselungssysteme zu machen.

GROVER-ALGORITHMUS

Der erste Algorithmus entspricht einem klassischen Suchalgorithmus. Man berechnet einen Funktionswert und vergleicht mit dem Zielwert

$$|x\rangle\,|y = Z - f(x)\rangle$$

Ist Z beispielsweise eine Verschlüsselung, $f(x)$ die Verschlüsselungsfunktion und das Ergebnis 0, so hat man den gesuchten Schlüssel x gefunden. Der klassische Computer muss alle möglichen Werte für x einzeln ausprobieren, der Quantencomputer kann alle möglichen Werte als Superposition gleichzeitig ausprobieren. Aber dabei kommen auch alle Ergebnisse gleichzeitig heraus. Wie erkennt man das gesuchte?

---

283 Man kann das Register auch einer Messung unterziehen. Wenn dabei nicht der Zustand 0 gemessen wird, ist das Quantensystem zerfallen und weitere Operationen sinnlos.

284 Wäre Q_1 im Zustand ½, würde der klassische Computer nach wie vor Q_2 enthalten. Der QC liefert aber bei Messungen jeweils die Summe oder die Differenz mit gleicher Wahrscheinlichkeit. Dieses Beispiel zeigt, dass man mit Kenntnissen des klassischen Computers beim QC nicht sehr weit kommt

Dazu muss man näher auf die Art, wie ein QC rechnet, eingehen. Betrachtet man alle Qbits als Komponenten eines Vektors, so lassen sich alle zulässigen Quantenoperationen durch die Multiplikation dieses Vektors mit einer unitären Matrix beschreiben. Man kann die Initialisierung und Rechnung nun so aufbauen, dass der Vektor formal seine Richtung umkehrt, wenn der korrekte Wert x_s verwendet wird.

$$A * | x_s \rangle = | -x_s \rangle$$
$$A * | x \rangle = | x \rangle \ , \ | x \rangle \neq | x_s \rangle$$

Bei einer Messung könnte man den gesuchten Wert so leicht erkennen, allerdings ist die Wahrscheinlichkeit, dass man ihn misst, nicht größer als ein Versuch auf dem klassischen Computer. Es ist also noch mehr notwendig.

In einer weiteren Operation wird der komplette Qbit-Vektor an seinem Mittelwert gespiegelt. Das führt dazu, dass die Wahrscheinlichkeit, x_s zu messen, nun etwa doppelt so groß ist wie zuvor, während die Wahrscheinlichkeit der Messung anderer Werte leicht sinkt. Wiederholt man nun die erste Operation, wird der bereits vergrößerte Vektor x_s wieder umgekehrt und legt bei einer erneuten Spiegelung am Mittelwert nochmals an Größe zu. Nach insgesamt $O(\sqrt{N})$ Durchläufen kann man x_s sicher messen, was gegenüber $O(N)$ Versuchen eines klassischen Computers schon ein erheblicher Fortschritt ist.

Allerdings: Verschlüsselungsalgorithmen kann man ohne Probleme dahin bringen, 10^{100} mögliche Schlüssel zu beinhalten. Eine Reduktion des Problems auf $10^{50} = 2^{166}$ lässt nur begrenzte Freude aufkommen. Hinzu kommt noch, dass ein QC auf ca. 10^{14} Operationen beschränkt ist. Danach nimmt die Wahrscheinlichkeit, noch etwas Brauchbares zu messen, exponentiell ab. Algorithmus 1 ist damit zwar theoretisch in der Lage, schneller als ein klassischer Computer zu einem Ergebnis zu kommen, für die Praxis aber völlig untauglich.

SHOR-ALGORITHMUS

Ist das Prinzip des Grover-Algorithmus schon recht schwer verdaulich für Kenner klassischer Computer, legt der Shor-Algorithmus noch einmal zu. Mit ihm wird nicht nach bestimmten Werten gesucht, sondern nach periodischen Ereignissen. Periodische Ereignisse haben wir im Rahmen der Modulrechnung aber zur Genüge.

Ausgangspunkt des Algorithmus ist die Berechnung

$$| x \rangle | y \equiv m^x (mod N) \rangle$$

mit einem zufällig gewählten festen m und einem aus allen Möglichkeiten durch Superposition gebildeten x. Misst man y, so erhält man das dazu gehörende x. Alle $x' = x + k * \phi(N)$ ergeben das gleiche y, und mit der Kenntnis von ϕ hätte man das Problem bekanntlich gelöst. Eine erneute Messung nützt allerdings nichts, denn man würde ein anderes y erhalten und hätte damit keine brauchbare Relation zwischen den Exponenten.

Hier kommt nun ein weiterer Kniff hinzu, der nur auf dem Quantencomputer zur Verfügung steht: man vergisst den uninteressanten Wert y (→ man kann darauf verzichten, ihn zu messen) und unterzieht den x – Vektor vor der Messung einer Fouriertransformation. Anstelle einen der zu y passenden x – Werte in einer Messung zu präsentieren, erhält man nun einen der Abstände oder Frequenzwerte, mit denen verschiedene x auf das gleiche y führen. Sofern die Messung wiederholt wird, erhält man Messungen mit dem gleichen Aussagegehalt, so lange das gleiche m verwendet wird.

Welcher Aufwand entsteht nun insgesamt bei dieser Vorgehensweise?[285] Hat unsere Zahl $n = ld(N)$ Bits, so benötigt man für die modulare Exponentiation auf dem Quantencomputer ca. $2*n$ Qbits. Die modulare Exponentiation erfordert $O(n^3)$ Operationen. Ohne Fehlerkorrekturen ist bei den in der Praxis auftretenden Größen von n allerdings so selten ein sinnvolles Ergebnis zu erwarten, dass der Algorithmus nicht viel besser ist als die in den vorhergehenden Kapiteln diskutierten klassischen Angriffsverfahren. Fehlerkorrektur führt jedoch je nach Modell zu einer Inflation der Qbits und der Rechenzeit (siehe Kapitel 13.4).

Nicht jeder QC-Lauf liefert ein brauchbares Ergebnis: der gemessene Frequenzwert kann ungünstig sein, auch das eingesetzte m kann sich als schlechte Wahl erweisen. Ähnlich wie bei Rabin-Miller-Primzahltest ist die Wahrscheinlichkeit, aus einem dieser Gründe die Messung wiederholen zu müssen, aber von N unabhängig, muss also in einer Erfolgsprognose nicht weiter berücksichtigt werden.

An den QC-Lauf schließt sich noch eine Auswertung auf einem klassischen Computer an, die ebenfalls einen Aufwand von $O(n^3)$ verursacht. Der Gesamtzeitaufwand für einen Angriff mit dem Shor-Algorithmus bei $O(n^3)$. Er ist damit von polynomial Ordnung und wird deshalb gegenüber den in den vorhergehenden mathematischen Angriffsverfahren, die eine exponentielle Laufzeitordnung in den Bits aufweisen, als starke Gefährdung der Public-Key-Systeme eingeschätzt. Die kubische Zeitabhängigkeit wird in den Medien allerdings auch gerne unterschlagen – zu Unrecht, wie noch gezeigt wird.

13.3 Angriffsmöglichkeiten in der Praxis

Für einen Angriff auf Public-Key-Systeme kommt nach derzeitigem Kenntnisstand nur der Shor-Algorithmus in Frage, da der Grover-Algorithmus mit seiner Verbesserung auf $O(\sqrt{N})$ bei der Größe der verwendeten Zahlen leicht auszuhebeln ist, selbst wenn es möglich wäre, einen Quantencomputer zu bauen, der eine entsprechende Anzahl von Operationen durchhält.

> Beispiel: der AES wäre ein Kandidat für einen Angriff mit dem Grover-Algorithmus.
> AES verwendet man meist mit 128 Bit-Schlüssel, weil die 64 Bit des alten DES auf
> klassischen Computern heute durch klassische Computer geknackt werden können.
> Für den Grover hätte ein 128 Bit AES aber „nur" die Sicherheit von 64 Bit. Viele Anwendungen verwenden aber bereits heute 256 Bit-AES-Schlüssel, ohne dass das zu
> technischen Problemen führt. Damit wäre der Grover aber ebenfalls wieder auf 128
> Bit zurück gestellt und ein Angriff aussichtslos.

KLASSE 1 UND KLASSE 2 - VERFAHREN

Der Shor-Algorithmus stellt, wie viele klassische Verfahren, die in den letzten Kapiteln diskutiert wurden, primär einen Angriff auf das RSA-Verfahren (Klasse 2) dar. Die Verfahren lassen sich aber so erweitern, dass sie auch auf den diskreten Logarithmus (Klasse 1) oder elliptische Kurven anwendbar sind. Die QC-Variante für den diskreten Logarithmus oder die elliptischen Kurven ist

---

285 Eine detaillierte Diskussion des Algorithmus und des Aufwands finden sich im in der Fußnote auf Seite 490 angegebenen Buch.

zwar nicht so effektiv wie die RSA-Variante, aber immer noch von polynomialer Komplexität in den Bits des Moduls und nicht mehr exponentieller.

Die potentielle Möglichkeit, mit Quantencomputern tatsächlich in die Verschlüsselung einbrechen zu können, hat dazu geführt, dass heute vielfach die Ansicht besteht, dass kein bisheriges asymmetrisches Verschlüsselungsverfahren noch länger als einige Jahre der QC-Entwicklung widerstehen könne und relativ kurzfristig neue Verfahren entwickelt werden müssen. Diese Ansicht verstärkt sich gewissermaßen durch eine Eigenresonanz:

- Die Forschung speziell an Systemen, die für Quantencomputer geeignet sind, ist teuer. Gleichzeitig schwinden die Mittel für reine Grundlagenforschung. Die Forscher müssen Begründungen für die weitere Finanzierung liefern, und einer der Gründe sind mögliche Angriffe auf Verschlüsselungssysteme.

- Die oft politischen Geldgeber verstehen weder die Kryptografie noch die Quantencomputertechnik und interpretieren die Begründungen für weitere Forschungsgelder als bereits eingeschränkt mögliche Angriffsmöglichkeiten.

- Die Forscher korrigieren diese Interpretation nicht, sondern liefern „Fortschritte" minimalster Art, die zwar nicht zielführend sind, aber so dargestellt werden.

- Die Geldgeber wiederum interpretieren diese Zwischenergebnisse unter Zugrundelegen der klassischen Computertechnik als unmittelbar bevorstehenden Durchbruch und geben weiteres Geld.

- Die Forscher widersprechen dem nicht, um den Geldfluss nicht zu gefährden, und erzielen weitere Fortschritte.

- ...

Im Prinzip wird in der Öffentlichkeit nur das gelesen, was in einen Artikel geschrieben wurde, aber nicht beachtet, was nicht geschrieben wird. Stillschweigend wird in der Regel beispielsweise unterschlagen, dass

a) die klassische Technik problemlos auf 8.192 oder 16.384 Bit aufrüsten könnte, was auch schon bei polynomialer Steigerung des Aufwands mit der 3. Potenz einen gewaltigen Mehraufwand bedeutet, und

b) bislang mehr oder weniger der Angriff auf Verschlüsselungssysteme die wesentliche Motivation in der Informatik zum Bau eines QC darstellt. Für eine begrenzte Anzahl anderer Anwendungsgebiete wären Quantencomputer zwar hilfreich, aber bislang nicht so bedeutend, dass man sich aus Kostengründen nicht auf klassische Verfahren beschränken könnte.

KLASSE 3 – VERFAHREN

In dieser Klasse wird zwar weiterhin modular gerechnet, jedoch sind keine periodischen Ereignisse nutzbar, so dass nur der Grover-Algorithmus nutzbar ist, was von den Entwicklern solcher Verfahren als hinreichend für die QC-Sicherheit angesehen wird.

13.4 Gesamteinschätzung des Gefährdungspotentials

2016 zogen eine Reihe bekannter Kryptologen durch die Lande und verkünden *„RSA is dead, ECC is dead"* (gilt wohl auch für einige Jahre davor und wohl auch danach). In weniger als 10 Jahren soll nach ihren Darstellungen die heutige Verschlüsselungstechnik Vergangenheit sein. Da es sich um bekannte Wissenschaftler mit einer Vielzahl von Veröffentlichungen handelt, wird das mehr oder weniger ohne Widerspruch für bare Münze genommen.[286]

Wenn man sich die Argumentation „RSA is dead" genauer anschaut, dürfte es sich wohl eher um einen zweckgebundenen Wunschtraum als in naher Zukunft zu erwartende Realität handeln. Beispielsweise beinhalten die Vorträge die ausdrückliche Benennung des Grover-Algorithmus als Gefährdung, was schon insofern verwunderlich ist, als man dem Grover immer entkommen kann und dieses Argument von den gleichen Leuten verwendet wird, um ihre eigenen QC-sicheren Algorithmen anzupreisen.

Doch vergleichen wir einmal die konkrete Technik mit diesen Aussagen. Wenn die IBM-Technik dem aufgezeigten Arbeitsmodell folgt, bleibt die Anzahl der zu implementierenden Qbits überschaubar. Für einen 2.048 Bit RSA benötigt man ca. 4.000 Zellen zu je 5 Qbits, und auch wenn auf einen 16.384 Bit RSA gewechselt wird, sind 35.000 Zellen wohl immer noch kein unüberwindliches Problem. Allerdings ist diese Technik nicht zu 100% fehlerresistent, oder anders ausgedrückt, die Halbwertszeit, mit der das Quantensystem dekohärent wird, wird nur verlängert. Die Frage ist: um welchen Betrag? Mit Korrektur steigt die Anzahl der Operationen naturgemäß an, und die größere Bitanzahl erfordert gleich die 500-fache Rechenzeit aufgrund der kubischen Zeitordnung. Skaliert das System dann noch? Und wie lange dauert die Rechnung insgesamt? Um diese Fragen zu beantworten, wird man wohl die nächste(n) Entwicklungsstufe(n) abwarten müssen.

Einfacher fällt eine Bewertung beim zweiten Modell mit logischen Qbits, das formal 100%-fehlertolerant konstruierbar ist. Für 2.048 Bit RSA werden in diesem Modell allerdings gleich 10^9 Qbits benötigt, und der Quantencomputer wäre theoretisch ca. 1 Tag mit der Aufgaben beschäftigt. Die Autoren räumen aber auch gleich ein, dass die Steuerungscomputer die Schaltzeiten nicht realisieren können und real die Zeit daher bei 15 Tagen liegt. Eine sich mit der Realisierung beschäftigende Arbeit, die ähnlich dem IBM-Modell auch Schaltkreisentwürfe beinhaltet, kommt auf ca. 6 Monate Rechenzeit und schätzt das Optimierungspotential durch die technische Weiterentwicklung auf den Faktor 10 ein, womit die Faktorisierung ebenfalls wieder beim Zeitfenster 15 Tage angekommen ist. Der zu bauende Quantencomputer hätte bei 10^9 Qbit allerdings die Größe von ca. 1 ha, was etwa zwei Fußballfeldern entspricht. Selbst bei einer Verbesserung um den Faktor 100 wäre man immer noch bei einem Chip der Größe $10*10 \text{ m}^2$, was immer noch eine mächtige Hausnummer ist. Theoretisch sollte die Hardware selbst in solchen Größen skalierbar sein, aber ist sie das wirklich? Gar nicht berücksichtigt wird die klassische Computertechnik, die immerhin 10^9 Qbits im 25 – 250 µsec-Raster kontrollieren müsste, um im nächsten Schritt die richtigen Operationen durchzuführen. Die dazu notwendige Hardware ist mit Sicherheit ein zu berücksichtigende Kostenfaktor, und die Skalierung auf diese Größenordnung wäre auch keine Aufgabe, die nebenbei zu erledigen ist, immer vorausgesetzt, ein Quantencomputer skaliert in dieser Größenordnung und bei diesen Rechenzeiten tatsächlich und fällt nicht zwischendurch der Dekohärenz zum Opfer. Selbst wenn alles gelingt (die Autoren schätzen ihre Prognosen als „sehr ermutigend für den Bau eines QC" ein), steht immer noch die Vergößerung des Schlüsselbereiches im Raum. Aus den 15 Tagen

---

[286] Und wenn Widerspruch kommt, wie vom Autor dieses Buches und einiger seiner Kollegen, wissen sie die Kritik bislang erfolgreich zu unterdrücken.

beim 2.048 Bit RSA werden nämlich 21 Jahre beim 16.384 Bit RSA. Selbst die NSA dürfte spätestens dann die Lust an solchen Verfahren verlieren.

Auch wenn somit noch Unsicherheiten bezüglich des ersten angesprochenen Modells im Raum stehen, die Wahrscheinlichkeit, dass *„Author A is dead, Author B is dead"* statt *„RSA is dead, ECC is dead"* die nähere Zukunft beschreibt, ist doch recht hoch.

13.5 Gibt es auch andere Optionen?

Aber gehen wir abschließend mal davon aus, dass sich doch was tut. Kleine Quantencomputer werden mit einiger Sicherheit gebaut werden, weil außer den Kryptologen auch die Quantenchemiker großes Interesse an einer solchen Maschine haben. Allerdings liegen deren Erwartungen derzeit bei ca. 100 Qbit, was in naher Zukunft durchaus realistisch ist. Das ist allerdings kaum 1% dessen, was die Kryptologen benötigen, und ob das Loch zu stopfen ist, hängt sicher auch von dem Geschmack ab, den die Chemiker an der Sache bekommen. Ausschließen kann man das langfristig sicher nicht.

Quantensichere Verfahren der Klasse 3 sind andererseits auch bereits eine Weile in der Entwicklung und Erprobung. Wenn allerdings das NIST bei seiner Evaluation die Position „nehmen wir uns in den nächsten 10 Jahren einmal nicht allzu viel vor" vertritt, ist man sich anscheinend noch nicht so ganz sicher, ob das alles wirklich Bestand hat oder nicht doch irgendjemand ein Kaninchen aus dem Mathe-Hut zaubert, die auch diese Verfahren torpediert.

Was kann man sonst noch unternehmen? Egal, wie es kommt, man kann davon ausgehen, dass man eine Reihe von Verfahren zur Auswahl hat, die in der Zeit T_a mit klassischen oder Quantenmitteln gebrochen werden können, in dieser Zeit allerdings sicher sind. Besteht die Anforderung von Alice und Bob darin, dass die Information für eine Zeit T_g vertraulich bleiben muss, können sie das erreichen, indem sie $k = T_g / T_a$ Schlüssel konsekutiv vereinbaren. Sie konstruieren dazu k Public Key Schlüsselpaare, die sie aber nicht öffentlich tauschen, sondern jeweils mit dem vorhergehenden Schlüssel verschlüsselt austauschen. Angreifer Eve muss die Zeit T_a investieren, um den ersten privaten Schlüssel zu ermitteln, und erst wenn sie diesen kennt, erlangt sie Kenntnis vom zweiten Public Key und kann sich daran machen, diesen wiederum zu brechen. Alice und Bob haben daher einen Vorsprung von $k * T_a$ Zeiteinheiten, den sie problemlos aufrecht erhalten können, indem sie innerhalb von T_a jeweils einen weiteren Schlüssel auf diese Weise austauschen. Das kann unabhängig von irgendwelcher Kommunikation auch per Email oder anderen Verfahren erfolgen.

Selbst das CA-Schema lässt sich auf diese Weise retten. Dazu suchen sich Alice und Bob jeweils eine CA aus, der sie vertrauen und mit der sie nach der beschriebenen Weise langfristig sichere Schlüssel vereinbaren. Die CA sind zahlenmäßig begrenzt und untereinander ähnlich dem DNS-System vernetzbar, so dass sie untereinander in gleicher Weise Daten austauschen können. Vereinbaren Alice und Bob Public Keys, so kann Alice diesen ihrer CA mitteilen, die sie über das CA-Netz an Bob überträgt, der somit eine Bestätigung erhält, dass er wirklich mit Alice kommuniziert. Das macht zwar mehr Kommunikationsaufwand als zur Zeit, allerdings können danach Alice und Bob die Buchführung auch selbst übernehmen, was den Aufwand wiederum verringert.

Auch in einer anderen Hinsicht kann ein solches Verfahren interessant sein: Viele Systeme werden durch Seitenkanalangriffe kompromittiert, beispielsweise durch Auslesen der geheimen Schlüssel aus dem RAM des Rechners. Gehen wir davon aus, dass ein solcher Bruch in der Zeit T_N nur einmalig auftritt. Nach dem Bruch ist die ursprüngliche Sicherheit natürlich dahin, weil Eve nun in der Zeit T_a den Folgeschlüssel knacken kann. Allerdings haben Alice und Bob trotzdem einen Vorteil, denn bei langfristig gültigen Schlüsseln kann Eve so lange mitlesen, bis der Bruch auffällt, nun aber nur für die Zeit T_a und dann wieder verzögert. Vereinbaren Alice und Bob, in der Zeit T_a selbst r Schlüssel auszutauschen, laufen sie Eve auch schnell wieder davon. Da T_a nach bisherigen Abschätzungen bestenfalls in der Größenordnung mehrerer Tage liegt, eine stündliche Neuvereinbarung aber kein Problem für die Maschinen darstellt, muss man sich um die Sicherheit kaum Gedanken machen.

Solche Verfahren setzen eine gewisses Schlüsselmanagement beim Nutzer voraus, weshalb wir uns diese Option im letzten Kapitel auch noch ansehen.

14 Ein Blick in die Werkstatt

Das letzte Kapitel soll ein kleiner Blick in die Werkstatt werden. Der kann natürlich nur aus der Sicht zum Entstehungszeitpunkt des Buches erfolgen und wird in einigen Jahren vermutlich anders aussehen. Vielleicht haben sich die Ideen durchgesetzt, vielleicht ist es ganz anders gekommen – die Vorgehensweise an sich dürfte aber auch für künftige Entwickler als historisches Beispiel interessant und hoffentlich auch lehrreich sein.

14.1 Verschlüsselung und Privatsphäre

Durch die durch Edward Snowden und andere Whistle-Blower bekannt gewordenen Praktiken der Nachrichtendienste, alles und jeden auszuspähen, sollte einem jeden klar sein, dass ein Schutz der Privatsphäre, nur noch auf dem Papier besteht. Neben den immer weniger kontrollierbaren (und kontrollierten) Geheimdiensten zeichnen Internet- und andere Konzerne jede verfügbare Information ihrer Kunden und Nutzer auf und erhalten dadurch häufig ein genaueres Persönlichkeitsprofil als man selbst bewusst von sich besitzt. Wer dabei nur an das Websurfen und die Nutzung von Internetdiensten denkt, zielt wesentlich zu kurz: Automobile der neuen Generationen sind, ohne dass dem Kunden das groß mitgeteilt wird, bereits vollständig vernetzt, und die Hersteller zeichnen eine Vielzahl von Daten wie das Fahrverhalten (Bremsen, Beschleunigen, Geschwindigkeit, Ort, usw.) detailliert ohne Rückfrage auf. Sie können daraus sehen, wer das Auto wie fährt, und es ist durchaus möglich, dass sich in einiger Zukunft die Versicherungsprämie teilweise aus diesen Daten berechnet. Energieversorger zeichnen Ihren Stromverbrauch detailliert auf und können ermitteln, wann Sie waschen, kochen oder Fernsehen schauen, und selbst die Feststellung des angeschauten Programms ist unter bestimmten Umständen möglich. Selbst die Fitnessuhr am Handgelenk ist nicht selten in der Lage, Puls, Blutdruck und Dauer der sportlichen Betätigung an irgendeine Zentrale zu übertragen, und möglicherweise berechnet auch die Krankenkasse nach solchen Daten zukünftig die Prämien.[287] Haushaltsgeräte werden zunehmend internetfähig, und bereits heute könnte man es dem Stromkonzern überlassen, wann die Waschmaschine ein- und ausgeschaltet wird. Über den Zweck wird nicht geredet, aber die Daten werden sicher nicht nur verwendet, um speziell zugeschnittene Werbung zu präsentieren.

Um die IT-Sicherheit im Allgemeinen ist es dabei nicht gut bestellt. Die von den Amerikanern sabotierten iranischen Atomanlagen waren beispielsweise vollständig von anderen Netzen getrennt (Air Gap) – trotzdem wurden sie gehackt. Automobile werden massenhaft gestohlen, weil die Hersteller die elementarsten Sicherheitsregeln bei den Schließsystemen außer Acht lassen, und die Hacks haben schon längst die Zentralsteuerung der Fahrzeuge erreicht – trotzdem setzen Hersteller und Politik unverdrossen auf den autonomen Verkehr, bei dem der Fahrer nur noch tatenlos hinter dem Steuer sitzt.

Wenn Sie die Liste betrachten, stellen Sie fest: gegen viele dieser Datenaufzeichnungen kann man sich nicht schützen, es sei denn, man wirft das Handy weg, nutzt das Internet nicht mehr oder zer-

---

287 Selbst die US-Army ist darauf hineingefallen: sie spendierte ihren Soldaten Fitnessuhren, um deren Sportaktivitäten zu quantifizieren. Die Uhren übertrugen die Daten allerdings auch an den Hersteller der Uhren und gelangten von dort ins Internet, wodurch nicht nur die Standorte hoch geheimer Militäranlagen bekannt wurden, sondern über das Bewegungsprofil der Soldaten zumindest für Fachleute auch das, was sie dort machen.

stört die Netzwerkanbindung seines Fahrzeugs. Datenschutzgesetze nützen wenig, wenn die Server, auf denen die Daten gespeichert werden, in irgendeinem Drittweltland stehen, und Verstöße fallen meist nur durch Zufall auf, wenn man beispielsweise an den jahrelangen Betrug von VW im Rahmen der Abgasaffaire denkt.

Wem das Ausspähen der Daten mehr oder weniger egal ist, weil er meint, seine Daten seien zu unwichtig, um sie zu schützen, dem kann man nur Murphys Gesetze entgegen halten:

§1. Was missbraucht werden kann, wird missbraucht.

§2. Was nicht missbraucht werden kann oder darf, wird trotzdem missbraucht.

Das gilt auch in Bezug auf staatliche Ausspähung und Datenschutzgesetze. Datenschutz bedeutet in der Regel nämlich nicht viel mehr als dass Kenntnisse, die unter Verletzung der Gesetze aus dem Ausspähen gewonnen werden, nicht gerichtsverwertbar sind. Kein Grund für Nachrichtendienste oder Dunkelmänner, sich an das Nichtleseverbot zu halten, denn vor Gericht wollen die ohnehin nicht.

Deshalb sollte man nicht untätig sein. Passiv kann man sich schützen, wenn man sich bei Datenschutzbeauftragten informiert, welche Aufzeichnungen man sich wo verbitten kann, und dann den Konzernen und anderen Organisationen schriftlich eine Aufzeichnung untersagt (wenn man überhaupt weiß oder herausbekommt, wer was aufzeichnet). Der Nutzen ist sicher beschränkt, weil sich ohnehin nichts kontrollieren lässt, aber man ist immerhin aktiv geworden. Ein weiterer passiver Schutz besteht im vorsichtigeren Umgang mit seinen Daten, indem man vielleicht die eine oder andere Bemerkung nicht in sozialen Medien postet, in denen sie jeder sehen kann.

Wenn Sie aufgepasst haben, werden Sie bemerkt haben, dass die Datenaufzeichnungen, um die es in der Öffentlichkeit meistens geht, nur einen Teil dessen ausmachen, was ich hier erwähnt habe (und meine Liste ist sicher nicht vollständig). Bevor man aufgibt, sollte man sich erst einmal überlegen, was man schützen kann und warum das sinnvoll ist.

Das Aufzeichnen von Handy-Bewegungsprofilen, Kfz-Bewegungsprofilen oder Videoüberwachungen kann man als Verletzung der Privatsphäre ansehen, man kann sich aber auch, wie Bürger in vielen Teilen der USA, sicherer fühlen und genau diese Daten sogar freiwillig zur Verfügung stellen. Die normalen Verhaltensmuster verschiedener Bürger weichen weit weniger voneinander ab als sich das die meisten vorstellen. Was aber durchaus aus dem Rahmen fällt, so die ersten Erfahrungen in den USA, sind die Verhaltensmuster der bösen Buben. Wenn staatliche Stellen wissen, wann ich im nächsten Supermarkt einkaufe, und im Gegenzug rechtzeitig durch Polizeipräsenz dafür sorgen können, dass meine Wohnung bei der Rückkehr nicht ausgeraubt ist, ist mir das die Beobachtung des Einkaufs wert. Natürlich lässt sich auch umgekehrt ein Schuh daraus machen: folgt aus den Beobachtungen, dass Sie Veranstaltungen einer missliebigen Partei besuchen, können die Inhaber der Datengewalt dies nutzen, Ihnen gesellschaftlich/wirtschaftlich zu schaden. Der Unterschied: Ersteres können Sie durch Bestehen auf Datenschutz verhindern, Letzteres nicht, da es sich ohnehin im Verborgenen abspielt.

Es gibt allerdings auch Bereiche, in denen ein Schutz der Daten unbedingt notwendig ist, nämlich die private Kommunikation in E-Mails, Telefonaten, Chats oder Messengern (soziale Netzwerke habe ich schon erwähnt, aber dabei handelt es sich in den wenigsten Fällen um wirklich private Kommunikation; hier kann man nur Acht geben, was man über sich im Laufe der Zeit äußert). Während die anderen Daten zu abstrakt sind, als das Menschen direkt mit ihnen umgehen würden, sieht dies bei der schriftlichen, mündlichen oder bildlichen Kommunikation anders auf. Hierfür

können sich Menschen interessieren, mit denen Sie zu tun oder die irgendwelche Eigeninteressen haben, für die sie Sie benötigen. Das kann Ihr Arbeitgeber sein, oder auch der Staat (und gerade dieser), der in den meisten Fällen keine edlen Absichten dabei hat. Zwei erstaunliche Feststellungen kann man bei dem Thema machen:

1. Trotz ständiger Aufregung über den Datenschutz und das Ausspähen von Daten interessiert sich hierfür anscheinend niemand, oder zumindest nicht so weit, dass man sich in irgendeiner Form zu Aktivitäten hinreißen lässt.

2. Ausgerechnet diese wichtigen Daten kann man gegen Ausspähen schützen, indem man die Daten verschlüsselt, und zwar in Form einer end-2-end-Verschlüsselung, so dass nur die Beteiligten die Daten lesen können und nicht zusätzlich auch noch irgendwelche Dienstleister.

Und genau um diesen Punkt – Verschlüsselung der privaten Kommunikation – soll es hier gehen. Die Privatsphäre ist schützenswert und schützbar, aber man muss die Mechanismen so weit nutzerfreundlich gestalten, dass eine nennenswerte Anzahl von Nutzern aufspringt. Ist erst einmal eine kritische Masse erreicht, läuft der Rest alleine.

14.2 Stand der Dinge

Wenn von Verschlüsselung die Rede ist, ist vorzugsweise die Technik gemeint, die in den Kapiteln 10.3 (ab Seite 330) und 10.4 (ab Seite 335) diskutiert wurde. Nur in wenigen Fällen wie beispielsweise der Telefonie wird mit vereinbarten geheimen Schlüsseln gearbeitet (Verfahren nach Kapitel 5.1 und seinen Unterkapiteln ab Seite 71). In den meisten Fällen ist nicht vorhersagbar, wer wann mit wem kommuniziert, was die Nutzung von Public Key Systemen erforderlich macht. In den einzelnen Anwendungsbereichen präsentiert sich dem Betrachter folgendes Bild:

➤ Webseiten werden mehr und mehr TLS-verschlüsselt. Die Browser-Hersteller arbeiten an einer weiteren Durchsetzung des X.509-Zertifikatsystems, indem zukünftig Seiten, die es nicht nutzen, zumindest mit Warnungen versehen werden sollen. Da die X.509-Zertifikate durch Stammzertifikate, die im Browser installiert sind, signiert werden und die Zertifizierungsstellen, die die Stammzertifikate herausgeben, jeweils bestimmte Daten prüfen, bevor sie ein Serverzertifikat signieren, geht man davon aus, dass zwischen Nutzer und Server nicht nur eine verschlüsselte End-2-end-Verbindung zu Stande kommt, sondern der Nutzer auch sicher sein kann, mit dem gewünschten Server zu kommunizieren.

Die Identifizierung des Nutzers erfolgt meist durch eine Name/Kennwort-Kombination. Die Möglichkeit, dass auch der Nutzer im Rahmen des TLS-Verfahrens ein Zertifikat präsentiert, wird nur in Ausnahmefällen genutzt.

➢ E-Mail-Nachrichten werden beim Austausch der Nachrichten zwischen den Servern der Provider und zwischen Server und Nutzerrechner verschlüsselt, wobei ebenfalls auf TLS zurückgegriffen wird. Formal sieht das Verfahren so aus, wie für die Webseiten beschrieben.

Auf den Servern ist aber weiterhin alles im Klartext lesbar, da nur die Übertragungskanäle verschlüsselt sind. Eine End-2-end-Verschlüsselung zwischen den Nutzern selbst, vergleichbar mit einem geschlossenen Briefumschlag bei der Post, findet de Fakto nicht statt.[288]

➢ Die Situation bei Telefongesprächen ist vergleichbar mit der bei Emails. Im Mobilfunkbereich zwischen Handy und Sendemast wird Verfahren verschlüsselt, die mehr denen in Kapitel 10.2 (ab Seite328) ähneln, jedoch gibt es Möglichkeiten, dies zu unterlaufen, wie die Abhöraffairen der Berliner Politiker drastisch beweisen. Die Verbindung zwischen den Geräten ist aufgrund der notwendigen Geschwindigkeit meist direkt, eine Verschlüsselung wird jedoch zwischen den Servern ausgehandelt, d.h. auch hier besteht damit eine Abhörmöglichkeit, da keine End-2-end-Verschlüsselung zu Stande kommt. Die heutige Technik ist zwar durchaus in der Lage, hier ebenfalls TLS einzusetzen, aber wirksame Verschlüsselung ist heute noch ein Nischengeschäft.

➢ Messenger-/Chatdienste sind ebenfalls auf den Datenstrecken zwischen den Servern und den Nutzersystemen verschlüsselt, jedoch bieten die Provider auch zunehmend automatische End-2-end-Verschlüsselung an. Allerdings ist diese in der Regel proprietär und Software-Quellen sowie Algorithmendetails sind nicht öffentlich zugänglich. Ob tatsächlich eine End-2-end-Verschlüsselung zu Stande kommt, in die auch der Server des Providers keine Einsicht nehmen kann, ist unklar, und eine Vielzahl unterschiedlicher Anbieter macht eine Bewertung nicht unbedingt einfacher.

➢ Andere Dienste (Streaming usw.) sind verschlüsselt, wenn es um Geld geht. Teilweise wird auf TLS zurückgegriffen, teilweise proprietäre Lösungen verwendet.

➢ Automobilhersteller arbeiten am autonomen Fahrzeug, fallen aber immer wieder durch Auslassen elementarer Sicherheitsregeln und intransparentes Vorgehen auf. Nicht selten wird erst dann nachgebessert, wenn Automobilclubs oder andere Verbraucherorganisationen Betrugsmöglichkeiten im Versuch nachweisen.[289]

➢ Bankdienste (bargeldloses Zahlen) sind verschlüsselt, die Verfahrensteile, die allerdings nicht nur die Verschlüsselung, sondern auch das Nutzerverhalten abdecken, aber oft so

---

288 Selbst die Industrie bemerkt anscheinend nicht, dass über verschlüsselte HTTPS-Seiten ausgehandelte Inhalte anschließend in völlig unverschlüsselten E-Mails den Kunden nochmals als Bestätigung zugesandt wird. Ein ziemlich bezeichnendes Bild über den allgemeinen Kenntnisstand hinsichtlich der Sicherheitstechniken.

289 Neben der Schwierigkeit für einen privaten Autobesitzer, die technischen Mängel überhaupt zu erkennen, spielt vermutlich auch die Versicherungslage eine Rolle. Die meisten Schäden werden zur Regulierung schnell an die Versicherung übergeben, womit die Möglichkeit für den Besitzer entfällt, gegen die Autokonzerne vorzugehen. Die Versicherungen wiederum haben kein Interesse an einem Vorgehen gegen die fahrlässige Verletzung von Sicherheitsrichtlinien, da die Schäden per Versicherungsbeitrag einfach auf die Geschädigten verteilt werden.

löchrig, dass erhebliche Gelder durch Betrug verloren gehen. So lange der Gewinn den Schaden übersteigt, ist man auch hier wenig umtriebig, zumal der Wettbewerb der Aktivität Grenzen setzt. Die Kartensysteme verschiedener Anbieter müssen harmonieren, und wenn eine Maßnahme mehr Sicherheit verspricht, aber dazu führt, das die Karte an weniger Stellen akzeptiert wird oder Kunden abspringen, ist der Verlust oft die akzeptablere Lösung.[290]

Wenn man einen möglichen gemeinsamen Nenner sucht, landet man fast automatische bei TLS und dem X.509-Zertifikatsystem. Lediglich für E-Mails existiert mit PGP eine alternative Lösung. TLS hat die Vorteile, genau die erwünschte end-2-end-Verschlüsselung optimal zu ermöglichen, im Web-Bereich umfassend etabliert zu sein, auch im E-Mail-Bereich von fast allen Anwendungen unterstützt zu werden (was für PGP nur bedingt gilt) und standardisierte Bibliotheken anzubieten, die eine problemlose Integration auch in anderen Bereichen erlaubt.

Liegt also bereits eine optimale Lösung vor? Anscheinend nicht, denn was im kommerziellen Bereich (Webshops usw.) gut funktioniert, wird im Privatbereich (E-Mail usw.) überhaupt nicht angenommen. Was läuft falsch?

14.3 Problemfall X.509

X.509 erfüllt zwei Aufgaben: es authentifiziert den Kommunikationspartner und es ermöglicht die Verschlüsselung. Die Authentifizierung kann einseitig oder beidseitig sein: der Server präsentiert immer ein Zertifikat, der Nutzer kann optional eines präsentieren. Der Authentifizierung wird eine hohe Bedeutung zugemessen, da eine Verschlüsselung alleine ja nicht gegen Abhören hilft: man könnte ja einem Man-in-the-Middle-Angriff ausgesetzt sein, bei der der Angreifer zwischen den beiden Kommunikanten sitzt und die Nachrichten umverschlüsselt. Man muss also als Nutzer nicht nur an den öffentlichen Schlüssel des Servers gelangen, man muss auch sicher sein, dass der Schlüssel dem angegebenen Serverbetreiber gehört.

Wie wir wissen, erfolgt die Authentifizierung durch ein Vermittlersystem: die Nutzer besitzen durch Certification Authorities (CA) signierte Zertifikate, während die zum signieren verwendeten CA-Zeritifikate, die Root-Zertifikate, in Datenbanken der Sicherheitsanwendungen auf den Rechnern installiert sind. Meldet sich ein Nutzer mit seinem Zertifikat bei einem Partner an, braucht das System dort nur zu prüfen, ob die Signatur mit einem Root-Zertifikat erzeugt wurde, und da sich die CA (hoffentlich) zuvor von der Identität des Nutzers überzeugt hat, vertraut der Empfänger – in der Praxis die Browsersoftware oder welcher Softwareagent gerade am Werk ist – dem Zertifikat. Häufig wird der Formalismus mehrstufig verwendet, wie die folgende Kette zeigt:

```
Subject:
    Name: *.alfahosting-server.de
    Organizational Unit: Domain Control Validated
    Organizational Unit: Hosted by Alfahosting GmbH
    Organizational Unit: PositiveSSL Wildcard
    DNS: *.alfahosting-server.de
    DNS: alfahosting-server.de
Issuer:
    Name: COMODO RSA Domain Validation Secure Server CA
    Organization: COMODO CA Limited
    Locality: Salford
    State: Greater Manchester
```

---

290 Die Banken sind bei der Regulierung von Schäden meist erstaunlich kulant, was an sich schon als Zeichen für das schlechte Gewissen der Branche gewertet werden kann.

```
     Country: GB

Subject:
     Name: COMODO RSA Domain Validation Secure Server CA
     Organization: COMODO CA Limited
     Locality: Salford
     State: Greater Manchester
     Country: GB
Issuer:
     Name: COMODO RSA Certification Authority
     Organization: COMODO CA Limited
     Locality: Salford
     State: Greater Manchester
     Country: GB


Subject:
     Name: COMODO RSA Certification Authority
     Organization: COMODO CA Limited
     Locality: Salford
     State: Greater Manchester
     Country: GB
Issuer:
     Name: AddTrust External CA Root
     Organization: AddTrust AB
     Organizational Unit: AddTrust External TTP Network
     Country: SE


Subject:
     Name: AddTrust External CA Root
     Organization: AddTrust AB
     Organizational Unit: AddTrust External TTP Network
     Country: SE
Issuer:
     Name: AddTrust External CA Root
     Organization: AddTrust AB
     Organizational Unit: AddTrust External TTP Network
     Country: SE
```

Nur das letzte Zertifikat ist als Root-Zertifikat auf dem Nutzer-Rechner gespeichert; die anderen werden bei der Verbindungsaufnahme mit dem Server zusammen mit dem Serverzertifikat (das 1.) dem Client übersandt.

So weit scheint das Modell in Ordnung zu sein. Im Webserverbereich funktioniert es, so weit Server das Zertifikatsystem nutzen, scheitert aber bereits dort bei der zertifikatgestützten Authentifizierung des Clientsystems, was sich in alle anderen Anwendungsbereich fortsetzt. Woran liegt das? Dafür lassen sich gleich mehrere Gründe finden.

1. Die Erstellung des Nutzerzertifikats erfolgt durch die CA, und der Gesamtprozess, bis alles funktioniert, ist für den Nutzer relativ aufwändig. Die Lebensdauer der Zertifikate ist begrenzt, so dass regelmäßig im ca. 12 monatigem Abstand ein Aufwand entsteht, um es zu erneuern. Die Zertifikate sind durch ihre Konfiguration oft zweckgebunden, was oft

weitere Schritte bei der Installation oder gar mehrere Zertifikate für unterschiedlichen Anwendungsbereiche verursacht. Pannen sind dabei vorprogrammiert und manchmal nicht leicht zu beseitigen.

Kurz gesagt: die Usability oder Nutzerfreundlichkeit liegt deutlich jenseits dessen, was ein normaler Internetnutzer zu investieren bereit ist.

2. Die CA lassen sich die Dienste fast schon fürstlich bezahlen. Ein Zertifikat – nur wenige Minuten Arbeit für eine CA – kostet pro Jahr oft mehr als der Webspace, für den der Nutzer das Zertifikat besorgt hat. Im E-Mail-Bereich ist ein Zertifikat für Verschlüsselungszwecke darüber hinaus erst dann einsetzbar, wenn beide Partner eines besitzen.

Kurz gesagt: der normale Nutzer kann keine sinnvolle Kosten/Nutzen-Relation erkennen und wird deshalb den Zertifikatkauf vermeiden.

3. Das in die CA zu setzende Vertrauen ist absolut, Einflussmöglichkeiten des Nutzers, sofern überhaupt vorhanden, rudimentär und (gewollt ?) mit einer schlechten Usability ausgestattet. Zudem ist das CA-System mit mehr als 50 Organisationen, die jeweils mehrere Root-Zertifikate präsentieren, undurchschaubar. Zertifikatketten wie die oben als Beispiel vorgestellte machen das Verständnis nicht einfacher, denn eine Kette ist bekanntlich nur so stark wie das schwächste Glied. Aber welches ist das? Und was bedeutet eine Garantie, in der eine CA mit 50.000 € haftet? Für was haftet sie? Und wie kann man einen Schadensfall geltend machen, wenn man in der BRD wohnt und die CA in Pakistan ansässig ist?[291]

Kurz gesagt: der Nutzer kann nicht nur nicht verstehen, was wirklich Sache ist, er wird in Bezug auf seine Sicherheit obendrein entmündigt. Ein psychologischer Fehler, denn warum sollte sich jemand auf etwas einlassen, das er nicht versteht, nicht verständlich erklärt bekommt und auf das er keine eigene Einflussmöglichkeiten besitzt?

4. Vermutlich werden diesen Grund nur die wenigsten Nutzer mitbekommen. Die CA erzeugen in der Regel auch die privaten Schlüssel. Sind die CA wirklich so ehrlich, davon keine Kopien zurück zu behalten? Oder landet alles doch auf dem Server irgendeines Geheimdienstes?

Der Besitz einer CA ist heute mehr oder weniger eine Lizenz zum Gelddrucken, und sämtliche Internet- und Softwareriesen und selbst „unabhängige" Browserhersteller haben naturgemäß ihre Finger im Geschäft.[292] Und damit das so bleibt – die Absicherung sämtlicher Webseiten ist schon ein Riesengeschäft, das nicht so leicht ausgeschöpft ist – wird das Drumherum so gestaltet, dass eine Teilnahme für den privaten Nutzer uninteressant wird. Das eigentliche Problem für die mangelnde Akzeptanz für Verschlüsselung in der Breite ist:

Der normale Nutzer ist darin gar nicht vorgesehen!

Es gibt noch einen weiteren Bremser in der Kette: der Staat. Das Post- und Fernmeldegeheimnis garantiert die Freiheit des Bürgers, seine Kommunikation mit jedem erdenklichen Mittel zu schützen, also auch mit Verschlüsselung. Natürlich ist der normale Internetnutzer nicht in der Lage, das aus

---

291 „Sie können alles auf unseren Internetseiten nachlesen!" verkünden Kundenberater von CA bei Anfragen – um anschließend gehörig ins Schwimmen zu kommen, wenn man zu bestimmten Details nachhakt, und ihr Heil in Ausflüchten suchen. Es ist fast unmöglich, einen Gesprächspartner mit der notwendigen Kompetenz zu finden, und in den meisten Fällen dürfte eine Antwort durch irgendeinen google-Automaten befriedigender ausfallen als durch den menschlichen Mitarbeiter.

292 Außerdem wird man, wenn man in den Teilnehmerlisten der Absprachorganisationen wühlt, irgendwie auch immer auf das DoD, das US-Verteidigungsministerium stoßen. Eigenartig, oder?

eigener Kraft in die Wege zu leiten, und der geeignete Partner, ein Konzept umzusetzen, wäre sein Internetprovider. Wenn die telekom oder ein anderer Provider einfach eine End-2-end-Verschlüsselung ohne Zutun des Nutzers zwangsweise einführt, wären alle Probleme behoben. Allerdings: sie darf es nicht! Nachgeschaltete Gesetze verbieten den Providern jegliche Unterstützung bei der Verschlüsselung. Blieben noch die Gerätehersteller, die von diesem Verbot nicht betroffen sind, aber auch die müssten sich weltweit irgendwie einigen und mit weiteren Beschränkungen auseinander setzen: freie Verschlüsselung ist ebenfalls per Gesetz in der EU auf 56 Bit symmetrisch und 512 Bit asymmetrisch beschränkt, alles darüber hinaus nur mit einem verlässlichen Lizenzmanagement zulässig. Ein Aufwand, den auch diese Leute schrecken. Der Nutzer muss daher selbst tätig werden und sich seine Verschlüsslung selbst aus verschiedenen Komponenten zusammen bauen. Das ist keinen Beschränkungen unterworfen. Von staatlicher Seite gilt somit:

Eine (starke) Verschlüsselung der Kommunikation ist gar nicht erwünscht!

Nun stammt das X.509-Schema aus dem Jahr 1988. Damals gab es nur wenige Nutzer (hauptsächlich US-Stellen, die sicher sein wollten, dass niemand in ihre Systeme einbricht). Heute haben wir einen explodierenden Massenmarkt mit ganz anderen Anforderungen. Bevor wir überlegen, ob und wie darauf reagiert werden kann, zunächst

14.4 Ein Wort an die Nutzer

Jeder ist sich darüber im Klaren, dass man seine Wohnung oder sein Auto abschließen muss, um es Dieben nicht zu einfach zu machen. Während im täglichen Leben jeder einen gewissen Aufwand treibt, sich und sein Eigentum zu schützen, scheint auf dem Gebiet der elektronischen Kommunikation die Erwartung vorzuherrschen, Sicherheit sei zum Nulltarif zu haben und man brauche als Nutzer nichts zu tun. DAS IST EIN IRRTUM!! Auch als Nutzer elektronischer Medien ist man gehalten, ein Minimum an eigenem Aufwand für den eigenen Schutz zu treiben. Wer dazu nicht bereit ist, dem gebührt auch kein Mitleid, wenn Kriminelle ihn ausnehmen.

Vielfach hört man „die Sache ist so kompliziert, dass man sie nicht versteht". Das stimmt nicht. Es gibt viele Leute, die regelmäßig zu Selbstverteidigungskursen gehen, um sich gegen böse Wichte zu schützen. Effektive Selbstverteidigung ist wesentlich komplizierter als viele elektronische Schutzmaßnahmen. „Zu kompliziert" ist lediglich eine Ausrede, die eigene Trägheit zu verstecken.

Die alternative Ausrede ist „ich habe nichts zu verbergen". Da sollten Sie nicht zu sicher sein! Erinnern Sie sich an die modifizierten Murphyschen Gesetze aus dem ersten Teilkapitel: was gestern noch lustig und harmlos erschien, hat so manchen den Job oder den Partner gekostet oder nach Drehen des politischen Windes einen kostenlosen Aufenthalt in gesiebter Luft nach sich gezogen. Man hat vor seinen Angehörigen vielleicht nichts zu verbergen, aber sicherlich vor Menschen, die man nicht persönlich kennt.

Aber sachliches Predigen alleine nützt nichts. Viele Menschen gehen ein paar Mal im Jahr in die Kirche, um sich dazwischen so unchristlich wie möglich zu verhalten (Historiker wie Karlheinz Deschner sind allerdings der Ansicht, dass das Verhalten zwischen den Kirchenbesuchen der eigentliche Kern des Christentums sind, aber das ist ein anderes Thema). Will man als Entwickler wirklich in der Breite etwas erreichen, ist mehr notwendig, und zwar in folgender Reihenfolge:

1. Man muss ein Konzept haben, das dem normalen Nutzer so weit wie möglich entgegen kommt, d.h. mehr Sicherheit zu einem überschaubaren Aufwand liefert, und zwar sowohl was die Bedienung als auch was die Kosten betrifft.

Das Konzept muss beinhalten, dass der Nutzer in irgendeiner Form beteiligt ist. Er muss das Gefühl haben, selbst Verantwortung für sich zu übernehmen und nicht von anonymen Organisationen abzuhängen.

2. Man muss unterschwellige Angst beim Nutzer erzeugen. Wenn er das Konzept nicht unterstützt, geht es ihm in irgendeiner Form dreckig. Wenn er aber etwas erwirbt – möglichst ein Stück Hardware, denn Dingliches funktioniert nach wie vor besser als Elektronisches - ist er sicher.

Man kann die Problematik nur von unten lösen: wenn genügend Leute mitmachen, kann weder die Industrie noch die Politik einen solchen Zug bremsen. Die Industrie wird trotzdem Wege finden, Geld zu verdienen, die Politiker kann man abwählen. ***Wir sind die Verschlüsselung!***

14.5 X.509 revisited

Genau betrachtet bringt TLS/X.509 bringt ja schon alles mit, was benötigt wird. Es bringt mit der Authentifizierung sogar mehr mit, als zunächst benötigt wird. Und die Authentifizierung ist einer der Knackpunkte: die Kosten für Zertifikate entstehen ausschließlich für die Authentifizierung; die Verschlüsselung ist dagegen kostenlos im Preis inbegriffen. An dieser Stelle kann man ansetzen. In den meisten Fällen ist die von X.509 angebotene Authentifizierung nämlich zunächst gar nicht notwendig:

> ➢ Wenn im Web nur nach Informationen gesucht wird, ist es unerheblich, ob der Inhaber der Seite, von der man sie zieht, wirklich die angegebene Person oder Organisation ist. Die Anzahl der Seiten, bei denen man als Nutzer sicher sein möchte, wirklich korrekt verbunden zu sein, ist marginal, und es genügt, die Authentifizierung auf diesen Bruchteil zu beschränken.

> ➢ Für den E-Mail-Bereich gilt das Gleiche. Aufgrund der statischen Verschlüsselung der Inhalte müssen die Zertifikate der Empfänger beim Sender bekannt sein. Bei immer wiederkehrenden Kontakten zu bestimmten Kommunikationspartnern sind die Zertifikate bekannt und auch auf anderen Wegen authentifizierbar, und bei neuen Kommunikationspartner bleiben wiederum nur wenige, bei denen man sich versichern sollte.

> ➢ Im Telefoniebereich hat man wohl den größten Anteil wechselnder unbekannter Partner. Im Gegenzug gibt es hier durch die direkte Teilnahme des Menschen verschiedene Möglichkeiten, sich von einer ungestörten Verbindung so zu überzeugen, dass eine Maschine den Betrug nicht durchhalten kann.

Im Authentifizierungsbereich, der Domäne der CA, kann man somit durchaus wildern gehen, um ein moderneres Konzept zu entwickeln. Natürlich muss klar sein: ein modernes Konzept muss letztlich eine mindestens vergleichbare Sicherheit bei der Authentifizierung liefern wie das X.509-Schema. Wenn man allerdings den Einfluss der CA zurückdrängt, die den Nutzer derzeit mehr oder weniger entmündigt, kann man im Gegenzug die Eigenverantwortlichkeit der Nutzer wieder ins Spiel bringen und damit den Authentifizierungsnachteil ausgleichen? Der liegt ja – Sie werden das sicher schon analysiert haben, aber es sei der Vollständigkeit halber noch einmal angemerkt – darin, dass jemand einen Man-in-the-Middle-Angriff inszeniert, indem er den eigentlichen Kommunikationspartner jeweils ein gefälschtes Zertifikat des anderen präsentiert und die Kommunikation auf seiner Maschine umverschlüsselt. Gerade das soll ja durch die CA verhindert werden.

Man kann bei neuen Konzepten daher auf der bewährten Technik aufsetzen, was einen weiteren Vorteil hat: sie ist nicht nur inzwischen sehr ausgefeilt, sie ist auch in einem riesigen Umfang in Betrieb. Ein Konzept, das es erlaubt, neue Spielregeln zu definieren, die vorhandenen Sachen jedoch in vollem Umfang zu nutzen, hat eine Aussicht auf Erfolg; eine Technik, die die Erfindung des Rades von Neuem erfordert, braucht gar nicht erst anzutreten.

14.6 X.509 improved: mehr Funktionen beim Nutzer

Für ein modernisiertes Konzept kann man vieles mehr oder weniger beim Alten lassen: TLS/X.509 bleibt mit seinem CA-basierten Authentifizierungsmodell in vollem Umfang weiterbestehen. Ist einmal eine Authentifizierung durch eine unabhängige Maklerstelle notwendig, so steht nach wie vor alles zur Verfügung, einschließlich des aus dem CA-System resultierenden Rechtsgefüges. Anstatt sich allerdings nur auf die CA zu verlassen – ein Zertifikat ist bei jedem Kommunikationsvorgang ein „neues" Zertifikat und wird anhand des CA-Zertifikates überprüft – kann man die Entzertifikate zusätzlich auch durch das Nutzersystem verwalten lassen. Dazu braucht es nur eine zusätzliche Datenbank auf dem Nutzersystem, und um dem Ganzen wirklich neue Funktionen zu verleihen, einige Erweiterungen in den Zertifikatdaten.

Die gute Nachricht: Erweiterungen sind in den Zertifikaten nahezu beliebig definierbar, denn nach den Standardregeln wird jede Option, die unbekannt ist, vom bestehenden System schlicht ignoriert. Das wird heute von professionellen Nutzern wie Unternehmen und Behörden auch schon genutzt. Die Erweiterungen für eine Nutzerverwaltung betreffen den Bereich „Distinguished Name" eines Zertifikats. Der Subject-DN-Block (siehe Beispiele oben) erhält zusätzlich die Felder[293]

```
2.16.276.99.1 = EI.Identifier
2.16.276.99.2 = EI.Generation
2.16.276.99.3 = EI.Sibling
2.16.276.99.4 = EI.ConfirmationInterface
```

Die vorhandenen X.509-Kontrollmechanismen werden durch diese Erweiterung nicht behindert. Die Zertifikate können weiterhin durch eine Certification Authority signiert werden, aber das ist kein Muss. Durch eine direkte Nutzerverwaltung aller Zertifikate können selbst signierte Zertifikate die gleiche oder eine höhere Sicherheit erreichen wie CA-signierte. Mit der Notwendigkeit, eine

---

293 Die ist natürlich nur ein Teil der zusätzlichen Felder, die in einer einsetzbaren Version zu erwarten sind. Wir sind hier ja nur auf ein Grundkonzept aus.

CA für jedes Zertifikat einzuschalten, entfällt aber auch einer der Hinderungsgründe für eine größere Nutzung im privaten Bereich.

Mit den zusätzlichen Datenfeldern sind folgende Nutzungsregeln verbunden:

a) Jeder Teilnehmer (Nutzer oder Gerät) besitzt einen eindeutigen **Identifier**, vergleichbar mit der Steuer-Identnummer. Alle Zertifikate mit dem gleichen **Identifier** werden auch dem gleichen Teilnehmer zugeordnet.

b) Im X.509-Schema sind Zertifikate häufig an bestimmte Nutzungszwecke gebunden, d.h. ein Teilnehmer benötigt oft mehrere Zertifikate, um alle Anwendungsbereiche abzudecken. Diesem Umstand wird durch das Feld **Sibling** Rechnung getragen. Es nummeriert alle <u>gleichzeitig</u> gültigen Zertifikate eines Teilnehmers durch.

c) Zertifikate können aus verschiedenen Gründen ungültig werden (Nutzungsdauer abgelaufen, Schlüssel verloren, Verdacht der Kompromittierung, Änderung wesentlicher Nutzerdaten, usw.) Wenn eine CA fehlt, entfällt jedoch auch die Möglichkeit, ein Zertifikat zentral für ungültig zu erklären. Diese Funktion übernimmt das Feld **Generation**, das fortlaufend aufsteigend nummeriert wird. Nur die Zertifikate der höchsten Generation sind gültig, und mit dem Erscheinen einer neuen Generation verlieren alle Zertifikate der vorhergehenden Generation ihre Gültigkeit.[294]

d) Eine überaus wichtige Funktion übernimmt das Feld **ConfirmationInterface**. Es beschreibt, wie das Zertifikatmanagement des Nutzers zu erreichen ist, und tritt in Aktion, wenn ein Zertifikat verwendet wird, dass zwar über den **Identifier** einem bestimmten Teilnehmer gehören soll, aber noch nicht verwendet wurde.

Das Verifikationsschema ist überaus einfach: Zur Überprüfung werden sämtliche bekannten Zertifikate des Teilnehmers, das neue eingeschlossen, an das **ConfirmationInterface** übermittelt. Kann der Inhaber durch Signaturen die Kenntnis sämtlicher privaten Schlüssel nachweisen, gehören alle Zertifikate zusammen, und das neue Zertifikat ist authentifiziert.

Wir verzichten an dieser Stelle auf eine ausführliche Analyse, doch lässt sich zeigen, dass dieses einfache Schema genügt, mindesten die gleiche Sicherheit herzustellen wie das CA-System.

Verzichtet man auf eine CA, ist natürlich ein „Man-in-the-Middle"-Angriff nicht auszuschließen, d.h. der Angreifer Eve schaltet sich in die Kommunikation zwischen Alice und Bob ein und gibt sich jeweils als Bob bzw. Alice aus. Allerdings sind solche Angriffe aufwändig. Erste Kontakte zwischen Alice und Bob sind in den meisten Fällen wenig interessant, so dass Eve den Aufwand eines Angriffs in der Hoffnung betreiben muss, dass sich etwas Interessantes zwischen den beiden entwickelt.[295] In der Folge muss Eve <u>jeden</u> Kontakt infiltrieren, um nicht aufzufallen, was bei größerem Einsatz von Verschlüsselungstechniken zu einem massiven Problem wird.

Ist einmal eine Zertifikatfamilie zwischen Alice und Bob vereinbart, kann ein Angreifer Eve nicht mehr Punkten, da er bei der Verifizierung der Zertifikate auffällt. Zwar lassen sich Situationen kon-

---

294 Mit einer neuen Generation müssen daher u.U. viele Zertifikate neu ausgestellt werden.

295 Wenn von vornherein etwas Wichtiges abläuft, besteht für Alice und Bob immer noch die Möglichkeit, CA-gestützte Zertifikate zu verwenden oder sich auf anderem Weg von der Authentizität der Zertifikate zu überzeugen – und Eve hat verloren.

struieren, in dem ihm dies doch gelingt, allerdings sind dies genau die Situationen, in denen Eve sich erfolgreich über das CA-Management hinweg setzen kann. Die relative Sicherheit wird dadurch nicht beeinträchtigt.

Eine Zertifikatverwaltung durch den Nutzer selbst hat weitere Vorteile. Ein Managementsystem lässt sich nämlich problemlos so konstruieren, dass es sämtliche Geräte des Nutzers (PC, Smart-Phone, intelligente Steuerungen, ...) umfasst, d.h. auf einem Gerät erreichte Sicherheit auf den anderen ebenfalls zur Verfügung steht. Und mit einigen weiteren Ergänzungen (→ Stichwort „Proxy") lassen sich auch Kommunikationsvorgänge ankoppeln, deren Software das nicht unbedingt vorsieht. Nutzer müssen daher nicht unbedingt bestimmte Softwareprodukte nutzen, um Sicherheitsfunktionen zu erhalten, sondern können ihre gewohnte Anwendungsumgebung behalten.

Gewohnte Anwendungsumgebung, automatisches Arbeiten des Sicherheitssystems[296], Wegfall einiger Fallen des CA-Systems[297], größere Transparenz für den Nutzer aufgrund eigener Beteiligung – für den Nutzer sollte ein solches Modell interessant genug sein, sich mit der Verschlüsselungstechnik auseinander zu setzen. Was kommt, bleibt abzuwarten, aber auf jeden Fall lassen sich interessante Modelle entwickeln.

---

296 Ein Managementsystem kann tatsächlich automatisch ohne Nutzereingriffe arbeiten. Nur wenige Situationen erfordern einen Nutzereingriff, und auch das sind wieder Situationen, die auch heute schon durch den Nutzer behandelt werden müssen.

297 Zum Beispiel genügt das Fälschen von Webadressen nicht mehr, weil zusätzlich in die Zertifikatfamilie eingedrungen werden muss.

Stichwortverzeichnis

www.ingramcontent.com/pod-product-compliance
Lightning Source LLC
Chambersburg PA
CBHW080132060326
40689CB00018B/3764